KB042364

|개정판|

왜 분권국가인가

리바이어던에서
자치공동체로

안성호

박영사

서 문

코리아 르네상스를 위하여

"민(民)은 나라의 근본이니, 근본이 튼튼해야 나라가 튼튼하다." 세종

"애국심은 국기(國旗)를 흔드는 데 있는 것이 아니라 우리나라가 강하고 의로운 나라가 되도록 힘쓰는 데 있다." James Bryce

"Reinhold Niebuhr의 '도덕적 인간, 비도덕적 사회'라는 흥미로운 주제는 사람만 보살펴 개인의 도덕적 품성을 향상시키려는 우리의 성향에서 비롯된다. 우리가 좀 더 도덕적인 사회를 만들고 싶다면, 도덕적 인간이 되어서 제도도 함께 돌보아야 한다. 우리는 곧잘 비인격적 체제를 비판하지만, 정작 비판받고 개선되어야 할 것은 '체제'가 아니라 체제에 대한 우리의 태도와 보살핌이다." Robert K. Greenleaf

광복 72년의 성과와 반성

광복 후 72년 동안 한국은 공업화와 민주화에 성공했다. 한국은 일제강점의 상처와 민족분단의 아픔을 안고 전쟁의 잿더미 속에서 해외원조로 연명하던 세계 최빈국에서 경제규모 세계 11위와 1인당 명목GDP 세계 28위의 원조국가로 도약했다. 더욱이 치열한 민주화운동의 결실로 권위주의와 독재를 극복하고 민주국가의 반열에 올라섰다.

그러나 광복 72년은 반성의 과제도 남겨놓았다. 한국은 분단의 멍에를 짊어진 채 미국·일본·중국·러시아 네 강대국의 신냉전 각축과 호전적 북한의 핵위협에 직면한 국방안보 취약국가다. 빈곤화저성장이 고질화된 상태에서 국가부채는 눈덩이처럼 불어나 1300조 원을 넘어섰다. 가계부채는 1400조 원에 육박해 경제의 뇌관이 되었고 빈곤노인은 2명 중 1명으로 OECD국가 평균의 4배에 달한다. 한국은 세계최고 자살률과 세계최저 출산율의 나라다. 그리고 세계 37−69위의 부패국가이며, OECD국가 중 터키 다음으로 사회적 갈등이 극심한 나라다.

암울한 사회경제적 통계는 저급한 민주주의와 연관된다. 효과적 민주주의지수(EDI)로 계산된 2012년 한국 민주주의 수준은 180개국 중 53위다. 세계경제포럼(WEF)은 2015년 한국의 정치인신뢰도와 공공부문성과를 144개국 중 각각 97위와 104위로 평가했다. 2015년 국회의원신뢰도는 10점 만점에 2점으로 낯선 길손에 대한 신뢰도의 절반에 불과하다. 2014년 6월 세월호 참사로 '정관(政官) 마피아'가 지탄의 대상으로 지목된 상황에서 "국가대개조"를 약속한 '제왕적' 대통령은 엄동설한의 1700만 촛불분노에 의해 2017년 봄 탄핵당했다.

소용돌이 집중제

선진국 문턱에서 심하게 앓고 있는 한국병의 근원은 무엇인가?

MIT대 Daron Acemoglu 교수와 하버드대 James Robinson 교수는 15년간 공동연구를 수행한 결과로서 "정치제도가 국가의 빈곤과 번영을 결정하는 근본 원인"이라는 결론에 도달했다. 문화인류학자 Jared Diamond는 자신의 이론을 정면으로 반박한 이들의 저서 「국가는 왜 실패하는가」(2012)에 대한 서평에서 "정치제도의 착취성과 포용성이 국가의 빈곤과 번영을 50%정도 설명할 수 있을 것"으로 호평했다.

정치제도의 착취성과 포용성을 결정하는 핵심적 구조변인은 집권 또는 분권이다. 건실한 정체(政體)는 집권과 분권이 긴장관계 속에서 적절히 조화를 이루어야 하지만, 한국은 정체의 과도한 집권으로 심각한 발전장애를 겪어 왔다. 이 점을 간파한 Gregory Henderson은 반세기 전 한국의 고질병을 사회의 모든 중요한 가치와 능동적 요소를 권력의 중심으로 빨아올리는 "소용돌이 정치"로 진단하고 그 해법으로서 분권개혁을 제안했다. 2001년 김대중 대통령의 요청으로 청와대를 방문한 미래학자 Alvin Toffler 역시 당시 한국이 당면한 IMF 금융위기를 탈출하는 근본 대책으로서 분권개혁을 조언했다.

현행 '87년 헌법질서는 대통령직선제와 지방선거의 복원을 통한 대의민주주의 부활의 공적에도 불구하고 비대한 중앙—허약한 지방을 구조화한 과잉 중앙집권제, 시민통제에 재갈을 물린 엘리트 지배 대의민주제, 소수의 권익보호에 소홀한 승자독식 다수제를 특징으로 한 소용돌이 집중제의 심각한 결함을 지니고 있다.

현행 헌법질서 하에서 지난 26년간 막대한 예산과 인력이 투여된 역대 정부의 지방분권정책은 과잉 중앙집권을 해소하는 데 실패했다. 정치권은 시·군 합병과 자치구 폐지에 집착하여 지방분권개혁의 발목을 잡아 왔다. 정치권은 득표율과 의석수를 일치시켜 승자독식의 폐단을 예방하고 지역주의 정당정치의 극복을 위해 중앙선관위가 제안한 국회의원선거제마저 거부했다. 정당은 지역할거주의 정치에 안주하며 상대당의 성공을 가로막고 실패를 조장하는 정치적 정글의 이전투구를 일삼아 왔다. 최근 20대 국회 출범과 함께 개헌논의가 다시 부상했지만, 정치권과 언론의 개헌논의는 5년 단임 '제왕적' 대통령제의 병폐 해소를 명분으로 4년 중임 대통령제나 이원정부제 또는 의원내각제 도입에 한정되고 있다. 정작 고질적 한국병의 근원인 소용돌이 집중제를 극복할 다른 분권개혁 과제는 여전히 정치권과 언론의 관심권 밖에 방치되고 있다.

리바이어던에서 자치공동체로

헌법질서의 이해와 설계를 안내하는 이론모형은 집권과 분권의 시각에서 리바이어던 패러다임과 자치공동체 패러다임으로 양분될 수 있다. 현실세계에 존재하는 특정 정체는 이 두 양극단의 이념형을 잇는 연장선 위의 어느 지점에 위치한다.

리바이어던 패러다임은 권력의 단일중심성(monocentricity)을 가정한다. 리바이어던 패러다임에서 국가주권은 분할될 수 없으며 일체의 외부 간섭을 배제한다. 이 패러다임은 단일중심에서 발원한 명령이 위계질서의 말단까지 하달되어 일사분란하게 집행될 때, 국가의 질서와 안정이 확보되고 개인의 생명과 재산도 보존될 수 있다고 가정한다.

리바이어던 패러다임은 근대 이전의 군주제를 비롯해 국민국가의 국가주의와 제국주의, 독재와 테러를 정당화한 레닌주의와 스탈린주의, 나치주의, 파시즘, 일

본의 천황제와 군국주의, "권력은 총구에서 나온다"고 믿는 마오쩌둥주의, 중국의
대일통(大一通) 이념과 중화중심주의, 북한의 세습독재, 시진핑의 디지털 레닌주의
등에 수용되어 인류역사의 대부분을 지배해 왔다. 리바이어던 패러다임의 위력은
민주주의에서도 확인된다. 오늘날 미국과 한국의 제왕적 대통령제는 리바이어던
패러다임의 변종이다. 정치인 카르텔에 대한 시민의 교정과 견제를 거부하는 입
법권 독점의 의회제도도 리바이어던 패러다임의 대의민주적 연장이다.

자치공동체 패러다임은 권력의 다중심성(polycentricity)을 가정한다. 이 패러다
임은 국가권력의 수평적 분권, 보충성원칙에 입각한 연방적 정부간관계(IGR), 자
치공동체의 충분한 자치권, 대의민주제와 직접민주제의 적절한 결합, 민관파트너
십을 정체의 필수요소로 간주한다. 자치공동체 패러다임은 개인과 공동체의 자유,
시민의 역량과 품격, 민주적 효율성 등의 시민공화주의 가치를 정체의 주요 성과
지표로 삼는다.

표 1 리바이어던 패러다임 vs. 자치공동체 패러다임

구 분	리바이어던 패러다임	자치공동체 패러다임
집권/분권	소용돌이 집권	집권과 분권의 조화
단방/연방주의	단방주의(단일중심주의)	연방주의(다중심주의)
주권 소재	국가주의(국가주권)	시민공화주의(시민주권)
간접/직접참여	대의민주주의(관객정치)	준직접민주주의(참여정치)
행정(효율성)	관료행정(관료적 효율성)	민주행정(민주적 효율성)
국제질서	현실주의	구성주의
주창자	J. Bodin, T. Hobbes, W. Wilson, M. Weber	J. J. Rousseau, A. Tocqueville, B. Barber, V. & E. Ostrom

자료: 필자 작성.

자치공동체 패러다임은 고대그리스의 아테네를 비롯한 도시국가, 로마공화정,
12−14세기 르네상스의 발상지 북이탈리아의 도시국가, 미국의 독립과 노예해방
의 진원지로서 오늘날까지 최고입법기관으로 타운미팅을 운영하는 뉴잉글랜드의
1,100개 타운에서 비교적 충실히 수용되었다. 미국은 자치공동체 패러다임을 국민
국가에 적용한 최초의 국가다.[1] 1848년 미국의 연방제를 벤치마킹해 국민국가를

---

1) 미국헌법 제정자들이 구상한 연방주의는 수많은 자치공동체들로 구성된 "복합공화국(com-

출범시킨 스위스는 꾸준히 정체개혁을 단행하여 오늘날 자치공동체 패러다임의 이념형에 가장 근접한 나라가 되었다. 지난 수십 년간 진행된 범세계적 지방분권 혁명을 비롯해 근래 세계도처에서 실험되어 온 동네분권, 도시재생, 풀뿌리자치, 마을만들기, 지역사회역량강화, 커뮤니티 비즈니스, 사회적 경제의 부상은 자치공동체 패러다임에 대한 관심증대를 보여준다.

본서는 선진국 문턱에서 차질을 빚고 있는 한국병의 근원인 소용돌이 집중제의 리바이어던 헌법질서를 자치공동체 헌법질서로 전환해야 할 이유와 방안을 논의한다. 논의과정에서 본서는 자치공동체 패러다임에 충실한 헌법질서를 채택하여 경이로운 번영을 이룩한 스위스를 벤치마킹의 주요 대상국가로 삼는다.

스위스 벤치마킹

스위스 벤치마킹에 대해 종종 의문을 제기하는 분들이 있다. 이들의 의문은 대체로 세 가지다. 인구 1천만 명 미만 소국의 사례를 5천만 명의 한국에 적용할 수 있는가? 스위스 제도를 문화가 다른 한국에 도입할 수 있는가? 이상적이며 독특한 스위스 제도를 한국현실에 적용하는 것은 무리가 아닌가?

필자가 스위스를 벤치마킹하는 까닭은 다음과 같다.

(1) 스위스는 인구로는 외국인 23%를 포함해도 830만 명에 불과하고, 면적으로도 남한의 40%에 지나지 않는 작은 나라라고 할 수 있다. 그러나 스위스는 국력으로 볼 때 결코 작은 나라가 아니다. 2015년 현재 스위스는 GDP 규모로 세계 19위로 사실상 G20국가이며, 주식자본 규모로는 세계 13위다. 스위스는 포춘 500대 글로벌기업 12개로 세계 9위의 기업강국이다. 스위스의 외환보유액은 6천억 달러로 중국·일본에 이어 세계 3위다. 스위스는 노벨상을 26개나 수상하여 인구 대비 최다 노벨상 수상국가다. 스위스보다 15배 이상의 인구를 가진 일본은 25개의 노벨상을 받았다. 한국은 오직 1개의 노벨평화상을 받았다. 작은 나라에서도 배울 점이 많지만, 특히 스위스는 자치공동체 패러다임에 충실한 분권적 헌법질서를 수용해 여느 선진국조차 선망하는 기적을 일군 강소국이다.

(2) 스위스 제도의 벤치마킹은 모방을 의미하지 않는다. 스위스 제도의 올바른 벤치마킹은 우리의 문화와 토양에 맞게 창의적으로 수용하는 것이다. 그러나 제

---

pound republic)"이었다(Ostrom, 1987).

도의 문화결정론을 경계해야 한다. 무엇보다 분권제도는 문화의 소산이라기보다 정치세력 간 권력게임의 산물이다(Smith, 1985). 스위스도 권력공유제가 확립되기 전에는 승자독식문화의 나라였다. 예컨대 스위스 연방내각과 연방의회는 1874년 연방법률 국민투표제 도입과 1918년 연방하원의원 비례대표선거제 도입 이전까지 신교진보진영에 의해 독점적으로 운영되었다. 오늘날 스위스가 자랑하는 포용융화의 합의문화는 대체로 권력공유제도가 정비된 이후에 형성된 것이다. 스위스 번영의 토대인 권력공유민주주의는 오랜 세월 진화해 형성된 합의문화의 소산이 아니라 결정적 시기에 스위스 국민과 정치인이 의지적으로 선택한 분권개혁의 산물이라는 말이다.

(3) 스위스 제도가 너무 이상적이고 독특해서 한국에 도입하는 데 문제가 있다는 지적을 들을 때마다, 미국 건국자들이 떠오른다. 230년 전 영국과 독립전쟁을 치른 후 필라델피아에 모인 13개 주 대표들은 고작 400만 명의 인구를 가진 미국의 연방헌법안을 구상하면서 인류문명에 가장 위대한 족적을 남긴 로마공화정을 벤치마킹했다. 19세기 중반 스위스는 당대 최고의 미국연방헌법을 참고해 연방국가를 창건했다. 20세기 초 미국은 주정부와 지방정부에 만연한 머신정치(machine politics)를 개혁하기 위해 앞선 스위스 직접민주제를 벤치마킹했다. 과학기술만 최첨단이 중요한 게 아니다. 21세기 코리아 르네상스를 견인할 헌법질서를 구상하면서 언어·민족·종교로 분기된 다문화사회의 갈등을 극복하고 고도의 정치안정과 산업평화를 바탕으로 경제적 번영을 이룩한 스위스 헌법질서를 벤치마킹하는 것은 결코 과욕이 아니다. 더욱이 세계 최악 국방안보 취약국가의 지정학적 한계를 극복하고 평화통일을 이뤄야 하는 한국이 '탄넨바움(Tannenbaum) 작전계획'까지 세우고 호시탐탐 기회를 노리던 히틀러의 침공야욕을 막아낸 스위스 고슴도치국방의 헌정애국심(constitutional patriotism)을 벤치마킹하는 것은 매우 절실한 일이다.

코리아 르네상스

코리아 르네상스를 촉진할 새로운 헌법질서는 '87년 헌법의 소용돌이 집중제를 포용융화의 권력공유민주주의로 전환하는 분권화 패러다임 변혁을 요구한다. 나아가 중앙의 권력을 지방과 시민에게 그리고 소외된 소수에게 이동시키는 분권개혁은 시민공화주의 헌법질서를 지향한다.

새 헌법질서로 코리아 르네상스 시대를 열겠다면 과연 한국사에 부활시킬만한 영광스런 과거가 있는가? 우리는 자랑스런 과거사를 회상할 때 흔히 정복전쟁을 통해 영토를 확장한 장군이나 왕을 떠올린다. 그러나 이런 정글정치의 과거사는 21세기 동아시아의 평화와 번영을 선도할 코리아의 표상으로 삼을 수 없다. 우리가 찾는 과거사는 강하면서도 의로운 코리아를 예표(豫表)하는 자랑스런 역사이어야 한다.

세종시대는 미래의 코리아가 흠모하기에 충분한 자랑스러운 시대다. 30여 년 전 일본의 역사학자들은 한국의 학계가 미처 예상치 못한 놀라운 연구결과를 발표했다. 이또준타로(伊東俊太郎) 등은 「과학사기술사사전」(1983)에서 세종이 왕위에 있던 1418년부터 1450년까지 32년간 과학기술의 혁신이 조선 21건, 중국 4건, 일본 0건, 동아시아 이외의 전 지역 19건이었다고 밝혔다. 16세기 중반 율곡(栗谷) 이이(李珥) 선생이 "우리나라 만년의 운이 세종에게서 처음 그 기틀이 잡혔다."고 썼던 세종시대 조선은 그야말로 세계최고의 과학기술 선진국이었던 것이다.

세종시대의 경이로운 번영은 탁월한 세종리더십의 결실이었다. 세종은 셋째 아들로 태어났지만 배우기를 즐겨 발탁된 임금이다. 왕위에 오른 후에도 배움을 게을리 하지 않은 세종은 인재를 뽑아 기르고 고전강독 국정토론회인 경연(經筵)을 무려 1,898회나 열어 그야말로 궁정아카데미를 만들었다. 세종은 궁궐만이 아니라 조선사회 전체를 학습공동체로 만들고자 했다. 「농사직설」과 「삼강행실도」 등을 배포해 백성을 일깨우려 했으나 별 효과가 없었다. 대다수 백성이 한자를 모르기 때문이었다. 세종은 누구나 쉽게 배울 수 있는 문자를 만들기로 작정했다. 그러나 사대부들은 '문자'라는 권력을 백성에게 나누어주려는 정책에 반발했다. 세종은 이들을 끈질기게 설득하면서 문자창제정책을 간단없이 추진했다. 세종은 제위 25년째인 1443년 12월 30일 한글을 반포하여 깜깜한 세상에 살던 무지렁이 백성에게 문자권력을 안겨주는 새로운 문명시대를 열었다. 언어학적으로 세계에서 가장 과학적인 기록체계로 평가받는 한글의 창제는 온 나라를 학습공동체로 만들어 백성을 똑똑하고 품격 높은 인재로 육성하길 염원한 세종 프로젝트의 결실이었다.

'한글창제' 세종리더십은 시민과 자치공동체의 자유를 확장하는 분권적 헌법질서를 구축해 21세기 코리아 르네상스를 실현하려는 우리에게 적어도 두 가지 교훈을 시사한다.

(1) 세종은 백성의 삶 향상에 항구적으로 영향을 미칠 근본적 제도개혁에 역점을 둔 제도리더십(institutional leadership)[2]을 발휘했다. 한글창제는 세종 제도리더십의 꽃이다. 세종은 백성의 잠재력을 계발하는 학습공동체를 세우기 위해 문자권력을 백성에게 나누어주는 분권개혁을 단행했다.

(2) 세종은 백성의 인권보호와 품격고양을 나라발전의 지렛대이자 궁극적 목적으로 삼았다. 세종리더십의 위대한 산물인 한글창제의 목적은 백성을 무지몽매(無知蒙昧)에서 일깨워서 '백성의 인권을 보호하고 백성의 품격을 향상시키는 것'이었다.[3]

본서의 구성

본서는 5부 15장으로 구성되었다.

제1부는 번영하는 나라의 시민공화 헌법질서를 총론적 관점에서 논의한다. 한국의 헌법질서의 현황과 과제, 그리고 주요 벤치마킹 대상국인 스위스의 번영과 헌법질서를 검토하고, 이에 기초하여 선진통일한국의 분권개헌 과제를 제시한다. 이어 자치의 본질과 발전효과를 논의한다.

제2부는 분권과 발전의 문제를 심층적으로 다룬다. 범세계적 현상으로 부상한 지방분권과 거버넌스 및 정치의 관계, 특히 지방분권개혁이 종종 지체와 퇴행을 거듭해온 이유와 그 해법을 논의한 후 헌법개정안을 제시한다. 이어 지방분권개혁의 핵심적 과제인 재정분권의 현황과 과제를 스위스 재정연방주의 성공사례를 통해 점검한다. 그리고 참여정부 사례분석을 통해 한국 지방분권정책을 평가한다.

제3부는 분권개혁의 본질적 요소로서 참여의 문제를 시민참여와 지방의 국정참여의 시각에서 논의한다. 먼저 저급한 민주주의 증상으로 나타난 엘리트 카르텔의 진상을 살펴보고 그 해법으로서 직접민주제 도입의 필요성을 논의한다. 이어 스위스 준직접민주제의 효과와 제도적 특징을 점검한 다음, 이에 기초하여 현행 헌법규정과 지방의 직접참정제의 실태를 분석하고 개혁안을 제시한다. 아울러 권

---

2) 하버드대의 국제정치학자이며 리더십이론가인 Joseph Nye(2008: 128)는 "선량한 리더의 가장 중요한 기량 중 하나는 체제와 제도를 설계하고 유지하는 것"임을 강조한다.

3) 「세종실록」에 나타난 세종의 한글창제 이유는 법조문과 관련된 백성의 억울함을 해소하고, 무질서한 사회기풍과 풍속의 변화를 유도하는 것이었다(박현모, 2014: 52).

력공유민주제의 기본 요소인 지역대표형 상원제도에 관해 논의한 후 헌법개정안을 제시한다.

제4부는 자치공동체의 규모와 풀뿌리자치 활성화의 과제를 논의한다. 먼저 10년 이상 분권개혁의 지체와 파행을 초래한 시·군 합병론과 대도시 자치구 폐지론의 진실과 오해를 다중심거버넌스와 규모정치의 관점에서 해부한다. 이어 풀뿌리자치의 원형인 스위스 코뮌자치를 살펴보고, 읍·면·동정책의 실태와 과제를 논의한다.

마지막 제5부는 분권국가의 헌정질서가 국방과 동아시아 평화에 기여할 잠재력을 검토하고 실천방안을 모색한다. 먼저 분권국가 스위스가 2차대전 때 히틀러의 침공위협을 막아낸 고슴도치국방의 비결을 벤치마킹해 한국의 국방안보 취약성을 극복할 개혁방안을 모색한다. 이어 동아시아의 위태로운 평화와 위기적 정세를 타개하고 동아시아공동체 실현에 이바지할 지방외교의 잠재력과 사명을 논의한다. 끝으로 동아시아 평화운동으로서 지방분권헌장운동을 제안한다.

본서에 포함된 15편의 장과 2편의 보론은 지난 6년여 동안 틈틈이 작성한 글들이다. 이중 4편(제6장, 제10장, 제11장, 제14장)은 이미 학회학술지(「한국지방자치학회보」, 「지방정부연구」, 「한국사회와 행정연구」)에 발표된 논문을 본서의 논지와 논리적 흐름에 맞추어 수정·보완한 것이다. 다른 글들도 논문형식을 갖추어 개별적으로 작성되었다. 따라서 순서에 관계없이 어느 장이나 보론을 먼저 읽어도 이해하는 데 별 어려움이 없을 것이다.

감사의 말씀

36년 전 필자는 박동서 교수님으로부터 '이념과 발전'이란 과목을 수강했다. 당시 커다란 ACAD세미나실 장탁자 모서리에 젊은 수강생 한 명과 마주 앉아 주 3시간 16주 동안 한 시간도 거르지 않으시고 강의하신 교수님의 모습을 상기하면 지금도 감동이 밀려온다. 교수님의 가르침은 본서 곳곳에 스며들어 있다. "사회과학의 목적은 유토피아 건설이 아니라 '더 나은 사회'를 만드는 것이다. 행정과 정치는 권력현상으로 파악할 때 본질이 드러난다."고 가르치셨다. 민주화와 지방자치를 거론하는 것이 금기시되었던 시절 "민주화는 정치·행정발전뿐만 아니라 경제와 사회 전반의 발전을 위해 선행되어야 할 개혁과제다. 한국 민주화를 위해 지방자치 실시가 시급하다."고 역설하셨다.

본서의 저술에 영향을 미친 또 한 분은 김철수 교수님이시다. 필자는 김 교수님의 헌법학강의를 통해 헌법학을 처음 접했다. 연방주의를 거론하면 북한의 고려연방제 지지자로 낙인찍히던 시절 교수님은 한국의 발전과 통일을 위해 선진국 연방제를 참고할 필요가 있다고 가르치셨다. 세월이 지나 스위스 연방민주주의는 필자의 연구여정에서 중요한 부분을 차지하게 되었다.

본서에 소개된 지방분권개헌안 작성에 참여하신 김형기 · 이기우 · 이국운 · 안권욱 교수님과 이창용 실행위원장님, 그리고 음지에서 더 나은 나라를 만들기 위해 헌신하시는 정세욱 · 황한식 · 이재은 · 김중석 · 안동규 · 김성호 · 이상선 · 이두영 · 이민원 · 유한호 · 조 정 · 유병철 · 이원진 · 손윤수 · 김주원 · 박명흠 지역대표님께 감사드린다. 2015년 12월 스위스를 방문해 코뮌주민총회를 관찰하는 소중한 기회를 마련해주신 정해걸 고문님과 이창용 대표님, 동행한 황종규 교수님과 TNT뉴스 김종현 국장님께도 감사한다.

본서의 일부 내용에 대해 귀중한 코멘트를 해주신 성경륭 · 송재호 교수님과 대전대 지역협력연구원 더나은세상포럼 참여자께 감사드린다. 본서를 작성하는 과정에서 기회 있을 때마다 중요한 주제를 논의하고 유익한 의견을 제시해준 동생 안창호 헌법재판관에게 감사한다. 안 재판관의 번뜩이는 통찰력과 따뜻한 격려는 본서 집필에 활력소가 되었다. 늘 격려를 아끼지 않는 친구 민정식 KPS해운 주식회사 대표에게 감사한다. 유행성 독감에 걸려 고생하면서도 방대한 양의 원고를 꼼꼼히 교정봐주고 문장을 다듬어준 아내에게 특별히 고마운 마음을 전하고 싶다. 끝으로 본서의 출판을 허락해주신 박영사 안종만 회장님과 임재무 이사님 그리고 정성껏 책을 제작해주신 배근하 대리님을 비롯한 관계자 여러분께 감사드린다.

2016년 초여름

안 성 호

개정판 서문

초판이 발행된 지 일 년이 지나지 않았을 무렵 박영사 임재무 이사님으로부터 본서가 2017년 대한민국학술원 우수학술도서에 선정되었으며, 곧 초판이 소진될 것이라는 소식을 들었다. 이참에 촛불집회와 대통령 탄핵, 대통령선거와 문재인 정부 출범, 국회개헌특별위원회의 활동, 시민단체의 개헌운동 등 그동안 숨 가쁘게 진행된 정치적 상황변화를 반영하고 초판에서 미진했던 부분을 보완하여 개정판을 내게 되었다.

개정판의 제1장, 제6장 보론, 제7장, 제9장은 다시 집필되었다. 제1장 '선진통일한국을 향한 분권개헌'에서는 국가번영을 설명하는 분권이론을 보강했고, 분권개헌의 과제를 4대 의제(제왕적 대통령제 개혁, 소수를 돌보는 양원제 도입, 연방적 지방분권, 직접민주제 확충)로 재정리했다. 제6장 보론 '제주특별자치의 공과와 과제'에서는 제주특별자치도 출범과 함께 단행된 시·군자치제 폐지의 전말을 보다 상세히 소개했고, 스위스 코뮌자치와 미국 뉴잉글랜드 타운미팅 사례를 참고하여 제주 풀뿌리자치제도의 대안을 설계했다. 제7장 '직접민주주의와 엘리트 카르텔'에서는 국회개헌특별위원회의 자문위원회가 마련한 국민투표·국민발안·국민소환제에 대한 필자의 평가와 개선안을 제시했다. 제9장 '지역대표형 상원의 설계'에서는 기존 양원제 설계안을 보충하고 그동안 학계와 시민사회에서 개진된 양원제 논의와 이에 대한 필자의 평견을 추가했다.

열악한 전문서적 출판환경에도 불구하고 초판 일 년 만에 개정판 출간을 승낙해주신 박영사 안종만 회장님과 임재무 이사님, 그리고 장인정신으로 훌륭한 개정판 책자를 만들어주신 배근하 대리님과 관계자 여러분께 감사드린다.

암울한 현실에서도 희망의 끈을 부여잡고 "오늘 한 그루의 사과나무를 심겠다."는 심정으로 보이지 않는 곳에서 묵묵히 시민과 자치공동체의 자유 확장을 위해 헌신하시는 분들께 이 책을 바친다.

2017년 초겨울

안 성 호

차 례

PART 1 번영하는 나라의 헌법질서

CHAPTER 1 선진통일한국을 향한 분권개헌 / 3

Ⅰ. 한국 민주주의의 위기 ·· 3
Ⅱ. 국가번영을 견인하는 분권제도 ··· 5
Ⅲ. '87년 헌법의 결함 ·· 10
Ⅳ. 신문명 헌정질서와 슈퍼투쟁 ··· 13
Ⅴ. 스위스 권력공유민주주의와 번영 ···································· 16
Ⅵ. 분권개헌의 방향과 과제 ·· 19
Ⅶ. 참여헌정주의 개헌과정 ·· 29

CHAPTER 2 스위스 미러클과 권력공유민주주의 / 31

Ⅰ. 머리말 ··· 31
Ⅱ. 스위스 미러클 ·· 32
Ⅲ. 국가발전과 헌법질서 ·· 38
Ⅳ. 스위스 권력공유민주주의 ·· 50
Ⅴ. 맺음말 ··· 59

CHAPTER 3 자치와 발전 / 61

Ⅰ. 머리말 ··· 62
Ⅱ. 지방분권, 민주주의, 발전 ··· 63
Ⅲ. '자치하는 인간'과 '개인과 공동체 자유로서의 발전' ·········· 67
Ⅳ. 자치공동체의 발전효과 ·· 74
Ⅴ. 맺음말 ··· 83

PART 2   지방분권과 거버넌스

CHAPTER 4 지방분권과 정치 / 87

Ⅰ. 머리말 ··· 87
Ⅱ. "소용돌이의 한국정치" ··· 89
Ⅲ. 지방분권정책 26년의 공과 ······································· 90
Ⅳ. 지방분권과 정치 ·· 99
Ⅴ. 지방분권개헌의 과제 ·· 106
Ⅵ. 맺음말 ··· 110

CHAPTER 5 스위스 재정연방주의 / 113

Ⅰ. 머리말 ··· 113
Ⅱ. 스위스 재정연방주의의 특징 ··································· 115
Ⅲ. 2008년 재정균형화제도의 개혁 ······························ 122
Ⅳ. 스위스 재정연방주의의 교훈 ··································· 128

CHAPTER 6 참여정부 지방분권정책의 교훈 / 131

Ⅰ. 머리말 ··· 131

Ⅱ. 참여정부 지방분권정책의 특징 ··· 132

Ⅲ. 국회의 중앙집권화 반격 ·· 139

Ⅳ. 참여정부 지방분권정책의 성과평가 ·· 146

Ⅴ. 참여정부 지방분권정책의 교훈 ··· 152

Ⅵ. 맺음말: 8단계 지방분권정책리더십 점검표 ···························· 157

[보 론] 제주특별자치의 공과와 과제 ··· 163

PART **3**   시민참여와 지방참여

CHAPTER **7** 직접민주주의와 엘리트 카르텔 / 187

Ⅰ. 대의민주주의 위기와 엘리트 카르텔 ······································ 188

Ⅱ. 직접민주제의 논거와 숙의과정 ··· 189

Ⅲ. 직접민주제의 효과 ··· 196

Ⅳ. 직접민주제 반대론과 그에 대한 반론 ···································· 201

Ⅴ. 한국 직접민주제의 실태 ·· 211

Ⅵ. 직접민주제의 설계지침과 설계안 ··· 215

Ⅶ. 맺음말 ··· 229

CHAPTER **8** 스위스 준직접민주주의 / 231

Ⅰ. 머리말 ··· 231

Ⅱ. 19세기 국민국가의 형성과 그 유산 ······································· 233

Ⅲ. 직접민주제 ··· 238

Ⅳ. 직접민주제와 대의민주제의 상호작용 ···································· 242

Ⅴ. 맺음말 ··· 246

CHAPTER 9 지역대표형 상원 설계 / 249

Ⅰ. 머리말 ··· 249
Ⅱ. 지역대표형 상원의 청사진 ·· 252
Ⅲ. 상원의 규모와 임기 등 ··· 264
Ⅳ. 상원이 대표하는 11개 지역 ··· 270
Ⅴ. 양원의원의 선출제도 ·· 273
Ⅵ. 지역대표형 상원의 권한 ·· 281
Ⅶ. 상원의 지역대표성 강화방안 ·· 285
Ⅷ. 양원의 이견해소와 상원-정당관계 ······································· 287
Ⅸ. 맺음말 ··· 289

PART 4　규모와 민주주의

CHAPTER 10 다중심거버넌스와 자치체제개편 / 295

Ⅰ. 머리말 ··· 295
Ⅱ. 미국 대도시 지방정부의 합병논쟁과 실태 ·························· 297
Ⅲ. 단일중심주의 vs. 다중심주의 ·· 301
Ⅳ. 다중심거버넌스에 대한 실증연구 ·· 304
Ⅴ. 다중심거버넌스의 민주적 효율성 ·· 307
Ⅵ. 지방자치체제의 개편방향 ·· 313
Ⅶ. 맺음말 ··· 318

CHAPTER 11 자치체제개편과 규모정치 / 319

Ⅰ. 머리말 ··· 319
Ⅱ. 자치구역·계층 현황과 정치권 개편안 ································· 321
Ⅲ. 규모와 효율성, 규모와 민주주의 ··· 324

Ⅳ. 민주적 지역정부 강화의 국제동향 ·····················330
Ⅴ. 규모정치의 폭력성과 빗나간 제도동형화 ·····················336
Ⅵ. 이해당사자의 편견억제, 전문가와 시민의 역할 ·····················339
Ⅶ. 맺음말 ·····················343

CHAPTER 12 스위스 코뮌자치 / 345
Ⅰ. 머리말 ·····················345
Ⅱ. 코뮌의 성격과 합병의 진실 ·····················347
Ⅲ. 코뮌의 윤택함, 자치권, 재정균형화 ·····················350
Ⅳ. 코뮌의 정부형태 ·····················354
Ⅴ. 코뮌의 주민발안과 주민투표 ·····················364
Ⅵ. 맺음말 ·····················369

CHAPTER 13 동네자치 / 371
Ⅰ. 머리말 ·····················371
Ⅱ. 다중심주의 동네자치 옹호론 ·····················372
Ⅲ. 동네자치 억제정책과 동네자치 사례 ·····················378
Ⅳ. 동네자치의 발전과제 ·····················384

PART 5 분권국가의 국방과 동아시아 평화

CHAPTER 14 스위스 고슴도치국방의 교훈 / 393
Ⅰ. 한국은 동아시아의 스위스가 될 수 없는가? ·····················393
Ⅱ. Hitler의 침공야욕을 꺾은 고슴도치국방 ·····················396
Ⅲ. 헌정애국심, 무장중립, 친화적 민군관계 ·····················401

Ⅳ. 헌정애국심을 고취하는 풀뿌리 자치공동체 ·················· 407
Ⅴ. 향방전력 강화방안 ··· 410
Ⅵ. 동아시아의 스위스로 번영하는 한국을 위하여 ··············· 417

CHAPTER 15 동아시아 평화만들기와 지방외교 / 419
Ⅰ. 머리말 ··· 419
Ⅱ. 동아시아의 위태로운 평화 ······································ 422
Ⅲ. 동아시아 패러독스와 국가주의의 폐단 ························ 427
Ⅳ. 지방외교에 대한 중앙정부의 반응과 찬반론 ·················· 430
Ⅴ. 암운 속 희망의 햇살 ·· 436
Ⅵ. 맺음말 ··· 440

[보 론] Towards an East Asian Charter Campaign on Decentralization ············· 443

참고문헌 / 448
찾아보기 / 471

PART 1

번영하는 나라의 헌법질서

CHAPTER 1 선진통일한국을 향한 분권개헌
CHAPTER 2 스위스 미러클과 권력공유민주주의
CHAPTER 3 자치와 발전

"아마도 진실은 이럴 것입니다. 한 나라에서 장차 통치할 사람들이 통치하기를 가장 덜 열망하는 나라가 가장 잘 그리고 서로 반목하지 않고 운영될 게 분명합니다. 이와 반대되는 사람들이 지배하는 나라는 반대로 다스려질 것입니다."

_Socrates

"나라가 행복하게 운영되려면 그 땅에 마땅히 갖추어야 할 다른 것이 갖추어진 경우에도 때마다 진리를 고수하는 입법자가 나타나야 합니다."

_Platon

"좋은 제도는 좋은 사람을 만든다."

_Immanuel Kant

"스위스는 역사의 최종 결정판이 될 것이다."

_Victor Hugo

선진통일한국을 향한 분권개헌

"민이 추대하지 않으면 통치자가 될 수 없다. 정치는 아래로부터 위로(下而上) 행해지는 것이 순리다."
정약용

"나라의 헌법이 좋으면 좋을수록, 시민은 사적 관심보다 공적인 일을 더 소중히 여긴다."
Jean—Jacques Rousseau

"정치인이 나쁜 사람이 아니라 나쁜 정치제도가 정치인을 타락시키고 국민에게 큰 피해를 준다."
Ronald Baeder

I 한국 민주주의의 위기

광복 후 72년 동안 전쟁의 잿더미에서 고도 경제성장을 달성했고 권위주의 독재를 딛고 민주국가로 거듭나 선진국 문턱까지 올라선 한국은 요즘 다방면으로 위기적 징후를 나타내고 있다. 경제규모는 커지는데 양극화가 심화되는 '빈곤화저성장'이 지속되는 가운데 가계부채는 눈덩이처럼 불어나 1400조 원에 육박했다. 연간 경제성장률은 2%대로 곤두박질친 상황에서 취약계층의 삶은 고달프기 그지없다.

2015년 한국의 노인빈곤율은 49.6%로 OECD국가 평균 12.6%의 거의 네 배에 달해 OECD국가 중 1위다. 자살률은 10만 명당 29명으로 OECD 평균 12명의 두 배를 넘어 10여 년째 OECD국가 중 1위를 기록하고 있다. 국제투명성기구(TI)가 발표한 2015년 우리나라 부패인식지수(CPI)는 100점 만점에 56점으로 167개국 중 37위였다. 한편 세계경제포럼(WEF)은 2015년 한국의 윤리와 부패의 수준을 144개국 중 69위로 평가했다. 삼성경제연구소가 발표한 2010년 한국의 사회갈등지수는 0.72로 분석대상 OECD 27개국 중 종교갈등이 극심한 터키(1.27) 다음으로 높았다. 삼성경제연구소는 한국이 사회적 갈등으로 치르는 경제적 손실이 최대 246조원에 달하며, OECD 평균치 0.44로만 개선되어도 1인당 GDP가 21%까지 오르는 효과가 있다고 계산했다.

불길한 사회경제·도덕통계는 낮은 민주주의 수준과 직결된다. 2012년 '효과적 민주주의 지수(EDI)'로 계산된 한국의 민주주의 수준은 100점 만점에 53점으로 180개국 중 53위에 불과했다.[1] 세계경제포럼(WEF)의 보고서는 2015년 한국의 공공부문성과를 분석대상 144개국 중 104위로 평가했다. 아울러 이 보고서는 한국의 법체계의 효율성과 정치인 신뢰도를 각각 74위와 97위로 측정했다. 2017년 OECD 보고서에 의하면, 한국인의 정부신뢰도는 24%로 OECD국가 평균 42%보다 18% 낮고, 세계 1위 스위스인의 정부신뢰도 80%보다는 무려 56%나 낮다. 근래 여러 기관에서 조사한 자료는 국회의원 신뢰도가 땅에 떨어졌음을 보여준다. 2015년 조사된 한국인의 국회의원 신뢰도는 10점 만점에 2점으로 낯모르는 길손에 대한 신뢰도 4점의 절반에 불과하다. 정치인에 대한 불신풍조는 범세계적 현상이지만 한국인의 국회신뢰도는 여느 선진국의 3분의 1 내지 절반 수준으로 세계에서 가장 낮다. 민주주의의 위기가 아닐 수 없다.

한국 민주주의는 지역, 계층, 세대 간 대립과 갈등을 해소하기는커녕 오히려 부추겨 왔다. 복지확대로 인한 증세, 국가부채 팽창, 연금 고갈, 일자리 부족, 가계부채 급증, 저출산율과 고령화, 북한 핵 위협과 전쟁발발의 위험성, 사드 배치에 대한 중국의 경제보복, 한일 간 위안부·독도갈등 등 중대한 정책현안이 산적해 있으나, 정부는 적절한 해결책을 찾지 못하고 있고, 정당은 대권을 거머쥐기 위한 이전투구

---

1) EDI의 구성요소, 이론적 타당성, 통계적 신뢰성 등에 관한 자세한 내용은(Alexander, Inglehart & Welzel, 2012: 41−62)을 참고할 것.

의 정쟁을 일삼고 있다.

반세기 전 Gregory Henderson(1968)은 한국사회의 근원적 문제가 거의 모든 자원과 가치를 중앙과 서울의 권력정점을 향해 휘몰아치게 만드는 "소용돌이 정치"에 기인한다고 진단했다. 그리고 한국병의 근원인 이 소용돌이 정치패턴을 극복하는 근본적 해결책은 분권화로 중앙집권에 대한 대체권력을 창출하여 다원사회를 실현하는 것이라고 역설했다. '87년 명예시민혁명으로 대통령직선제 부활과 함께 지방대의민주제가 부활되었고 1991년 이후 20여 년 동안 지방분권정책이 추진되었지만 소용돌이 집권구조의 골격은 그대로 지속되고 있다.

설상가상으로 한국 민주주의는 지역할거주의 정당체제의 볼모로 잡혀 있다. 오랜 세월 중대한 실책과 허물도 지역주의에 기대어 면죄된 경험을 학습한 정당들은 '기초선거 정당공천제 폐지' 대선공약을 헌 신짝처럼 폐기했고, 절대다수 국민의 지지를 받는 공직비리방지법안(일명 김영란법안)을 이해충돌 관련 알맹이 규정을 삭제한 법률로 변질시켰다. 그러나 거대 정당들은 걱정하지 않는다. 군소 정당의 도전을 가로막는 난공불락의 선거진입장벽이 버티고 있고, 모든 잘못을 덮어주는 지역할거주의 보호막이 건재하기 때문이다.

Alexis de Tocqueville(1955: 536)은 1840년 저술한 「미국의 민주주의」 제2권 말미에 모든 권력은 주권자인 국민으로부터 멀어지는 중앙집권화 속성이 있으며, 따라서 특별한 대책을 강구하지 않으면 "다가올 민주주의 시대에 중앙집권이 자연스런 정부현상으로 나타날 것"을 예견했다. 더욱이 중앙집권은 절대주의를 지향한다. Lord Acton의 '절대 권력의 절대 부패' 경고는 한국 헌정체제의 과도한 중앙집권에 대한 엄중한 경고다.

II 국가번영을 견인하는 분권제도

고대그리스 시대 이후 오늘날까지 연구자들은 국가번영을 견인하는 근본원인으로서 분권제도를 지적해 왔다. 이런 관점의 연구성과를 정치제도결정론, 제도경제론, 지방분권론, 분권발전론(합의제론, 직접민주제연구, 사회심리학연구)으로 나누어 살펴보면 다음과 같다.

1. 정치제도결정론

기원 전 2세기 초반 그리스의 역사학자 Polybius(205 BC - 118 BC)는 로마에 노예로 끌려가 체험하며 모은 자료를 바탕으로 40권의 「역사」를 저술했다. 그는 이 저서에서 보잘 것 없던 도시국가 로마가 인류역사에 커다란 발자취를 남긴 강대국으로 번성한 가장 중요한 원인으로서 군주정·귀족정·민주정의 타락으로 인한 정체(政體) 악순환의 고리를 끊고 집정관·원로원·민회 간에 권력을 나누어 상호 견제와 균형을 이루는 혼합정체(mixed polity)를 채택한 데 있다고 진단했다. 그는 로마인이 "많은 고난과 투쟁을 통해서, 또 언제나 재난을 극복하며 터득한 경험의 빛에 비추어 최선을 선택하여 당대 최고의 헌법에 도달"했다고 극찬했다(The Histories 6. 10). Polybius는 로마공화정의 견제·균형체제를 이렇게 호평했다(The Histories 6. 18).

> "각 부분이 다른 부분을 방해하거나 다른 부분과 협력하는 권력을 지닌 세 부분의 결합은 모든 긴급사태에 대처하기에 적합하다. 그러므로 이보다 더 좋은 정체를 찾을 수 없다. …(중략)… 왜냐하면 한 부분이 다른 부분에 비해 우세해져 너무 두드러질 때, 세 부분 중 어느 부분도 절대적이지 않을 뿐만 아니라 한 부분의 목표가 다른 부분에 의해 견제되고 방해를 받아 어느 부분도 다른 부분보다 과대 성장하거나 다른 부분을 경멸하지 않기 때문이다. (로마공화정의) 평형 유지는 어느 공격적 충동도 반드시 제어되고, 처음부터 각 계급이 다른 계급에 의해 간섭받는 것을 두려워하기 때문에 가능하다."

16세기 초 고국 피렌체 도시국가의 부흥을 열망한 Niccolò Machiavelli는 「로마사 논고」(1531)에서 "인민이 국가를 직접 통제"하는 길이 열려 있는 로마공화정이 보잘 것 없던 도시국가 로마의 번영을 견인한 로마인의 애국적 기백(氣魄)인 비르투(Virtù)의 형성에 지대한 영향을 끼쳤다고 지적했다(강정인, 2007: 24).

18세기 초 정치철학자 Montesquieu는 「로마의 번영과 쇠퇴의 원인에 관한 고찰」(1734)에서 "건국 이래 인민의 정신에 의해서든 원로원의 힘에 의해서든 정무관의 권한에 의해서든 어떤 권력남용도 바로 잡는" 공화정이 로마를 번영시킨 제도적 토대였다고 진단했다(몽테스키외, 2013: 128).

경제사학자 Niall Ferguson(2012: 40-47)은 1688년 명예혁명으로 확립된 입헌의회민주주의가 유럽 변방의 작은 섬나라 영국을 2세기 이상 세계를 호령하는 강대국으로 도약시켰다고 강조했다. 그는 영국이 명예혁명의 여파로 1689년 잉글랜드국회에서 의결된 권리장전(Bill of Rights 1689)[2]을 토대로 농업발달과 산업혁명을 성공시켜 강대국의 길로 들어섰다고 보았다.[3]

1787년 9월 필라델피아에 모인 미국 건국의 아버지들은 정치철학 고전에 밝은 지성인들로서 로마와 영국의 정치제도를 벤치마킹해 입법·사법·행정의 삼권분립과 함께 중앙과 지방, 주들 간의 권력분립을 제도화한 연방민주주의를 창안하여 국가발전의 토대를 마련했다(안성호, 2013: 62-65).

최근 발전경제학자 Daron Acemoglu와 James A. Robinson은 10여 년간 공동연구를 수행한 후 저술한 「국가는 왜 실패하는가」(2012)라는 책에서 정치제도가 한 나라의 번영과 빈곤을 결정하는 근본 원인이라고 단언했다. 빈국이 곤궁한 까닭은 지리적 형세나 문화적 요인 또는 지도자의 실수와 무지 때문이 아니라 권력자들이 빈곤을 초래하는 착취적 제도를 의도적으로 선택했기 때문이라는 것이다.

오늘날 식자들은 흔히 지난 반세기 동안 벌어진 남·북한의 엄청난 빈부격차를 체제경쟁의 산물로 이해한다. 현대판 왕조세습을 불사해온 북한의 착취적 정치제도는 인권을 말살하고 경제를 빈사상태에 빠뜨렸다. 반면 한때 민주화투쟁으로 얼룩진 반민주 독재시대를 거쳤으나 대체로 포용적 정치제도를 유지해온 남한[4]은 세계최빈국에서 선진국 문턱까지 올라섰다.

2. 제도경제론

경제학의 아버지 Adam Smith(2010: 123-124)는 「국부론」(1776)에서 근대 이전에 강성했던 중국이 정체의 늪에 빠진 것을 결함투성이의 "법률과 제도"의 탓으로

---

2) 권리장전은 국민의 권리와 자유를 선언한 불문헌법으로서 "(1) 의회의 승인 없이 왕의 특권으로 세금을 부과하는 것은 불법이다. (2) 의회의원의 선출은 자유로워야 한다. (3) 의회에서 발언과 토론 또는 진행의 자유는 법정이나 의회 밖의 장소에서 고발되거나 이의가 제기될 수 없다. (4) 모든 고충의 사정과 법령의 개정·강화·보존을 위해 의회가 자주 열려야 한다."고 규정했다.

3) Ferguson(2012: 40-47)은 근래 서구국가가 겪고 있는 장기침체의 근본 원인도 정치경제제도의 쇠퇴에 있다고 진단한다.

4) 노벨경제학상 수상자 Amartia Sen(2013: 225-241)은 1970-1980년대 한국에서 재야 민주화투쟁과 야당이 유신독재와 신군부독재의 착취적 성격을 완화시켜 경제발전에 기여한 공로를 높이 평가한다.

진단했다. 그는 중국이 정체의 늪에서 벗어나려면 자유무역과 소기업 활동을 장려하고 관료주의와 정실주의를 타파하는 제도개혁을 단행해야 한다고 지적했다.

제도경제론의 기초를 닦은 노벨경제학상 수상자 Douglass North(1981: 20)는 국가를 "경제성장에 필요하지만 동시에 인위적 쇠퇴를 야기하는 원인"으로 보았다. 그는 최근 다른 연구자들과 공저한 「폭력과 사회질서」(2009)에서 근대 이후 서유럽 국가의 번영이 지배계층의 경제적 지대창출을 조장한 "접근제한(limited access) 사회질서"로부터 경쟁적 정치·경제제도를 통해 지배계층의 지대추구를 막는 "접근개방(open access) 사회질서"로 전환된 데 기인한다고 역설했다.

일당지배 사회주의체제를 고수해온 중국은 정치개혁을 뒤로 미루면서도 시장분권(market decentralization)을 추진해 G2 경제대국으로 성장했다. 그러나 북한은 여느 사회주의국가와 달리 시장의 자유를 허용하는 시장분권을 거부하여 시장개방의 혜택조차 누리지 못하고 경제파탄을 경험하고 있다.

3. 지방분권론

지방분권의 발전효과를 강조하는 지방분권론은 삼권분립의 고전인 Montesquieu의 「법의 정신」(1748)과 미국 제헌헌법의 변론서인 J. Madison, A. Hamilton & J. Jay의 「연방주의 논고」(1788)에서 본격 제기되었다. 이어 Alexis de Tocqueville의 「미국의 민주주의」(1835, 1840)와 James Bryce의 「현대 민주주의」(1921)는 지방분권의 장점을 간파하고 민주주의와의 연관성을 강조했다.

2차 세계대전 이후 중앙집권적 계획경제의 폭정 위험성을 경고한 Friedrich August von Hayek의 「노예제도로 가는 길」(1944)은 중앙집권체제가 경제발전을 가로막는 주범임을 지적했다. 이어 많은 연구자들(Johns, 1981; North, 1983; Birdzell, 1986; Weede, 1993; Baumol & Baumol, 1994; Pak, 1995; Hui, 2007)은 근대 유럽이 지방분권적 다중심체제를 통해 정부단위 간 경쟁과 다양성을 촉진해 경제번영을 꾀해온 데 반면, 근대 이전에 다방면에서 유럽을 앞섰던 중국은 획일성을 요구하는 중앙집권적 제국 하에서 쇠락을 면치 못했다고 진단했다. 동일한 관점에서 지난 30여 년간 중국의 비약적 경제성장은 시장개방과 더불어 "중국식 연방주의"로 일컬어지는 지방분권체제에서 이룩된 성과로 해석된다(정재호, 1999; Zhong, 2003). 최근 백바젤

경제연구소(BAK Basel Economics)의 연구는 지방분권 수준이 높은 나라나 지역일수록 GDP성장률과 일인당 GDP수준이 높다는 사실을 다시 확인했다(Assembly of European Region: 2009).

R. Putnam(1993), M. S. Grindle(2007), J. Faguet(2013; 2014)[5] 등은 지방분권의 발전효과가 민주주의 품질에 의해 영향을 받는다는 사실을 발견했다. 이들은 지방분권이 민주주의와 결합될 때 행정효율 향상, 정책혁신과 정책실험 고무, 지역갈등 완화, 정치안정, 시민의 정부만족도와 정부신뢰 제고 등의 발전효과를 내며, 지방분권 발전효과의 지역적 차이가 중장기적으로 완화되는 경향이 있음도 확인했다.

4. 분권발전론

합의민주제 연구의 권위자인 Arend Lijphart(2008: 269-279)는 권력공유민주주의가 다수결민주주의보다 경제성장, 실업, 노사분규, 재정적자, 경제적 자유 등 거시경제 성과를 높이고 정치안정과 평화를 정착시키는 데 우월하다는 것이 누누이 확증되었다고 강조했다.

대의민주주의가 직접민주주의와 적절히 결합되는 경우 행정효율 향상, 경제성장, 정치안정, 낮은 세금과 양질의 공공서비스 제공, 조세도의 앙양, 시민의 정부신뢰 제고와 행복증진에 기여한다는 경험적 연구도 축적되었다(안성호, 2005: 267-312; Frey, Stutzer & Neckerman, 2011: 107-120).

사회심리학의 연구결과 역시 분권의 장점을 지지해 왔다. 인간이 '당근과 채찍'으로 하급욕구를 충족하는 데 만족하지 않고 자기실현적 가치표출과 내재적 동기유발(intrinsic motivation)을 희구하는 상급욕구의 존재임을 확인한 임파워먼드이론(empowerment theory)과 '자율욕구·효능욕구·관계욕구'를 인간을 움직이는 3대 욕구로 강조하는 자기결정성이론(self determination theory)은 분권제도의 발전효과를 확인한 대표적 사회심리학이론이다. 권력격차에 관한 사회심리학연구도 분권제도의 장점을 직·간접으로 입증했다. Philip Zimbardo(2008)는 '스탠퍼드대 감옥실험'을 통해 권력격차가 지배자의 착취와 피지배자의 굴종을 심화·고착시키는 경향이 있음

---

5) 지방분권이 민주주의를 결여할 경우 기대한 효과를 내지 못하고 오히려 지역 간 불균형 심화, 공공서비스의 질 저하, 토호에 의한 지방정부 포획, 지방의 독재 등 부작용을 초래할 수 있다 (Blaser, et al. 2003: 58; Treisman, 2007: 11-15).

을 확증했다. 그리고 J. Maner & N. Mead(2010: 482-497)는 권력공유구조가 엘리트의 이기적 권력사용을 조장하고 지배욕구를 충족시키는 피라미드구조와 달리 지위안정성과 책임성을 제고하고 존경욕구를 충족시키는 경향이 있음을 발견했다.

Ⅲ '87년 헌법의 결함

현행 '87년 헌법질서는 독재청산과 대의민주주의 부활의 역사적 계기를 마련한 공적에도 불구하고 승자독식 다수제, 과잉 중앙집권제, 엘리트 지배 대의민주제를 특징으로 하는 소용돌이 집중제의 결함을 지니고 있다.[6]

(1) '87년 헌정체제는 다원사회의 상생공존에 필요한 소수권익에 대한 배려를 결여하고 있다. 경험적 연구는 한국 헌정체제가 지역 간 대립과 정당 간 이전투구를 부추기고 소수권익을 대변하는 정당의 진입을 차단하는 극단적 승자독식 다수결민주주의임을 밝혀 왔다. 더욱이 제왕적 대통령제는 지역할거주의에 기댄 여·야당 간 사생결단의 대결정치를 조장하여 승자독식 다수결민주제의 폐단을 증폭시켜 왔다. 대선에서 패한 야당은 차기 선거에서 승리하기 위해 사사건건 여당을 흠집 내고 대통령의 실정을 폭로하는 데 골몰해 왔다. 이에 대해 여당은 반대와 비판에 귀를 기울이기보다 야당과 극한 대립을 불사하고 승자의 아집과 독선을 부리기 일쑤다. 대통령의 제왕적 권력을 완화하고 선거제도에서 정당의 득표와 의석의 비례성을 높이며 지역대표형 상원을 창설하여 포용융화의 권력공유 헌정체제를 강화하지 않고 정치인의 도덕성과 자질만 탓하는 것은 부질없는 일이다.

---

6) 필자의 분권개헌의제에 관한 자세한 논의는 (안성호, 2016)의 제1장, 제4장, 제7장, 제9장 등을 참고할 것.

그림 1-1	'87년 헌정체제의 결함

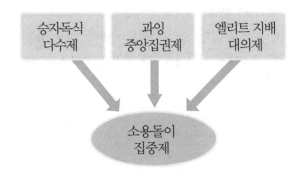

자료: 필자 작성.

(2) '87년 헌법은 역대 정부의 지방분권정책을 겉돌게 만들어 과잉 중앙집권의 극복을 방해해 왔다. 1991년 지방의회의 부활과 함께 역대 정부의 주요 국정과제로서 지방분권정책이 26년 동안 추진되었지만 여전히 국가사무 대 지방사무는 7 : 3, 국세 대 지방세는 8 : 2에 머물고 있다. 심지어 지방재정자립도는 1992년 69.6%에서 2014년 44.9%로 급락했다.[7] 가장 중요한 지방세원인 취득세의 세율이 중앙정부의 일방적 조치로 절반으로 삭감되었는가 하면, 중앙정치인이 대선 및 총선에서 제시한 복지공약으로 지방정부에 제공되는 국고보조금의 지방비 부담이 급증하여 지방재정의 중앙종속이 심화되었다. 설상가상으로 2014년 12월 국무회의는 대도시 74개 자치구(군)의회 폐지계획을 포함한 지방자치종합계획안을 의결했다. 민주화운동의 결실로 쟁취한 대도시 풀뿌리민주주의가 지방분권개혁이란 이름으로 일거에 파괴될 위기에 직면한 것이다.

(3) '87년 헌법은 선출된 공직자의 입법독점권을 인정하는 대의민주제를 규정

---

7) 2014년부터 세외수입의 분류체계와 항목의 변경, 즉 세외수입에서 잉여금, 이월금, 전입금, 예탁금, 예수금, 융자금 원금수입 등을 제외시켜 지방재정자립도가 낮아진 측면도 있다. 그러나 과거의 기준으로 산정하는 경우에도, 2014년 평균 지방재정자립도는 50.3%에 불과하다.

함으로써 정관(政官)엘리트 카르텔을 예방하거나 교정할 구체적 수단을 결여하고 있다. 따라서 현행 헌법에는 대다수 국민이 원하는 사안을 의제로 삼지 않거나 대다수 국민의 의사에 반하는 결정을 내린 행정부와 국회를 효과적으로 통제할 방법이 없다. 불만을 품은 국민이 할 수 있는 일이란 오직 지배자로 군림한 대표에게 통사정하거나 불만을 공허하게 폭발시키는 것뿐이다.

"신의 경고와 인간의 선택"

왜, 어떻게 소용돌이 집중제가 초래되는가? 그리고 그 폐단은 무엇인가? 우리는 구약성서 「사무엘상」 8장에서 소용돌이 집중제의 원형인 군주제의 기원과 성격을 엿볼 수 있다.

기원전 11세기 이스라엘 민족의 지도자 Samuel은 노령에 두 아들에게 자신이 수행해온 사사(士師) 역할을 맡겼다. 그러나 두 아들은 뇌물을 받고 부당하게 재판했다. 이스라엘의 장로들은 Samuel에게 왕을 세워 달라고 요청했다. Samuel은 신의 뜻을 물었다. 신은 백성이 "나를 버린" 증거라며 왕을 세우면 백성이 왕의 노예가 될 것임을 경고하라고 하셨다(「사무엘상」 8: 11−18).

"왕이 너희를 다스리는 방식은 이러하리라. 왕은 너희의 아들들에게 병거와 말을 맡겨 병거 앞에서 달리게 하고, 일부 아들들을 군대의 천부장과 오십부장으로 삼으며, 다른 아들들을 자기 밭을 갈고 자기 곡식을 추수하고 자기 병거와 병거의 제구를 만드는 노역을 부과할 것이다. 왕은 너희 딸들을 왕실의 향료를 만들고 요리하며 떡 굽는 자들로 만들 것이며, 너희 밭과 포도원과 감람원의 제일 좋은 것과 너희 곡식과 포도원 소산의 십일조를 취해 자기 관리와 신하에게 줄 것이다. 왕은 또 너희 노비와 가장 아름다운 소년과 나귀를 징발하고 너희 양떼의 십분의 일을 거출하리니 너희가 그의 노예가 될 것이다. 그날에 너희가 왕 때문에 부르짖되 여호와께서 응답지 아니하시리라."

이와 같은 신의 엄중한 경고에도 불구하고, 백성은 "우리도 주변 민족들처럼 왕이 우리를 재판하고 우리 앞에 나가서 싸워주기를 원한다."고 고집했다. 결국 신은 왕을 세우도록 허락하셨다.

이 기사는 우리에게 소용돌이 집중제에 관한 몇 가지 관점을 제공한다.

(1) 소용돌이 집중제는 신을 대신해 세속의 왕을 믿는 타락한 인간의 선택이다(「사무엘상」 8: 7−8). 「미국의 민주주의」(1835, 1840)의 저자 Alexis de Tocqu-eville은 소용돌이 집중제가 자치공동체의 자유와 "자치습관을 포기한 국민"이 선망하는 정체로 규정했다.

(2) 인민은 소용돌이 집중제에서 지배자의 "노예"로 전락한다(「사무엘상」 8: 11−18). Tocqueville은 민주국가의 소용돌이 집중제가 시민정신을 마비시켜 인민을 "근면한 겁쟁이 짐승 떼"로 타락시킬 것을 우려했다. 노벨경제학상을 수상한 Fried-rich von Hayek은 「노예제도로 가는 길」(1944)에서 소용돌이 집중제가 노예제도를 조장한다고 경고했다.

(3) 전쟁은 소용돌이 집중제를 초래하며, 소용돌이 집중제는 전쟁을 일상적 과업으로 삼는다(「사무엘상」 8: 20). 프로이센 제국의 직업전사 Carl von Clausewitz는 전쟁을 "단지 다른 수단에 의한 정치의 연장"으로 규정했다. 국가주권을 추구한 열강의 소용돌이 집중제는 19−20세기 제국주의 침략과 20세기 양차 세계대전을 야기했다.

Ⅳ 신문명 헌법질서와 슈퍼투쟁

한국 민주주의의 위기를 조장해온 제왕적 대권주의, 정관엘리트 카르텔, 중앙집권주의, 승자독식주의를 극복할 해법은 무엇인가? 미래학자 Alvin & Heidi Toffler는 「신문명 창조: 제3물결의 정치」(1994)라는 저술에서 그 해결책을 제시했다. 물론 Toffler 부부가 신문명 창조의 일차적 대상으로 상정한 나라는 미국이었다. 그러나 이들의 처방은 미국보다 오히려 한국에 훨씬 더 절실하다. 제2물결의 "사이비 대의민주주의"의 병폐는 미국보다 한국에서 더 심각하기 때문이다.

1. 신문명 헌법질서

Toffler 부부는 제3물결의 신문명 헌법체제가 갖추어야 할 세 가지 요건으로 소수권력, 결정권 분산, 준직접민주제를 지적했다.

신문명의 첫 번째 요건은 소수권력(minority power) 보호다. 제3물결의 신문명은 다수결원리의 전통적 가설에 의문을 제기한다. 가난한 사람들이 다수였던 제2물결 시대에 다수결원리를 위한 투쟁은 인간적이고 해방적이었다. 그러나 오늘날 많은 나라들에서 가난한 사람들은 다수가 아니라 소수가 되었다. 그러므로 이런 나라에서 다수결원리는 더 이상 인간적이고 민주적이지 않다. 제2물결 시대에 중요한 것은 다수가 아니라 소수다. 헌정체제는 소수권력과 다양성을 존중하는 비례주의와 같은 권력공유원리를 적극 수용해야 한다.

신문명의 두 번째 요건은 결정권 분산(decision division)이다. Toffler 부부는 지방분권을 결정권 분산으로 명명한다. 제3물결 정치는 집중된 결정권을 현장에 이관하는 결정권 분산을 요구한다. 제3물결 문명에서는 기업 내부에서 또는 지리적으로 결정권 분산이 필요하지만 정부의 지방분권화는 이보다 더 긴요하다. 오늘날 정부는 중앙권력의 지방이양 없이 판단력과 질서 및 관리의 효율을 확보할 수 없다. 정부의 효율성을 높이기 위해서는 중앙권력의 의사결정부담을 지방과 시민 곁으로 이관하는 결정권 분산이 필요하다.

신문명의 세 번째 요건은 준직접민주주의(semi-direct democracy)이다. 준직접민주주의란 대의민주주의와 직접민주주의가 적절히 결합된 민주주의를 말한다. 제2물결 대의민주주의의 엘리트 카르텔과 대표성 실패를 예방하거나 교정하는 직접참정의 확충이 필요하다. 헌법과 법률에 대한 국민발의와 국민투표를 제도화하고 지방의 주민참정기회를 획기적으로 확대해야 한다. 기본적인 대의정치제도를 만든 미국 제2물결 혁명가들이 우려했던 "국민의 일시적이고 감정적인 반응과 통신수단의 한계"는 다양한 직접민주제도의 설계와 전자민주주의 혁신으로 극복될 수 있다.

2. 슈퍼투쟁과 국제동향

제2물결의 산업사회에서 제3물결의 정보사회로 이행하면서 의사결정부담이 폭발적으로 늘어나기 때문에 과중한 의사결정부담을 민주적 참여확대를 통해 분담시키는 것이 순리다. 이런 의미에서 민주적 권력이동은 선택의 문제가 아니라 진화론적 필연이다.

Toffler 부부는 21세기 민주주의가 제2물결 문명을 고수하려는 세력과 제3물결 문명을 창조하려는 세력 간 "슈퍼투쟁(super struggle)"이 벌어질 것으로 보았다. 제2물결 세력은 산업대중사회의 중앙집권적 국민국가와 사이비 대의정부를 유지하기 위해 직접민주주의를 포퓰리즘으로 매도하고 지방분권과 다양성 촉진에 저항할 것이다. 이에 대항해 제3물결 세력은 다양한 직접참여제도를 실험하고 초국가기관과 지방정부에 권력을 이양하여 소수파와 권력을 공유함으로써 상생을 도모할 것이다. 슈퍼투쟁의 평화적 이행가능성은 소수권력, 결정권 분산, 준직접민주주의를 특징으로 하는 신문명의 창조에 빨리 착수할수록 더 높아질 것이다.

슈퍼투쟁은 이미 세계 도처에서 시작되었다. 제2물결 세력이 압도적인 세계는 조금씩 제3물결 문명 쪽으로 꿈틀거리며 다가갔다. 지난 수십 년간 범세계적으로 직접민주제를 활용하는 빈도가 늘었고, 지방분권화도 다양한 양상을 띠고 시도되었다(안성호, 2005: 210-211). 아울러 다당제 서유럽국가를 중심으로 소수권력을 존중하는 비례주의 선거제도와 행정관행도 확산되었다.

스위스는 19세기 초부터 신문명 헌정체제 형성을 위한 개혁에 착수하여 20세기 초반 여느 나라들이 여전히 제2물결 헌정체제에 얽매여 있을 때 제3물결의 권력공유 헌정체제의 근간을 확립했다.

18세기 말 근대적 연방민주주의를 창안한 미국은 19세기 말에서 20세기 초까지 대두한 소위 머신정치와 보스지배라는 대의민주주의의 타락에 직면해 1920년대 서부지역의 주정부와 지방정부를 중심으로 스위스를 벤치마킹해 대거 주민발의, 주민투표, 주민소환 등 직접민주제를 도입했다. 이로써 미국은 스위스 다음으로 개척시대부터 뉴잉글랜드에서 시작된 타운미팅(town meeting) 집회민주주의와 함께 주정부와 지방정부에서 직접민주제를 가장 많이 활용하는 나라가 되었다.[8]

18세기 말 미국혁명에 이어 인류역사에 인민주권 원리를 확산시킨 대혁명의 나라 프랑스는 1980년대에 국가경쟁력 제고를 위해 지방분권개혁을 추진해 Napoleon 집권 후 2세기 이상 유지된 과잉 중앙집권체제를 벗어났다. 2003년 헌법개정을 통해 프랑스는 "지방분권적으로 조직된" 국가임을 천명하고 대의민주제를 보완하기 위한 직접민주제 확충을 규정했다.

---

8) 그러나 미국 연방정부에서는 직접민주제가 일체 도입되지 않았고 건국 이후 서서히 중앙집권이 진행되었다(Ostrom, 2008).

19세기 후반 뒤늦게 연방국가로 통일을 이룩한 독일은 1990년대 이후 주정부와 지방정부에 직접민주제를 확대한 데 이어 근래 연방 수준에서 기본법과 법률에 대한 국민발안제와 국민투표제 도입을 논의하고 있다. 현재 독일 국회의원 과반수가 연방 수준의 직접민주제를 도입하는 것에 찬성하지만 제1당인 기민당(CDU)의 유보적 태도로 기본법개정 특별정족수 3분의 2선을 채우지 못하여 연방 수준의 직접민주제 도입이 지연되고 있다(Hielscher, 2014).

이와 같은 선진국 동향과는 대조적으로 한국은 여전히 제2물결 정치제도에 안주하고 있다. 지방분권개혁은 중앙집권적 헌법질서에서 정체와 퇴행을 거듭했고, 약소지역과 군소정당을 배려하는 비례주의를 확대하려는 시도는 승자독식 다수제의 수혜자인 거대정당의 기득권 고수로 번번이 무산되었다. 게다가 대의민주주의를 숭상하는 헌법은 정관엘리트 카르텔과 대표성 실패를 예방하고 교정할 직접민주제를 금기시하고 있다. 중앙정부 수준에서 유효한 직접민주제를 봉쇄당한 국민은 대의제 실패를 성토하기 위해 2016년 초겨울부터 광장에 나가 엄동설한에 떨며 촛불을 들고 분노의 함성을 외칠 수밖에 없었다.

V 스위스 권력공유민주주의와 번영

필자는 Toffler 부부의 「신문명 창조: 제3물결의 정치」(1994)를 읽은 후 스위스에 대한 언급이 없는지 세밀히 살폈다. 이들이 지적한 제3물결 정치의 세 가지 요소는 바로 스위스 권력공유민주주의 헌정체제의 특징과 일치하기 때문이었다. 그러나 이 책 어디에서도 스위스에 관한 언급을 찾을 수 없었다. 이들이 스위스를 거론하지 않은 이유가 궁금했지만, 더 중요한 점은 스위스가 제2물결 문명이 한창이던 19세기 초반부터 1세기 이상 이들이 지적한 신문명의 세 가지 요소를 헌정체제에 접목시켰고 그 토대 위에서 세계최고의 선진국으로 도약했다는 사실이다.

1. 스위스 권력공유 헌법질서

스위스 권력공유민주주의(power sharing democracy)의 특징은 소수보호 비례주의, 비중앙집권, 준직접민주주의로 요약될 수 있다(Linder, 2010; 안성호 2005).

스위스는 소수의 권익을 보호하기 위해 비례주의(proportionalism)를 충실히 적용한다. 먼저 하원의원선거제도에서 소수정당에게 불리하지 않은 비례대표제를 적용한다. 선거제도상 거대정당의 특혜는 인정되지 않으며, 다양한 지역과 세력을 대표하는 소수정당의 진입과 도전은 용이하다. 소수의 권익을 존중하는 권력공유 요소는 비례대표성이 반영되는 인재충원방식에서 특히 두드러진다. 연방의회는 언어·정당·출신지역·성별을 고려해 7명의 연방각료를 선출한다. 연방정부의 행정권을 공동으로 행사하는 이들 7명의 연방각료는 오직 각료회의를 주재하고 의전역할을 수행하는 대통령의 직책을 1년씩 돌아가며 맡는다. 연방정부의 전문가위원회와 국회 상임위원회의 위원 선출, 대법원을 비롯한 연방법원의 재판관 선임, 기타 고위공직자를 선임할 때도 비례대표성이 준수된다. 심지어 캔톤과 코뮌의 공직자와 시민사회단체의 대표를 선임할 때에도 비례대표성이 존중된다. 민족·언어·종교·지역 등으로 분절된 스위스의 산업평화와 정치안정 비결은 바로 비례주의의 충실한 적용에서 시작된다고 해도 과언이 아니다.

스위스는 비중앙집권(non-centralization)의 나라다. 결정권 분산이나 지방분권은 스위스 헌법체제를 설명하는 데 적합하지 않다. 스위스 연방정부는 오직 국민과 캔톤의 2중다수의 동의를 얻은 개헌을 통해서 새로운 권한을 획득할 수 있다. 스위스에서는 긴급조치를 위장한 중앙집권을 막기 위해 연방의회의 긴급조치의결도 서명요건을 갖춘 국민의 청구로 국민투표에 부쳐진다.[9] 스위스의 각 지역은 캔톤을 대표하는 상원과 국민과 캔톤의 2중다수 개헌제도를 통해 국정에 참여한다. 코뮌은 캔톤 내에서 연방에 대해 캔톤이 누리는 막강한 자치권을 누린다. 캔톤과 코뮌의 주민은 소득세를 비롯한 대다수 세금의 세목·세율·과표에 대한 결정권을 행사한다. 스위스 헌법체제의 비중앙집권성은 전체 세수 중 연방·캔톤·코뮌에 할당되는 몫의 백분비가 대략 30 : 40 : 30이라는 사실에서도 확인된다. 평균인구 3,600여 명에 불과한 코뮌정부의 평균재정자립도가 무려 87%에 달하는 비결이 여기에 있다.

---

9) 1930년대 세계대공황과 2차대전 때 국가위기상황에 효과적으로 대처하기 위해 연방의회에게 긴급조치 결의권이 부여되었다. 그러나 이 제도가 중앙집권화의 편법으로 악용되는 사례가 늘어나자 1949년 긴급을 요하는 일반구속적 연방결의에 대해서도 다른 연방의회 결의와 마찬가지로 국민투표로 중앙집권을 막는 방안이 마련되었다(Fry & Stutzer, 2006: 50).

스위스는 준직접민주제의 나라다. 스위스 18세 이상의 시민은 입법자로서 1년에 네 차례 20-30건의 국사와 지방사안을 직접 결정한다. 대다수 스위스 코뮌에서는 시민권도 주민투표로 결정한다. 직접민주제의 활용원칙에 따라 가장 중요한 사안은 시민이 직접 결정하고, 중요한 사안은 의회가 결정하며, 일상적 사안은 행정기관이 결정한다. 경험적 연구는 스위스의 개방적인 직접민주제가 행정효율 제고, 정치사회적 갈등진정, 조세순응과 조세도의 앙양, 시민의 행복증진 효과가 있음을 입증해 왔다(안성호, 2005. 193-312; Frey & Stutzer, 2006: 55-65).

2. 스위스의 번영

한때 용병의 삯전으로 나라살림을 보태야 했고 자원이라곤 알프스의 수력과 자연경관뿐이었던 스위스가 세계최고의 선진국으로 도약하는 데 비례주의, 비중앙집권, 준직접민주제를 특징으로 한 권력공유 헌법질서의 공로가 컸다.

영국의 저명한 역사학자이며 정치가였던 James Bryce는 1905년과 1919년 두 차례 스위스를 방문한 후 저술한 마지막 역작 「현대 민주주의」(1921)에서 "스위스가 민주국가 중 연구할 가치가 가장 큰 나라"라고 지적했다.[10] Bryce(1921: 361)는 언어와 종족이 다르고 여러 세기에 걸쳐 심각한 신·구교 종교분쟁을 겪었던 나라가 드높은 헌정애국심(constitutional patriotism)과 고도의 국민통합 및 고품격 시민정신을 바탕으로 고르게 잘 사는 선진국으로 도약한 비결이 지방의 자유와 직접참정을 보장하고 소수권익을 존중하는 헌정체제에 있다고 강조했다. 물론 스위스 헌법질서도 완전무결하지 못하지만[11] "놀라운 정치안정, 보스정치와 패거리정당의 부재, 정책의 일관성, 고품질 입법, 효율적 행정, 충실한 교육·국방·도로 등 기본 공공서비스 제공, 개인자유의 존중" 등에서 여느 민주국가에서 찾아보기 어려운 많은 장점

---

10) Bryce(1921, vol. 1: 269)는 수세기 동안 민주정부를 유지한 일부 공동체를 포함한 점, 민주원칙을 가장 철저하고 일관성 있게 적용한 점, 그리고 한 나라 안에서 가장 다양한 민주제도를 발전시킨 점에서 "스위스를 연구할 가치가 가장 큰 민주국가"로 보았다.

11) Bryce(1921, vol. 1: 362)는 스위스 헌정체제의 약점으로 지나친 평등원칙 적용으로 인한 정치와 행정의 아마추어리즘, 군소 정치파당 형성, 지방의 사소한 독직·특혜사건 등을 거론했다. 근래에도 세금회피 해외자금과 검은 돈을 끌어들이는 스위스은행의 비밀보호제도(최근 스위스 연방정부는 은행의 과도한 비밀보호를 규제하는 조치를 취함), 낮은 시민투표 참여율, 이슬람 회당건립 반대와 과다한 외국인 거주비율을 제한하는 비관용적 국민투표, 2003년 UN가입과 EU가입을 미루는 보수적 대외관계 국민투표행태를 비판하는 시각이 있다.

들이 있음을 목격했다. Bryce(1921: 368-369)는 스위스가 1차 세계대전 이후 주변 강대국들의 각축장으로 변해가는 심상치 않은 국제정세 속에서 어려움을 겪을 것이지만 스위스인의 드높은 애국심, 고도의 국민통합, 고품격 시민정신으로 위기를 능히 극복해낼 수 있을 것으로 낙관했다. 그의 예견은 적중했다. 2차 세계대전 때 스위스는 헌정애국심에 근거한 '고슴도치국방'으로 Hitler의 가공할 침공위협을 막아냈다. 역사학자 Steven Halbrook(2000: 249-253)은 2차 세계대전 때 스위스 철통국방의 성공비결이 "스위스가 군주국가가 아니라 비중앙집권적 연방주의와 직접민주주의 전통 및 그 연장인 시민군을 가진 공화국이었던 데 있다."고 진단했다.

스위스 권력공유 헌정체제는 오늘날에도 빛을 발한다. 2014-2015년 세계경쟁력보고서(GCR)는 스위스를 국가경쟁력 1위 국가로 평가했다. 2015년 세계행복보고서(WHR)는 스위스를 2012-2014년 행복도 1위 국가로 꼽았다. 2015년 W. Mercer사가 조사한 삶의 질 세계 10위 도시에 스위스의 취리히(2위), 제네바(8위), 베른(10위)이 포함되었다. 스위스는 인구 840만 명의 소국이지만 증권거래시가총액으로 세계 11위이며, 1인당 보유주식은 13만 달러로 세계 1위다. 은행대부금액으로는 세계 3위, 해외직접투자액으로는 세계 5위다. 스위스의 실업률은 통상 3%이며, 빈곤율은 주변 선진국의 3분의 1 내지 2분의 1에 불과하다. OECD의 평균국가부채가 GDP의 110%를 훌쩍 넘겨 위기적 징후를 보이지만, 스위스의 국가부채는 45% 미만으로 양호하다. 그리고 스위스는 노사분규로 인한 연간 근무일 결손이 가장 적은 산업평화의 나라이며, 다문화사회의 갈등을 평화적으로 해결해온 정치안정의 나라다.

Ⅵ 분권개헌의 방향과 과제

1. 헌법개혁 방향: 권력공유 헌법질서의 실현

앞에서 살펴본 바와 같이 스위스는 약 1세기 전부터 Toffler 부부가 지적한 제3물결 정치의 세 가지 특징을 두루 갖춘 권력공유 헌법질서를 토대로 고도의 정치안정과 산업평화를 이루고 놀라운 번영을 구가했다.

그러나 권력공유 헌법질서의 장점은 스위스에서만 실증된 것이 아니다. 지난 수십 년간 비교정부연구의 귀중한 성과 중 하나는 균열이 심한 사회에서 민주주의를 유지하려면 권력공유를 제도화해야 한다는 것이다. V. Bogdanor(1997: 66-67)는 경험적 연구결과에 기초해 "균열된 사회가 안정을 이루는 유일한 방안은 권력공유 뿐이다. 균열된 사회에서 민주주의란 다수결원칙이 아니라 권력공유를 의미한다."고 역설했다. 지역·이념·노사·계층·세대 등으로 균열되어 매년 수백 조원의 갈등을 치르는 '갈등공화국'인 한국은 그 어느 나라보다 권력공유의 제도화가 시급한 나라다.

표 1-1   제3물결 정체의 3요소, 스위스 정체의 특징, 분권개헌의 방향

제3물결 정체의 3요소	스위스 정체의 특징	분권개헌의 방향
소수권력	비례주의	소수보호 비례주의 (소수/다수 권력공유)
결정권 분산	비중앙집권	연방적 지방분권 (중앙/지방 권력공유)
준직접민주주의	준직접민주주의	직접민주제 확충 (엘리트/시민 권력공유)

자료: 필자 작성.

게다가 권력공유 헌법질서는 남한 내부의 화합과 안정뿐만 아니라 평화통일을 촉진하고 통일한국의 국민통합을 위해서도 필요하다. 성경륭(2013)은 "민주적 절차에 의한 북한의 통합가능성을 봉쇄하는 중앙집권적 단방국가를 통일에 대비해 연방주의적 분권국가로 전환"해야 한다고 강조한다. 통일은 단순히 남한의 체제 속으로 북한의 영토와 주민이 귀속되는 것만으로 실현되지 않는다(강원택, 2011: 38). 이질화된 남북한 사회의 통합을 이루기 위해서는 통일에 대비해 포용융화의 권력공유 헌법질서를 구축해야 한다.

제10차 분권개헌은 한국병의 근원인 소용돌이 집중제를 극복하고 포용융화의 권력공유 헌법질서를 세우기 위해서 승자독식 다수제를 소수보호 비례제(다수와 소수의 권력공유)로, 과잉 중앙집권제를 연방적 지방분권제(중앙과 지방의 권력공유)로,

그리고 엘리트 지배 대의제를 대의민주제와 직접민주제가 결합된 준직접민주제(엘리트와 시민의 권력공유)로 바꾸어야 한다.

| 그림 1-2 | 분권개헌의 방향 |

소용돌이 집중제 ➡ 권력공유민주주의

승자독식 다수제 ➡ 소수보호 비례제

과잉 중앙집권제 ➡ 연방적 지방분권제

엘리트 지배 대의제 ➡ 준직접민주제

자료: 필자 작성.

2. 분권개헌 4대 의제

현행 '87년 헌법의 소용돌이 집중제를 권력공유민주주의로 전환하는 분권개헌의 4대 의제는 제왕적 대통령제 개혁, 소수를 돌보는 양원제 도입, 연방적 지방분권, 그리고 직접민주제 확충이다.

1) 제왕적 대통령제 개혁

그동안 5년 단임 제왕적 대통령제의 대안으로 4년 중임 대통령제와 이원정부제가 주로 논의되어 왔다.

2017년 대선과정에서 유력 대통령 후보와 지지 세력은 4년 중임 대통령제를 선호한 반면, 그렇지 않은 다수 국회의원들은 외치(外治)와 내치(內治)를 직선 대통령과 국회 다수당 총리가 분담하는 이원정부제, 이른바 분권형 대통령제를 선호했다. 사실 그동안 정치권의 개헌동력은 바로 이원정부제 개헌에 대한 기대였다.

문제는 대통령보다 국회를 더 불신하는 여론이 이원정부제 개헌에 대해 호의적이지 않다는 것이다. 게다가 대선 이후 4년 중임 대통령제에 대한 국민의 선호도가 크게 높아졌다. 이런 여론변화와 함께 이원정부제 개헌에 대한 여당 국회의원들의 소극적 태도는 이원정부제 실현을 염원한 국회의원들의 개헌의욕을 크게 떨어뜨렸다. 특단의 조치가 취해지지 않으면 개헌이 무산될 우려가 있다는 관측이 지배적이다.

그러나 이원정부제 개헌에 필요한 재적국회의원 3분의 2 이상 찬성을 확보하는 것이 어렵다고 다수 국민이 염원하는 개헌을 포기하는 것은 국회의 도리가 아니다. 더욱이 4년 중임제 개헌이 반드시 제왕적 대통령제 폐단의 답습을 강제하는 것도 아니다. 4년 중임 대통령제를 채택하는 경우에도 대통령의 권한을 줄여 제왕적 대통령제의 병폐를 예방하거나 크게 완화할 수 있다.

이를테면 4년 중임 대통령제를 채택하면서 동시에 ① 감사원을 회계감사기능을 확대하여 국회로 이관하거나 독립기관으로 전환하는 방안, ② 대통령이 추천하는 검찰총장·경찰총장·국세청장·국정원장 등 이른바 권력기관의 장 후보에 대한 국회 동의요건을 강화하는 방안, ③ 대법원장과 헌법재판소장 후보를 대법관회의와 헌법재판관회의가 호선하여 국회에 추천하는 방안, ④ 양원제 개헌의 경우 대통령이 상원의 권고와 동의를 얻어 대사·장관 등을 임명하고 국제협정과 조약을 채결하는 방안, ⑤ 대통령비서실의 비대화와 월권을 제한하는 방안 등을 제도화하여 제왕적 대통령제의 폐단을 예방 또는 완화할 수 있다.

향후 제왕적 대통령제 개혁방안을 설계할 때 권력공유민주제를 채택하여 정치안정과 경제번영을 구가해 온 독일과 스위스의 정부형태를 참고할 필요가 있다.

독일의 간선 대통령―의원내각제의 기본 골격은 다음과 같다. ① 5년 중임 간선 대통령은 하원의원과 하원의원 수만큼 지역의회에서 간선된 대표로 구성된 선거인단에서 토론 없이 선출된다. ② 대통령은 국가원수로서 헌법수호와 국민통합 및 수상 불신임 등 위기 시에 '유보된 권력'을 행사한다. ③ 대통령은 거부권 없이 법안발의권, 법률공포권, 공직임면권, 사면권 등을 행사한다. ④ 대통령의 명령처분은 수상과 각료의 서명을 받아 효력을 발한다. ⑤ 하원에서 선출된 수상과 수상이 추천한 각료가 행정권을 행사한다.

권력공유민주제의 모범사례인 스위스 대연정 집단대통령제(또는 동료내각제)의 기본 골격은 다음과 같다. ① 국회 양원합동회의에서 4개 정당,[12] 언어권(독어권

---

[12] 7인의 각료가 대표하는 4개 정당은 전체 유권자의 70-80% 지지를 받는다. 이런 의미에서 스위스연방의 내각을 흔히 '대연정(grand coalition)'내각이라고 칭한다.

3-4명, 불어권 2-3명, 이탈리아어권 0-1명), 출신캔톤 또는 거주캔톤을 고려하여 '마법의 공식(magic formular)'에 따라 교황선출방식으로 간선된 7인의 각료가 7개 부처의 장관직을 수행한다. ② 연방의회의 내각 불신임권과 내각의 연방의회 해산권은 인정되지 않는다. ③ 각료는 당직을 갖지 않고 정당과 거리를 유지하며 국정을 수행한다. ④ 각료는 윤번제로 1년 임기의 대통령직무를 수행한다. ⑤ 대통령직을 수행하는 각료는 '동료 중의 수석(primus inter pares)'으로서 각료회의를 주재하고 국가대표로서 의전역할을 수행한다. ⑥ 각료회의는 합의제기관이다. 각료는 각료회의의 결정에 대해 공동으로 책임지며,[13] 각료회의의 결정과 그 과정에 대해 각료회의 밖에서 개인적 이견을 발설할 수 없다. ⑦ 각료회의는 공개되지 않으며 50년간 비밀로 유지된다.

2) 소수를 돌보는 양원제 도입

두 번째 분권개헌 의제는 지역대표형 상원과 비례대표성이 강화된 하원으로 구성된 양원국회제도를 도입하는 것이다.

2017년 8월 국회개헌특별위원회 자문위원회는 국민을 대표하는 하원과 지역주민을 대표하는 상원으로 구성된 양원제 개헌안을 제시했다. 이번에 국회개헌특위 자문위원회가 제시한 지역대표형 상원 개헌안은 2009년과 2014년 국회 헌법개정자문위원회의 제안에 이은 세 번째 양원제 개헌안이다. 이처럼 국회 자문위원회가 연이어 양원제 개헌을 제안한 것은 지난 10여 년 동안 형성된 학계와 시민사회의 광범위한 공감대를 반영한다.

오늘날 선진 7개국(G7)은 모두 양원제국가다. 인구 1200만 명 이상의 15개 OECD국가 중 단원제 국가는 터키와 한국뿐이다. GDP 15위 국가 중 상원이 없는 나라도 중국과 한국뿐이다. 그나마 중국은 국회에 해당되는 전인대(全人代)의 대표성 한계를 보완하기 위해 자문적 상원 역할을 수행하는 정협(政協)을 두고 있다. 이렇게 보면 GDP 15위 국가 중 상원이나 유사상원이 없는 나라는 한국뿐이다.

적절히 설계된 지역대표형 상원은 한국정치의 고질적 병폐를 예방하고 치유하여 선진 통일한국을 세우는 핵심 헌정제도로 활용될 수 있다. 지역대표형 상원은 다수의 전횡을 방지하고 소수이익을 보호함으로써 지역갈등해소와 지역균형발전에 기

---

13) 따라서 각료는 자신이 맡지 않는 타 부처에 대해서도 공동책임을 진다.

여할 수 있다. 특히 2016년 4월 선거구 개편으로 수도권으로 의석이 늘어난 상황에서 과소지역의 대표성을 우대하는 지역대표형 상원의 필요성은 더욱 절실해졌다. 아울러 지역대표형 상원은 지방분권개혁 촉진, 정당 간 극심한 대립과 갈등 완화, 졸속입법 예방과 입법품질 향상, 북한의 민주적 통합과 통일한국의 국민통합을 고무할 수 있다.

　비례주의 헌정체제를 강화하기 위해서는 지역대표형 상원의 설치와 더불어 정당의 득표율과 의석점유율 간에 비례성이 강화된 하원의원 선거제도의 도입이 필요하다. 2015년 중앙선거관리위원회는 현행 국회의원 300개 의석을 지역구 의석 200석과 비례대표의석 100석으로 나누고, 권역별로 정당투표에 의해 정당이 득표한 의석수를 결정한 후 지역구투표에 의해 차지한 의석을 뺀 나머지 의석을 비례대표의석으로 정당에 배당하는 방안을 제시했다. 이어 2015년 7월 새정치민주연합은 독일식 권역별비례대표제 도입과 함께 국회의원 정수를 현행 300명에서 369명으로 늘리는 방안을 제시했다. 그러나 이 두 제안은 비례대표성이 낮은 기존 선거제도를 통해 지역할거주의 정당구도의 혜택을 누려온 제1당의 반대로 거부되었다.

　필자는 50명 이내의 지역대표형 상원의원을 제2공화국 참의원선거처럼 제한연기투표제나 단기이양투표제로 뽑고, 300명의 하원의원을 지역구의석(200석)과 비례대표의석(100석)을 혼합한 독일식 하원의원 선거제도로 선출하는 방안을 제안한다.[14]

3) 연방적 지방분권

　선진통일한국의 권력공유민주주의 헌정비전을 실현하려면 권력을 시민 곁으로 이동시키는 분권개헌이 필요하다. 지방분권개헌은 답보상태를 면치 못해온 지방분권개혁에 생기와 동력을 불어넣는 지렛대로 작용할 것이다.

　2017년 8월 국회개헌특위 자문위원회는 학계와 시민사회에서 제기한 지방분권 과제들을 반영한 개헌안을 제시했다. 그동안 제안된 주요 지방분권 개헌안은 2006년과 2010년 전국시도지사협의회의 의뢰로 작성된 두 편의 헌법개정안(최병선·김선혁 외, 2006; 방승주·이기우·신도철 외, 2010)을 비롯해 2010년 대화문화아카데미의 헌법개정안, 2016년 2월 지방분권국민행동의 개헌안, 2016년 12월 나라 살리는 헌법개정국민주권회의 개헌안, 그리고 2017년 4월 지방분권개헌국민회의[15]의 개헌안 등이다.

---

14) 양원국회제도의 설계에 관한 자세한 논의는 이 책의 제9장을 참고할 것.
15) 지방분권개헌국민회의는 지방분권개헌국민행동, 전국시장군수구청장협의회, 한국지역언론인 클럽 등 10개 개헌 시민운동단체의 연합체로서 2017년 대선과정에서 후보들과 지방분권개헌

지방분권개헌 시민운동이 태동된 시기는 MB정부시절인 2010년경이다. 참여정부의 의욕적 지방분권정책에 제동을 걸었던 정치권[16]은 MB정부시절 시·군합병 위주의 중앙집권적 지방행정체제개편을 핵심 지방분권정책으로 둔갑시켜 지방분권개혁의 발목을 잡았다. 지방분권개혁이 정치권의 저항과 반격으로 정체와 퇴행을 거듭하는 상황에서 2002년 이후 지방분권 시민운동을 주도해 온 지방분권국민운동은 법률개정을 통한 지방분권개혁의 한계를 인식하고 지방분권개헌국민행동을 결성하고 지방분권개헌 시민운동을 전개하기 시작했다. 이후 지방분권이 주요 개헌의제로 부각되는 가운데 지방분권개헌운동에 동참하는 시민단체들이 늘어났다.

국회가 이런 시민사회의 요구를 충실히 수용할 것으로 낙관할 수 없지만 최근 변화의 조짐이 나타나고 있다. 국회개헌특별위원회의 자문위원회가 지방분권을 주요 개헌의제로 포함한 개헌안을 제시했고, 지방분권개헌의 필요성에 공감하고 앞장서는 국회의원들이 늘고 있다. 게다가 2017년 대선과정에서 "연방제 수준의 강력한 지방분권공화국 건설"을 공약한 문재인 대통령은 정치권이 정부형태에 관해 의견을 달리하는 경우에도 정치권이 합의하는 기본권과 지방분권만이라도 개헌안에 포함시켜 내년 6월 지방선거 때 국민투표에 부칠 것을 촉구했다.

그동안 제기된 지방분권개헌 과제는 지방분권국가의 명시, 지방자치단체를 지방정부로 명칭변경, 보충성원칙 천명, 국가법률과 지방법률의 이원화, 지방정부의 종류와 자치계층의 규정, 지방정부(주민)의 자치조직권 보장, 국세와 지방세의 이원화, 지방정부(주민)의 과세자치권 명시, 위임사무의 비용에 대한 위임정부의 부담 의무화, 지방재정조정원리의 규정, 풀뿌리민주주의 활성화, 지방정부의 국정참여 활성화, 사법분권, 자치경찰, 검사장직선 등의 지방정부별 실현을 위한 실험법률의 근거규정 등이다.[17]

이중에서 지방입법권과 지방과세권은 지방분권개헌의 핵심 과제다. 특히 지방정부 법률제정권의 헌법적 보장은 지방분권의 토대를 이룬다. 만일 지방의회가 중앙정부의 세세한 법령이 허용하는 범위 내에서만 조례를 제정할 수 있으면, 지방정부

국민협약서를 체결하였다.
16) 참여정부 시절 행정부의 고강도 지방분권개혁에 대해 시·군합병을 위주로 한 중앙집권적 지방행정체제개편에 대한 여야 합의, 기초의회의원 정당공천제 확대, 지방이양일괄법안의 접수거부, 자치경찰법안의 심의거부 등으로 저항했다.
17) 연방적 지방분권개헌의 과제에 관한 상세한 논의는 이 책 제4장을 참고할 것.

는 결국 중앙정부에 종속된 하급행정기관으로 전락한다. 지방정부를 혁신력과 창의력을 발휘하여 시민의 행복과 번영을 선도하는 정책기관으로 만들려면, 헌법이 지방의회의 법률제정권을 보장해야 한다. 스위스에서는 연방을 구성하는 캔톤의 헌법과 법률은 물론이고 풀뿌리자치정부인 코뮌정부가 제정한 법규범까지 형식적 의미의 법률로 간주된다(이기우, 2017: 47). 지방정부는 헌법에 지방의회의 법률제정권이 보장될 때 비로소 권리제한·의무부과와 지방세의 부과·벌칙을 스스로 제정해 집행하는 진정한 자치정부로 거듭나게 된다. 이기우(2017: 48)는 지방정부의 법률제정권을 좀 더 확실하게 보장하기 위해 지방정부가 중앙정부보다 더 나은 입법을 할 수 있는 경우에 국가의 법령에도 불구하고 지방에서 달리 규정할 수 있는 이른바 변형입법권을 인정하자고 주장한다. 지방의회의 변형입법권 보장은 맹신적 국가법령우월주의를 넘어서서 지방정부 간 및 중앙정부와 지방정부 간 정책실험과 정책경쟁을 촉진하고 시민공화주의를 북돋울 것이다.

　지방과세권의 헌법적 보장은 또 하나의 필수적 지방분권개헌 과제이다. 지방분권개혁의 핵심은 지방정부가 자신의 재원으로 스스로 살림을 꾸리고 책임지는 체제를 강화하는 것이다. 현행 헌법은 지방의 과세권을 인정하지 않고 있다. 세목과 세율이 모두 국가의 법률로 결정된다. 전문가들은 스위스의 번영의 비결이 캔톤과 코뮌이 누리는 막강한 과세자치권에 있음을 지적해 왔다. 캔톤과 코뮌의 주민은 주민총회 또는 주민투표를 통해 개인소득세, 법인소득세, 상속세 등 부유세를 비롯한 대다수 세금의 세목·세율·과표에 대한 결정권을 행사한다. 연방과 캔톤 및 코뮌의 세수 비율은 대략 3:4:3이다. 지방정부를 중앙의존의 타성에서 벗어나 자율과 책임의 자치정부로 만들기 위해서는 특히 소득세와 부유세에 대해서 지방정부 또는 주민이 스스로 과세할 수 있도록 보장해야 한다.

4) 직접민주제 확충

　대다수 국민이 원하는 법률이 입법되지 않거나 통과된 법률이 다수 국민의사에 반하는 경우 국민이 직접 법안을 발의하고 국민투표로 입법을 확정짓는 직접참정제도를 도입하는 개헌이 필요하다.

　2012년 8월 국민권익위원회는 직무관련성이 없어도 공직자가 100만 원 이상의 금품·향응을 수수할 경우 형사처벌을 받게 하는 일명 김영란법안을 입법예고했다.

이 법안에 대해 정관계의 반발이 만만치 않았지만 국민의 지지는 대단했다. 당시 정부의 여론조사에서 80% 이상의 국민이 이 법안을 지지했다.

2013년 8월 정부는 원안을 일부 수정해 '부정청탁금지 및 공직자의 이해충돌 방지법안'을 국회에 발의했다. 공직자의 부당한 청탁수수를 금지하고 이해충돌이 있는 직무수행을 방지하여 공직자의 부패를 막으려는 법안이었다. 국회는 이 법안 심사를 마냥 미루다가 2014년 4월 16일 세월호 참사로 '관피아' 문제가 부각되자 법안 처리 지체에 대한 여론의 지탄에 밀려 그해 7월에야 공청회를 개최했다.

그러나 세월호 참사라는 국가적 비극도 이 법안의 온전한 입법을 담보하지 못했다. 약 7개월 동안 논의 끝에 2015년 3월 3일 제정된 '부정청탁 및 금품 등 수수의 금지에 관한 법률'은 세월호 참사의 구조적 원인의 하나로 지적된 공직자의 이해충돌 직무수행을 막는 알맹이 규정을 삭제해버렸다. 공직자 가족의 직업선택권을 제한한다는 이유를 빌미로 이해충돌 관련규정을 제거한 것이다. 김영란법안은 이해충돌이 존재하는 경우에만 예외적으로 공직자 가족의 취업제한이나 가족과 관련된 직무수행을 제한하도록 규정하였지만 법안심의과성에서 이런 제한이 모든 공직자와 가족에게 일상적으로 적용되는 것처럼 과장해 이 법안의 위헌 가능성을 부각시켰다. 미연방의회가 20세기 최고의 걸작 입법으로 꼽는 1962년 '뇌물 및 이해충돌에 관한 법률'과 유사한 김영란법안이 50여 년이 지난 후 한국 국회에서는 엉뚱한 위헌 시비를 야기한 것이다(윤태범, 2015: 22).

국회는 국회의원의 비례대표성을 강화하는 선거제도의 개혁도 번번이 무산시켰다. 국회는 득표율에 비례한 의석수를 정당에게 배정하는 권역별 비례대표제 도입으로 한국정치의 고질적 병폐인 지역할거주의 정치를 극복하는 획기적 전기가 마련될 수 있고 투표자의 30-40% 지지를 얻은 제1당에게 승자독식의 결정권을 줌으로써 야기되는 여야 간 극한대립과 국회파행운행 문제의 해법이 될 수 있다는 전문가들의 권고를 애써 외면했다. 역대 국회 정치개혁특별위원회에서 양대 정당은 정당의 득표율과 의석수 괴리를 좁히기 위해 권역별 비례대표제 도입을 거론할 때마다 이 제도의 도입으로 인한 의석수 감소에 대한 거부감과 다당제 전환에 대한 우려를 드러내며 반대했다.

마침내 2015년 2월 중앙선거관리위원회는 정치권에 권역별 비례대표제의 도입을 제안했다. 선관위 개혁안은 전국을 6개 권역으로 나눠 의원 정수 300명 중 지역구 대 비례대표 비율을 인구비례에 따라 2대1 범위 내에서 정하게 했다. 선출방법도 비례대표 전국단일명부를 작성하고 정당별 전국득표율에 따라 비례대표를 배분하던 기존방식에서 국회의원을 권역별로 지역구선거(제1투표)와 정당명부비례대표(제2투표)로 나눠 뽑되 권역별로 각 당의 의석수를 정당득표율에 따라 결정한 뒤 지역구 당선자를 제외한 수만큼 비례대표로 할당하는 방식으로 전환할 것을 권고했다.

이에 대해 2015년 7월 새정치민주연합은 독일식 권역별 비례대표제[18] 도입을 당론으로 채택하고 국회의원 정수를 현행 300명에서 369명으로 늘리자고 제안했다. 새누리당은 이 제안에 대해 난색을 표명했다. 독일식 권역별 비례대표제를 도입하는 경우 제1당 자리를 더 이상 유지할 수 없다는 계산 때문이었다. 결국 승자독식의 정글정치를 극복하고 망국적 지역할거주의를 완화할 정치개혁이 또다시 미루어졌다.

정치개혁을 약속한 주요 대선공약이 아무런 설명 없이 돌연 파기되어도 국민은 속수무책이다. 2012년 대선 때 대통령후보들은 기초지방선거에 출마하는 후보의 정당공천제를 폐지하겠다고 공약했다. 그러나 2014년 6월 지방선거가 다가오자 기초지방자치의 단체장과 지방의원 공천권을 행사하는 국회의원들과 원외지구당위원장들은 대선공약의 폐기를 요구했다. 결국 정당들은 이들의 요구를 수용하여 대선공약을 파기했다. 대다수 국민이 지지하여 대선공약으로 채택된 주요 정치개혁이 무책임하게 무산된 것이다.

이처럼 정치개혁 법안이 변질되고 입법이 지연되는 것을 막고 대선공약의 파기와 같은 대표성 실패를 예방하는 근본적 대책은 국민이 직접 헌법과 법률의 개정안과 정책안을 발의하고 최종 결정할 수 있도록 헌법에 대의민주제를 교정·보완하는 직접민주제를 규정하는 것이다. 직접민주제 확충 개헌은 저급한 한국 민주주의 수준을 높이는 정치개혁의 출발점이 될 것이다.[19] 제10차 개헌에서 제대로 설계된 국민발안제와 국민투표제가 도입되면, 그동안 논의만 무성했던 중대한 정치개혁이 국민의 손으로 차근차근 추진될 것이다.

---

18) 유권자 1인 2표제의 독일식 하원의원 선거제도는 정당이 차지할 의석을 정당투표에 의한 전국적 득표율에 비례해 결정한 후 지역구에서 얻은 의석을 뺀 나머지 의석만큼 비례대표 의석을 배정한다.
19) 직접민주제 확충의 논거와 과제에 관한 상세한 논의는 이 책 제7장을 참고할 것.

Ⅶ 참여헌정주의 개헌과정

현행 '87년 헌법은 독재청산과 대의민주주의 부활의 역사적 전기를 마련한 공적에도 불구하고 국가발전을 견인할 새로운 헌법질서에 대한 숙의와 토론이 생략된 채 단 2개월의 여야 '8인 정치회담'을 통해 양대 정당의 이해관계가 맞교환된 정치적 흥정의 소산이었다.

과거 9차례의 개헌은 모두 소수 정치인과 전문가에 의해 주도된 엘리트 개헌이었다. 제10차 개헌은 국민이 주도하는 개헌이 되어야 한다. 이를 위해 제10차 개헌과정은 참여헌정주의 개헌요건(Simeon, 2009: 252−253)을 충족시켜야 한다. 주권자인 국민이 헌법개정을 논의하는 헌정회의, 토론회, 공청회 등에 참여하여 발언하고 결정통제력을 행사하는 것은 민주주의의 요청일 뿐만 아니라 국민에게 헌법의 주인으로서 헌법을 일상생활 속에서 실천하는 살아있는 법규범으로 인식시키는 지름길이다. 이를 위해 주민의견을 수렴하고 헌법주민교육을 제공하는 전국 및 지역개헌국민회의를 구성해 운영할 필요가 있다.

개헌과정은 정치적으로 유력한 집단에게 발언권 기회를 주도록 개방적으로 설계되어야 한다. 이 설계원칙에 따라 전국 및 지역개헌국민회의는 지역과 주요 분야의 단체대표가 두루 참여하는 대의적 기구로 결성되어야 한다. 미국 번영의 초석을 놓은 1787년 제헌회의에 참석한 55명의 헌법제정자들은 아메리카연합(1778−1789)의 13개 주의 대표들이었다. 미국 제헌회의의 교훈은 개헌과정이 정치적 유력 집단에게 골고루 발언권 기회를 주고 일정한 절차에 따라 결정통제력을 행사할 수 있도록 설계되어야 한다는 것이다.

개헌과정에서 전문가와 법원의 역할도 중요하다. 전문가는 개정초안의 작성자나 자문자로 참여해 개헌의 '규범적 표준'을 제시하여 개헌정치를 이성적 대화와 타협이 이루어지는 공론의 장이 되도록 힘써야 한다. 법원은 절차규정의 해석과 방어를 통해 합리적 개헌논의를 촉진시킬 수 있다. 캐나다의 대법원이 중요한 시점에 교착상태에 빠진 개헌정국에 돌파구를 마련한 것처럼, 한국의 헌법재판소는 개헌과정의 합리적 설계와 공정한 운영에 기여할 역할을 모색해야 한다.

개헌과정이 특정 이해당사자에 의해 휘둘려서는 안 된다. 개헌과정에서 이해당사자의 편견을 제어하는 방안은 이들의 역할을 최소화하는 것이다. 만일 '87년 개헌처럼 국회가 개헌과정을 독점하면 국회의 권한을 제한하는 권력공유 헌법질서를 세우는 분권개헌은 어려울 것이다. 그러나 현행 헌법은 개헌발의권을 국회의원과 대통령에게만 인정(헌법 제128조)[20]하고, 개헌안이 국회재적의원 3분의 2 이상의 동의를 얻는 경우에만 국민투표에 회부하도록 규정한다(헌법 제130조). 헌법이 사실상 국회의 개헌독점권을 인정한 셈이다. 따라서 대다수 국민이 지지하는 개헌안도 현행 개헌절차로는 채택되기 어렵다. 이 난관을 어떻게 극복할 것인가? 두 가지 해결책이 있다. 하나는 국회가 국민의 뜻에 따르는 선량한 헌정리더십을 발휘하는 것이다. 다른 하나는 개헌 촛불시위로 국회가 국민의 뜻에 따르도록 만드는 것이다.

---

20) 헌법 제128조는 "국회재적의원 과반수 또는 대통령"에게만 개헌발의권을 인정한다. 1954년 제2차 개헌 때 도입된 국민의 개헌발의권은 1972년 유신헌법에 의해 폐지되었다. '87년 헌법은 국민의 개헌발의권을 복원시키지 않았다.

CHAPTER

2

스위스 미러클과 권력공유민주주의

"스위스 번영의 토대는 스위스를 혁신가정신의 클러스터로 만든 정치제도다."

R. James Breiding

"우리는 다양성을 통합의 조건으로 인정하면서 더불어 살아가려는 의지를 실험하여 성공한 스위스로부터 배울 수 있다."

Jonathan Steinberg

Ⅰ 머리말

95년 전 영국의 정치가이자 비교정치학자였던 James Bryce는 말년 회심의 역작 「현대 민주주의」(1921)에서 여러 나라의 민주주의를 비교분석하면서 "스위스를 현대 민주주의 국가 중 연구할 가치가 가장 큰 나라"로 평가했다. 스위스를 방문하고 스위스 관련 자료를 접할 적마다 Bryce의 이 지적에 깊이 공감한다. 20여 년 전부터 스위스를 주목해온 필자는 스위스를 공부할 때마다 가슴이 뛴다. 상상력을 자극하고 지적 호기심을 충족시켜주기 때문만이 아니다. 선진국 문턱에서 발목이 잡혀 있는 한국이 동아시아의 스위스로 도약하는 길이 공개된 비밀로 존재하기 때문이다.

중세 스위스는 다른 나라 전쟁에서 싸울 용병을 주요 수출품으로 삼았을 정도로 가난한 산악사회였다. 당시 스위스의 많은 가정은 자녀들이 독일이나 프랑스 등 이웃나라 상류층 가정에서 머슴살이로 번 돈으로 궁한 살림을 보태야 했다.

그러나 18세기 후반부터는 사정이 달라졌다. 특히 1848년 연방국가로 출범한 이후 스위스 산업은 번창하기 시작했다. 현대 스위스는 고도로 번영한 사회로서 외부의 충격에 대해 유연하고 탄력적으로 대처해 왔다. 스위스 경제는 1970년대 경제 위기에도 큰 충격 없이 순항을 계속했다. 1990년대 이후 한동안 경제가 다소 주춤했으나 실업률은 4%대를 넘지 않았다. 2008년 글로벌 금융위기로 여느 나라가 막대한 공공부채와 살인적 고실업으로 고통을 겪는 상황에서도 스위스는 1.9−3.0%의 GDP 성장률을 기록하며 견뎌냈다. 요즘 스위스 경제는 글로벌 경기침체와 스위스 프랑화의 초강세에도 불구하고 유럽 평균의 절반을 밑도는 실업률 3%대와 GDP 대비 공공부채 40%대를 유지하며 호조를 보이고 있다.

스위스의 이런 놀라운 성공은 최근 발표된 각종 국가순위 지수에서 여실히 드러난다. 스위스는 거의 모든 부분에서 세계 1위를 기록한다. 실로 '스위스 미러클(Swiss miracle)'이 아닐 수 없다.

이 장은 스위스 미러클의 실상을 살펴보고, 이런 스위스 미러클이 헌법질서와 어떤 관계에 있는지 논의한 다음, 스위스 미러클을 견인한 권력공유민주주의의 특징을 살펴본다.

II 스위스 미러클

1. 각종 지표로 본 스위스의 탁월성

스위스는 최근 공신력 있는 기관들이 발표한 각종 지표에서 최고 수준을 기록했다.

1) 국가브랜드 세계 1위

퓨처브랜드(FutureBrand)사가 발표한 「2012－2013년 국가브랜드지수(CBI)」는 스위스를 국가브랜드 세계 1위 국가로 평가했다. 국가브랜드지수는 삶의 질, 언론자유, 안정적 법률환경, 기업친화성, 과학기술인재, 숙련노동력 등 수십 가지 세부항목을 조사한 후 가중치를 부여해 합계한 것이다. 한국은 국가브랜드지수 49위로 평가되었다.

2) 국가경쟁력 세계 1위

세계경제포럼(WEF)은 「2014－2015년 글로벌경쟁력보고서」에서 스위스를 6년 연속 국가경쟁력 세계 1위 국가로 평가했다. 스위스는 특히 혁신력, 효율적 노동시장, 공공기관의 투명성 등에서 두각을 나타냈다. 한국은 26위를 기록했다.

3) 인구 대비 특허출원 수 세계 1위

유럽특허사무소(EPO)의 집계에 의하면, 2014년 스위스는 인구 대비 최다 특허출원 국가였다. 스위스의 특허출원 건수는 1백만 명당 847.6건으로 2위인 핀란드의 416.2건보다 두 배 이상 많았다. 스위스는 외국인 23%를 포함해 840만 명의 작은 나라지만 총 7,890건의 특허출원으로 세계 8위를 차지했다.

4) 인구 대비 최다 노벨상 수상국가

2016년 현재 스위스는 26개 노벨상을 수상하여 인구 대비 노벨상 수상자 수로 세계 1위다. 26개 노벨상 중 4개는 평화상, 2개는 문학상, 그리고 나머지는 화학·물리·의학상이다. 스위스의 노벨상 수상자 수는 인구규모가 15배 이상인 일본의 25개보다 1개 더 많다. 한국은 2000년 김대중 대통령이 수상한 노벨평화상 1개뿐이다.

5) 인재경쟁력 세계 1위

「2014년 글로벌 인재경쟁력지수(GTCI)」는 스위스를 인재경쟁력 세계 1위 국가로 꼽았다. 이 보고서는 스위스의 교육제도, 특히 직업훈련제도와 학문경력선택제도가 청년실업률을 3.6%로 낮추는 데 크게 기여했다고 지적했다. 한국은 14위를 차지했다.

6) 가장 행복한 나라

「2015년 UN세계행복보고서」는 스위스를 세계에서 가장 행복한 나라로 평가했다. 이 평가에서 활용된 행복지수는 소득, 안전, 기대수명 등 하드 데이터와 함께 자유, 부패, 웰빙 등에 대한 지각을 종합하여 측정되었다. 한국은 조사대상 158개 국가 중 47위를 기록했다.

7) 지속가능한 환경 세계 1위

미국 예일대학이 발표한 「2014년 환경성과지수(EPI)」는 스위스를 오염통제와 자연자원관리에서 178개 국가 중 가장 우수한 나라로 평가했다. 이 보고서에서 한국은 43위로 평가되었다.

8) 정부신뢰도 세계 1위

OECD가 발간한 「2017년 한눈에 보는 정부」는 스위스를 정부신뢰도 세계 1위 국가로 꼽았다. 정부신뢰도는 각국 국민 1천 명을 대상으로 조사한 자료에 근거해 작성되었다. 스위스는 80%의 응답자가 정부를 신뢰한다고 응답해 정부신뢰도 세계 1위를 차지했다. OECD 평균은 42%였다. 한국은 OECD 평균보다 18% 낮은 24%로 36개국 중 34위를 기록했다.

2. 스위스의 국부와 건강한 경제

1) 가장 부유한 나라

2015년 스위스의 1인당 GDP는 84,070달러로 96,269달러인 룩셈부르크에 이어 세계 2위를 차지했다. 한국은 27,513달러로 28위를 기록했다.

스위스는 인구 840만 명의 작은 나라지만 GDP 규모로는 세계 19위다. 2015년 스위스의 GDP는 6770억 달러였다. 한국의 GDP는 1조 3,930달러로 인구는 스위스의 6배 이상이지만 GDP는 2배다.

스위스는 주식자본(stock market capitalization) 규모로 세계 13위다. 스위스의 주식자본 규모는 한국과 거의 맞먹으며, 2위와 3위인 중국(홍콩 제외)과 일본이 보유한 주식자본의 대략 30%에 육박한다. 스위스의 GDP 대비 주식자본화 백분비는 세계 최고 수준으로 160%다.

표 2-1	국가별 주식시장 자본화 순위와 규모(2014년)				(단위: 10억 US $)	
순 위	국 명	시가총액	순 위	국 명	시가총액
1	미 국	18,668	8	호 주	1,286
2	중 국	3,697	9	인 도	1,263
3	일 본	3,681	10	브라질	1,230
4	영 국	3,019	11	한 국	1,180
5	캐나다	2,016	12	홍 콩	1,108
6	프랑스	1,823	13	스위스	1,079
7	독 일	1,486	14	스페인	995

자료: 필자 작성.

스위스는 나라별 주식 시가총액을 인구로 나누어 환산한 1인당 주식보유액 13만 달러로 세계 1위다. 스위스의 뒤를 이어 미국은 5만 8천 달러, 캐나다는 5만 6천 달러, 호주는 5만 4천 달러다. 즉, 2, 3, 4위 국가의 1인당 주식보유액은 스위스의 절반에도 미치지 못한다. 영국은 4만 6천 달러, 일본은 2만 9천 달러, 프랑스는 2만 7천 달러, 한국은 2만 3천 달러에 불과하다.

2) 기업강국

스위스에는 세계굴지의 글로벌기업이 거의 모든 산업에 포진해 있다. 세계최대 식품기업 네슬레(Nestlé), 기계산업을 선도하는 ABB, 시멘트업계의 선두기업 홀심(Holcim), 세계최대 농화학기업 신젠타(Syngenta), 재보험업계의 거대기업 스위스리(Swiss Re), 시계산업의 거두 리치몬트(Richmont)와 스와치그룹(Swatch Group), 세계 최대의 인재파견기업 아데코(Adecco), 금융산업을 이끄는 UBS와 크레디스위스(Credit Swiss), 의약품업계의 선도기업 노바티스(Novartis)와 로쉬(Roche), 거대 무역 회사 글랜코어(Glencore) 등 수많은 글로벌기업이 스위스에서 창업되고 성장하여 세계시장을 석권했다.

스위스는 인구 1백만 명당 포춘 500대 기업의 수로 계산된 포춘 글로벌기업의 밀도로 단연 세계 1위다. <표 2-2>는 포춘 500대 기업을 많이 보유한 10개 국가를 포춘 글로벌기업 밀도에 따라 순위를 정리한 것이다. 1위인 스위스의 밀도는 1.45로 2위인 네덜란드의 2배에 달한다. 3위인 프랑스에서 9위인 캐나다의 밀도는 0.30 −0.46으로 스위스 밀도의 5분의 1 내지 3분의 1에 불과하다. 스위스는 그야말로 글로벌기업의 나라다.

표 2-2	10개 국가의 포춘 글로벌기업 밀도(2013)			
순 위	국 가 명	인 구 (천 명)	글로벌기업 수	밀 도*
1	스 위 스	8,306	12	1.45
2	네덜란드	16,984	13	0.77
3	프 랑 스	66,539	31	0.46
4	영 국	65,572	29	0.44
5	일 본	126,880	54	0.42
6	미 국	322,673	127	0.39
7	독 일	81,292	28	0.34
8	한 국	51,529	17	0.32
9	캐 나 다	35,986	11	0.30
10	중 국	1,374,390	98	0.07

* 포춘 글로벌기업 밀도 = 글로벌기업 수 ÷ 인구
자료: 필자 작성.

스위스에는 기라성 같은 글로벌기업이 많지만, 스위스 경제가 대기업 위주로 운영되는 것은 아니다. 스위스 경제의 70%는 수많은 중소기업이 담당한다. 중소기업은 비록 규모는 작을지라도 기술력과 혁신력 및 건실한 재무구조를 바탕으로 세계적 경쟁력을 갖춘 고품질의 제품을 생산하며 수많은 일자리를 창출한다.

3) 3%대 실업률

2010년 이후 스위스의 실업률은 2.8%에서 3.5%를 오르내렸다. 2010년 3.5%, 2011년 2.8%, 2012년 2.9%, 2013년 3.2%, 2014년 3.2%, 2015년 3.4%였다.[1] 경제학적으로 3% 실업률은 구조적 실업과 자발적 실업을 제외할 경우 사실상 완전고용 상태로 평가된다. 이 기간에 스위스의 실업률은 OECD 평균 실업률 7-8%의 절반 이하였다. 전문가들은 3%대 실업률이 2020년까지 계속 이어질 것으로 예측하고 있다.

4) OECD 평균의 절반을 밑도는 공공부채

2015년 현재 스위스의 공공부채는 GDP의 45.3%로 양호한 편이다. 스위스의 GDP 대비 공공부채 수준은 Euro지역의 15개국 평균 106.9%와 OECD의 평균 111.2%의 절반 미만이다.

5) 고르게 잘 사는 나라

스위스가 이룩한 놀라운 성취 중 가장 소중한 부분은 아마도 비교적 고르게 잘 사는 나라라는 것이다. 스위스의 빈곤층은 여느 선진국보다 적다. <표 2-3>에서 보는 바와 같이, 스위스의 빈곤선 이하 인구 백분비는 7.6%로 여느 선진국보다 낮다. 프랑스는 7.9%로 스위스와 비슷한 수준이고, 네덜란드와 캐나다는 9%대에 달한다. 행복도와 삶의 질 등에서 스위스와 우열을 겨루는 덴마크의 빈곤율은 13.4%로 스위스보다 5.8%나 높다. 그리고 미국·독일·일본·영국·한국의 빈곤율은 스위스보다 무려 2배 이상 높다.

표 2-3 주요 국가의 빈곤율(2014년)

국 명	스위스	프랑스	네덜란드	캐나다	덴마크	미국	독일	일본	영국	한국
빈곤율 *(%)	7.6	7.9	9.1	9.4	13.4	15.1	15.5	16.0	16.2	16.5

* 빈곤율: 빈곤선 이하 인구 백분비.
자료: (CIA World Factbook, 2014)의 통계자료에서 발췌하여 정리함.

---

1) 스위스에서도 예외적으로 실업률이 3%대를 넘어선 경우도 있다. 1990년대 스위스 경제가 매우 좋지 않은 상황에서 실업률이 잠시 4.5%까지 오른 적이 있다.

Ⅲ 국가발전과 헌법질서

1. 국가발전을 설명하는 이론모형

스위스가 이처럼 경이로운 국가역량을 갖춘 비결은 무엇인가? 좀 더 일반적으로 국가발전의 근본원인은 무엇인가? 수천 년 동안 식자들은 이 질문과 씨름했다. 지금까지 국가발전을 설명하는 이론모형으로 인종론, 자원론, 지리론, 문화론, 무지론, 위인론, 제도론 등이 제시되었다.

1) 인종론

19세기에 최초로 등장한 인종론은 진화단계에서 흑인이 원숭이와 백인의 중간단계에 있다는 것을 증명하는 데 주력했다. 한마디로 백인은 흑인보다 지능지수가 높기 때문에 흑인을 지배할 권리가 있다는 것이다. 인종론은 서구인들이 아프리카를 식민지로 만들어 착취하기 위한 이데올로기였다.

인종주의는 나치독일의 산물이라고 생각하기 쉽다. 그러나 순수 아리아인종의 우월성을 주장한 사람은 프랑스의 외교관이자 작가였던 Joseph Arthur de Gobineau 였다. 그는 「인종 불평등론」(1853)에서 오직 순수 아리아인종만 문화를 발전시킬 수 있다고 주장했다.

한국인도 인종론의 폐해를 뼈아프게 경험했다. 일제 강점자들은 한반도 식민화를 정당화하기 위해 한민족을 "조센징"으로 경멸했다. 일제 인종론의 잔재는 얼마 전까지 "한국인은 둘만 모이면 싸우고 셋이 모이면 망한다."라거나 "한국인의 민도로 보아 지방자치 실시는 시기상조다."라는 등의 무의식적 언어습관에 남아 있었다.

오늘날 만일 스위스 미러클을 유별난 유전인자를 지닌 '호모 헬베티쿠스(homo Helveticus)'의 위대한 성취라고 주장한다면 얼빠진 사람의 넋두리로 치부될 것이다.

2) 자원론

풍부한 부존자원이 국가발전에 보탬이 된다는 것은 상식이다. 캐나다와 호주 및 뉴질랜드처럼 인구에 비해 광활한 영토와 풍부한 자원은 국부의 중요한 요소이다. 요즘 미국이 2008년 경제위기를 극복하고 경제부흥을 꾀하는 데 지하 깊숙이 묻힌 막대한 셰일가스 채굴의 덕을 보고 있다.

그러나 라틴아메리카와 북아메리카의 현격한 발견격차는 두 지역 간 천혜자원의 차이로 설명되지 않는다. 포르투갈과 스페인 정복자들이 북아메리카 대신에 라틴아메리카를 먼저 식민지로 삼았던 까닭은 북아메리카보다 풍부한 천혜자원을 가지고 있었기 때문이었다.

풍부한 부존자원이 언제나 득이 되는 것도 아니다. 1959년 네덜란드는 북해 연안의 천연가스 채굴로 매년 수십억 달러를 벌어들였다. 막대한 외화 유입은 굴덴 화폐가치를 크게 상승시켰고, 1970년대 이후 천연가스를 제외한 다른 수출업체의 경쟁력을 약화시켰다. 이어 물가폭등과 임금인상을 둘러싼 노사대립 격화, 극심한 사회불안과 투자위축으로 경제침체가 가속되었다. 부존자원 개발이 이른바 '네덜란드병'을 야기한 것이다.

'자원의 저주'라는 말이 있다. 자원을 둘러싼 이권다툼으로 이익이 특권층에게만 돌아가 대다수 국민과 국가는 빈곤을 면치 못하는 현상을 일컫는 말이다. 자원의 저주 현상은 중동의 석유수출국과 아프리카와 동남아시아 등의 자원부국에서 흔히 발생하고 있다.

크레디스위스그룹(Credit Suisse Group)은 2015년 현황분석 자료에서 자연자원의 빈곤을 오히려 스위스 번영의 한 요인으로 지적했다(Credit Suisse, 2015: 3). 자연자원의 빈곤이 스위스를 국제무역에 역점을 두도록 만들어 번영을 가져온 주요 원인 중 하나라는 것이다. 풍요로운 자연자원을 국가번영의 토대로 간주하는 전통적 자원론에 정반대의 주장을 한 셈이다.

3) 지리론

지리론은 나라의 빈곤과 번영이 지리적 위치에 따라 결정된다고 가정한다. 18세기 후반 「법의 정신」(1749)의 저자 Montesquieu는 열대기후에 사는 사람이 게으를 뿐만 아니라 호기심이 부족해 혁신적이지 못하기 때문에 가난하다고 주장했다.

그러나 더운 나라는 가난할 수밖에 없다는 주장은 콜럼버스가 아메리카 대륙을 정복할 당시 라틴아메리카 열대지역의 아즈텍문명과 잉카문명이 북아메리카 온대지역보다 훨씬 더 윤택했다는 사실로 말미암아 설득력을 잃고 만다. 근래 싱가포르, 말레이시아, 보츠와나 등의 빠른 경제성장도 지리적 위치가 경제성장에 결정적 장애요인이 될 수 없음을 증명한다.

근래 「총·균·쇠」(1997)의 저자 Jared Diamond는 동식물 자원의 차이가 농업 생산성에 영향을 미친 결과 근대 이전 대륙 간 불평등의 기원이 되었다고 주장하여 지리적 관점의 국가발전론을 개진했다.

그러나 동식물 자원의 차이는 거시적 관점에서 일정 시점의 대륙 간 문명격차를 설명하는 요인으로 고려될 수 있지만 나라 간의 발전 격차를 설명하는 유력한 요인으로 볼 수 없다. 지리론은 지리적 조건이 좋지 않고 자원이 빈약해도 국가발전을 이룩한 나라들을 적절히 설명하지 못한다.

유럽의 중앙에 위치한 스위스는 유럽시장의 접근성에서 유리한 측면이 없지 않다. 그러나 스위스는 직접 해외로 뻗어나갈 바다가 없는 내륙국일 뿐만 아니라 기후와 생물자원 면에서도 좋은 조건을 갖춘 나라가 아니다. 이런 지리적 약점을 지닌 스위스가 지난 2세기 동안 이룩한 경이로운 번영은 지리적 위치가 아니라 다른 요인으로 설득력 있게 설명되어야 한다.

4) 문화론

문화론은 나라의 빈곤과 번영이 문화에 의해 결정된다고 가정한다. 독일의 사회학자 Max Weber는 「프로테스탄트 윤리와 자본주의 정신」(1905)에서 종교개혁과 프로테스탄트 윤리가 서유럽의 근대산업사회의 부상에 핵심적 역할을 했다고 주장했다.

그러나 Weber의 주장은 근거가 희박하다. 네덜란드와 영국 등 프로테스탄트 국가는 근대에 가장 먼저 경제적 성공을 거두었지만, 19세기에 가톨릭 국가인 프랑스는 네덜란드와 영국을 재빨리 따라 잡았다. 오늘날 동아시아에서 경제적 성공을 일군 나라로서 기독교 국가는 없다. 한때 동아시아의 침체가 유교 때문이라던 주장은 근래 거꾸로 동아시아의 네 마리 용이 유교문화의 성과라는 주장으로 바뀌었다. 종교와 경제적 성공 간의 상관관계는 미심쩍은 부분이 많다. 문화와 관련이 있는 사회적 규범은 국가발전에 중요한 영향을 미치지만, 사회적 규범은 독립적 영향요인이라기보다 주로 제도로 인해 형성되는 문화현상이다.

물론 스위스의 번영은 취리히의 Ulrich Zwingli와 제네바의 Jean Calvin의 종교개혁과 프로테스탄트 윤리의 영향을 받은 것으로 판단된다. 이들의 종교개혁운동으로 신 앞에서 모든 인간은 평등하다는 사상이 확산되었고, 이자를 받고 돈을 빌려

주는 행위가 더 이상 죄악시되지 않았다. 특히 Calvin의 가르침에 따라 모든 직업은 귀천 없는 신의 소명이며, 근면절약으로 모은 깨끗한 재산은 하나님의 은총으로 간주되었다.

종교개혁과 프로테스탄트 윤리는 스위스뿐만 아니라 모든 유럽국가에 영향을 미쳤다. 따라서 프로테스탄트 윤리와 자본주의 발달에 대한 Weber의 관점은 주변국가를 능가하는 스위스의 경이로운 발전을 설명하는 데 적절치 않다.

5) 무지론

무지론은 나라의 빈곤이 통치자의 무지에서 비롯된다고 가정한다. 흔히 경제학자들은 저개발국의 빈곤을 통치자가 시장실패의 해법을 알지 못하고 잘못된 조언에 따라 그릇된 정책을 추진한 결과라고 본다. 이 주장이 옳다면, 저개발국의 빈곤문제는 저개발국에 최고 전문가를 파견하여 정책자문을 하면 쉽게 해결되어야 마땅하다.

그러나 현실은 무지론의 단순한 처방으로 저개발국의 빈곤문제가 해결되지 않는다. 빈곤을 극복하고 번영의 길로 들어선 나라는 무지했던 통치자가 갑자기 현명해졌거나 더 뛰어난 경제전문가의 자문을 받았기 때문이 아니다. 중국이 기아와 빈곤에 허덕이던 경제정책에서 경제성장을 추구하는 정책으로 선회한 것은 중국공산당 지도부가 농지와 산업의 공동소유가 실효성 있는 경제적 유인을 제공하지 못한다는 사실을 마침내 깨달았기 때문이 아니다. 등소평과 측근은 정적들만큼 이기적이었지만 그들과 다른 이해관계와 정치적 목적을 세우고 정치혁명을 단행하여 시장유인을 되살렸다. 요컨대 중국의 경제개혁은 바로 정치혁명에서 비롯되었다.

스위스의 번영은 중앙정부의 야심적 종합계획에 의해서가 아니라 오히려 작은 중앙정부를 유지하면서 지방과 시민의 자유를 최대한 보장하는 최소주의 정부를 지향하여 이룩되었다(Breiding, 2013: 7). 탁월한 정책이 번영의 열쇠라고 가정하는 무지론은 스위스의 번영을 설명하는 데 적절치 않다.

6) 위인론

위인론은 국가발전의 핵심 요인으로 현명하고 강력한 지도자의 리더십을 강조하는 점에서 무지론과 연관되어 있다. 위인론은 고대그리스 철학자 Platon의 '철인왕(philosopher-king)' 개념까지 소급될 수 있다. 오늘날에도 강한 지도자에 대한 기대와 선망은 많은 사람들의 마음을 사로잡고 있다.

"싱가포르 발전모델이 제기하는 의문"

2015년 3월 싱가포르의 초대총리 리콴유(李光耀)의 타계로 싱가포르 발전모델이 다시 관심을 끌고 있다.

2014년 싱가포르의 1인당 국내총생산(GDP)은 5만 6천 달러로 아시아 1위, 세계 8위를 기록했다. 1965년 말레이시아로부터 독립할 당시 싱가포르는 빈곤과 부패가 창궐한 여느 동남아 국가와 다르지 않았다. 리콴유의 권위주의 리더십에 기초한 '깨끗한 기업가적 정부'는 50년 만에 싱가포르 경제를 후진국에서 선진국 수준으로 끌어올렸다.

그러나 싱가포르의 고도 경제성장의 이면에 그늘도 짙다. 특히 빈부격차 문제가 심상치 않다. 2013년 지니계수는 0.478로 선진국 중 최고 수준이다. 전체 인구의 10－12%가 월 최저생계비 1,400－1,500달러에 훨씬 못 미치는 1,000달러 이하의 소득으로 살고 있다.

리콴유는 민주주의에 대해 유보적이었다. 1959년 그는 인민행동당(PAP)을 이끌며 경제성장을 국정의 최우선 과제로 설정하고 정치적 자유를 경제성장에 뒤따라 허용하겠다고 약속했다. 그러나 1990년대에 비약적 경제성장을 이룩하자 서구식 자유민주주의는 아시아의 문화토양에 맞지 않는다고 말을 바꾸었다. 리콴유는 젊은 시절한 연설에서 "(국민의) 사랑과 두려움 중에서 하나를 선택하라면, 나는 Niccolò Machiavelli가 옳다고 생각한다. 아무도 나를 두려워하지 않으면 나의 의미는 없어진다."고 서슴없이 말했다.

지난 50년 동안 PAP는 싱가포르의 정치를 독점해 왔다. 1965년 독립 이후 1970년대까지 야당의원은 한 명도 없었다. 야당은 1981년 보궐선거에서 첫 의석을 차지했고, 1991년 총선에서 전체 81석 중 4석을 얻었다. 그러다 2011년 총선에서 변화의 조짐이 나타났다. PAP가 87석 중 81석, 야당인 노동당(WP)이 6석으로 의석분포엔 큰 변화가 없었으나 득표율은 역대 최저 수준인 60.1%로 급락했다. 이에 충격을 받은 싱가포르 정부는 고위공직자의 연봉을 대폭 삭감했다.

리콴유가 별세하자 중국 언론은 "시진핑(習近平) 국가주석이 추구해야 할 국가발전모델이 바로 싱가포르"라는 보도를 쏟아냈다. 공산당 일당독재와 경제성장의 양립을 강조한 것이다. '러시아의 소리' 방송도 "기적을 일궈낸 싱가포르 모델은 서구보다

아시아와 러시아 및 소련에서 독립한 나라에 더 적합하다."고 주장했다. 베트남, 미얀마, 캄보디아 등도 싱가포르 발전모델에 지대한 관심을 표명했다.

　싱가포르 발전모델은 박정희와 신군부의 개발독재에 의한 경제성장을 경험한 우리에게 남다른 의미를 지닌다. 과연 지속적 경제성장을 위해 민주주의를 제한하는 권위주의 리더십이 필요한가? 리더십과 제도는 발전에 어떤 영향을 미치는가?

　우리는 싱가포르 발전모델을 평가할 때 적어도 다음 네 가지 점을 고려해야 한다.

(1) 싱가포르가 1950－1960년대 신생독립국가의 생존문제에 직면해 리콴유의 가부장적 리더십과 1당정부에 의해 지배되었지만 이후 점차 진정성 있는 민주정부로 전환되었다. 싱가포르 발전을 독재와 권위주의적 정부의 성과로 간주하는 것은 온당치 못하다.

(2) 싱가포르 인구 390만 명[2]은 큰 나라의 주정부 인구규모에 해당된다. 싱가포르의 발전은 도시국가로서 연방국가 주정부의 자치권을 훨씬 능가하는 국가자율성을 누린 덕분으로 해석될 수 있다.[3]

(3) 싱가포르 발전모형의 특징은 리콴유의 강한 리더십이다. 그러나 인류역사는 독재자와 권위적 리더의 도덕적 타락과 실패사례로 넘쳐난다는 사실을 직시해야 한다.

(4) 싱가포르 경제성장 이면에 심상찮은 빈부격차와 같은 그늘이 있음을 유념해야 한다. 싱가포르의 발전수준은 전반적으로 스위스의 발전수준을 크게 밑돈다.

　그러나 강한 지도자는 종종 바람직하기커녕 아주 위험하다. 최근 옥스퍼드 대 명예교수인 Archie Brown은 지난 1세기 동안의 주요 정치지도자들의 행적을 분석한 「강한 지도자 신화」(2014)라는 책에서 강한 지도자를 성공적이고 위대하다고 믿는 통념이 비현실적임을 지적했다. 세종과 같은 성군(聖君)은 좀처럼 나타나지 않는다. 율곡 이이 선생은 「율곡전서」에서 "우리나라 만년의 운이 세종에게서 처음 그 기틀이 잡혔다. 백성의 살림이 겨우 넉넉해지고 인구가 많아졌다."고 썼다. 성군은 아닐지라도 선공후사(先公後私)를 실천하는 지도자도 만나기 쉽지 않다. 도덕발달론(moral development theory)에 의하면, 사회적 통념과 도덕원칙이 충돌하는 경우 도덕원칙에 따라 행동하려는 사람은 10명 중 한 명 미만이라고 한다. 흔히 보통 사람보

---

2) 2015년 현재 잠시 머무는 인구까지 포함한 싱가포르 총인구는 530만 명이다.
3) 김성배(2015: 7－40) 교수는 인구 5100만 명의 한국이 국가경쟁력을 높이려면 연방국가로 전환되어야 한다고 주장한다.

다 더 강한 권력욕을 지닌 정치인에게 고매한 도덕적 리더십을 기대하는 것은 인간 본성을 지나치게 낙관하는 것이다. 우리는 정치인을 도덕군자나 사악한 인간으로 상정하기보다 자기이익에 민감하게 반응하고 기득권과 권력에 쉽게 취하는 주변의 보통 사람으로 보아야 한다.

스위스인은 역사적으로 강한 지도자에 대해 거부감을 가져왔다. 이런 전통에 따라 스위스의 각급 정부의 집행부는 한 사람의 수장이 아니라 여러 명의 행정위원들이 공동으로 이끌어간다. 이를테면 연방평의회는 연방의회가 선출한 7명의 내각으로 구성된다. 대통령은 '동료 중의 수석'으로서 각 각료가 1년씩 돌아가며 맡는다. 캔톤정부와 코뮌정부의 집행부도 마찬가지다. 캔톤과 코뮌의 집행기관인 행정위원회는 주민이 직접 선출한 5명 이상 10명 이하의 위원들로 구성된다.

스위스 정치의 독특한 특징은 스타 정치인을 배격한다는 점이다. 2007년 스위스 연방의회는 튀는 행동을 서슴지 않은 스위스국민당 소속의 연방각료 Christoph Blocher의 연임을 거부했다. 연방의회의원들은 본인이 고사하지 않는 한 연임을 인정하는 연방각료 선출관행을 깨고 스위스 화합정치의 불문율인 동료리더십(collegiate leadership)을 어긴 정치인을 연방내각에서 퇴출시킨 것이다.

7) 제도론

제도론은 제도를 국가발전의 근본적 결정요인으로 간주한다. 경영사상가 Peter Drucker(1989: 273)는 경제성장과 사회발전에 과학기술 혁신을 배양하는 토양을 제공하는 사회제도 혁신이 그 어떤 과학기술 발명보다 훨씬 더 중요하다고 역설했다. 제도경제학의 토대를 놓은 노벨경제학상 수상자 Douglass North(2008)는 근대 이후 서유럽의 발전은 경쟁적 사회질서의 제도화, 곧 진입제한 사회질서를 진입개방 사회질서로 전환했기 때문에 가능했다고 지적했다. 이보다 먼저 경제학의 아버지 Adam Smith는 「국부론」(1776)에서 한때 유럽을 능가하던 중국이 쇠퇴를 면치 못한 까닭은 경쟁을 제한한 제도의 탓으로 진단했다.

제도론에는 제도경제론 이외에 정치제도와 지방분권의 중요성을 강조하는 정치제도결정론과 지방분권발전론 및 분권발전론이 포함된다.[4]

---

4) 분권제도론과 국가발전에 관한 이론에 관해서는 본서 제1장의 'Ⅱ. 국가번영을 견인하는 분권제도'를 참고할 것.

2. 국가발전 토대로서의 헌법질서

1) Acemoglu & Robinson의 정치제도결정론

Daron Acemoglu와 James A. Robinson은 15년 동안의 공동연구에 기초하여 저술한 「국가는 왜 실패하는가」(2012)라는 저술에서 정치제도의 착취성과 포용성을 국가성쇠의 근본 요인으로 강조했다.

> "국가실패의 원인은 경제성장을 저해하거나 심지어 발목을 잡는 착취적 정치제도를 기반으로 착취적 경제제도를 시행하기 때문이다. …(중략)… 일부 사회는 경제성장을 촉진하는 포용적 정치제도를 발전시킨 반면, 오늘날까지 대다수 사회는 엘리트의 이익 증진을 위해 경제성장의 숨통을 죄는 착취적 정치제도를 선택해 왔다."

그러나 이들의 논의는 정치제도를 선거민주주의를 기준으로 "포용적(inclusive)" 정치제도와 "착취적(extractive)" 정치제도로 양분하는 데 머물러 다양한 형태의 정치제도가 경제발전에 미치는 효과를 제대로 설명하지 못한다. 이를테면 포용적 정치제도 내에서 각 나라 정치제도의 포용성 수준이 다른 경우 그 효과도 다르게 나타날 수 있다.

필자는 정치제도의 포용성 수준이 무엇보다 권력공유의 정도에 따라 달라질 수 있다고 본다. 이런 의미에서 필자는 스위스의 경이로운 번영은 세계에서 가장 분권적 연방제, 직접민주제와 대의민주제가 결합된 준직접민주제, 그리고 소수권익을 배려한 비례주의제도에 충실한 권력공유민주주의(power sharing democracy)의 토대(Linder, 2008) 위에서 이룩한 성과로 해석한다.

2) Polybius의 혼합정체론

고대그리스의 역사가 Polybius는 로마가 수많은 시련과 좌절을 딛고 강대국으로 발돋움한 비결이 군사력과 종교심 외에 집정관·원로원·민회 간에 정치권력을 나누고 상호 견제와 균형을 이루도록 제도화한 혼합정(mixed polity)을 시행한 데 있다고 진단했다.

혼합정 개념은 BC 4세기 Aristoteles가 「정치학」에서 왕정·귀족정·민주정이 혼합된 정체를 이상적 정체로 규정한 데서 비롯되었다. Polybius는 카르타고를 제압하고 지중해의 패자로 등장한 BC 2세기경 로마공화정이 Aristoteles가 규정한 이상적 혼합정체를 구현하고 있다고 판단했다.

로마공화정 시대에 집정관·원로원·민회는 어느 일방이 독단적으로 정치를 전단(專斷)할 수 없었다. 모든 국사는 세 권력주체 간 견제와 균형 속에서 처리되어 정체순환의 악순환을 겪지 않고 내부적 결속과 정치적 안정을 바탕으로 국가적 역량을 극대화할 수 있었다. 로마는 당시 가장 앞선 분권적 정치제도를 바탕으로 강대국으로 번영했다.

3) Tocqueville의 타운자치론

Alexis de Tocqueville은 1831년에서 1832년까지 9개월 동안 평등원리가 구현되던 신생 미국을 방문한 후 저술한 「미국의 민주주의 I」(1835)에서 미국정치질서가 기초한 주권재민사상은 뉴잉글랜드 타운자치에서 발원해 전국으로 확산되었다고 지적했다. Tocqueville은 "국민이 모든 것의 근원이고 목적이며, 모든 것은 국민으로부터 나오며 국민에게로 돌아가는" 미국을 관찰하고, 이런 미국이 머지않아 강대국으로 부상할 것을 예견했다.

Tocqueville은 타운이 자치권을 중앙권위로부터 수여받은 것이 아니라 오히려 자신의 일부 권력을 주정부에 양보한 사실이 매우 중요하다고 지적했다. 아울러 뉴잉글랜드 주민의 드높은 향토애와 능동적 시민정신은 "독립국가에 준하는 자치권을 누리는 작은 타운에서" 자치체험을 통해 터득된 것임을 강조했다. 그는 자치권이 미미한 타운은 "착한 신민(臣民)은 가질 수 있을지 모르지만 결코 능동적 시민은 가질 수 없다."고 역설했다.

Tocqueville은 "중앙권력이 아무리 개화되고 능숙할지라도 거대한 나라의 국민생활을 세세히 보살피는 일은 인간능력의 한계를 넘는 일"이라고 지적했다. 그는 "중앙집권이 예방에는 뛰어날지 몰라도 행동에는 그렇지 못하다. 중앙집권화가 심화될수록 중앙의 힘은 약화되며 시민의 협조를 얻기도 어려워진다."고 했다. 그는 중앙집권화가 주민을 소극적 관객으로 전락시키고 공중도덕을 고갈시키며 지방에서 활력과 생기를 앗아갈 것을 크게 우려했다. Tocqueville은 유럽인이 미국인과 달리 범죄자를 보고도 팔짱을 끼고 구경만 하는 것은 자유와 책임의 정신을 질식시키는 중앙집권 때문이라고 진단했다.

3. 스위스 번영을 견인한 권력공유민주주의

스위스는 은행과 시계 등 몇 가지 특화된 제품으로 번영을 이룬 나라가 아니다. 은행과 시계를 비롯해 직물, 관광, 식품, 의약, 의료기술, 화학, 기계, 무역, 보험, 건축, 건설, 국방 등 다양한 산업에서 세계굴지의 글로벌기업과 세계적 경쟁력을 지닌 중소기업이 스위스 미러클을 일구어냈다.

스위스가 광범위한 산업분야에서 놀라운 혁신을 일구어낸 비결은 무엇인가? 혁신가들은 개인주의적 성향이 있지만 사회적 공백 속에서 나타나지 않는다. 혁신가들은 창의적이고 쇄신적인 사회생태의 일부로 존재할 때 큰 성취를 이룰 수 있다. 혁신가들은 서로 경쟁하면서도 한 장소에 모여 시너지를 창출하는 경향이 있다. 이런 관점에서 스위스 미러클은 '혁신가정신의 클러스터(clusters of entrepreneurship)'라는 개념으로 설명될 수 있다.

스위스가 혁신가정신의 클러스터로 발전하는 데 정치제도와 정치의 역할이 컸다. 고도의 정치안정, 재산권 보호, 자유로운 기업활동 보장, 파업으로 인한 근무일 결손이 거의 없는 산업평화는 스위스 번영의 토대였다. 일찍이 James Bryce(1921: 269-273)는 언어와 종족이 다르고 여러 세기에 걸쳐 심각한 신·구교 종교분쟁을 겪었으며 한때 용병의 삯전으로 가계와 나라살림을 꾸려야 했던 스위스가 가난을 딛고 번영을 구가하게 된 비결은 지방의 자유와 직접참정을 보장하고 소수권익을 존중하는 정체에 있다고 진단했다. 그는 스위스 정체도 흠결이 없지 않지만 고도의 정치안정, 보스정치와 패거리정당의 부재, 정책의 일관성, 고품질 입법, 효율적 행정, 충실한 교육·국방·도로 등 기본 공공서비스 제공, 개인자유의 존중 등에서 다른 민주국가에서 찾아보기 힘든 많은 장점이 있다고 분석했다.

르네상스 초기 북이탈리아 도시공화국에서 전쟁과 테러와 살육이 있었지만 미켈란젤로와 레오나르도 다빈치와 르네상스가 발원한 것처럼 유럽에서 가장 도시국가적 전통이 강한 스위스에서 놀라운 번영이 이루어졌다.

1) 최소주의 정체

스위스 번영을 이끈 정체의 첫째 특징은 최소주의다. 최소주의 정체는 작은 정부와 민간 주도를 장려한다. 스위스 최소정부는 사회계약의 원리에 따라 시민에게 순응의 대가로 안전과 안정 및 법치의 정의를 제공했다. 외부의 권위에 의해 지배당하는 것을 원치 않은 스위스인은 최소정부를 대가로 최대한의 자유를 누렸다. 스위스 최소정부가 허용한 개인과 지방의 자유는 종교적·정치적 자유를 희구한 망명객을 끌어들였다. 스위스에서 글로벌 브랜드를 구축한 기업가는 빈곤과 정치적 압제를 피해 자유롭고 개방적인 스위스로 이주한 망명객이었다(Breiding, 2013: 135). Heinrich Nestlé는 독일의 프랑크푸르트에서 태어났고, Maggi는 이탈리아 이민자의 아들이었다. 시계산업은 루이 14세의 종교적 박해를 피해 이주한 프랑스의 위그노들(Huguenots)에 의해 시작되었다. Aristo Jones는 보스톤에서 샤프하우젠에 이주해 시계기업을 창업했다. 폴란드 귀족출신의 Norbort de Patek은 1830년 민주화 소요가 일어나자 제네바로 피신해 자동태엽을 개발한 Adrien Philippe와 함께 창업했다. 런던 근방의 욱스브리지(Uxbridge)에서 온 Charles Brown은 독일인 Walter Boveri와 함께 기계회사를 창업해 후에 ABB로 발전시켰다. 독일 출신의 Emil Bürhle는 무기공장을 세웠다. 이탈리아 출신 Cesare Serono는 스위스에서 세 번째로 큰 제약회사를 창업했다. 취리히연방공대(ETH) 졸업 후 종합비타민 C를 개발한 폴란드인 Tadensz Reichstein은 호프만-라로쉐(Hoffman-La Roche)를 창업했다.

2) 비중앙집권적 연방주의

스위스 번영을 견인한 정체의 둘째 특징은 비중앙집권적 연방제다. 비중앙집권적 연방제에서 과세권을 가진 캔톤과 코뮌은 조세경쟁과 정책경쟁을 벌여 낮은 세금으로 양질의 공공서비스를 제공하여 기업 친화적 여건을 조성했다. 오늘날 최고 수준의 1인당 GDP를 자랑하는 쥬크 캔톤은 1960년대 혁신적 조세정책을 추진하기 이전에는 가장 가난하고 빚이 많은 캔톤이었다. 그러나 세율을 스위스에서 최저 수준으로 낮춘 이후 쥬크 캔톤은 지역경제 활성화의 계기를 맞았다. 낮은 세율은 쥬크 캔톤을 더 큰 가처분소득을 향유하려는 기업과 개인이 가장 선호하는 지역으로 탈바꿈시켰다. 최근에는 옵발덴 캔톤이 기업 관련 세금을 절반으로 줄이고 개인과 가족에게 약 12% 정률 감세정책을 시행했다. 옵발덴 캔톤은 세율인하에도 불구하고 조세수입이 줄지 않았을 뿐만 아니라 매우 짧은 기간에 가장 경쟁력 있는 캔톤으로 변모했다(Bessard, 2013). 스위스 캔톤과 코뮌은 한때 연방헌법 제정에 저항했고 스위스국립은행(SNB) 설립에도 반대했다. 이들은 지금도 막강한 자치권을 누리면서 연방당국의 임의적 권한 침해를 용인치 않는다. 연방정부는 헌법의 규정에 따라 균형예산을 유지해야 하며, 직접세 과세권을 국민투표에 회부해 국민의 승인을 받아야 한다. 약 70%의 세금이 캔톤과 코뮌 수준에서 과세되고 지출된다. 이런 제도적 조건이 혁신가정신의 발휘와 국부창출에 유리한 환경을 조성했다.

3) 준직접민주주의

스위스 번영을 이끈 정체의 셋째 특징은 대의민주제와 직접민주제가 결합된 준직접민주주의이다. 연간 20-30건의 중요한 국사와 지방적 사안을 시민이 직접 발의하고 결정하는 시민발안제와 시민투표제, 두 캔톤과 2,324개 코뮌 중 약 80%에서 운영되는 코뮌총회가 정치인의 지대추구행위를 예방·교정하고 시민의 자유정신과 책임의식을 고양했다. 스위스국민은 포퓰리즘을 자극할 만한 사안에 대해서도 온건한 다수의 의사에 부합되는 신중한 결정을 내렸다. 휴일 확대, 근로시간 단축, 최저임금 인상, 연금수혜연령 인하, 세금 삭감, CEO임금 상한제 도입 여부를 묻는 국민발안은 국민투표에서 거부되었다. 노사갈등은 노동투쟁이 아니라 직접민주제를 통해 공적 토론을 거쳐 평화적으로 해결되었다. 이견을 가진 사람들에게 도전할 기회를 주고 점진적 개혁을 유도하는 직접민주제는 극단주의를 순치시켜 평화와 안정을 정착시킴으로써 스위스의 번영을 북돋웠다.

4) 비례주의

스위스 번영을 견인한 정체의 넷째 특징은 소수권익을 보호하는 비례주의다. 스위스 비례주의 정체는 언어·종교·지역·계급으로 나뉜 다문화사회의 분열적 이질성을 오히려 창조와 혁신의 원동력으로 승화시켰다. 스위스는 소수를 우대하는 비례제를 통해 소수에게 자긍심을 심어주고 집단 간 화합의 문화를 형성하여 정치안정과 산업평화를 이룩한 토대 위에서 경제적 번영을 구가했다.

Ⅳ 스위스 권력공유민주주의

스위스 정치사에는 승자가 모든 것을 차지하고 패자에게 아무 것도 돌아가지 않는 상황을 방지하려는 욕구, 즉 권력공유에 대한 열망이 정치제도와 관행으로 면면이 이어졌다. 스위스인의 권력공유 성향은 연방헌법, 신·구교 협상, 중앙집권자들과 캔톤주의자들 간의 타협, 비례대표 선거제 도입, 사전청취제도 운영 등을 통해 소수에게 참여기회를 제공했다. 그리고 스위스 정치엘리트는 시민투표에 회부될 위험을 줄이기 위해 주요 정치집단을 두루 만족시키는 정치적 타협을 이루려고 힘썼다.

권력공유는 스위스의 이질적 다문화사회를 통합시켰다. 권력공유는 역사와 규모가 다른 캔톤을 하나의 연방으로 결합시켰고, 두 개의 종교와 네 개의 언어로 분할된 국민을 하나로 융화시켰다. 권력공유는 전쟁에 휩싸인 유럽의 한복판에서도 정치적 독립을 유지시킨 강력한 집단정체성을 제공했으며, 경제적 계급투쟁을 극복하고 산업평화를 이룩하도록 만들었다.

스위스 권력공유민주주의는 연방제, 직접민주제, 비례제를 통해 실현된다.

1. 연방제에 의한 권력공유

1948년 스위스가 국민국가를 형성할 때 연방주의를 채택한 것은 부분적으로 스위스인의 강한 지방분권 전통 때문이었지만, 사실 이보다 중요한 다른 이유가 있었다. 연방정부를 창설하는 과정에서 보수적 구교캔톤과 진보적 신교캔톤은 심각한 갈등을 빚고 심지어 내전까지 치렀다. 이런 상황에서 국민통합을 이루기 위해서는 약자인 소수 구교캔톤의 이익을 충분히 고려하지 않을 수 없었다.

스위스는 종래 캔톤들의 느슨한 연합제와 중앙집권적 단방제 사이의 중간노선을 따르도록 예정되어 있었다. 스위스는 중앙집권에 극렬히 반대한 소수 보수진영과 강력한 중앙정부를 원했던 다수 진보진영 간 타협의 산물이었다. 1848년 스위스 헌법제정자들은 스위스보다 먼저 건국과정에서 작은 주들과 큰 주들의 갈등을 연방제로 해결한 미국헌법을 벤치마킹하여 일부 캔톤주권을 중앙정부에 이양하되 고도의 캔톤자치권을 보장한 연방제를 설계했다.

연방제는 연방과 캔톤의 권력공유를 초래했다. 연방제 채택으로 캔톤은 권한범위 내 모든 문제에 대해 언어·종족·종교집단의 선호에 부응한 결정을 내릴 수 있었다. 연방제는 상이한 문화를 공존시키고 소수집단을 보호했다. 연방제는 캔톤에게 민족적·문화적 특수성을 인정하여 준주권적 자치권을 허용했다.

스위스연방헌법이 연방보다 캔톤에게 더 많은 권한을 부여한 것은 보수적 구교 소수에 대해 진보세력이 양보했음을 의미한다. 이는 국민투표에 의해 연방헌법이 채택될 가능성을 높였다. 연방제는 종교적 참호에서 몸을 사리던 신·구교 양측이 무기를 버리고 대화의 광장으로 나오게 만들었다.

연방제는 캔톤을 국가적 정책결정의 중요한 동반자로 만들었다. 스위스 국민을 대표하는 하원과 캔톤을 대표하는 상원으로 연방의회를 구성하여 캔톤의 국정참여를 확고하게 보장했다. 게다가 작은 캔톤의 이익을 보호하기 위해 상원의석을 캔톤의 인구규모와 관계없이 보통 캔톤에게는 2명씩, 반(半)캔톤에게는 1명씩 배정했다. 더욱이 연방헌법개정은 오직 다수 국민과 다수 캔톤이 동시에 찬성하는 경우에 가능하도록 했다. 이와 같이 스위스연방헌법은 국민통합을 위해 '일인일표'의 민주적 다수결원칙과 '모든 캔톤에게 동등한 투표권'을 부여하는 연방적 다수결원칙을 적절히 결합시켰다.

연방제는 코뮌을 스위스 정치의 든든한 초석으로 만들었다. 고도의 자치권을 누리는 코뮌은 스위스 정치와 문화의 근간을 이룬다. 코뮌은 연방·캔톤과 함께 통치권을 공유하며 상호 협력한다. 주민은 연방·캔톤·코뮌 수준에서 각각 대표를 선출하고, 중요한 정책쟁점에 대해 투표하며, 연방·캔톤·코뮌법률이 규정한 권리와 의무를 행사한다. 스위스인은 캔톤과 연방의 시민이기 전에 먼저 코뮌의 시민이다.

스위스 연방제는 소수의 불만을 잠재운다. 연방제는 프랑스어, 이탈리아어, 레토–로만어를 사용하는 소수를 캔톤의 문화적 보호막 속에서 차별의식과 소외감을 느끼지 않도록 보호한다. 언어적 소수는 연방정부의 의사결정에서 응분의 정치적 발언권을 행사한다. 연방정부에서 언어적 소수가 행사하는 발언권의 역사적 가치는 하원의원의 좌석이 언어권별로 배정되어 있는 점에서도 확인할 수 있다. 언어적 소수는 법률로 보장된 완벽한 언어자치권을 향유한다. 캔톤은 관할권 내 코뮌에서 사용되는 고유 언어를 보호할 법적 책무를 진다. 따라서 코뮌은 고유 언어의 변경을 강요받지 않는다. 오늘날 독일어, 프랑스어, 이탈리아어, 레토–로만어는 모두 국어와 공용어로 인정되고 있다. 1938년 연방헌법은 레토–로만어를 스위스의 네 번째 국어로 지정했다. 1% 미만의 인구가 사용하는 레토−로만어의 스위스 국어 인정은 1935년에 레토−로만어의 존속을 열망한 그라우뷘덴 캔톤정부가 발의한 연방헌법 개정안을 국민과 캔톤의 다수가 승인한 결과다. 이후 스위스 화폐와 연방정부의 문서는 모두 레토−로만어가 추가된 4개 언어로 발행되었다. 이어 레토−로만어는 1996년 연방헌법개정으로 독일어, 프랑스어, 이탈리아어와 함께 당당히 공용어의 지위까지 획득했다.

2. 직접민주제를 통한 권력공유

직접민주제는 강력한 권력공유 수단이다. 국민투표를 통한 권력공유를 연방내각의 구성과 입법과정을 중심으로 살펴보자.

1) 국민투표에 의한 연방내각의 권력공유

1874년 선택적 국민투표제가 도입된 이후 소수 구교보수진영은 국민투표를 통해 다수 신교진보진영의 프로젝트를 무차별적으로 좌절시켰다. 이런 상황에서 신교진보진영은 구교보수진영과 타협을 모색했다. 마침내 오랜 세월 독점해온 연방각료 7명 중 1명을 소수 구교보수진영에 양보했다. 이 조치는 연방내각의 의사결정에 대한 신교진보진영과 구교보수진영의 정치적 책임공유를 뜻했다. 이런 '우호적 합의'에 이른 배경에는 다수 신교진보진영과 소수 구교보수진영의 협조를 유도한 유인 또는 압력이 있었다. 다수 신교진보진영은 의회에서 소수 구교보수진영의 국민투표 도전을 막지 못할 경우 무력한 다수로 전락했다. 한편 소수 구교보수진영은 의회 주도권을 장악할 가능성이 희박하다는 사실을 인정하고 반대당으로 남아 얻을 것보다 연방정부의 정책에 부분적으로 협조해 얻을 것이 더 많다고 생각했다.

이후 다수 신교진보진영은 소수 구교보수진영을 포함한 다른 정치세력과의 화합을 모색해 연방내각의 권력공유를 더욱 확대했다. 소수 정치세력도 자신들의 연방각료 몫을 늘이기 위해 협상에 응했다. 1928년 진보진영에서 분리된 농민·시민당에게 연방각료 1명이 할당되었다. 1935년에는 비례대표선거제의 도입으로 하원에서 최대 정치세력으로 부상한 사회민주당이 연방각료 배정을 요구했다. 이 요구는 당시 계급투쟁에 대한 경계심을 늦추지 않았던 부르주아정당의 완강한 반대로 좌절되었다. 그러나 1943년 2차대전으로 정치적 통합이 절실히 요구되는 상황에서 사회민주당에게도 연방각료 1명이 배정되었다. 연방내각에 사회민주당의 참여가 없던 짧은 기간이 지난 후 1959년부터 연방각료 선출에 소위 '마법공식'(magic formula)이 적용되었다. 이 마법공식에 따라 자유민주당(FDP) 2명, 기독교민주당(CVP) 2명, 사회민주당(SP) 2명, 스위스국민당(SVP) 1명으로 연방내각이 구성되었다. 당초 주요 정당 간의 묵시적 합의가 전통으로 굳어진 마법공식은 21세기 초 우여곡절을 거쳤으나 여전히 스위스 연방내각의 권력공유를 유지하는 불문율로 준수되고 있다.

2) 국민투표를 통한 입법과정의 권력공유

주요 정당이 참여하는 대연정(grand coalition)은 모든 정치세력의 타협과 화합을 자동적으로 보장하지 않았다. 1930년대 대공황기 부르주아정당이 권력공유 확대를 꾀한 까닭은 정치적 좌파의 압력과 함께 연방의회에 제출된 법안에 도전하는 이익집단의 압력 때문이었다. 설상가상으로 당시 나치스와 파시스트 선전에 현혹된 극단세력은 민주주의와 의회제도에 대한 믿음을 허물기 위해 준동했다. 다행히 극단세력이 새로운 정치질서를 주장하며 발의한 '최전선 발안'(Frontist Initiative)은 국민투표에서 압도적 반대로 거부되었다. 그러나 당시 스위스 연방입법과정은 수많은 국민투표 도전으로 안정성을 잃고 있었다. 연방당국은 국민투표가 소규모 집단에 의해 이용될 수 있을 뿐만 아니라 오직 이익집단과 정당의 지지로는 충분한 다수를 확보하기 어렵다는 사실을 깨달았다. 이에 따라 연방의회는 긴급한 결정이 필요한 경우 연방의회에서 통과된 법안이 국민투표를 거치지 않고 즉시 효력을 발하도록 규정한 연방헌법의 '긴급조항'을 활용하기 시작했다. 일반입법절차를 생략한 긴급조항의 활용은 1930년대 경제공황 극복에 도움이 되었다.

그러나 시민단체는 연방정부의 빈번한 긴급조항 이용을 비판했다. 마침내 1949년 긴급조항의 남용을 막는 국민발안이 제기되어 국민투표로 승인되었다. 이에 따라 연방정부는 입법과정에서 정당, 이익집단, 캔톤의 의견을 더 충실히 수렴하는 제도를 개발했다. 1947년 연방정부의 발의로 개정된 연방헌법은 이해당사자에게 경제법안에 대한 협의권한을 부여했다. 이후 이른바 '의회전(議會前) 사전청취제'는 스위스 핵심 입법절차로 확립되었다.

의회전 사전청취제도는 두 가지 요소를 포함한다. (1) 연방내각은 새로운 입법이 필요한 경우 새 법안의 필요성과 대안을 평가할 연구팀이나 전문가위원회를 구성한다. 이때 연방입법에 의해 영향을 받게 될 집단의 관점을 대표하는 인물로 연구팀이나 전문가위원회를 구성한다. (2) 사전청취제도는 별도의 자문절차를 둔다. 해당 부처는 전문가위원회가 작성한 보고서에 기초해 법안을 작성하여 캔톤, 정당, 이익집단에게 배포한다. 이들의 반응을 검토한 후에 입법 여부를 결정한다. 만일 입법 추진이 결정되면, 법안은 연방하원과 연방상원에 각각 송부된다.

　의회전 사전청취절차는 국민투표에서 부결될 가능성을 낮춘다. 전문가위원회의 활동은 법안에 대한 이해당사자의 다양한 의견을 이해하는 정보공유과정인 동시에 상이한 의견을 조율하는 협상과정이다. 가령 전문가위원회에서 정부의 사회보장법안을 논의할 때 사용자단체와 노동조합은 제각기 어떤 조건에서 이 법안을 지지 혹은 반대할 것인지를 밝히고 협상을 벌인다. 이때 정부는 흔히 지나친 보조금 요구에 대한 연방의회 입장을 옹호하면서 사용자단체와 노동조합의 이해관계를 거중 조정한다. 정부는 의회전 사전청취절차를 마치고 법안을 작성할 때 전문가위원회의 활동과 자문절차의 결과를 평가하고 관련 이해당사자로부터 충분한 지지를 얻을 수 있는 개혁만을 선별해 법안에 포함시킨다.

　의회전 사전청취절차를 거쳐 마련된 법안은 심각한 의견충돌이나 별다른 수정 없이 법률로 통과될 가능성이 높다. 물론 연방의회는 정부로부터 넘겨받은 법안에 의견을 추가하거나 법안을 수정할 수 있다. 그러나 이미 사전청취과정에서 타협의 어려움과 취약성, 이미 강구된 해결책의 견고함을 잘 알고 있는 연방의회의원은 심의과정에서 이 법안에 대해 어느 세력이 지지하거나 반대하는지 동료의원에게 알려준다. 이런 식으로 연방의회도 가능한 법안에 대한 국민투표가 요구되지 않도록 많은 이해당사자의 지지를 받는 타협안을 만들려고 노력한다.

　요컨대 스위스의 입법과정은 일종의 권력공유과정이다. 의회전 입법과정에서는 주로 경제적 이익집단이, 의회의 심의과정에서는 주로 정당이 중요한 역할을 수행한다. 스위스 입법과정이 구현하는 합의와 상생의 가치는 승자가 모든 것을 독식하지 않고, 모두가 협상을 통해 조금씩 양보하고 조금씩 얻는 해결책을 모색하도록 유도한다. 스위스 권력공유 입법과정은 정당과 이익집단이 아무리 심각한 갈등상황일지라도 타협과 합의를 모색하도록 만든다.

3. 비례제도에 의한 권력공유

스위스에서 비례제도에 의한 권력공유는 선거제도와 공직선임 및 공공자금의
배정 등에서 충실히 실현된다.

1) 비례대표제

1918년 스위스 총파업은 국가적 위기였다(Steinberg, 1996: 59). 어느 쪽이든 조
금만 더 과격했거나 비타협적이었다면, 총파업은 내전으로 치달았을 것이다. 스위스
가 최악의 사태를 피할 수 있었던 것은 비례대표제 덕분이었다. 1918년 스위스 국
민은 비례대표제 도입을 묻는 국민투표에서 현명한 결정을 내렸다. 국민투표 결과는
298,550명의 찬성과 149,035명의 반대, 19.5개 캔톤의 찬성과 2.5개 캔톤의 반대였
다. 비례대표제 도입은 나라를 내란의 위기로 내몰았던 사회주의자들에게 보상을 준
대신 과격한 노동운동세력을 순화시켜 제도정치권으로 끌어들였다.

비례대표제의 도입으로 연방하원에서 진보세력이 절대다수를 차지하던 일당지
배의 시대는 마감되었다. 이후 기독교민주당과 사회민주당은 유권자 지지율에 비례
해 하원의석의 20-25%를 차지했다. 19세기 신교진보진영과 대립각을 세우던 구교
보수진영이 20세기 신교진보진영의 가장 가까운 동반자로 바뀌었다.

스위스의 비례대표제는 이념과 주장을 달리하는 여러 정당을 정치체제 내부로
끌어들여 정치안정을 가져왔다. 비례대표제가 초래한 정당 다원주의는 모든 정당이
타협과 협력을 모색하도록 만들었다. 국민투표를 통해 도입된 비례대표제는 승자독
식의 정당정치를 종식시켰다.

2015년 현재 스위스 연방의회에는 유권자의 대략 70%의 지지를 받는 4개의 정
부당과 9개의 반대당 의원들로 구성된 7개의 교섭단체가 있다.

| 표 2-4 | 스위스 하원과 상원의 정당별 의석분포(2015년) | (단위: 명) |

	하원의원 수	상원의원 수
정 부 당		
스위스국민당(SVP)	65	5
사회민주당(SP)	43	12
자유민주당(FDP)	33	13
기독교민주당(CVP)	27	13
반 대 당		
녹색당(GPS)	11	1
보수민주당(BDP)	7	1
녹색자유당(glp)	7	–
기타 정당	7	–
무소속	0	1
총 계	200	46

자료: (http://www.parliament.ch/policy/framesets/E/Frame－E.htm).

2) 비례주의에 입각한 공직선임

스위스의 공직선임은 비례주의에 따른다. 법률의 강제가 아니라 정치적 관행으로 정착된 비례주의 공직선임은 상황에 따라 유연하게 적용된다.[5] 연방각료 7명 중 2명은 프랑스어권 출신, 1명은 이탈리아권 출신에서 뽑힌다. 예외적으로 1명의 이탈리아어권 연방각료가 선출되지 않은 경우, 이탈리아어권 몫의 1명은 반드시 프랑스어권에서 대신 선출된다. 연방의 각종 전문가위원회나 연방의회위원회를 구성할 때도 언어권 대표성이 준수된다. 가끔 불어권이 '독일어권 우대'에 대한 불만을 토로하는 경우가 있지만, 다음 <표 2－5>를 보면 연방공무원의 언어권별 안배에 관한 불만은 근거 없는 것이다.

---

5) 다만 스위스연방헌법 제175조는 동일한 캔톤에서 1명 이상의 연방각료가 선출되는 것을 금지한다.

표 2-5	언어권별 비례주의에 따른 공직선임			(단위: %)
연방기관 및 행정부	독일어권	프랑스어권	이탈리아어권	레토·로만어권
인구(외국인 제외)	72.5	21.0	4.3	0.6
연방내각	71.4	28.6	0	
연방법원	60.0	30.0	6.6	3.3
연방하원	72.0	24.0	4.0	
연방상원	73.9	21.7	4.3	
전문가위원회	76.9	20.0	3.1	
연방행정부				
전체 공무원	71.5	20.7	6.5	
고위 공무원	73.5	21.6	3.8	
최고 공무원단	71.9	22.9	4.3	

자료: (Linder, 2008: 26).

　　스위스인은 복수언어주의를 중시한다. 그래서 모든 학교에서 아동은 적어도 두 개 언어로 교육을 받는다. 스위스인은 다른 언어를 쓰는 사람을 만나는 경우 가능하면 상대방의 언어로 소통하려고 힘쓴다. 이를테면 독일어를 쓰는 스위스인은 프랑어권 사람을 만나면 서툰 프랑스어로 말하려고 노력한다. 요즘 학교에서 영어를 배운 젊은이는 다른 언어권 스위스인을 만나면 흔히 영어로 소통한다. 복수언어주의는 다소 비용이 들지만 비즈니스 세계에서 큰 이점도 있다. 대다수 스위스인은 복수언어 사용을 자랑스럽게 여긴다.

　　스위스에서 언어 이외에 정당도 중시된다. 연방각료의 선출에는 언어와 함께 소속 정당이 고려된다. 앞서 언급한대로 1959년 이후 연방의회는 연방각료 7명을 정당비례원칙에 따라 4개 정당에 배정했다. '마법공식'에 따라 4개 정당에 1－2명씩 연방각료를 안배해왔다. 마법공식은 2003년 이후 한동안 다소 변형된 형태로 계속 유지되다가 2015년에 복원되었다.[6]

――――――――――

6) 2003년 총선에서 투표자 29% 지지를 받아 제1당으로 부상한 스위스국민당은 연방각료 1석 추가를 요구했다. 연방의회는 이 요구를 수용해 4개 여당 중 의석이 가장 적은 기독교민주당의 몫 2석 중 1석을 스위스국민당에 배정했다. 그러나 2007년 연방의회는 튀는 행동을 서슴지 않은

근래에는 과거에 종교가 중시되던 종교 대신 성별이 성별이 공직선임에 중요하게 고려된다. 여성의 연방각료 선출을 비롯해 연방법원 판사와 연방정부 고위공무원의 선임에 여성의 진출이 증가해 왔다. 하원의원선거, 연방의회 위원회, 연방정부 전문가위원회 구성에서도 여성의 비례성이 고려되어 왔다.

물론 비례주의의 적용으로 직무수행능력이 경시될 수도 있다. 그러나 스위스 국민은 권력공유제도로 인한 대가를 기꺼이 감수한다. 가령 프랑스어권 출신 중장(中將)이 퇴역하는 경우에 이 자리를 채울 후보자는 프랑스어권 주민에게 한정된다(Linder, 2008: 36). 이 경우에 더 적합한 능력을 가진 독일어권 주민은 언어 소속이 다르다는 이유로 차별대우를 받는 셈이다. 그러나 비례주의의 대가를 과장해서는 안 된다. 적격자 독일어권 주민은 독일어권 출신 장군이 퇴역할 때까지 기다리면 되기 때문이다.

표 2-6   공직선임에서 고려되는 비례주의 기준

	언 어	정 당	성 별
연 방 각 료	×	×	×
연 방 차 관	×	×	×
연 방 법 원	×	×	×
하원의원선거	(×)	×	(×)
연방의회 위원회	×	×	(×)
연방정부 전문가위원회	×	(×)	(×)
연방정부 고위공무원	×	(×)	×

* '×'표는 일반적으로 적용되는 기준을, '(×)'표는 가끔 중요하게 고려되는 기준을 뜻함.
자료: (Linder, 2008: 35).

스위스국민당 소속 각료 Christoph Blocher를 낙선시키고 대신 Eveline Widmer–Schlumpf를 선출했다. 이에 반발해 스위스국민당은 Widmer–Schlumpf를 자당의 대표각료로 인정하지 않았다. Widmer–Schlumpf는 Samuel Schmid와 함께 스위스국민당을 탈당해 보수민주당(BDP)을 이끌었다. 2008년 Samuel Schmid가 사임하자, 연방의회는 스위스국민당 소속 Ueli Maurer를 선출했다. 이어 2015년 총선에서 스위스국민당이 제1당의 자리를 굳히자, Widmer–Schlumpf가 사임했다. 이에 따라 스위스국민당 소속의 Guy Parmelin이 선출되었다. 결국 2015년 이후 연방각료 7명은 자유민주당(FDP) 2명, 사회민주당(SP) 2명, 기독교민주당(CVP) 1명, 스위스국민당(SVP) 2명으로 구성되었다.

3) 공공자금 배정과 기타 영역의 비례주의

공공자금 배정에서도 비례주의가 적용된다. 심지어 비례주의가 요구하는 수준을 넘어 소수파에게 유리한 재정배분이 이루어지는 경우가 적지 않다. 예컨대 스위스에는 각 언어권마다 하나씩 라디오 및 TV방송망이 있는데, 한때 가장 작은 스위스이탈리아어 방송망에게 연방정부 방송망 총예산의 25%가 배정되었다. 이 금액은 언어권별 인구비례의 5배에 달하는 몫이었다.

비례주의는 공공영역뿐만 아니라 경제·문화·스포츠계에도 적용된다. 이를테면 스위스축구협회의 집행위원회를 독일어권 인사로만 구성하는 것은 상상할 수 없는 일이다. 스위스에서 언어적 비례성은 거의 모든 영역에서 철저히 적용된다.

V 맺음말

스위스에서 권력은 늘 공유된다. 정치제도를 통해 또 정치제도로 인해 정체성을 갖게 된 스위스 헌정체제의 핵심 설계원리는 권력공유다. 권력공유는 다문화사회의 갈등을 평화적으로 해결하고 단점을 장점으로 전환시켜 스위스를 정치안정, 산업평화, 혁신클러스터의 요람으로 만들었다.

권력공유민주주의는 스위스를 어떤 고난과 위기에서도 안정을 유지하는 상향사회로 전환시켰다. Jonathan Steinberg(1996)는 스위스 정체가 "바닥을 납으로 채워 넘어질 때마다 다시 일어서는 오뚝이 인형"을 닮았다고 했다. James Bryce(1921)는 1차 대전 이후 주변 강대국들의 각축장으로 변해가는 국제정세에서 스위스가 어려움을 겪겠지만 스위스인의 드높은 애국심과 고품격 시민정신으로 위기를 능히 극복해낼 수 있을 것으로 낙관했다. 그의 예견은 2차 대전 때 히틀러의 가공할 침공위협을 막아낸 '고슴도치국방'으로 현실이 되었다.

2004년 Google은 첫 해외입지로 고물가로 이름난 스위스 취리히를 선택했다. 고도의 정치안정, 조세효율성, 고품질의 공공서비스, 잘 갖추어진 하부구조, 세계최고의 삶의 질, 기업친화적 사회분위기, 혁신과 인재의 요람인 글로벌기업과 취리히 연방공과대학(ETH), 그리고 유럽의 중앙에 위치한 취리히의 유리한 고객접근성을 중요하게 고려했다.

스위스 권력공유민주주의는 '승자독식 다수제, 과잉 중앙집권제, 엘리트 지배 대의민주제를 특징으로 하는 소용돌이 집중제를 권력공유민주제로 전환'하는 시대적 과제를 안고 있는 우리에게 다음과 같은 교훈을 시사한다.

(1) 권력공유민주주의는 결코 패권주의를 추구하지 않는다.

(2) 권력공유제는 승자독식 문화를 상호존중과 타협을 중시하는 화합의 문화로 전환시켰다.

(3) 스위스의 엘리트와 다수파는 언제나 흔쾌히 기득권을 내려놓지는 않았지만 중요한 시기에 상황의 요구에 거스르지 않고 양보의 미덕을 실천하는 용기를 발휘했다.

(4) 스위스 국민은 중앙집권화(특히 Napoleon이 강요한 헬베티아공화국의 중앙집권체제)에 완강히 저항하며 캔톤과 코뮌의 자치권을 수호했다.

CHAPTER

3

자치와 발전

"자유 없는 애국심, 미덕 없는 자유, 시민 없는 미덕은 존재할 수 없다. 시민을 육성하라. 그러면 당신이 필요로 하는 모든 것을 얻을 것이다. 시민이 존재하지 않는 곳에는 오직 국가 지배자에 종속된 비천한 노예만 양산된다."

Jean–Jacques Rousseau

"우리는 오직 시민일 때만 자유롭고, 우리의 자유와 평등은 시민정신이 살아 있을 때만 유지된다. 우리는 자유롭게 태어날 수 있다. 하지만 살아 있는 동안 자유를 지키려고 노력할 때만 자유롭게 죽을 수 있다. 시민은 정령 태어나지 않는다. 시민은 자유로운 정체에서 시민교육과 정치참여를 통해 만들어진다."

Benjamin Barber

"인간은 기회가 주어지면 자치할 수 있는 존재다." Frank Bryan

-61-

I 머리말

수년 전 필자는 필리핀국립대학 행정대학원에서 '한국의 지방분권과 발전'이란 주제로 특강을 했다. 강의를 마친 후 인도네시아 국립대학에서 온 한 교환교수로부터 이런 질문을 받았다: "당신의 주장처럼 한국이 지속가능발전을 하기 위해서 지방분권개혁이 필요한지 모르겠다. 하지만 나는 경제학자로서 중앙집권체제에서 고도 경제성장을 이룩한 한국이 부럽다. 인도네시아를 비롯한 개발도상국에서는 한국의 중앙집권적 경제성장에서 배울 점이 많다고 본다."

미국 시카고대학의 역사학자 Bruce Commings(2008: 18-85)는 "한국과 대만은 일제 식민지배의 수혜자로서 해방 후 고도 경제성장을 이루었다. …(중략)… 베트남은 일본의 식민지배를 요청했더라면 더 나았을 것"이라고 기염을 토했다. 이른바 식민지근대화론을 대변하는 이런 관점에 힘을 얻은 일본 아베신조(安倍晋三) 총리는 기자의 질문에 "침략과 식민지배에 대한 역사가의 평가는 분분하다."고 대답했다. 지금도 일본 극우는 "일본의 동아시아 식민지배는 대동아공영권을 구축하기 위한 불가피한 선택이었다. 일제 때 근대화의 기반을 닦은 한국은 일본의 식민지배에 감사해야 한다."고 주장한다.

과연 과잉 중앙집권적 개발독재와 식민지배는 경제성장을 촉진하는가? 이 질문은 지방분권 연구자에게 '적어도 지방분권은 발전의 필수요건이 아니지 않은가?'라는 아주 중대하고 도전적인 연구문제를 제기한다.

지난 수십 년 동안 지방분권에 관한 수많은 연구는 지방분권의 장점을 이론적으로 옹호하고 경험적으로 확증했다. 그동안 지적된 지방분권의 긍정적 효과에는 주민참여 활성화, 정부책임성 및 대응성 향상, 민주주의 심화, 개인자유 강화, 경제적 성과 증진, 빈곤 완화, 정책실험 및 쇄신 촉진, 정책 안정성 제고, 관료제 병폐 감소, 공공지출 감축, 갈등해결 촉진 등이 포함되었다(안성호, 1995: 195-237; Faguet, 2013: 37-53).

그러나 적지 않은 경험적 연구는 지방분권의 부작용을 확인했다. 지금까지 지적된 지방분권의 부작용에는 행정효율 감소, 정책결정의 질 하락, 수뢰와 부패의 증가, 정부의 엘리트 포획(elite capture) 악화, 재정적자 증가, 거시경제적 불안 증폭 등이 포함되었다(Treisman, 2007: 11-15).

지방분권 효과에 대한 이와 같은 상반된 연구결과는 지방분권 연구에 대한 불신을 조장했다. 결국 지방분권 연구결과를 연구자의 취향과 가치관을 반영하는 이념적 편향을 반영한 것에 불과하다는 견해가 설득력을 얻었다. 이런 비관적 견해는 종종 지방분권을 반대하는 세력의 입지를 강화시켜 지방분권정책을 지체시키고 심지어 중앙집권을 조장하는 빌미로 이용되었다.

이 장은 먼저 지방분권의 상반된 효과를 초래한 원인을 규명하고 지방분권과 민주주의의 관계를 논의한다. 이어 자치공동체 인간모형으로서 '자치하는 인간'을 제시하고, '개인과 공동체 자유로서의 발전' 개념을 개진한다. 마지막으로 자치공동체의 발전효과를 고찰한다.

Ⅱ 지방분권, 민주주의, 발전

과연 지방분권 효과는 경험적으로 확증할 수 없는 것인가? 왜 지방분권 연구가 이런 난관에 봉착한 것일까?

지방분권의 효과에 관한 상반된 연구결과는 지방분권을 이양(devolution)에 한정하지 않고 위임(delegation)과 분산(deconcentration)을 포함하는 혼합적 개념으로 사용한 데서 생긴 것일 수 있다. 그러나 보다 근본적인 문제는 지방분권과 발전의 직접적 인과관계, 즉 '지방분권을 곧바로 발전'의 원인변인으로 상정한 데 기인한다고 생각한다.

지방분권은 지방에게 자치권을 이양해 중앙의 속박으로부터 벗어나 지방이 자율적으로 판단하고 행동할 수 있는 기회를 주는 구조개혁이다. 따라서 지방은 지방분권개혁으로 이 기회를 활용할 자유를 얻는다. 지방은 이 기회를 선용 또는 악용할 수 있다. 지방이 이 기회를 선용할 경우 긍정적 효과가 나타나지만, 악용할 경우에는 부작용이 초래된다.

지방분권은 '적절한 조건'에서 정체의 발전역량을 강화하는 핵심 구조변인이다. 여기서 '적절한 조건'이란 지방의 수권역량, 즉 민주주의 품질을 뜻한다. 지방분권은 잠재력을 발현하기 위해서 민주주의를 필요로 하기 때문이다(Faguet, 2014: 11). 다시 말해 지방분권은 민주주의 품질을 매개로 발전에 영향을 미친다. 지방분권은 민주주의를 수반할 때 과잉 중앙집권의 폐해를 시정하고 지속가능발전을 견인할 수 있다. UN-Habitat이 10년 이상 전문가들의 논의와 회원국의 의견을 수렴해 2007년 제정한 국제지방분권지침 제1절은 "정치적 지방분권화는 민주화와 굿 거버넌스 및 주민참여의 본질적 요소이며, 대의민주주의와 참여민주주의의 적절한 결합을 반드시 포함해야 한다."고 규정한다.

"UN의 국제지방분권지침"

2007년 4월 20일 UN HABITAT 이사회(57개국 대표)는 「국제지방분권지침」 (*International Guidelines on Decentralization and the Strengthening of Local Authorities*)을 의결했다. 이 지침은 1996년 UN HABITAT II 회의에서 '세계지방자치헌장'의 필요성이 논의된 후 10년 동안 전문가의 연구와 회원국의 의견수렴을 거쳐 작성된 최초의 범세계적 지방분권규범이다. 이 지침은 아직 그 이행을 담보할 구속력은 없으나 향후 UN총회의 의결을 통해 세계지방자치헌장으로 나아가기 위한 과도적 국제규범으로서 192개 UN회원국의 지방분권개혁의 방향과 과제를 제시한 중대한 문건이다.

UN국제지방분권지침은 크게 네 가지 주제로 나누어 구체적인 지방분권개혁 과제를 제시한다. (1) 대의민주주의와 참여민주주의를 중심으로 지방민주주의와 거버넌스의 향상을 위한 주요 개혁과제를 제시한다. (2) 보충성원칙에 따른 지방자치단체의 권한과 책임의 강화와 관련된 주요 개혁과제를 제시한다. (3) 지방자치단체가 지역정부 및 중앙정부와 바람직한 정부간관계(IGR)를 형성하는 데 필요한 행정개혁 과제를 제시한다. (4) 지방자치단체의 인적·재정적 자원과 역량 확충을 위한 주요 개혁과제를 제시한다.

UN국제지방분권지침은 유럽 지방민주화와 평화건설에 기여한 「유럽지방자치헌장」을 참고해 마련되었으나 그보다 진일보한 내용을 담고 있다. 무엇보다 UN지침은 유럽헌장에서 언급되지 않은 참여민주주의의 진작을 통한 지방민주주의와 거버넌스의 향상을 강조하고 있다. 근래 유럽의회(Council of Europe) 회원국은 참여민주주의 관련 규정을 추가하기 위해 기존 헌장의 개정을 논의하고 있다.

'지방분권 → 민주주의 품질 → 발전'의 인과관계를 상정하는 관점은 Robert Putnam(1993)의 이탈리아 지방분권 연구와 Merilee Grindle(2007)의 멕시코 지방분권 연구 및 Jean-Paul Faguet(2013)의 볼리비아 지방분권 연구에 의해 경험적으로 확증되었다.

1. Putnam의 이탈리아 지방분권 연구

Putnam(1993)은 1970년대 이후 이탈리아의 20개 지역정부를 대상으로 지방분권의 효과를 연구한 결과 중·북부 이탈리아와 남부 이탈리아 간에 현격한 발전격차를 확인했다.

Putnam은 지방분권으로 비슷한 지역정부를 갖게 되었지만 지역 간 발전격차가 크게 벌어진 근본 원인이 사회구성원들 간 신뢰와 네트워크 및 호혜성이 어우러진 시민공동체의 역량, 곧 '사회적 자본(social capital)'의 격차에 있다고 설명했다. 지방분권은 시민공동체의 사회적 자본의 차이를 매개로 발전격차를 초래한다고 본 것이다.

Putnam은 중·북부와 남부 간 사회적 자본의 차이가 중세의 시민공동체 유산의 차이에 기인한 것으로 보았다. 중세 초기부터 중·북부에는 시민공화주의 전통이 이어진 데 반해, 남부에는 토지귀족들에 의한 계층제적 지배로 자발적 결사체의 결성이 억압되고 따라서 시민공동체의 미덕이 제대로 형성될 수 없었다고 보았다. 중·북부와 남부 간 발전격차를 초래한 사회적 자본이 수백 년에 걸쳐 형성된 것으로 설명한 Putnam의 발전관은 꽤 비관적이라고 말할 수 있다.

2. Grindle의 멕시코 지방분권 연구

Grindle(2007)은 멕시코의 30개 기초지방정부를 대상으로 1980년부터 2005년까지 추진된 지방분권개혁의 효과를 연구했다. 연구결과, 고질적 중앙의존성 감소, 책임성 향상, 경제발전 등의 지방정부 성과가 지방의 '민주화 수준'에 따라 일관성 있게 달라진다는 것을 발견했다.

Grindle은 지방의 민주화 수준이 주로 정치적 경쟁, 공공혁신가정신(public entrepreneurship), 관리혁신, 시민행동주의에 의해 결정되는데, 네 요인 중 정치적 경쟁과 공공혁신가정신이 두드러진 매개요인임을 확인했다. 또 Putnam처럼 후견주의 (clientelism)와 중앙의존타성 등과 같은 중앙집권의 유산이 지방의 민주화 수준을 제 약하는 요인임을 밝혀냈다.

Grindle은 국세의 지방세 이양과 과세자치권 부여 등과 같은 세입분권이 구성 원의 태도와 행동을 변화시키는 가장 유력하고 중요한 분권과제임을 확인했다. 그녀 는 "멕시코의 지방분권은 지방정부에서 민주주의학교 역할을 수행"했다고 총평했다 (Grindle, 2007: 185).

3. Faguet의 볼리비아 지방분권 연구

Jean-Paul Faguet(2013)은 1994년 이후 15년간 볼리비아의 지방분권을 추적 연구했다. 15년간 추적 연구한 결과, 지방분권은 민주주의 품질을 매개로 지방정부 의 성과 향상과 능동적 시민정신 함양에 기여한다는 사실을 확인했다. 중앙정부가 모든 지방정부에 동일한 지방분권개혁을 단행했지만 지방분권 효과는 지방마다 큰 차이를 보였다. 지방분권개혁이 비아차(Viacha) 지방정부에서는 행정의 무책임과 비 대응성을 초래한 반면, 차라구아(Charagua) 지방정부에서는 행정의 책임성과 대응성 향상을 초래했다. Faguet은 두 지역의 지방정부 성과에 나타난 지방분권 효과의 극 단적 대비는 지방민주주의 품질의 격차에 기인한 것으로 진단했다.

민주주의 품질은 경제적 이익집단의 로비와 정치적 개입, 시민사회의 조직밀도 와 능력, 지방정치의 개방성과 경쟁성이 상호작용하여 만들어내는 정치경제적 역학 에 의해 결정되는 것으로 분석되었다(Faguet, 2015: 23-25).

Faguet은 1994년 지방분권개혁이 단행된 지 12년이 지난 후 당초 최악의 성과 를 낸 비아차 지방정부의 지방민주주의 품질이 현저히 개선되었고, 따라서 지방정부 의 책임성과 대응성도 크게 향상된 사실을 확인했다. 수세기 동안 스페인 식민지배 와 군부독재로 중앙집권문화가 형성된 볼리비아에서 지방분권개혁의 긍정적 효과가 일부 지방정부에서 곧바로 확인되었을 뿐만 아니라 최악의 성과를 낸 지방정부조차 십여 년이 지나 긍정적인 효과를 낸 것이다. Faguet의 연구결과는 Putnam이 상정 한 것보다 훨씬 짧은 기간에 중앙집권의 문화적 유산이 극복될 수 있음을 보여준 것 이다.

아울러 Faguet은 볼리비아 지방분권개혁의 성공요인으로 상당한 권한과 재원의 이양, 개혁의 신속성·간명성·투명성, 지방의회와 선의의 경쟁을 벌이도록 만든 주민직선 감사위원회의 활약을 꼽았다.

Ⅲ '자치하는 인간'과 '개인과 공동체 자유로서의 발전'

앞에서 우리는 지방분권이 긍정적 효과를 나타내기 위해서는 우량한 민주주의[1]가 수반되어야 한다는 점을 알게 되었다. 필자는 '지방분권과 민주주의가 적절히 어우러진 통치'를 자치(self-governance)로, 그리고 자치가 이루어지는 정체를 자치공동체(self-governing community)로 규정한다.

필자는 자치공동체에서 공공문제의 해결에 참여하는 인간을 '자치하는 인간'으로 가정한다. 그리고 자치하는 인간은 '개인과 공동체의 자유'를 실천하고 추구하는 존재로 가정한다.[2]

1. '자치하는 인간'

오늘날 미국 뉴잉글랜드의 1,100개 타운에서 시행되는 타운미팅(town meeting)을 거의 반세기 동안 연구해온 버몬트대 Frank Bryan(2004: 296) 교수는 "기회가 주어지면, 사람들은 스스로 다스릴 수 있다. 나는 사람들이 그렇게 하는 것을 관찰했다."고 술회했다. 뉴잉글랜드 타운미팅은 식민정부의 계획에 의해 도입된 것이 아니라 1620년대 초기 정착민의 자발적 의지로 시작된 집회민주주의로서 아메리카 독립과 미국 건국의 발상지였고, 노예해방운동의 진원지였다. 현재 미국에서 소득수준이 가장 높고 사회적 자본이 가장 비옥한 지역으로 꼽히는 뉴잉글랜드는 인권·평화·환경운동의 거점으로 활약하고 있다.

국내·외에 널리 알려진 서울시 마포구 성미산 마을공동체운동은 자생적 주민

---

1) 민주주의를 어원이 뜻하는 대로 '시민참여에 의한 통치'로 정의할 때, 우량한 민주주의란 '공동체의 의사가 시민참여를 통해 결정되는 통치'라고 말할 수 있다.
2) 경제학은 시장에 참여하는 인간을 합리성과 자기이익을 추구하는 '경제적 인간(homo economicus)'으로 가정하고, 경제적 인간이 '효용 극대화'를 추구한다고 가정한다.

자치역량을 보여준 대표적 주민결사체 사례이다. 성미산 마을공동체운동을 이끌어 온 유창복 씨는 성공비결을 물은 필자에게 "저는 멍석을 깔았을 뿐이어요. 멍석을 깔아놓으니 주민이 모여 대화를 나누고, 대화하다 보니 고민을 털어놓게 되고, 그래서 절실한 공동 고민인 육아문제를 함께 해결해보자고 나섰지요. 일을 추진하는 과정에서 어려움이 많았지만 작은 성취를 이루며 자신감을 갖게 되어 하나둘 사업을 확장해 오늘의 성미산 사례로 발전한 겁니다."라고 대답했다. 멍석을 까니 자치가 시작되었다는 말이다.

인간은 자치할 능력을 지닌 존재일 뿐만 아니라 자치를 욕구하는 존재다. 사회심리학 연구는 인간이 자치를 욕구하는 존재임을 확증해 왔다. 인간의 열정과 헌신을 불러일으키는 동기요인은 하급욕구(생리적 욕구, 안전욕구, 사회적 욕구)를 충족시키는 당근과 채찍(carrots & sticks)이 아니라 상급욕구(자긍욕구, 자기실현욕구)를 충족시키는 임파워먼트(empowerment)라는 사실이 누누이 밝혀졌다(Daft, 2012: 200 – 203). 다시 말해 자긍심, 성취감, 효능감, 자기존중감, 자아실현감처럼 특정한 행동을 수행하는 과정에서 얻는 내적 만족인 내재보상(intrinsic rewards)은 승급이나 승진처럼 타인에 의해 주어지는 외재보상(extrinsic rewards)보다 훨씬 더 강력한 동기유발력을 발휘하는데, 임파워먼트가 바로 내재적 보상을 주는 가장 유력한 방안이라는 것이다.

E. Decy & R. Ryan(2002)은 30여 년 전부터 더 구체적으로 인간의 자치욕구를 연구하기 시작했다. 이들은 인간이 자율성·유능성·관계성이라는 세 가지 기본적 욕구를 지닌 존재임을 확증한 경험적 연구를 진행했다. 오늘날 이들의 연구는 자기결정성이론(self – determination theory)으로 불리는 유력한 사회심리이론으로 자리를 잡았다.

인간의 자치욕구를 충족시키고 자치잠재력을 표출하는 인간적 규모의 민주주의 공간에서 상정하는 인간모형은 '자치하는 인간'이다. 자치하는 인간은 세 가지 특성을 지닌 인간, 즉 조건부협동인(conditional cooperator), 학습인, 창작인이다.[3]

1) 조건부협동인

자치하는 인간은 조건부협동인이다. 조건부협동인이란 유사한 상황에 처한 대

---

3) '조건부협동인, 학습인, 창작인의 특성을 지닌 자치하는 인간'이라는 아이디어는 필자가 2009년 노벨경제학상 수상자 Elinor Ostrom과 남편 Vincent Ostrom의 저작을 섭렵하는 과정에서 형성된 것이다.

다수 구성원이 합의한 규칙과 약속을 준수할 의사가 있고, 공동체의 규칙과 약속을 준수해 생기는 장기적 기대순이익이 단기적 자기이익을 추구로 발생하는 기대순이익보다 클 경우 규칙과 약속을 지키는 사람을 말한다. 대다수 정책교과서와 실무자가 신봉하는 집단행동이론(collective action theory)은 인간이 단기적 자기이익에 집착하며 물질적 이익만을 추구하는 이기적 존재라는 지극히 편협한 인간모형을 전제한다. 그러나 수많은 경험적 연구는 고도로 경쟁적인 상황이 아닌 경우 인간은 전통적 집단행동이론이 전제하는 합리적 이기주의자로만 행동하지 않는다는 사실을 밝혀 왔다. 인간은 장기간 상호작용하는 상황에서 신뢰·호혜·공정의 행동규범에 따라 행동하는 조건부협동자다.[4] 물론 현실에는 조건부협동자, 무임승차자, 신뢰할 수 없는 사람이 공존하기 때문에 조건부협동자를 보호하고 이들이 공유자원 문제를 자치적으로 해결하도록 돕기 위해 자치제도가 필요하다.

2) 학습인

자치하는 인간은 학습인이다. 인간은 경험을 통해 배우고 규범을 학습하며 타인을 배려할 줄 아는 학습인이다. 유능한 선수가 훈련을 통해 수많은 시행착오를 거쳐 육성되듯이, 자치역량은 자치체험을 통해 체득된다. 그러나 집단행동이론은 자치하는 인간의 학습능력을 과소평가하거나 거부한다. 집단행동이론은 무임승차자와 신뢰할 수 없는 사람이 야기하는 공유자원 비극의 해결책으로 중앙집권화와 사유화를 제시하여 구성원의 자치능력 학습기회를 빼앗는다. 오늘날 한국인의 저급한 시민의식은 무엇보다 중앙집권적 소용돌이 정치와 고삐 풀린 시장자본주의가 학습인의 자치역량 강화기회를 박탈했기 때문이다.

3) 창작인

자치하는 인간은 창작인이다. 인간은 창의력과 상상력을 발휘해 물건을 만드는 것처럼 자치제도를 창안할 수 있는 존재다. 아테네의 직접민주주의, 로마공화정, 17세기 영국의 입헌군주제, 미국의 헌법, 오늘날 스위스의 헌정체제는 집단지성의 창작소질 발휘로 당대 최고의 자치제도를 창안해 나라의 번영을 꾀한 대표적 사례

---

4) 공공재 게임의 실험연구는 인간이 공정성과 호혜성의 원리에 따라 불공정한 제안에 대해서는 분노하고 이를 응징하려 하며, 호의에 대해서는 호의로 응답하려는 성향을 지닌 '호혜적 인간 (homo reciprocan)'임을 밝혀 왔다(최정규, 2009: 257−304).

들이다. 그러나 선진사례는 벤치마킹의 대상이지 모방의 대상이 아니다. 공동체에 적합한 이상적 자치제도는 구성원들에 의해 끊임없이 창안되어야 한다. 그래서 Vincent & Elinor Ostrom은 자치제도 창작능력의 배양을 위해 미래의 시민은 "결사과학, 곧 시민정신과 자유의 과학"을 공부해야 한다고 역설한다.

"Elinor Ostrom 등의 자치제도연구"

• 자치를 제한하는 중앙집권과 시장화

집단행동이론(collective action theory)은 오늘날 정책분석 교과서와 실무자의 정책처방을 안내하는 지배적 사고모형이다. 집단행동이론은 공유자원의 편익 산출에 소요되는 비용을 부담하지 않고 편익만 누리려는 무임승차 유혹 때문에 합리적 개인의 선택이 집합적으로 비합리적 선택을 초래한다고 가정한다. 결국 집단행동이론은 구성원이 자치적으로 해결할 수 없는 공유자원의 비극을 피하는 유일한 해법으로 국가통제와 시장경쟁의 강화, 즉 중앙집권화와 사유화를 제안한다.

2009년 노벨경제학상을 수상한 E. Ostrom 등은 집단행동이론의 '공유의 비극' 명제에 정면으로 도전했다. Ostrom 등은 사례연구와 실험연구를 통해 공유의 비극이 불가피한 현상이 아닐 뿐만 아니라 네팔·필리핀 등 개도국에서도 공유자원의 자치적 관리가 중앙집권적 통제나 시장제도보다 우월한 성과를 낸 수많은 사례를 확인했다.

중앙집권화와 사유화의 폐단은 무엇보다 구성원의 자치능력 배양기회를 빼앗는 것이다. 자치능력은 강의나 교과서만으로 충분히 배양되지 않는다. 유능한 수영선수가 물 속에서 수많은 시행착오를 겪으며 단련되어 육성되듯이, 자치능력은 자치경험을 통해 체득된다.

• 자치제도의 설계원리

E. Ostrom(1990, 2008)은 수많은 사례분석과 경험적 연구에 기초해 지속가능한 자치제도의 설계원리(design principles)를 도출했다.

(1) 잘 정의된 경계: 합의된 규칙에 따르기로 동의한 사람과 그렇지 않은 사람을 구별하는 구성원 자격이 명확히 정의되면, 더 큰 신뢰와 호혜성이 발휘될 첫 단계에

접어들게 되고, 구성원은 협조할 사람이 누군지 알게 된다.

(2) 편익과 비용의 비례적 상응: 구성원이 부담하는 비용에 비례해서 편익이 배분되어야 한다. 아울러 산출물이 언제 어떻게 얼마나 수확되는지, 운영비용을 어떻게 산정할 것인지 정하는 일도 매우 중요하다.

(3) 규칙제정 참여: 대다수의 구성원이 규칙제정 과정에 참여할 수 있어야 한다. 구성원의 규칙제정 참여는 자치제도를 현지실정의 변화에 유연하게 적응하게 만들고, 구성원의 규칙순응도와 배분결과에 대한 만족도를 높인다.

(4) 규칙적 모니터링: 규칙의 충실한 이행을 보증하기 위한 규칙적 모니터링 제도가 마련되어야 한다. 지속가능한 자치제도는 구성원이 돌아가며 감시자의 역할을 맡거나 별도로 공식적 감시제도를 설치하고 그 경비를 공동으로 부담한다.

(5) 단계적 제재: 규칙을 위반하는 구성원에게 위반행위의 경중과 맥락에 따라 적절한 제재조치가 취해져야 한다. 규칙위반자에 대한 단계적 제재의 철저한 이행은 구성원의 신뢰를 증진시킨다.

(6) 갈등해결기제: 구성원 간 혹은 구성원과 공무원 간에 발생하는 갈등은 신속하게 저렴한 비용으로 현지법정에서 해결되어야 한다. 갈등해결기제는 갈등이 발생한 즉시 인지되고 구성원이 공지하는 방식으로 해결되도록 간명하게 설계되어야 한다.

(7) 자율권 인정: 정부는 최소한 구성원의 자율권을 인정해야 한다. 정부의 과도한 간섭과 통제는 자치공동체의 지속가능성을 크게 해친다.

(8) 다중심거버넌스체제: 공유자원이 방대할 경우, 거버넌스체제는 중층의 정합적 사업(nested enterprises)으로 조직되어야 한다. 정치적으로 지속가능한 공유자원 거버넌스체제는 소규모의 자치공동체가 중층 정합적으로 배열되어 있다.

M. Cox et al.(2009)은 위에 제시된 여덟 가지 자치제도 설계원리가 분석대상에 포함시킨 공유자원 자치사례의 90% 이상에서 준수되고 있음을 확인했다.

• 대면소통, 신뢰, 감시, 자율권, 참여의 중요성

수많은 실험 및 사례연구는 대면소통이 자치의 성공에 결정적으로 중요한 요인임을 밝혀 왔다. 대면소통 없이 익명으로 의사결정이 이루어지는 상황은 예측보다 훨씬 심각한 자원남용이 초래되었다.

타인의 규칙 및 약속 준수에 대한 신뢰는 자치제도의 지속가능성을 보장하는 필수적 요인임이 확인되었다.

감시도 자치제도의 지속가능성에 중요한 영향을 미쳤다. 또 구성원들의 감시활동
이 공유자원의 소유유형(정부·개인·지역사회 소유)보다 자치제도의 성공에 더 큰 영
향을 끼친 것으로 나타났다.

아울러 구성원이 규칙제정 자율권을 갖는 경우 공유자원 관리가 더 효과적으로 이
루어지는 것으로 밝혀졌다. 이밖에 구성원의 명성, 높은 한계수익, 진입과 탈퇴의 용
이성, 장기적 관점, 합의된 제재메커니즘, 피해자로 전락될 가능성 등 미시적 상황요
인과 정치·경제·사회·문화체제와 관련된 거시적 상황요인이 자치제도의 지속가능성
에 영향을 미치는 것으로 확인되었다.

2. '개인과 공동체 자유로서의 발전'

노벨경제학상 수상자 Amartya Sen은 「자유로서의 발전」(1999)에서 경제발전과
자유의 확산을 분리해서는 안 된다고 역설했다. 다수의 삶의 질이 향상되는 경제발
전은 자유와 민주주의를 기반으로 할 때에만 가능하다고 보았다. 그가 말하는 자유
(freedom)는 타인으로부터 구속을 받지 않는다는 의미의 소극적 자유(liberty)와 다르
다. 그는 자유를 사람이 원하는 것을 스스로 행할 수 있는 능력으로 파악했다. Sen
은 사람의 역량(capability)을 증대시키는 것이 곧 자유의 확장이며, 이것이 경제발전
의 요체라고 역설한다. Sen의 이런 발전관은 오늘날 발전에 관한 국제비교의 가장
권위 있는 척도로 알려진 인간개발지수(Human Development Index: HDI)의 개발로
이어졌다.

우리는 Sen의 통찰에서 자치하는 인간에게 요구되는 '참여하는 자유'를 유추할
수 있다. 문제는 참여하는 자유는 '공동체의 자유'가 전제되지 않을 경우 불안하고
공허하다는 것이다. 개인은 공동체에서 자유를 체험한다. 자유는 자치공동체에서 형
성되고, 오직 그곳에서만 번성한다. Benjamin Barber(1984: xiv-xv)는 공동체적 자
유의 중요성을 다음과 같이 강조한다.

"참여는 공동체주의적 정치에서 실현될 때 개명되고 확장된 자기이익의 수단
이 될 수 있다. 자유와 공동체의 엄격한 분리는 대다수 시민이 자신의 자유를
발견하고 표출하는 공동체인 현실정치공간을 무시하게 만든다.
　　자유주의와 공동체주의의 결합이 필요하다. 개인이 시민이 될 때, 개인성과
사회성을 아우르는 자아를 발견하게 된다. 시민은 이타주의자가 아니라 그가
속한 가족·지역사회·국가·지구공동체의 관점에서 자신의 이익을 규정하는
사람이다. 시민은 더 높은 선이나 더 큰 집단성의 노예가 아니다. 시민은 자
신을 규정하고 자신이 추구하는 자유가 오직 자치공동체에서 실현되며 번성
한다는 것을 안다. 시민은 특히 인간적 규모의 자치공동체에서 자유와 공동체
를 구체적으로 체험한다."

　　하버드대 Michael Sandel(2008: 8) 교수는 유교의 공동체주의적 사유의 전통을
가진 한국인이 자유주의적 개인주의에 경도되어 있음에 놀라면서 공동체와 분리된
"무연고적 자아(unencumbered self)"의 문제점을 다음과 같이 지적한다.

"자유주의적 중립성을 견지하는 공공철학은 구성원의 의무와 연대에 대해 적
절히 고려하지 못하고, 인간적·사회적 관계에서 시장이 영향을 미치는 영역
을 지나치게 많이 허용하며, 자치(self-government)에 대한 의미 있는 참여
를 위해 필요한 시민덕성을 배양하는 데 실패하고, 또 도덕적·정신적 공명을
상실한 빈곤한 공적 담론으로 이어진다."

　　1831－1832년 9개월 동안 미국 뉴잉글랜드의 타운(평균 인구 2천－3천 명)을 방
문해 타운미팅을 관찰하고 머지않은 장래 미국이 강성한 나라로 발전할 것을 예견
했던 Alexis de Tocqueville은 「미국의 민주주의」(1835, 1840)에서 "타운미팅과 자유
의 관계는 초등학교와 학문의 관계와 같다. 타운미팅에서 자유는 주민의 손이 닿는
범위에 있다. 타운미팅은 사람들에게 자유를 사용하고 누리는 방법을 가르쳐준다."
고 역설했다.
　　영국의 저명한 정치인과 외교관으로서 말년 비교정부 분야의 명저 「현대민주
주의」(1921)를 저술한 James Bryce는 1888년 뉴잉글랜드 타운미팅을 관찰하고 "타
운미팅은 완벽한 자치학교이며, 내가 관찰한 지방정부제도 중에서 시민에게 가장 저

렴하고 효율적이며 교육적인 최선의 정부제도"라고 평가했다.

이런 관점에서 필자는 개인 자유와 그것이 발견되고 실현되는 공동체 자유, 곧 '개인과 공동체의 자유 확장'을 발전으로 이해한다.

인간은 공동체, 특히 인간적 규모의 자치공동체에서 자유를 구체적으로 발견하고 실현함으로써 진정한 시민으로 거듭날 수 있고, 인간다운 삶을 영위할 수 있다. 1994년 12월 구소련의 반체제작가 Aleksandr Solzhenitsyn은 미국 뉴잉글랜드의 Vermont주 Cavendish 타운미팅에서 17년의 망명생활을 마치고 러시아로 떠나면서 다음과 같은 송별사를 남겼다.

> "지금 러시아는 빈곤이 만연하고 인간존엄성 기준이 무너지고 무법과 경제적 혼란이 난무하는, 역사상 가장 어려운 시기에 처해 있습니다. 이런 곤경은 체제 유지를 위해 600만 명의 인명을 앗아간 70년 공산주의 지배를 벗어나기 위해 우리가 치러야 하는 고통스런 대가입니다. …(중략)… 나는 이곳 Cavendish와 주변 타운에서 주민이 지역사회의 중요한 문제를 상위 정부의 결정을 기다리지 않고 스스로 결정하는 풀뿌리민주주의의 분별 있고 확실한 과정을 관찰해 왔습니다. 애석하게도 러시아는 아직 이런 풀뿌리민주주의를 갖지 못했습니다. 이것이 우리의 가장 큰 약점입니다."

Ⅳ 자치공동체의 발전효과

충분한 자치권을 보장하는 지방분권과 그 자치권을 적절한 형태의 시민참여를 통해 행사하는 자치공동체는 선진통일한국을 이룩하는 데 필요한 시민덕성, 실험·혁신역량, 행정효율성, 갈등해결역량, 평화통일역량을 강화하는 데 기여할 것이다.

1. 시민덕성

오늘날 한국국민의 민주의식 수준이 낮은 것은 무엇보다 국민과 정치지도자가 지방자치를 통해 민주주의를 배우고 자치능력을 기를 기회를 갖지 못했기 때문이다 (박동서, 1986: 35−36). 일제는 사이비 지방자치를 관치(官治)의 도구로 이용했고, 자유당 정권은 지방자치를 정권 유지의 수단으로 악용했다. 5·16군사정권은 4·19혁명에 의해 세워진 지방정부의 대의민주제를 파괴했다.

　지방자치 부활논란이 뜨겁게 달아오를 때 일부 식자는 "낮은 시민의식 수준으로 볼 때 지방자치 실시가 시기상조"라고 했다. 일제는 동일한 논리로 중앙집권적 식민통치를 정당화했다. 조선의 지방자치 전통5)을 말살하고 헌병을 앞세운 무단통치를 시행하던 일제는 1919년 3·1독립운동에 놀라 민심을 무마하려고 조선총독을 현역대장에서 예비역대장으로 교체했다. 새로 부임한 사이토마코토(齊藤實) 총독은 소위 문화정치를 표방하면서 지방자치제 도입을 위한 조사연구를 지시했다. 이듬해 발표된 「조선지방제도 개정에 관한 의견서」에는 다음과 같이 쓰여 있었다.

> "조선에서는 종래 관(官)이 공적으로 자치를 인정한 역사가 없다. 가령 이동(里洞)의 제도가 그 형식에서 자치와 유사한 점이 있었다고는 하나, 그 관념은 구주식(歐洲式) 의회정치 관념과 부합되지 않음은 물론이다. 또한 이조(李朝)의 만년에 내지(內地)의 자치제도를 모방한 자치제도를 송포한 예6)가 있었다고는 하나, 이 제도는 실행되지도 못하고 폐지되었다. 더욱이 오늘날 조선인중 자치정치를 동경하는 자란 거의 찾아볼 수 없을 뿐만 아니라 그 문명의 정도와 경제력 또한 도저히 이를 시행함에 적당치 못한 것이다. 따라서 조선인만을 본위로 한다면 자치권을 허용할 필요는 조금도 없다는 단정을 내리지 않을 수 없다."

　그러나 험악한 민심을 수습하기 위해 어떤 조치를 취하지 않을 수 없었던 일제는 3·1운동 이듬해 허구적 자문기관(부협의회·면협의회·도평의회)을 설치했다. 얼마후 사이토는 지방제도개편 1주년에 즈음한 담화문에서 지방자치제의 실시가 "조선의 실정에 맞지 않을 뿐 아니라 도리어 조선인에게 불행하다."는 궤변을 늘어놓았다(강동진, 1985: 319). 조선총독부는 "미개 유치한 식민지 백성"인 조선인에게 지방자치를 허용할 수 없다는 입장이었다.

　18세기 Rousseau는 「사회계약론」(1762)에서 "좋은 정체는 시민을 사사로운 일

---

5) 조선시대 지방자치의 전통과 파괴과정에 관해서는 필자의 연구(안성호, 1995: 64-103)를 참고할 것.
6) 갑오개혁(甲午改革)을 말한다.

보다 공적인 일을 더 소중하게 여기고 집회에 앞을 다투어 참여하도록 만들지만, 나쁜 정체는 참여를 가로막고 자유보다 개인이익에 연연하는" 이기적 존재로 타락시킨다고 역설했다. Tocqueville은 「미국의 민주주의」(1835)에서 뉴잉글랜드 주민의 강한 향토애와 능동적 시민정신이 "마치 독립국가처럼" 막강한 자치권을 지닌 작은 타운에서 자치체험을 통해 터득된 것임을 관찰했다.

사람이 만든 건축물이 삶의 질을 결정하듯이, 사람이 만든 헌법체제가 시민품격을 결정한다. 4년에 한 번 대표를 뽑는 선거만으로는 선진 민주사회에 부응하는 시민품격을 기를 수 없다. 자치공동체를 세우는 시민공화 분권개헌이야말로 선진 민주사회에 걸맞은 시민품격을 고양하는 지름길이다.

자치체험학습은 국가역량을 극대화한다(Faguet & Pöschl, 2015: 21). 필자는 2015년 12월 취리히 캔톤에 속한 인구 487명의 레겐스베르크 코뮌을 방문하고 스위스의 경이로운 번영이 평균인구 3,614명에 불과한 2,324개 코뮌의 저력에서 비롯된 것임을 다시금 확인했다. 실업률 0%, 재정자립도 100%의 레겐스베르크 주민총회를 참관한 후 만난 코뮌촌장 Peter Wegmüler씨는 "레겐스베르크가 스위스의 동쪽 국경을 접한 소국 리히텐슈타인을 닮은 마을공화국이 아니냐?"는 필자의 질문에 미소를 지으며 공감을 표시했다.

2. 실험·혁신역량

자치공동체는 실험역량을 증대시킨다. 자치공동체는 지역실정에 부응해 "국가적 정책변화의 가능성을 검증하는 일종의 실험실"과 같다(Gramlich, 1987: 309).

정부가 공공문제를 해결하기 위하여 정책을 개발하고 현실에 적용해 정책효과를 확인하는 것은 과학자가 연구문제를 해결하기 위해 가설을 세우고 실험실에서 검증하여 가설의 진위를 가리는 것과 유사하다(강신택, 1982: 359–379). 마치 과학자가 실험실실험(laboratory experiment)을 통해 가설의 진위를 가리는 것처럼, 정부는 사회실험(social experiment)을 통해 정책의 타당성을 검증한다. 과학자는 가설의 진위를 실험실실험으로 가리지만, 정부는 정책 타당성을 정책실험을 통해 검증한다.

정책실험이 필요한 까닭은 정책오류가 상존하기 때문이다. 정책에 사용되는 대부분의 전문지식은 엄격한 경험적 증명을 통해 확립된 경성과학(hard science)의 지식이 아니라 덜 엄격한 검증과정을 통해 형성된 연성과학(soft science)의 지식이다 (안성호, 1990: 112-113). 따라서 정책오류의 가능성이 높다.

'실패는 성공의 어머니'라는 격언이 뜻하는 바와 같이, 사회발전은 시행착오를 효과적 학습기회로 삼는 체제능력에 부분적으로 달려 있다. 노벨경제학상 수상자 Kenneth Boulding(1976: 205-217)의 표현을 빌리면, 사회발전은 부분적으로 "실망의 제도화" 수준에 달려 있다. 다소의 정책오류가 불가피하다면, 정책오류를 줄이고 신속히 교정할 수 있는 제도를 마련하는 것이 상책이다.

정책오류로 인한 폐해를 최소화하고 정책오류를 학습기회로 삼도록 만드는 제도가 바로 지방분권체제다(이종범, 1991: 238). 집권적 중앙정부의 정책오류가 엄청난 폐해를 야기하지만, 분권화된 지방정부의 정책오류의 폐해는 비교적 작다. 게다가 지방분권체제에서 지방정부는 다른 지방정부의 경험을 타산지석으로 삼을 수 있다.

아울러 자치공동체는 정책혁신을 고무한다. 작은 규모로 나뉜 자치공동체는 다른 자치공동체의 정책성공을 경쟁적으로 벤치마킹한다(Salmon, 1987). 미국의 주정부와 지방정부가 새로운 정책을 개발해 성공을 거둔 후 그 정책이 전국적으로 또는 해외에 확산된 사례가 많다. 예컨대 20세기 초 위스컨신 주가 도입해 성공을 거둔 개인소득세제도는 오늘날 미국 전역에서 실시되고 있다. 1977년 코네티컷 주가 공해업소의 법규 불이행을 규제하기 위해 도입한 대기정화법 불이행벌과금제도는 얼마 후 연방법으로 채택되었다. 한국 환경보전법의 배출부과금제도 역시 코네티컷 주의 제도를 벤치마킹한 것이다. 그리고 한국의 대기정화법의 시민소송보상제도는 캘리포니아 주에서 주민발안에 의해 도입된 제도를 참고해 도입된 것이다. 스위스 연방제의 가장 중요한 장점은 시행착오 비용을 최소화하고 혁신의 혜택을 모두가 누리는 "분권적·경쟁적 혁신과정에서 학습하는 것"이다(Linder, 2008: 62-66). 1991년 청주시의회가 제정한 정보공개조례는 대법원에 제소되는 우여곡절을 겪었으나 1996년 마침내 국회의 정보공개법 제정을 이끌어냈다.

소용돌이 집중제는 개인의 자유를 억압하고 창의성을 질식시키지만, 자치공동체의 지방분권은 개인의 자유를 확대하고 창조적 힘을 이끌어낸다(Schumacher, 1987: 254~261). 당정치국을 정점으로 거대한 중앙집권적 계층제로 운영된 국가사회주의의 쇠락은 과잉 중앙집권체제가 국가발전의 원동력인 개인의 자발성과 창의성을 말살했기 때문이다(Brzezinsky, 1989). 경험적 연구는 창의적 아이디어를 진작시키는 조직이 대규모의 집권적·기계적 관료제가 아니라 소규모의 분권적·유기적 조직임을 밝혀 왔다(김인수, 1991: 478-481). 기술집약적 산업에서 분권적으로 운영되는 수많은 중소기업은 집권적으로 운영되는 대기업보다 훨씬 더 강한 국제경쟁력을 발휘한다.

소용돌이 집중제는 "복고적이고 무비판적이며 비인간화된 관료제로 전락"함으로써 후기산업사회에서 제기되는 수많은 "사악한 문제들"을 창의적으로 적시에 해결하는 데 부적합하다(Jun, 1985: 42). 심한 갈등과 불확실성을 특징으로 하는 복잡하고 다양한 후기산업사회에서 소용돌이 집중제는 온갖 차질을 빚는다. 중앙정부의 지시와 명령에 복종하는 것이 가장 큰 미덕으로 인정되는 소용돌이 집중제를 그대로 둔 채 지방이 창의적으로 일하기를 기대해서는 안 된다.

3. 행정효율성

자치공동체는 행정효율을 높인다. 스위스의 비교적 낮은 담세율과 양질의 공공서비스가 고도의 자치권을 누리는 지방정부 간 조세경쟁과 정책경쟁을 벌인 결과라는 사실은 잘 알려져 있다. 선진국뿐만 아니라 심지어 토호엘리트가 지방정부를 장악한 필리핀에서도 지방분권이 지방자치단체 간 경쟁을 촉진시켜 공공서비스를 향상시켰다(Faguet & Pöschl, 2015: 14).

다층·다원적 자치공동체는 규모불경제(diseconomy of scale)를 해소하고, 정부의 의사결정과정에 주민참여를 확대하며, 중앙정부의 정보 과잉부하를 경감시켜 행정효율을 향상시킨다. 자치공동체는 소용돌이 집중제의 번잡한 서식주의와 경직된 절차주의, 다양성을 무시한 획일주의와 업무지연, 무사안일, 그리고 높다란 계층제를 오르내리면서 발생하는 정책정보의 유실과 의사소통의 왜곡을 시정하여 행정효율을 올린다. 소용돌이 집중제의 장점으로 규모경제(economy of scale)를 지적하는 사람들이 있으나 공공부문에서 규모경제 개념의 획일적 적용은 많은 문제를 야기하며 경험적 증거도 찾기 어렵다(Bennett, 1990: 309).[7] 1990년대 초 사회주의국가의 붕괴는 과잉 중앙집권으로 인한 규모불경제의 심각성을 일깨웠다. 소련은 해체되기

---

7) 지방공공서비스 중 대략 20%만 규모경제가 작용하는 자본집약적 서비스다. 그러나 지방정부가 규모경제가 작용하는 공공서비스를 직접 생산해야 하는 것은 아니다. 지방정부는 위임, 위탁 등 다양한 협력방식으로 이런 공공서비스를 제공할 수 있다. 더욱이 지식정보사회에서 자본집약적 공공서비스의 비중은 크게 축소되고 있다.

직전 낭비와 무책임과 태만과 부패 등 전체주의적 비효율로 인하여 반신불수의 상태에 빠졌다.

자치공동체는 시민참여 확대를 통해 행정효율을 향상시킨다. 물론 참여는 비용을 수반한다. 참여가 확대되면, 참여비용도 증가한다. 그러나 참여비용만을 보고 참여를 매도하는 것은 기업의 경우에 제품의 생산비용만을 보고 생산을 매도하는 것과 마찬가지로 불합리하다. 참여와 효율성의 관계를 밝히기 위해서는 참여비용과 함께 참여로부터 얻을 수 있는 편익을 고려해야 한다. 참여편익이 참여비용을 능가하는 경우, 참여는 오히려 효율성을 높인다.[8] 참여편익으로는 현장의 정확한 정보수집, 중지(衆智), 구성원의 협조와 헌신, 내재적 동기유발(intrinsic motivation), 변화에 대한 신속한 대응, 창의적 아이디어 개발 등을 들 수 있다. 이런 참여편익은 가시적이고 단기적 결과에 집착하는 경우 흔히 간과되는 것이다.

아직 덜 분화되고 단순한 사회에서는 중앙집권체제가 한 나라의 정보를 처리하는 데 큰 어려움을 겪지 않을 수 있다. 그러나 고도로 분화되고 복잡한 산업사회, 더 나아가 다양한 정보와 지식이 양산되는 지식정보사회에서는 중앙집권체제가 폭주하는 정보를 더 이상 효율적으로 처리할 수 없다(김영평, 1986: 306). 만일 중앙정부가 이러한 변화를 외면하고 폭주하는 정보를 그냥 계속 처리하려고 고집한다면, "지나치게 자세하고 소화할 수 없는 정보더미에 깔려 질식하고 말 것이다"(Toffler, 1980: 317). 극도로 중앙집권적이었던 구소련의 "국가기획기구들은 무려 2천 4백만 종에 이르는 생산 품목들의 연간 목표량을 산정하는 부담만으로 질식당했다"(Brzezinski, 1989: 89). 소용돌이 중앙집권체제를 벗어나지 못하고 있는 한국의 중앙정부가 유념해야 할 교훈이다. 한국의 중앙정부는 정보 과잉부하에 눌려 문제 자체를 외면하거나 결정을 회피하는 이른바 문제불감증과 결정동결증이라는 중병을 앓고 있다(정범모, 1987: 145-147).

그동안 경험적 연구는 지방분권이 행정효율 향상에 기여함을 확인해 왔다. 최근 Bossert(2015: 277-298)는 개발도상국에서 지방분권이 보건서비스 수혜자의 확대 및 보건체계의 행정능력 향상과 높은 상관관계가 있음을 확인했다.[9]

---

8) 참여의 효율성 측정은 쉽지 않다. 더욱이 가시적 비용과 편익뿐만 아니라 비가시적 비용과 편익까지 계상하는 경우, 참여의 효율성 측정은 더욱 어렵다.
9) Bossert(2015: 277-298)는 보건 부문에서 지방분권이 형평성을 제고한다는 놀라운 사실을 확인

4. 갈등해결역량

자치공동체는 지역갈등을 완화시킨다(Paddison, 1983: 15－16). 자치공동체는 그 동안 정치적으로나 경제적으로 상대적 박탈감을 느껴온 소외지역 주민의 불만을 해소시킨다.

영국의회는 스코틀랜드와 웨일즈 지역의 민족자결의 요구에 대응하여 지방분권화 조치를 취했다, 스페인은 바스크인의 자치를 허용하는 새 헌법을 마련하였다. 벨기에는 언어·문화·경제적 지역격차를 관리할 목적으로 지방분권개혁을 추진했다. 에티오피아는 에리트리아 지역의 민족자결 요구를 수용해 그 지역을 자치령으로 인정했다. 그리고 캐나다는 퀘벡 주의 분리주의에 대처해 고도의 분권적 헌정체제를 고안해냈다.

이처럼 소외당한 지역주민의 분리주의운동을 잠재우기 위한 효과적인 전략으로서 지방분권이 이용될 수 있다. 그러나 지방분권이 분리주의 요구에 대한 적절한 대응인지 아닌가의 여부는 그 요구가 얼마나 극단적인가에 달려 있다. 인류역사는 중앙집권체제에서 극도로 소외당한 지역주민이 목숨을 걸고 분리주의운동을 전개해 왔고, 중앙정부는 이를 막기 위해 무참히 피를 흘려 왔음을 보여준다. 유고의 내전은 고도의 중앙집권적 명령체제에서 세르비아공화국의 독주로 극심한 박탈감과 소외감을 느낀 공화국들이 개혁과 개방의 시대조류에 자극받아 분리·독립을 요구했고, 이에 대해 기득권을 지키려는 세르비아공화국이 무력탄압을 불사해 일어난 것이다. 그러나 자유민주주의체제에서 유연한 중앙정부는 소외된 지역의 상대적 박탈감을 제도적으로 해소할 지방분권체제를 도입하여 첨예한 지역갈등으로 인한 정치적 불안을 예방할 수 있다.

한국사회의 지역갈등도 심상치 않다. 영·호남 지역갈등에 이어 근래에는 수도권과 비수도권 지역갈등이 추가되는 양상이다. 앞으로 통일의 길목에는 남북 지역갈등이 도사리고 있다. 지방분권개혁은 영·호남과 수도권·비수도권으로 분열된 지역감정을 완화하고 향후 통일과정과 통일한국의 남북 지역갈등 완화에 선제적으로 대

했다. 이는 지방분권이 지역격차를 심화시킨다는 통념을 뒤엎는 것이다. 지방분권 이후 칠레와 캄보디아에서 가장 부유한 지방자치단체와 가장 빈곤한 지방자치단체 간 보건서비스의 격차가 크게 줄었다. 중앙정부로부터 지원되는 이전수입과 지방에서 징수한 세금액의 격차도 크게 감소했다.

응하는 조치다.

자치공동체는 갈등해결역량을 증대시킨다. 주민과 밀접하게 접촉하는 지방정부는 중앙정부보다 사회적 갈등을 해결하는 데 유리하다. 1988−89년 발생한 전북 임실군 고추파동 사례는 지방분권 수준이 저급한 상황에서도 지방자치단체가 중앙정부보다 사회적 갈등해결에 큰 역할을 수행할 수 있음을 보여주었다.

임실 고추파동은 이 지역에서 유사 이래 가장 많은 주민이 시위에 가담했고 가장 많은 경찰력이 투입된 정부와 주민의 갈등사례였다. 중앙정부는 이 갈등의 해결에 거의 기여하지 못했다. 중앙정부는 허겁지겁 청와대 비서실 직원과 농수산부 국장을 현지에 파견하여 고추 수매량을 확대하겠다고 약속하고 대통령 지시로 농어촌발전종합대책을 발표하는 등 고단위 처방을 내렸지만, 과격시위는 계속되었다. 반면 전북도청과 임실군청의 노력은 사태해결에 크게 기여했다. 전북도청은 갈등해결에 필요한 재량권이 미미했지만 해결책을 백방으로 모색했다. 부지사를 청와대에 보내 지원을 호소하는 한편, 시민단체인 애향운동본부와 함께 '내 고향 고추 사주기 운동'을 전개했다. 전북도청과 임실군청 공무원은 앞장서 고추를 사주었다. 시위농민들은 불만을 해소해주기 위해 동분서주하는 지방공무원의 진정성을 확인하고 폭력적 행동을 자제하기 시작했다. 임실 고추파동 사례를 분석한 신무섭(1991: 854) 교수는 "지방자치단체의 사회적 갈등해결능력을 높이기 위해서는 지방자치단체의 자치권 신장이 요구된다."고 결론지었다.

LG그룹의 자율경영혁신(구자경, 1992)은 자치공동체 헌법질서의 갈등해결역량을 가늠케 하는 흥미로운 사례다. 1988년 11월 LG그룹의 회장은 자율경영을 천명하고 곧바로 개별 사업권한을 각 회사 사장에게 이양했다. 그러나 각 회사 사장은 회장의 의지를 의심했다. 그룹의 기획조정실은 회장의 뜻을 잘못 해석해 자율경영혁신을 시작하기 전보다 오히려 계열사에 대한 통제를 더 강화했다. 회장은 결연한 의지를 보여주기 위해 회장실 산하 기획관리실의 기구와 기능을 대폭 축소했다.

1989년 봄 전국으로 번진 노사분규 열풍이 LG그룹을 강타했다. 이미 모든 권한이 각 회사 사장에게 이양되었지만, 각 회사의 노조대표는 회장이 해결의 열쇠를 쥐고 있다고 믿고 본사에 올라와 회장면담을 요구했다. 회장은 노조대표에게 "교섭에 관한 전권은 이미 각 회사 사장에게 있다.'고 단호히 말했다. 이에 노조대표는 화를 내며 회사로 돌아갔다. 회장은 각 회사 사장에게 서신을 보내 "내 눈치나 그룹

내 다른 회사의 눈치를 보지 말고 스스로 최선의 결정을 내리라."는 확고한 결심을
재천명했다. 노사분규의 후유증은 심각했다. 2개월 남짓 생산중단으로 매출이 현저
히 줄었고, 수출거래처가 떨어져 나갔다. 불과 2년간 임금은 2배나 올랐다. 그러나
자율경영의 효과는 예상을 뛰어넘었다(구자경, 1992: 87-89).

> "전국에 수백 개의 사업장, 수십 개의 사업체가 있는 대기업의 경우에 노사분
> 규가 발생하면 정작 문제의 핵심인 임금이나 근로조건보다 문제를 해결하는
> 과정에서 낭비하는 시간과 경제적 손실이 엄청나다. …(중략)… 우리 그룹에
> 서는 더 이상 노사분규 때마다 회장이 직접 나서는 관행이 계속되지 않았다.
> 각 회사의 임금협상도 현장 사정에 맞게 조정되었고, 노사분규로 인한 손실도
> 크게 줄어들었다.

5. 평화통일역량

자치공동체는 평화통일역량을 강화한다. 자치공동체를 세우는 헌법개혁은 통일
에 적합한 헌정체제를 준비하는 과정이며, 남한과 북한이 큰 박탈감을 느끼지 않고
통일국가로 가는 길을 여는 것이고, 지방자치단체가 남북교류와 국민통합의 가교역
할을 수행할 수 있는 기회를 확대하는 것이다.

자치공동체를 세우는 시민공화 헌법질서를 구축하는 것은 통일을 준비하는 일
이다. 우리가 원하는 통일은 소수 정치엘리트에게 권력이 집중된 병영사회가 아니라
개인의 자유와 경제적 번영을 기약하는 다원적 민주사회다. 제10차 개헌은 북한이
정치적 박탈감을 느끼지 않고 통일한국에 통합될 수 있는 헌법질서를 구축해야 한
다. 우리는 지방분권적 연방제와 주·게마인데 수준의 직접참정제가 어우러진 독일
의 헌법질서가 동·서독의 평화적 통일과 통일 후 국민통합을 촉진한 사례를 타산지
석으로 삼아야 한다(조창현, 1990: 25).

자치공동체는 남북교류의 가교역할을 수행할 수 있다. 1960년대 말부터 독일의
지방자치단체는 연방정부의 동방정책(Ostpolitik)의 기치 아래 적극적인 동서교류를
시도했다(심익섭, 1992: 263-287). 1980년대 전반까지 300개 이상의 서독 게마인데가
동독 게마인데와 자매결연을 희망했다. 당시 국가의 하부기관에 불과한 동독의 게마
인데는 중앙정부의 지시에 따라 서독 게마인데의 제의에 대하여 냉담하게 반응하였

다. 그러나 고르바초프의 등장으로 동구권에 개방개혁의 기운이 돌면서 동독정부의 입장도 바뀌기 시작했다. 1986년부터 1989년 초반까지 동·서독 게마인데 간 53건의 자매결연이 맺어졌고, 쌍방은 자매결연 성과에 대해 크게 만족했다. 서독 게마인데의 끈기 있고 성실한 노력은 민족의 동질성을 강화하고 신뢰를 쌓아 1990년 평화통일의 길을 여는 데 기여했다.

V 맺음말

이 장에서 우리는 지방분권이 그 잠재력을 실현하려면 민주주의와 결합되어야 하고, 인간은 자치욕구와 능력을 지닌 존재로서 자치공동체에 참여하여 개인과 공동체의 자유를 실현함으로써 인간의 존엄성을 지키고 공동체의 발전을 도모할 수 있음을 살펴보았다.

본서의 제2부 이하 나머지 부분은 자치공동체 헌법질서의 구체적 개혁과제를 차례로 다룬다. 제2부는 자치공동체의 자치권 보장과 관련된 지방분권의 주요 과제를 거버넌스와 정치권력의 관점에서 논의한다. 제3부는 지방분권과 함께 자치공동체의 본질적 요소인 민주주의 개혁과제를 시민참여(대의민주주의＋직접민주주의)와 지방입법참여(지역대표형 상원)를 중심으로 고찰한다. 제4부는 자치공동체의 적정규모와 풀뿌리자치의 개혁과제를 논구한다. 그리고 제5부는 선진통일한국시대를 여는 자치공동체의 고슴도치국방을 논의하고 지방외교의 동아시아 평화만들기 역할을 모색한다.

Why
Decentralization?

PART 2

지방분권과 거버넌스

CHAPTER 4 지방분권과 정치
CHAPTER 5 스위스 재정연방주의
CHAPTER 6 참여정부 지방분권정책의 교훈
　　　　　[보론] 제주특별자치의 공과와 과제

"권력의 불균형은 전 시대에 걸쳐 온갖 형태로 사회적 비정의를
지속적으로 야기해 왔다."   _Reinhold Niebuhr

"정복(征服)은 권위주의적 방식으로 지배하는 위계적 정체를 초래하고, 유기
적 진화(進化)는 단일 권력중심의 정체를 초래하는 경향이 있다. 그러나 협
약(協約)을 통해 형성된 정체는 본질적으로 연방적이다."
"포스트모던 시대는 연방주의 시대가 될 것이다."   _Daniel E. Elazar

CHAPTER

4

지방분권과 정치

"다가올 민주사회에서 개인의 독립과 지방의 자유는 예술작품처럼 공을 들여야 얻을 수 있지만, 중앙집권은 그냥 내버려두면 자연스럽게 형성되는 정부현상일 것이다."

Alexis de Tocqueville

"우리는 중앙정부가 적절한 세입권한을 지방정부에 이양하기를 노골적으로 꺼리는 이유를 알아야 한다."

Brian C. Smith

I 머리말

지방분권은 국가의 성격과 시민 – 정부의 관계를 재편성한다. 지방분권은 공식적 권위구조와 재정의 흐름을 바꿀 뿐만 아니라 공직자의 태도와 행동을 결정하는 유인체계를 근본적으로 변화시킨다. 중앙집권체제에서 공직자는 중앙정부의 요구와 바람에 반응하기 위해 해바라기처럼 늘 위를 주목한다. 성과가 중앙정부 지시에 얼마나 충실히 복종하는가에 따라 평가되고 상벌이 주어지기 때문이다. 반면 지방분권체제에서 공직자의 관심은 늘 시민과 투표자를 향한다. 성과가 시민에 의해 평가되고 투표로 공직경력이 결정되기 때문이다. 지방분권은 정부를 작동시키는 심층적 유인구조를 변화시켜서 치자-피치자의 관계와 더불어 공직자의 자세와 행동, 공공부문의 결정과 산출에 장기적이고 근본적인 변화를 초래한다.

지방대의민주제가 부활된 남한과 3대 세습독재의 병영국가 북한의 격차는 무엇보다 지방분권(중앙집권)의 차이에서 비롯된 것이다. 수세기 동안 함께 영국의 식민지배를 경험했지만 대체로 안정된 민주주의를 유지해온 인도와 군사독재와 불안한 정치를 이어 온 파키스탄, 그리고 국토분단을 극복하고 국민통합을 이루어 온 독일과 북아일랜드 갈등에 이어 스코틀랜드 분리주의로 몸살을 앓아온 영국의 격차도 근본원인은 연방주의와 단방주의의 차이와 긴밀히 연관되어 있다.

범세계적 지방분권의 확산은 지방분권의 효과에 관한 방대한 연구를 축적해 왔다. 지난 20여 년간 계량경제모형을 통해 지방분권이 교육·보건·기간시설투자·부패·거시경제안정과 성장 등에 미친 영향을 분석해 왔다. 30-40년 전 지방분권 연구는 사례분석과 '일화' 소개에 치우쳐 학술적 엄격성이 결여되었다는 비판을 받았다. 그러나 요즘은 지난 20여 년 동안 계량분석모형으로 측정된 '지방분권의 효과' 연구는 정책실천과 동떨어진 상아탑 연구로 전락했다는 비판을 받고 있다(Faguet & Pöschl, 2015: 2).

왜 대다수 지방분권개혁은 실패하는가? 왜 중앙정치인은 자신의 권력과 자원의 일부를 자신의 통제권 밖에 있는 지방에 이양하는 개혁에 관심을 갖는가?

이 장은 이 질문에 답하기 위해 먼저 한국정치에 관한 Gregory Henderson의 소용돌이 이론을 살펴본 후 지방분권정책 26년의 공과를 검토한다. 이어 중앙엘리트와 중앙정부가 자신의 권력을 약화시키는 지방분권에 관심을 갖는 이유를 볼리비아 지방분권 사례를 중심으로 설명한 다음, 지방분권개혁과 권력정치의 관계를 논의한다. 마지막으로 향후 제10차 헌법개정안에 포함되어야 할 지방분권 개헌과제를 제시한다.

Ⅱ "소용돌이의 한국정치"

때로 외국인은 우리보다 한국을 더 정확히 진단한다. 너무 익숙해지면 객관적으로 바라보기 어렵기 때문이다. 1950년대와 1960년대 주한 미국대사관 문정관과 정무참사관을 지낸 Gregory Henderson은 「소용돌이의 한국정치」(1968)라는 역저를 남겼다. 저명한 정치학자이자 한국전문가인 Samuel Huntington은 과도한 동질성과 중앙집권이 한국사회의 불안정과 저발전을 초래했다는 Henderson의 소용돌이 정치론에 공감하고 이 책을 "경제적 곤경과 사회적 혼란을 벗어나 새로운 정치질서를 창출하려는 사람"이 필독해야 할 책으로 평가했다(헌팅턴, 2000: 27-30).

조선시대 이전의 역사에 대한 Henderson의 해석은 근래 한국사 연구의 진전에 따라 보완되어야 할 부분이 있다고 본다.1) 그럼에도 불구하고 한국정치가 사회의 모든 가치와 활동을 중앙권력의 정점을 향해 치닫는 소용돌이를 닮았고, 한국병의 근원인 소용돌이 정치를 극복하려면 지방분권으로 '통일성 속에서 다양성'이 존중되는 새로운 발전패턴을 채택해야 한다는 논지는 타당하다. Henderson은 1988년 개정판에서 다음과 같이 썼다(헨더슨, 2000: 513-530).

"동질성, 중앙집권화, 공통의 경험 등은 아직도 이 나라의 힘의 근원이지만, 그것은 동시에 큰 어려움을 제기하는 원인이 되기도 했으며, 어느 정도 줄어들고 있지만 아직도 그러하다."

"(한국병)의 근본적인 해결책은 중앙정부의 형태를 바꾸거나 땜질하는 데 있지 않다. …(중략)… 소용돌이 구조의 문제는 지방분권화를 추진해 중앙집권적 권력에 대한 대체권력을 창출하여 다원화된 사회를 실현하는 것 이외에 대안은 없다."

"불안정한 상황을 더 이상 악화시키지 않고 문제를 해결하려 한다면 현재 진행 중인 눈부신 발전에 한층 더 속도를 내야 할 것이다. 그 해결책은 중앙정부의 본질적인 기능을 유지하면서 서서히 소용돌이 구조를 해체시키는 것이다. 정

1) 지금까지 Henderson의 소용돌이 이론이 야기한 논란과 비판에는 서구사회의 대중사회이론을 유교적 전통이 강한 한국사회에 적용하는 것은 부적절하다는 비판, 소용돌이 현상이 지배계층에는 존재했으나 대중에게는 없었다는 반론, 서원 등을 근거로 한 양반계층의 세력도 만만찮은 지방권력으로 볼 수 있다는 반론, 동질성을 특징으로 하는 단일자장(單一磁場)의 사회가 분권화된 민주사회보다 전체주의에 더 걸맞은 사회가 아니냐는 반론 등이 포함된다(김달중, 2000: 9).

치권력과 경제활동을 기능적으로 또 지역적으로 분산시켜야 한다."

"한국만큼 거의 위험부담 없이 획기적 지방분권개혁을 추진할 수 있는 나라는 드물다. …(중략)… 과감한 지방분권개혁을 하더라도 국가운영에 필요한 중앙정부의 권력을 약화시키지 않을 것이다. 한국의 통일성과 동질성은 지나치게 공고하다. 지방분권은 한국의 이런 특성을 경제발전과 특히 정치발전에 활용하는 데 큰 도움을 줄 것이다."

이 책이 발간된 후 한국에서는 대의민주제가 부활되었고, 2006년 제주특별자치제가 도입되었다. 그러나 이밖에 사반세기 동안 역대 정부가 상당한 인력과 예산을 투여해 추진한 지방분권정책은 정체와 퇴행을 면치 못했다. 반세기 전 Henderson이 소용돌이 정치로 규정한 한국의 과도한 중앙집권 패턴은 여전히 지속되고 있다.

Ⅲ 지방분권정책 26년의 공과

1991년부터 지금까지 역대 정부가 주요 국정과제로 삼아 추진해온 지방분권정책 26년의 공과를 살펴보자.

1. 지방분권정책의 성과

1991년 지방분권정책이 추진된 이후 지방에 대의민주제가 부활되었고, 제주도에 특별자치제도가 도입되었다.

1) 지방대의민주제의 부활: 관치행정에서 자치행정으로

엄밀히 말하면 지방의 대의민주제 부활은 정부정책의 성과라기보다 1970-1980년대 치열한 재야 민주화운동과 야당의 투쟁으로 국민의 저항에 직면한 집권세력이 1987년 6·29선언에서 지방자치 부활을 약속한 결과다. 우여곡절을 거쳐 1991년 지방의회가 구성되었고, 1995년 지방자치단체장선거가 실시되어 지방에 대의민주주의가 5·16군사정부에 의해 중단된 지 34년 만에 부활되었다.

1991년 6월부터 2001년 6월까지 발표된 40여 편의 논문을 분석한 결과, 지방대의민주제 부활은 지방행정을 관치행정에서 자치행정으로 변모시켰다(안성호, 2001b: 9-30).

(1) 지방대의민주제 부활 이후 탁상행정과 형식주의에 얽매이고 상부의 지시와 명령이 있어야 움직이며 주민에게 폐쇄적이고 주민 위에 군림하는 관치행정의 병폐가 상당히 해소되었다.

(2) 지방대의민주제는 관청의 문턱을 낮추고 시민에게 친절한 행정, 주민의 욕구과 요구에 민감한 대응행정, 지방공직자의 공공혁신가정신 발양, 새로운 아이디어와 행정기법 도입을 시도한 행정혁신 촉진, 시민참여 확대 등에 기여했다. 이와 같은 지방대의민주제 효과는 무엇보다 단체장 직선제의 도입으로 통상 1년 미만의 재임기간 동안 중앙의 임명권자의 비위를 맞추며 대과(大過) 없이 근무하다 더 좋은 자리로 영전하는 데 몰두하던 임명제 단체장이 적어도 4년 임기 동안 열심히 일하는 선출직 단체장으로 바뀐 덕분이다.

(3) 경험적 연구결과는 통념적으로 지적되어온 지방자치의 폐해, 즉 '방만한 재정운영으로 인한 재정지출의 증대,' '난개발과 환경파괴,' '지역이기주의와 지역격차에 따른 지역갈등 조장' 등이 지나치게 과장되거나 사실과 다름을 확인하였다.

(4) 그러나 지방대의민주제 부활 이후 추진된 주민참여 확대는 흔히 "명목적 수준"에 그치고 행정혁신은 행정의 전문성 부족과 공직사회의 반발을 우려해 관료제 병리를 치유하는 근본적 개혁에는 이르지 못했다. 공공행정을 기업경영과 동일시해 공공성을 경시하면서 수익성도 챙기지 못하고, 전시적 행사와 선심성 예산편성, 호화로운 청사건립, 부당한 직원인사, 인사비리 등의 문제도 발생했다.

" 지방의회의 공공성 바로 세우기 "

• 지방의회는 헌법기관

헌법 제118조 제1항은 "지방자치단체에 지방의회를 둔다."고 규정한다. 이는 지방의회가 헌법기관임을 천명한 것이다. 헌법이 단 2개 조항으로 지방자치를 빈약하게 규정하고 거의 모든 사항을 법률에 위임하면서도 유독 지방의회 설치를 명시한 것은 지방의회가 지방자치의 필수불가결한 요소이기 때문이다. 지방의회가 없는 지방자치는 성립될 수 없다. 따라서 2014년 12월 국무회의에서 의결된 대도시 자치구(군)의회의 폐지는 구청장과 군수의 직선제 유지 여부와 관계없이 대도시 기초자치의 전면 폐지를 뜻한다.

• 천덕꾸러기 지방의회

그러나 지방의회는 요즘 천덕꾸러기 신세를 면치 못하고 있다. 1995년 5,756명이던 지방의원 수가 2014년 3,561명으로 2,200명이나 격감하여 선진국에서는 보통 1천 명 미만의 주민을 대표하는 한 명의 지방의원이 우리나라에서는 1만 3천여 명을 대표한다. 사정이 이런데도 정치권의 불순한 동기에서 비롯된 대도시 기초자치 폐지로 인한 민주주의 결손과 민주적 효율성 하락을 걱정하는 시민은 찾아보기 힘들다. 지방의회 괄시풍조는 지방자치법 제91조 제2항의 위헌소송에 대한 헌법재판소의 판결에서도 확인된다. 2014년 1월 헌법재판소는 지방의회 사무직원 임용권의 지방의회 이관을 요구하는 지방의원의 염원과 학계의 지배적 견해와 달리 "지방자치의 수준과 특성"을 고려해 '합헌'으로 판결했다. 지방의회에 대한 강한 불신이 초래한 결과다.

• 지방의회 공신력 실추의 원인

지방의회 불신의 일차적 책임은 지방의원에게 있다. 오락성 해외유람, 정당 간 이전투구, 의장단 구성으로 인한 반목과 갈등, 이권개입, 수뢰 등이 지방의회 불신을 키운 주범이다. 그런데 일반국민의 지방의회 불신은 다소 과장된 측면도 있다. 언론을 통해 지방의회의 사건·사고를 접해온 국민은 지방의회의 견제를 받는 공무원이나 전문가보다 지방의회를 더 불신하는 경향이 있다.

지방의회의 공신력을 떨어뜨리는 환경과 법제의 미비도 무시할 수 없다. 행정국가 심화에 따른 의회민주주의 위축, 수장우월주의 행정문화와 강수장제, 지연정당에 몰표를 주는 지역할거주의 투표행태, 그리고 무엇보다 미미한 자치권이 문제다. 국가사무 대 지방사무와 국세 대 지방세가 각각 7 : 3과 8 : 2이며, 지방재정자립도가 전국평균 50%에 불과한 상태에서 중앙정부 보조금사업의 의무적 지방비 부담 증가로 빈사상태에 빠진 자치재정은 지방의회의 위상을 추락시키고 역량발휘를 제약한다.

• 지방의회의 위상 정립

지방의회가 실추된 공신력을 되살리고 국민의 신망을 받는 헌법기관으로 거듭나기 위해 적어도 다음 세 가지 개혁과제를 실천해야 한다.

(1) 지방의회는 스스로 자신의 존재이유를 국민에게 입증해야 한다. 이를 위해 지방 의원은 철저한 자기반성에 기초해 '바른 지방자치 실천운동'을 전개해야 한다.

(2) 지방의회는 헌법 제1조와 '대의민주주의와 참여민주주의의 적절한 결합'을 규정한 UN지방분권지침에 부응하여 시민참여를 촉진하는 '조정의회(coordinating council)'로 거듭나야 한다.

(3) 지방의회는 다른 주체가 지방분권을 해주면 그 혜택을 누리겠다는 무임승차 심리에서 벗어나 학계, 시민단체, 언론과 연대해 기초·광역·전국 수준의 지방분권 협의회를 결성하고 선진통일한국의 시민공화 헌법질서 구축을 위한 지방분권개헌 운동을 선도해야 한다.

• 지방자치는 자치공동체의 "예술작품"

학계와 시민사회, 언론, 정부는 지방의회 공공성 확충에 노력하는 지방의원을 적극 격려하고 지원하는 제도를 시행하고 지방의회 친화적 분위기를 조성해야 한다. 일찍이 Tocqueville은 지방자치를 "예술작품"으로 비유했다. 예술작품은 저절로 만들어지지 않는다. 지방자치는 구성원의 고뇌와 성찰, 지극한 정성과 땀으로 창조되는 자치공동체의 예술작품이다.

2) 제주특별자치의 성과

제주도의 특별자치제 도입은 지방분권정책이 이룩한 가장 괄목할 만한 성과다. 제주특별자치도는 2006년 7월 1일 출범 이후 5차에 걸쳐 다른 시·도보다 총 4,537건의 특별자치권을 더 부여받았다.

그동안 제주특별자치도의 운영성과에 대한 전반적 평가는 대체로 긍정적이다 (국무총리실, 2010). 2013년 7월 한국개발연구원(KDI) 연구팀에 의해 발표된 「제주특별자치도·국제자유도시 추진에 따른 경제적 성과분석」 보고서는 7년 동안의 인구 증가율과 고용률, 지역총생산(GRDP) 등 총괄지표 측면에서 모두 전국평균을 상회한 것을 국세의 세목이양과 자치도세 신설 등의 재정특례를 비롯한 중앙정부 권한이양의 효과로 평가했다(이호준·최석준·최용석, 2013). 이 보고서는 중국인 비자면제, 내국인 면세점 허용, 국제학교 설립 및 운영에 관한 규제를 개선하는 등 각종 규제완화정책이 제주도 경제성장에 직접적인 효과를 발휘했으며, "중앙정부 주도의 일괄적 재정보조사업보다 지역특성을 고려한 지방자치단체 주도의 규제완화정책이 더 효과적"임을 강조하고 규제정책의 지방분권화를 제안했다.

제주특별자치의 가시적 성과는 무엇보다 인구의 급증에서 확인된다. 제주특별자치도가 출범한 2006년 56만 명에서 2016년 66만 명으로 늘었다. 2011년부터 2015년까지 제주의 GRDP와 연평균 증가율은 각각 5.6%와 5.1%로 전국의 연평균 증가율 3.7%와 3.0%보다 약 2%가량 높았다. 주민 1인당 소득은 전국 5위로 올라섰다. 제주특별자치도 출범 이후 유네스코 3관왕, 7대 경관 등 제주가 세계의 보물섬으로 인정받았다. 제주도가 살 만한 곳이라는 인식이 확산되고 있다.

2. 지방분권정책의 정체

지난 26년 동안 지방분권정책은 제주특별자치 실시 이외에 대부분 정체를 면치 못했다. 중앙권한의 지방이양실적은 미미하여 과잉 중앙집권체제가 지속되고 있다.

1) 미미한 중앙권한의 지방이양실적

1991년 이후 지금까지 역대 정부는 중앙권한의 지방이양을 주요 국정과제로 설정하고 추진해왔다. 그동안의 총량적 실적을 파악하기 위해서는 중앙정부와 지방자치단체가 수행한 사무를 사무종류별로 전수 조사한 자료를 비교해야 한다. 정부는 1992-3년과 2009년 각각 법령에 나타난 정부의 단위사무를 전수 조사했다. 두 전수 조사통계는 조사시점의 상위뿐만 아니라 단위사무의 분류방법이 다소 다르다. 따라서 두 전수조사 결과를 통해서 그동안 정확한 실적을 파악할 수 없다. 그러나 이 두 전수

조사 결과를 비교하여 그동안의 대략적 중앙권한 지방이양실적을 가늠할 수 있다.

<표 4-1>을 통해서 1992-3년부터 2009년까지 16-7년 동안 지방자치단체 처리사무 중 기관위임사무의 비율이 12.2%에서 2.5%로 낮아져 단위사무 총량으로 지방자치단체의 자율성이 신장되는 등 약간의 진전을 이루었지만 2009년도에도 전체 행정사무 중 국가사무가 차지하는 비율이 무려 79.7%(=중앙정부 직접처리사무 71.7% + 기관위임사무 2.5% + 중앙·지방공동사무 5.5%)에 달하고 있음을 알 수 있다. 이는 그동안 적지 않은 인력과 예산을 들여 추진한 기존의 중앙권한 지방이양작업이 소용돌이 집중제를 극복하는 지방분권개혁방식으로서 한계가 있음을 보여준다.

두 조사기간 사이에 중앙정부와 지방자치단체 간에 사무배분 변동을 보다 자세히 살펴보면 다음과 같다.

(1) 1992-3년에서 2009년까지 16-17년 동안 주요 국정과제로 중앙권한의 지방이양작업이 추진되었음에도 불구하고, 중앙정부 직접처리사무의 비율이 74.5%에서 71.5%로 2.8% 감소한 대신, 지방자치단체 처리사무의 비율은 25.5%에서 28.3%로 2.8% 늘어나는 데 그쳤다.

표 4-1 1992-3년과 2009년 중앙권한의 지방이양 성과

사무종류	1992-3년 단위사무 수(%)		2009년 단위사무 수(%)	
중앙정부 직접처리사무	11,744(74.5)		30,325(71.7)	
지방자치단체 처리사무	4,030(25.5)		11,991(28.3)	
	기관위임사무	1,920(12.2)	기관위임사무	1,063(2.5%)
	자치단체사무 (자치사무+ 단체위임사무)	2,110(13.4)	단체위임사무 중앙·지방공동사무 자치사무	152(0.3) 2,324(5.5) 8,452(20.0)

자료: (총무처, 1994: 21)과 (주낙영, 2012: 15)의 자료를 재정리하여 작성.

(2) 두 조사기간 동안 국가 전체사무 수는 15,774개에서 42,316개로 급증했지
만, 중앙정부 직접처리사무의 비율과 지방자치단체 처리사무 비율에 미미
한 변화(2.8%)에 그쳤다. 그 근본 원인은 지방자치단체의 자치권을 제한하
는 법령의 제정과 개정 및 폐지 권한을 독점하는 중앙정부가 중앙집권적
법령을 양산했기 때문이다.

(3) 국가 전체사무 중 기관위임사무가 차지하는 백분비가 12.2%에서 2.5%로
9.7% 하락했다. 지방자치단체의 자치권을 침해하는 주범으로 지목된 기관
위임사무의 비중이 크게 준 것이다. 그 원인은 중앙권한의 지방이양작업이
주로 기관위임사무에 집중되었고 중앙정부가 기관위임사무의 도입을 자제
한 결과로 보인다.

(4) 이에 따라 지방사무와 지방자치단체가 다소 자유재량을 가지고 처리할 수
있는 사무(단체위임사무+중앙·지방공동사무)의 백분비가 1992-3년 13.4%
에서 2009년 25.8%로 증가했다. 이는 중앙정부가 법령을 제정 또는 개정하
면서 중앙·지방공동사무를 활용하거나 자치사무를 활용하는 경향을 보인
것으로 추론된다.

2) 과잉 중앙집권

역대 정부의 중앙권한 지방이양작업에도 불구하고, 한국은 여전히 과잉 중앙집
권체제를 유지하고 있다. Marks et al.(2008: 161-181)의 연구에 의하면, 1950년에서
2006년까지 42개 민주국가 내지 준(準)민주국가에서 추진된 384건의 지역정부구조
개편 중 75%인 289건이 대의민주제의 확충과 과세권을 비롯한 행·재정권 확대 등
의 자치권 신장과 관련된 것이었고, 25%인 95건이 국정참여권 신장과 관련된 것이
었다.

<표 4-2>는 이들이 분석대상에 포함한 인구 4천만 명 이상의 9개국에 필자
가 한국을 추가해 1950년부터 2006년까지 '지역단체지수(Regional Authority Index)'[2]

---

2) Marks et al.(2008: 161-181)이 개발한 지역단체지수는 지역행정기관 또는 지역정부의 자치권
(self-rule)과 국정참여권(shared rule)의 크기로 측정되었다. 자치권은 지역행정기관 또는 지역정
부의 ① 정책결정권 행사범위와 ② 과세권 수준 및 ③ 대표 선임방식(임명제·간선제·직선제)으로,
국정참여권은 ① 헌법결정권 참여수준과 ② 입법권 참여수준 및 ③ 행정권 참여수준으로 각각 측
정되었다. 지역단체지수의 구성요소와 산출방식 및 타당성에 대한 자세한 논의는 (Schakel, 2008:
143-166)을 참고할 것.

표 4-2	인구 4천만 명 이상의 10개국 지역정부 강화추세(1950-2006)			
나라 명	연도	자치권 점수	국정참여권 점수	지역단체지수
독 일	1950－2006	25.0	8.0	33.0
스페인	1978	8.0	2.0	10.0
	1979－1981	20.2	3.9	24.1
	1982－2006	24.0	6.5	30.5
미 국	1950－2006	20.0	6.5	26.5
이탈리아	1950－1963	10.4	1.2	11.6
	1964－1988	17.0	2.0	19.0
	1989－2006	23.0	3.0	26.0
러시아	1993－1995	13.0	8.0	21.0
	1996－2004	16.0	8.0	24.0
	2005－2006	13.0	8.0	21.0
프랑스	1950－1958	6.0	0	6.0
	1959－1981	10.0	0	10.0
	1982－1990	18.0	0.1	18.1
	1991－2006	18.0	0	18.0
영 국	1950－1963	9.4	0	9.4
	1964－1996	9.8	0	9.8
	1997－2002	12.6	0.5	13.1
	2003－2006	12.3	0.5	12.7
일 본	1950－2006	8.0	0	8.0
한 국	1950－1990	0	0	0
	1991－1994	4.0	0	4.0
	1995－2006	7.0	0	7.0
터 키	1950－2006	5.0	0	5.0

자료: (Marks et al., 2007: 23-33)의 자료에 한국 지역단체지수를 계산해 추가함.

의 변동을 주요 시기별로 정리한 것이다. 인구 4천만 명 이상의 국가 중 우리나라 시·도보다 허약한 지역정부를 가진 나라는 오직 터키뿐이다. 우리나라 시·도의 자치권과 국정참여권이 국제비교의 관점에서 최하위권에 머물러 있음을 알 수 있다.

3) 과세자치권 없는 지방세

국세와 지방세의 비율은 2016년 78 : 22로 1990년 81 : 21보다 지방세의 비중이 약간 호전되었다. 지방교육재정을 포함한 중앙정부와 지방자치단체의 세출비율은 대략 4 : 6이다. 이는 지방자치단체 세입의 절반을 중앙정부의 이전재원으로 충당하고 있음을 의미한다.

지방자치단체의 재정적 자율권을 제약하는 보다 근본적인 요인은 지방자치단체와 주민이 일정 범위 내에서 탄력세율을 정할 수 있는 극히 일부 지방세를 제외하면 지방세의 세목과 세율을 결정할 권한이 전혀 없다는 것이다. 지방세에 대한 과세권을 거의 갖지 못한 지방자치단체의 중앙정부 종속성은 최근 논란을 일으켜온 중앙정부의 일방적 취득세 감면조치에서 극적으로 드러났다. 2011년 4월 이후 정부는 일방적으로 한 해 2500억 원에 달하는 시·도세인 취득세의 세율 50%를 한시적으로 감면해오다 2014년 이를 영구히 감면하는 법률안을 국회에 발의했다. 국회는 별다른 논의 없이 정부법률안을 통과시켰다. 가장 중요한 시·도세인 취득세의 세율 50% 감면이 시·도지사의 항의에도 불구하고 일방적으로 강행 처리된 것이다.

3. 재중앙집권화

1) 지방재정자립도 하락

지방재정자립도는 지방재정의 중앙종속성을 나타내는 대표적인 지표다. 평균 지방재정자립도가 1992년 69.6%에서 2016년 52.5%로 24년 사이에 무려 17.1%나 하락했다. 지방재정자립도의 급락원인은 무엇보다 취득세율 50% 감면과 중앙정부가 부담해야 할 복지비의 상당 부분을 지방비 부담으로 전가했기 때문이다.

2) 제주특별자치의 시·군자치제 폐지

2006년 7월 제주특별자치도가 출범하면서 기초자치단체인 시·군자치제가 폐지되었다. 주민투표 결과, 전체 제주지역에서는 폐지찬성이 57%로 높았지만 서귀포시와 남제주군에서는 폐지반대 의견이 더 많았다. 이에 대해 서귀포시와 남제주군 주민이 대법원에 시·군자치제 폐지무효 소송을 제기했지만, 대법원은 정부와 제주도의 손을 들어주었다.

3) 합병 편집증과 읍·면·동 천시정책

지방분권정책이 추진되는 동안에도 정치권과 정부는 기초지방자치단체 합병에 집착해왔고 읍·면·동 천시정책을 견지해왔다. 1990년대 중반 시·군 합병을 강요해 기초지방자치단체의 수를 40여 개 감축했다. 1990년대 말 국민의 정부는 전자정부 시대 행정효율을 높인다는 명분을 내걸고 읍·면·동을 폐지하려다 뒤늦게 심각한 부작용을 우려해 권한과 인력을 대폭 감축시키고 통폐합을 권장하는 읍·면·동 기능 전환정책을 단행했다. 2005년부터 여·야 국회의원은 다시 시·군·자치구 수를 3분의 1로 줄이고 시·도 광역지방자치단체를 약화 내지 파괴하는 것을 골자로 하는 지방자치체제 전면 개편을 추진했다. 그 결과, 기초지방자치단체 수는 1960년 1,469개에서 2016년 226개로 대략 7분의 1로 감소했다.

4) 기초의회의원 정당공천제 확대와 고수

2005년 6월 국회는 지방자치 전문가와 대다수 시민단체가 반대하고 특히 국민의 60−70%가 반대하는 기초선거 정당공천제를 종래 기초단체장에게만 적용되던 것을 기초의원에게까지 확대하는 공직선거법 개정안을 통과시켰다.

2013년 12월 대선에서 여야 대선후보는 다시 공론화된 기초선거 정당공천제 폐지를 공약했다. 그러나 2014년 총선 선거운동과정에서 여야 정당의 방침이 돌변했다. 새누리당은 대선공약의 이행을 촉구하는 여론에 아랑곳하지 않고 기초선거 정당공천제를 당론으로 고수했고, 새정치민주연합은 당초 대선공약을 약속했지만 끝내 국회의원의 압력에 굴복해 대선공약을 번복했다. 이로써 지방선거 정당공천제 폐지 대선공약은 거짓 공약이 되고 말았다.

Ⅳ 지방분권과 정치

지방분권개혁은 주로 권력엘리트의 정치적 생존과 권력공고화의 동기에 의해 추진된다(Faguet & Pöschl, 2015: 3). 따라서 지방분권개혁은 종종 반대세력의 정치적 요구와 타협하게 되고, 심지어 실제로 아무 성과도 없이 흐지부지되고 만다. 혹은 실질적인 의사결정권을 주지 않고 지출책임을 이양 또는 전가하거나 중앙통제를 계속 유지하기 위해 교묘한 방식으로 지방종속을 심화시키는 이른바 '부분적' 또는 '냉소적' 지방분권이 이루어지기 일쑤다.

1. 중앙집권의 관성

과잉 중앙집권은 개발도상국의 일반적 현상이다. 대다수 개발도상국은 제국주의 열강의 식민통치 하에서 자치적 전통의 파괴와 중앙집권적 강압통치를 경험했다. 식민통치의 중앙집권 유산은 해방 후 신생 국민국가의 형성과정에서 권위주의 정권과 군부독재로 한층 심화되었다. 국민국가 형성과 근대화 추진과정에서 중앙통제력을 확보한 열강은 식민지 쟁탈전을 벌이며 중앙집권체제를 한층 강화했다. 20세기 세계대공황, 전쟁 수행, 보편적 복지의 확대로 인해 비대한 중앙집권적 행정국가로 변모했다. 소련과 중국 등 공산국가는 '민주집중제'라는 공산당 정점의 극단적 중앙집권체제를 구축했다.

1950년대 이후 식민지배에서 해방된 많은 신생 개발도상국은 원조기관의 요구로 중앙집권의 폐해를 극복하고 행정발전을 도모하는 정책수단으로서 지방분권개혁을 시도했다. 1970–1990년대에는 민주주의 확산과 더불어 지방선거가 치러지고 중앙권한의 지방이양이 추진되었다. 이 기간 중국에서는 시장경쟁원리의 도입과 함께 지방분권이 이루어졌다. 소련과 동유럽국가 민주화와 시장자본주의 도입과정에서 지방분권이 촉진되었다. 그리고 중앙집권성이 비교적 강한 프랑스와 일본을 비롯한 선진국은 국제경쟁력 제고와 국토의 균형발전을 위해 지방분권개혁을 단행했다. 21세기에 들어와 지방분권은 거의 모든 국가가 추진하는 범세계적 현상이 되었다.

지방분권개혁은 부분적으로 긍정적 성과를 거둔 경우도 있지만 대체로 기대에 부응하지 못했다. 계획된 지방분권개혁이 차일피일 미루어지다가 전혀 집행되지 않거나 용두사미로 끝나는 경우가 많았다(Faguet & Poschl, 2015: 8). 심지어 지방분권개혁이 지역불균형 심화, 공공서비스의 질 하락, 토호에 의한 지방정부 포획, 지방의 독재와 부패 등 부작용을 야기하는 경우도 있었다(Blaser, et al. 2003: 58; Treisman, 2007: 11–15).

지방분권의 실패원인은 철저하지 못한 계획, 부적절한 교육 훈련, 불충분한 인적·물적 자원, 중앙정부의 거부와 저항, 유인제도의 결여 등이다. 무엇보다 많은 연구자가 개발도상국에서 지방분권개혁의 주요 실패원인으로 중앙정부의 저항과 '거짓 지방분권'을 지적했다(안성호, 1995: 197). 많은 나라에서 지방분권을 거부할 수 없는 사회적 분위기 속에서 중앙정부가 지방분권개혁을 "중앙집권화의 틀 속에서 지방분 권화"하거나 "재중앙집권화 방편으로 지방분권화"를 악용하기 일쑤였다.

중앙 정치인과 관료는 흔히 지방분권화로 인해 상당한 권한을 잃게 될 것이기 때문에 지방분권개혁에 저항하거나 매우 소극적으로 대응한다. 오랜 세월 중앙집권 체제에 길든 지방 주민과 관료는 지방분권의 필요성을 충분히 숙지하지 못하고 오 히려 지방분권으로 야기될 부작용을 우려하기 일쑤다. 식자조차 지방분권개혁을 통 해 지방분권화의 장점을 얻는 대신 그 대가로 중앙집권화의 장점이 희생될 것을 걱 정한다. 일부 식자는 지방분권과 중앙집권의 선택을 합리적 논의의 문제가 아니라 단지 분권 이데올로기에 대한 선호의 문제로 간주하거나 지방분권과 중앙집권을 일 정한 주기를 두고 왕복운동을 반복하는 일종의 시계추 현상이나 한때의 정책유행으 로 간주하기도 한다.

2. 중앙정부가 지방분권을 추진하는 이유

일견 중앙엘리트에게 지방분권을 촉구하는 것은 비합리적인 요구로 보인다. 과 연 대통령이 지방분권이 행정효율을 높인다는 규범적 논변에 의해 움직이는가? 부 분적으로 그럴 수 있다. 그러나 다른 시급한 국정현안에 쫓기는 대통령이 자신의 임 기를 넘어 장기적으로 효과가 나타나며 엄청난 도전과 저항을 야기할 지방분권개혁 을 얼마나 진지하고 지속적으로 추진할 것인가? 정치인은 이타적일 수 있는가? 이 질문은 그 자체로 흥미로울 뿐만 아니라 중대한 의미를 지닌다.

이 역설을 푸는 한 가지 방법은 성공한 개혁사례를 면밀히 분석하는 것이다. 볼리비아의 지방분권개혁을 성공적으로 추진한 Gonzalo(Goni) Sánchez de Lozada 대통령의 체험(Lozada & Faguet, 2015: 31−67)을 살펴보자.

"볼리비아 Goni 대통령 사례"

볼리비아의 Goni 대통령 후보는 국민의 삶과 문제로부터 동떨어진 낯선 상류층 침입자의 이미지를 극복하고자 했다. 그는 일반국민이 전문적 역량 때문에 자신을 존경하면서도 다가와 친근하게 말을 건네지 못한다는 사실을 알았다. 그는 당시 심경을 이렇게 털어놓았다(Lozada & Faguet, 2015: 39).

"그래서 나는 현명하게 되는 뭔가를 하겠다고 결심했다. 나는 운전수와 함께 차를 타고 볼리비아의 거의 모든 타운을 누볐다. 나는 이를 'Goni의 경청'이라고 불렀다. 연설하는 대신 경청했다. 나는 주민을 모으고 그들이 문제를 토로하도록 했다."

그는 Goni의 경청을 통해 번화한 도시와 다른 농촌과 산간오지 민초의 어려운 삶을 파악할 수 있었다. 전국 방방곡곡 피폐한 마을을 방문해 가난한 사람들의 이야기를 듣고 가장 간절한 바람이 건강과 교육의 향상이라는 것을 알게 되었다. 이들의 건강과 교육의 향상을 위해서는 이들이 직면한 빈곤문제를 해결해야 했고, 당장 떠오른 해결책은 소득의 재분배였다.

그러나 그는 긴 Goni의 경청과정에서 마침내 "최선의 해법을 아는 국민은 문제가 없는 국민이 아니라 문제와 씨름하는 국민 자신"임을 깨달았다. "수천 마일 떨어진 천재보다 문제에 직면한 바보가 더 낫다."는 사실을 알게 되었다. 문제를 안고 있는 현장의 국민을 문제해결의 주체로 만들려면 무엇보다 볼리비아 정치체제에서 권력의 재배분이 필요했다. 정부의 성과향상을 위해 권한을 위임하고 책임을 이양하는 것뿐만 아니라 빈곤층에게 실제적 권한을 내어주는 것이 시급했다. 이런 관점은 중앙집권적 단방국가인 볼리비아에서 쉽게 받아들이기 어려운 급진적 비전이었다. 특히 독립 이후 분열의 유령에 시달려 온 볼리비아에서는 금기시되는 도발적인 꿈이었다.

Goni는 이 도발적인 꿈을 실현하기 위해 볼리비아의 심각한 두통거리인 이기적 지역토호세력의 발호를 바로 잡겠다고 공약했다. Goni는 고질적 고물가를 잡아 명성을 얻었던 기획부장관 시절 이미 나라를 분열시키겠다는 위협으로 중앙정부로부터 이권을 갈취한 분리주의 지역토호들과 싸운 경험이 있었다. 가장 강력한 분리주의 지역토호세력은 산타크루즈(Santa Cruz)와 타리자(Tariza) 지역의 기업엘리트들이었다. 이들은 볼리비아 군사독재 시절의 유산이었다. 이들은 지역이익을 내세우면서 실상은 지역의 자연자원에 대한 독점권을 챙기는 강력한 이익집단이었다. 이들은 볼리비아의 연방화를 주장하며 중앙정부가 자신들의 주장을 들어주지 않으면 분리해 독립하거나 브라질에 합류하겠다고 으름장을 놓았다. Goni는 지방분권개혁을 통해 기초지방정부를 창설해 지역토호세력을 약화시키고 이들의 지지기반을 해체시킬 수 있다고 생각했다.

파키스탄의 군사정권이 추진한 지방분권은 볼리비아의 지방분권과 판이하게 달랐다. 파키스탄에서 지방분권은 군사정권을 정당화하고 국가통제권을 강화시켜 집권에서 밀려난 주요 정당을 대중 지지로부터 격리시키는 도구로 악용되었다 (Cheema et al., 2015: 68-79). 독립 이후 파키스탄 군사정권은 세 차례의 지방선거에서 선출된 정치계급을 후견세력으로 육성해 정치적 지지기반을 확장하려고 힘썼다. 기존 정당은 지방정치 참여가 일체 금지되었다. 심지어 기존 정당은 지방선거에 출마한 후보를 지지하는 것조차 허용되지 않았다. 군사정권에 반대한 기존 정당을 차별하는 악법이 적용된 까닭이다. 장군이 후원하는 무소속 후보에게는 아무 제한이 없었다. 결국 무소속 후보가 이끄는 지방정부는 군사정권의 하수인으로 전락했다.

파키스탄의 지방분권이 기존 정당을 탄압하고 군사지배를 정당화하는 권위주의적 책략이었다면, 볼리비아의 지방분권은 국가분열을 위협하는 권위주의적 지역세력의 준동과 요구에 대한 민주적 대응이었다. 그리하여 파키스탄의 정당들은 지방분권을 민주주의를 파괴하는 정치체제의 천연두처럼 혐오했지만, 볼리비아의 정당들은 지방분권을 자신들에게 지방정부의 공직에 참여할 기회를 제공한 민주화의 선물로 환영했다. 전혀 다른 조건에서 달리 설계된 지방분권은 결국 상이한 결과를 초래했다. 볼리비아는 지방분권을 더 강화하고 더 심화시킨 반면, 파키스탄은 지방분권을 중지했다.

종종 지방분권은 권력엘리트의 정치적 생존을 위해 추진된다. 캐나다와 스페인에서처럼 지방분권은 분리주의자를 달래고 국민통합을 도모하기 위해 활용되는 경우도 있다. 아프가니스탄과 이라크에서 지방분권은 분파 간 갈등을 예방하는 권력공유수단으로 추진되었다. 에티오피아에서 지방분권은 반대당들이 지방에서 싸우게 만들어 위협적인 정치적 반대를 약화시키는 수단으로 이용되었다(Green, 2011:

1087－1105). 요컨대 지방분권의 설계와 결과는 지방분권 정치에 참여하는 권력엘리트의 동기에 의해 크게 좌우된다.

3. 지방분권의 장애요인과 왜곡

중앙 권력엘리트의 지방분권 의지는 지방분권 실천을 보장하지 못한다. 민주국가에서는 막강한 권력을 행사하는 대통령조차 지방분권개혁을 추진하기 위해서는 자신의 정치적 연합세력을 설득하고 중앙집권적 관료제가 개혁을 충실히 집행하도록 만들기 위해 심혈을 기울이지 않으면 안 된다. 지방분권 의지가 남달랐던 노무현 대통령이 이끈 참여정부의 지방분권개혁이 매우 제한된 성과를 거둔 까닭은 무엇보다 여당 국회의원조차 개혁의 동반자로 만드는 데 실패했기 때문이다(안성호, 2014: 11－25). '제왕적' 대통령조차 중앙관료제의 저항적·소극적 자세를 설득하는 일이 여의치 않았던 것이다. 진정한 지방분권은 지지자에게 제공할 후견의 원천과 자신의 권력과 지위를 허물 개혁을 충실히 이행할 인물을 필요로 한다. 그러나 현실정치에서 자기이익에 따라 움직이는 인간이 특별한 이유 없이 이런 방식으로 행동하기를 기대하기 어렵다.

파키스탄의 군사정권은 비록 지방분권개혁의 장애요인을 비교적 적게 경험했다. 그러나 지지하는 연합세력이 미미하고 거대한 정치세력이 극렬히 반대하는 사회에서처럼 개혁의 장기적 전망은 어두웠다. 반면 볼리비아에서 최대 정당인 MNR은 지방분권을 자신들의 정치적 입지를 넓힐 기회로 여겼다. 지역토호세력의 요구로 내부 갈등을 경험한 다른 정당들도 지방분권개혁으로 얻을 것이 있었다. 도시빈민에 기초한 대중정당의 대두를 두려워한 기업가도 농촌지역에 권력과 자원을 이동시킬 지방분권을 지지했다. 볼리비아의 지방분권개혁은 이런 광범위한 지지기반을 바탕으로 지속가능하게 되었다.

정치는 지방분권개혁의 성패를 좌우하는 결정적 역할을 수행한다(Montero & Samuels, 2004). 지방분권개혁을 집행하는 과정에는 크고 작은 장애요인이 버티고 있다. 더욱이 개혁을 추진하는 정부가 종종 진정성을 결여한다. 사실 지방분권개혁이 실패하는 가장 일반적인 원인은 지방분권이 실제로 추진되지 않는 것이다(Faguet, 2013). 입법자의 진정성 결여와 더불어 모순되는 조항을 포함한 법률규정은 권력과

자원을 지방정부에 이양할 의도가 없는 중앙정부에 의해 더욱 왜곡된다. 결국 지방
분권개혁은 이론적 이상은 말할 것도 없고 당초 계획에서 동떨어진 결과가 초래된
다. 지난 사반세기 동안 엄청난 인력과 예산이 투여된 한국의 지방분권개혁이 지체
와 퇴행을 거듭한 까닭은 대다수 지방분권과제가 논의만 무성한 채 실제로 추진되
지 않았기 때문이다.

　　인도의 농촌 마을자치 활성화를 위한 지방분권개혁도 중앙관료제가 권력의 이
양을 거부했기 때문에 실패했다(Aijar, 2015: 80-128). 인도 지방정부는 마을공동체에
게 자치할 권한과 재원을 주는 대신 중앙에서 결정한 사항을 사실상 일방적으로 강
요했다. 게다가 각 부처가 서로 소통하지 않고 경쟁적으로 중복된 사업을 시행한 결
과 형편없는 결과를 초래했다. 이런 식으로 지방의 지식과 잠재력은 사장되고 행정
의 중복과 비효율, 예산낭비가 만연했다. 인도 마을자치 지방분권개혁의 실패는 한
국 읍·면·동정책의 파행과 너무도 닮았다.

　　Thomas Bossert(2015: 277-298)는 지방분권개혁의 진정성을 경험적으로 측정
하기 위해 "의사결정공간(decision space)"이라는 개념을 도입했다. 의사결정공간이
란 서비스 전달·재정·인적자원·거버넌스에 관련된 기능에 대해 중앙정부가 허용
한 지방의 재량권을 말한다. 이 개념으로 지방자치단체의 정책재량과 중앙정부가 중
앙의 목표를 달성하기 위해 지방의 선택을 제약하는 수준을 측정했다. Bossert의 연
구는 의사결정공간이 지방분권 수준을 평가하는 유용한 개념임을 증명했다. 지방분
권에서 예산과 인력에 대한 지방의 선택권 이양의 중요성을 재삼 확인되었다. 그는
지방분권의 명성이 있는 나라에서조차 지방이 협소한 의사결정공간을 가지고 있음
을 확인했다.

　　아울러 Bossert는 지방분권의 세 차원, 즉 (1) 특정 기능과 부문에 대한 지방의
의사결정공간, (2) 지방의 역량, (3) 지방의 책임성 사이에 강한 정(正)의 상관관계
가 있음을 발견했다. 다시 말해 특정 기능과 부문에서 광범위한 의사결정공간을 갖
는 지방자치단체가 동시에 그 기능에 대한 높은 역량과 책임감을 가지고 있음이 밝
혀졌다. 파키스탄과 인도 및 베트남에서 지방분권의 세 차원 사이에 일관된 시너지
효과가 확인되었다.

4. 지방분권, 후견주의, 엘리트 포획

후견주의(clientelism)는 지방자치단체의 성과를 왜곡시키는 정치적 현상으로서 지방분권의 반대논거로 종종 지적된다. 후견주의란 선거와 그 밖의 정치시장에서 유권자 또는 이익집단과 정치인 간에 공공선에 반하는 사적 거래관계가 형성되는 현상을 말한다. 후견주의는 보통 경제발전과 함께 쇠퇴했지만 일부 국가에서는 아직도 건재한다(Hicken, 2011: 289–310). 최근 인도 서부 벵갈지역에서 좌익전선이 지배하는 풀뿌리자치단체는 특정 지지자에게 보조금의 혜택이 주어지는 신용대부, 고용, 구제사업 등의 단기적 편익을 제공했다(Badhan et al., 2015: 305–325). 다만 이런 후견주의가 도시화의 진행과 소득·교육 수준의 향상으로 최근 선거에서 다소 약화되고 있다.

엘리트 포획(elite capture)은 지방분권의 반대논거 중 가장 강력하고 오래된 것이다(Treisman, 2007). 한국에서 종종 지적되는 토호정치의 폐해는 지방분권이 엘리트 포획을 야기할 수 있음을 보여준다. 엘리트 포획 현상은 중앙엘리트에 의한 지방의 포획이라는 형태로도 나타날 수 있다. 이를테면 중앙정부는 조세분권 없이 세출분권을 추진하여 중앙정부의 보조금에 대한 지방자치단체의 의존성을 심화시킬 수 있다. 한국은 이런 형태의 엘리트 포획이 이루어진 전형적인 나라다. 지난 20여 년 동안 역대 정부의 지방분권정책은 지방재정자립도를 17% 가량 하락시켰다. 엘리트 포획은 냉소적 지방분권을 초래한다(Faguet & Pöschl, 2015: 21). 문제는 지방분권의 반대논거로 제시되는 엘리트 포획의 병폐를 지방의 책임으로 돌릴 뿐만 아니라 중앙정부에서 벌어지는 엘리트 포획을 무시하는 경향이 있다는 것이다. 엘리트 카르텔 부패국가로 지목되는 한국(Johnston, 2005)에서 엘리트 포획의 폐단은 지방보다 중앙이 더 심각하다.

V 지방분권개헌의 과제

'87년 헌법은 역대 정부의 지방분권개혁을 겉돌게 만들었을 뿐만 아니라 정치권의 중앙집권화 획책을 방지하는 데 무력함을 드러냈다. 지난 26년 동안 지방분권정책이 추진되었지만 전체 사무 중 국가사무가 아직도 70% 가량 점유하는 주된 이유는 헌법(제117조)이 장관이 발하는 부령(部令)으로도 자치사무를 제한하거나 무력화시킬 수 있도록 허용했기 때문이다. 국세 대 지방세의 비율이 여전히 8:2에 고착되어 있고, 지방재정자립도가 1992년 69.6%에서 2016년 52.5%로 급락한 근본원인은 과세자치권을 인정하지 않는 편협한 조세법률주의 헌법(제59조)에 기인한다. 현행 헌법은 정부와 국회가 취득세율 50%를 일방적으로 삭감해 연간 2조 5천억 원의 지방세 수입을 감소시키고, 정부가 사회복지 국고보조금의 지방비 부담을 급증시켜 지방재정을 거의 빈사상태에 빠뜨리는 것도 막지 못했다. 게다가 현행 헌법(제117조)은 지방자치단체의 종류를 명시하지 않고 지방자치단체의 존폐를 국회의 입법재량에 위임함으로써 기초자치와 도를 폐지하려는 정치권의 지방자치체제 전면개편을 유도했고, 마침내 2014년 12월 대도시의 74개 자치구(군)의회 폐지에 관한 국무회의 의결을 초래했다.

지난 수년간 지방분권개헌국민행동은 지방자치 보호·향도기능을 결여한 '87년 헌법의 이런 결함을 시정하고 통일한국에 부응하며 자치공동체의 발전역량을 극대화할 헌법개정안을 마련했다. 2016년 2월 17일 국회의원회관에서 발표된 지방분권개헌국민행동의 헌법개정안에 포함된 지방분권 관련 조항은 다음과 같다.

1. 지방분권국가 천명

제1조 ③ 대한민국은 중앙정부와 지방정부로 구성되는 지방분권국가이다. 중앙정부는 국민으로 구성하며, 지방정부는 각 지방의 주민으로 구성한다.

2. 보충성원칙 명시

제40조 시·군·자치구는 개인이 처리할 수 없는 업무를 처리하며, 시·도는 시·군·자치구가 처리할 수 없는 업무를 처리한다. 중앙정부는 시·도가 처리할 수 없는 업무를 처리한다.

3. 정부 간 입법권 배분

제42조 중앙정부는 헌법에 따로 규정한 사항 이외에 다음 사항에 관하여 법률을 제정할 수 있다.

1. 국가의 존립과 국민의 안전을 위한 외교, 국방, 군사, 사법, 전국적 치안, 국세, 국적, 출입국 관리
2. 전국적인 통일과 조정을 요하는 민사, 금융 및 수출입 정책, 연기금 관리, 관세, 지적 재산권, 도량형, 통화, 중앙은행의 설치 및 운영, 식량 및 에너지자원의 수급 조정
3. 전국적인 규모의 각종 계획 수립, 우편, 통신, 철도, 국유도로 및 항만의 설치 및 관리
4. 전국적으로 동일 기준에 따라 통일적으로 처리되어야 할 환경, 보건, 복지, 근로 및 실업대책, 자원관리, 식품안전, 주택공급, 초중등교육·체육·문화·예술의 진흥, 대학지원
5. 지방정부가 수행하기 어려운 각종 검사·시험·연구, 생명과학기술, 항공관리, 기상행정
6. 중앙정부와 지방정부 간, 지방정부 상호간 협력관계의 수립 및 조정
7. 기타 전국적인 통일성의 유지·확보가 불가피한 일체의 사무

제43조 ① 시·도는 헌법에 다른 규정이 없는 한 다음 사항에 관하여 법률을 제정할 수 있다.

1. 시·도 단위의 주민의 안전과 치안유지
2. 시·도의 재산의 관리 및 공공시설의 설치와 관리
3. 시·도의원의 선거 및 광역자치의회의 조직과 운영
4. 시·도의 집행기관의 조직과 운영 및 그 장의 선임방식·임기
5. 시·도의 세율과 구체적인 세목 및 징수방법
6. 시·도 단위로 동일 기준에 따라 통일적으로 처리되어야 할 환경, 보건, 복지, 노동 및 실업대책, 자원관리, 식품안전, 주택공급
7. 시·도 단위로 처리하는 것이 필요한 산업진흥, 지역경제, 지역개발 및 생활

환경시설의 설치·관리, 공간계획, 초중등교육·체육·문화·예술, 대학교육

8. 헌법 또는 중앙정부의 법률에 의하여 입법권이 위임된 사무

9. 기타 시·도의 기구·인력과 재원으로 처리하는 것이 불가피한 사무

② 시·군·자치구와 법률이 정하는 지방정부(이하 "시·군·자치구 등"이라 함)는 다음 사항에 대해 입법권을 갖는다.

1. 시·군·자치구 등의 주민의 안전과 치안유지

2. 시·군·자치구 등의 재산의 관리 및 공공시설의 설치와 관리

3. 시·군·자치구 등의 선거 및 시·군·자치구 지방의회의 조직과 운영

4. 시·군·자치구 등의 집행기관의 조직과 운영, 그 장의 선임방식·임기

5. 시·군·자치구 등의 세금의 종류와 세율 및 징수방법

6. 시·군·자치구 등의 단위로 처리하는 필요한 환경, 보건, 복지, 노동 및 실업대책, 자원관리, 식품안전, 주택공급

7. 시·군·자치구 등의 단위로 처리하는 것이 필요한 산업진흥, 지역경제, 지역 개발 및 생활환경시설의 설치·관리, 공간계획, 초중등교육·체육·문화·예술의 진흥, 대학지원

8. 헌법 또는 법률에 의하여 입법권이 위임된 사무

9. 기타 주민의 복리에 관하여 시·군·자치구가 처리하는 것이 필요한 모든 사무

4. 입법권의 귀속과 행사기관

제44조 ① 입법권은 국민과 주민에 속한다. 국민과 주민은 직접 또는 그 대표 기관인 국회나 지방의회에 위임하여 입법권을 행사한다.

② 국회는 국민의 위임을 받아 중앙정부의 법률을 제정하고, 시·도의회는 시· 도주민의 위임을 받아 당해 지방정부의 법률을 제정한다. 시·군·자치구 등의 의회 는 시·군·자치구 주민의 위임을 받아 당해 지방정부의 조례를 제정한다.

5. 정부수준 간 정책경쟁과 혁신

제44조 ③ 중앙정부의 법률은 지방정부의 법률 또는 조례보다 우선하는 효력 을 가진다. 다만, 헌법으로 지방정부가 법률 또는 조례로 정할 수 있도록 규정한 사

항에 관해서는 그 법률 또는 조례가 우선한다.

④ 법률은 조례보다 우선적인 효력을 가진다. 다만, 헌법이 시·군·자치구 등이 조례로 정할 수 있도록 한 사항에 대해서는 그 조례가 우선한다.

6. 지방정부의 과세자치권 보장과 비용전가 금지 등

제45조 ① 관세를 포함한 중앙정부세의 종류와 세율과 징수방법은 중앙정부의 법률로 정한다.

② 재산세를 포함한 지방세의 종류와 세율과 징수방법은 당해 지방정부의 법률 또는 조례로 정한다.

③ 지방세의 세율과 구체적인 세목 및 징수방법은 당해 지방정부의 법률 또는 조례로 정한다.

제46조 ① 중앙정부와 지방정부는 재정건전성의 원칙에 따라 수지균형을 이루도록 투명하게 재정을 운영하여야 한다.

② 중앙정부와 지방정부는 상호 간에 사무를 위임할 수 있다. 이 경우에 위임 사무를 처리하는 데 소요되는 비용은 위임하는 정부에서 부담한다.

③ 법률과 조례를 집행하는 데 소요되는 비용은 그 법률 또는 조례를 집행할 의무를 부과한 정부가 부담한다.

④ 중앙정부는 지방정부의 재정능력을 보완하고 지방정부 간 재정격차를 완화하기 위하여 재정조정을 시행한다. 지방정부는 상호간에 재정격차를 완화하기 위하여 재정능력에 상응하는 재정조정을 시행한다. 재정조정에 관하여 자세한 사항은 법률로 정한다.

제69조 조세의 종목과 세율은 법률과 조례로 정한다.

VI 맺음말

이 장은 사반세기 동안 지방분권정책을 추진했지만 여전히 소용돌이 중앙집권 체제에서 벗어나지 못하고 있는 한국의 과잉 중앙집권 현실을 살펴보았다. 이어 권력을 중앙엘리트의 손에서 주민 곁으로 옮기는 지방분권은 국가의 성격과 중앙-지방의 관계, 나아가 엘리트-시민의 관계를 변화시키는 정치권력 현상임을 논의했다. 마지막으로 지방분권의 개헌과제를 제시했다.

우리는 이 장을 통해서 권력을 중앙에서 지방으로 이동시키는 지방분권이 "정치세력 간 이익갈등의 산물"(Smith, 1985: 201)이며, 지방분권을 추동하는 근본 동력은 민권(民權)임을 확인했다. 1991년 지방의회가 30년 만에 구성되고 1995년 민선단체장이 부활된 것은 1987년 6월 민주화시민항쟁에 의해 촉발된 6·29선언의 과실이었다. 2006년 7월 제주특별자치도의 출범 역시 중앙정부 주도의 제주도 개발에 대한 실망과 특별자치에 대한 제주도민의 열망과 일치된 요구가 없었다면 불가능했을 것이다. 제2공화국 시절 광역지방자치단체장까지 민선제도가 확대된 것은 1960년 4·19 민주화혁명이 없었다면 상상할 수 없는 일이다. 심지어 1920년 일제 치하에서 부(府)협의회, 면협의회, 도평의회라는 사이비 주민대의기구조차 1919년 3·1 독립운동에 놀란 일제가 민심 무마용으로 구성한 것이다(안성호, 1995: 325-256).

1920년과 1960년 및 1990년대 지방대의민주제를 세우는 정치적 지방분권이 '저항적' 민권의 폭발로 이룩된 것이라고 한다면, 지난 20여 년 동안 지방대의민주제의 틀 위에 자치권을 강화하고 주민참여를 확충하려는 지방분권개혁이 지지부진함을 면치 못한 까닭은 '형성적' 민권이 허약했기 때문이다.

지방분권은 시민의 각성과 선거혁명 없이 실현될 수 없다. 진정한 지방분권개혁은 자신이 재량권을 행사하던 권력과 재원을 더 이상 통제할 수 없게 될 지방에 기꺼이 이양하기로 결정한 선량한 정치인과 그가 이끄는 정당에게 집권의 기회를 주는 능동적 시민의 선거혁명을 통해서 실현될 수 있다.

CHAPTER

5

스위스 재정연방주의

> "스위스 정치체제의 성공은 직접민주제와 비중앙집권적 의사결정·과세 단위
> 의 경쟁이 결합된 결과다."
>
> Robert Nef
>
> "재정균형화는 일상적 규칙이 아니라 단지 예외적으로만 인정되어야 한다."
>
> Pierre Bessard

I 머리말

스위스가 오늘날 경이로운 번영을 이룩한 비결은 무엇인가? 스위스 연구자는 흔히 그 비결로 재정연방주의를 지적한다.

스위스에서 총 조세의 약 70%를 거두어 사용하는 캔톤과 코뮌의 의회와 주민은 소득세와 부유세의 세목·세율·과표와 주요 기업정책을 결정한다. 따라서 스위스 기업은 낮은 세금과 친기업정책의 혜택을 누리기 위해 중앙의 정·관계 엘리트가

아니라 캔톤·코뮌정부와 주민의 마음에 들려고 노력한다. 캔톤·코뮌정부와 주민도 주요 수입원인 기업을 유치하고 육성하기 위해 경쟁적으로 세율을 인하하고 친기업 정책을 구사한다. 결국 스위스의 담세율은 여느 선진국보다 현저히 낮고,[1] 노사분 규로 인한 근무일 손실도 세계에서 가장 적다.

그러나 스위스에서 캔톤·코뮌의 막강한 과세자치권과 재정주민투표는 일인당 GDP와 조세부담을 캔톤 간에 최대 3배까지 벌려놓는다.[2] 스위스의 경험은 소규모 관할권으로 나뉜 분절적 정체(최소 압펜젤내곽 캔톤은 1.5만 명, 최대 취리히 캔톤은 140 만 명)에서 고도의 지방재정 자율권이 지역격차를 초래하면서 소규모 자치단위의 민 주적 효율성이 정체 경쟁력을 제고한다는 다중심거버넌스(polycentric governance) 입 론을 확증해 왔다. 스위스의 분절적 다중심체제는 모든 지역을 부유하게 만들면서 일부 지역을 더 부유하게 만들었다.

마침내 1848년 스위스연방이 창설된 지 1세기를 넘긴 즈음 과도한 지역격차 해소를 주장하는 균형발전론이 제기되었다. 약 10년간의 논의를 거친 후 1959년 스 위스연방 최초의 재정균형화제도가 도입되었다. 이후 반세기 동안 이 제도는 스위스 재정연방주의의 근간으로 유지되었다.

1990년대부터 재정균형화제도의 문제점이 지적되기 시작했다. 기존 제도가 지 역격차를 확대시켰고, 지역 간 경쟁을 지나치게 제한했으며, 공공지출과 굿 거버넌 스 형성에 나쁜 유인을 제공했다는 비판이 제기되었다.

이에 따라 새로운 재정균형화개혁안이 마련되어 2004년 국민투표에 회부되었 다. 이 개혁안은 투표자의 65% 찬성과 26개 캔톤 중 23개 캔톤의 찬성으로 채택되 었다. 2008년부터 시행된 새로운 재정균형화제도는 (1) 정부기능을 연방과 캔톤 간 에 명확히 구분해 캔톤의 자율성과 책임성을 강화하고, (2) 재정균형화제도의 혜택 을 받는 수혜캔톤(receiving cantons)의 의타심과 도덕적 해이를 해결하기 위해 조세 잠재력이 취약한 캔톤을 지원하는 재정교부금과 캔톤의 특수사정(지리·인구·도시화) 을 고려해 지원하는 연방보조금을 분리시켰다. (3) 재정력지수 85% 미만의 캔톤을

---

1) 2015년 스위스의 GDP 대비 조세부담률(사회보장적립금 포함)은 OECD 평균보다 8−9% 낮은 26.8%였다.
2) 재정균형화 문제는 캔톤 간 재정균형화와 캔톤 내 코뮌 간 재정균형화를 구분해 살펴보아야 하지만, 이 장에서는 캔톤 간 재정균형화 문제만 다룬다.

지원하는 재정교부금의 3분의 2를 연방정부가, 나머지 3분의 1을 평균재정력지수 100 이상의 부유한 캔톤이 각각 분담하게 했다. (4) 모든 연방보조금 용도를 캔톤의 재량에 맡겼다.

본 장은 스위스 번영의 열쇠로 일컬어지는 경쟁적 재정연방주의의 특징과 성공조건을 살펴본다. 이어 2008년 도입된 새로운 재정균형화제도의 개혁과정과 내용을 검토한 다음, 스위스 재정연방주의로부터 한국 재정제도개혁을 위한 시사점을 도출한다.

Ⅱ 스위스 재정연방주의의 특징

1. 캔톤과 코뮌의 과세권과 조세경쟁

스위스에서 연방은 연방헌법에 구체적으로 명시된 과세권만을 행사할 수 있다. 더욱이 연방의 직접세와 부가가치세 부과권한은 한시적으로 인정된다. 현재 연방이 누리는 직접세와 부가가치세 부과권한은 2004년 국민투표를 통해 다수 투표자와 다수 캔톤의 찬성으로 2020년까지 시한부로 인정된 과세권이다. 그리고 연방의 조세수입 중 소득세와 부유세는 절반을 넘지 않는다.

반면 연방을 구성하는 26개 캔톤은 연방을 능가하는 과세자치권을 누린다. 캔톤은 연방헌법에 위배되지 않는 한 광범위한 과세권을 자유롭게 행사할 수 있기 때문이다. 그 결과 캔톤은 연방보다 훨씬 많은 조세수입을 소득세와 부유세로 거두어들인다.

2,324개의 코뮌은 캔톤헌법이 정한 범위 내에서 주민의사에 따라 정해진 세율로 소득세를 비롯해 부유세, 인두세(또는 가구세), 순이윤·자본세, 상속·증여세 등을 자유롭게 부과한다. 그 결과 코뮌의 조세수입은 거의 모두 소득세와 부유세로 이루어지며, 이중 70% 이상은 개인소득세이고, 10% 정도는 기업이윤세이다.

캔톤과 코뮌이 누리는 막강한 과세자치권은 중앙정부 법령이 규정한 한정된 범위 내에서 탄력세율을 정할 수 있는 우리나라 지방정부의 과세자치권과 질적으로 다르다. 더욱이 최근 우리나라 중앙정부가 지방정부의 반대를 무시하고 연 2조 5천억 원에 달하는 취득세율 50%를 일방적으로 감축한 폭거는 스위스에서는 상상할 수 없는 일이다.

표 5-1	연방·캔톤·코뮌의 세금	
	소득세와 부유세	소비세와 서비스세 등
연 방	소득세, 순이윤세, 예납세, 군복무 및 공무면제세	부가가치세, 인지세, 담배세, 맥주세, 증류주세, 광유세(鑛油稅), 자동차세, 관세
캔 톤	소득세, 순부유세, 인두세 또는 가구세(家口稅), 순이윤 및 자본세, 상속증여세, 부동산세, 부동산이전세	자동차세, 유흥세, 견세(犬稅), 인지세, 수력발전소세, 기타 조세
코 뮌	소득세, 순부유세, 인두세 또는 가구세, 순이윤 및 자본세, 상속 및 증여세, 자본소득세, 부동산세, 부동산이전세, 영업세	견세, 유흥세, 기타 조세

자료: (Swiss Federal Tax Administration, 2014).

캔톤과 코뮌의 막강한 과세자치권은 연방·캔톤·코뮌 간 세금수입을 대략 30 : 40 : 30으로 배정한다. 스위스에서 국세와 지방세의 비율은 3 : 7인 셈이다. 이런 튼튼한 지방세 수입구조가 평균인구 3,600명에 불과한 코뮌정부의 평균재정자립도를 무려 87% 수준으로 끌어올린다. 이처럼 건강한 스위스 지방재정은 국세와 지방세 비율이 8 : 2로 고착되어 있고, 지방재정자립도가 50%에 불과한 한국의 빈약한 지방재정과 극명한 대조를 이룬다.

캔톤과 코뮌의 막강한 과세자치권은 캔톤 간 및 코뮌 간 활발한 조세경쟁을 유발한다. 예컨대 스위스 중부에 위치한 작은 주크 캔톤은 조세경쟁을 선도하며 스위스 최고의 1인당 GDP를 자랑하는 지역으로 발돋움했다. 전형적인 농촌배경의 주크 캔톤은 1960년대 혁신적 조세개혁을 추진하기 전까지는 가장 가난하고 부채가 많은 캔톤이었다. 주크 캔톤은 지주회사와 거주지회사에게 유리한 매우 낮은 세율을 채택하는 등 전반적으로 세율을 스위스 최하 수준으로 유지하여 지역경제 활성화에 전기를 마련했다. 조세개혁 후 주크 캔톤은 더 많은 가처분소득을 향유하려는 기업과 개인에게 유럽에서 가장 매력적인 지역이 되었다. 요즘 주크는 경제적 활력을 불어넣는 젊은 인구가 많은 캔톤으로서 세출을 줄이고 세금을 스위스 평균의 절반 수준으로 유지하기 위해 힘쓰고 있다. 다만 2015년 이후 주크 캔톤은 스위스프랑의 초강세 등으로 인한 재정압박으로 약간의 세율인상을 고려하고 있다.

2. 재정연방주의에 대한 찬반론

재정연방주의 옹호자는 조세경쟁이 균형재정의 요구와 함께 지방재정에 대한 정치인과 관료의 책임감을 높여 정부예산을 주민의 욕구와 선호에 부응하도록 유도한다고 주장한다. 반면 재정연방주의 반대론자는 재정연방주의가 소규모 구성단위 간 과당경쟁을 부추겨 세금의 부과와 공공서비스 제공에서 소위 '바닥을 향한 질주(race-to-the-bottom)'와 규모불경제를 초래한다고 주장한다.

재정연방주의 옹호론자는 구성단위 간 적정경쟁을 가정한다. 이들은 지방분권적 연방국가의 구성단위가 주민과 자본이 더 유리한 세금과 공공서비스를 제공하는 다른 구성단위로 이탈하는 것을 막으려면 주민과 자본의 선호에 민감하게 반응하지 않을 수 없고, 이로 인한 구성단위 간 경쟁이 공공부문의 상향적 쇄신을 촉진한다고 본다.

반면 재정연방주의 반대론자는 지방분권적 연방국가에서 낮은 세금을 부과하는 구성단위로 주민과 자본의 용이한 이동은 구성단위 간 과도한 세금인하경쟁을 유발하고, 이로 인한 부족한 세금수입으로 긴요한 공공지출조차 어렵게 만든다고 주장한다. 이런 비관적 시나리오는 재정연방주의가 규모경제의 이점을 살릴 수 없을 뿐만 아니라 고소득층을 낮은 세금을 부과하는 구성단위로 이주시켜 구성단위 간 불균형을 심화시킨다는 생각과 연결되어 있다.

지금까지 경험적 연구는 대체로 재정연방주의의 긍정적 효과를 확증해 왔다. 재정연방주의는 굿 거버넌스와 높은 상관관계를 맺고 있는 것으로 밝혀졌다(Huther & Shah, 1998; 2000). 스위스는 재정연방주의의 대표적 성공사례다.

3. 경쟁적 재정연방주의 vs. 조정적 재정연방주의

재정연방주의는 구성단위 간 경쟁과 조정을 어떻게 결합시키느냐에 따라 경쟁적 재정연방주의와 조정적 재정연방주의로 구분할 수 있다.

경쟁적 재정연방주의는 구성단위 간 경쟁을 촉진하는 제도적 조건으로서 연방정부 권한의 헌법적 제한, 세금과 공공서비스에 대한 구성단위의 충분한 자치권 보장, 구성단위의 무절제한 자금조성과 차입을 제약하는 엄격한 예산제약, 재정적 어려움을 겪는 구성단위에 대한 비상구제를 가급적 삼가는 관행 등의 특징을 지닌다.

표 5-2 경쟁적 재정연방주의 vs. 조정적 재정연방주의		
구 분	경쟁적 재정연방주의	조정적 재정연방주의
세원과 세율의 조화	낮 음	높 음
공공서비스의 조화	낮 음	높 음
구성단위에 대한 예산제약	엄격함	느슨함
중앙집권화 경향	약 함	강 함

자료: (안성호, 2005: 142).

이와 달리 조정적 재정연방주의는 구성단위 간 조화와 조정을 중시한다. 그 결과 조정적 재정연방주의에서는 흔히 구성단위 간 세율담합을 통한 조세공유제(tax sharing system)가 형성된다. 구성단위에 대한 예산제약도 엄격하지 않다. 그리고 구성단위 간 재정조정이 강조되고 재정위기에 처한 구성단위를 비상구제하는 것도 금기시되지 않는다.

이 두 재정연방주의는 각각 경쟁과 조정을 편향적으로 강조하는 재정연방제의 이념형으로 간주될 수 있다. 현실의 재정연방주의는 양극단을 잇는 연장선 위의 어느 지점에 위치한다. 따라서 현실 재정연방주의가 위치하는 지점은 경쟁과 조정이 어떤 비율로 재정운영을 이끄는 주도적 힘으로 작용하느냐에 따라 결정된다.

4. 스위스의 경쟁적 재정연방주의

스위스 재정연방주의는 대체로 경쟁적 재정연방주의의 예측대로 작동한다. 스위스에서 구성단위 간 경쟁은 연방·캔톤·코뮌정부가 각각 투표자의 선호에 부응하고 공공재를 효율적으로 제공하도록 만든다. 그 결과, 스위스의 GDP 대비 정부부문

지출 비율은 30%대로 유럽에서 아일랜드 다음으로 가장 낮다.

스위스 경쟁적 재정연방주의는 세 가지 점에서 재정연방주의 반대론자의 주장을 일축해 왔다.

(1) 재정연방주의 반대론자가 상정하는 '바닥을 향한 질주' 가설은 스위스에서 들어맞지 않음이 입증되었다. 스위스에서 거주지 이전을 고려할 때 고소득층은 세금부담과 주거환경을 고려하고, 저소득층은 재분배정책을 중시한다. 그러나 스위스인의 캔톤 간 이주비율은 매우 낮다. 1989년에서 1990년 사이에 취리히 캔톤의 순이주(net emigration)는 0.3%에 불과했다(Feld, 2000: 125-164). 조세경쟁 역시 캔톤 간 조세부담의 균일화를 초래하지도 않았다. 26개 캔톤 간 평균 조세부담 편차는 시간이 흐를수록 오히려 조금씩 늘어났다. 조세경쟁이 복지 수준의 하락을 초래하지도 않았다. '바닥을 향한 질주' 가설과 달리 캔톤과 코뮌 수준에서 상당한 규모의 재분배가 이루어져 GDP 대비 보조금과 교부금 비율이 약간 늘어났다.

(2) '경쟁적 재정연방주의가 과당경쟁을 유발해 국민통합을 해칠 것'이라는 회의론자의 예측도 빗나갔다. 오히려 스위스는 다문화사회의 갈등을 평화적으로 해결하고 고도의 국민통합을 이루었다. 재정연방주의 반대론자의 예상과 달리 스위스에서는 일반적으로 상이한 언어권 간 경쟁보다 동일한 언어권 내 경쟁이 더 심하다.

(3) '연방 구성단위가 너무 작아서 효율적이지 못하고 경제적으로 생존하기 어려울 것'이라는 주장도 오류로 판명되었다. 오히려 스위스 미러클은 비교적 작은 지역정부(캔톤 평균인구 32만 명)와 초미니 기초정부(코뮌 평균인구 3천 6백 명)가 일구어낸 성취다. 고도의 재정적 자율성을 누리는 캔톤과 코뮌은 광역행정수요에 합병이 아니라 협력방식으로 공동으로 대처하여 소규모 구성단위가 일부 대규모 자본투자를 요구하는 공공서비스를 제공할 때 겪을 수 있는 규모불경제 문제를 무난히 해결해 왔다.

스위스 사례는 구성단위 간 조세경쟁이 복지수준을 하락시키고 기본적 공공서비스의 공급을 어렵게 만들고 분열과 갈등을 조장하는 것이 아님을 분명히 보여준다. 오히려 막강한 재정자치권을 누리는 작은 구성단위가 민주적 효율성을 구현해 나라의 번영을 이끄는 견인차 역할을 수행할 수 있음을 증명해 왔다.

5. 정부성장을 제한하는 채무제동제도

스위스 재정연방주의의 장점 중 하나는 여느 선진국에 비해 공공부채가 크게 적다는 것이다. 2015년 현재 스위스의 GDP 대비 공공부채 수준은 45.3%로 Euro 지역 15개국의 평균 106.9%와 OECD의 평균 111.2%의 절반 미만이다.

이처럼 스위스가 비교적 양호한 공공부채 수준을 유지하는 비결은 재정을 시민이 직접 통제하는 길이 넓게 열려 있기 때문이다. 시민은 대다수 캔톤과 코뮌에서 재정주민투표로 세입과 세출을 구체적으로 직접 통제할 수 있다. 연방수준에서도 헌법의 경과규정에 따라 직접세와 부가가치세를 국민투표로 결정하며,[3] 조세와 관련 헌법개정안을 발의하여 연방재정을 직접 통제할 수도 있다.

그러나 연방재정에 대한 시민통제는 의무적·선택적 재정주민투표에 의한 캔톤·코뮌재정에 대한 시민통제보다 훨씬 느슨하다. 따라서 연방내각과 연방의회는 비교적 자유롭게 세출을 늘릴 수 있었다.

연방재정에 대한 느슨한 시민통제는 연방정부의 자의적 세출증대를 초래했다. 이에 따라 연방정부의 자의적 세출증대를 억제하기 위해 연방헌법 제126조에 "연방은 세출과 세입의 균형을 지속적으로 유지해야 한다."는 균형예산원칙이 규정되었다. 그러나 이 규정은 제대로 지켜지지 않았다. 연방의회는 종종 세입을 초과하는 세출을 의결하여 GDP 대비 공공채무의 비율이 급증했다.

2001년 좀 더 구체적인 '채무제동제도'를 규정한 헌법개정안이 국민투표에 회부되어 투표자 84.7%의 찬성으로 채택되었다. 이에 따라 연방헌법 제126조 제2항에 "승인을 위해 제안된 총 세출예산의 상한액은 경제상황을 감안한 추계수입 총액에 맞추어야 한다."는 규정이 추가되었다. 세출상한액을 세입에 맞추도록 구체적으로 규정하여 채무억제규정의 실질적 구속력을 강화한 것이다.

2003년 채무제동제도가 시행된 이후 스위스 정부채무 증가는 둔화되었고 GDP 대비 공공채무의 비중은 다소 감소했다(이기우, 2014: 66).

---

3) 현재 연방정부의 직접세와 부가가치세는 2020년까지 시한부로 부과되고 있다. 2021년부터 부과될 직접세와 부가가치세는 사전에 국민투표로 헌법개정을 통해 확정되어야 한다.

6. 재정연방주의의 성공조건

스위스 재정연방주의의 성공적 운영은 정부 간 재분배정책, 다른 캔톤에서 이주해오는 사람에게 지급되는 이전교부금 보상제도, 직접민주제, 헌정체제에 대한 충성심에 의해 뒷받침되어 왔다(Aamovich & Hosp, 2001; 안성호, 2006: 145-146).

(1) 경쟁은 재정연방주의를 성공적으로 운영되도록 만드는 핵심 원리다. 그러나 경쟁은 종종 갈등과 분열을 야기한다. 따라서 적정경쟁을 유도하면서 경쟁으로 인한 부작용을 예방하고 교정하는 장치가 필요하다. 스위스 연방주의는 그 장치로서 먼저 가파른 누진세율로 설계된 연방소득세제도를 활용한다. 연방소득세는 일부 캔톤소득세의 낮은 누진성을 보상해 재분배 효과를 발휘한다. 아울러 연방정부는 조세수입의 일부를 캔톤의 재정력지수에 따라 캔톤에 배분하는 재정조정제도를 운영한다. 캔톤 수준에서도 코뮌의 극심한 재정력 격차를 완화하기 위한 재분배제도가 있다.

(2) 구성단위 간 경쟁이 '바닥을 향한 질주'를 초래한다는 가설은 주민이 더 많은 이전교부금을 받는 구성단위로 이주한다는 가정에 기초한다. 그러나 스위스에서는 다른 캔톤에서 이주해온 사람에게 지급하는 이전보조금에 대한 보상제도를 통해 캔톤 간의 이주 유인을 완화시킨다. 이를테면 새로 이주해온 주민에게 지급되는 사회복지지원금은 처음 2년 동안 그 주민의 출신 캔톤에서 전액 부담하고, 이후 8년 동안 주거캔톤과 출신캔톤이 절반씩 부담한다. 유사한 예를 교육비 부담제도에서도 확인할 수 있다. 대학이 있는 캔톤은 다른 캔톤 출신의 학생을 받는 경우에 그 학생의 출신캔톤으로부터 9천-4만 6천 프랑을 받는다.

(3) 스위스에서 9개 캔톤은 캔톤의회에서 세목과 세율을 결정하고, 나머지 17개 캔톤은 주민투표로 세목과 세율을 결정한다. 그리고 대다수 코뮌 역시 주민투표나 주민총회에서 세목과 세율을 결정한다. 이런 재정직접민주제가 스위스 재정연방주의를 안정시킨다. 고소득층이 막중한 조세부담을 감당하는 캔톤에서 좀처럼 떠나지 않는 중요한 이유는 직접민주제를 통해 세금을 직접 결정하기 때문이다. 게다가 직접민주제는 이웃 독일에서 발견되는 재정권의 중앙집권화를 막고 과도한 정부성장을 억제한다. 직접민주제로 조

세를 통제하는 캔톤은 그렇지 않은 캔톤보다 작은 정부를 가지며 공공부채
도 훨씬 적다.

(4) 스위스인의 향토애는 남다르다. Albert Hirschman(1970)의 용어로 말하면
스위스인은 자신이 사는 캔톤과 코뮌에 높은 '충성심'을 보인다. 거주지에
대한 스위스인의 높은 충성심은 다른 지역으로의 이주를 억제시켜 '바닥으
로 향한 질주'를 막고, 부유한 캔톤과 코뮌이 재정력이 약한 캔톤과 코뮌을
지원하는 재정균형화정책을 큰 불평 없이 따르도록 만든다.

물론 스위스는 재정연방주의의 유토피아가 아니다. 그러나 스위스는 캔톤 간
및 코뮌 간 경쟁을 유도하는 경쟁적 재정연방주의(exit)와 주민이 직접 과세권을 행
사하는 직접민주주의(voice), 그리고 헌정체제에 대한 각별한 애정과 충성심(loyalty)
이 한데 어우러져 번영을 이룩한 나라라는 사실에는 의문의 여지가 없다.

⫿ 2008년 재정균형화제도의 개혁

1. 과거 재정균형화제도의 결함

스위스의 재정균형화제도는 1848년 연방국가가 출범한 후 111년이 지난 1959년
에 처음 도입되었다.[4] 1990년대 최초의 제도 점검의 결과는 매우 비판적이었다. 재
정균형화제도가 지역 간 격차를 감소시키기커녕 오히려 벌려놓았을 뿐만 아니라 거
버넌스와 공공지출에 나쁜 유인을 제공했다고 지적되었다.

과거 재정균형화제도의 역효과를 보여주는 대표적 사례로서 니드발덴 캔톤과
옵발덴 캔톤의 대조적 경험을 들 수 있다. 스위스 중부 계곡에 이웃해 위치한 두 캔
톤은 인구와 지형 및 지리적 상황이 동일하다. 그러나 1990년대 중반까지 니드발덴
캔톤의 1인당 소득은 옵발덴 캔톤의 거의 두 배에 달했다. 옵발덴 캔톤의 인구는 계
속 줄었다. 젊은이들은 직업과 더 나은 주거지를 찾아 다른 지역으로 빠져나갔다.

그러나 최근 사정이 달라졌다. 옵발덴 캔톤은 부유한 니드발덴 캔톤을 거의 따

---

4) 물론 1938년부터 연방정부의 개입 없이 캔톤 간에 모종의 재분배제도가 운영되었다.

라잡았다. 무슨 일이 일어난 것일까? 니드발덴 캔톤은 재정균형화제도에서 줄곧 공여캔톤(contributing canton)이었다. 낮은 세율은 니드발덴 캔톤을 기업과 개인에게 매력적인 지역으로 만들었다. 반면 높은 세금을 부과한 옵발덴 캔톤은 연방정부와 다른 캔톤의 재정지원에 의존해 재정을 꾸려나갔다. 그러나 2008년 새로운 재정균형화제도가 시행되기 2년 전 옵발덴 캔톤은 심기일전하여 기업에 매기는 세금을 절반으로 삭감하고, 개인과 가계에 세금부담을 줄여주는 약 12% 정률세(flat rate)와 높은 개인감세를 포함한 과감한 조세개혁을 단행했다. 이 개혁조치로 조세부담이 절반으로 줄어든 옵발덴 캔톤은 단기간에 가장 경쟁력 있는 캔톤으로 변모했다. 옵발덴 캔톤의 조세개혁은 투표자 86%의 압도적 다수 찬성으로 채택되었다. 재정주민투표의 결과는 개혁조치에 민주적 정당성을 부여했고, 스위스 중부의 작은 캔톤에 새로운 목표의식을 불어넣었다. 옵발덴 캔톤은 무기력하게 보조금으로 연명하던 매력 없는 지역에서 탈피해 활기를 띠기 시작했다. 놀랍게도 옵발덴 캔톤은 세율을 절반이나 삭감했지만 총 조세수입이 줄지 않았다. 오히려 인구유출이 그치고, 많은 이주민과 기업들이 유입되었다. 조세개혁 이후 몇 년간 상업등기소에 새로 등록된 기업 수가 무려 560%나 급증했다. 옵발덴은 아직 수혜캔톤(receiving canton)이지만 개인당 보조금이 2000년 1,534프랑에서 2013년 1,063프랑으로 대폭 줄었다. 옵발덴 캔톤의 공격적 조세개혁은 결국 공여캔톤에게도 이익이 된 것이다.

니드발덴 캔톤과 옵발덴 캔톤의 사례는 캔톤의 재정적 취약성이 대체로 스스로 만든 문제, 즉 높은 세율과 같은 나쁜 정책으로 인해 생긴 문제임을 여실히 보여준다. 1990년대의 연방보고서가 과거 재정균형화제도를 "일관성 없는 목표의 혼재, 과잉 중앙집권제, 그리고 비효율적 이전지출 메커니즘"을 가진 제도로 비판한 것은 당연했다.

2. 재정균형화제도의 개혁

2008년부터 시행된 새 재정균형화제도는 캔톤의 자율성 강화, 캔톤 재정력 격차의 감소, 정부기능의 효율성 증대, 그리고 캔톤 간 "공정한" 조세경쟁조건 구축을 목표로 설정했다. 스위스 재정균형화제도는 독일기본법에 규정된 "균등한" 생활표준의 구축을 목표로 설정한 적이 없다. 스위스 재정균형화개혁은 캔톤 간 격차를 어느 정도 완화하면서 연방정부와 캔톤정부 간 기능분할의 개선을 추구했다.

새 재정균형화제도는 투표자의 65% 찬성과 26개 캔톤 중 23개 캔톤의 찬성으로 채택되었다. 니드발덴·슈비츠·주크 캔톤은 재정력이 튼튼한 공여캔톤으로서 새 제도의 도입으로 부담할 몫이 늘어날 것을 우려해 개혁안에 반대했다. 우익진영은 새 제도가 우량한 정책을 펴온 부유한 캔톤에게 부담을 가중시킨다고 주장했다. 반면 좌익진영은 새 제도의 도입으로 세율인하와 조세감면 경쟁이 격화될 것을 우려했다. 양 진영의 비판에도 불구하고, 개혁안은 대다수 캔톤과 대다수 국민의 찬성을 유도하기 위해 이해관계자들의 목소리를 두루 고려했다. 새 재정균형화제도의 채택은 경쟁력이 떨어지는 다수와 경쟁력 있는 소수의 정치적 타협의 산물로 이해될 수 있다(Bessard, 2013).

스위스에서 일반적으로 조세경쟁은 과도한 조세부담을 예방하고, 합리적 세출정책을 유도하며, 조세와 세출체계의 혁신을 촉진시키는 원동력으로 인정되어 왔다. 그러나 조세경쟁이 '바닥을 향한 질주'로 이어질 수 있다는 좌익진영의 주장과 불평등을 심화시킬 것이라는 다수 국민의 우려도 공존했다. 스위스 재정균형화는 이 두 견해의 팽팽한 대립 속에서 균형을 잡아온 과정이었다. 이런 관점에서 새 제도의 채택은 세율조화와 표준화를 예방하는, 온건하지만 매우 중요한 헌법개혁이다.

1) 연방과 캔톤 간 기능의 분리

새 재정균형화제도의 첫 번째 개혁과제는 연방정부와 캔톤정부가 공동으로 수행한 일부 기능을 구분한 것이다. 오랜 세월에 걸쳐 연방과 캔톤이 공동으로 수행하는 사무가 크게 늘어 캔톤의 자율성이 약화되었고, 공공부문의 책임성과 효율성이 떨어졌다. 새 제도는 이를 시정하기 위해 연방과 캔톤이 공동으로 수행하는 31개 기능 중 15개 기능은 캔톤의 배타적 관할로, 6개 기능은 연방의 배타적 관할로 할당했다. 아직 개혁이 진행 중이지만 그동안의 개혁성과에 대한 첫 평가는 긍정적이었다. 예컨대 개혁조치가 시행된 후 1년 만에 국도 관리비용이 1억 2천만−2억 5천만 프랑이나 절약된 것으로 조사되었다.

2) 캔톤의 조세잠재력에 상응하는 세입균형화: 재정교부금

재정교부금은 이 제도의 핵심 재분배기제로서 캔톤의 조세잠재력에 기초해 배정된다. 캔톤의 조세잠재력은 과세가능한 개인소득·개인재산·기업이윤에 대한 표준화된 조세수입으로 계산된다. '취약' 캔톤의 재정은 재정교부금을 통해 스위스 캔톤평균 재정력의 85% 수준까지 올리는 것으로 계획되었다. 과거 제도는 1인당 GDP, 1인당 조세수입, 세율, 산악지역 비율을 종합적으로 고려해 재정균형화 수준을 결정했다. 그러나 새 제도는 이 요인을 핵심 균형화기제에서 분리시켜 서비스요금균형화(재정교부금의 3분의 1에 해당하는 연방보조금) 요인으로 고려한다. 이 개혁으로 인해 캔톤은 더 이상 고의적으로 높은 세율을 유지하여 생산 활동을 위축시켜 자신의 재정력 수준을 낮추어 더 많은 보조금을 받으려는 술책을 부릴 수 없게 되었다. 이 개혁조치는 캔톤에게 조세인하 유인을 제공했다.

3) 지리·인구·도시화에 따른 세출수요균형화: 연방보조금

연방보조금은 캔톤의 특수한 형편을 고려한 재정수요 평가에 기초해 결정된다. 캔톤의 특수한 사정으로는 세 가지 요인이 고려된다. 즉, ① 지리지형적 요인(특히 낮은 인구밀도와 거친 자연조건을 가진 산악캔톤의 경우), ② 인구밀집으로 야기된 사회경제적 요인(인구구조로 인한 공공서비스 비용증가, 높은 인구밀집 비용 등), 그리고 ③ 큰 도시(38만 명의 취리히, 19만 5천 명의 제네바, 17만 명의 바젤) 도심기능을 고려한 요금균형화를 도모한다. 이 세 가지 요인에 대한 평가와 비용계산은 사실상 정치적 흥정의 대상이다. 게다가 지리지형적 요인, 사회경제적 요인, 도심기능 요인의 구분도 논란거리다.

4) 연방보조금의 포괄보조금화

새 재정균형화제도는 연방보조금의 용도 결정을 캔톤의 재량에 맡겼다. 이 조치로 캔톤정부는 연방보조금을 자율적으로 사용할 수 있게 되었다. 용도가 지정된 연방보조금, 연방정부의 비용평가, 그리고 재정력에 기초한 보조금 결정을 골격으로 한 과거 제도는 캔톤을 가능한 한 많은 보조금을 받는 일에 골몰하게 만들었다. 새 제도의 연방보조금의 포괄보조금화 조치로 캔톤은 연방보조금을 세금부담을 줄이거나 부채를 변제하는 데 쓸 수 있게 되었다. 이 개혁은 스위스경제 전반에 긍정적인 효과를 나타내기 시작했다.

5) 새로운 형태의 캔톤 간 협력

새 재정균형화제도는 공공서비스 수혜자의 지리적 이동, 특히 주거지와 직장의 분리로 인해 발생하는 문제를 해결하기 위한 새로운 형태의 캔톤 간 협력을 유도했다. 과거에 캔톤들은 이 문제를 개별적으로 해결했다. 예컨대 주크 캔톤은 이 문제를 이웃 취리히·루체른 캔톤과 양자 재정보상협약을 체결하여 해결했다. 취리히와 루체른 캔톤은 주크 캔톤주민이 이용하는 문화·교통 등과 관련된 공공서비스 비용을 주크 캔톤으로부터 보상을 받았다. 새 제도는 이런 캔톤 간 협력을 촉진하기 위해 새로 설계된 캔톤 간 협력모델을 제시했다. 이 모델의 유용성과 효과에 대해서는 이견이 있다.

6) '곤란한' 캔톤의 새 제도 적응을 위한 전환자금

새 재정균형화제도는 국민투표에서 다수 캔톤의 반대로 개혁안이 부결될 것을 우려해 연방지원을 덜 받게 될 형편이 어려운 캔톤, 이른바 '곤란한' 캔톤을 위한 전환자금을 따로 마련했다. 개혁안을 도출하는 협상과정에서 '곤란한' 캔톤의 범주에는 정치적 배려로 일부 가장 부유한 캔톤도 포함되었다. 결국 '곤란한' 캔톤의 혜택을 받지 못하는 캔톤은 7개뿐이다. 28년간 운영될 전환자금은 새 제도가 도입된 지 7년이 지난 후에 5%만 감소했다. 2013년 '곤란한' 캔톤에 지원된 금액은 총 재정균형화 예산의 7.5%에 달했다. 그동안 스위스 북부에 위치한 샤프하우젠 캔톤이 기준인 1인당 평균 GDP를 넘어서 '곤란한' 캔톤에서 벗어났다. 새 제도가 도입된 이후 샤프하우젠 캔톤이 조세개혁으로 기업을 유치하고 기존 기업의 성장을 촉진한 결과다.

7) 2013년 재정균형화예산 내역

새 재정균형화제도의 도입으로 2014년 전체 정부예산의 2.5%(캔톤예산의 6%) 정도가 재정균형화자금으로 투여되었다. 여느 나라에 비해 현저히 낮은 재정균형화 예산규모다. 총 재정균형화자금 42억 프랑 중 일반재정교부금 22억 2천만 프랑, 지리·지형(고도, 격리, 소규모)을 고려한 보조금 3억 6천 3백만 프랑, 인구·사회적 요인(빈곤, 노령, 외국인, 도시밀집, 도시지역)을 고려한 보조금 3억 6천 3백만 프랑, 1억 2천 2백만 프랑, 그리고 '곤란한' 캔톤의 사정을 배려한 보조금 2억 3천 9백만 프랑이었다.

새 제도에서 작지만 낮은 세금을 부여하고 가장 부유한 캔톤인 주크·슈비츠·니드발덴과 대기업이 밀집된 캔톤인 취리히·바젤·제네바·보 캔톤이 1인당 가장 많은 지원금을 부담했다. 캔톤들 상호 간에는 재정균형화 교부금의 40%와 '곤란한' 캔톤 보조금의 3분의 1이 재분배되었다. 전체 재정균형화금액의 3분의 2는 연방정부에 의해 캔톤에 직접 지원되었다.

표 5-3	2014년 재정균형화예산 내역	(단위: 백만CHF)

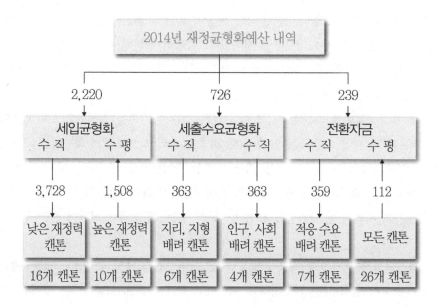

3. 새 재정균형화제도의 과제

새로 제정된 재정균형화법은 연방정부가 4년마다 이 제도의 운영성과를 평가하고 필요한 경우 연방의회에 개선안을 제시하도록 규정하고 있다. 첫 성과평가가 2010년에 이루어졌다. 대체로 새 재정균형화제도의 긍정적 효과가 확인되었다. 캔톤의 재정자치권이 강화되었고, 연방정부의 재정교부금은 계획대로 운영되었으며, 지원금을 내놓은 공여캔톤은 추가적 재정부담에도 불구하고 세율을 그대로 유지하거나 때로 더 인하했다. 아울러 새 제도의 도입으로 스위스 전체 캔톤예산의 6% 정도가 재정균형화를 위해 쓰이는 것은 정치적 평화를 유지하고 더 이상의 중앙집권을 막기 위해 지불해야 할 대가로 간주될 수 있다.

그러나 새 제도에 대한 비판이 없지 않다. 좀 더 경쟁적인 재정연방주의를 두둔하는 논자들은 새 제도가 여전히 수혜캔톤의 도덕적 해이를 조장하고 캔톤들 간 조세경쟁을 과도하게 제약하는 문제점을 완전히 극복하지 못했다고 비판한다. 이를테면 Plerre Bessard(2013)는 새 제도가 캔톤 간 공정한 경쟁의 왜곡하는 측면이 남아 있어서 수혜캔톤이 개혁하기보다 기존의 비효율적 정책과 구조를 그대로 유지하게 만들고 있다고 주장한다. 특히 이런 현상이 비교적 높은 세율을 유지하는 농촌·산악지역 캔톤에서 두드러진다고 지적한다. 아울러 재분배 수준과 공여캔톤의 부담을 적정화하는 방안으로 다수 수혜캔톤의 도덕적 해이를 예방하기 위해 재분배의 상한선을 정하자고 제안한다.

새 재정균형화제도가 정치적으로 승인된 객관적 기준을 설정함으로써 과거에 수혜캔톤이 더 많은 보조금을 받기 위해 지출을 늘리고 보조금 수혜자격을 교묘히 조작해오던 관행과 보조금 규모에 대한 투명성 결여문제를 해결하는 데 기여한 것은 분명하다. 그럼에도 불구하고 여전히 재정균형화에 활용되는 기준인 캔톤 세원잠재력 평가와 지리지형·도심밀집 요인 등 대한 기준이 불명확해 정치적 판단의 문제로 남아 있다.

재정균형화는 자율과 책임이 맞물린 굿 거버넌스를 해칠 수 있다. 재정균형화제도의 잠재적 위험성은 나쁜 정책을 보상하고 좋은 정책을 처벌한다는 것이다. 따라서 재정균형화가 소기의 목적을 달성하려면 수혜캔톤의 수효가 아주 적어야 한다. 재정균형화의 수혜는 예외적으로 인정되어야 한다. 현재 10개의 공여캔톤과 15개의 수혜캔톤을 인정하는 재정균형화제도는 재분배를 위한 재분배를 제도화한 제도라는 비판을 면키 어렵다.

Ⅳ 스위스 재정연방주의의 교훈

우리는 이 장에서 스위스 번영의 열쇠인 재정연방주의에 관해 살펴보았다. 스위스 재정연방주의의 특징은 무엇보다 재정분권에서 두드러진다. 스위스에서 연방은 연방헌법에 명시된 과세권만 행사하는 반면, 캔톤과 코뮌은 각각 연방헌법에 위배되지 않고 캔톤헌법이 정한 범위 내에서 주민의사에 따라 과세권을 행사할 수 있다. 연방정부의 세금수입과 세출은 각각 전체 세금수입과 세출의 대략 3분의 1에 불과하다. 그리고 캔톤 간 재정력 격차를 완화하기 위해 지원되는 재정균형화자금은 전체 공공예산의 2.5%(전체 캔톤예산의 6%)에 불과하다. 이는 재정균형화 조치가 캔톤과 코뮌의 재정자치권을 최대한 존중하는 가운데 단지 부수적으로 이루어진다는 것을 뜻한다. 2008년 재정균형화제도의 개혁은 스위스의 재정분권을 한층 더 강화시켰다. 그럼에도 불구하고 요즘 새 재정균형화제도가 여전히 수혜캔톤의 재정책임 이완 문제를 야기한다는 비판이 제기되고 있다. 실로 스위스 재정연방주의는 중앙정부가 국세로 전체 세금수입의 80%를 거두어들인 후 통합지방재정수입의 47%를 지방교부세와 국고보조금으로 나누어주는 한국의 재정집권과 극적 대비를 이룬다.

2010년 이후 한국에서는 부가가치세 5%가 지방소비세로 신설됐고 2014년부터 세율이 11%로 인상됐지만, 국세 대 지방세의 비율은 여전히 8 : 2를 맴돌고 있다. 이런 상황에서 지방교육재정을 포함한 중앙정부와 지방자치단체의 세출비율은 대략 4 : 6에 달한다. 이는 지방세입의 절반가량이 중앙정부의 이전재원으로 충당되고 있음을 뜻한다. 더욱이 1992년 69.6%이던 평균 지방재정자립도가 2016년 52.5%로 무려 17.1%나 낮아졌다.5) 무엇보다 대선과 총선에서 공약된 사회복지비의 상당 부분을 지방자치단체에 떠넘긴 결과다.

지방재정의 중앙재정 종속성은 중앙정부의 일방적 취득세 감면조치로 한 해 무려 2조 5천억 원의 지방세수입이 감소한 데서 극적으로 드러난다. 조세법률주의는 역사적으로 "대표 없이 과세 없다."는 대의민주주의원리에 근거했다. 국회가 국민의 대표기관이라면, 지방의회는 주민의 대표기관이다. 따라서 헌법 제59조 '법률'의 범주에는 조례가 포함되어야 한다. 이런 견해는 아직 소수의견이지만, 명색이 지방세인 취득세 세율을 지방의 대표들과 상의하지 않고 일방적으로 결정해 강행 처리한 것은 어떤 명분으로도 정당화될 수 없다.6)

중앙집권적 재정운영방식에 길들여진 한국이 스위스 재정연방주의 경험으로부터 얻을 수 있는 교훈은 다음과 같다.

(1) 지방정부 간 경쟁의 진작을 위해서는 정치적·행정적 자치권 강화와 함께

---

5) 물론 2014년부터 세외수입 항목에서 잉여금과 이월금 등 일부 임시적 세외수입을 제외해 낮아진 측면도 있지만, 과거와 동일한 공식으로 계산해도 2015년 지방재정자립도는 50.6%에 불과하다.

6) 2007년 UN−HABITAT이 10년간 전문가들의 토론과 회원국의 의견수렴을 거쳐 채택한 국제지방분권지침은 "지방자치단체 재원의 상당 부분은 … 법률에 의해 다소 제한·조정될지라도 지방자치단체가 세율 또는 요율 결정권을 갖는 지방세·수수료·사용료에 의해 충당되어야 하며, 정부는 지방자치단체에 영향을 미치는 법률을 입안하고 개정할 때 반드시 지방자치단체와 그 협의체의 자문을 받아야 한다."고 규정한다.

획기적 재정분권 개혁이 필요하다. 지방정부의 상당한 세입 및 세출자치권
은 정체 번영을 견인하는 조세 및 정책경쟁의 전제조건이기 때문이다.

(2) 국세 대 지방세의 비율 6 : 4를 목표로 국세의 지방세 이양의 단계적 확충이
필요하다. 특히 개인소득세와 법인소득세를 중앙과 지방의 공동세로 포함시
킨 지방소득세의 규모를 크게 늘려 지방세입의 안정성과 신장성을 높이고,
의존재원의 비율을 줄여 지방의 재정자율성과 책임성을 강화해야 한다.

(3) 지방정부 과세자치권을 대폭 강화해야 한다. 세목·세율·과표에 대한 실질
적 과세자치권을 결여한 지방세는 온전치 못한 지방세다. 취득세율 50% 감
축과 같은 일방적 재정집권 폭거는 삼가야 한다. 유명무실한 지방세 탄력
세율제도는 전면 개편되어야 한다.

(4) 지방세의 세목과 세율 및 과세표준을 정하고 일정 금액 이상의 지방비가
소요되는 사업을 확정할 때 재정주민투표제를 활용할 필요가 있다. 이 경
우 비현실적 조례규정으로 재정주민투표제를 무력화시킨 제주특별자치도
사례가 답습되지 못하도록 특별한 대책을 강구해야 한다.

(5) 국민통합을 도모하기 위해 구조적 불균형을 시정하면서 적정경쟁을 해치지
않는 재정균형화제도를 도입해야 한다. 모든 지방정부를 의존재원에 매달
리게 만드는 기존 지방재정조정제도는 전면 개혁되어야 한다.

6

참여정부 지방분권정책의 교훈[1]

> "한국의 행정문제와 수십 년 싸우면서 얻은 결론은 우리 행정을 올바르게 이해하기 위해서는 관리기술면보다 정치권력에 관심을 갖고 접근하는 것이 무엇보다 긴요하다는 것이다."   박동서
>
> "연방주의 원리는 포기할 수 없는 인류의 행로다. 고전적 연방(foedus) 또는 동맹의 세 속성, 즉 평화(pax)−우정(amicitia)−결사체(societas)로 형성된 로마적 위계사다리는 천상에 오르는 사다리지만, 바로 이 때문에 인간은 이 사다리를 오르기 매우 어렵다."   Fritz Ernst

I 머리말

왜 지난 26년의 지방분권정책이 실망스런 결과를 초래했는가? 이 장은 이 의문을 풀기 위해 역대 정부 중 지방분권개혁을 가장 적극적으로 추진한 참여정부(2003.

---

[1] 이 장은 필자의 논문 [안성호. (2014). 참여정부 지방분권정책의 평가와 교훈. 「한국사회와 행정연구」. 25(3): 1−33.]을 수정·보완한 것임.

2. – 2008. 2.)의 지방분권정책 사례를 분석한다. 재직 중 기회 있을 때마다 "훗날 지방분권 대통령으로 기억되고 싶다"고 피력했던 대통령이 이끈 참여정부에서조차 지방분권정책이 소기의 성과를 거두지 못한 까닭은 무엇인가? 또 참여정부가 이룩한 성취와 이를 가능하게 만든 요인은 무엇인가? 이런 연구문제를 사례분석을 통해 천착하는 작업은 지방분권정책의 이론과 실무의 발전을 위해 긴요한 일이다.

필자는 2002년 결성된 시·도 단위 전국네트워크 시민단체인 지방분권국민운동의 일원으로서 또 정부혁신지방분권위원회 위원과 전문위원으로서 참여정부 지방분권정책과정에 참여해 관찰했다. 본 논문은 당시의 참여관찰 경험과 지방분권에 관한 국내·외 선행연구에 기초해 작성되었다. 필자는 참여관찰을 통해 '분석과 정치의 함수'(Lindblom, 1984)인 지방분권정책의 성패가 전문가의 정책분석능력 못지않게 정책을 주도하는 리더의 정책리더십(Luke, 1998)에 의해 좌우된다는 사실을 확인했다. 이에 따라 본 연구는 정책문제의 이성적 해법을 모색하는 정책분석의 관점과 함께 지방분권개혁을 둘러싼 권력정치(Smith, 1985; 박동서, 1994)를 헤쳐나아가야 하는 정책리더십 시각에서 참여정부의 지방분권정책에 접근한다.

이 장은 먼저 참여정부 지방분권정책을 살펴보고 국회의 반응을 점검한다. 이어 참여정부 지방분권정책의 성과를 평가하고 교훈을 도출한다. 마지막으로 지방분권개혁을 이끌 리더가 유념해야 할 8단계 지방분권정책리더십 점검표를 제시한다.

II 참여정부 지방분권정책의 특징

1. 추진배경

참여정부가 지방분권개혁을 핵심 국정과제로 설정하고 적극적으로 추진하도록 추동한 요인으로는 지식정보사회의 굿 거버넌스 요구, 국민의 정부 지방분권정책에 대한 실망, 지방분권 시민운동의 전개, 그리고 노무현 대통령의 남다른 지방분권 마인드를 들 수 있다.

1) 지식정보사회의 굿 거버넌스 요구

2003년 2월 출범한 참여정부는 21세기 지식정보사회의 굿 거버넌스 요구에 부응해야 했다. 경제적 세계화의 심화로 국가 간 경쟁이 치열해지는 상황에서 단기적이고 임기응변적 경기부양책만으로 국가경쟁력을 높일 수 없다는 비판이 제기되었다. 1990년대 말 IMF환란의 깊은 상처가 아직 아물지 않은 상태에서 경제위기를 초래한 권위주의적 중앙집권체제를 극복하고 지식정보사회에 부응한 유연하고 창의적인 제3물결의 정치체제로 전환해야 한다는 인식이 국민적 공감대를 형성했다.

더욱이 민주주의를 정권의 핵심가치로 추구했던 김대중 정부조차 대통령 측근과 권력기관의 권력형 비리로 임기를 마치는 참담한 현실은 권위주의적 중앙집권체제에 대한 불신을 증폭시켰다. 각종 비리에 대한 검찰수사가 축소되거나 은폐되었고 청와대와 국정원 등 권력기관이 비리에 연루된 사실이 폭로된 후 치러진 2002년 12월 대선의 뜨거운 쟁점은 권력형 부정부패 척결이었다. 노무현 대통령은 취임 직후 고위공직자 워크숍에서 "공기가 잘 통하고 햇볕이 잘 들면 곰팡이가 저절로 사라지는 것처럼 투명성 확보가 부패를 없애는 지름길인데, 지방분권개혁이야말로 권력의 투명성을 높이는 근본적 해법"임을 강조했다.

2) 이전 정부 지방분권정책에 대한 실망

1991년 야당 총재로서 단식투쟁을 감행하여 지방선거를 부활시킨 김대중 후보는 1997년 12월 대선에서 IMF환란의 주범으로 중앙집권체제를 지목하고 획기적 지방분권개혁을 공약했다. 집권 후에는 지방분권개혁을 100대 국정과제로 선정했고 중앙행정권한의 지방이양촉진법을 제정했다. 그리고 종래 총무처와 내무부를 통합해 행정자치부를 출범시켰다.

그러나 국민의 정부 5년의 지방분권정책의 성과는 미미했다. 지방이양이 확정된 중앙사무는 1,090개였지만 관련 법령의 개정으로 실제 이양이 완료된 사무는 240개에 불과했다. 주요 대선공약이었던 지방자치경찰제 도입과 특별지방행정기관 정비 등 핵심적 지방분권과제는 다루지 못한 채 일부 지엽적 중앙사무를 지방에 이양하는 것도 힘겨웠다. 중앙공무원은 지방이양위원회의 결정을 번복할 수 있는 절차를 만들어야 한다고 주장했고, 국회의원은 기초자치단체장 임명제, 자치구제 폐지, 시·군 합병, 단체장 징계제 등을 규정한 법률안을 국회에 발의했다.

2002년 12월 대선운동과정에서 노무현 후보는 지난 정부의 실패한 지방분권정책을 타산지석으로 삼아 기필코 과잉 중앙집권체제를 선진국 수준의 지방분권체제로 개혁하겠다고 공약했다.

3) 지방분권 시민운동의 전개

1990년대 지방선거 부활과 지방자치 감시를 위한 시민운동은 참여정부의 지방분권정책을 추동하고 지원하는 중요한 토대가 되었다(Bae, 2009). 1991년 한국지방자치학회는 지방자치법에 규정된 지방의회의원선거 일정을 번번이 무시한 노태우정부를 상대로 헌법재판소에 위헌소송을 제기했다. 시민단체는 1991년 지방의회의원선거가 부활된 이후 공명선거감시단과 의정감시단 등을 구성해 지방자치 감시운동을 전개하며 지방자치단체장선거의 부활을 촉구했다. 2001년 3월 22일 청주에서 35개 시민단체와 전국시장·군수·구청장협의회 및 지방자치연구자는 국회의원과 행정자치부의 단체장 임명제 부활 획책에 대응해 시민사회와 지방자치단체의 저항권을 규정한 지방자치헌장을 선포했다(최창호·강형기, 2014: 833-834).

2000년대 초부터 시민단체는 지방분권 시민운동을 전개하기 시작했다. 경제정의실천연합, 참여자치시민연대, YMCA, 지방분권국민운동의 지방분권 시민운동이 두드러졌다. 특히 2002년 대선 수개월 전 지방자치연구자와 시민운동가가 연대해 결성한 지방분권국민운동은 대선과정에서 '지방분권과 지역균형발전'에 대한 공약실천을 다짐하는 지방분권협약식을 대선 후보와 체결했다.

4) 노무현 대통령의 지방분권 마인드

참여정부 지방분권정책의 추동력은 노무현 대통령의 남다른 지방분권 마인드에 기인했다. 김대중 대통령이 단식투쟁을 감행해 1991년 지방의회의원선거를 실현시켰고, 김영삼 대통령은 '시기상조'라며 연기를 간언했던 내무부 관료와 청와대 참모를 꾸짖고 1995년 민선단체장을 부활시켰다면, 노무현 대통령은 지방분권을 핵심 대통령의제로 격상시키고 지방분권정책과정을 진두지휘했다.

노무현 대통령은 기회 있을 때마다 "박정희 대통령이 경제발전에, 김대중 대통령이 민주화에 기여한 대통령으로 기억되듯이, 나는 역사적으로 지방분권 대통령으로 기억되고 싶다."고 토로했다. 그는 퇴임 후에 역대 대통령 중 최초로 고향인 경남 김해시 봉화마을로 내려갔다. 그는 고질화된 '중앙존(尊)-지방비(卑)'의 구습을 타파하는 개혁수단으로서 지방분권에 큰 관심을 기울였다. 1993년 사설 지방자치연구소를 설립한 이후 지방자치와 지역균형발전을 연구하는 학자들과 교분을 쌓았고 집권 후 이들을 중용했다.

2. 정책의 과정과 내용

참여정부는 새 정부의 별칭을 '참여정부'로 명명하고 정부정책의 목적과 추진과정에서 시민참여의 중요성을 강조했다. 지방분권정책을 비롯한 정부정책 추진과정에 여느 정부보다 많은 전문가와 시민단체 대표를 참여시켰다.

1) 지방분권정책의 추진체계와 추진과정

노무현 후보는 대선기간 중 '새로운 대한민국'이란 비전을 제시하고 강도 높은 지방분권개혁을 공약했다. 대통령직인수위원회는 정부혁신과 지방분권, 국가균형발전, 동북아 경제중심국가 건설 등 12대 국정과제를 설정했다.

노 대통령은 임기 5년 동안 열린 총 83회의 국정과제회의를 단 두 번을 제외하고 모두 직접 주재했다(김병섭, 2007: 24). 대통령 프로젝트 중에서도 지방분권은 대통령의 가장 큰 관심 주제였다. 최초의 국정과제회의 주제가 정부혁신지방분권 과제였을 뿐만 아니라 총 83회의 국정과제회의 중 가장 많은 18회를 정부혁신지방분권 과제에 할애했다.

참여정부는 2003년 5월 국민의 정부시절 대통령위원회보다 훨씬 높은 위상과 강한 권한을 갖는 대통령직속 정부혁신지방분권위원회[2]를 설치하고 이를 법률적으로 뒷받침하기 위해 2004년 1월 지방분권특별법을 제정했다. 제1기 정부혁신지방분권위원회(2003. 4 − 2005. 5.)는 위원장과 7명의 당연직 위원(재정경제부장관, 행정자치부장관, 정보통신부장관, 기획예산처장관, 국무조정실장, 중앙인사위원회위원장, 청와대정책실장), 4명의 지방4협의체 추천위원, 20명의 위촉위원으로 구성되었다. 정부혁신지방분권위원회는 산하에 전문위원회와 분야별 TF협의회를 두었다. 참여정부는 총리실

---

2) 참여정부의 국정운영시스템은 대통령·국정과제위원회·부처의 삼각구도로 이루어졌다(김병섭, 2007: 25). 대통령이 국정방향을 제시하면, 국정과제위원회에서 대통령의 국정방향을 구체적 국정과제로 전환하여 중장기계획을 수립하고, 각 부처가 단기과제와 정책현안을 집행하는 체제였다. 이런 국정운영체계에서 지방분권 대통령프로젝트를 주관하는 정부혁신지방분권위원회가 설립되었다.

산하의 지방이양추진위원회를 존치시켜 중앙권한의 지방이양을 전담케 하였다.

제1기 정부혁신지방분권위원회는 2년 동안 본위원회 회의 50회와 6개 전문위원회 회의 351회를 개최해 정부혁신지방분권 로드맵과 대통령 지시사항을 집중적으로 논의했다. 과제수행기획과 세부방안 수립을 위해 본위원회와 전문위원회의 위원과 외부전문가 등이 참여하는 63개 과제TF를 구성하여 총 700여 차례 회의를 개최했다. 국민과 전문가 및 관계부처의 의견수렴을 위해 28회의 공청회 및 토론회와 34회의 워크숍을 열었다. 제2기와 제3기 정부혁신지방분권위원회는 제1기에 작성된 로드맵 과제를 점검·평가하는 작업에 집중했다.

2) 지방분권특별법의 3대 지방분권원칙

참여정부의 강력한 지방분권의지는 지방분권특별법에 명시된 3대 지방분권원칙에 반영되었다. 3대 지방분권원칙이란 ① 주민의 생활과 밀접한 권한을 주민에게 가까운 정부에 이양하는 보충성원칙, ② 권한이양 후 지방자치단체의 수권역량을 강화하는 선(先)분권 후(後)보완원칙, ③ 중·대 단위 사무를 포괄적으로 이양하는 포괄이양원칙을 말한다.

지방분권특별법은 민간과 정부 간 및 정부 간 기능배분의 원칙으로서 보충성원칙을 채택했다. 보충성원칙은 기능 관할권을 입증할 책임전환을 요구했다. 보충성원칙의 채택으로 모든 공공기능은 원칙적으로 기초지방자치단체 소관으로 간주되었다. 이제 광역지방자치단체나 중앙정부가 자신의 기능을 주장하기 위해서 집권의 합당한 이유를 일일이 제시해야 했다.

참여정부는 지방자치단체의 수권능력 부족이 더 이상 지방분권을 지연시키는 빌미로 악용되지 않도록 선분권 후보완원칙을 제시했다. 참여정부는 지방자치단체와 시민사회의 자치역량을 강화하는 지름길은 상당한 자치권을 직접 체험하는 과정에서 다소의 시행착오를 거쳐 형성되는 체험학습의 결과로 간주했다.

참여정부는 이전 정부처럼 수만 개로 분할된 단위사무를 개별적으로 이양하는 단편적이고 파편화된 사무이양방식으로는 지방분권국가를 이룰 수 없다고 판단하고 관련 사무를 한 덩어리로 묶어 포괄적으로 이양해야 하는 포괄이양원칙을 지방분권 정책의 3대원칙 중 하나로 설정했다.

3) 지방분권 로드맵

참여정부는 "주민과 함께하는 가까운 정부, 아래로부터 지속적 자기혁신이 가능한 정부, 지방의 창의성과 다양성이 존중되는 사회, 그리고 자율과 책임 및 공동체정신에 기초해 지방의 활력을 극대화한 지방분권형 선진국 건설"을 지방분권의 비전으로 설정했다(정부혁신지방분권위원회, 2008: 75－76). 참여정부는 이 비전을 실현하기 위해 중앙권한의 획기적 이양, 지방정부의 자치역량 강화, 시민사회 활성화 등 7대 목표와 20개 의제 및 40개 세부과제를 제시한 지방분권 로드맵을 작성했다.

표 6-1   참여정부 지방분권 로드맵의 목표·의제·세부과제

7대 목표	20개 의제	40개 세부과제
1. 중앙－지방 정부 간 관한의 재배분	1) 지방분권 추진기반 강화 2) 획기적 중앙권한지방이양 3) 지방교육자치제도 개선 4) 지방자치경찰제도 도입 5) 특별지방행정기관 정비	(1) 사무구분체계 개선 (2) 중앙행정권한의 지방이양 (3) 대도시특례제도 강화 (4) 제주특별자치도 추진 (5) 교육자치제도 개선 (6) 자치경찰제도 도입 (7) 특별지방행정기관 기능조정 (8) 지방분권지표 개발 (9) 지방자치단체 관할구역 조정 (10) 지방분권특별법 제정
2. 획기적 재정분권 추진	6) 지방재정 확충 및 불균형 완화 7) 지방재정제도 개선 8) 지방재정 자율성 강화 9) 지방재정운영 투명성 및 건전성 강화	(11) 중앙기능과 재원의 지방이양 (12) 국가균형발전특별회계 신설 (13) 국고보조금 정비 (14) 지방재정운영의 자율성 확대 (15) 지방양여금제도 개선 (16) 지방교부세제도 개선 (17) 지방재정운영 책임성 강화

3. 지방정부의 자치역량 강화	10) 지방자치권 강화 11) 지방정부 혁신 및 공무원 역량강화	(18) 자치입법권 확대
		(19) 자치조직권 강화
		(20) 분권형 도시계획체제 구축
		(21) 지방자치단체 혁신체제 구축
		(22) 지방공무원 교육훈련 혁신
		(23) 지방공무원 인사제도 개선
		(24) 인사공정성 제고
		(25) 중앙─지방 인사교류 확대
4. 지방의정과 선거제도 개선	12) 지방의정의 활성화 13) 지방선거제도 개선	(26) 지방의정활동 기반강화
		(27) 지방선거 개선
5. 지방정부의 책임성 강화	14) 지방정부 민주통제 강화 15) 지방정부 평가제도 개선	(28) 지방자치단체 감사체계 개선
		(29) 주민감사청구제도 활성화
		(30) 주민소송제도 도입
		(31) 지방자치단체 평가제도 개선
		(32) 주민소환제도 도입
6. 시민사회 활성화	16) 주민참여제도 확충 17) 시민사회 활성화	(33) 조례제정개폐청구제도 개선
		(34) 주민자치제도 개선
		(35) 자원봉사활동 장려지원
		(36) 전문가 정책참여 확대
		(37) 주민투표제도 도입
7. 협력적 정부간관계 (IGR) 정립	18) 중앙─지방 협력 강화 19) 지방정부 간 협력 강화 20) 정부 간 분쟁조정 강화	(38) 중앙─지방 협력체제 강화
		(39) 지방정부 간 협력체제 강화
		(40) 정부 간 분쟁조정기능 강화

자료: (정부혁신지방분권위원회, 2008: 78─79, 82)의 <표 3─8>과 <표 3─9>에서 발췌.

Ⅲ 국회의 중앙집권화 반격

권력을 주민 곁으로 이동시키는 지방분권은 본질적으로 기득권을 유지하려는 세력과 새로운 민주적 질서를 세우려는 세력 간 "이익갈등의 산물"(Smith, 1985: 201) 이라는 명제는 참여정부의 지방분권정책과정에서 여실히 입증되었다. 참여정부 시절 대통령의 지방분권 의지에 힘입어 행정부의 고강도 지방분권개혁이 예상되자, 중앙집권체제에서 기득권을 누려온 국회의원의 저항과 반격이 시작되었다. 지방분권 개혁에 대한 국회의원의 저항과 반격은 중앙집권적 지방행정체제개편에 대한 여야합의, 기초의회의원 정당공천제 확대, 지방이양일괄법안의 접수거부, 그리고 자치경찰법안의 심의거부 등의 형태로 전개되었다.

1. 중앙집권적 지방행정체제개편 여야합의

정치권의 지방자치체제 개편논의는 참여정부의 지방분권개혁이 조금씩 가시화되기 시작한 2005년부터 본격적으로 재개되었다. 2005년 4월 여·야 대표는 2010년 지방선거부터 적용될 새로운 지방행정체제법을 2005년 12월 이내에 제정하기로 전격 합의했다. 2005년 12월 초 국회 지방행정체제개편특별위원회가 마련한 지방행정체제개편법안에 대한 공청회가 개최되었다. 이 공청회에 공술인으로 참여한 대다수 전문가들은 이 법안을 지방자치를 파괴하는 중앙집권화 법안이라고 비판하며 철회를 요구했다. 공술인과 국회 특위위원 사이에 험악한 말이 오갈 정도로 공청회의 분위기는 심각했다. 결국 국회 지방행정체제특별위원회는 입법 강행이 무리라고 판단하고 입법을 일단 유보했다.

국회의원은 시·군·구 자치구역의 소규모로 인한 불경제, 시·군·구의 행정중심지와 생활권의 불일치, 자치계층 간 행정기능의 중복으로 인한 낭비와 비효율, 도(道) 경계로 갈려진 뿌리 깊은 지역감정 등으로 인한 지방 및 국가경쟁력 저하를 시·군·구 통합과 광역시·도 폐지의 논거로 내세웠다.

그러나 대다수 전문가는 자치구역 광역화와 자치계층의 단층화는 오히려 행정효율을 떨어뜨리며, 지금까지 어렵게 쌓아올린 지방자치의 기틀을 송두리째 무너뜨린다는 비판을 면키 어렵다고 지적했다. 주민 가까이에서 생활서비스를 제공하는 데 전념해야 할 기초자치단체로서 지금도 너무 비대해서 문제가 많은 시·군 규모를 더 키워 주민으로부터 동떨어지게 만드는 것은 행정효율을 떨어뜨리고 민주주의를 훼손시킨다고 비판했다. 게다가 세방시대 요구에 역행해 도를 폐지하고 대신 국가광역행정청을 설치하려는 것은 중앙집권적 관치행정으로 회귀하려는 것이라고 비판했다. 정치권은 지방자치체제 개편의 명분으로 행정효율과 국제경쟁력을 내세웠다. 그러나 정치권의 본심은 잠재적 경쟁자인 시장·군수·구청장과 시·도지사를 제거하려는 의도에서 비롯된 것이라는 해석이 일반적이다(최창수, 2014: 53−74; 유재원, 2015: 249−272).

2. 기초의회의원 정당공천제 확대

2005년 기초의원후보의 정당공천제 도입을 규정한 공직선거법 개정은 지방의 자율성과 권한 강화에 대한 국회의원의 강한 거부감을 드러냈다. 국회의원은 정당정치의 육성을 위해 기초의원 정당공천제 도입이 필요하다는 명분을 내세웠다. 그러나 이들의 속셈은 정당공천제를 이용해 기초의원을 자신의 지역구에 정치적 심복으로 만드는 것이었다. 그해 5·31지방선거에서 국회의원이 지방의회의원과 단체장으로부터 공천 대가로 상당한 금액의 후원금을 받은 '충성서약서' 사건은 정당공천제의 폐해를 극명하게 보여주었다.[3]

2005년 6월 국회는 국민의 60−70%가 반대하는 기초선거 정당공천제를 종래 기초단체장에게만 적용되던 것을 기초의원에게까지 확대하는 공직선거법 개정안을 통과시켰다. 공직선거법 개정의 명분은 기초의회의원선거 후보자의 정당 표방을 금지한 공직선거법 조항에 대해 "국민의 알 권리와 평등원칙 침해"에 대한 2003년 1월의 헌법재판소 위헌판결이었다. 그러나 2003년 헌법재판소의 위헌판결은 직접 정당공천 폐지를 지목한 것이 아니라 정당공천을 받지 못하는 기초의원이 정당을 표방할 경우 이에 대한 위헌 여부를 심판한 것이다. 따라서 헌법재판소의 위헌판결

---

3) 현직 구청장이 폭로한 충성서약서에는 "첫째, 의원님의 차기총선은 확실하게 제가 책임지고 치를 것입니다. 둘째, 향후 4년간 의원님 사무실 운영은 재정을 포함하여 전부 책임지겠습니다. 셋째, 구정(區政)에 관해 의원님께 주1회 보고하겠습니다. 넷째, 여성단체연합회를 확실히 의원님 휘하에 두며 어떤 조치도 따르겠습니다. 다섯째, 향후 어떤 경우에도 의원님 허락 없이 조직화사업을 하지 않겠습니다."라고 적혀 있었다(「조선일보」. 2006. 6. 14.).

은 정당공천제 위헌 여부와 직접적인 연관성이 없다.

　기초의회 선거후보자에 대한 정당공천제 확대조치는 당시 기초의회의원선거까지 정당공천제를 도입하려는 한나라당과 기초의원 소선거구제를 중선거구제로 바꾸려는 열린우리당 간 흥정의 결과였다.

3. 지방이양일괄법안의 접수거부

　지방분권에 대한 국회의 노골적인 저항은 지방이양일괄법[4]의 접수거부에서도 드러났다. 참여정부 시절 국회는 지방이양위원회가 수년에 걸쳐 작업해 마련한 지방이양일괄법안을 다룰 적당한 상임위원회가 없다는 이유로 접수하지 않았다. 국회법상 상임위원회 소관주의에 위배된다는 것이 법안 접수거부의 이유였다.

　지방이양일괄법의 효용성은 이미 1980년대 초 이후 대대적인 지방분권개혁을 추진해 성공을 거둔 프랑스와 약 5년여 동안 작업해 2000년 기관위임사무 폐지를 포함한 획기적 지방분권개혁에 성공한 일본에서 입증되었다. 국회가 지방이양일괄법안을 심의할 상임위원회가 없다고 판단한다면 프랑스와 일본처럼 이 법안을 다룰 특별위원회를 별도로 구성하면 될 일을 소관 상임위원회가 없다는 이유로 법안 접수를 거부한 것은 지방분권에 대한 국회의원들의 강한 거부감을 드러낸 것이다.

4. 자치경찰법안의 심의거부

　참여정부 시절 국회 소관 상임위원회의 자치경찰법안 심의거부에서도 지방분권에 대한 국회의 부정적 입법태도를 엿볼 수 있다. 자치경찰제 도입은 노 대통령의 구체적 공약사항으로서 2004년 1월 제정된 지방분권특별법 제10조에 명시된 지방분권과제였지만 국회의 심의거부로 결국 무산되고 말았다.

　참여정부는 지난 정부의 실패를 교훈삼아 정부혁신지방분권위원회 산하에 자치경찰T/F에 이어 자치경찰특별위원회를 구성해 수년 동안 관련 기관의 의견수렴,

---

4) 그동안 지방이양위원회가 중앙부처와 지방자치단체 공무원의 의견을 수렴하여 지방에 이양하기로 확정한 중앙권한이 일일이 개별법령을 개정하는 일이 매우 번거로울 뿐만 아니라 중앙관료의 소극적 자세로 중앙권한의 지방이양이 지연되는 폐단이 있었다. 따라서 이런 폐단을 없애기 위해 일정 기간 동안 지방에 이양하기로 결정된 중앙권한을 모아 소관 부처에 상관없이 하나의 일괄법안으로 작성하여 국회에 발의하여 일괄 심의토록 한 것이다.

해외현지조사, 공청회 등을 거쳐 경찰자치법안을 마련했다. 정부혁신지방분권위원회의 자치경찰제법안은 정관계 인사의 우려를 감안하여 기초지방자치단체 수준의 경미한 자치경찰제였다. 참여정부가 시·군·자치구의 부속기관으로 제시한 자치경찰은 기초자치단체의 기존 법집행사무와 특별사법경찰사무, 그리고 국가경찰이 수행하던 국민생활에 밀착된 방범·순찰·교통단속·시설경비 등 경미한 경찰사무를 이양 받아 처리하도록 하였다. 반면 국가경찰은 범죄수사를 비롯한 사법 및 행정경찰사무를 맡으며, 국가경찰의 경찰서와 파출소 조직도 그대로 유지하기로 했다. 따라서 정부가 발의한 자치경찰제법안이 입법되더라도 주민은 범죄를 당한 경우 국가경찰에 신고해야 했다.

2005년 11월 이런 내용을 담은 자치경찰제법안이 국회에 발의되었다. 그러나 국회 행정자치위원회는 관련 기관 간 의견이 분분하고 국민여론이 제대로 수렴되지 않았다는 이유로 법안을 심의하지 않다가 회기종료로 폐기시켰다.

" 자치경찰제가 성공하려면 "

• 좋은 정부 실현을 위한 결단의 시간

자치경찰제 도입은 1948년 정부조직법 제정 때 처음으로 경찰의 정치적 중립을 확보하기 위한 방안으로 논의되었다. 이어 1960년 4·19혁명 직후 국회의 경찰중립화기초특별위원회가 자치경찰제 법안을 심의하던 중 5·16쿠데타로 중단되었다.

1987년 6월 명예시민혁명으로 지방자치 부활이 약속된 이후 자치경찰제 도입논의가 다시 고개를 들었다. 10년 후 1997년 12월 19일 김대중 대통령 당선자는 기자회견에서 자치경찰 창설을 약속했다. 국민의 정부는 자치경찰제 도입을 100대 국정과제의 하나로 채택하고 1999년 경찰법개정안을 작성했다. 그러나 경찰법개정안은 경찰의 수사권 독립을 둘러싼 검·경 분쟁에 휘말려 국회에 상정되지 못했다.

참여정부는 2년여 동안 자치경찰법안을 마련했다. 참여정부가 국회에 발의한 자치경찰제는 국가경찰제의 기본 골격을 유지하면서 시장·군수·구청장 소속 직속기관으로 자치경찰대를 설치하고 전국에 약 6,000명의 자치경찰인력을 배치하는 것이었다. 그러나 이 법안에 대해 관련 기관의 이견이 첨예하게 대립되는 상황에서 국회 소관 상임위원회의 소극적 자세로 심의가 지연되다가 17대 국회 임기종료로 폐기되었다. 다만 참여정부의 자치경찰제 도입의지는 2007년 7월 1일 제주특별자치도 출범으로 제주지역에 한해 부분적으로 관철되었다.

이명박정부는 참여정부의 법안에 기초해 기초자치경찰제안을 다시 손질하면서 5년을 보냈다. 박근혜정부는 2013년 '지방분권 및 지방행정체제개편에 관한 특별법' 제12조의 규정에 따라 자치경찰제 도입을 6대 지방분권과제의 하나로 설정했다. 그러나 박근혜정부는 아무런 성과 없이 막을 내렸다.

국민의정부 시절 이후 학계와 시민사회는 물론 정부와 정치권에서도 경찰개혁과 행정혁신을 위해 자치경찰제 도입이 필요하다는 데 공감해 왔다. 문제는 실시단위(광역/기초), 자치경찰권의 범위, 인력규모와 재정조달 등에 대한 이견을 좁히고, 정부와 정치권이 결단을 내리는 것이다.

• 경찰역사의 뒤안길

조선시대에 왕명을 받아 지방을 다스린 수령(守令)은 군·경이 미분화된 상태에서 군대를 통해 군현의 경찰사무를 수행했다. 수령의 경찰권 행사는 재지사족의 총회인 향회(鄕會)와 그 운영위원회인 유향소(임진왜란 이후 향청)의 일정한 견제를 받았다.

수령의 경찰권이 국가사무로 전환된 것은 수령의 병권(兵權)에서 경찰권을 떼어 중앙정부의 직접적인 통제 아래 둔 1895년 갑오개혁 때부터다. 따라서 우리나라에서 국가경찰제가 실시된 기간은 2016년 현재 정확히 121년이다.

국가경찰은 일제강점기 식민지배의 주구(走狗)로 전락했다. 얼마 전까지만 해도 어린이가 울면 "순사가 온다."고 말해 울음을 그치게 했다. 철모르는 어린애조차 '순사'라는 말만 들어도 숨을 죽였다. 공공안녕과 사회질서를 지켜주는 민중의 지팡이여야 할 경찰관을 이처럼 공포의 대상으로 인식시킨 것은 바로 경찰을 앞세워 폭정을 자행한 일제 식민통치였다. 일제는 대민 일선경찰업무에는 늘 친일 조선인을 배치해 극악무도한 폭압지배의 앞잡이로 이용했다.

불행하게도 해방 후에도 일제 폭압경찰의 유산은 청산되지 않았다. 이승만정권은 장기집권에 도움이 된다고 판단하고 친일 분자와 손을 잡았다. 당시 이승만정권에 절대적 충성을 바쳤던 경찰간부는 대부분 일제 경찰출신이었다. 해방된 지 15년이 지난 1960년까지도 일제 경찰출신이 총경의 70%, 경감의 40%, 경위의 15%를 차지했다. 당시 경찰관 33,000명 중에서 사복 경찰의 20%와 정복 경찰의 10%가 일제 경찰출신이었다. 자유당 시절 경찰은 이승만 독재를 지탱해주면서 온갖 부정과 부패를 자행했다.

한국경찰의 어두운 역사는 계속되었다. 경찰은 1960년대 말부터 3선개헌, 1970년대 유신독재, 그리고 1980년대 신군부독재를 거치면서 민주화운동을 억압하는 시국경찰업무에 매달려야 했다. 경찰은 국민을 억압하는 두려운 존재로 인식되었다.

그러나 한국의 경찰은 1987년 6월 명예시민혁명을 계기로 거듭나기 시작했다. 민주화가 추진되면서, 경찰은 시국업무의 굴레에서 벗어나 국민의 안녕과 질서를 지키는 경찰 본연의 역할에 전념하게 되었다. 경찰은 그동안 과거 오욕의 역사에서 벗어나 국민의 경찰로 다시 태어나기 위해 노력한 결과, 경찰에 대한 강한 불신은 많이 해소되었다. 그러나 한국 경찰이 진정 국민의 사랑 받는 유능한 경찰로 도약하려면 자구노력과 함께 국가경찰제의 한계를 보완하는 자치경찰제 도입이 필요하다.

• 시민정신을 함양하는 자치경찰제

1831년 프랑스의 젊은 법률가 Tocqueville은 민주주의 혁명의 진원지 미국을 방문해 프랑스 국가경찰에서는 도저히 기대할 수 없는 자치경찰의 긍정적 효과를 관찰하고 「미국의 민주주의」(1836, 1840)에 다음과 같이 썼다.

"미국에서는 범죄적발과 범인체포에 당국이 자유로이 취할 수 있는 수단이 별로 없다. 주(州) 경찰은 없고 통행증도 없다. 미국 사법경찰은 프랑스 경우와 비교할 수 없을 정도로 간소하다. 공직자도 많지 않다. 이들이 늘 혐의자 체포조치를 취하는 것도 아니다. 사건심리는 신속하고 직접면담으로 끝낸다. 그러나 세계 어디에도 이 나라처럼 범인이 처벌을 면할 수 없는 나라는 없다. 주민이 직접 범인증거제시와 범인체포에 관여하기 때문이다. 나는 미국에 머무는 동안 한 카운티의 주민이 중범죄자를 기소하기 위해 위원회를 구성하는 것을 보았다. 유럽의 민중은 자기생명을 부지하기 위해 발버둥치는 범죄자와 관리 간에 벌어지는 싸움을 멀찍이 서서 팔짱을 끼고 구경할 따름이지만, 미국의 민중은 범죄자를 공적으로 간주하여 직접 징벌조치를 강구하고 그에게서 등을 돌린다."

Tocqueville은 자치경찰제가 주민을 피동적 방관자에서 능동적 시민정신의 실천자로 변화시킨 효과가 있음을 관찰했다. Tocqueville의 이런 관찰은 오랜 세월 위대한 사상가들에 의해 주장되어 온 '우량한 정치제도는 높은 시민품격을 함양한다.'는 시민공화주의 정치이론의 핵심 명제를 재확인한 것이다.

오랜 세월 국가경찰제 하에서 자치경찰의 장점을 경험하지 못한 채 자치경찰제 도입을 주저해온 우리에게 Tocqueville은 "지방의 자유가 쓸데없다고 여기는 나라는 그런 자유를 별로 누리지 않은 나라다. 다시 말해 지방의 자유를 경험하지 않은 나라만이 지방자치제도를 비방한다."고 지적했다.

• 경찰권의 지방분권과 보충성원칙

필자는 참여정부 시절부터 역대 정부가 고려해온 경미한 자치경찰제로는 2009년 노벨경제학상을 받은 E. Ostrom이 말하는 자치행정의 '민주적 효율성' 효과를 기대하기 어렵다고 본다. 이른바 '주민밀착형' 자치경찰제가 기본 모델로 삼는 제주자치경찰제 11년의 경험은 극히 제한된 영역에서 경미한 권한을 갖는 소규모 자치경찰제로는 경찰서비스 경쟁유도, 주민발언권 강화를 통한 경찰서비스의 대응성 제고, 민경 공동생산의 촉진, 공공혁신가정신의 앙양과 같은 민주적 자치경찰제의 장점이 살아나기 어려움을 확인시켜준다.

제주자치경찰은 기본적으로 국가경찰을 보조하는 역할을 수행해 왔다. 그동안 제주자치경찰에 관광과 환경사범 수사권 등이 이양되었지만 아직 음주운전 단속권조차 행사할 수 없다. 제주자치경찰이 요구한 산림훼손과 청소년보호법·식품위생법 위반 사범 및 공무집행방해에 대한 수사권확대 등은 국가경찰의 수사영역을 침해한다는 이유로 거부되었다. 2017년 현재 제주자치경찰 정원은 144명으로 제주지역에 근무하는 국가경찰인력 1,600여 명의 10분의 1도 안 된다.

경찰권의 지방분권 효과가 분명히 나타나려면 국가경찰과 자치경찰의 권한 재배분에 보충성원칙이 충실히 지켜져야 한다. 국가경찰은 오히려 자치경찰이 하기 어려운 역할을 보충해주어야 한다는 말이다. 무늬만 갖춘 자치경찰제 도입은 자치경찰에 대한 무관심과 냉소주의를 야기할 것이다.

국가경찰의 상당 부분을 떼어 자치경찰로 넘기는 일은 중앙정부와 정치권의 결단이 요구되는 어려운 개혁과제다. 그러나 제대로 설계된 자치경찰제 도입은 식민지 관치행정의 마지막 유산을 청산하고 선진 자치행정의 새 장을 여는 역사적 헌정개혁과업이 될 것이다.

Ⅳ 참여정부 지방분권정책의 성과평가

1. 화호묘묘의 지방분권정책

필자는 참여정부의 지방분권정책이 전반적으로 실망스럽지만 개혁의 진정성, 과감한 시도, 정책형성 및 결정과정에서의 경험학습, 국회의 입법절벽 등을 고려하여 한마디로 화호묘묘(畵虎描猫), 즉 '호랑이를 그리려다 고양이를 그렸다.'고 평가한다.

참여정부는 역대 어느 정부보다 지방분권개혁에 많은 관심과 노력을 기울였다. 그 결과, 제주특별자치도 출범과 주민투표제·주민소환제의 도입 등의 성과를 거두었고, 자치조직권도 어느 정도 신장되었다. 기구 및 정원책정에 관한 승인권 이양과 총액인건비제의 도입으로 자치조직권의 강화도 다소 이루어졌다. 지방재정 측면에서도 지방교부세 법정률을 인상하여 지방재정의 확충을 꾀하는 한편, 지방양여금 폐지와 국고보조금 정비를 통한 국가균형발전특별회계의 신설, 지방예산편성지침의 폐지, 지방채발행 총액한도제도의 도입 등으로 지방재정의 자율성을 높이려고 노력했다.

그러나 지방교육자치제의 개선과 같이 관련 이익단체의 극심한 반대에 부딪혀 당초 계획이 다소 수정된 형태로 추진된 과제들이 많다. 특별지방행정기관 정비, 지방자치경찰제 도입 및 국세의 지방세 이양과 과세자치권 신장을 비롯한 핵심적 재정분권 추진 등과 같이 논의는 무성했지만 관련 부처의 소극적 태도와 저항 및 국회의 입법거부로 말미암아 폐기된 과제들이 적지 않다. 참여정부 5년 동안 중앙권한의 지방이양작업이 추진되었지만 전체 국가사무에서 지방사무가 차지하는 백분비는 2002년 28.2%에서 2007년 27.0%로 오히려 감소했다. 이런 실망스런 결과는 새로 만들어진 국가사무가 지방에 이양된 국가사무 수를 능가했기 때문으로 추정된다. 이런 상황에서 중앙권한의 지방이양 협상과정에서 지방이 원하는 핵심적 사무의 이양 거부와 사무이양에 따른 적절한 인력·재정의 지원결여로 지방에서 느끼는 사무이양의 효능감은 훨씬 더 낮았다.

2. 혼혈연방주의를 향한 제주특별자치도

참여정부 지방분권정책의 가장 두드러진 성과는 제주특별자치제 도입이다. 보통 '특별자치'는 소수를 보호하고 갈등을 해결하는 수단으로 여러 나라에서 활용되어왔다. 그러나 제주도에는 이런 일반적 용례와 다른 동기로 특별자치가 도입되었다. 제주특별자치도의 출범은 종래 외부자원에 의존한 외생적 발전전략에서 내부의 자치역량 강화를 통한 내생적 발전전략으로의 일대 전환을 의미했다.

참여정부 이전 정부들은 1991년에 제정된 제주도개발법과 2001년에 제정된 국제자유도시특별법과 같이 중앙정부가 주도하는 하향식 전략으로 제주를 발전시키고자 시도했다. 그러나 참여정부는 이런 외생적 발전전략의 실패와 한계를 교훈삼아 제주지역정부 주도의 상향적 발전을 도모하기 위해 "연방국가 수준의 지방분권적 자치제도를 구축"하고자 했다. 국제자유도시의 모델도시로 홍콩과 싱가포르, 그리고 분권·참여 자치제도의 모델국가로 스위스를 참고했다. 특히 역사적으로 중앙집권성이 강한 포르투갈의 마데이라 섬의 특별자치 성공사례를 주요 벤치마킹 대상으로 삼았다(Ahn, 2008: 157-187).

참여정부는 제주특별자치도 출범을 법률적으로 뒷받침하기 위해 2006년 2월 9일 "제주특별자치도 설치 및 국제자유도시 조성을 위한 특별법"이 제정되었다. 이 특별법의 제정으로 144개 분야 1,340건의 특별자치권이 제주도로 이양되었다. 이 중에서 835건은 중앙정부에서 제주도에 직접 이양되었고, 나머지 505건은 도조례에 위임되었다. 아울러 제주도에는 국무총리실 제주특별자치도지원위원회에 추가적 특별자치권을 요구할 수 있는 권한이 부여되었다.

2006년 7월 1일 제주특별자치도의 출범으로 중앙정부에 소속된 7개 특별지방행정기관의 지방이관이 전국 최초로 제주도에서 실현되었다. 이를테면 중앙부처에 소속되었던 국토관리청(3과1실), 중소기업청(2과1팀), 해양수산청(7과1사무소), 보훈지청(2과), 환경출장소, 노동위원회(사무국), 노동사무소(3과1센터)의 인원 314명과 예산 1,856억 원이 제주특별자치도로 이관되었다(제주특별자치도, 2007: 189). 그동안 논의만 무성했을 뿐 단 한 건도 성사되지 못한 중앙정부 특별지방행정기관의 지방이양이 제주특별자치제 실시와 함께 부분적으로 실현된 것이다.

그러나 특별지방행정기관의 제주이관은 불완전했다. 보충성 및 포괄적 이양원칙에 따라 이관된 기관은 국토관리청·보훈청·노동위원회뿐이었고, 나머지 네 기관은 부실하게 이관되었다. 필요한 권한이양은 없이 재정 및 사무부담만 가중시켰다는 비판이 제기되었다(양영철, 2009: 78-80). 심지어 중앙부처가 이관된 특별지방행정기관의 사무처리에 비협조적 태도를 보여 제주특별자치도는 업무수행에 애로를 겪었다. 실제로 제주특별자치도는 권한에 비해 재정부담이 과도한 제주지방국도관리청을 환수해줄 것을 중앙정부에 요청한 바 있다.

제주특별자치도의 출범과 함께 국내 최초로 제주자치경찰제도 도입되었다. 제주특별자치도에 교통·방범·경비 및 특사경 업무 중심의 경찰사무만 담당하는 간소한 자치경찰제를 도입했다. 제주자치경찰제는 제주자치경찰단 산하에는 제주시 자치경찰대와 서귀포시 자치경찰대를 두고 자치경찰 공무원 82명과 일반직 공무원 66명으로 출범했다. 현재 제주자치경찰은 제주지역에 근무하는 국가경찰 수의 10분의 1에도 미달하는 인력으로 국가경찰을 보조하고 있다.

그러나 그동안 제주자치경찰제의 경험은 극히 제한된 영역에서 경미한 권한을 갖는 소규모 자치경찰제로는 경찰서비스 경쟁유도, 주민발언권 강화를 통한 경찰서비스의 대응성 제고, 민경 공동생산의 촉진, 공공혁신가정신의 앙양과 같은 민주적 자치경찰제의 장점이 제대로 살아날 수 없음을 확인시켜주었다.

참여정부는 감사조직의 독립성과 전문성을 강화하고 번잡한 중복감사의 폐단을 해소하기 위해 제주특별자치도에 자치감사조직으로 감사위원회를 설치했다. 제주특별자치도에 도입된 감사위원회의 성과는 대체로 긍정적이지만 기구의 독립성은 미흡하다.

참여정부는 제주도를 기업하기 좋은 국제자유도시로 조성하기 위해 제주도에 무비자 입국허가 대상국가를 169개국에서 180개국으로 확대시키고 외국인 근로자 체류기한을 1-3년에서 4-5년으로 연장했다. 아울러 자율학교와 국제고의 설립과 국내대학 내 외국대학 교육과정 설치를 허용하는 등 교육·의료·관광·첨단산업에 대한 규제를 완화해 외국인 투자환경을 조성했다.

제주특별자치제는 적어도 세 가지 점에서 여느 지방분권정책과 다르다.

(1) 제주특별자치제는 다른 지역에는 인정되지 않는 특별자치권을 제주지역에 이관했다. 헌법의 제약과 획기적 지방분권에 대한 우려와 저항 등으로 당초 의도한 연방국가 주정부 수준의 특별자치권이 제주도에 주어지지 못했

지만 일국양제(一國兩制)의 혼혈연방제(hybrid federalism)를 향한 초보 단계의 지방분권개혁으로 평가될 수 있다.

(2) 제주특별자치제는 '지방분권을 통한 제주발전'이라는 내생적 발전철학을 수용한 선도적 지방분권정책이다. 참여정부는 그동안 전국적 지방분권개혁이 지지부진함을 면치 못한 상황에서 제주도를 시범 특별자치지역으로 선정해 특별지방분권을 감행했다.

(3) 그동안 다섯 차례에 걸쳐 여느 지방정부보다 4,537건의 자치권을 더 인정받은 제주특별자치도에 특별자치의 긍정적 효과가 나타나기 시작했다.

3. 직접참정제의 확대

주민직접참정제도의 확대는 참여정부의 지방분권정책이 이룩한 또 하나의 귀중한 성과다. 참여정부는 별칭을 '참여정부'로 설정할 만큼 국정운영과정에서 시민참여 활성화에 많은 관심을 쏟았다. 정부의 정보를 적극 공개하고, 정부혁신지방분권위원회를 비롯한 정부위원회에 전문가와 시민의 참여를 늘렸다. 특히 지방자치단체 수준의 직접참정제도 도입에 힘썼다.

참여정부는 주민의 직접참정권으로서 주민투표제를 인정하고 구체적 법률을 따로 정하도록 규정한 지방자치법 제14조의 규정에도 불구하고 거의 10년의 입법지체를 종식하고 2004년 1월 주민투표법을 제정하였다. 2005년 주민참여예산제도를 도입해 지방자치단체 예산편성과정에 주민이 참여할 수 있는 절차를 마련하고 구체적인 사항은 지방자치단체 조례로 정하도록 하였다. 2005년 11월 주민감사청구제도의 활성화를 위해 청구연령을 20세에서 19세로 낮추고 청구인 수를 조정하였다. 2006년 1월 지방자치법 개정으로 주민소송제(제17조)를 도입하여 지방자치단체의 위법한 재무회계행위에 대해 주민이 시정을 법원에 청구할 수 있도록 했고, 같은 해 5월에는 주민소환법을 제정해 지방자치단체의 선출직 공직자의 주민에 대한 책임성을 제고하고자 했다.

그러나 이처럼 다양한 제도가 도입되었지만 직접민주주의의 장점을 살릴 만큼 충실한 내용을 갖춘 제도는 잘 눈에 띄지 않는다. 무엇보다 핵심적 직접민주제인 조례제정개폐청구제와 주민투표제는 부실하기 이를 데 없다. 청구자 수, 청구기간과

대상, 주민투표운동기간 등 직접민주제 활용 요건이 지나치게 폐쇄적으로 설계되어
있다. 그 결과, 주민 직접참정의 새로운 전기를 가져올 것이라고 홍보되었던 주민투
표제도는 발효된 지 10여 년이 지나도록 중앙정부의 요구로 실시된 주민투표 이외
에 주민이 청구해 실시된 주민투표는 단 두 건에 불과하다. 더욱이 조례제정개폐청
구제도는 지방의회가 주민발의 안건에 대한 최종 결정권을 행사함으로써 의회가 수
정가결 또는 부결, 심지어 심의를 거부해도 주민은 속수무책일 뿐이다. 지금까지 이
제도가 발효된 이후 발의된 1백 3십여 안건 중 대다수는 수정가결·부결 또는 심의
거부로 폐기되고 말았다.

4. 핵심이 빠진 재정분권

참여정부는 역대 정부 중 지방재정 확충과 지방재정운영의 자율성을 강화하고
자 했다. 지방교부세 법정률의 인상, 지방세인 재산세의 과표 현실화, 국고보조금 정
비, 지방채 발행 총액한도제 도입 등 나름대로 의미 있는 재정분권개혁을 추진했다.

참여정부는 지방재정의 어려움을 해소하기 위해 지방교부세 법정률을 종래 내
국세의 15%에서 2005년 18.13%, 2006년 다시 19.24%로 인상했다. 지방재정의 자
율성을 제약하는 의존재원으로 비판받던 지방양여금을 폐지하고 국고보조금을 정비
하여 지방으로 이양하고 국가균형발전특별회계를 신설했다. 국가균형발전특별회계
의 재원은 2005년 5.5조 원에서 2007년 6.8조 원으로 증액시켰다. 종합부동산세 전
액을 부동산교부세로 전환해 지방자치단체에 지원하고, 원전지역개발세를 신설해
지방세를 확충했다. 그 결과, 중앙 대 지방의 가용재원비율이 국민의 정부 시절 43
: 57에서 참여정부 시절 41 : 59로 다소 호전되었다(정부혁신지방분권위원회, 2008:
187-188).

참여정부는 지방재정운영의 자율성을 신장시키기 위하여 중앙정부의 지방예산
편성지침과 지방채발행 개별승인제를 폐지하는 대신 지방채발행 총액한도제를 도입
하였다. 아울러 지방재정의 책임성을 높이기 위해 지방재정분석 및 진단제도를 강화
하고 복식부기제도를 도입하였다.

그러나 참여정부는 재정분권의 핵심인 자체세입의 확충과 과세권의 지방이양
에 실패했다. 국세의 지방세 이양계획은 재정경제부 고위관료의 완강한 저항에 부딪

혀 무산되고 말았다. 참여정부는 자치권의 정수인 지방의 과세자치권 보장을 위해 아무런 조치도 취하지 않았다.

5. 미진한 자치조직권

참여정부는 조직인사에 대한 지방자치단체의 자율성을 높이기 위해 두 가지 중요한 개혁조치를 단행했다(금창호, 2009: 15). 첫째는 지방자치단체의 기구와 인력에 관한 중앙정부의 승인권을 폐지한 것이고, 둘째는 지방자치단체가 기구와 인력운영에 수반되는 인건비 총액을 기준으로 기구와 정원을 자율적으로 관리하도록 한 총액인건비제도를 도입한 것이다.5)

참여정부는 2004년부터 지방자치단체의 조직운영기준에 관한 권한 중에서 본청기구설치기준과 직급별 · 직종별 정원책정기준을 폐지하고, 기술직렬 조정승인권, 한시기구 · 합의제기관 · 자문기관 · 직속기관 · 출장소 · 사업소 설치승인권 등 13개 승인권한을 폐지하였다. 2007년에는 총액인건비제도를 전면적으로 도입하였다.

참여정부가 역대 어느 정부보다 지방자치단체의 자치조직권 신장에 더 많은 노력을 기울인 것은 분명하다. 그러나 지방자치단체는 참여정부 이후에도 부단체장의 정수와 직급기준, 보조 · 보좌기관의 직급기준 등에 대해서는 여전히 중앙정부의 규제를 받고 있다. 게다가 지방자치단체는 여전히 중앙정부의 조직운영지침으로 통제되고 있다. 이런 상황에서 지방자치단체의 획일적인 인사조직운영이 지속되고 있다.

6. 기대에 어긋난 사무이양

참여정부가 개별법 개정을 통한 사무이양의 한계를 극복하기 위해 지방이양위원회에서 수년 동안의 작업을 거쳐 지방에 이양하기로 확정한 중앙권한을 한데 모아 마련된 지방이양일괄법안이 국회의 법안 접수거부로 무산되었다. 결국 참여정부 5년 동안 973개의 국가사무를 개별법령 개정을 통해 지방에 이양하는 데 그쳤다.

참여정부시절 국가사무 30,240개 중 937개가 지방에 이양된 것을 저조한 실적

---

5) 역대 정부는 지방자치단체의 조직인사권에 대한 다양한 중앙통제제도를 활용해왔다(금창호 · 권오철, 2007: 16−26). 노태우정부는 지방자치 실시 이전의 '개별승인제'를 '기준정원제'로 전환했고, 문민정부는 '총정원제'와 이를 보완하는 '표준정원제'를 실시했다. 국민의 정부는 다시 '개별승인제'로 환원했고, 참여정부는 '총액인건비제'를 도입했다.

으로 평가하기는 어려운 측면이 있다. 그러나 국가사무 대 지방사무의 비율은 2002년 72 : 28에서 2007년 73 : 27로 하락했다. 이는 임기 중 국가사무 대 지방사무의 비율을 60 : 40으로 끌어올리겠다는 집권 초기의 목표에 크게 미달한 것이다. 중앙권한의 지방이양을 위한 참여정부의 노력에도 불구하고 오히려 중앙집권화가 초래된 근본 원인은 임기 중 지방에 이양된 국가사무보다 더 많은 새로운 국가사무가 법령의 제·개정을 통해 양산되었기 때문이다.

Ⅴ 참여정부 지방분권정책의 교훈

필자가 참여정부 시절 정부혁신지방분권위원회 위원과 산하 지방분권전문위원회 위원으로 참여해 겪은 경험과 연구과정에서 얻은 지식을 근거로 참여정부 지방분권정책의 교훈을 정리하면 다음과 같다.

1. 엘리트의 기득권을 위협하는 지방분권

2005년 4월 여·야 대표들은 전국을 70개 내외의 단층 광역시체제로 전환하는 방향으로 연말까지 입법을 완료하기로 합의했다. 사사건건 대립을 보이던 여·야가 이 사안에 대해서는 별 논의도 없이 전격 합의한 배경에는 지방분권으로 인한 기득권 상실이라는 일치된 이해관계가 있었다. 전문가와 시민단체의 강한 반발로 그해 연말 이 기상천외한 중앙집권 법안의 입법은 일단 유보되었다. 그러나 국회는 이 법안의 기본 구상을 관철하려고 수년간 시도하다가 지방행정체제개편특별법과 지방자치발전특별법에 담아 시·군 합병 및 대도시 자치구(군) 폐지를 마치 지방분권과제인 양 위장시켜 중앙집권을 획책하고 지방분권정책을 혼돈과 무력증에 빠뜨렸다.

국회의 반격은 계속 이어졌다. 2005년 국회는 국민의 60−70%가 반대하는 기초선거 정당공천제를 기초의원 후보까지 확대시키는 법안을 통과시켰고, 지방이양위원회가 수년간 전문가와 실무자의 논의와 협상을 거쳐 마련한 지방이양일괄법안을 국회법상 상임위원회 소관주의에 위배된다는 이유로 법안을 접수조차 거부했다. 게다가 정부혁신지방분권위원회가 역시 수년의 연구와 논의를 거쳐 마련한 기초지방자치단체 수준의 경미한 자치경찰법안조차 심의를 미루어 폐기시켰다.

대통령의 강한 지방분권 의지는 관료사회의 반(反)지방분권적 분위기 완화에 기여했지만 관료사회를 지방분권 지원세력으로 전환시킬 수 없었다. 일부 경제부처의 현상고수 입장은 완강했다. 특히 국세의 지방세 이양과 과세자치권 신장 등 세입분권에 대한 재정경제부 고위관료의 현실경제 논리와 위력은 대통령의 의지도 뚫을 수 없는 난공불락의 철옹성이었다.

2. 지방분권을 촉진하는 개헌

참여정부 지방분권정책은 지방분권을 지연시키고 중앙집권을 시도하는 국회를 지방분권개혁에 동참하게 만들려면 개헌이 필요하다는 점을 새삼 확인시켜 준다.

(1) 국회의 입법독점을 제한하는 국민발의제와 국민투표제를 도입하는 개헌을 단행하여 국회를 지방분권의 우군으로 만들 수 있다. 다수 국민이 지지하는 지방분권이 입법되지 않거나 국회에서 통과된 법률이 다수 국민의 의사와 다른 경우 국민이 직접 법안을 발의하고 국민투표로 입법을 확정짓는 직접참정제도를 헌법에 규정하여 "대한민국의 권력은 국민에게 있고, 모든 권력은 국민으로부터 나온다."는 헌법 제1조의 국민주권을 실현할 수 있다.

(2) 개헌을 통해 지역대표형 상원을 창설하는 것은 국회를 지방분권을 촉진시키는 주체로 만드는 가장 확실한 방법이다. 지역을 대표하는 상원의원은 지방분권으로 기득권 침해 위협을 느끼지 않을 뿐만 아니라 오히려 지방분권을 촉진해 자신의 존재이유를 증명하고 정치적 지지기반을 확장한다. 1980년대부터 획기적인 지방분권개혁을 성공적으로 추진해온 프랑스가 2003년 지방분권개헌을 단행할 수 있었던 배경에는 지방정부를 대표하는 상원의 역할이 있었다(안성호, 2013: 109－117).

(3) 정치권에서 거론되어온 이원정부제나 내각제 개헌도 지방분권에 대한 국회의 정치적 책임을 강화할 것이다. 대통령이 외교·안보·통일에 전념하고 국회가 선출한 총리가 내치를 분담하는 이원정부제나 내각제로 전환하는 개헌은 총선에서 승리한 다수당이 국민에게 약속한 지방분권 공약을 현 대통령제에서처럼 함부로 번복하기 어렵게 만들 것이다. 내각제 국가인 일

본은 1990년대 초반 지방분권개혁을 공약한 정당이 집권 후 수년간 준비
한 지방이양일괄법안을 2000년 법제화하여 명치유신에 버금가는 획기적
지방분권개혁을 단행할 수 있었다.

3. 지방분권의 동력은 깨어 있는 시민

참여정부의 지방분권이 미흡하나마 어느 정도 성과를 거둘 수 있었던 까닭은
대통령의 강력한 의지와 함께 지방분권을 요구하고 지지한 시민의 힘이 있었기 때
문이다. 시민단체가 대선 후보와 협약을 체결하여 지방분권의 중요성을 각인시키고
적어도 집권 초기 지방분권정책의 든든한 지원세력이 된 것은 시민사회가 지방분권
헌법개혁의 지렛대 역할을 수행할 수 있는 가능성을 보여준 소중한 경험이었다.

지방분권에 대한 제주도민의 일치된 열망도 제주특별자치도 출범의 원동력으
로 작용했다. 제주특별자치법안은 의료영리법인 허용문제에 대한 관련 단체의 이견
으로 잠시 갈등을 빚었으나 국회에서 거의 원안대로 순조롭게 가결되었다. 제주특별
자치법안이 당초 예상과 달리 순조롭게 입법된 것은 특별자치에 대한 제주도민의
일치된 의사를 제주도 출신 국회의원은 말할 것도 없고 여·야당 지도부도 거스를
수 없었기 때문이다. 지방분권을 추동하는 원동력이 깨어 있는 시민의식에 있음이
다시금 확인된 것이다.

4. 공공재로서의 지방분권

참여정부 시절 지방분권을 제대로 이해하고 적극 지지하는 국민이 많지 않았
고, 오히려 1960－70년대 중앙집권체제 하에서 이룬 고도 경제성장에 향수를 느끼
는 엘리트가 적지 않았다. 지방공직자조차 지방분권개혁에 대한 확신과 열정이 없었
다. 4대 지방자치단체 전국연합체도 지방분권개혁에 소극적이기는 마찬가지였다. 이
따금 지방교부세 법정률 인상 등의 지방분권과제를 기자회견형식으로 발표하는 것
이외에 지방분권개혁을 선도하는 능동적 노력을 기울인 사례는 거의 없었다. 지방공
직사회의 분위기는 기껏해야 누군가의 노력으로 지방분권이 이루어지면 그 혜택을
누리겠다는 무임승차심리가 지배했다. 참여정부의 지방분권이 지지부진함을 면치
못한 근본 원인은 이런 무임승차심리가 지방분권개혁을 선도해야 할 시민과 지방공

직사회에 만연했기 때문이다.

지방분권개혁은 중앙정부의 선의와 지방분권을 주장하는 시민단체에게 맡기는 방식으로는 성공하기 어렵다. 적정 수준의 공공재 공급을 위해 정부가 필요하듯이, 지방분권이란 공공재가 적절히 공급되려면 시민과 지방공직사회의 일대 각성이 요구된다. 특히 지방자치단체는 일부 예산과 인력을 과소 공급되고 있는 지방분권 진작을 위해 투여해야 한다. 지방자치단체는 학계 및 시민단체와 연대하여 시·군·구와 시·도 및 전국 수준에서 범시민 지방분권추진협의회를 구성하고 지방분권 공공재를 늘리는 지방분권촉진사업을 전개할 필요가 있다. 지방분권촉진사업에는 시민 정치교육사업과 전국지방분권연대사업이 포함되어야 한다.

5. 지방분권 비전의 정립과 공유

참여정부는 지방분권과 정부혁신을 동시에 추구했다. 참여정부는 지방분권정책을 통해 경쟁유도, 참여진작, 정책쇄신 고무, 갈등해결을 촉진시켜 지방정부와 시민사회의 자치와 혁신역량을 강화하고, 중앙정부의 과부하로 인한 기능마비를 해소하는 정부혁신의 지렛대로 삼고자 했다. 이런 관점에서 참여정부는 지방분권개혁을 총괄하는 대통령위원회를 정부혁신지방분권위원회로 명명했다. 한편 참여정부는 지방분권과 균형발전을 함께 도모했다. 참여정부는 1997－1998년 IMF환란을 초래한 주요 원인이 과도한 중앙집권과 지역불균형발전에 있다고 판단했다. 이런 판단에 기초해 지방분권과 지역균형발전 및 신행정수도건설을 정책패키지로 묶은 이른바 '지방화 3대 특별법'을 제정했다.

참여정부 지방분권정책의 중대 실책 중 하나는 지방분권과 정부혁신, 특히 지방분권과 균형발전이라는 조화를 이루기 어렵거나 본질적으로 상충하는 가치를 동시에 추진한 데 있다는 비판이 있다(김순은, 2005; 허훈, 2008: 15). 사실 지방분권과 정부혁신, 특히 지방분권과 균형발전은 혼선을 빚을 여지가 있는 개념이며, 참여정부는 이에 대해 충분히 대비하지 못했다.

그러나 지방분권·정부혁신·균형발전은 정치현실에서 개념과 이론의 순수성 유지를 위해 양자택일할 수 있는 가치가 아니다. 정치현실은 이런 가치들을 분석과 정치의 과정을 거쳐 적절히 조율하여 조화롭게 실현할 것을 요구한다. 이를테면 민주적 효율성을 추구하는 지방분권이 추진되면 뒤이어 정부혁신이 긴밀한 조화를 이루어 추진되어야 하고, 지방분권의 속도와 강도는 지역불균형을 감안해 조절되어야 하며, 지방분권으로 말미암아 국민통합을 해칠 정도의 지역불균형이 야기되지 않도록 예방조치를 강구하고 사후 교정을 도모해야 한다.

6. 제주 시·군자치제 폐지 실책

제주특별자치도의 출범이 우리에게 주는 뼈아픈 교훈은 시·군자치제 폐지가 민주주의를 후퇴시키고 민주적 효율성마저 떨어뜨린다는 것이다. 제주도청은 참여정부 초기 중앙정부에 특별자치를 요구하면서 도정(道政)의 일사불란과 효율성 제고를 위해 시·군자치제를 폐지해야 한다고 주장했다. 당시 행정자치부와 청와대는 이를 적극 수용하여 시·군자치제 폐지를 제주특별자치도 도입의 전제조건으로 삼았다. 정부혁신지방분권위원회 산하 특별위원회 회의에서 제주지역의 시·군자치제 폐지에 관한 논의과정에서 여러 위원들이 시·군자치제 폐지의 폐단을 지적했으나 결국 주민투표로 폐지 여부를 결정하기로 타협되었다. 주민투표 결과, 전체 제주지역에서는 폐지찬성이 57%로 높았지만 서귀포시와 남제주군에서는 폐지반대 의견이 더 많았다. 그러나 정부와 제주도청은 투표결과를 4개 시·군자치제 폐지요구로 해석했다. 이에 따라 서귀포시와 남제주군 주민은 대법원에 시·군자치제 폐지무효 소송을 제기했지만, 대법원은 정부와 제주도의 손을 들어주었다. 해당 지방자치단체 주민의 다수가 반대하는 지방자치단체 법인격 박탈사태가 발생한 것이다.

7. 대통령의 의지와 특정 정권을 넘어선 헌정리더십

참여정부의 지방분권정책은 '제왕적' 대통령의 의지로도 극복하기 어려운 장애요인이 있음을 여실히 보여주었다. 단기적 현안을 해결하느라 여념이 없는 각 부처의 고위관료들에게 10–20년 지난 후 가시화될 지방분권 효과를 설득하기는 결코 용이한 일이 아니었다. 특히 대통령이 지방분권정책에 대한 국회의 협조를 얻기는 더욱 힘든 일이었다. 야당 국회의원은 말할 것도 없고 여당 국회의원의 협조를 받는 일조차 쉽지 않았다.

더욱이 참여정부 지방분권개혁의 추진력은 임기 후반에 크게 약화되었다(허훈, 2008: 12-13). 미국에서도 주요 대통령의제는 집권 초기에 강력한 드라이브로 추진될 때 성공가능성이 높다(Bruel & Kamensky, 2008: 1009).

지방분권정책을 성공적으로 추진하려면 대통령 만능의 제왕적 대통령 신화에서 벗어나야 한다. 관료사회와 시민사회, 지방자치단체, 재계, 언론계, 특히 국회의 협조를 확보할 수 있는 지방분권추진전략을 수립하고 치밀하게 실행하는 실천력이 요구된다.

아울러 지방분권정책의 성공은 제도변경에 그치지 않고 구성원의 가치관과 태도 및 행동의 변화를 통해 자율과 책임의 자치문화 정착을 요구한다. 이런 의미에서 지방분권정책은 장기적 사회학습과정으로 설계되어 10년 이상의 장기적 시계(視界)를 가지고 지속적으로 추진되어야 한다.

Ⅵ 맺음말: 8단계 지방분권정책리더십 점검표

필자는 참여정부 지방분권정책사례의 주요 교훈을 John Kotter의 8단계 변화리더십모형(Kotter, & Cohen, 2002; Cohen, 2005, Kotter, 2007)에 따라 재구성하여 지방분권정책리더십 점검목록을 제안하는 것으로 이 장을 마무리하고자 한다.

1. 절박감 조성

지방분권개혁에서 기득권을 잃게 될 세력의 명시적·묵시적 반대와 저항은 매우 완강하다. 그러므로 지방분권개혁은 이들의 반대와 저항을 극복할 수 있는 절박감(a sense of urgency)을 정부 공직자들을 비롯한 전 사회 구성원들의 머리와 가슴에 심는 것으로부터 시작되어야 한다. 지방분권개혁이 흔히 용두사미로 끝나는 가장 중요한 이유는 절박감 조성에 실패하기 때문이다. 지방분권정책이 성공적으로 추진되려면 주요 이해당사자들이 지방분권정책의 추진 필요성을 절감해야 한다. 이때 중앙집권의 병폐와 지방분권의 필요성을 이해시키는 데 매스컴의 협조를 얻는 일이 매우 중요하다. 그동안 지방분권개혁에 소극적이거나 심지어 지방분권개혁을 가로막는 경향을 보인 중앙언론의 협조를 얻는 방안을 백방으로 강구해야 한다. 참여정부 시절 IMF환란과 엘리트 부패가 중앙집권체제와 연관되어 있고 국가경쟁력을 높이기 위해 획기적 지방분권개혁이 필요하다는 인식이 있었다. 그러나 개혁의 저항을 극복할 만큼 정부와 지방자치단체 및 국민 사이에 절박감과 위기의식이 충분히 조성되지 못했다. 언론시장의 70-80%를 점유한 중앙언론의 협조를 얻는 데도 실패했다.

2. 대통령의 의지, 개혁선도팀 구성, 지방분권세력의 연대

대통령의 확고한 의지와 지속적인 관심은 소용돌이의 정치구조와 관행을 바꾸는 지극히 어려운 지방분권개혁을 성공적으로 추진하는 데 필요하다. 대통령의제는 집권 초기의 강력한 드라이브로 추진될 때 성공가능성이 높다. 대통령 직속으로 지방분권정책을 주도할 강력한 개혁선도팀을 구성하고 개혁세력의 연대를 다지는 일도 중요하다. 이를테면 광역·기초지방정부, 시민사회와 전문가집단 등과 협력관계를 유지하고 주기적으로 점검해야 한다. 개혁선도팀은 왜, 무엇을, 어떻게 지방분권개혁을 추진할 것인지 충분히 이해하고 개혁세력을 결집하는 구심체가 되어야 한다. 참여정부 시절 대통령의 지방분권 의지는 매우 강했으나 정부혁신지방분권위원회와 행정자치부를 비롯한 부처 및 청와대 참모들 간 개혁선도팀을 형성하고 지방분권 가치와 비전을 공유하는 데 소홀했다. 개혁과정에 시민사회와 지방의 참여는 늘었지만 지방분권세력 간 연대는 미약했다.

3. 절실한 비전개발과 공유 및 전략수립

절실한 비전을 개발하고 구체적인 추진전략을 수립해야 한다. 먼저 지방분권개혁이 수반하는 상당한 고통을 감내할 가치가 있다고 느낄 정도로 절실하고 영감을 불러일으키는 지방분권의 미래상을 개발해야 한다. 비전은 이런 미래상을 실현하는 데 요구되는 핵심 행동을 기술하는 것이어야 한다. 그리고 비전을 달성하기 위한 구체적 추진전략을 마련해야 한다. 대통령위원회의 지방분권과제에 중앙집권적 지방자치체제개편을 포함시키는 자가당착과 모순은 제거되어야 한다. 참여정부의 지방분권정책당국은 지방분권과 정부혁신·균형발전 간 가치의 조화를 이루고 개혁주체

와 국민의 정서에 호소하는 절실한 지방분권 비전을 개발하고 공유하는 데 체계적
인 노력을 기울이지 못했다.

표 6-2	지방분권정책리더십 점검표	
8단계	점검내용	점검지표
1. 절박감 조성	주요 관련자들과 국민이 지방분권개혁의 필요성을 절실하게 느끼도록 분위기를 조성했는가?	− 중앙집권체제의 병폐에 대한 이해 − 국(주)민·시민사회·지방자치단체의 지방분권개혁 요구와 지지에 대한 민감한 반응 − 지방분권개혁에 대한 구성원의 절박감 유도 − 언론홍보 등을 통한 지방분권의 필요성 확산
2. 대통령의 의지, 개혁선도팀 구성, 개혁세력의 연대	대통령의 의지가 확고하며 강력한 개혁선도팀을 구성하고 지방분권세력의 튼튼한 연대를 구축했는가?	− 대통령의 확고한 지방분권 의지 − 청와대 비서진과 각료의 지지 확보 − 집권 초기의 지방분권개혁 시동 − 광역/기초지방정부, 시민사회, 전문가 집단과 협력관계 형성 − 개혁선도팀 구성, 권한과 리더십을 갖춘 리더 선임 − 지방분권세력 간 긴밀한 네트워크 형성
3. 비전개발과 전략수립	절실한 비전을 개발하고 추진전략을 수립했는가?	− 지방분권개혁의 비전창출 − 비전 달성을 위한 전략개발
4. 비전공유와 소통	비전을 공유하기 위해 효과적으로 소통했는가?	− 비전과 전략 전파를 위한 가능한 수단 동원 − 비전과 전략에 대한 언론의 협조 − 새로운 비전과 전략에 따른 솔선수범

5. 장애요인 제거와 국회 지지확보	비전실현을 가로막는 장애요인을 제거하고 국회 지지를 확보했는가?	- 비전실현에 방해되는 장애요인 제거 - 위험을 감수하며 전례답습을 탈피한 참신한 아이디어와 행동의 고무 - 국회 소관 위원회의 지지를 확보
6. 단기적 성공실현	단기적·가시적 성과로 방관자를 지지자로, 소극적 지지자를 적극적 지지자로 전환했는가?	- 체감도 높은 중앙권한의 지방이양 계획의 수립 - 지방분권정책의 주기적 평가와 보고 의무화 - 단기적이고 가시적인 성과를 낸 기관과 개인에 대한 인정과 보상
7. 개혁의 가속화	장기적·근본적 지방분권개혁을 가속화시킬 시스템과 조직구조 및 관리방식의 쇄신을 꾀했는가?	- 작은 성공으로 얻은 신뢰를 활용한 장기적·근본적 개혁촉진 - 비전실현의 능력을 갖춘 인재 충원과 승진, 구성원의 능력개발을 위한 교육·훈련 - 새로운 프로젝트와 변화역군의 수혈을 통한 지방분권개혁의 활력 공급
8. 지방분권 문화의 정착과 제도화	지방분권체제에 부응하는 새로운 태도·행동규범·가치관을 정착시켰는가?	- 지방분권체제에 부응하는 태도·행동규범·가치관 형성 - 지방분권개혁과 새로 학습된 행동을 연결하는 강화제도의 구축

자료: 필자 작성.

4. 전략적 소통

지방분권개혁의 비전을 이해당사자와 전 국민이 공유하도록 만드는 전략적 소통이 필요하다. 지방분권정책을 이끄는 리더는 비전실현에 필요한 신뢰와 지지 및 헌신을 북돋우기 위해 간명하고 감명 깊은 메시지를 개발해야 한다. 그리고 가능한 모든 소통채널을 활용하고, 지방분권 의지를 구체적 정책과 행동으로 솔선수범해야 한다. 참여정부는 지방분권개혁과정에서 중앙정부 내, 그리고 국민의 관심과 지지를 확보하는 소통의 중요성을 충분히 인식하지 못했다.

5. 장애요인 제거와 국회의 지지 확보

비전실현을 가로막는 장애요인을 제거하고 새로운 아이디어와 행동을 장려하는 조치를 취하고 있는지 점검할 필요가 있다. 특히 주요 지방분권정책의 법제화를 결정하는 국회의 지지를 얻는 일은 지방분권정책의 원활한 추진을 위해 매우 중요하다. 참여정부 시절 우여곡절을 거쳐 어렵게 중앙권한의 지방이양 일괄법안과 지방자치경찰제 도입 법안이 국회에 발의되었으나 국회의원의 법안접수 거부와 법안심의 지연으로 두 법안 모두 폐기된 뼈아픈 경험을 되풀이하지 않도록 특별한 대책이 필요하다.

6. 단기적 성과달성

지방분권정책을 이끄는 리더는 지방분권정책의 진척을 알리기 위해 단기적인 성과를 확인해 개혁의 절박성을 일깨우고 새로운 에너지를 충전하는 기회로 삼을 필요가 있다. 지방분권정책의 진도를 주기적으로 보고 받고 작지만 의미 있는 성과를 낸 기관과 개인에 대해 보상하는 것은 장기간에 걸친 개혁의 피로감을 해소시켜 새로운 동력을 얻는 길이다. 게다가 단기적 성과실현은 방관자를 지지자로, 수동적 지지자를 적극적 지지자로 전환하는 효과도 있다. 참여정부의 지방분권정책에는 단기적 성과달성이라는 개념 자체가 없었다.

7. 개혁의 가속화

장기적·근본적 지방분권개혁을 가속화시킬 시스템과 조직구조 및 관리방식의 쇄신을 꾀하고 있는지 점검해야 한다. 단기적 성공으로 자만하거나 개혁의 긴장감을 늦추지 말아야 한다. 오히려 작은 단기적 성공으로 얻은 자신감과 신뢰를 장기적·

근본적인 개혁을 촉진하는 동력으로 삼아야 한다. 비전 실현의 능력을 갖춘 인재를 충원하고 승진시키며, 구성원의 비전 실현능력을 개발하기 위한 교육·훈련을 실시하는 것도 필요하다. 새로운 프로젝트 및 변화역군의 수혈을 통한 지방분권개혁의 활력을 공급하는 일도 중요하다. 그러나 참여정부 지방분권정책 담당자는 지방분권 과제의 법령화로 개혁이 일단락되는 것으로 간주했다. 따라서 법령화 이후 개혁의 가속화 문제에 대해 진지하게 고민하지 않았다.

8. 새로운 헌법질서에 부응한 지방분권문화 정착

지방분권정책을 이끄는 리더는 지방분권체제에 부응하는 새로운 태도·행동규범·가치관이 중앙정부와 지방자치단체 및 일상생활 속에서 문화로 정착되도록 인정하고 보상하며 솔선수범을 보여야 한다. 지방분권개혁과 새로 학습된 행동을 연결시키는 제도를 창안해 실천하는 공공혁신가정신의 발휘도 필요하다. 대통령의 임기를 넘어서는 10년 이상의 헌정개혁리더십 발휘가 요구된다. 참여정부의 지방분권정책에서는 분권과제의 법령화로 개혁이 일단락되는 것으로 간주되었다. 따라서 지방분권문화의 정착이 지방분권과제에 포함되지 않았다.

보론

제주특별자치의 공과와 과제

"제주특별자치도는 우리나라 지방자치 수준을 높이는 모델케이스로서 '자치도'라는 이름에 걸맞게 세금부과와 감면, 행정규제를 스스로 판단할 수 있는 자치모범도시가 되어야 한다."
                                                                              노무현

"과세권 없는 정부권력은 없다. 자신의 세금을 부과할 수 없는 지방정부는 진정한 자치권을 갖지 못한 것이다."
                                                                          Robert Nef

"시민의 자유는 오직 자치공동체에서만 형성되고 번성한다."
                                                              Benjamin R. Barber

I '특별자치를 통한 제주발전' 패러다임

일반적으로 '특별자치'는 소수를 보호하고 갈등을 해결하는 수단으로 여러 나라에서 활용되어 왔다. 그러나 제주도에는 이런 일반적 용례와 다른 동기에서 특별자치가 도입되었다. 제주특별자치제의 도입은 종래 외부자원에 의존한 외생적 발전전략에서 내부의 자치역량 강화를 통한 내생적 발전전략으로의 일대 전환을 의도한 전혀 새로운 제주발전철학에서 비롯된 것이다.

참여정부 이전의 정부는 1991년 제주도개발법과 2001년 국제자유도시특별법을 제정해 중앙정부 주도로 제주를 발전시키고자 했다. 반면 참여정부는 종래의 타율적 제주발전방식의 실패를 인정하고 제주지역정부가 주도하는 내생적 발전을 촉진할 "연방국가 수준의 지방분권적 자치제도 구축"을 시도했다.

포르투갈 마데이라 특별자치의 성공은 2004년–2005년 제주특별자치 특별법안을 작성하던 사람들을 크게 고무시켰다. 마데이라는 1976년 특별자치를 인정받기 전에는 1인당 GRDP가 포르투갈 평균의 40%에도 못 미치는 1차 산업 중심의 가난한 오지 섬이었다. 그러나 마데이라 주정부는 지난 30여 년 동안 꾸준히 자치권을 강화하여 지역경제를 일으켜 지금은 포르투갈에서 리스본 수도권 다음으로 부유한 관광과 첨단산업을 갖춘 지역으로 발전했다.

2005년 2월 필자는 마데이라에 방문해 7선의 Alberto João Jardin 주지사에게 마데이라 발전의 비결을 물었다. 그는 "특별자치 없는 오늘의 마데이라는 생각할 수 없지요."라고 응답했다. Jardin 주지사는 거의 500년 동안 본토에 의해 식민지처럼 대우받던 마데이라 주민이 1974년 독재 종식 후 자치권 쟁취운동을 전개해 마침내 1976년 특별자치를 인정하는 개헌이 단행된 후 여러 차례 추가적 개헌으로 특별자치권이 강화되어 마데이라 주도의 지역발전을 추진할 수 있었다고 설명했다. 이어 그는 몇 차례 EU구조자금의 응모사업에 선정되어 EU의 재정지원을 받아 항만·공항 건설, 교통·통신시설 확충, 산업단지 조성에 투자한 것이 마데이라 발전의 토대가 되었다고 덧붙였다.

수도 리스본에서 만난 리스본기술대학의 Joo Bilhim 교수는 '암실에 낸 큰 창문'이라는 인상 깊은 비유로 특별자치가 마데이라 발전을 촉진시킨 제도적 토대였음을 다음과 같이 역설했다.

"마데이라에 특별자치권을 부여한 것은 마치 암실에 큰 창문을 내준 것과 같습니다. 제아무리 견실한 씨앗도 암실에 갇히면 생명의 싹을 틔울 수 없지요. 마찬가지로 상당한 자치권이 결여된 지방은 발전 잠재력을 펼칠 수 없습니다. 암실 속 씨앗이 생명력을 발현하려면 충분한 햇볕과 바람이 통하는 창문이 필요하듯이, 마데이라의 발전 잠재력이 발현되는 데는 특별자치가 필요했습니다."

2006년 7월 1일 마데이라 특별자치를 벤치마킹한 제주특별자치도가 출범했다.

이후 11년이 지난 2017년 5월 참여정부의 유산인 "미완의 제주특별자치도를 당초의 취지에 맞게 완성시키겠다."고 공약한 문재인 대통령후보가 집권에 성공했다.

제6장 보론은 제주특별자치 11년을 점검하고 향후 발전방안을 논의한다. 이를 위해 먼저 제주특별자치제도의 현황을 살펴본 후 그동안의 공과와 향후 개혁방향을 제시한다. 이어 제주특별자치도 출범과 동시에 시·군자치제가 폐지된 이후 줄곧 제주사회의 논쟁적인 현안이 되어온 풀뿌리자치 부활의 논거와 적실한 대안을 모색한다.

Ⅱ 제주 특별자치권 4,537건

참여정부는 당초 외교·국방·사법을 제외한 전반적 권한을 제주도로 이관하여 제주도를 연방국가의 주정부에 준하는 자치지역으로 만들겠다고 약속했다. 그러나 이 약속은 헌법적 제약과 정관계의 부정적 시각 등으로 철저히 지켜지지 못한 상태로 2006년 2월 9일 국회에서 '제주특별자치도 설치 및 국제자유도시 조성을 위한 특별법(이하 특별법으로 약칭)'이 제정되었다.

제주도는 이 특별법의 제정으로 일거에 1,062건의 특별자치권을 인정받았다. 이후 추가적 자치권 이양요구안을 총리실 제주특별자치도지원위원회에 제출할 수 있게 되었다.

<표 6-3>은 지금까지 특별법 제정을 포함해 모두 다섯 차례에 걸쳐 제주특별자치도에 이관된 특별자치권의 건수와 그 주요 내용이다. 그 결과 2017년 현재 제주특별자치도는 여느 시·도와 달리 총 4,537건의 특별자치권을 인정받고 있다.

예컨대 제주도는 지방교부세에 관한 특례규정에 따라 보통교부세 총액의 100분의 3을 고정적으로 교부받게 되었다(특별법 제75조). 제주자치도지사는 다른 광역단체장과 달리 도의회의 의결을 거쳐 외채 발행 및 지방채 발행 한도액의 범위를 초과한 지방채 발행을 할 수 있다. 다만 안전행정부장관이 정하는 지방채 발행 한도액을 초과하여 지방채 발행을 하는 경우 도의회 재적의원 과반수의 출석과 출석의원 3분의 2 이상의 찬성이 있어야 한다(특별법 제77조).

표 6-3	제주에 이관된 특별자치권의 건수와 주요 내용		
차수	제·개정일	이관 건수	주요 내용
1차	2006. 2. 21. 제정	1,062건	• 재정·조직·인사 등 자치분권 확대, 행정효율성 증대 • 특별행정기관 이관, 자치경찰·감사위원회 등 신설, 종합적인 행정시스템 구축
2차	2007. 8. 3. 개정	278건	• 핵심 산업에 대한 차별화 확대, '4+1,' 외국 교육·의료기관 설립운영 규제 대폭 완화 • 항공자유화 등 국제자유도시 여건조성 확대
3차	2009. 3. 25. 개정	365건	• 관광진흥법 등 3개 관광법률 일괄이양 • 교육·의료·산업 특구를 지향한 규제완화: 제주 영어교육도시 자율성 확보, 외국 의료기관 설립운영 자율성 확대 및 규제완화
4차	2011. 5. 23. 개정	2,134건	• 해군기지 주변 지원근거 마련, 국제학교 내국인 저학년 과정 확대, 총리실 제주지원위원회 사무처 존속기한 연장, 관광객 부가가치세 환급제 도입
5차	2015. 7. 24. 전면개정	698건	• 제주자치경찰의 음주측정과 통행금지 권한 행사, 행정시의 인사위원회 설치근거, 감사위원 정치운동 금지 및 보궐 감사위원 임기 3년 보장 • 미비점 보완 및 장·절 체제 정비

자료: 총리실 제주특별자치도지원위원회.

　　제주도에 처음으로 중앙정부의 7개 특별지방행정기관의 전부 또는 일부가 이관 되었다. <표 6-4>와 같이 제주도에 7개 특별지방행정기관이 전부 또는 부분 이 관된 것은 역사적 의미가 크지만, 제주도에 필요한 권한이양 없이 중앙정부가 사무 권한을 그대로 유지한 채 재정과 사무부담만을 가중시킨 측면도 있다. '보충성 원칙'

과 '포괄적 이양' 원칙을 제대로 준수해 이관된 특별행정기관은 국토관리청, 보훈청, 노동위원회뿐이었다. 나머지 네 기관은 형식적으로 이양되거나 본래 요구와 다르게 권한이양이 이루어졌다.

표 6-4	제주에 이관된 7개 특별지방행정기관(2006. 7.)			
기 관 명	조직	인원(명)	'05예산 (억 원)	주요 업무
국토관리청	3과1실	75	684	국도 5개 노선 454km 관할 등
중소기업청	2과1팀	23	10	중소기업육성 시책추진
해양수산청	7과1사무소	132	1,097	무역·연안항 개발, 해양정책 수립
보훈지청	2과	23	35	국가유공자 권익보호
환경출장소	–	9	3	환경영향평가
노동위원회	사무국	9	4	노사권리분쟁 조정판정
노동사무소	3과1센터	43	33	노사분규예방, 고용동향 조사
합 계	–	314	1,856	–

자료: (제주특별자치도, 2007: 189-201).

　　제주도에는 당초 계획에는 크게 미달하지만 교통·방범·경비 중심의 경찰사무를 담당하는 자치경찰제가 도입되었다. 제주자치경찰제 도입은 국가경찰과 자치경찰의 공존시대를 연 역사적 사건이지만, 그 규모는 작고 역할은 매우 한정적이다. 2017년 11월 제주자치경찰은 144명으로 제주지역에 근무하는 국가경찰인력 1,600여 명의 10분의 1도 안 된다.

　　이밖에 감사조직의 독립성과 전문성을 강화하고 중앙행정기관장에 의한 중복감사의 폐단을 해소하기 위해 7인 이내의 위원 — 위원은 도조례로 정하는 자격을 갖춘 사람 중에서 3명은 도의회에서, 1명은 도교육감이 각각 추천하는 사람을 위촉하고, 감사위원장은 도의회의 동의를 받아 도지사가 임명 — 으로 구성되는 감사위원회제도가 도입되었다(특별법 제66조와 제71조).

Ⅲ 제주특별자치의 성과와 반성

2013년 7월 한국개발연구원(KDI) 연구팀(이호준·최석준·최용석)에 의해 발표된 「제주특별자치도·국제자유도시 추진에 따른 경제적 성과분석」 보고서는 지난 7년 동안 인구증가율과 고용률, 지역총생산(GRDP) 등 총괄지표 측면에서 모두 전국평균을 상회한 것이 국세의 세목이양과 자치도세 신설 등의 재정특례를 비롯한 중앙정부 권한이양을 통한 핵심 산업의 육성에 기인한다고 평가했다.

이 보고서는 제주특별자치도가 출범한 2006년부터 연평균 9.7% 수준으로 관광객 수가 증가했고, 교육산업도 3개 국제학교 개교로 조기유학 수요를 흡수하는 등 괄목할 만한 성과를 낸 것으로 보았다. 그동안 관광시설을 중심으로 총 1조 5천억 원의 내국인투자와 3천억 원의 외국인 투자를 유치했으며, 2004년부터 2012년까지 국내기업 33개가 이전해 1,542개의 일자리가 창출되었다고 분석했다. 특히 이 보고서는 중국인 비자면제, 내국인 면세점 허용, 국제학교 설립 및 운영에 관한 규제를 개선하는 등 각종 규제완화정책이 제주도 경제성장에 직접적인 효과를 발휘했다고 지적했다. 아울러 중앙정부의 일괄적 재정보조보다 지방자치단체 주도의 규제완화정책이 더 효과적임을 강조하고 규제정책의 지방분권화를 제안했다.

무엇보다 제주특별자치 11년의 긍정적 효과는 가파른 인구증가에서 확인된다. 2006년 56만 명에서 2016년 12월 현재 66만 명을 넘어섰다. 2011년부터 2015년까지 제주의 연평균 인구증가율은 2.4%로 전국의 연평균 인구증가율 0.4%의 무려 6배에 달했다. 그리고 동일 기간에 제주의 GRDP와 경제성장의 연평균 증가율은 5.6%와 5.1%로 전국의 연평균 증가율 3.7%와 3.0%보다 각각 2% 가량 높았다.

그러나 제주특별자치 11년 동안 부동산경기의 과열로 인한 부동산가격 폭등, 난개발과 환경훼손의 우려, 관광객 무비자 입국 등으로 인한 외국인(특히 중국인) 범죄자 급증 등 적잖은 문제가 발생했다.

제주특별자치제도의 운영과 관련한 부작용도 있었다. 제주도는 제주지방국토관리청의 재정부담이 너무 과중하다는 이유로 중앙정부에 이 기관을 도로 환수해줄 것을 요청한 바 있다. 제주에 이관된 다른 특별지방행정기관에 대한 중앙정부의 비협조적 태도와 홀대에 대한 제주특별자치도의 불만도 제기되었다.

제주도에 도입된 감사위원회의 성과는 대체로 긍정적이지만 기구의 독립성은 미흡한 것으로 평가되었다. 이를테면 제주주민자치연대는 감사위원회가 인사·조직 ·예산의 독립성 결여로 도청의 보조기관처럼 운영되고 있다고 비판했다.

제주자치경찰은 주민과 밀착된 자치경찰의 장점을 제대로 살리지 못하고 제주 국가경찰의 단지 보조적 역할을 수행하는 데 그치고 있다는 비판을 받아 왔다(양영철, 2013: 109-132).

제주에 부여된 특별자치권이 본래의 입법취지에 어긋나게 집행되거나 적절히 활용되지 못한 측면도 있다. 필자는 제주특별자치도특별법안을 작성하는 과정에서 스위스와 미국의 재정주민투표제를 벤치마킹했다. 그 결과 특별법 제28조에 "도조 례로 정하는 예산 이상이 필요한 대규모 투자사업은 주민투표에 부칠 수 있다."는 규정을 넣는 데 성공했다. 그러나 유감스럽게도 제주특별자치 11년 동안 단 한 번도 재정주민투표가 실시되지 않았다. 특별법에 규정된 재정주민투표제를 못마땅하게 여긴 제주도의회의원들이 재정주민투표에 회부될 1회 지방비 투자사업의 규모를 지 나치게 높게 책정한 조례를 제정했기 때문이다.

제주특별자치가 아직 갈 길이 멀다는 것을 보여주는 가장 중요한 지표는 제주 특별자치의 궁극적 발전목표가 되어야 할 주민의 "자유확장"[1]과 품격향상이 이루어 졌다는 증거가 없는 것이다. 오히려 대다수 제주주민은 특별자치 시행 이후 시·군 자치 폐지로 지역정부가 더 멀어졌고 민원을 제기하기도 더 힘들어졌다고 불만을 토로해 왔다. 제주특별자치가 주민을 "시민적 개명(civic enlightenment)"으로 참여의 자유를 향유하며 고도의 시민성과 공공혁신가정신을 발휘하는 단계에 이르게 하지 못하고 여전히 관청의 시혜적 "관리소우주(managerial microcosm)"에 갇힌 방관자나 구경꾼 처지에 머물게 하고 있는 것이다(Barber, 2004).

Ⅳ 제주특별자치 시즌2의 개혁방향

라틴아메리카와 북아메리카의 식민지 역사는 상식과 다르게 전개되었다. 변변 한 문명이 발달하지 못한 황량한 북아메리카에 세워진 식민지는 오늘날 선진국으로

---

1) 노벨경제학상을 수상한 Amartya Sen은 「자유로서의 발전」(2009)에서 발전은 "자유의 확장", 곧 사람들의 역량을 증대시키는 것으로 정의한다.

발전한 반면, 마야·잉카·아스텍·안데스문명 등 화려한 문명을 꽃피운 라틴아메리카에 세워진 식민지는 저개발국가로 전락했다.

이처럼 북아메리카와 라틴아메리카의 현격한 발전격차를 초래한 원인은 무엇인가? 북아메리카와 라틴아메리카의 역사는 자원의 풍요가 나라발전의 근본 원인이 아니라는 사실을 극명하게 보여준다. 오히려 '자원의 저주'라는 말이 있을 정도로 자원이 풍부한 나라는 바로 그것 때문에 가난과 분란을 면키 어렵다는 사실을 자원부국의 사례를 통해 잘 알 수 있다. 잉글랜드도 경제적 이익을 얻기 위해 식민지를 개척했다는 점은 포르투갈, 스페인과 다를 바 없다. 그러나 잉글랜드의 식민지에는 착취할 원주민과 자연자원이 별로 없었다. 게다가 광범위한 지역에 퍼져 사는 이주민을 일일이 통제하는 것이 여의치 못했다. 이런 상황에서 잉글랜드가 북아메리카 식민지를 경영하는 유일한 길은 이주민에게 일정한 자치권을 주고 느슨하게 통치하는 것이었다. 더욱이 북아메리카에 정착한 이주민의 일차적 목적은 경제적 이익추구가 아니었다. 물론 신대륙의 더 나은 경제적 기회가 이주의 중요한 목적이라는 점을 무시할 수 없을 것이다. 그러나 북아메리카의 첫 이주민이 종교의 자유를 희구하던 청교도였다는 사실이 무엇보다 중요하다. 1620년대 초부터 뉴잉글랜드에 이주한 청교도는 영국 식민지배의 "유익한 무관심(salutary neglect)" 속에서 타운미팅 민주주의를 실천했다. 이후 뉴잉글랜드는 독립운동과 건국을 이끌었고, 노예해방을 비롯해 인권·환경·반핵운동을 선도하면서 미국에서 사회적 자본과 소득수준이 가장 높은 지역으로 발전했다. 요컨대 라틴아메리카에서는 '착취적' 정치제도가 구성원의 창의력과 발전역량을 억압한 반면, 북아메리카에서는 '포용적' 정치제도가 구성원의 자치역량 계발을 촉진시켜 나라발전의 원동력이 되었다.

제주특별자치의 미래도 중앙정부의 특별한 지원이 아니라 바로 제주의 자치역량에 달려 있다. 제주주민의 자치역량을 강화하는 제주특별자치 시즌2의 개혁과제를 요약하면 다음과 같다.

(1) 그동안 제주도에 주어진 4,537건의 특별자치권을 충실히 활용해야 한다. 예컨대 앞서 언급한 재정주민투표를 제도도입의 취지에 맞게 단위사업의 규모를 크게 낮추는 방향으로 관련 조례를 개정할 필요가 있다.

(2) 자치권 확보를 위한 노력을 계속해야 한다. 그동안 적잖은 특별자치권이 주어졌지만, 제주도가 지방분권의 장점을 살리고 자치역량을 강화하기에는

충분치 못했다.

(3) 지방분권개헌운동이 필요하다. 특별법에 특례조항을 두어 특별자치권을 인정받는 방식으로는 "외교·국방·사법 등 국가존립사무를 제외한 사무"를 "제주자치도에 이양"하려는 특별법 제12조의 획기적 지방분권이 어렵다. 행정시 인사위원회 설치근거와 감사위원의 임기 3년 보장 등 세세한 내부 조직관리 사항까지 일일이 특별자치권으로 이양 받아야 하는 것이 제주특별자치의 현실이다.

(4) 과세자치권을 강화하고 조세수입과 세출수요를 직접 연결시키는 재정분권이 필요하다. 자치권의 핵심은 세목과 세율에 대한 과세자치권에 있으며, 지방분권의 장점은 조세경쟁과 정책경쟁을 통해 실현되기 때문이다.

(5) 중앙정부의 규제완화 권한을 대폭 제주도에 이양하여 제주주민이 규제완화를 스스로 결정하고 그 결과에 책임지도록 하는 것이 바람직하다.

(6) 대의민주제와 직접민주제의 적절한 결합이 필요하다. 세금과 같이 가장 중요한 문제를 주민이 직접 결정하고, 이보다 덜 중요한 사안을 의회가 결정하도록 직접민주제를 확충해야 한다.

(7) 풀뿌리자치제의 도입이 필요하다. 현행 2개 행정시체제는 행정시장을 직선할지라도 제주주민의 자치역량 계발과 발휘에 적절치 않다.

(8) 제주특별자치의 성공은 적어도 20-30년 긴 안목의 헌정리더십을 발휘하는 리더와 능동적 시민정신을 실천하는 제주도민의 끈기와 헌신을 요구한다. 지속가능한 제주발전은 구성원의 자치역량을 강화하고 발현하는 긴 사회적 학습과정의 결과다.

V 시·군자치제 폐지의 실책

참여정부가 제주특별자치도를 도입하면서 기초지방자치단체인 4개 시·군을 2개 하급행정기관으로 강등시켜 단층자치제로 전환한 것은 2005년 이후 정치권과 정부가 추진하려고 시도해온 지방자치제제 개편안과 일맥상통하는 것이다.

참여정부 초기 제주도청은 중앙정부에 특별자치제 도입을 요구하면서 도정의 일사불란함과 효율성 제고를 위해 시·군자치의 폐지를 주장했다. 당시 행정자치부와 청와대는 이 주장을 적극 수용하여 시·군자치 폐지를 제주특별자치도 도입의 전제조건으로 삼았다. 정부혁신지방분권위원회 산하 특별위원회 회의에서 제주지역의 시·군자치제 폐지에 관한 논의과정에서 여러 위원들이 시·군자치제 폐지의 폐단을 지적했지만 결국 주민투표로 시·군자치제 폐지 여부를 결정하기로 타협되었다.[2] 주민투표 결과, 전체 제주지역에서는 폐지찬성이 57%로 높았지만 서귀포시와 남제주군에서는 폐지반대 의견이 더 많았다. 그러나 정부와 제주도청은 투표결과를 4개 시·군자치제 폐지요구로 해석했다. 이에 대해 서귀포시와 남제주군 주민이 대법원에 시·군자치제 폐지무효 소송을 제기했지만, 대법원판사들은 정부와 제주도의 손을 들어주었다. 해당 지방자치단체 주민의 다수가 반대하는 지방자치단체 법인격 박탈사태가 발생한 것이다.

제주지역 시·군자치제의 폐지는 단순히 주민투표 결과해석의 법리문제에 그치지 않는다. 제주특별자치도 출범으로 시·군자치제가 폐지되면서 주민참여 제약, 도지사 업무부담 가중, 과소지역의 발전활력 저하, 기존 제주시의 집중심화 등으로 주민의 불만이 고조되었다. 이에 따라 시·군자치제 부활이 2010년 6·2지방선거의 핵심 쟁점으로 부각되었다. 여러 도지사 후보들이 그동안 시·군자치제 폐지로 인한 주민참여 제약과 불편, 제주시지역의 집중 심화, 특히 과거 서귀포시와 남제주군 지역의 발전활력 상실과 차별에 대한 주민불만을 해소하기 위해 다양한 풀뿌리자치제도 개편안을 공약으로 제시했다.

선거가 끝난 후 공약이행을 위해 도지사 자문기관으로 설치된 제주특별자치도 행정체제개편위원회가 설치되었다. 행정체제개편추진위원회는 연구용역을 발주하고 연구결과에 제시된 개편안을 중심으로 정책토론회와 주민공청회를 거쳐 최종안을 마련하기로 의견을 모았다.

연구용역팀은 시장직선-기초의회 구성안을 포함한 8가지 개편안을 도출했다. 그러나 2013년 7월 제주특별자치도 행정체제개편위원회는 '시장직선-의회미구성안'을 최종안으로 선택했다. 위원장은 논의과정에서 '시장직선-의회구성안'의 선택

---

2) 참여정부 시절 제주특별자치도지원특별위원회 회의에서 필자와 일부 전문가들은 제주의 시·군자치제 폐지에 반대했지만 우여곡절 끝에 주민투표로 시·군자치제의 존폐를 결정하자는 제주도와 행정자치부의 제안에 따르지 않을 수 없었다.

도 고려했지만 정치권과 중앙정부의 지방행정체제개편 합병 위주의 방향을 감안해 '시장직선-의회미구성안'을 선택했다고 밝혔다. 이 최종안에 따라 선출될 시장은 자치시의 시장이 아니라 도지사 산하 행정시의 시장이다. 자치권이 없는 민선 시장이라는 말이다. 이런 모순을 완화하기 위해 위원회는 민선 시장에게 조직·인사권과 사무배분 및 재정배분에서 부분적으로 준자치적 권한을 부여하는 방안을 권고했다. 2016년 총선에서도 후보들이 기초자치제 부활공약을 제시할 정도로 다수의 제주도민의 풀뿌리자치 파괴에 대한 불만은 크다.

Ⅵ 다중심거버넌스의 민주적 효율성

2009년 노벨경제학상을 받은 Elinor Ostrom과 남편 Vincent Ostrom의 반세기에 걸친 연구결과는 제주의 시·군자치제 폐지로 인한 풀뿌리민주주의의 파괴가 통념과 달리 행정의 효율성마저 떨어뜨리는 개악임을 경고한다.

Ostrom 부부는 "민주주의는 다중심성"이라고 선언한다. 이들은 인간적 규모의 민주주의(human scale democracy)를 거부하는 단일중심체제가 소규모 대면공동체로 분기된 다중심체제보다 더 효율적이라는 "통념의 위험성"을 지적한다. 민주주의는 다중심거버넌스체제에서 만개하며, 다중심거버넌스체제는 적절히 설계되는 경우 효율적일 수 있다는 것이다. E. Ostrom은 2009년 노벨상 수상연설에서 "그동안 수많은 경험적 연구를 통해 단일중심체제가 다중심체제보다 더 효율적인 사례를 단 한 건도 확인한 바 없다."고 단언했다.

Ostrom 부부는 다중심거버넌스체제가 단일중심체제보다 민주적으로 우월할 뿐만 아니라 효율적인 까닭이 다중심거버넌스체제의 민주적 효율성 메커니즘(경쟁, 발언권, 공공기업가정신, 공동생산, 가외성) 때문이라고 설명한다(Aligica & Boettke, 2009).

다중심거버넌스체제는 공공서비스 사용자들의 탈퇴(exit) 압력으로 지방정부 간 공공서비스 **경쟁**을 벌이도록 만든다. 지방정부들로 하여금 주민의 선호에 맞추어 공공서비스를 제공하는 경쟁을 벌이도록 유도하는 준시장적 다중심거버넌스체제는 주민으로 하여금 공공서비스에 대한 선호에 따라 이주·전입할 수 있는 선택의 기회를 원천 봉쇄하는 단일중심체제에 비해 공공서비스 제공의 효율성을 높이는 데 유리하다. 따라서 대도시지역의 공공서비스산업 내에서 세분된 관할권을 관장하는 다양한 공공기관들이 제각기 지역사회이익을 도모하기 위해 벌이는 경쟁은 공공서비스 제공의 효율성을 높이는 유력한 요인으로 간주된다.

다중심거버넌스체제는 주민에게 공공서비스에 대한 불만을 토로하고 시정을 요구할 수 있는 **발언권**(voice) 기회를 확대한다. 주민에게 공공서비스에 대한 불만과 요구를 표명할 수 있는 발언권 기회를 주는 것은 이주 압력과 함께 지방정부를 주민선호에 부응하도록 만드는 유력한 주민통제 장치다. 발언권의 힘은 탈퇴보다 투표함과 더 직접적으로 연관되어 있다. 이를테면 주민은 때때로 공공서비스 시장에서 이주로 위협하는 대신 시의회 회의에 나가 공공서비스에 대해 불만을 토로하고 항의할 수 있다. 이런 의미에서 발언권은 탈퇴와 함께 준시장적 공공경제를 작동시키는 중요한 통제장치다.

다중심거버넌스체제는 주민과 지방공직자로 하여금 공공경제가 적절히 작동하는 데 필요한 **공공혁신정신**(public entrepreneurship)을 발휘하도록 고무한다. 탈퇴와 발언권이 지방공직자를 통제하는 장치라면, 주민과 지방공직자의 공공혁신정신은 체제를 앞으로 나아가게 만드는 힘이다. 공공혁신정신은 공공경제에 역동적 에너지를 공급한다. 아이디어를 제안하고 토론과 타협에 적극적이며 문제해결에 소요되는 비용을 기꺼이 부담하는 공공혁신가들의 창의성 발휘는 더 나은 공공서비스를 더 낮은 비용으로 제공할 수 있도록 만든다.

다중심거버넌스체제의 우월성을 뒷받침하는 또 하나의 유력한 요인은 주민이 공공서비스의 생산소비자로 참여하는 **공동생산**(coproduction)이다. E. Ostrom은 교육·경찰·사회복지 서비스 등 대면 접촉이 필요한 공공서비스의 효율성과 품질이 관료들과 주민의 공동노력에 크게 좌우된다는 점을 확인하고, 이런 현상을 설명하기 위해 '공동생산'이라는 새로운 용어를 만들었다. 공동생산에서 관료는 전문가나 정규생산자로서, 시민생산은 서비스의 양을 늘리고 품질을 높이기 위해 개인이나 집단의 일원으로서 자발적으로 참여한다. 그동안 경험적 연구는 시민 공동생산이 공공서비스 전달의 품질과 효율성을 제고하고 나아가 정부의 책임성과 민주주의를 향상시킴을 밝혀왔다(Verschuere, Brandsen & Pestoff, 2012: 1093-1094).

다중심거버넌스체제의 **가외성**(redundancy)은 정책쇄신을 촉진하고 정책오류로 인한 부작용을 최소화하고 국지화한다. 다중심거버넌스체제의 실험과정에서 주민과 관료들은 지방지식에 쉽게 접근할 수 있고, 정책변동에 신속하게 적용할 수 있으며, 다른 단위들의 경험으로부터 교훈을 얻을 수 있다. 광대한 지역에 하나의 정부만 존재하면, 그 정부가 외부 위협에 적절히 대처하지 못하는 것이 체제 전반에 치명적 재난이 될 수 있다. 그러나 동일 지역에서 상이한 수준에 조직된 여러 거버넌스 단위들이 존재하면, 외부 위협에 대한 일부 단위의 실패가 작은 재난으로 끝난다. 더욱이 이런 실패는 다른 단위들의 실패를 예방하고 성공적 대응을 유도한다.

Ⅶ 모범적 풀뿌리민주주의 사례

1. 미국 민주주의를 선도해온 뉴잉글랜드 타운미팅

오늘날 미국 뉴잉글랜드 지역의 약 1,100개 타운은 타운미팅에서 주민이 직접 법률을 제정·개폐하고, 재산세 등 세금을 결정하며, 예산을 확정하고, 주요 공직자(행정위원, 의장, 서기, 감사관, 부동산사정관, 출납관, 감사관, 재정위원, 학교위원 등)를 선출한다.

미국의 한 신문기자는 뉴잉글랜드의 한 타운에 이주하여 처음 참석한 타운미팅을 이렇게 묘사했다.

"나는 2012년 봄 인구 18,272명의 Westborough 타운에 이사해 처음 참석한 타운미팅을 보고 놀라움을 금할 수 없었다. 450명의 주민이 고등학교 강당에 모여 순찰차 구입에서 대마초진료소 구역설정에 이르기까지 타운 현안을 직접 결정했다. 타운미팅은 세금내기 싫어하는 주민들이 벌이는 싸움판이거나 은퇴한 노인들이 소일거리로 모이는 지루한 회의가 아니었다. … (중략)… 타운미팅은 축제 분위기였다. 오후 1시에 시작된 회의는 밤 11시까지 계속되었다. 중간에 2시간의 식사시간이 있었다. 참석자들은 사전에 부의안건을 연구검토해 숙지하고 있었다. 재산세율 인상을 비롯한 모든 안건은 순조롭게 처리되었다. 교육예산안은 이견이 제시되어 두 가지 개정안과 함께 표결에 부쳐졌다. 결국 교육위원회가 제안한 예산안이 63%의 찬성으로 통과되었다."

뉴잉글랜드 타운미팅의 가치는 구소련의 반체제 작가 Aleksandr Solzhenitsyn에 의해 감명 깊게 증언되었다. Stalin을 비판한 죄목으로 8년 간 감옥과 강제노동수용소에 감금되었다가 풀려난 노벨문학상 수상작가 Solzhenitsyn은 미국 Vermont주 Cavendish 타운에서 18년 망명생활을 마치고 고국 러시아로 떠나기 직전 마지막으로 참석한 1994년 12월 타운미팅에서 다음과 같은 송별사를 남겼다.

"제가 이곳에서 보낸 18년은 제 인생에서 가장 생산적인 기간이었습니다. 저는 제가 쓰고 싶은 모든 것을 모두 써왔습니다. 오늘 제가 쓴 책들의 영어 번역본을 타운 도서관에 증정합니다.
정말 저희 가족은 여러분과 함께 살면서 가족의 따듯한 정을 느꼈습니다. 망명생활은 늘 녹록치 않았지만 귀향을 기다리며 살기에 Cavendish만큼 살기 좋은 곳을 상상할 수 없었습니다. 다가올 봄 5월 아내와 저는 지금 역사상 가장 어려운 시기를 보내고 있는 러시아로 돌아갈 것입니다. 지금 러시아는 빈곤이 만연하고 인간존엄성 기준이 무너져 무법과 경제적 혼란이 난무하고 있습니다. 이 곤경은 체제의 유지를 위해 600만 명의 인명을 앗아간 70년 공산주의 지배를 벗어나기 위해 우리가 치러야 하는 고통스런 대가입니다. 제가 곤경에 처한 고국에 아주 작은 도움이라도 줄 수 있기를 소망합니다만 저의 노력이 얼마나 성공할지 알 수 없습니다. 이제 저는 젊지도 않습니다.
저는 그동안 이곳과 주변 타운에서 주민이 지역사회의 중요한 문제를 상위 정부의 결정을 기다리지 않고 스스로 결정하는 분별력 있고 안전한 풀뿌리 민주주의 과정을 생생히 관찰했습니다. 안타깝게도 러시아는 아직 이런 풀뿌리민주주의를 갖지 못하고 있습니다. 이것이 우리의 가장 큰 약점입니다."

뉴잉글랜드의 타운미팅에서 미국의 잠재력을 엿본 또 한 명의 역사적 인물은 1831년 미국을 방문해 9개월 동안 체류하면서 관찰한 후 귀국해 불후의 고전 「미국의 민주주의」(1835, 1840)를 저술한 Alexis de Tocqueville이다. 뉴잉글랜드 타운(평균 인구 2천-3천 명)의 타운미팅 민주주의에 깊은 감명을 받은 Tocqueville은 머지 않은 장래에 미국이 강성한 나라로 발전할 것을 예견하면서 타운미팅의 중요성을 다음과 같이 강조했다.

"타운미팅과 자유의 관계는 초등학교와 학문의 관계와 같다. 타운미팅에서 자유는 주민의 손이 닿는 범위에 있다. 타운미팅은 사람들에게 자유를 사용하고 누리는 방법을 가르쳐준다. 국가는 자유로운 정부를 세울 수 있지만 지방자치제도 없이 자유의 정신을 가질 수 없다."

"뉴잉글랜드 주민이 타운에 애착을 갖는 것은 그곳에서 태어났기 때문이 아니라 자신이 타운의 구성원이며 타운을 운영하는 데 들이는 노고에 값할 만큼 타운이 자유롭고 강력한 공동체이기 때문이다. …(중략)… 권력과 자주성을 갖지 못한 타운은 착한 신민(臣民)을 가지게 될지 모르지만 능동적인 시민은 가질 수 없다. 또 한 가지 중요한 것은 뉴잉글랜드 타운이 인간의 심성에서 야망을 부추기지 않으면서 가장 따뜻한 인간애를 이끌어낸다는 사실이다."

"타운 하나하나는 본래 독립국가를 이루고 있다고 볼 수 있다. …(중략)… 타운은 그 권력을 중앙권위로부터 받은 것이 아니고 오히려 자신의 일부 자주성을 주에 양보했다."

"지방적 자유가 쓸데없다고 여기는 나라들은 모두 그런 자유를 별로 누리지 못한 나라들이다. 달리 말해 오직 지방의 자유를 모르는 나라만이 지방자치제도를 비방한다."

19세기 말부터 20세기 초 도시화의 진행으로 타운의 인구가 늘고 연방정부와 주정부의 통제가 강화되어 자치권이 축소되고 타운미팅의 주민참여율이 하락하면서 타운미팅 대신 의회를 구성하고 비대면적 주민발의제와 주민투표제를 도입하자는 주장이 제기되었다. 이런 상황에서 일부 타운(특히 인구 1만 2천 명 이상의 타운)은 타운 내 소지역 대표로 구성된 대의타운미팅(representative town meeting)제와 타운관리관(town manager)제를 도입하거나 재정위원회(위원 9명–15명)를 구성하는 방식으로 대응했다. 그러나 대다수 타운(특히 주민 1만 명 이하의 타운)은 종래의 개방적 타운미팅(open town meeting)제를 계속 유지했다.

타운미팅의 낮은 주민참여율에 대한 우려와 개혁의 목소리가 커지는 와중에서도 타운미팅에 대한 일반적 평판은 그리 나쁘지 않았다. 오히려 당시 영국의 저명한 법학자이자 역사학자로서 말년 비교정부 분야의 명저 「현대민주주의」(1921)를 저술한 James Bryce는 1888년 뉴잉글랜드 타운미팅을 직접 관찰한 후 "타운미팅은 완벽한 자치학교이며, 내가 관찰한 지방정부제도 중에서 시민에게 가장 저렴하고 효율적이며 교육적인 최선의 정부제도"라고 호평했다.

20세기 후반 타운미팅의 가치는 다시금 재인식되었다. 투표율 하락, 정치불신의 심화, 사회적 자본의 쇠퇴 등 대의민주제의 결함을 교정·보완하는 방안으로서 타운미팅의 가치가 새롭게 조명되었다. 실제로 타운미팅이 사회적 자본 형성과 소득수준 향상에 기여한다는 경험적 증거가 확인되었다. 이를테면 뉴잉글랜드 6개 주 중 5개 주가 미국의 '사회적 자본 10대 주'에 포함되고, 뉴잉글랜드가 미국에서 가구당 소득이 가장 높은 지역임이 밝혀졌다. 더욱이 근래 대도시 기초정부로서 타운미팅의 가치가 재평가되면서 도시 내 분권의 유력한 대안으로 고려되어 왔다.

뉴잉글랜드 타운미팅을 반세기 동안 연구한 Frank M. Bryan(2004) 교수는 그가 "진정한 민주주의(real democracy)"라고 명명한 타운미팅에 관해 다음과 같이 기술했다.

"나는 공화국이 민주주의 없이 생존할 수 없으며, 민주적 가능성은 소규모 장소에서 발현된다고 믿는다. …(중략)… 스스로 다스리는 타운과 마을은 민주주의 과학의 실험실이며 대륙 규모의 자유주의적 정치의 방향을 결정짓는 분수령이다."

"대의제를 묘사하기 위해 '민주주의'라는 단어를 사용하는 것은 Robert Dahl이 말한 '지적 장애'다. 진정한 민주주의는 일반목적 정부의 모든 유권자시민이 입법자일 때, 즉 일반목적 정부의 모든 유권자시민이 대면 주민집회에서 구속력 있는 집단행동 의사결정을 내릴 때 실현된다. 뉴잉글랜드 타운은 미네소타의 일부 타운십을 제외하면 미국에서 진정한 민주주의가 실행되는 유일한 곳이다."

"(평균 20%의 낮은 참여율을 기록해온) 타운미팅은 주민의 참여부담을 고려할 때 인간본성의 한계 내에서 실현가능한 모범적 참여민주주의에 가깝다."

"나는 뉴잉글랜드 타운미팅보다 겸손 —따라서 용서(forbearance)— 의 시민미덕을 더 잘 가르칠 수 있는 곳이 없다고 확신한다."

"내가 거의 반세기 동안 타운미팅의 밝은 측면과 어두운 측면을 두루 관찰하고서 깨달은 한 가지 분명한 사실은 인간은 기회가 주어지면 자치할 수 있는 존재라는 것이다."

2. 스위스 번영을 견인해온 코뮌자치[3)]

영국 캠브리지대학의 Jonathan Steinberg 교수는 고전적 스위스연구서인 「왜 스위스인가?」(1996)에서 스위스를 "아래에서 위로 세워진, 무게 중심이 바닥에 있는 나라"로 평가했다. 스위스는 민권이 살아 있는 코뮌자치의 나라라는 것이다. 실로 스위스는 코뮌에 의해 통치되는 나라다.

2014년 1월 취리히의 주간지 「자이트-프라겐(Zeit-Fragen)」에 '왜 스위스가 이렇게 잘 나가는가?'라는 제목의 칼럼이 실렸다. 이 칼럼을 쓴 Marianne Wuethrich 박사는 스위스의 성공요인으로 연방제와 직접민주제 및 코뮌자치를 꼽았다. 연방제와 직접민주제는 마치 자석처럼 기업을 작은 코뮌에 끌어들여 지역사회발전에 동참하게 만들었고, 코뮌자치는 고등교육기관과 직업학교와 함께 주민의 애향심(애국심)과 공동체의식을 고취한 최상의 시민학교 역할을 수행했다는 것이다.

취리히 자유연구소(Leberales Institute)를 창립한 Robert Nef 박사는 스위스 미러클의 비밀이 "과세권을 갖는 경쟁력 있는 코뮌의 활약"에 있다고 역설했다. 스위스 전체 세입의 약 30%를 주민이 직접 결정하고 징수해서 사용하는 코뮌정부는 상위정부가 남겨준 보충적 권한과 공적 자금을 운영하는 하급행정기관이 아니라 "원초적" 자치정부로서 스위스의 번영을 이끌었다고 분석했다. 무엇보다 코뮌이 스위스 번영과 경쟁력의 근원인 까닭은 코뮌의 막강한 과세권과 재정주민투표제도에서 비롯된다고 보았다. 기업강국 스위스의 글로벌 향토기업의 비밀이 바로 여기에 숨어 있다.

스위스가 이룩한 놀라운 성취 중 가장 소중한 부분은 비교적 고르게 잘 사는 나라를 만든 것이다. 스위스의 빈곤선 이하 인구 백분비는 7.6%로 행복도와 삶의 질 등에서 스위스와 우열을 다투는 덴마크의 빈곤율 13.4%보다 5.8%나 낮고, 미국·독일·일본·영국·한국의 빈곤율 15.1-16.5%의 절반 수준이다.

스위스인 중 4분의 3이 사는 인구 2만 명 미만의 작은 도읍은 하찮은 농촌 도읍이나 마을이 아니다. 1-2만 명 규모의 스위스 코뮌을 방문한 여행객은 누구나 종종 농촌의 쾌적함과 도시의 편리함을 두루 구비한 작은 도읍에서 여생을 보내고 싶다는 욕구를 느낀다.

---

3) 스위스의 번영과 코뮌자치에 대한 자세한 논의는 이 책 제2장과 제12장을 참고할 것.

　　스위스의 소 도읍이 이런 매력을 갖추게 된 것은 무엇보다 코뮌의 건강한 경제생활을 뒷받침하는 건실한 기업 덕분이다. 이를테면 레만호수 동편에 자리 잡은 인구 1만 5천 명의 뷔베 코뮌에는 197개국에 447개 사업장을 가진 제약식품업계의 초국적 기업 네슬레(Nestlé) 본사가 있다. 인구 1만 6천 명의 솔로돈 코뮌에는 세계 도처에 11,430명의 직원을 둔 세계 1위 임플란트 생산업체인 진테스(Syntes)의 본사가 입지한다. 인구 1만 8천 명의 요나 코뮌에는 70개 국가에서 7만 1천 명의 직원이 일하는 건축자재회사인 홀심(Holcim)의 본사가 있다.

　　이와 같이 세계적 경쟁력을 지닌 크고 작은 기업들은 곧바로 코뮌재정의 든든한 토대가 된다. 코뮌정부의 조세수입 몫이 적지 않은 데다 그 대부분이 코뮌정부가 부과해 징수하는 개인소득세와 기업이윤세이기 때문이다. 스위스 코뮌재정의 윤택함은 크고 작은 견실한 기업과 지방의 막강한 과세권이 뒷받침한다.

　　2,324개 코뮌의 평균인구가 3천 6백여 명에 불과하고, 총인구 830만 명의 4분의 3이 인구 2만 미만의 작은 도읍 코뮌에 사는 스위스 지방자치는 동네 코뮌자치가 근간을 이룬다고 해도 과언이 아니다. 물론 도시화가 진행되면서 동네의 대면접촉 친밀성이 다소 희석된 것은 사실이지만, 중소도시라고 해서 코뮌 동네 주민자치가 완전히 사라진 것은 아니다. 베른의 연방대통령을 비롯해 중소도시 시장들이 친근한 이웃집 아저씨의 모습으로 전차를 타고 출근하는 정경, 허세와 과장을 혐오하고 실질과 실용을 애호하는 행정문화는 코뮌자치의 문화적 연장이다.

　　나라의 도덕적 건강성과 시민의식의 수준을 나타내는 탈세율에서도 스위스가 여느 나라보다 현저히 낮은 까닭도 주로 코뮌자치에 있다. 동네주민의 대면 접촉의 친밀성과 연대감, 그리고 이웃의 납세의무 이행에 대한 신뢰가 탈세를 예방한다. 게다가 동네주민이 입법자로서 세금을 포함한 주요 세입과 세출의 내역을 결정하도록 하는 직접민주제가 조세순응을 촉진한다.

　　스위스의 국가 브랜드를 높이는 아름다운 경관도 연방 및 캔톤정부의 정책이 아니라 코뮌 동네주민이 건물의 높이와 간격, 용적률, 심지어 색상에 이르기까지 자율적으로 결정한 상세한 규정에 의해 조성된 것이다.

　　스위스 코뮌자치의 이런 장점은 무엇보다 주민에게 밀착된 코뮌에게 막강한 자치권을 부여하고 그 자치권 행사에서 주민의 직접참여를 극대화하는 생활자치제도에 기인한다. 실로 동네분권과 직접민주제는 코뮌자치 성공의 필수요건이다.

코뮌이 누리는 이런 막강한 과세자치권은 중앙정부 법령이 규정한 지극히 한정된 범위 내에서 탄력세율을 정할 수 있는 우리나라 지방정부 과세자치권과 질적으로 다르다. 더욱이 최근 우리나라 중앙정부가 지방정부의 반대를 무시하고 연 2조 5천억 원에 달하는 취득세율 50%를 일방적으로 감축한 집권주의 횡포는 스위스에서는 상상할 수 없다.

연방·캔톤·코뮌 간 세금수입은 대략 30 : 40 : 30으로 배분된다. 이런 튼튼한 지방세 수입구조가 평균인구 3천 5백여 명에 불과한 코뮌정부의 평균재정자립도를 무려 87% 수준으로 끌어올린다. 이런 건강한 스위스 지방재정은 국세와 지방세 비율이 8 : 2를 맴돌고 전국 평균 지방재정자립도가 50.6%대로 추락한 한국의 빈약한 지방재정과 극적 대조를 이룬다.

일반적으로 인구 2만 명 미만의 작은 코뮌은 주민총회와 소수의 시간제 선출직 공무원으로 구성되며, 인구 2만 명 이상의 큰 코뮌은 별도의 의회와 행정사무를 처리하는 전업직원으로 구성된 집행부를 갖고 있다.

Ⅷ '읍·면·동'을 시민공화정치의 산실로

미국을 비롯해 유럽 중남부 선진국의 기초정부 평균인구는 1만 명 미만이다. 그동안 북유럽 국가들과 일본은 기초정부 합병을 추진해 기초정부의 평균인구 규모가 늘어나 1–7만 명 수준이 되었지만 기본적으로 풀뿌리자치의 기본 골격을 유지하고 있다. 예외적으로 선진국 중 가장 중앙집권적인 나라로 변모한 영국은 자치계층 단층화에 집착해 많은 지역에서 기초정부(districts)가 폐지되어 기초정부의 평균인구가 무려 약 13만 명으로 증가했다. 하지만 영국에서는 보통 기초정부 산하에 약 1만 2천 개의 준자치계층(parish council 또는 community council)이 있어 대규모 기초정부의 풀뿌리자치 기능장애를 부분적으로 보완하고 있다.

이와 대조적으로 한국에서는 1961년 5·16군사정부에 의해 읍·면자치제가 폐지된 이후 줄곧 합병 위주의 지방행정체제개편이 이루어져 기초정부 수가 1960년 1,465개에서 2017년 현재 226개로 격감했다. 이로 인해 한국은 시·군·구 평균인구가 22만 7천 명에 달하는 세계 최대의 기초정부를 가진 나라가 되었다. 게다가 기초

정부 산하 읍·면·동은 자치적 권능이 전혀 없는 천덕꾸러기 말단행정계층에 불과
하다. 이런 단일중심주의적 지방행정체제개편의 일환으로 제주지역에 2006년 특별
자치 실시와 동시에 시·군자치제가 폐지된 이후 11년째 풀뿌리자치를 결여한 기형
적 특별자치제가 시행되어 왔다.

　　지난 수년 동안 정부는 읍·면·동 수준에 대의민주제적 성격을 띤 '주민자치회'
모형을 시범실시하고 '지역공동체 활성화 기본법(안)'을 마련하는 등 오랜 세월 고질
화된 읍·면·동 천시정책에서 벗어나려는 희미한 조짐이 엿보인다. 그러나 정부의
시행지침을 검토해보면 아직도 단일중심주의적 세계관에 얽매여 있음을 알 수 있다.
박근혜정부 시절 행정자치부는 한때 서울시가 법률이 허용하는 범위 내에서 독자적
인 읍·면·동 정책을 펼치려 하자 강한 거부감을 드러내며 서울시의 동네자치 실험
을 가로막았다.

　　문재인정부가 들어서면서 제주에 풀뿌리자치제도 도입에 유리한 조건이 조성
되었다. 문재인 대통령이 후보시절 "제주도민이 선택하면 어떤 자치제도라도 수용
하겠다."고 공약했기 때문이다. 차제에 제주의 43개 읍·면·동을 시민공화정치의 산
실로 만들 읍·면·동 분권개혁에 관한 필자의 구상을 약술하면 다음과 같다.

(1) 헌법에 제주특별자치와 읍·면·동 수준의 풀뿌리자치의 근거를 규정하는
    개헌을 추진한다. 특히 헌법에 폭넓은 자치권을 인정하는 읍·면·동 자치
    헌장제의 근거규정을 마련하여 주민총의로 다양한 창의적 자치제도의 채택
    이 가능하게 한다.

(2) 보충성원칙에 입각해 제주의 특별자치권을 강화하고 이에 상응하는 읍·면
    ·동 자치권을 보장하는 방향으로 단계적으로 사무 재배분을 추진한다. 장
    기적으로 읍·면·동은 생활자치의 거점으로서 중앙정부와 제주특별자치도
    의 위임을 받아 집행하는 위임사무와 더불어 스스로 정책을 결정하고 집행
    하는 고유사무의 비중을 늘림으로써 수질보호, 식품경찰, 민방위, 사회보
    험, 유아교육, 초등교육, 중등교육, 노인복지, 보건, 주택, 교통, 지역사회계
    획, 건축경찰, 소방경찰, 교통경찰, 환경, 문화, 스포츠, 가스, 전기, 상수도,
    하수도, 토지이용계획, 읍·면·동발전계획 등의 생활자치사무를 처리하도
    록 한다.

(3) 읍·면·동은 예산과 결산, 세율을 결정하는 광범위한 자치재정권을 행사하

도록 한다. 무엇보다 읍·면·동 간 정책과 조세의 적정경쟁을 유도하도록 읍·면·동 주민의 과세자치권을 단계적으로 확대한다. 그 첫 출발로 주민세를 읍·면·동세로 전환하고 주민총의로 주민세 성격의 회비를 제주특별자치도세에 부가하여 걷어주는 Precept제도를 도입한다.

(4) 제주특별자치도 사무의 재배분에 상응해 읍·면·동에 인력과 예산의 이양을 추진한다. 읍·면·동 자치제도의 도입에 따라 기존의 제주특별자치도의원정수(41명) 및 사무처 직원정수(151명)와 예산을 조정하고, 제주특별자치도 본청과 2개 행정시의 인력과 예산을 재정비하여 읍·면·동의 인력과 예산을 확충한다. 특히 읍·면·동의 재정자립도를 획기적으로 높이는 방향으로 제주특별자치도의 재정체제를 단계적으로 개혁한다.

(5) 제주특별자치에서 대의민주제의 결점을 교정·보완하는 직접민주제를 확충한다. '가장 중요한 사안은 주민이 직접 결정하고, 중요한 사안은 의회가 대신 결정하며, 일상적인 사안은 선출된 집행부가 결정하는 원칙'을 준수한다. 주민투표의 유권자 3분의 1 유효투표율제도를 폐지하고, 주민투표의 대상과 청구요건 등의 직접민주적 개방성을 높인다. 제주특별자치도 조례로 사문화(死文化)된 재정주민투표제를 실효성 있는 제도로 만들고, 읍·면·동 수준의 재정주민투표제도를 도입한다. 아울러 조례제정개폐청구제도에서 주민의 조례발의 요건을 완화하고, 주민발의 조례안의 최종 결정권을 주민이 투표로 행사하도록 개정한다.

(6) 인구 1만 2천 명 이하의 25개 읍·면·동에는 최고 입법기관으로 주민총회를 설치한다. 다만 인구 6천 명 이상 1만 2천 명 이하의 12개 읍·면·동은 유권자 전원의 주민총회를 대신해 통·리별로 선거/추천/추첨으로 선발된 3-5명의 주민대표로 구성된 대표주민총회를 둘 수 있도록 한다. 주민총회에는 주민총의로 해당 읍·면·동에 거주하지는 않지만 사업장을 갖는 기관의 대표나 사업자에게 준회원의 자격을 부여할 수 있도록 한다.

(7) 인구 1만 2천 명 이상의 18개 읍·면·동은 주민총의로 주민총회 대신 의회를 설치할 수 있도록 한다. 읍·면·동 의회의원 중 일부 몫을 주민총의로 해당 읍·면·동에 거주하지는 않지만 사업장을 갖는 기관과 사업자를 대표하는 인사들에게 할당할 수 있도록 한다.

(8) 읍·면·동 주민총회와 의회를 구성할 때는 기존의 아파트자치회와 리자치회 등의 자치적 요소를 존중하여 유기적 결합을 도모한다. 아울러 기존의 통·리장(통장 530명＋이장 172명)제도를 발전적으로 전면 개편한다.

(9) 읍·면·동에는 합의제 집행기관으로 주민총회 또는 주민투표를 통해 선출된 3-5명의 행정위원으로 구성된 행정위원회를 둔다. 행정위원 중 득표순에 따라 1년씩 읍·면·동장의 직무를 수행한다. 읍·면·동장은 동료 중 수석으로서 회의를 주재하고 대내외적으로 의전역할을 수행하는 이외에 다른 행정위원과 동등한 권한을 행사한다.

(10) 읍·면·동에는 행정의 전문성과 효율성을 높이기 위해 비선출직 사무장을 둔다. 사무장의 선임권은 행정위원회가 행사한다.

(11) 읍·면·동에는 읍·면·동을 하나의 선거구로 삼아 주민총회 또는 주민투표로 선출된 5-7명의 전문적 식견을 가진 감사위원으로 구성된 합의제 감사위원회를 둔다. 감사위원회는 집행부로부터 독립성을 유지하며 사후감사뿐 아니라 정책형성과 예산편성 과정에서 정책제안과 조언 및 사업타당성 검토 등의 사전감사권도 행사한다. 감사위원회는 의회가 설치된 읍·면·동의 경우 의회와 경쟁관계를 유지하면서 의회를 견제한다.

(12) 읍·면·동 선출직 공무원(의원, 행정위원, 감사위원 등) 후보의 정당공천을 허용하지 않는다.

(13) 읍·면·동의 선출직 공무원은 회의수당과 직무수행비 등 필수경비를 제외하고는 보수를 받지 않는 공직자원봉사(Milizverwaltung) 원칙을 준수한다. 다만 전일제로 근무하는 선출직 공무원은 주민총의에 따라 소정의 보수를 지급할 수 있도록 한다.

(14) 읍·면·동 자치의 실시로 인한 청사 등 주요 시설의 확충계획은 주민투표를 실시하여 결정한다.

PART 3

시민참여와 지방참여

CHAPTER 7 직접민주주의와 엘리트 카르텔
CHAPTER 8 스위스 준직접민주주의
CHAPTER 9 지역대표형 상원 설계

"정의(正義)를 다루는 인간능력은 민주주의를 가능하게 만들지만, 불의(不義)를 향한 인간성향은 민주주의를 필요하게 만든다."

_Reinhold Niebuhr

"정치적 지방분권은 민주화와 굿 거버넌스 및 시민참여의 본질적 요소로서 대의민주주의와 참여민주주의의 적절한 결합을 포함해야 한다."

_UN국제지방분권지침

"미국의 헌법제정자들이 연방적 지역대표형 상원제도를 창안하지 못했다면, 미국은 탄생하지 못했을 것이고, 세계역사는 다르게 전개되었을 것이다."

_James McClellan

7

직접민주주의와 엘리트 카르텔

"타인이 자신을 대표하도록 떠맡긴 인민은 더 이상 자유롭지 못하다."
"언제나 스스로 잘 다스리는 인민은 결코 지배당하지 않는다."

Jean-Jacques Rousseau

"나는 인민 이외에 사회 내 궁극적 권력의 안전한 저장고를 알지 못한다. 만일 인민이 온전한 재량권을 가지고 자치할 만큼 충분히 개명되지 못했다고 생각한다면, 그 치유책은 그들에게서 재량권을 빼앗는 것이 아니라 그들에게 그것을 알려주는 것이다."

Tomas Jefferson

"빈약한 민주주의(대의민주주의)에서 유권자들은 보통 헌정위기와 정부배임 때만 행동한다. 평소 이들은 다스리는 일을 태평하게 타인에게 떠맡기고 자신들의 에너지를 온통 사적 영역에 쓰려고 아껴둔다."

Benjamin R. Barber

I 대의민주주의 위기와 엘리트 카르텔

극심한 정치인불신은 1987년 이후 총선 때마다 국회의원의 과반수 교체로 표출되었다. 그러나 그동안 국회의원의 자질과 도덕성이 향상되었다는 증거를 찾아볼수 없다. 오히려 날이 갈수록 더 깊어지는 국회와 국회의원에 대한 불신은 정치에대한 혐오감과 냉소주의를 낳고 민주주의의 정당성을 크게 훼손하고 있다.

2014년 4월 304명의 무고한 생명을 앗아간 세월호 참사의 배경에는 선주의 탐욕과 비윤리적 경영을 조장하고 선사의 로비에 놀아난 정관마피아가 자리하고 있음이 드러났다. 부패연구자인 Michael Johnston(2005)은 한국을 정관마피아를 중심으로 형성된 "엘리트 카르텔 부패국가"로 분류했다. 1)

세월호 참사로 여론의 압력에 밀려 2015년 제정된 '부정청탁 및 금품 등 수수의 금지에 관한 법률'은 세월호 참사의 구조적 원인으로 지적된 공직자의 이해충돌 직무수행을 막는 핵심 규정을 삭제했다. 세월호 참사라는 국가적 비극도 온전한 부패방지법의 제정을 담보할 수 없었다.

정치인 카르텔은 대선공약을 거짓 약속으로 만들었다. 다수 국민의 지지를 받아 2012년 대선에서 채택된 기초선거 정당공천제 폐지공약은 끝내 여당의 기득권 고수와 제1야당의 포기번복으로 파기되고 말았다.

정치인 카르텔은 망국병으로 일컬어지는 지역주의 정치를 극복하고 승자독식 다수결민주주의 병폐를 예방하는 데 기여할 국회의원 비례대표선거제의 도입을 번번이 무산시켰다. 마침내 2015년 2월 중앙선거관리위원회가 앞장서 대안을 제시했고 제1야당이 제3의 대안을 내놓았지만 기존 선거제도가 보장하는 기득권 상실을 우려한 정치권의 반발과 냉소적 반응으로 또 다시 흐지부지되고 말았다.

사실 권력을 시민 곁으로 이동시키는 지방분권개혁이 막대한 인력과 예산 투여에도 불구하고 전반적으로 정체와 후퇴를 면치 못한 까닭은 중앙집권체제에서 기득권을 누리는 정관엘리트의 저항과 반격 때문이다(최창수, 2014: 53-74; 유재원, 2015: 249-272). 정관엘리트는 중앙집권적 지방자치체제 개편 시도, 지방이양일괄

---

1) Johnston(2005)은 부패유형을 독재형(중국과 인도네시아), 족벌형(러시아와 필리핀), 엘리트 카르텔형(한국과 이탈리아), 시장로비형(미국과 일본)으로 구분한다. 그는 한국에서 정치인, 청와대, 관료, 군인, 기업가, 언론, 동향(同鄕), 동창 엘리트들이 뭉쳐 권력기반을 제공하고 부패를 통해 이익을 챙긴다고 진단했다.

법안의 접수거부, 자치경찰법안의 심의거부, 연간 2조 6천억 원에 달하는 세수감소를 초래한 취득세율 50%의 일방적 감축 등을 통해 지방분권개혁을 지연시키고 방해해 왔다.

국민의 공분을 야기해온 국회의원 특권도 정치인 카르텔의 폐단이다. 국회의원 특권은 무려 200건이 넘는다고 한다. 국회의원 특권에는 불체포 면책특권을 비롯해 초선 의원에게도 지급되는 평생연금 월 120만원, 의원실 주유비 연 5천만 원, 차량 유지비, 교통경비 450여만 원, 연 2회 이상 해외시찰경비, 공항 VIP주차장과 귀빈실 이용, KTX와 선박 공짜탑승, 항공기 비즈니스 좌석 등의 특권이 포함된다. 게다가 국회의원마다 후원회를 조직해 매년 1억 5천만 원(선거가 실시되는 해에는 3억 원)을 모금할 수 있다. 사정이 이런데도 국회의원 특권은 나날이 늘어나고 있다. 국회의원이 특권을 스스로 내려놓기 전에는 누구도 국회의원 특권에 손을 댈 수 없기 때문이다.

이 장은 먼저 정치인 카르텔을 막는 근본적 방안으로서 직접민주제의 논거와 숙의과정을 살펴본다. 둘째, 직접민주제의 효과에 관한 경험적 연구결과를 일별한 후 직접민주주의 반대론자들의 주장과 그에 대한 반론을 검토한다. 셋째, 우리나라 직접민주제의 실태를 점검하고, 직접민주제를 가장 진지하고 광범위하게 오랜 세월 운용해온 스위스와 미국의 경험을 토대로 직접민주제 설계지침을 정리한다. 넷째, 이 설계지침에 비추어 2017년 4월 국회헌법개정특별위원회 자문위원회가 제시한 개헌안(이하 '국회개헌특위 시안'이라 칭함)에 포함된 직접민주제의 문제점을 지적하고 그 대안을 모색한다. 끝으로 지방의 직접민주제 개혁방안을 제시한다.

Ⅱ 직접민주제의 논거와 숙의과정

1. 정치인의 지대추구행위와 카르텔

인간은 누구나 정치제도를 통해 자신의 이익을 도모하려고 한다. 오늘날 정치인이 불신의 대상으로 지탄받지만, 정치인을 보통 사람보다 더 사악하다고 단정할 수는 없다. 정치인도 보통 사람처럼 자기이익 증진에 관심을 갖는 존재일 뿐이다. 정치인은 물질적 이익뿐만 아니라 존경과 특권을 더 많이 누리고 싶어 하는 보통 사람이다. 다만 일반적으로 정치에 투신하는 사람은 보통 사람보다 이런 욕망이 좀 더 강한 사람일 가능성이 높다.

민주주의에서 정치인은 종종 세 가지 방식으로 공익에 반하는 자기이익을 추구한다.

(1) 정치인은 자신의 이념이나 불충분한 정보 또는 개인적 이익을 위해 시민의 선호와 동떨어진 결정을 내릴 수 있다. 이를테면 정치인은 흔히 시장가격을 활용하기보다 시장에 직접 개입하기를 더 좋아한다. 일반적으로 규제가 정치인에게 더 큰 지대(地代)를 얻을 수 있는 기회를 제공하기 때문이다.

(2) 정치인은 자신의 보수를 올리고 연금과 해외연수경비, 교통비 등 부가급여를 증액하며 보좌관을 증원하고 정당보조금을 늘리는 데 지대한 관심을 가진다. 그래서 행정공무원의 특권 남용을 의회가 막고, 지방의원의 보수는 주민대표 등으로 구성된 의정비심의회에서 정한다. 그러나 현행 헌법과 법률은 국회의원이 자신의 보수를 비롯한 모든 특권을 스스로 정하도록 방치하고 있다. 직접민주제가 작동하는 스위스에서는 다르다. 1992년 스위스국민은 연방의회의 의원세비 인상결정을 국민투표에 부쳐 72.4%의 반대로 무효화시켰다. 이처럼 국민의 견제를 받는 스위스 정치인은 국민의 신망과 존경으로 보상받는다. 스위스에서는 집회에 참석한 정치인이 종종 기립박수를 받는다. 2015년 12월 취리히에서 만난 은퇴정치인 Hans Ulrich Jöckling씨는 젊은 시절부터 변호사로서의 고소득을 마다하고 장크트 갈렌 주 칸톤 의원과 행정위원(윤번제 지사)으로 봉사한 삶을 큰 보람과 행복으로 여긴다고 고백했다. 2017년 OECD보고서는 스위스인의 정부신뢰도를 80%로 세계 1위로 평가했다. 한국인의 정부신뢰도는 고작 24%로 스위스보다 무려 56%나 뒤졌다.

(3) 정치인은 반대급부를 제공하는 사람에게 특혜를 주는 부패를 자행할 수 있다. 예컨대 세월호참사의 주요 원인으로 지적된 선박 폐기연한을 20년에서 30년으로 연장시킨 개정법안을 의결한 국회 해양수산위원은 선박회사의 로비자금으로 해외유람을 다녀온 것으로 밝혀졌다. 국회는 여론에 떠밀려 부패방지법을 제정하면서도 위헌 소지가 있다는 이유로 50여 년 전 미국 연방의회가 통과시킨 알맹이 규정을 삭제한 법률을 통과시켰다.

정치인들은 가능하다면 일반시민의 이익에 반하는 카르텔을 형성하여 자신의 지대추구기회를 보호하고 확장하고 싶어 한다. 그러나 자신의 지대추구행위가 유권자들에 의해 적극적으로 견제되는 경우 개별 정치인은 카르텔에서 벗어나 행동하려 한다. 예컨대 여론과 시민사회의 요구를 수용한 일부 국회의원들은 기초선거정당공천제 폐지에 동의했다. 하지만 이들의 영향력은 자당의 대선공약을 파기하는 부담도 아랑곳하지 않고 시장·군수·구청장과 지방의원 후보공천권을 고수하려는 절대다수 국회의원의 지대추구 카르텔을 깨는 데 역부족이었다. 이들의 도전은 마치 계란으로 바위를 깨려는 것처럼 무모했다. 정치인 카르텔에 도전하는 정치인은 정치인 카르텔을 관리하는 정당지도부의 가혹한 반격을 각오해야 한다. 정당지도부는 해당 정치인을 영향력 있는 위원회에 배속하지 않거나 심지어 공천에서 탈락시켜 의원직을 박탈한다.

2. 정치인 카르텔을 제재하는 기존 제도

민주적 헌법질서 설계자들은 정치인 카르텔의 지대추구행위를 제재하는 다양한 방안을 모색해 왔다. 오늘날 정치인 카르텔의 지대추구행위를 저지하기 위해 널리 활용되는 민주적 제도는 세 가지다.

(1) 정치인의 지대추구행위, 특히 부패를 예방하기 위해 강력한 법률을 제정할 수 있다. 부패방지법은 핵심 내용이 규정되고, 쉽게 회피할 수 없으며, 철저히 집행될 경우에만 효과가 있다. 그러나 최근 여론에 떠밀려 제정된 부패방지법에는 알맹이 규정이 빠졌다. 게다가 정치인 부패는 좀처럼 발각되지 않으며, 빙산의 일각처럼 드러난 부패에 대한 법집행조차 지나치게 관대하게 처벌받는다. 정치인이 스스로 정한 특권은 매우 다양하고 미묘해서 감지하기조차 어렵다. 설상가상으로 정치인 카르텔을 규제하는 법률은 시민선호와 동떨어진 정치인의 결정을 예방하거나 교정하지 못한다.

(2) 정치인 카르텔을 제재하기 위해 감사기관이나 특별법원을 설치한다. 모든 민주국가에는 정치인의 책임을 물을 수 있는 감사기관과 법원이 있다. 그러나 (준)사법적 제재는 사후적으로 매우 한정된 범위 내에서 이루어진다. 국회가 대법원 판사, 헌법재판소 재판관 추천권과 임명동의권을 행사하고,

감사원장과 법무부장관, 검찰총장, 그리고 현재 검찰개혁의 대안으로 고려
되는 공직자비리수사처의 장 등의 인사청문권과 임명동의권을 행사하는
경우에 (준)사법적 제재의 효과는 더욱 제한된다. 사실 사법부가 정치인들
과 대척을 이루며 정치인 카르텔을 견제할 유인은 희박하다. 게다가 좀처
럼 사라지지 않는 '무전유죄 유전무죄,' '전관예우'의 사법계 악습은 사법부
로부터 정치인 카르텔을 엄단할 도덕적 정당성을 심각하게 훼손한다. 더욱
이 준법에 초점을 맞추는 법원의 판결은 정치인의 결정과 시민의 선호 사
이의 간극을 종종 더 벌려놓는다(Frey & Stuzer, 2006: 48).

(3) 정치인 카르텔에 재갈을 물리는 제도로서 권력분립제와 양원제 및 정당경
쟁이 활용된다. 권력분립제와 양원제는 권력의 집중과 남용을 예방하고 권
력의 상호 견제를 유도한다. 그러나 권력분립제와 양원제는 권력기관 간
타협과 거래관계 형성으로 정치인 카르텔 견제제도로서 한계를 노정한다.
정당 간 경쟁촉진도 정치인 카르텔을 저지한다. 특히 정치체제에 신생 정
당과 정치인의 진입보장은 기성 정당들과 정치인들을 시민선호에 더 민감
하게 반응하고 특권과 부패에 더 조심하도록 만든다. 그러나 다수대표제로
특권을 누리는 양대 정당은 정당의 득표율과 의석을 비례시키는 국회의원
비례대표제 도입에 반대함으로써 소수정당의 부상과 신생정당의 진입을 가
로막아왔다. 게다가 정당경쟁의 효과는 단기적이다. 이를테면 진보적 정당
과 정치인이 제도권에 진입한 후 얼마 지나지 않아 과거의 비판적 태도를
바꾸어 특권을 누리는 기존 정치계급에 합류하기 일쑤다. 사실 정당경쟁의
근원적 한계는 집권 여당의 실정이 야당의 차기 집권에 유리하다는 점이다.
그래서 야당은 심지어 여당의 실정을 반기고 심지어 촉진시키기도 한다.
그 폐해는 고스란히 국민의 몫이다. 이런 폐단은 극단적 승자독식 다수결
민주제를 채택한 한국정치에서 더욱 심각하다.

그러므로 정치인 카르텔에 대한 세 가지 전통적 제재방안, 즉 규제법률, 감사기
관과 법원의 통제, 그리고 정당과 정치인 경쟁은 건강한 민주주의에 필요하지만 정
치인의 지대추구행위를 막는 데 충분치 못하다.

3. 대의제의 한계를 교정·보완하는 직접민주제

정치인의 지대추구행위를 막는 가장 강력하고 근본적인 수단은 시민이 직접 입법자로서 대의제의 일탈을 교정·보완하는 시민발안과 시민투표다.

시민발안은 시민에게 정치계급의 이익에 반하는 의안을 발의할 수 있는 기회를 제공한다. 그래서 시민발안은 정부와 의회가 논의하고 싶지 않은 사안, 이른바 '무의사결정(non-decision making)' 사안을 정책의제로 부각시켜 정치계급의 기득권에 도전한다.

시민투표는 정치인 카르텔 밖에 있는 시민에게 최종 결정권을 주는 직접민주제도로서 성공하는 경우 정부와 의회가 결정한 사항을 무효화시키는 강력한 통제력을 발휘한다. 시민투표는 정치계급의 부당한 간섭이 없을 경우에 본래의 목적을 달성할 수 있다.

그러나 현행 헌법은 정치인 카르텔에 도전하는 시민의 직접참정권을 인정하지 않고 있다. 지방 수준에 마련된 직접민주제 역시 제도 미비로 정치계급의 지대추구행위를 적절히 견제하지 못하고 있다. 정치인들은 종종 국익과 공익의 증진이라는 모호한 개념을 내세우며 시민의 직접통제를 피한다. 그러나 시민이 최종최고의 입법권을 행사하는 준직접민주제의 나라인 스위스는 다르다. 스위스에서는 정치인들이 원치 않고 때로 반대하는 사안일지라도 의무적으로 혹은 일부 시민의 서명으로 시민투표에 회부할 수 있다.

시민투표를 통해 정치인 카르텔을 저지시킨 두 가지 스위스 사례를 살펴보자.

"사례 1"

19세기 스위스 연방하원은 다수제로 선출되었다. 최대 정당인 급진민주당은 이 선거제도의 덕으로 70여 년 동안 제1당으로서 절대다수 의석을 차지했다. 기존 선거제도의 혜택을 톡톡히 누린 급진민주당은 득표와 의석의 불비례로 인한 소수정당의 불이익을 해소하고 신생 정당의 의회진입을 허용하는 비례대표제의 도입이 필요하다는 주장에 대해 줄곧 반대했다. 그러나 1918년 소수당인 사회당의 주도로 총파업이 단행된 후 비례대표제 도입을 요구하는 국민발안은 국민투표에 부쳐져 다수 국민과 다수 캔톤의 찬성으로 통과되었다. 비례대표제가 도입된 후 실시된 1919년 하원의원선거에서 급진민주당은 일거에 과거 의석의 40% 이상을 잃었다. 이후로 스위스 연방정치는 1당 지배의 정치에서 몇 개의 정당이 권력을 분점하는 정치로 전환되었다. 국민발안으로 제시된 비례대표선거제가 국민투표로 채택되어 스위스 정치체제는 승자독식의 다수결민주주의에서 포용융화의 권력공유민주주의로 나아가는 중대한 전기를 맞았다.

"사례 2"

2차대전 전까지 긴급연방법률은 국민투표의 대상이 아니었다. 정부와 국회는 국민의 승인을 일일이 받을 필요 없이 정책을 펴기 위해 정작 긴급하지 않은 사안을 긴급연방법률·명령으로 종종 선언했다. 이에 따라 1946년 국민의 이익에 반하는 긴급연방법률·명령의 남용을 막는 국민발안이 제기되었다. 국민발안이 국민투표에 회부되자, 연방정부와 연방의회는 국민발안이 국익에 저촉되므로 반대해줄 것을 촉구했다. 그러나 다수의 투표자는 국민투표에서 국민발안에 찬성했다. 이후 정치인들은 연방법률을 제정할 때 시민이익을 더 신중히 고려하고 긴급연방법률·명령의 선언을 삼가게되었다. 긴급연방법률·명령의 남발을 막는 국민발안이 국민투표로 확정된 이후 지난 70년 동안 긴급연방법률 2건과 헌법적 근거가 없는 긴급연방명령 11건이 국민투표에 회부되었을 뿐이다.

스위스 직접민주제 역사에서 정치엘리트의 의견과 시민의 의견이 상충되는 경우가 많다. 스위스 정치인들은 카르텔 밖에서 발생하는 직접민주제의 활용 움직임을 가능한 한 빨리 차단하기 위해 많은 노력을 기울여야 한다. 직접민주제 활용의 움직임은 종종 각종 결사체나 카르텔의 주변부에 참여하는 소수정당에서 나타난다. 정치인들은 이런 움직임을 포용하는 과정에서 시민이익을 고려하고 이기적 지대추구행위를 어느 정도 자제하게 된다. 결국 시민투표는 정치인 카르텔이 작동할 가능성이 적은 바람직한 결과를 초래한다. 시민발안도 수많은 이슈를 패키지로 묶어 임기 동안 선출된 대표에게 일임하는 대의제와 달리 시민이 자신의 선호에 부응하는 이슈를 정책의제로 제기해 직접 결정함으로써 정치인 카르텔의 지대추구행위를 제어한다.

4. 숙의과정으로서의 직접민주제

시민투표를 단지 투표행위로만 이해하는 것은 단견이다. 시민투표의 진정한 가치는 투표 전 숙의과정에서 확인된다.

헌정질서는 정책의제로 상정될 이슈가 무엇인지를 결정한다. 대의민주제에서 정치인들은 자신들의 이익에 부합되지 않는 이슈가 정책의제로 채택되는 것을 가로막는 데 익숙하다. 정책의제를 설정하는 권한은 투표결과에 중대한 영향을 미친다.

적절히 설계된 시민투표제는 투표 전 참여자들이 규칙에 따라 서로 논점을 교환하도록 만드는 민주적 소통제도다. 시민투표는 Jürgen Habermas(1983, 2001)가 제시한 "이상적 담화과정(ideal discourse process)"의 다양한 조건을 충족시킨다. 토론의 적실성은 논의되는 이슈의 중요성에 따라 시민참여 수준을 결정한다. 일부 시민투표는 격렬한 토론을 유발한다. 예컨대 스위스의 유럽경제지역(EEA) 가입 여부를 묻는 국민투표는 통상적인 40% 투표율의 두 배에 달하는 80%의 투표율을 기록했다. 반면 투표자에게 덜 중요한 이슈를 다루는 국민투표의 토론 열기와 투표참여율은 25%까지 하락했다. 토론의 강도와 투표참여율의 편차는 다수결제도의 문제점으로 지적된 '투표역설'에 관한 연구결과를 무색케 한다.

시민투표의 기능 중 하나는 이슈에 대한 시민의 정보수준을 크게 향상시키는 것이다. 더욱이 이슈에 대한 논점의 교환은 투표자의 선호형성에 큰 영향을 미친다. 투표자의 선호형성은 정치계급에 의해 영향을 받지만 일방적으로 통제되는 것은 아니다.

투표자는 오직 결과만 고려하여 투표하지 않는다. 투표자는 참여과정 자체에서 만족감을 느낀다. 사회심리학은 자기결정(self-determination)이 자율성·유능성·관계성 욕구를 충족시키는 유력한 내재동기 요인임을 확증해 왔다(Ryan & Deci, 2002). 아울러 직접민주제는 시민의 소외감과 무관심을 완화할 뿐만 아니라 시민 상호 간 공동이해와 합의에 기초한 사회계약을 강화한다.

그리고 시민투표의 의미는 어느 쪽이 다수의 지지를 얻는가에 그치지 않는다. 시민투표는 전체 시민이 특정 이슈에 대해 어떤 생각을 하고, 그 이슈와 관련된 소수가 어디에 어느 규모로 존재하는지 드러낸다. 이 과정에서 정당은 지지기반을 확장하기 위해 특정 이슈에 대한 자신의 입장을 밝힌다.

Ⅲ 직접민주제의 효과

1. 스위스와 미국의 직접민주제

스위스 직접참정의 뿌리는 13세기 말까지 소급될 수 있지만, 캔톤과 코뮌 수준에서 직접민주제가 확산된 것은 19세기 초·중반이었다. 제네바 출신 민권사상가 Jean-Jacques Rousseau의 「사회계약론」(1762, 2010)의 '주권은 대표될 수 없다.'는 국민주권사상과 1798년 Napoleon이 세운 헬베티아공화국의 평등주의와 자유주의, 그리고 1830년 파리 7월혁명의 영향을 받아 여러 캔톤에서 주민투표로 헌법을 제정하고 선택적 법률주민투표제를 도입한 '자유주의 갱생(Liberal Regeneration)' 운동이 전개되었다.

1848년 연방이 출범할 때 연방헌법에 대한 국민투표는 불가피한 것이었다. 1848년 연방헌법은 의무적 부분 및 전면 개헌 국민투표와 전면 개헌 국민발안을 규정하였다. 이어 1860년대 대의제의 귀족주의 성향에 대한 캔톤들의 저항운동이 연방 수준으로 확산되어 1874년 연방법률과 명령에 대한 선택적 국민투표제가, 1891년 부분 개헌 국민발안제가 각각 도입되었다.

오늘날 스위스 국민은 매년 코뮌·캔톤·연방 수준에서 제기되는 20-30건의 정책쟁점들을 보통 춘하추동 네 차례의 투표로 결정한다. 게다가 스위스 대다수 코뮌과 일부 캔톤은 시민발안과 시민투표 이외 집회민주주의(assembly democracy)를 추가적으로 시행한다. 스위스의 2,324개 코뮌 중 약 80%(보통 인구 2만 명 미만의 코뮌)가 매년 몇 차례 주민이 공공장소에 모여 주민대표를 뽑고 세입세출예산안을 확정하며 중요한 사안을 직접 결정하는 코뮌총회를 개최한다. 그리고 글라루스 캔톤과 아펜젤내곽 캔톤은 오늘날까지 각각 매년 4월 마지막 일요일과 5월 첫 일요일 광장에서 캔톤총회인 란쯔게마인데(Landesgemeinde)를 개최하는 전통을 계승하고 있다.

직접민주주의에 대한 스위스인의 관심과 애정은 남다르다. 한 설문조사에서

"당신이 스위스 국민으로서 자부심을 느끼는 가장 중요한 이유가 무엇인가?"라는 질문에 60% 이상의 응답자들이 "정치"라고 응답했다. 유럽 한가운데 위치한 스위스가 EU 가입을 미루어온 주된 이유도 EU 가입으로 직접민주주의가 손상될 것을 대다수 국민이 우려하기 때문이다. 스위스 국민은 1992년 유럽경제지역(EEA) 가입 여부를 묻는 국민투표를 부결시킨 데 이어 2001년에는 EU가입을 위한 협상재개 여부를 묻는 국민투표도 부결시켰다. 연방정부의 설득에도 불구하고, 대다수 스위스 국민은 EU가입으로 국민투표 대상에 해당되는 사안 중 약 10－20%가 제외될 것을 걱정해 반대한 것이다.

19세기 말에서 20세기 초 미국의 진보주의자들은 주정부와 지방정부에 횡행하던 '머신정치(machine politics)2)의 부패를 척결할 개혁방안으로서 스위스의 직접민주제를 벤치마킹해 도입했다. 특히 미국의 서부와 북서부의 농부와 자영업자 및 노동자는 철도자본을 위시한 금융산업자본과 유착된 정관엘리트 카르텔의 부패에 저항해 직접민주제를 도입했다. 1898년에서 1918년 사이에 22개 주에서 주민발안과 주민투표 및 주민소환이 제도화되었다.

오늘날 미국에서는 델라웨어 주를 제외한 49개 주에서 주의회가 제안한 주헌법 개정안을 주민투표로 확정한다. 중서부지역을 중심으로 27개 주에서는 주헌법과 법률의 개정 등에서 주민발안과 주민투표가 광범위하게 활용되고 있다. 현재 지방정부의 90%가 주민투표제를, 58%가 주민발안제를, 69%가 주민소환제를, 그리고 36%가 주민청원제를 두고 있다.

아울러 개척시대부터 시작된 뉴잉글랜드 지역의 집회민주주의는 독립전쟁과 건국 및 노예해방의 진원지로서 이후에도 인권·평화·반핵·환경운동을 선도해 왔다. 오늘날 약 1,100개 타운에 사는 주민은 매년 몇 차례 열리는 타운미팅(town meeting)에서 각 부문의 주민대표를 선출하고 세입세출예산을 의결하며 재산세율 결정 등 주요 안건을 직접 결정한다. 타운미팅 민주주의가 살아 있는 뉴잉글랜드 지역은 미국에서 사회적 자본이 가장 충실하게 형성되고 1인당 주민소득 수준이 가장 높은 지역으로 알려져 있다.

---

2) 머신정치란 정치적 보스가 지지자들에게 공직, 복지편익, 공공사업, 후견 등의 이권과 이익을 제공하고 그 반대급부로 그들의 표와 지지를 얻어 유지하는 부패정치를 말한다.

2. 행정효율 제고, 갈등 진정, 탈세 방지, 행복 증진

스위스와 미국의 경험은 직접민주제가 정치인 카르텔의 지대추구행위를 제어함으로써 행정효율을 향상시키고, 갈등을 진정시키며, 조세도의를 높이고, 행복을 증진시키는 효과가 있는 것으로 밝혀졌다.[3] 대표적 연구결과를 통해 확인된 직접민주제의 긍정적 효과를 일별하면 다음과 같다.

Feld & Kirchgässner(1999, 2001)는 재정에 관해 주민에게 더 많은 결정권을 준 캔톤에서 경제적 성과가 1인당 GNP 기준으로 15%나 더 높은 것을 확인했다. 예산안을 시민투표에 부치는 코뮌 역시 그렇지 않은 코뮌보다 1인당 공공지출이 10% 적었다. 그리고 예산안을 시민투표로 결정할 수 있는 캔톤은 그렇지 않은 캔톤보다 조세회피율이 30%나 낮은 것으로 밝혀졌다. 예산안을 시민투표에 부치는 코뮌은 그렇지 않은 코뮌보다 부채비율이 25%나 낮았다. 직접민주제를 활용하는 코뮌은 그렇지 않은 코뮌보다 쓰레기 처리비용도 20%나 저렴했다.

Kriesi et al.(1995)은 직접민주제가 과격한 사회운동을 감소시키는 효과가 있음을 확인했다. 직접민주제를 일상적으로 활용하는 스위스는 과격한 사회운동의 비율이 26%에 불과한 데 비해, 그렇지 않은 프랑스는 56%에 달했다. 독일과 네덜란드의 과격한 사회운동 비율은 스위스와 프랑스의 중간 수준이었다. 직접민주제의 개방적인 정치적 기회구조가 급진적 사회운동의 정당성과 성공가능성을 떨어뜨린 것으로 보인다. 아울러 Kriesi & Wisler(1996)는 직접민주제의 개방성 수준이 낮은 프랑스어권과 이탈리아어권 캔톤이 독일어권 캔톤보다 사회운동이 더 과격한 양상을 띤다는 사실도 확인했다.

Pommerehne & Weck—Hanneman(1996)은 탈세금액이 직접민주제를 활용하는 캔톤이 그렇지 않은 캔톤보다 평균 1,500프랑 적은 것을 확인했다. Frey(1997) 등의 경험적 연구도 직접민주제의 탈세감축 효과를 밝혀냈다. Frey & Stutzer(2003)은 시민이 직접민주제를 쉽게 활용할수록 부패 수준이 낮아짐을 확인했다.

Frey & Stutzer(2000)는 직접민주제의 행복증진 효과를 확인했다. 이들은 직접민주적 개방성 —캔톤의 직접민주적 개방성 수준을 1등급에서 6등급까지 구분함—

---

3) 스위스 직접민주제의 효과에 관한 자세한 논의와 경험적 연구결과는 (안성호, 2005: 253-342)를 참고할 것.

이 1등급 상승함에 따라 약 1,700프랑에 상당하는 행복도가 높아지는 것을 발견했다.

3. 시민의식과 헌정애국심 함양

직접민주제는 정치인들이 시민선호에 부응하도록 유도하는 효과뿐만 아니라 정치적 이슈에 대한 정보 수준을 높이고, 정치인과 대의기관에 대한 시민의 신뢰를 높이며, 시민의 준법의식을 향상시키고, 시민의 정치적 효능감도 제고하는 것으로 밝혀졌다.

Benz & Stutzer(2004)는 시민이 정치과정에서 발언권과 의사결정권을 더 많이 행사할수록 정치적 사안에 대해 더 잘 이해하고 있음을 확인했다. 아울러 정치적 참여가능성은 공적 토론을 활성화시켜 투표자의 정보수준을 높인다는 사실도 밝혀졌다.

Feld & Frey(2002)는 직접민주제가 시민의 정부신뢰도와 정책순응도를 높이고 준법의식도 향상시킨다는 사실을 확인했다. 이들은 이 현상을 정부와 시민 간 신뢰의 "심리적 계약"으로 설명했다. 정부가 시민을 믿고 직접참정 기회를 넓게 열어줄수록, 시민은 그 대가로 정부를 신뢰하게 된다는 것이다. 이들의 "심리적 계약" 개념은 일찍이 "믿음이 부족하면 불신받기 마련이다(信不足焉, 有不信焉)."이라고 설파한 노자(老子)(「도덕경(道德經)」 제17장)의 통찰을 연상시킨다.

Bowler & Donovan(2002)는 직접민주제의 정치적 효능감 제고효과를 확인했다. 직접민주제가 시민의 소외감과 무력감을 해소하고 관객으로 전락한 시민을 정치과정에 적극 참여하는 능동적 시민으로 전환시키는 효과가 있음이 밝혀진 것이다. 이들의 연구결과는 Tocqueville의 관찰과 일치한다. Tocqueville(1835)은 뉴잉글랜드 주민의 뜨거운 애향심과 능동적 시민정신은 출생지에 대한 애착이 아니라 "독립국가에 준하는 막강한 자치권을 갖는 타운"에서 자치를 체험하는 과정에서 형성된 주인의식이었다.

역사학자 Halbrook(2000: 248−252)은 2차대전 때 스위스가 Hitler의 침공야욕을 꺾은 비결이 국가위기에 직면해 고도의 국민통합을 촉진하고 결사항전의지를 북돋운 지방분권적 연방제와 직접민주제, 그리고 시민군에 있다고 진단했다. 민족과 종교와 언어가 다른 스위스 국민이 적의 침공위협에 직면해 결사항전의 의지를 불태운 애국심의 원천은 연간 20−30건의 주요 국사와 지방적 사안을 주권자로서 직접 결정하도록 보장한 헌정체제에 대한 주인의식과 뜨거운 애정, 곧 헌정애국심이었다.

4. 중앙집권화 차단

스위스의 경험은 직접민주제가 중앙집권을 차단하는 유력한 제도임을 입증한다. Blankart(2000)는 독일이 2차대전 이후 스위스보다 훨씬 더 중앙집권화된 까닭이 연방수준에서 직접민주제를 활용하지 않기 때문이라고 설명했다. 독일에서는 1949년 연방·주·게마인데에 각각 배타적으로 배정되었던 세원(稅源)이 1999년까지 대부분 연방정부의 관할로 이관되어 전체 세금수입 중 연방정부의 세금수입 백분비가 1950년 61.1%에서 1995년 93.0%로 급증했다. 반면 연방정부의 세금이 국민투표로 결정되는 스위스에서는 1917년부터 1999년까지 연방소득세와 연방소비세를 인정하는 국민투표가 23차례 실시되었지만 연방소득세와 연방소비세 인상 헌법개정안의 약 40%가 첫 국민투표에서 부결된 결과 전체 세금수입 중 연방정부의 세금수입 백분비가 1950년 60.1%에서 1995년 44.1%로 오히려 떨어졌다(Blankart, 2000: 32). 요컨대 연방수준에서 직접민주제를 활용한 스위스 연방정부의 세금수입 백분비는 1950년에서 1995년 사이에 16%나 하락한 반면, 연방수준에서 직접민주제를 활용하지 않은 독일 연방정부 세금수입 백분비는 32%나 상승한 것이다.

직접민주제의 지방분권화 효과는 주정부와 지방정부에서도 확인된다. 1990년부터 1999년 사이에 미국 주들 간 세출에 관한 연구(Matsusaka, 2004: chap. 4)는 주민발안제를 채택한 주정부가 그렇지 않은 주정부보다 1인당 평균 13% 더 적게 지출하고 지방정부 수준에서는 4% 더 많이 지출한 것으로 분석되었다. 주민발안제를 채택한 주에서 더 지방분권적인 세출패턴이 확인된 것이다. 비슷한 결과가 1980년부터 1998년 사이에 스위스 캔톤에서도 밝혀졌다(Schaltegger & Feld, 2001). 예산주민투표를 청구하는 직접민주제가 더 개방적인 캔톤일수록 덜 중앙집권적인 예산구조를 가진 것으로 밝혀졌다.

Ⅳ 직접민주제 반대론과 그에 대한 반론

지난 20–30년간 직접민주제의 긍정적 효과가 입증되었지만, 직접민주제에 대한 부정적 관점은 좀처럼 사라지지 않고 있다. 권위주의국가는 말할 것도 없고 민주주의국가에서도 직접민주제에 대한 회의적 시각이 지배적이다. 직접민주제의 도입으로 지대추구기회가 없어지는 기성 정치계급뿐만 아니라 정치인 카르텔의 전리품을 나누어 갖지 않는 지식인조차 직접민주제 확충에 부정적 견해를 갖고 있다. 적지 않은 지식인들은 일반시민보다 더 현명한 자신들이 결정권을 가져야 한다고 믿는다. 이들은 사회적 후생을 결정하는 '철인왕'의 역할을 자임하며 자신들이 결정권을 행사하는 대의적 헌정질서를 옹호한다.

이제 완고한 대의민주주의자들이 주장하는 직접민주제 반대논거를 차근차근 점검해보자.[4]

1. 시민은 복잡한 이슈를 이해할 수 없는가?

직접민주제 반대론자들은 복잡한 정책이슈를 잘 이해하지 못하는 보통시민에게 결정권을 주는 것은 바람직하지 않다고 주장한다. 이들은 대규모 지식정보사회에서 제기되는 복잡한 정책이슈의 결정은 유권자를 대표하는 전문정치인에게 맡기는 것이 합리적이라고 본다.

그러나 복잡한 이슈에 대한 시민의 이해력 부족을 지적하는 직접민주제 반대론은 다음과 같은 이유로 타당하지 않다.

(1) 정당과 대표를 결정하는 시민의 능력을 믿으면서도 구체적인 정책이슈를 결정하는 시민의 능력을 불신하는 것은 모순이다. 어떤 기준으로 보아도 정당과 대표의 결정은 구체적 정책이슈의 결정보다 어렵다. 투표자는 선거투표로 정당과 대표를 선택할 때 정당과 대표가 앞으로 제기될 수많은 정책이슈에 대해 어떤 결정을 내릴 것인지 헤아려야 한다.

(2) 시민투표에 참여하는 투표자는 정책이슈에 관한 구체적 지식이 아니라 정

---

4) 이 절의 이하 논의는 Frey, Stutzer, & Neckerman(2011: 113–116)의 직접민주제 반대론과 그에 대한 반론에서 영감과 아이디어를 얻어 확장시킨 것임.

책이슈에 포함된 핵심 문제를 파악하면 충분하다. 그런데 정책이슈에 포함된 주요 문제는 기술적 판단보다 원칙의 결정을 요구한다. 투표자는 정치인 못지않은 원칙결정능력을 가지고 있다.

(3) 정치인이 보통시민보다 항상 더 유능하다고 단정할 수 없다. 시민은 종종 특정 영역에서 정치인보다 유능하다. 더욱이 일반의원은 재량권이 거의 없다. 흔히 일반의원은 정당지도부가 설정한 당론과 특정 분야 전문가의 결정에 따라 기계적으로 투표한다.

(4) 직접민주제에는 시민의 합리적 결정을 돕는 다양한 장치가 있다. 정당, 이익집단, 시민단체, 전문가집단, 언론 등은 시민의 판단을 돕는 정보와 지식을 제공한다. 투표자는 투표 전 토론과 숙의과정을 통해 정책이슈에 대한 합리적 관점을 정립할 수 있다.

(5) 직접민주제는 정책이슈에 대한 시민정보 형성을 촉진시킨다. 직접민주제는 시민에게 정책정보를 수집할 동기를 부여하고, 정치적 행위자와 언론으로 하여금 이에 부응해 필요한 정보를 제공하도록 만든다.

2. 시민은 무관심하고 참여하지 않는가?

직접민주제 반대자들은 일반시민이 정책이슈에 무관심하며 투표에도 참여하지 않는다고 주장한다. 이들은 직접민주제의 낮은 투표율이 야기하는 민주적 정당성을 비판한다.

그러나 시민의 무관심과 투표율 저조를 직접민주제의 치명적 결함으로 단정하는 것은 다음과 같은 이유로 설득력이 없다.

(1) 일반시민, 특히 사회경제적 지위가 낮은 시민이 공적 이슈에 무관심하고 투표에 참여하지 않는다는 주장은 많은 경험적 연구결과와 상반된다. 최근 인도의 풀뿌리지방정부인 그람판차트(gram pancharts) 주민을 대상으로 연구한 결과(Bardhan et al., 2015: 305-324), 마을주민은 자치프로그램에 높은 관심을 보였을 뿐만 아니라 투표와 마을모임에도 평균 수준 이상의 참여율을 보였다. 특히 토지가 없거나 낮은 카스트에 속한 주민은 여느 주민보다 공적 이슈에 관심이 더 적고 참여율이 더 떨어진다는 주장은 확증되지 않았다.

(2) 시민의 관심과 투표참여율이 언제나 낮은 것은 아니다. 중대한 정책이슈가 등장하면 투표참여율은 크게 상승한다. 스위스 연방 수준에서 평균 투표참여율은 45% 정도이고 예외적으로 25%까지 하락하지만, 시민의 관심을 끄는 사안의 투표율은 70−80%대로 크게 상승한다. 예컨대 1992년 스위스의 유럽경제지역(EEA) 가입 여부를 결정짓는 국민투표의 투표율은 무려 78.7%였다.

(3) 높은 투표율이 언제나 바람직한 것도 아니다. 유권자가 정책이슈를 중요치 않다고 생각하거나 정책이슈에 대해 판단을 내리지 못한 경우 투표불참은 합리적 선택이다. 이런 경우 투표에 불참해 결정권을 정책이슈를 중시하고 정책이슈에 대해 명확한 견해를 갖는 투표자에게 맡기는 것이 사회적으로 바람직하다고 볼 수 있다.

(4) 평균 투표율 45% 정도인 스위스[5]에서 낮은 투표율이 민주적 정당성을 심각하게 손상시킨다는 증거는 없다. 스위스 국민은 시민투표의 결과를 흔쾌히 수용해 왔고 최근까지 직접민주제를 코뮌·캔톤·연방 수준에서 꾸준히 확충해 왔다. 스위스 코뮌주민은 참여율이 5% 미만인 코뮌주민총회의 결정도 주민의 총의로 순순히 받아들인다. 필자는 2015년 12월 시르나흐(Sirnau) 코뮌(주민 7,496명)을 방문해 유권자의 3%에 불과한 150명이 모인 주민총회의 저조한 참석률에 적잖게 놀랐다. 낮은 참석률에도 불구하고 2016년도 예산안을 비롯해 7명의 외국인거주자의 시민권 부여와 지방세율 결정 등 중요한 사안을 결정했다. 이렇게 낮은 참석률이 의사결정의 정당성을 해치지 않느냐는 질문에 대해 시장과 행정위원은 주민총회의 결정에 이의를 제기하는 주민은 아직 한 번도 없었으며 낮은 참석률 때문에 집회민주주의를 폐지해야 한다는 주장도 제기된 바 없다고 대답했다.

(5) 의회의 표결은 시민투표 결정과 다르다. 의원은 모든 정책이슈를 진지하게 검토하지 않을 뿐만 아니라 자유로운 투표를 하는 것도 아니다. 의회에서 의원은 자신이 소속한 상임위원회의 정책이슈에 대해서만 진지하게 검토한다. 다른 정책이슈에 대해서는 정당지도부가 설정한 지침에 따른다.

---

5) 스위스에서는 투표율을 높이기 위해 투표일을 하루가 아니라 2−3일로 늘리고 우편투표제를 도입하며 전자투표제를 시도해 왔다.

3. 시민은 쉽게 조종당하는가?

직접민주제 반대론자들은 시민발안과 시민투표가 풍부한 자금과 강한 조직력을 갖춘 이익집단에 의해 휘둘린다고 주장한다. 이들은 직접민주제에서 시민의 선택은 부유하고 조직화된 이익집단의 선전과 동원으로 쉽게 조종당한다고 비판한다.

직접민주제가 부자들과 조직화된 이익집단의 영향으로부터 자유롭지 못한 것은 사실이다. 그러나 이런 약점은 직접민주제에 한정되지 않는다. 의회와 정부가 부유하고 조직화된 이익집단의 로비와 압력에 의해 포획당하는 경향은 잘 알려져 있다.

그러므로 보다 근본적인 질문은 직접민주제와 대의민주제 중 어느 쪽이 이익집단의 로비와 압력에 더 취약하냐는 것이다. 이 질문에 답할 때 고려해야 할 점은 이익집단이 상대하는 사람의 수가 직접민주제에서보다 대의민주제에서 훨씬 더 적다는 것이다. 이익집단은 소수의 정치인들을 상대하는 것이 모든 유권자를 상대하는 것보다 더 저렴하고 용이하다는 사실을 잘 안다. 바로 이런 이유로 전통적 대의민주제에서 강력한 영향력을 행사하는 이익집단은 직접민주제의 확충에 반대한다.

4. 시민은 감정적으로 결정하는가?

직접민주제 반대론자들은 투표자가 감정에 휩쓸려 투표하는 경향이 있다고 주장한다. 인간이 이성보다 감성의 지배를 더 받는 존재이며, 특히 대중의 집단적 격정이 직접민주제의 합리적 결정을 위협한다는 것이다.

인간의 판단이 이성 못잖게 감성의 영향을 받으며 격정적 대중심리가 직접민주제에 의한 의사결정의 합리성을 해칠 우려가 있다는 지적은 일리가 있다. 2002년 7월 독일 하원은 연방정부 수준의 직접민주제 도입법안을 감정적 결정의 우려를 이유로 부결시켰다.

그러나 시민의 감정적 결정을 직접민주제 확충의 반대논거로 제시하는 것은 다음 두 가지의 이유로 옳지 못하다.

(1) 직접민주제에서 감정에 치우친 그릇된 결정에 대한 지나친 우려는 직접민주주의 정책과정에서 정부, 정치인, 이익집단, 전문가, 시민단체, 일반시민 간에 광범위하게 형성되는 공론화과정을 간과한 것이다. 150년 이상의 스위스 직접민주제 경험에서 시민의 감정적 선택으로 그릇된 결정을 초래했

다고 단정할 수 있는 사례는 찾아보기 어렵다. 최근 스위스에서 CEO의 보수를 최저 직원보수의 12배로 제한하려는 국민발안과 근로자의 최저 임금을 두 배 이상 올리려는 국민발안이 우려와 달리 부결되었다. 스위스 직접민주제는 미국 캘리포니아 직접민주제가 결여한 '숙의과정'이 구비되어 있어 시민의 감정적 선택을 제어한다. 직접민주제가 대의민주제와 적절히 결합된 스위스에서는 대중선정주의가 야기한 '캘리포니아 질병(Californian disease)'이 없다.

(2) 감정적 결정의 위험성은 직접민주제에만 해당되는 결함이 아니다. 우리는 의회가 여야 간 감정적 격돌로 교착상태에 빠지고 심지어 주먹다짐까지 벌이는 장면을 종종 목격한다. 그래서 의회는 의견이 충돌할 가능성이 있는 안건을 다루는 회의규정을 따로 마련하기도 한다. 요즘 존폐의 논란을 빚고 있는 국회선진화법은 입법과정에서 감정적 결정의 심각성을 보여주는 증거다.

5. 빈번한 시민투표가 시민을 혼란에 빠뜨리는가?

직접민주제 반대론자들은 빈번한 시민투표가 투표자를 혼란에 빠뜨린다고 주장한다. 잦은 시민투표는 시민에게 과부하와 피로감을 주어 낮은 투표참여율과 저질의 결정을 초래한다는 것이다.

시민투표의 과부하 문제는 직접민주제 확충의 반대논거가 아니라 직접민주제를 설계할 때 고려할 사항이다. 실제로 미국 캘리포니아 주에서 종종 20건 이상의 안건이 한꺼번에 시민투표에 부쳐져 투표자에게 과도한 부담을 주는 문제가 발생한다. 이런 경우 흔히 투표자는 몇 건의 두드러진 이슈에 관심을 집중하고 다른 이슈에 대해서는 덜 신중해지거나 우발적으로 판단하는 경향이 있다.

시민투표에 부쳐지는 안건의 과다로 인한 투표자의 과부하 문제는 다음 두 가지 방식으로 해결될 수 있다.

(1) 안건이 많은 경우 연중 투표회수를 몇 차례 나누어서 시민투표를 실시할 수 있다. 스위스에서는 연간 20-30건의 주요 국사와 지방적 사안을 계절

별로 네 차례로 나누어 시민투표에 부친다.[6] 따라서 1회에 5-8건의 안건이 시민투표에 부쳐지는 셈이다. 물론 5-8건의 안건을 숙지하고 판단을 내리는 일도 투표자에게 적지 않은 부담을 준다. 그러나 유권자의 평균 45%는 이런 부담을 입법자로서 감당해야 할 권리이자 의무로서 인정하고 시민투표에 기꺼이 참여한다.

(2) 시민투표에 부쳐지는 안건 수는 서명요건 강화로 줄일 수 있다. 그러나 서명요건 강화는 정치인 카르텔에 대한 직접민주제의 제재능력을 약화시킬 수도 있다. 서명요건이 지나치게 까다로운 직접민주제는 유명무실한 제도로 전락해버린다. 한국의 주민투표는 도입된 지 12년 동안 오직 8건 실시되었고, 이 중에서 단 2건만 주민발의로 실시되었다. 2006년 제주특별자치도에 도입된 재정주민투표는 지금까지 단 한 건도 활용되지 않았다. 이와 같이 한국에서 주민투표제가 유명무실한 제도로 전락한 까닭은 지나치게 폐쇄적으로 설계된 제도 탓이다.

6. 직접민주제는 포퓰리즘을 조장하는가?

직접민주제 반대론자들은 직접민주제가 인기에 영합해 중장기적으로 효과가 나타나는 필요한 결정을 내리지 못하게 만든다고 주장한다. 직접민주제는 인플레이션이 기승을 부리고 과도한 재정적자에 허덕이는 상황에서 꼭 필요하지만 인기 없는 긴축정책의 채택을 어렵게 만든다는 것이다.

그러나 직접민주제가 인기에 영합하는 결정을 초래한다는 주장은 일반시민의 판단능력을 지나치게 부정적으로 평가하는 것이다. 당장 인기 없는 정책을 추진하는 정당한 이유가 제시된다면, 주권자인 시민이 그 정책에 반대할 이유가 없다. 실제로 스위스에서 세금인상은 시민이 직접 결정하므로 GDP 대비 국민부담률[7] (28-29%)은 여느 선진국보다 낮지만 재정이 부족해 공공서비스가 과소 공급된다는 증거는

---

6) 1848년 스위스연방이 출범한 이후 2015년까지 실시된 국민투표 606건 중 32%인 194건이 서명 없이 실시된 의무적 국민투표였다. 전체 국민투표 중 대략 3분의 1이 의무적 국민투표인 셈이다. 나머지는 국민발안 국민투표 202건, 선택적 국민투표 171건, 연방의회의 대안에 대한 국민투표 39건이었다.
7) 국민부담률(%) = [(세금+사회보장기여금) ÷ GDP] × 100.

없다. 오히려 스위스는 낮은 세금수입으로 양질의 공공서비스를 제공하는 나라로 명성이 높다. 스위스 캔톤과 미국 주의 경험은 직접민주제 활용이 더 쉬울수록 재정적 안정성은 더 높아진다는 것을 입증했다(안성호, 2005: 272-274).

7. 직접민주제는 리더십을 무력화시키는가?

앞서 살펴본 직접민주제의 포퓰리즘 성향을 비난하는 사람들은 정치인 카르텔 타파를 시도하는 직접민주제가 국민국가의 운영에 불가피한 대의민주제를 훼손시키고 건전한 정치적 리더십까지 무력화시킨다고 주장한다.

그러나 이런 주장은 과장된 측면이 있다. 오늘날 직접민주주의 옹호론자는 대의민주제의 순기능을 인정한다. 따라서 대의민주제를 직접민주제로 전면 대체하자고 주장하지 않는다. 대신 대의민주제의 약점인 정치인의 지대추구행위를 예방하고 교정하기 위해 직접민주제를 대의민주제에 접목시킬 것을 요구한다.

스위스 직접민주제는 대의민주주의를 대체하지 않는다. 스위스 국민은 대의민주주의 결정을 대체로 존중한다. 1848년 스위스연방 출범 이후 2015년까지 제기된 선택적 국민투표 총 177건 중 99건은 가결되었다. 그리고 이 기간에 제기된 국민발안에 대해 연방의회가 제시한 대안 39건 중 23건이 국민투표에서 가결되었다. 국민발안과 연방의회의 대안이 함께 제시된 경우 연방의회의 대안을 선택한 백분비가 59%에 이른 것이다. 스위스 국민은 대의기관의 권고와 의견을 순순히 따르지는 않지만 신중히 검토한 후 대체로 수용한다.

준직접민주제의 스위스 정치에서 '스타 정치인'은 스위스 정치에서 환영받지 못한다. 스위스 국민은 튀는 정치인, 비상한 능력을 지닌 카리스마적 정치인을 경계하고 우려한다. 스위스에서 정치인으로 성공하려면 이웃집 아저씨같이 친근하고 겸손하며 근면해야 한다. 스위스 정치인에게는 개인의 특출한 능력보다 협동과 융화를 중시하는 팀리더십 또는 동료리더십(collegial leadership)이 요구된다.

8. 시민투표는 중대한 이슈를 다룰 수 없는가?

직접민주제 확충에 부정적인 사람들은 평균적으로 교육수준이 낮고 정보도 충분히 갖고 있지 못하며 감정적으로 결정하는 경향이 있는 시민이 중대한 정책이슈를 직접 다루는 것은 무리라고 생각한다. 따라서 이들은 시민투표 대상을 비교적 경미하고 중요성이 낮은 이슈에 한정해야 한다고 주장한다.

2004년 주민투표법은 바로 이런 주장을 반영해 제정되었다. 주민투표법 제7조는 "지방자치단체의 예산·회계·계약 및 재산관리에 관한 사항과 지방세·사용료·수수료·분담금 등 각종 공과금의 부과 또는 감면에 관한 사항"과 "행정기구의 설치·변경에 관한 사항과 공무원의 인사·정원 등 신분과 보수에 관한 사항"은 주민투표에 부칠 수 없다고 규정한다. 요컨대 재정과 인사 및 조직과 같은 중대한 사안은 주민투표 대상에서 제외되었다.

스위스에서는 정반대의 관점에서 가장 중요한 사항을 시민투표에 회부해 시민이 직접 결정하고, 다소 덜 중요한 사항을 의회가 의결하도록 한다. 너무 중요하기 때문에 전문 정치인들에게 맡길 수 없을 때 시민이 번거로움을 무릅쓰고 주권자로서 직접 결정한다.

직접민주제의 대상이 된 중대한 정책이슈는 가치판단을 요구하는 몇 가지 핵심원칙으로 압축될 수 있다. 핵심 원칙이 내포한 가치판단의 최종 결정자는 오직 주권자인 시민뿐이다. 시민의 대표가 시민의 가치판단을 대신하는 것은 기껏 차선책일 뿐이다.

9. 시민투표는 진보를 방해하는가?

직접민주제 반대자들은 종종 일반시민이 변화를 싫어하기 때문에 시민투표를 통해서는 '대담하고 새로운 아이디어'가 채택되지 못한다고 비판한다.

시민투표는 종종 보수적 성향을 띤다.[8] 스위스와 미국에서 직접민주제 도입을 주도한 진보세력이 직접민주제에 의해 걸었던 당초 기대는 지나쳤다는 것이 드러났다. 그러나 보수적 결정이 반드시 바람직하지 않다고 단정할 수는 없다. 정치계급의 지대추구행위를 조장하는 결정을 거부하는 보수적 결정은 바람직하다.[9]

아울러 시민발안에 대한 시민투표의 보수적 성향은 때로 점진적 변화를 유도한

---

[8] 스위스의 시민투표는 엘리트의 지대추구를 견제하면서도 현상을 유지하려는 경향을 띠는 데 반해, 시민발안은 혁신기능을 수행한다(안성호, 2005: 258-261).
[9] 스위스와 미국에서 직접민주제 도입을 주도한 진보세력은 한동안 지배적 정치세력으로 권력을 향유했지만 결국 자신들이 도입한 시민투표에 의해 기득권을 잃었다.

다. 이를테면 2013년 11월 24일 스위스에서 CEO의 연봉을 동일 기업 최저 연봉자의 12배까지만 허용하자는 국민발안에 대해 국민투표가 실시되었다. 찬성 진영은 주요 대기업의 임금격차가 100-200배나 되는 것은 부당하다고 주장했다. 그러나 반대 진영은 이 국민발안이 통과되는 경우 많은 기업들이 스위스를 떠나게 되어 스위스 경제가 위기에 봉착할 것이라고 경고했다. 결국 국민발안은 투표자 65%의 반대로 부결되었다. 그러나 국민투표의 효과는 투표결과로 끝나지 않는다. 이 국민발안 국민투표는 투표운동과정에서 국민에게 CEO의 지나친 고액 연봉의 부작용과 병폐에 대한 경각심을 일깨웠고, 투표가 종결된 후 개별 기업에서 CEO의 고액 연봉을 자제하고 삭감하는 분위기를 조성했다. 실로 90%가량 부결되는 스위스 국민발안 국민투표의 진정한 효과는 투표결과가 아니라 투표운동과정의 시민교육과 이에 따른 점진적 사회개혁의 확산에 있다.

더욱이 역사적으로 시민투표는 종종 소수권익을 보호하고 범사회적 의사결정의 교착을 타개하는 진보적 절차라는 사실이 입증되었다(안성호, 2005: 283-296). 예컨대 스위스 베른 캔톤에서 소수 주라지역 분리주의운동은 사소한 폭력과 소요를 수반했지만 일련의 시민투표를 통해 대체로 평화적으로 해결되었다. 이처럼 직접민주제는 다문화사회인 스위스의 태생적 언어·지역·종교 갈등으로 인한 폭력과 유혈 충돌을 최소화하면서 평화적으로 해결하도록 만들었다. 미국에서도 시민투표제가 사회적 진보를 가로막고 사회를 불안하게 만들 것이라는 우려가 기우이며, 오히려 '인정된' 소수를 보호하고 점진적 사회변화를 유도하는 효과가 있음이 확인되었다.

10. 시민투표는 '다수의 전제'를 초래하는가?

직접민주제 반대론자들은 시민투표가 민주주의의 근본 문제인 '다수전제'의 수렁에 빠질 것을 우려한다. 시민투표의 다수전제가 소수 권익을 침해하고 시민주권을 훼손시킨다는 것이다.

그러나 시민투표가 반드시 다수전제를 초래하는 것은 아니다. 정치·경제·사회·종교적 균열이 서로 교차하는 경우에는 어떤 다수도 항구적 다수로 군림할 수 없으며, 소수일지라도 항구적 소수로 소외되지 않고 언제라도 다수에 편입될 수 있다. 그러므로 이런 상황에서는 어느 사회집단도 다른 사회집단을 적으로 만들지 않으려고 조심한다. 스위스의 경험은 적어도 헌정질서에 포용된 전통적 소수, 즉 언어적·종교적·지역적·사회경제적 소수도 다수전제로 인한 피해자가 아님을 보여준다. 이런 현상은 미국에서도 확인되었다(Cronin, 1989; Frey & Goette, 1998; Hajnal et al., 2002).

그러나 아직 헌정질서에 포용되지 못한 '분리·고립된 소수'는 시민투표에서 다수전제의 피해자가 될 수 있다. 최근 스위스 시민투표에서 아직 분리·고립된 소수인 무슬림들은 차별대우를 받았다. 하지만 분리·고립된 소수의 차별문제는 대의민주제에서도 종종 나타나는 문제임을 간과해선 안 된다.

11. 시민투표는 고비용을 유발하는가?

직접민주제 반대론자들은 시민투표의 고비용을 비판한다. 이들은 의회 결정이 시민투표 결정보다 저렴하다고 주장한다.

사실 한국에서 주민투표를 실시할 때마다 막대한 주민투표경비 문제가 제기되었다. 단 한 건의 정책이슈를 처리하는 데 수십억 원 내지 수백억 원이 소요되는 주민투표를 재정난에 허덕이는 지방자치단체의 부담으로 과연 실시해야 하는지 의문을 제기하는 것도 무리는 아니다.

그러나 시민투표의 고비용 문제는 다음 두 가지 이유 때문에 직접민주제 반대논거로서 설득력이 없다.

(1) 시민투표경비는 획기적으로 줄일 수 있다. 현행 주민투표법은 주민투표를 발의한 지방자치단체장이 소속된 지방자치단체의 부담으로[10] 선거관리위원회가 맡도록 규정한다. 공정성 확보를 위해 주민투표 관리를 선관위에 맡긴 입법취지는 이해한다. 그러나 주민투표의 고비용 문제는 반드시 해결되어야 한다. 선관위 관리가 고비용 문제해결의 걸림돌이라면 주민투표 관리권을 지방자치단체로 이관하고 투·개표과정에서 시민자원봉사를 활용하는 등 획기적인 경비절감대책을 강구해야 한다. 아울러 주민투표와 선거의 분리를 규정한 주민투표법[11]도 고쳐야 한다. 스위스와 미국처럼 선거 때

---

10) 다만 국가정책에 대해 중앙행정기관장이 발의한 주민투표의 경우에는 국가가 주민투표경비를 부담한다(주민투표법 제27조).
11) 지방자치단체의 관할구역에서 선거가 실시될 때에는 선거일 전 60일부터 선거일까지의 기간

시민투표를 실시하면 경비절감과 더불어 투표율까지 높일 수 있다. 게다가 네댓 건의 안건을 모아 동시에 시민투표를 실시하면 시민투표경비를 크게 절감할 수 있다.

(2) 적정 수준의 시민투표경비는 정치인 카르텔을 제어하여 시민의 선호와 동떨어진 정치적 결정을 예방하고 교정하는 비가시적 비용절감 효과를 감안할 때 충분히 감내할 만한 것이다. 약 150년 동안 일상화된 시민투표가 스위스 번영의·헌법적 토대를 이루어 왔다는 사실은 적정 수준의 시민투표경비가 불가피한 비용이 아니라 공동체 발전을 위한 투자임을 입증한다. 더욱이 최종 결정권이 시민에게 있으면 의회와 정당에 지금보다 더 적은 돈이 필요하다(Frey & Stutzer, 2006: 71).

V 한국 직접민주제의 실태

한국의 헌법은 국민주권을 천명하고 있지만 중앙을 직접민주제의 사각지대로 방치하고 있다. 2000년대 이후 지방에는 다양한 직접민주제가 도입되었지만 실효성 있는 직접민주제는 찾아보기 어렵다. 특히 직접민주제의 양대 기둥인 주민투표제와 주민발안제는 무늬만 직접민주제라는 비판을 면치 못하고 있다.

1. 직접민주제의 사각지대인 중앙

한국의 헌법은 대의민주주의를 헌정질서의 기본 원리로 채택하고 있다. 1990년대 초 대법원판사들은 방청인이 사전 허락을 받고 지방의회 회의장에서 발언하는 완주군의회 조례를 대의민주주의 헌법원칙에 위배된다는 이유로 위헌으로 판정했다. 헌법이 인정하는 청원권은 부탁이나 탄원에 그쳐 직접참정제로 볼 수 없다. 대통령이 발의하는 국민투표제는 국민 주도의 진정한 직접참정제의 범주에 속하지 않는다. 그리고 헌법개정을 확정하는 국민투표는 사실상 공허한 제도다.

을 선거일로 정할 수 없다(주민투표법 제14조).

1) 헌법 제1조의 국민주권 선언

우리나라 헌법은 국민이 주권자임을 천명하고 있다. 헌법 제1조는 "① 대한민국은 민주공화국이다. ② 대한민국의 주권은 국민에게 있고, 모든 권력은 국민으로부터 나온다."고 국민주권원리를 규정한다.

국민이 주권자임을 선언한 헌법 제1조는 국민이 국가의사의 최고최종 결정권자임을 명시한 것이다. 그러므로 헌법 제1조는 국민이 직접 결정권을 행사하겠다는 의사를 갖는 경우 대의기관인 정부와 국회가 이를 대신하거나 방해할 수 없음을 뜻한다.

그러나 국민에 대한 정부와 국회의 우월적 지위를 인정한 헌법의 일부 규정은 제1조의 국민주권원리를 침해한다. 특히 헌법의 일부 규정은 국민의 직접참정권 행사를 사실상 봉쇄한다.

2) 국민의 직접참정을 가로막는 헌법

현행 헌법은 국민의 헌법안·법률안발의권과 국민투표청구권을 인정하지 않는다.

(1) 현행 헌법은 헌법개정발의권을 국회의원과 대통령에게만 부여한다. 헌법 제128조는 국회재적의원 과반수 또는 대통령만 개헌을 발의할 수 있다고 규정한다. 이 헌법규정에 따라 주권자인 국민은 국회의원과 대통령이 원치 않는 개헌안을 발의할 수 없다.

본래 국민의 개헌발의권은 유신헌법 이전까지 인정되던 국민의 참정권이었다. 1954년 제2차 개헌 때 도입된 국회의원 선거권자 50만 명 이상의 개헌발의권은 1972년 유신정권에 의해 계엄령 하에서 강행된 제6차 개헌으로 폐지되었다.

(2) 현행 헌법 제52조는 법률안발의권을 오직 국회의원과 정부에게 한정한다. 이 헌법규정에 따라 주권자인 국민은 국회의원과 정부가 원치 않는 국민적 관심사항을 법률안으로 발의할 수 없다.

(3) 현행 헌법은 대통령의 국민투표청구권만 인정한다. 헌법 제72조는 "대통령은 필요하다고 인정할 때에는 외교·국방·통일 기타 국가안위에 관한 중요 정책을 국민투표에 부칠 수 있다."고 규정한다. 헌법으로부터 국민투표청구권을 부여받지 않는 국민은 정치인 카르텔을 제재할 효과적 수단을 갖고 있지 못하다. 국민은 공허하게 불만을 털어놓고 읍소하면서 정부와 국회가

개과천선하길 무한정 기다리거나 탄핵 촛불집회처럼 엄동설한의 고통을 감내하며 거리와 광장에서 분노를 폭발시키는 수밖에 없다.

3) 공허한 헌법개정 국민투표

현행 헌법 제130조 제2항은 헌법개정안을 국회가 의결한 후 30일 이내에 국민투표에 부쳐 유권자 과반수의 투표와 과반수의 찬성으로 확정되도록 규정하고 있다. 이 규정에 따르면 국민이 헌법개정안의 최종 결정권자인 것처럼 보인다.

그러나 헌법 제130조 제1항을 보면 생각이 바뀌게 된다. 헌법 제130조 제1항은 헌법개정안에 대한 국회의 의결은 재적의원 3분의 2 이상의 찬성을 얻어야 한다고 규정하고 있다. 이 규정은 절대다수 국회의원의 지지를 얻은 헌법개정안만 국민투표에 회부된다는 것을 뜻한다. 정치인 카르텔 제재를 겨냥하는 헌법개정안이 절대다수 국회의원들의 지지를 얻을 가능성은 희박하다. 공허한 국민투표제도라고 아니할 수 없다.

2. 지방 직접민주제의 외화내빈

그동안 한국 지방에는 다양한 직접참정제가 도입되었다. 1999년 한국형 주민발의제도인 조례제정개폐청구제도와 주민감사청구제도를 도입하는 지방자치법 개정이 이루어졌고, 2004년에는 주민투표법이 제정되었다. 2006년 주민소송제를 규정한 지방자치법 개정에 이어 2007년 주민소환법이 제정되었다.

이처럼 다양한 직접참정제의 도입으로 바야흐로 지방수준에서나마 직접참정의 새 시대가 열린 듯했지만, 그 운영실적은 실망스럽기 그지없다. 직접참정제가 도입되었지만 지방자치단체와 지방정치인에 대한 국민불신은 여전하다. 2014년 12월 국무회의에서 전국의 대도시 자치구의회의 전면 폐지를 의결한 것에 이의를 제기하는 시민은 찾아보기 어렵다. 심지어 모 일간지 칼럼에 자치구의회 폐지의 부당성을 지적한 필자에게 항의성 전화를 건 독자들이 있을 정도로 지방자치에 대한 불신과 냉소주의가 팽배하다.

혹자는 직접민주제가 문화가 다른 한국에서는 맞지 않는 제도라고 주장할지 모른다. 그러나 직접민주제의 세부 내용을 검토해보면 실패원인이 문화가 아니라 제도에 있음이 드러난다. 한마디로 현행 직접민주제는 주민의 직접참정을 촉진하기보다

오히려 제한한다. 무엇보다 직접민주제의 양대 기둥인 주민투표제도와 조례제정개
폐청구제도는 통제의 주체인 주민의 권한과 행동을 과도하게 규제하면서 주민통제
의 대상인 지방자치단체장과 의회의 우월적 지위와 역할을 인정한다.

1) 주민투표를 제한하는 주민투표제

지방자치단체의 중요한 결정사항에 관한 주민의 직접 결정권을 인정하기 위해
제정된 주민투표제도는 발효된 지 12년이 지났지만 오직 8건만 활용되었다. 8건 중
주민이 청구해 실시된 주민투표(referendum)는 단 2건으로 서울시 무상급식지원 건
(2011. 8. 24)과 영주시 면사무소이전 건(2011. 12. 7)뿐이다. 나머지 6건은 중앙행정기
관장과 지방자치단체장이 요구해 실시된 관제(官製)주민투표(plebiscite)다. 6건의 관
제주민투표 중 중앙행정기관장이 요구한 5건은 행정자치부장관이 청구한 제주도 행
정구조개편 건(2005. 7. 27), 제1차 청원·청주합병 건(2005. 5. 29), 제2차 청원·청주
합병 건(2012. 6. 27), 완주·전주합병 건(2013. 6. 26), 산업자원부장관이 청구한 중·
저준위 방사성폐기물 처분시설유치 건(2005. 11. 2)이다. 그리고 1건은 지방자치단체
장이 요구한 남해화력발전소 유치동의서 제출 건(2012. 10.17)에 대한 주민투표였다.

한국 주민투표제의 폐쇄성은 인구 1천만여 명의 서울시와 인구 830만 명의 스
위스의 시민투표 활용빈도를 비교하면 확연히 드러난다. 서울시에서는 2004년 주민
투표법이 제정된 지 12년 동안 단 한 건의 주민투표만 실시되었다. 이 주민투표조차
유권자 3분의 1 이상의 유효투표율제로 말미암아 개표도 못한 채 무효 처리되었다.
반면 서울시보다 약 2백만 명이 적은 스위스에서는 같은 기간 동안 줄잡아 300건[12]
의 중요한 국사와 지방이슈가 시민투표로 결정되었다. 스위스에서 300건의 시민투
표가 실시되는 동안 서울시에서는 단 1건의 무효화된 주민투표가 실시된 것이다.
300 대 1, 이는 곧 한국 주민투표제도의 극단적 폐쇄성을 보여주는 상징적 수치다.

2) 허울뿐인 조례제정개폐청구제

조례제정개폐청구제도 역시 부실하긴 마찬가지다. 일정 수 이상의 유권자 연서
로 해당 지방자치단체장에게 조례제정·개정·폐지를 청구하는 조례제정개폐청구제
도는 2000년부터 2014년까지 15년간 학교급식 등과 관련해 213건의 조례안이 청구

---

12) 지난 12년간 스위스에서 시민투표에 부쳐진 안건은 줄잡아 300건(= 연 평균 25건 × 12년)으
로 추정된다.

되었다. 이중 가결된 원안 또는 수정안은 109건(51%), 부결된 안건은 27건(12.7%), 각하·철회·폐기된 안건은 71건(33.3%), 기타는 6건(2.8%)이었다. 대다수 주민발의 조례안이 의회의 일방적 판단으로 수정가결·부결·각하·철회·폐기 또는 심의가 거부된 셈이다.

의회가 일방적으로 원안을 수정하여 가결하거나 부결 또는 심의를 거부할지라도, 주민은 속수무책이다. 의회가 주민이 제안한 조례안에 대한 최종 결정권을 행사하는 현행 조례제정개폐청구제는 그야말로 허울뿐인 주민발안제다.

3) 주민소환제

주민소환제는 지방자치단체장과 지방의원[13]에 대해 소환투표를 실시하여 임기중 해직시키는 직접참정제도다. 청구사유는 제한이 없다. 청구요건은 광역지방자치단체장의 경우에 유권자 총수의 10% 이상, 기초지방자치단체장의 경우에 유권자 총수의 15% 이상, 그리고 지방의원의 경우에 유권자 총수의 20% 이상의 연서를 받는 것이다.

2006년 주민소환법이 발효된 후 현재까지 10년 동안 8건의 주민소환투표가 실시되어 2건이 소환에 성공했다. 경기도 하남시의원 2명이 소환투표 결과로 의원직을 상실했다. 나머지 6건은 소환투표를 실시했지만 유권자 3분의 1 이상 유효투표 요건을 충족시키지 못해 무효 소환투표로 처리되었다. 그동안 주민소환이 추진되었으나 신청취하 또는 연서명부 미제출 등의 사유로 중도에 종결된 사례는 약 60건에 달한다.

Ⅵ 직접민주제의 설계지침과 설계안

1. 직접민주제의 설계지침

앞에서 살펴본 바와 같이 직접민주제가 제대로 설계되지 못하면 기대한 성과를 거둘 수 없다. 참여정부 시절 큰 기대를 걸고 제주특별자치도에 도입된 재정주민투

---

13) 비례대표 지방의원은 소환대상에서 제외된다(주민소환법 제7조).

표제 역시 예상치 못한 함정에 빠져 유명무실한 제도로 전락했다. 필자는 제주특별자치도특별법안을 작성하는 과정에서 스위스와 미국의 재정주민투표제를 벤치마킹해 특별법 제28조에 "도조례로 정하는 예산 이상이 필요한 대규모 투자사업은 주민투표에 부칠 수 있다."는 규정을 넣는 데 성공했다. 그러나 재정주민투표제는 제주특별자치 11년 동안 단 한 번도 활용되지 않았다. 제주도의회가 재정주민투표에 회부될 1회 지방비 투자사업 규모를 "연간 3천억 원" 이상으로 지나치게 높게 책정했기 때문이다. 주민투표에 회부될 투자사업 규모를 조례로 위임한, 일견 대수롭지 않은 법률규정이 큰 기대를 걸고 도입한 직접민주제를 무력화시킨 것이다. 실로 직접민주제의 성패는 설계에 달려 있다고 해도 과언이 아니다.

세계에서 직접민주주의를 가장 오랫동안 진지하게 운용해온 스위스와 미국의 경험에 기초해 직접민주제를 설계할 때 준수해야 할 지침을 정리하면 다음과 같다.

(1) 직접민주제 확충은 대의민주제의 실패를 예방·교정하고 보완함으로써 더 나은 민주주의를 실현하는 것을 목표로 한다. 대의민주제와 완전히 분리된 제13호 주민발안(Proposition 13)이 재정위기를 초래한 '캘리포니아 질병'을 예방하기 위해서는 대의민주제와 적절히 접목된 직접민주제가 필요하다.

(2) 직접민주제는 정부(의회)와 시민이 상호작용을 통해 정보를 공유하고 의견을 교환하는 숙의과정을 촉진하도록 설계되어야 한다. 이를테면 정부(의회)가 시민발안에 대해 의견을 제시하거나 대안을 제시할 수 있어야 한다. 그리고 정부(의회)가 대안을 제시한 경우 그 대안과 시민발안을 함께 시민투표에 회부해야 한다.

(3) 시민 주도의 직접민주제로 설계되어야 한다. 정부가 통제하는 관제시민투표(plebiscite)는 진정한 시민투표(referendum)가 아니다. 계엄령 하에서 실시된 유신헌법안에 대한 국민투표는 관제시민투표의 대표적 사례이다.

(4) 가장 중요한 사안은 시민투표로, 중요한 사안은 의회가, 덜 중요한 사안은 집행부가 결정하는 원칙이 준수되어야 한다. 시민투표 대상의 과도한 제한(예: 주민투표법 제7조 제2항 3호−5호에 규정된 재정·조직·인사 등에 대한 시민투표 활용금지)을 풀고, 투표청구 서명요건을 완화해 시민투표의 활용을 임의로 가로막지 말아야 한다.

(5) 의무적 시민투표제와 재정주민투표제의 도입이 필요하다. 시민이 직접 결

정해야 할 중대한 사안은 의무적 시민투표제로 지정해야 한다. 특히 세금을 비롯한 중대한 재정적 사안은 반드시 의무적 또는 선택적 재정시민투표로 결정해야 한다.

(6) 시민에게 자유로운 의제설정 기회를 부여하는 시민발안제도로 설계되어야 한다. 이를테면 지방자치법 제15조 제2항에 규정된 조례제정개폐청구 대상에 대한 지나친 제한을 풀고, 주민이 발의한 조례제정개폐청구에 대한 의회의 최종 결정권을 주민에게 되돌려주어야 한다.

(7) 유효투표율제는 폐지되어야 한다. 현행 주민투표법 제24조에 규정된 "주민투표권자 3분의 1 이상의 투표"만을 유효투표로 인정하는 것은 투표에 참여하지 않는 사람들이 결정권을 행사하도록 만들어 투표참여를 가로막고 주민을 엘리트 대의정치의 구경꾼으로 전락시킨다. 유효투표율과 같이 참여와 승인의 문턱을 설정하는 것은 현상(現狀)을 유지하려는 정치계급에 유리할 뿐이다.

(8) 서명기간은 적어도 6개월 내지 1년 이상이 필요하다. 서명기간이 너무 짧은 시민발안과 시민투표제는 결국 유명무실한 제도로 전락한다. 투표운동 기간도 6개월 이상 보장되어야 한다. 직접민주제를 통한 심사숙고와 진지한 토론은 충분한 시간을 요구한다.

(9) 몇 개의 안건을 한데 모아 시민투표를 실시해야 한다. 시민투표의 건수가 많아지는 경우 연간 몇 차례로 나누어 실시하는 방안을 강구할 수 있다.

(10) 서명과 투표운동을 선거와 분리할 필요는 없다. 선거와 관계없이 서명을 받고 투표운동을 할 수 있도록 해야 한다. 그리고 선거일에 시민투표를 실시하는 방안을 강구해야 한다. 선거투표와 시민투표를 동시에 실시하면 투표율을 올리고 비용을 줄이는 장점도 있다.

(11) 직접민주제의 운영경비는 시민자원봉사와 정보통신기술을 적극 활용하여 현행 선거관리위원회의 과도한 투·개표 관리비용을 획기적으로 줄이는 방안을 강구해야 한다.

(12) 헌법개정 국민투표의 경우 일부 인구밀집 지역의 주민이 인구과소 지역의 주민을 구조적으로 소외시킬 위험을 예방하기 위해 인구과소 지역을 배려한 표결방법을 도입할 필요가 있다. 이를테면 스위스에서 개헌 국민투표의 안

건은 국민과 캔톤의 투표에 회부하여 이중 과반수 찬성을 얻을 때 채택된다.

(13) 시민발의 및 투표운동 기간에 사용된 기부금과 후원금은 투명성 원칙에 따라 철저히 공개되어야 한다.

2. 국회개헌특위 시안의 직접민주제 평가와 대안

최근 개헌논의 과정에서 중앙정부 수준의 직접민주제 도입에 관한 관심이 크게 부각되었다. 2016년 2월 17일 지방분권개헌국민행동(2016)은 전문가들이 작성한 헌법개정시안을 전체회의를 거쳐 확정한 헌법개정안을 발표했다. 이 헌법개정안은 헌법과 법률에 대한 국민발안제와 국민투표제, 그리고 국민소환제를 포함했다. 같은 해 대화문화아카데미(2016)가 제안한 헌법개정안, 그리고 2017년 나라 살리는 헌법개정국민주권회의(2017)와 지방분권개헌국민회의(2017)가 발표한 헌법개정안도 이와 유사한 내용의 직접민주제를 포함했다. 중앙정부 수준의 직접민주제 확충에 대한 큰 관심은 2016년 9월-10월 수원시가 전문가와 시민사회운동가 및 공무원을 대상으로 실시한 델파이조사에서도 확인되었다. 때마침 2016년 11월부터 수개월째 엄동설한에 광화문과 전국 주요 도시에 모인 연인원 1천 7백만 명의 촛불집회는 직접참정의 헌정화를 요구하는 국민의 명령으로 해석될 수 있다. 2017년 4월 26일 토론회에서 공개된 국회개헌특위 시안은 이런 시대적 요청을 반영한 다음과 같은 직접민주제 규정을 포함했다.

1) 국회개헌특위 시안의 직접민주제

<법률 국민발안제, 법률 또는 주요 국가정책 국민투표제, 국민소환제>

"**제41조** ① 국회의원 선거권자 50만 명 이상은 법률안을 발안할 수 있다. 법률안이 발안된 날로부터 1년 이내에 국민투표를 실시한다. 국민투표에서 국회의원 선거권자 3분의 1 이상의 투표와 투표자 과반수의 찬성으로 법률안은 확정된다. 국민발안의 절차는 법률로 정한다.

② 국회의원 선거권자 50만 명 이상은 국회가 제정한 법률의 폐지를 목적으로 또는 국가 주요 정책에 대해 국민투표를 청구할 수 있다. 해당 법률안의 폐지 또는 해당 주요 정책의 결정은 국민투표에서 국회의원 선거권자 3분의 1 이상의 투표와 투표자 과반수의 찬성을 얻어야 한다. 국민투표의 절차는 법률로 정한다.

③ 국회의원 선거권자 50만 명 이상은 선출직 공무원의 임기가 만료되기 전에 그 사유를 적시하여 소환할 것을 청구할 수 있다. 국회의원 선거권자 3분의 1 이상의 투표와 투표자 과반수의 찬성으로 소환을 결정한다. 소환이 결정되면 해당 공무원은 그 직을 상실한다. 국민소환의 대상과 절차 등은 법률로 정한다.”

<헌법개정에 대한 국민발안/투표제>

“**제128조** ① 헌법개정은 국회의원 선거권자 100만 명 이상이나 국회 재적의원 3분의 1 이상 또는 대통령의 발의로 제안된다.

제130조 ① 국회의원 선거권자가 제안한 헌법개정안은 공고가 끝난 날부터 3개월 이내에 국민투표에 회부하여 국회의원 선거권자 과반수의 투표와 투표자의 과반수의 찬성으로 확정된다.

② 국회의원 또는 대통령이 발의한 헌법개정안은 공고가 끝난 날로부터 60일 이내에 국회에서 재적의원 3분의 2 이상의 찬성으로 확정된다.

③ 제2항에서 의결된 헌법개정안에 대해 30일 이내에 국민투표청구가 있는 경우에 헌법개정안은 청구일로부터 90일 이내에 국민투표를 실시하여 국회의원 선거권자 과반수의 투표와 투표자 과반수의 찬성을 얻어야 확정된다.

④ 헌법개정안이 확정되면 대통령은 즉시 이를 공고하여야 한다.”

2) 국회개헌특위 시안 직접민주제의 문제점과 대안

국회개헌특위 시안에 헌법과 법률 및 국가 주요 정책에 대한 국민발안제와 국민투표제, 그리고 선출직 공무원에 대한 국민소환제가 포함된 것은 민주주의 헌정사에 기록될 만한 의미 있는 진전이다. 그러나 국회개헌특위 시안에 포함된 직접민주제는 앞서 제시된 직접민주제 설계지침에 비추어볼 때 심각한 문제점을 안고 있다. 만일 이 시안대로 개헌이 성사되면 한국 민주주의의 질적 도약은 기대하기 어려울 것으로 보인다. 국회개헌특위 시안에 포함된 직접민주제의 문제점과 개선방안을 제시하면 다음과 같다.

(1) **유효투표율을 폐지해야 한다.** 국회개헌특위 시안에 포함된 법률발안/개정, 주요 국가정책, 헌법개정, 선출직 공무원 소환청구에 대한 국민투표는 모두 “국회의원 선거권자 3분의 1 이상” 또는 “국회의원 선거권자 과반수”가 투표에 참여한 경우에만 개표를 허용하는 유효투표율을 규정하고 있다. 이와

같이 유효투표율을 도입한 취지는 투표결과가 민주적 정당성을 확보하기 위해서는 최소한 유권자 3분의 1 또는 과반수가 참여한 투표이어야 한다는 판단에 근거한 것으로 이해된다. 그러나 유효투표율의 근본적 문제점은 유권자의 투표참여 동기를 약화시킬 뿐만 아니라 투표결과가 투표하지 않는 사람들에 의해 좌우될 수 있다는 것이다. 이런 의미에서 유효투표율은 직접민주제의 존립 자체를 위협하는 수단으로 악용될 우려가 크다. 실제로 지방에 직접민주제가 도입된 이후 이따금 실시된 주민투표가 직접민주제를 무력화시키려는 사람들에 의한 투표불참 유도로 말미암아 유효투표율에 미달해 무효 처리된 사례가 적지 않다. 외국에서 유효투표율제를 두는 사례가 있지만 직접민주제를 오랜 세월 가장 빈번하게 성공적으로 활용해온 스위스는 일체 유효투표율제를 인정하지 않는다. 스위스에서 투표율이 낮아 국민투표 결과의 정당성이 의심받은 사례는 없다.[14]

(2) **헌법에 충분한 서명기간과 투표운동기간을 명시해야 한다.** 적어도 6개월 내지 1년 이상의 서명기간이 보장되지 않으면 국민의 직접민주제 청구권이 유명무실해질 수 있다. 투표운동기간도 6개월 이상 확보되어야 심사숙고와 진지한 토론이 가능하다. 그런데 국회개헌특위 시안은 서명기한과 투표운동기간을 포함한 직접민주제의 주요 절차를 법률에 위임하고 있다. 국회의원들이 자신들을 통제할 직접민주제의 핵심 절차를 결정하도록 일임한 것이다. 제주특별자치도 출범과 함께 도입된 재정주민투표제가 주민투표에 회부될 사업의 연간 지방비 부담액을 조례로 정하도록 위임한 특별법 조문에 따라 비현실적으로 높게 설정한 조례를 제정하여 11년째 단 한 번도 시행되지 못했던 경험을 교훈으로 삼아야 한다. 참고로 스위스연방헌법 제138조와 제139조는 개헌국민발안의 경우 18개월의 서명기간을 보장한다. 그리고 스위스연방헌법 141조는 법률에 대한 선택적 국민투표의 경우 법률이 공고된 이후 100일의 서명기간을 보장한다.

(3) **직접민주제 청구요건의 완화가 필요하다.** 국회개헌특위 시안은 법률안 발의요건과 법률 또는 주요 국가정책에 대한 국민투표 청구요건을 국회의원

---

14) 스위스의 직접민주제 경험을 통한 투표율과 직접민주제의 정당성에 관한 상세한 논의는 (안성호, 2005: 313-328; 안성호, 2016: 332-335)를 참고할 것.

선거권자 50만 명으로 규정한다. 그리고 개헌 국민투표 청구요건을 국회의 원 선거권자 1백만 명으로 규정한다. 청구요건을 너무 높게 설정하면 직접민주제 활용이 어려워진다. 반면 청구요건을 너무 낮게 설정하면 직접민주제의 과도한 사용으로 정체의 안정성을 떨어뜨릴 수 있다. 필자는 국회개헌특위 시안의 직접민주제 청구요건이 너무 높아 직접민주제의 활용을 어렵게 할 것으로 판단한다. 법령 또는 주요 국가정책에 대한 국민투표는 유권자 30만 명이, 개헌 국민투표는 유권자 60만 명이 청구할 수 있도록 완화하는 것이 바람직하다. 이는 스위스 성공사례를 벤치마킹한 것이다. 스위스연방헌법은 법률에 대한 국민투표를 유권자 5만 명(인구의 약 0.6%)이, 개헌에 대한 국민투표를 유권자 10만 명(인구의 약 1.2%)이 청구할 수 있도록 규정한다.

(4) **정부(국회)가 국민발안의 채택 또는 거부를 권고하고 그 발안에 대한 대안을 제시할 수 있어야 한다.** 국민발안의 목적은 대의제에서 다루어지지 않는 주요 정책의제를 국민이 직접 제기하는 기회를 제공하여 정부의 정책혁신을 촉진시키는 것이다. 그러나 국민발안은 때로 현실적합성이 떨어지거나 특수이익을 옹호하는 등 부작용을 초래할 수 있다. 미국 캘리포니아의 제13호 주민발안 사례는 주정부의 개입 없이 부동산개발업자 주도로 졸속 처리되어 결국 주재정의 위기를 초래한 대표적 주민발안 실패사례이다. 국민발안이 이런 '캘리포니아 질병'을 예방하고 숙의민주적 절차를 거친 고품질의 국민투표결과를 얻으려면 정부(국회)에게 국민발안에 대해 입장을 표명하고 필요한 경우 대안을 제시할 기회를 주어야 한다. 문제는 국회개헌특위 시안이 헌법개정과 법률 국민발안에 대한 정부(국회)의 입장표명과 대안제시를 일체 언급하지 않고 있다는 것이다. 이 문제를 해결하기 위해서는 정부(국회)가 국민발안의 형식과 내용의 일관성 요구에 부합되지 않거나 국제법의 의무조항에 위배되는 경우 이 발안의 전부 또는 일부를 무효로 선언할 수 있도록 하고, 국민발안의 채택 또는 거부를 권고하거나 국민발안에 대한 대안을 제시할 수 있도록 해야 한다.

(5) **국민발안에 대한 대안이 제시된 경우 표결절차에 관한 헌법규정이 필요하다.** 헌법개정안은 국민투표 투표자 과반수의 찬성으로 확정하고, 대안을 함께

국민투표에 회부하여 원안과 대안이 모두 투표자의 과반수의 찬성을 얻은 경우[15] 찬성률이 높은 안으로 확정하도록 규정할 필요가 있다. 참고로 스위스연방헌법 제139조b는 "① 국민은 그 발안과 대안에 대해서 동시에 투표한다. ② 국민은 그 발안과 대안 모두에 찬성 투표할 수 있다. 국민은 세 번째 질문에서 발안과 대안이 모두 채택된 경우에 선호하는 안을 지적할 수 있다. ③ 만일 세 번째 질문에 의해 한 개 안이 국민으로부터 더 많은 표를 얻고, 다른 안이 캔톤으로부터 더 많은 표를 얻은 경우, 세 번째 질문에서 국민의 득표백분비와 캔톤의 득표백분비를 합해 그 합계가 더 큰 안이 최종 채택된다."고 규정한다.

(6) **개헌 국민발안의 경우 일반적 발안의 형태와 구체적 초안의 형태로 나누어 규정할 필요가 있다.** 국회는 일반적 형태의 국민발안에 동의하는 경우 국민발안에 기초해 개헌안을 작성해 국민투표에 회부하도록 하고, 국민발안을 거부하는 경우에는 곧바로 국민투표에 회부하여 다수 국민이 국민발안에 찬성 시 국회는 국민발안이 지시하는 헌법안을 작성하도록 한다. 그리고 구체적 초안의 형태로 발의된 국민발안은 국민투표에 회부한다. 참고로 스위스연방헌법 제139조 제4항과 제5항은 "④ 만일 연방의회가 일반적 형태의 국민발안에 동의하는 경우, 연방의회는 국민발안에 기초해 부분개정안을 작성하여 국민과 캔톤의 투표에 회부한다. 만일 연방의회가 국민발안을 거부하는 경우, 연방의회는 국민발안을 국민투표에 회부한다. 국민은 그 발안의 채택 여부를 결정한다. 만일 국민이 국민발안에 찬성하는 경우, 연방의회는 국민발안에 상응하는 헌법안을 작성한다. ⑤ 구체적 초안의 형태로 발의된 국민발안은 국민과 캔톤의 투표에 회부된다. 연방의회는 국민발안의 채택 또는 거부를 권고한다. 연방의회는 국민발안에 대한 대안을 제시할 수 있다."고 규정한다.

(7) **개헌 국민투표에 회부된 안건은 투표자의 과반수와 시·도의 과반수 찬성으**

---

15) 1987년 이전까지 투표자는 원안과 대안 중 하나만 찬성할 수 있었다. 이 투표방식은 종종 원안과 대안 모두를 부결시키거나 정부가 원안을 부결시키기 위해 미끼제안을 포함시킨 대안을 제시하는 책략으로 악용될 수 있었다. 1987년 이런 문제를 해소하기 위해 투표자가 원안과 대안에 '이중 찬성(double yes)'을 할 수 있는 정부발의 헌법개정안이 국민투표로 채택되었다.

로 채택되며, 한 시·도 내의 주민투표 결과는 해당 시·도의 결정으로 간주되도록 한다. 개헌 국민투표의 경우 표결요건으로 이처럼 국민과 시·도의 이중 과반수 찬성이 필요한 까닭은 일부 거대 시·도 주민의 의사에 의해 작은 시·도 주민의 의사가 일방적으로 무시되는 상황을 예방하기 위해서이다. 이중 과반수 찬성 요건은 개헌 국민투표가 민주적 정당성과 함께 연방주의적 정당성을 지닐 것을 요구한다. 참고로 스위스에서 개헌 국민투표의 안건은 국민과 캔톤의 투표에 회부되어 국민의 과반수와 캔톤의 과반수 찬성으로 채택된다.

3) 개정헌법에 포함되어야 할 기타 직접민주제 관련 규정

제10차 개정헌법에는 앞서 논의한 국민발안·투표·소환제 이외에 적어도 두 가지 직접민주제와 관련된 규정을 추가할 필요가 있다.

(1) **유권자 최저연령을 현행 19세에서 18세로 낮춰야 한다.** OECD 35개 회원국 중 유권자 최저연령이 19세인 나라는 우리나라뿐이다. 나머지 33개국은 18세, 오스트리아는 16세가 되면 투표할 수 있다. 이미 지난 해 중앙선거관리위원회는 18세 인하를 제안한 바 있다. 지난 2017년 대선 때 더불어민주당과 국민의당 및 정의당은 투표연령 인하를 당론으로 결정했고, 바른정당도 찬성하는 의원이 상당수인 것으로 알려졌다. 유권자 최저연령 18세 인하는 정당의 유·불리를 떠나 포용성 확대로 민주적 의사결정의 정당성을 제고할 뿐만 아니라 조기 정치교육이라는 장점도 있다. 투표연령 18세 인하로 '교실의 정치화'를 걱정하는 사람들은 최근 한국을 방문한 독일의 한 정치교육학자의 조언에 귀기울일 필요가 있다. 그녀는 "한국은 투표연령 18세 인하를 논의하고 있지만, 독일은 이보다 낮은 16세로 내리려는 논의가 한창이다. 투표연령 인하는 학생이 주체적으로 판단하고 인류발전에 기여할 방법을 찾아 실천하도록 돕는 교육의 이상과도 부합한다."고 역설했다. 참고로 스위스연방헌법 136조는 정치적 권리를 다음과 같이 규정한다. "① 18세 이상의 모든 스위스 시민은 정신적 질병이나 무능 때문에 법률적 능력을 결여한 경우가 아닌 경우에 모든 연방적 사안에 대해 정치적 권리를 가진다. 모든 시민은 동일한 정치적 권리와 의무를 가진다. ② 모든

스위스 시민은 연방의회의 선거와 국민투표에 참여할 수 있으며, 연방적 사안에 대해 국민발안과 국민투표청원을 개시하거나 서명할 수 있다."

(2) **지방정부의 직접민주제 활성화를 촉진하는 헌법규정을 두어야 한다.** 제10 차 헌법에 대의민주주의와 직접민주주의를 적절히 결합할 것을 규정한 조항을 둠으로써 지방의 직접민주제를 활성화해야 한다. 그동안 대법원과 헌법재판소는 주민과 시민단체 회원의 지방의회의 회의 방청권조차 현행 헌법의 대의민주주의 원리에 위배된다고 판결[16]하여 지방정부에 대한 주민통제를 제한하고 지방자치에 대한 주민불신을 조장해 왔다.

3. 지방의 직접민주제 개편

1) 주민투표법 전면개정

2004년 주민투표법 제정은 지방자치법에 규정된 주민투표법의 10년 입법지연을 깨고 지방자치에 주민주권을 실현할 직접참정의 전기를 마련할 것으로 기대를 모았다. 그러나 참여정부 지방분권정책의 대표적 성과로 홍보된 주민투표법은 오히려 주민투표를 제한하는 법률이라는 비판을 면키 어렵다.

(1) 주민투표법은 가장 중요한 사항을 주민투표 대상에서 제외시켰다. 주민투표법 제7조는 ① 지방자치단체의 예산·회계·계약 및 재산관리에 관한 사항, ② 지방세·사용료·수수료·분담금 등 각종 공과금의 부과 또는 감면에 관한 사항, ③ 행정기구의 설치·변경에 관한 사항, ④ 공무원의 인사·정원 등 신분과 보수에 관한 사항, ⑤ 다른 법률에 의하여 주민대표가 직접 의사결정주체로서 참여할 수 있는 공공시설의 설치에 관한 사항(다만 지방의회가 주민투표의 실시를 청구하는 경우에는 예외로 한다)을 주민투표에 부칠 수 없도록 제한한다.

---

16) 2017년 7월 헌법재판소는 기장군의 한 시민단체가 제기한 군의회의 상임위원회 방청불허 위헌소송에 대해 주민의 권리보호이익이 없다는 이유로 각하결정을 내렸다. 다만 8명의 재판관 중 3명의 재판관(안창호, 강일원, 이선애)은 대의제에 대한 주민통제를 중시하여 군의회의 상임위 방청거부가 주민의 알 권리를 침해하였고 의사공개원칙을 위반하였다는 반대의견(2016헌마53)을 제시하였다.

재정과 인사 및 조직과 같은 중대한 사항을 주민투표 대상에서 제외한 것
은 직접민주제의 본질과 기능을 결정적으로 훼손시킨다. 생업에 종사하는
시민은 중요성이 떨어지는 사항을 일일이 결정할 정도로 한가하지 않다.
너무 중요한 사항이기 때문에 주민이 직접 결정하기 위해 주민투표가 필요
한 법이다. 게다가 "주민대표가 직접 의사결정에 참여할 수 있는 공공시설
의 설치에 관한 사항"을 주민투표 대상에서 제외한 것은 주인－대리인관계
(principal－agent relationship)를 뒤엎은 것이다. 주권자인 주민이 직접 결정
할 수 없거나 위임한 사항만 주민대표가 결정하도록 개정해야 한다.

의무적 재정주민투표제의 도입이 필요하다. 지방세와 연간 일정액 이상의
지방비가 소요되는 대단위 사업 등 중요한 재정사항은 자동적으로 투표에
부쳐져야 한다. 재정주민투표의 긍정적 효과는 스위스와 미국 사례를 통해
누누이 입증되었다(안성호, 2005: 270－281). 재정주민투표제 성공의 선결조
건은 획기적 재정분권이다. 아울러 연간 지방비 부담액(3천억 원)을 터무니
없이 높게 설정한 제주특별자치도 조례의 잘못을 답습하지 않도록 예방책
을 마련해야 한다.

(2) 주민투표법은 최저 유권자 5%의 서명을 주민투표 청구요건으로 설정하고
있다. 주민투표법 제9조는 주민은 유권자 총수의 20분의 1 이상 5분의 1
이하의 범위 안에서 지방자치단체의 조례로 정하는 수 이상의 서명으로 주
민투표를 청구할 수 있도록 규정하고 있다.

인구 100만 명 이상의 지방자치단체에서 유권자 5% 기준을 충족시키기란
쉽지 않다. 인구 중 70%가 유권자라고 가정할 때 인구 100만 명의 도시에
서 주민투표를 청구하기 위해서 3만 5천 명의 서명을 받아야 한다. 인구 수
백만 명의 광역지방자치단체에서 유권자 5% 서명요건은 상당한 재력과 조
직력을 갖춘 단체가 아니면 엄두도 내기 어렵다. 서울시에서는 무려 3여만
명의 서명을 받아야 주민투표를 청구할 수 있다. 인구 8백 40만 명의 스위
스의 선택적 국민투표 청구요건인 유권자 5만 명 서명과 비교할 때 과도한
청구요건이라 하지 않을 수 없다. 그동안 과도한 청구요건이 주민발의 주
민투표의 활용을 가로막는 걸림돌로 작용했다.

(3) 주민투표법 제24조는 "주민투표에 부쳐진 사항은 주민투표권자 총수의 3분

의 1 이상의 투표와 유효투표수 과반수의 득표로 확정"되며, "전체 투표수
가 주민투표권자 총수의 3분의 1에 미달되는 때에는 개표를 하지 아니한
다."고 규정하고 있다.

유권자 3분의 1 유효투표율 요건은 주민투표의 정치인 카르텔 견제력을 심
각하게 약화시켰다. 유효투표율제로 인해 무효 처리된 주민투표는 서울시
무상급식에 관한 주민투표 외에도 그동안 실시된 8건 중 6건의 주민소환투
표가 있다. 주민투표의 남발을 막으려는 의도로 도입된 유효투표율제는 투
표자를 처벌하여 투표불참을 유도하여 주민투표에 대한 부정적 시각을 확
산시켰다. 스위스에서는 유효투표율제도를 일체 인정하지 않는다. 오히려
우편투표제 도입, 투표일 연장, 전자투표 실험을 통해 투표율을 높이려는
노력을 기울여왔다. 심지어 투표불참자에게 벌금을 부과하는 경우도 있다.
유효투표율제도가 없는 스위스에서는 투표남발 사례가 없다.

(4) 주민투표법은 선거와 주민투표의 분리를 규정한다. 주민투표법 제 11조는
"선거일 전 60일부터 선거일까지 그 선거구에서 서명을 요청할 수 없다."
고 규정한다. 동법 제14조는 이 기간에 주민투표일을 정할 수 없도록 제한
한다. 아울러 동법 제21조가 주민투표발의일로부터 주민투표일 전일까지
투표운동기간으로 간주되기 때문에 이 기간에는 투표운동도 금지된다.
이처럼 주민투표와 선거의 철저한 분리는 혼란과 타락을 예방하려는 선의
의 입법 취지에도 불구하고 스위스와 미국의 경험에 비추어볼 때 지나친
규제라고 하지 않을 수 없다. 스위스와 미국에서는 선거와 동시에 시민투
표를 실시해도 부작용이 없을 뿐만 아니라 오히려 주민투표를 선거일에 실
시하여 투표율을 올리고 경비도 절약한다.

(5) 주민투표법은 전반적으로 주민에 대한 주민대표의 우월성을 인정한다. 주민
투표법 제8조와 제9조는 중앙행정기관장이 국가정책에 관한 주민투표를 지
방자치단체장에게 요구할 수 있고, 지방자치단체장이 지방의회의 청구 또는
직권에 의해 주민투표를 실시할 수 있도록 규정한다. 아울러 주민투표법은
주민투표의 관리과정에서 지방자치단체장의 주도적 역할도 규정한다.
이와 같은 관주도의 주민투표제는 그동안의 주민투표 활용에 그대로 반영
되었다. 지난 12년 동안 실시된 8건의 주민투표 중 6건은 국가정책 수행을

위해 장관이 발의한 5건과 국가정책에 대한 주민의사를 묻기 위해 지방자치단체장이 발의한 1건이었다. 주민발의는 단 2건뿐이었다. 관제주민투표(plebiscite)는 주민 주도의 진정한 주민투표(referendum)의 범주에 포함될 수 없다.

2) 조례제정개폐청구제도의 전면개편

조례제정개폐청구제도 역시 제도미비로 지방의회의 대표성 실패를 보완·예방·교정하는 직접참정제도의 역할을 제대로 수행하지 못했다.

(1) 조례의 제정과 개폐의 청구요건은 주민투표 청구요건보다 덜 까다롭다. 지방자치법 제15조는 시·도와 인구 50만 이상의 대도시에서는 유권자 총수의 10분의 1 이상, 70분의 1 이하, 시·군 및 자치구에서는 유권자 총수의 50분의 1 이상, 20분의 1 이하의 범위에서 조례로 정하는 유권자 수 이상의 연서로 조례의 제정·개폐를 신청할 수 있다고 규정한다.

조례제정개폐청구제도의 활용빈도는 15년(2000년 – 2015년) 동안 213건으로 주민투표제 활용빈도인 12년(2004년 – 2015년) 동안 8건보다 꽤 높다. 그 이유는 조례제정·개폐 청구요건이 주민투표 청구요건보다 덜 까다롭기 때문이다. 그러나 조례제정·개폐의 청구요건은 아직 스위스와 미국의 시민발안 청구요건보다 훨씬 더 까다롭다. 가령 스위스의 한 시민이 연간 투표로 결정하는 평균 25건 중 10건이 한국의 조례제정개폐 청구에 해당되는 26개 캔톤과 2,324개 코뮌의 주민발안 안건이라고 가정해보자. 캔톤과 코뮌의 이슈는 캔톤·코뮌마다 다르기 마련이다. 따라서 한국의 조례제정개폐청구제도 활용빈도 213건을 계산하는 방식으로 스위스 캔톤과 코뮌에서 활용된 주민발안 건수를 계산하면 무려 수만 건에 달한다. 사실 스위스에서 주민발안 서명자 수는 캔톤과 코뮌마다 다르지만 전반적으로 매우 낮다(안성호, 2005: 231 – 232). 흔히 유권자 1천 – 1만 명은 캔톤헌법의 개정을 발의할 수 있다. 심지어 글라루스 캔톤과 아펜젤내곽 캔톤에서는 단 한 명의 유권자가 캔톤헌법 전면개정안을 발의할 수 있다.

(2) 매우 중요한 사항은 조례제정개폐청구의 대상에서 배제된다. 지방자치법 제15조는 "지방세·사용료·수수료·부담금의 부과·징수 또는 감면에 관한

사항"과 "행정기구를 설치하거나 변경하는 것에 관한 사항이나 공공시설의 설치를 반대하는 사항"에 대해서는 조례제정개폐청구의 대상에서 제외시켰다.

스위스와 미국에서는 지방세가 가장 중요한 주민발안의 대상이다. 심지어 스위스에서는 군대폐지 국민발안까지 수용하여 국민투표에 회부했다. 물론 군대폐지 국민발안은 국가정체성을 부정하는 것이므로 국민투표에 부쳐서는 안 된다는 의견이 있었지만 국민을 믿고 국민투표에 회부되었다. 이와 같이 스위스 시민발안 대상에는 사실상 제한이 없다.

(3) 현행 조례제정개폐청구제도의 가장 심각한 결함은 일정 수의 유권자가 서명요건을 갖추어 발의한 조례안 중 대다수가 의회에서 일방적으로 수정가결 또는 부결·각하·철회·폐기되고 있다는 점이다. 조례안을 발의한 주민은 의회의 일방적 조치에 대해 속수무책이다. 현행 제도는 주민이 발의한 조례안의 견제 대상인 의회가 조례안의 최종 결정권을 행사하도록 방치하고 있다. 주민발의 조례안은 발의한 주민이 스스로 철회하지 않는 한 주민투표에 회부되어 주민이 수용 여부를 최종 결정하도록 해야 한다. 진정한 주민발안은 반드시 주민투표를 거쳐 최종 확정되어야 한다.

3) 주민소환제의 과제

주민소환제를 선출직 공직자에 대한 좀 더 강력한 주민통제수단으로 만들기 위해서는 적어도 다음 두 가지 개혁이 필요하다.

(1) 소환투표 청구요건이 까다롭다. 주민소환법 제7조는 시·도지사는 유권자 총수의 100분의 1 이상, 시장·군수·자치구청장은 유권자 총수의 100분의 15 이상, 지방의원은 유권자 총수의 100분의 20 이상 서명으로 소환투표 실시를 청구할 수 있도록 규정하고 있다. 다만 시·도지사와 광역지방의원에 대한 소환투표를 청구할 때 당해 시·도 관할구역 안의 시·군·자치구 전체의 수가 3개 이상인 경우 3분의 1 이상의 시·군·자치구에서 유권자 총수의 1만분의 5이상 1천분의 10 이하의 범위 안에서 대통령령이 정하는 수17) 이상의 서명을 받아야 한다. 그리고 당해 시·도 관할구역 안의 시·

---

17) 주민소환법시행령 제2조에 의하면, 시·도지사는 해당 시·군·자치구별 유권자 총수의 100분

군·자치구 전체의 수가 2개인 경우 각각 유권자 총수의 100분의 1 이상의 서명을 받아야 한다.

이 제도가 시행된 지 9년 동안 시도된 60여 건의 소환투표 청구서명을 받는 작업이 청구요건을 충족시키지 못했다. 청구인 수가 많을 뿐만 아니라 청구인의 고른 지역분포를 요구하는 조건이 너무 까다롭기 때문이었다. 물론 서명요건의 완화는 소환투표 청구의 남발로 이어질 수 있으므로 신중해야 한다. 그러나 지방정치인에 대한 심각한 주민불신을 해소하려면 소환투표 청구의 중도 포기사례를 크게 줄여야 한다. 스위스와 미국의 경험은 서명요건 완화로 인한 활용빈도 증가는 시간이 흐르면서 서서히 줄어드는 경향이 있음을 보여주었다. 적절히 설계된 주민소환제는 장기적으로 자주 활용되지는 않을지라도 선출직 공직자의 일탈을 막고 근신을 촉구하는 심리적 효과가 크다.

(2) 주민소환법 제22조는 주민소환이 유권자 총수의 3분의 1 이상의 투표와 유효투표 총수 과반수의 찬성으로 확정되도록 규정한다. '유권자 3분의 1' 유효투표율제는 주민소환제도를 무력화시켜온 주범이다. 이 제도가 시행된 지 9년 동안 실시된 8건의 주민소환투표 중 6건이 유효투표율의 장벽을 넘지 못해 소환에 실패했다. 결국 유권자 3분의 1 유효투표율 요건이 선출직 공직자의 보호막 역할을 수행했다.

Ⅶ 맺음말

대의민주주의를 민주주의의 유일하고 최종적인 대안으로 간주하는 견해는 민주주의의 발전 가능성을 가로막는 위험한 발상이다. 역사적 관점에서 민주주의는 세 단계를 거쳐 발전해 왔다고 볼 수 있다. 첫 단계는 아테네와 다른 그리스 도시국가

의 10 이상, 시장·군수·자치구청장은 해당 읍·면·동별 유권자 총수의 10분의 15 이상, 지방의회의원은 해당 선거구 안의 읍·면·동별 유권자 총수의 100분의 20 이상의 서명으로 소환투표를 청구할 수 있다. 다만 이 방식으로 산정된 서명인 수가 소환대상자의 선거구 유권자 총수의 1만분의 5 미만인 경우에는 1만분의 5, 1만분의 100을 초과하는 경우에는 1만분의 100의 서명을 받아야 한다.

에서 발달한 고전적 직접민주주의이다. 고전적 직접민주주의는 대면 접촉이 가능한 도시국가에서 참정권이 남성에게만 주어져 여성과 노예를 배제시켰다. 그러나 민주주의 원칙은 준수되었고 여기서부터 오늘날 우리가 누리는 민주주의가 태동했다. 둘째 단계는 대의민주주의이다. 미국혁명과 프랑스대혁명은 민주주의를 간접참여의 대표원리로 확장하여 국민국가의 거대한 영토에 적응시켰다. 셋째 단계는 준직접민주주의이다. 스위스의 준직접민주주의는 이전의 두 민주주의를 결합해 민주주의의 품질 향상을 도모했다. 미래학자 A. Toffler & H. Toffler(1994)는 지식정보시대 "신문명 창조의 제3물결 정치"는 준직접민주주의를 포함한 분권개혁을 요구한다고 역설했다. 그리고 2007년 UN이 채택한 국제지방분권지침은 미래의 민주주의는 "대의민주주의와 참여민주주의의 적절한 결합"이 필요하다고 선언했다. 이번 제10차 국민주권 개헌으로 실효성 있는 국민발안·투표·소환제를 도입하고 지방의 직접민주제를 확충하는 것은 교조적 대의민주주의 맹신으로 위기에 처한 민주주의를 구출하고 통일한국의 신문명을 창조하는 분권국가의 길에 들어서는 역사적 선택이 될 것이다.

스위스 준직접민주주의

> "직접민주제의 초기 형태는 12세기까지 소급되지만, 직접민주제가 캔톤수준에서 확장·현대화되고 제도화된 것은 일차적으로 프랑스혁명 이념의 수용을 통해서였다. 1848년 연방헌법 제정으로 연방수준에 도입된 이후 19세기 말까지 점진적으로 기본적 제도정비가 대부분 이루어졌다."
>
> Hanspeter Kriesi & Alexander H. Trechsel
>
> "19세기 후반 이후 직접민주제도는 스위스인의 정치적 사고와 관행 및 문화를 크게 변화시켰다."
>
> Wolf Linder

I 머리말

2천여 년 동안 정치이론에 강력한 영향력을 행사해온 직접민주주의 옹호론은 18세기 말 이후 민주주의의 관심 소재가 도시국가(city-states)에서 국민국가(nation states)로 바뀌면서 비판의 표적이 되었다(Dahl & Tufte, 1973: 4-12).

「자본주의, 사회주의, 민주주의」(1947)의 저자 Joseph A. Schumpeter는 현대 산업사회에서 직접민주주의의 비현실성을 신랄하게 비판했다. 그는 "호텔과 은행 외에 거대 자본주의산업이 없는 스위스에서는 정책문제가 매우 단순하고 안정적이어서 압도적 다수가 그것을 잘 이해하고 그것에 동의할 것으로 기대되기" 때문에, 직접민주제가 작동할 수 있었다고 보았다. 그러나 "거대한 결정"을 요구하는 복잡하고 산업화된 현대사회에서는 직접민주제가 더 이상 온전한 의사결정방식이 아니라고 주장했다.

Max Weber도 「경제와 사회」(1921–1925)에서 복잡한 대규모 사회에서 직접민주주의는 정치적 불안정과 행정의 비효율을 초래한다고 생각했다.[1] 그는 복잡한 대규모 사회의 민주주의는 정치안정과 행정효율을 도모하는 관료제의 강대한 권력을 견제할 경쟁적 정당체제와 이에 근거한 강한 의회를 특징으로 하는 대의민주주의가 필요하다고 보았다.

이에 앞서 미국헌법의 기초자인 James Madison은 직접민주주의가 민주주의의 본질적 결함을 악화시킨다고 보았다. 그는 직접민주주의에서 "정책이 정의의 규칙과 소수당의 권리에 의해서가 아니라 이권을 가진 우월한 다수의 횡포에 의해 결정"될 것을 크게 우려했다(Hamilton, Madison & Jay, 1995: 61).

Giovanni Sartori는 직접민주주의에 대한 비판론의 핵심으로 대중의 능력 부족을 지적했다. 그는 직접민주제가 "제로섬 메커니즘과 다수의 폭정 및 극단주의"로 귀결될 것이며, 결국 대중의 "인지적 무능력의 암초에 걸려 곧바로 비참하게 소멸될 것"으로 비관했다(sartori, 1987: 115–120).

그러나 이와 같은 직접민주주의 비관론은 1848년 스위스연방 출범 이후 약 170년 동안 직접민주주의를 헌법질서의 근간으로 삼아 고도의 국민통합과 정치안정을 이루고 번영을 구가해온 스위스의 경험과 정면으로 배치된다. 스위스는 그동안 직접민주주의를 대의민주주의에 접목시킨 준직접민주주의를 발전시켜 다문화사회의 갈등을 극복하고 고도의 국민통합과 정치안정을 이룩해 오늘날 세계최고의 선진국으로 발돋움했다. '갈등극복과 정치통합의 모범사례'인 스위스 정치체제의 중심에는

---

1) 독일에는 근래 직접민주주의에 대한 호의적인 견해가 확산되고 있지만, 아직 정부주도의 국민투표(plebiscites)가 바이마르공화국 붕괴를 초래한 주범이라고 보는 반(反)직접민주주의 정서가 남아 있다.

준직접민주주의가 자리 잡고 있다.

이 장은 스위스 준직접민주주의 사례를 통해 대의민주주의와 직접민주주의의 결합의 중요성을 확인하고, 잘못 설계된 주민발의제로 말미암아 재정위기에 빠진 미국 캘리포니아 주정부의 이른바 '캘리포니아 질병(Californian disease)'의 원인을 규명한다. 아울러 스위스 준직접민주제는 정치체제의 일부를 구성하는 전통적 소수의 보호에는 안정장치로 작용하지만 참정권이 없는 외국인 거주자나 무슬림과 같이 아직 공인되지 않은 소수의 권익을 보호하는 데는 한계가 있음을 지적한다. 이를 위해 먼저 스위스 연방헌법의 역사와 연방 수준의 직접민주제를 개관한 다음, 직접민주제에 대한 연방헌법규정과 경험적 연구결과를 살펴본다. 이어 대의민주제와 직접민주제의 결합과 직접민주제 비판론에 관해 논의한다.

Ⅱ 19세기 국민국가의 형성과 그 유산

1. 다민족국가

스위스연방은 강한 연방정부를 수립하려는 진보세력과 이에 반대하는 보수세력 간의 내란을 거쳐 탄생했다. 캔톤의 일부 주권이 이양된 강한 연방정부를 창설하려던 진보적 신교캔톤과 이에 반대해 분리동맹(Sonderbund)이라는 비밀조약을 맺은 보수적 구교캔톤 간에 3주 동안 치러진 전쟁은 140명의 사망자와 400명의 부상자를 냈다. 1847년 분리동맹전쟁은 진보적 신교캔톤의 승리로 종결되었다. 이어 1848년 9월 2일 스위스연방헌법이 제정되어 스위스는 주권적 캔톤의 느슨한 연합체(confederation)에서 국민국가의 형태를 갖춘 연방국가(federal state)로 전환되었다.[2] 그러나 통상 스위스의 기원은 우리, 슈비츠, 운터발덴의 세 산림공동체가 루체른 호수 주변 알프스 산록 뤼틀리 초원에서 외부 침략에 공동방어를 약속한 동맹협약서에 서명한 1291년으로 간주된다. 1891년 이후 스위스인은 세 삼림공동체의 대표가 동맹협약서

---

2) 스위스의 공식명칭은 독일어로 'Schweizerich Eidgenossenshaft'다. 이 공식명칭에 가장 가까운 영어 번역은 'Swiss Confederation'이다. 본래 Eidgenossenshaft란 '들판에 서서 항구적 협력과 우정을 서약한 사람들의 형제애'라는 의미를 담고 있다.

에 서약한 날짜로 추정되는 8월 1일을 스위스 건국일로 기념한다. 중세 유럽의 특징이었던 동맹협약을 통해 태동한 스위스는 세월이 흐르면서 주변 공동체가 하나둘 추가된 상호동맹 네트워크로 발전했다.

1798년 Napoleon은 스위스를 점령하고 프랑스식의 중앙집권적 단방국가인 헬베티아공화국(Helvetic Republic)을 세웠다. 그러나 분권주의 전통이 강한 스위스인은 프랑스가 강요한 이질적 중앙집권체제에 강렬히 저항했다. 1803년 Napoleon은 중앙집권체제로는 스위스를 안정시키기 어렵다고 판단하고 주권적 캔톤의 대표로 구성된 동맹회의(Tagsatzung)를 매개로 느슨하게 연결된 과거의 동맹체제 부활을 허용했다. 부활된 스위스 동맹체제는 헬베티아공화국 시절에 도입된 캔톤 간의 평등원칙과 프랑스혁명의 자유주의 이념을 계승했다. 1815년 Napoleon을 몰락시킨 유럽 열강은 비엔나회의에서 프랑스의 보호국인 스위스를 독립시켜 영세중립국으로 인정했다.

스위스에서 복고시대에 억압된 자유주의 사조가 1830년 프랑스의 7월혁명을 계기로 분출했다(안성호, 2001: 44). 이 때 캔톤들은 헌법개정에 대한 의무적 주민투표, 대의민주주의에 기초한 국민주권, 자유와 평등, 권력분립 등의 민주주의 원리를 수용한 캔톤헌법을 채택했다.

1848년 내란을 거쳐 연방국가로 출범한 스위스는 당시 유럽의 지배적 패러다임인 단일민족국가와 달리 네 가지 언어를 사용하는 다민족국가였다. 오늘날에도 26개 캔톤 중 16개는 독일어, 5개는 프랑스어, 티치노 캔톤은 이탈리아어를 공용어로 사용한다. 2017년 현재 전체인구의 63.5%가 독일어, 22.5%가 프랑스어, 8.1%가 이탈리아어, 0.5%가 로만쉬어를 제1언어로 쓴다. 그리고 베른 캔톤과 프리부르크 캔톤 및 발레 캔톤은 2개 언어, 그라우뷘덴 캔톤은 3개 언어를 공용어로 사용한다. 종교개혁 이후 수세기에 걸쳐 종교전쟁과 19세기 중반의 치열한 문화투쟁(Kulturkampf)을 치른 신·구교의 대립과 반목은 20세기에 들어와 크게 완화되었다.

스위스는 단일 언어와 민족이 아니라 외부의 간섭과 폭정에 저항해 자유를 수호하고 함께 화합하며 살겠다는 구성원의 의지 위에 세워진 '의지국가(Willensnation: nation de volonté)'다. 1804년 Friedrich Shiller가 쓴 희곡 「빌헬름 텔(William Tell)」에 그려진 건국무용담은 의지국가 스위스의 국가정체성과 국민통합을 더 심화시켰다. 무엇보다 연방국가 출범 이후 '아래에서 위로 세워진, 무게 중심이 아래 있는'

헌법질서, 곧 연방주의와 직접민주주의 및 중립주의는 스위스인의 영혼에 하나의 국민이라는 상상된 공동체의식을 심어놓았다. 스위스연방헌법 전문에 명시된 "통일성 속에 다양성을 존중하며 더불어 살고자 하는 의지"로 뭉친 스위스인의 헌정애국심은 스위스를 여느 나라와 다른 '특별한 사례(Sonderfall: cas particulier)'로 만든 정신적·정서적 에너지다.

1848년 제정된 스위스연방헌법은 1874년에 전면 개정되었다. 새 헌법은 연방정부의 권한을 강화하고 법률에 대한 국민투표제도를 도입했다. 아울러 거래와 영업의 자유, 신앙과 양심의 자유, 체형의 금지 등과 같은 자유권의 확대가 이루어졌다. 그러나 종교적 중립의 초등교육, 결혼자유권, 존엄한 장례권리 등에 관한 규정은 1870년대 문화투쟁 절정기에 스위스 사회에서 로마가톨릭교회의 역할을 제한하는 것이었다. 새 헌법에 대한 국민투표 결과는 보수적인 구교캔톤과 진보적 신교캔톤 간에 양극화 현상을 드러냈다.[3]

1874년부터 1999년 4월까지 스위스연방헌법은 거의 매년 한 차례 부분개정이 있었다. 채택되지 않은 국민발안까지 포함하면 매년 거의 두 차례씩 연방헌법의 부분개정에 관한 논의와 결정이 이루어졌다. 이처럼 빈번하게 연방헌법의 부분개정이 이루어진 까닭은 연방법률에 대한 국민발안제가 채택되지 않은 상황에서 법률형식으로 규정할 수 있는 사항까지 연방헌법의 부분개정을 요구하는 국민발안이 자주 이용되었기 때문이다. 게다가 시대변화에 따른 중앙집권화 요구로 연방헌법의 부분개정이 있었다.

잦은 개정으로 말미암은 연방헌법의 파편화는 1999년 4월 연방헌법의 전면개정을 초래했다. 1960년대 이후 몇 차례 전면개정 시도가 실패한 후 1999년 국민투표에 회부된 전면개정안은 비교적 온건했다. 전면개정안은 기존의 성문·불문헌법의 내용을 갱신하여 포괄적이고 체계적으로 재정리하고 용어를 통일시켰다. 새로 전면개정된 연방헌법은 2000년 1월 1일부터 발효되었다.

---

3) 이를테면 보수적 로마가톨릭이 지배한 우리 캔톤에서는 92.1% 다수가 새 헌법안에 반대한 반면, 자유주의적 개신교가 지배하는 샤프하우젠 캔톤에서는 96.8% 다수가 찬성했다.

2. 연방의회 우위성과 부분개헌

현행 스위스연방헌법의 근간은 여전히 19세기 건국시대의 정신을 계승하고 있다. 특히 연방의회 우위의 권력분립원칙은 확고하다. 연방헌법 148조는 "연방의회가 국민과 캔톤에 종속되며 연방에서 최고의 권력을 행사한다."고 규정한다. 따라서 연방법원은 연방의회의 행위를 취소할 수 없으며(제189조), 연방법원은 연방법률을 이행해야 한다(제190조). 요컨대 연방법원은 연방법률에 대한 위헌심사권이 없다.

스위스 연방의회의 이와 같은 우월적 지위는 연방의회가 다른 연방기관과 달리 '국민의 목소리'를 대변한다고 간주되기 때문이다. 정치 우위의 헌법질서관은 자유-급진운동이 연방정부가 창설된 후 수십 년간 지배했고, 자유주의 개혁에 대한 사법적 통제가 정치적 지배세력의 이해관계에 배치되었기 때문이다. 그러나 1974년 유럽인권협약의 채택은 스위스가 인권문제와 관련하여 연방의회 우위의 전통적 헌법질서 관념을 재조정하도록 만들었다.

3. 연방주의

1848년 스위스연방은 세 가지 역사적 경험을 토대로 출범했다. (1) 스위스는 Napoleon에 의해 강요된 중앙집권적 헬베티아공화국에 저항하여 캔톤주권이 회복된 과거 동맹체제의 복원을 경험했다. (2) 1830년대부터 일부 캔톤은 주민투표를 통해 권력의 분립과 제한, 개인의 자유와 권리보장, 캔톤헌법의 제정 등과 같은 민주적 입헌주의 개혁을 단행했다. (3) 스위스보다 앞서 민주주의와 연방주의를 결합시켜 분권적 국민국가를 형성하는 데 성공한 미국헌법을 벤치마킹했다.

더욱이 국민국가의 연방정부를 창설하는 과정에서 다수를 점유한 진보적 신교 캔톤은 일부 캔톤주권을 연방정부에 이양하는 데 극렬히 반대한 보수적 구교캔톤과 내란까지 겪은 후 합의로 통일을 이루기 위해서 약자인 구교캔톤의 이익을 충분히 고려하지 않을 수 없었다. 이런 의미에서 신생 스위스연방의 헌정체제는 종래의 느슨한 연맹체제와 중앙집권적 단방제 사이의 중간 정체인 연방제를 채택하도록 예정되어 있었다.

스위스연방제의 특징은 연방정부의 권한강화가 오직 헌법개정을 통해서 가능하며, 연방헌법의 개정은 국민다수와 캔톤다수의 이중다수의 찬성을 통해서 가능하다는 점이다. 스위스연방의 출범 이후 중앙집권이 어느 정도 진행되었다. 그러나 스위스가 여느 연방국가와 달리 여전히 고도의 지방분권적 헌정체제를 유지해온 비결은 바로 중앙집권화를 차단하는 이런 높은 개헌(改憲) 장벽 때문이다. Daniel Elazar는 스위스연방의 이런 특성을 '지방분권(decentralization)'과 구별해 '비중앙집권(non-centralization)'으로 규정했다(Elazar, 1987: 34-36).

스위스 헌정체제의 연방적 요소는 양원제 연방의회에 반영되었다. 스위스 연방의회는 국민을 대표하는 하원과 캔톤을 대표하는 상원으로 구성된다. 하원의원 200명은 각 캔톤이 하나의 선거구가 되어 비례대표제로 선출된다. 상원의원 46명은 각 캔톤의 규정에 따라 거의 모두 다수대표제로 캔톤마다 2명씩 선출된다. 상원과 하원의 권한은 동등하다. 상·하원합동회의에서 결정되는 연방내각 7명의 선출과 사면청원 및 연방기관 간 권한분쟁 이외에 연방의회의 모든 결정은 양원에서 각각 승인되어야 한다.

미국연방헌법은 프랑스혁명과 캔톤헌법과 더불어 스위스연방헌법에 중요한 영향을 미쳤다. 그러나 미국의 대통령제는 예외다. 스위스연방헌법의 제정자들은 미국의 대통령제를 "군주제 혹은 독재에 가까운 제도"라고 혹평했다(Reich, 2008: 12). 이들은 연방내각의 설계모형으로 미국의 대통령제 대신 연방국가 출범 전에 경험한 동맹회의의 캔톤대표모형을 채택했다. 이를테면 연방내각은 동등한 권한을 지닌 7명의 동료각료로 구성된다. 연방의회 우위성원칙에 따라 연방의회는 4년 임기의 연방각료를 선출한다. 연방내각은 임기 중 소환이나 불신임되지 않는다. 연방대통령은 7명의 연방내각이 1년씩 윤번제로 맡지만 '동료 중 수석(primus inter pares)'에 불과하다. 연방각의는 집단적 협의체로서 비공개로 결정하며 집단적 리더십을 행사한다.

연방내각의 구성과 운영방식은 합의민주주의의 특수한 형태로서 권력공유를 실현한다. 연방내각은 독일어권 캔톤에서 4명, 프랑스어권에서 2-3명, 이탈리아어권과 로만쉬어권에서 0-1명을 뽑는 전통을 지켜왔다. 20세기에도 연방내각을 선출할 때 종교적 분파를 중요하게 고려했다. 그러나 현재는 종교적 분파 대신 성별 고려가 중시되고 있다.

연방내각의 위상은 점차 강화되었다. 연방의회 우위원칙에도 불구하고 연방내각은 여느 나라 행정부처럼 영향력을 점차 확대했다. 연방의회의원은 다른 생업을 가진 시간제 정치인이지만, 연방각료는 전문행정가로서 평균 10년 이상의 보장된 임기 동안 연방의회에 법률안을 발의하고 연방의회의 각종 위원회에 참석하여 정치적 영향력을 행사한다.

Ⅲ 직접민주제

1. 일상화된 국민투표

1848년 스위스연방 출범 이후 2016년 1월까지 총 612건의 안건이 국민투표에 회부되었다. 이중 460건(75%)이 1950년 이후 실시된 것이다. 지난 65년 동안 매년 평균 7건의 안건이 국민투표에 부쳐졌다. 국민투표 참여율은 2차대전 이후 60%에서 1970년대 40%로 떨어졌다가 근래 다시 상승했다. 국민투표에서 찬반을 결정하는 다수는 대략 전체 인구의 10−20%다(Linder, 2010: 91−93).

2. 의무적 국민투표

연방당국에 의해 발의된 헌법개정안은 반드시 국민투표에 회부된다. 의무적 국민투표 사안에는 NATO와 같은 집단안보기구와 EU의 핵심 기구인 유럽공동체(EC)와 같은 국제조직 가입조약에 관한 사안, 헌법적 근거 없이 긴급하다고 선언한 연방법률 사안이 포함된다.

1848년부터 2016년 1월까지 194건의 의무적 국민투표가 실시되었다. 이중 부분개헌 국민투표가 175건으로 대부분을 차지한다. 이외에 헌법적 근거 없이 긴급한 것으로 선언된 연방명령에 대한 국민투표 11건, 전면개헌 국민투표 4건, 국제조약에 관한 국민투표가 4건이었다.

의무적 국민투표에 부쳐진 안건은 투표자 다수와 캔톤 다수의 동시 찬성으로 통과된다. 캔톤투표는 각 캔톤 투표자 다수의 투표로 결정된다. 역사적인 이유로 둘로 나누어진 6개의 반(半)캔톤은 절반의 캔톤투표로 계산된다. 따라서 의무적 국민투표는 투표자의 과반수와 최소 12개 캔톤 찬성으로 통과된다. 지금까지 실시된

194건의 의무적 국민투표 중 146건이 채택되었고, 48건은 부결되었다. 부결된 48건 중 8건은 투표자 다수는 찬성했지만 캔톤 다수의 지지를 얻지 못했기 때문이다.

이중다수 요건은 인구가 적은 소규모 캔톤의 결정권을 크게 증대시킨다. 이중다수 요건은 스위스연방 출범 전에 캔톤의 일부 주권을 연방정부에 이양하는 것에 극렬히 반대해 내란까지 일으킨 스위스 중부의 농촌지역 구교 독일어권 캔톤들을 포용하기 위해 도입된 제도적 장치이다. 이중다수 요건으로 양보하는 쪽은 소수 언어권(프랑스어권, 이탈리아어권, 로만쉬어권) 캔톤과 취리히, 제네바, 도시바젤, 베른 등 큰 도시가 있는 캔톤이다.

지금까지 연방당국에 의해 발의된 부분개헌 국민투표 175건 중 대다수는 연방정부의 권한 확대와 관련된 것이었다. 연방당국이 부결될 가능성이 있는 안건을 배제한 후 신중하게 발의하는 중앙집권화 안건도 4건 중 1건이 부결되었다. 이는 의무적 국민투표가 중앙집권화를 차단하는 "연방주의 방어벽" 역할을 수행했음을 뜻한다(Reich, 2008: 15).

3. 선택적 국민투표

연방법률, 유효기간이 1년이 넘는 긴급연방법률, 헌법이나 연방법률이 규정하는 연방명령, 국제법적 조약[4]은 공포 후 100일 이내에 5만 명 이상의 유권자나 8개 이상의 캔톤이 요구할 때 국민투표에 회부된다. 5만 명의 서명요건은 유권자의 약 1%에 해당된다.

1848년부터 2016년 1월까지 171건이 선택적 국민투표에 회부되었다. 이중 127건은 연방법률에 대한 국민투표, 34건은 연방명령에 대한 국민투표, 8건은 국제법적 조약에 관한 국민투표, 2건은 긴급연방법률에 관한 국민투표였다.

스위스연방 출범 이후 선택적 국민투표에 해당될 수 있는 전체 법안 중 7%만 유권자 5만 명의 요구로 국민투표에 회부되었다. 그리고 선택적 국민투표에 부쳐진 사안 중 약 44%가 부결되었다. 이는 연방의회와 연방내각이 결정한 사안의 약 97%가 직접민주주의의 도전을 받지 않고 존중되었음을 뜻한다.

---

4) 국제법적 조약은 "무기한 해지불가능한 조약, 국제기구에 가입하는 조약, 중요한 입법규정을 포함하거나 그 집행에 연방법률의 제정을 요하는 조약"을 의미한다(스위스연방헌법 제141조 제1항).

그러나 이런 낮은 부결률을 직접민주제가 대의민주제를 교정하고 보완하는 효과가 크지 않은 것으로 해석되어서는 안 된다. 연방의회와 연방내각은 결정을 내릴 때 선택적 국민투표에 부쳐지지 않도록 사전에 국민의사를 철저히 수렴하는 과정을 거쳤기 때문이다. 스위스 정치에서 이른바 '직접민주제의 선제적 변경효과'는 크다. 게다가 연방의회에서의 합의 수준과 법안이 투표자의 지지를 얻을 가능성 사이에는 정(正)의 상관관계가 있는 것으로 확인되었다(Reich, 2008: 16). 이런 제도적 특징은 스위스 정치체제를 합의민주주의라고 일컫는 권력공유제로 변화시켰다. 스위스 권력공유민주주의는 주요 정당의 합의가 아니라 선택적 국민투표에 의해 "강요된 협력압박"에 기인한다(Linder, 2010: 128). 1874년 연방헌법 전면개정 과정에서 야기된 치열한 보수─진보 간 대립과 갈등이 보여준 바와 같이 스위스는 합의민주주의로 태어난 것이 아니라 무엇보다 직접민주주의를 통해 오랜 세월에 걸쳐 합의민주주의로 만들어진 국가다.

공공선택이론은 정당이 의회에서 가능한 한 많은 정당의제를 추진하기 위해 자신의 의제를 추진하는 데 필요한 최소 정당연합, 즉 '최소승리연합(minimal winning coalition)'을 도모하는 것으로 간주한다. 선택적 국민투표는 정당에게 이 최소승리연합전략을 수정하도록 만든다. 정당은 선택적 국민투표의 도전을 피하기 위해 순수한 대의민주제에서 도모하는 최소승리연합보다 더 광범위한 연합을 형성해야 한다. 정당뿐만 아니라 노동조합이나 경영자단체 또는 NGO 등 이익집단도 5만 명의 서명을 받는 자원을 가질 수 있다. 이런 연유로 1947년 연방헌법에 청취 및 자문의 절차가 제도화되었다. 연방헌법 제147조에 따라 연방관청은 캔톤·정당·이익집단에게 "중요한 입법과 상당한 영향력을 미치는 사업계획을 마련하고 중요한 국제조약을 체결하는 과정에서 의견을 표명할 기회"를 주어야 한다.

선택적 국민투표는 연방내각의 정당구성에도 영향을 주었다. 대다수 법률안이 연방내각에 의해 발의되지만, 선택적 국민투표가 정책형성의 초기단계부터 관련 단체의 이익을 고려할 유인을 제공했기 때문이다. 19세기 지배적 다수를 형성한 자유주의 진보진영은 자신들이 추진하려는 주요 사업이 소수인 보수진영의 선택적 국민투표로 번번이 좌절되자 1891년 보수진영의 정당대표를 연방내각의 각료로 영입했다. 이 조치로 1880년대 진보진영을 괴롭히던 '국민투표 폭풍'은 멈추었다. 동일한 방식이 1928년 농민과 장인 정당의 대표를, 1943년 사회민주당 대표를 각각 연방내각에 참여시키는 조치가 취해져 투표자의 약 80% 지지를 얻는 4개 정당이 참여하는 연방내각이 형성되었다.

합의제는 언어와 종교 및 사회경제적 소수를 정치체제에 성공적으로 통합시켜 스위스 정치체제를 대립과 갈등의 승자독식 다수결민주의에서 상생과 융화의 권력공유민주의로 전환시켰다. 그러나 이런 과정에서 투명성과 선거를 통한 책임성은 다소 감소했다. 1919년 도입된 하원의원 비례대표제는 스위스 정치체제의 합의제적 성격을 한층 더 강화시켰다. 그리고 합의제적 권력공유민주주의로 이행하는 과정에서 사회경제적 경계가 언어적 또는 종교적 분파와 일치하지 않은 것은 행운이었다.

4. 국민발안

국민발안을 제기하는 위원회는 18개월 동안 스위스 유권자 10만 명의 서명을 받아 연방헌법 개정을 요구할 수 있다. 10만 명은 총 유권자의 약 2%에 해당된다. 국민발안제도는 1891년 연방헌법 개정으로 도입되었다. 국민발안은 법률변경을 위해 발의되는 캔톤과 코뮌의 주민발안과 달리 오직 연방헌법 개정에만 적용된다. 국민발안은 연방헌법의 부분개정뿐만 아니라 전면개정을 요구하는 데 활용될 수 있다. 연방헌법의 부분개정 발의에는 연방의회가 개정안을 마련하도록 요구하는 방식과 완성된 개정안을 제시하는 방식이 있다. 국민발안이 가결되려면 투표자 다수와 캔톤 다수의 찬성이 요구된다.

1848년 스위스연방이 출범한 이후 2016년 1월까지 총 202건의 국민발안이 국민투표에 회부되었다. 이중 199건은 연방헌법 부분개정에 관한 것이고, 3건은 연방헌법 전면개정에 관한 것이었다. 199건의 연방헌법 부분개정 요구 중 194건이 완성된 개정안으로 국민발안이 발의되었고, 오직 5건만 연방의회로 하여금 개정안을 작성하도록 요구한 국민발안이 발의되었다. 국민발안제가 도입된 1890년대 이후 지금까지 발의된 202건 중 단 22건(약 11%)만 가결되었다.

국민발안이 국민투표에서 가결되는 비율은 낮지만 연방입법에 미치는 영향력은 상당히 크다. 국민투표에서 부결된 국민발안도 연방입법에 간접적으로 중대한 영향을 미친 경우가 많다. 국민발안이 연방입법에 미치는 간접적 효과는 세 단계를 거쳐 나타난다. 첫 단계는 국민발안위원회가 18개월 동안 10만 명의 서명을 받으면서 제도정치권에서 공식적 정책의제로 다루어지지 않은 주요 사안을 국민에게 알리고 설득하는 과정이다. 둘째 단계는 국민발안의 요건이 충족되었다는 연방사무처의 승인을 받은 후 시작된다. 이 단계에서 연방내각과 연방의회 양원은 발의된 국민발안에 포함된 일부 내용을 포함한 대안을 제시할 수 있다. 대안은 연방헌법 또는 연방법률 개정안 형식으로 지금까지 39건의 대안이 제시되었다. 국민발안위원회는 대안을 보고 투표운동비용과 예상투표결과를 고려해 당초의 국민발안을 철회할 수 있다. 국민발안을 철회하는 비율은 1970년대 이후 50%에서 25%로 낮아졌다. 셋째 단계는 연방내각과 연방의회는 상세한 조사보고서에 기초해 국민발안의 승인 또는 거부를 권고하는 단계다. 이때 완성된 문안의 국민발안이 연방헌법 제139조에 규정된 "형식과 주제의 통일성과 국제법의 강행규정"을 존중했는지 평가된다. 만일 이 요건을 충족하지 못한 것으로 판단되는 경우, 연방의회는 국민발안의 전체 또는 부분의 무효를 선언한다.

지금까지 국민발안은 좌우 정당, 노동조합, 환경단체, 인권단체, 반(反)이민운동단체에 이르기까지 다양한 집단에 의해 활용되었다. 국민발안은 제도정치권의 정책의제 설정권한 독점을 깨고, 정책의제의 범위를 실현가능한 영역까지 확장했다. 이를테면 국민발안은 기존 정치인이 금기시해온 비례대표제 도입과 자연환경보존과 같은 진보적 변화를 위해서 사용되었는가 하면, 동물복지 증진이라는 미명 하에 반(反)유태주의의 추한 모습이 감춰진 1892년 '유태교 율법에 따른 도살(Kosher butchering: shehitah) 금지'를 위해서도 이용되었다.

IV 직접민주제와 대의민주제의 상호작용

1. 준직접민주제

스위스의 직접민주제는 대의민주제를 무력화시키지 않고 오히려 대의민주제의 결점을 교정하고 보완해왔다. 이런 의미에서 직접민주제를 적극 활용해온 스위스 정치체제는 준직접민주제로 정의될 수 있다. 종종 대의민주주의를 민주주의의 전범으로 간주하는 전통에 익숙한 사람은 흔히 스위스민주주의를 직접민주제가 압도하는 예외적 정치체제로 규정짓는다. 그러나 이런 견해는 대의민주제가 존중되면서도 필요한 경우에 대의민주제를 교정하고 보완하는 관점에서 직접민주제가 적극 활용되는 스위스 준직접민주제의 실상을 왜곡·과장하는 경향이 있다.

스위스 헌정질서는 직접민주제와 대의민주제의 상호작용을 통해 운영된다. 가장 중요한 사안(예: 헌법개정과 국제기구 가입조약)은 국민이 직접 결정하고, 중요한 사안(예: 연방법률과 국제조약)은 연방의회가 일차적으로 결정하지만 일정수의 유권자가 요구하는 경우 국민투표에 회부된다. 그리고 덜 중요한 일상적 사안(예: 일반명령과 규칙)은 연방의회와 연방내각이 결정한다.

스위스 직접민주제가 여느 나라 직접민주제와 다른 점은 스위스 직접민주제가 정부정책을 선택하고 통제하는 실질적 시민통제수단이라는 것이다. 한국을 비롯한 많은 나라에서 정부정책에 대한 지지를 얻기 위해 정부가 요구하는 국민투표(plebiscite)와 달리, 스위스 연방내각이나 연방의회는 연방헌법이 규정한 요건을 갖춘 특정 사안의 국민투표 회부 여부를 결정할 수 없다. 반면 국민이 적법절차에 따라 국민투표를 청구할 수 있는 스위스 직접민주제는 국민이 정부정책을 직접 거부하거나 수정할 수 있는 시민통제수단을 제공한다.

2. '캘리포니아 질병'과 스위스의 숙의과정

직접민주제를 스위스 다음으로 가장 빈번하게 활용해온 미국 캘리포니아 주의 재정위기 상황은 직접민주주의에 대한 좀 더 깊은 성찰을 요구한다. 누적 적자 420억 달러로 재정비상 사태에 빠진 캘리포니아 주정부는 20만 명의 직원 해고, 복지·건강·교육예산의 대폭 삭감, 차용증서(IOU)로 대금을 지급하는 등 극약처방을 써왔으나 여전히 돌파구를 찾지 못했다. 한때 재정적자 해소를 위한 6개 발의안이 시민투표에 부쳐졌지만 '주정부 선출직 공무원의 연봉 동결'을 규정한 발의안만 통과되었다. 타임지는 캘리포니아 주 재정비상 사태의 근본 원인으로 32년 전 법제화된 '주민발의 13호(Proposition 13)'를 지목했다.

1978년 74%의 압도적 찬성률로 통과된 주민발의 13호의 골자는 '부동산 재산세 세율을 전체 보유 부동산 현가의 1% 이하로 묶고, 연간 재산세 인상률을 2% 이내로 제한하며, 재산세 인상을 위해서는 주의 상·하원에서 3분의 2 이상의 찬성이 필요하다'는 것이었다. 이후 재산세 격감으로 주재정이 어려워져 주민발의 13호의 수정을 요구하는 안건이 상정되었지만 공화당이 완고하게 반대하여 어느 누구도 이 법안을 바꿀 수 없었다.

혹자는 캘리포니아 재정위기가 직접민주제의 불가피한 한계에서 비롯된 것이라고 주장한다. 그러나 이 주장은 스위스의 직접민주제 성공경험에 비추어볼 때 설득력이 없다.

캘리포니아의 직접민주제가 실패한 까닭은 스위스 직접민주제의 성공요인인 '숙의과정'이 무시되었기 때문이다. 캘리포니아 주민발안제는 시민사회와 의회의 상호작용을 통한 심의과정, 즉 Jürgen Habermas의 "양면숙의정치(two-track deliberative politics)"를 결여했다. 캘리포니아 주헌법 제2조는 대의민주제를 통해 주민발안을 숙고하는 절차를 규정하지 않는다. 따라서 캘리포니아 주민발의는 정부와 의회의 점검을 거치지 않는다. 그러나 스위스에서 정부는 국민발의의 적격성을 점검한다. 스위스 정부는 국민발의의 부적격을 지적하는 경우는 드물지만, 이런 점검절차가 신중한 국민발의를 유도한다. 아울러 캘리포니아에서는 주민발의에 대한 정부의 대안발의와 공식의견 제시가 허용되지 않는다. 그러나 스위스에서는 정부(국회)가 국민발의에 대한 대안을 발의하고 공식의견을 표명하여 정부 관점에서 국민발의의 장단점을 드러내고 정책적 적실성과 정치적 실현가능성을 높인다. 결국 대의민주제와 분리된 캘리포니아 직접민주제는 '토의 없이 투표하는 주민투표'로 전락하고 만다.

스위스에서 국민투표에 참여하는 투표자는 오직 대중매체와 투표운동단체의 선전에만 의존하여 개인의사결정을 내리지 않는다(Kriesi, 2005: 313-314). 스위스의 투표자는 대중매체의 보도나 투표운동단체의 선전에 의해 영향을 받지만, 선호하는 정당과 이익집단의 견해를 진지하게 참고하고, 특히 연방정부와 연방의회의 권고를 신중히 고려하여 투표한다.

스위스 사례의 교훈은 직접민주제를 도입하는 경우에 대의기관을 직접민주제와 적절히 연결시킨 절차를 마련해야 한다는 것이다. 이런 절차가 마련된 스위스 준직접민주제를 "상호작용적 직접민주주의모형"이라고 부를 수 있다(Reich, 2008: 24). 국민발안과 대의기관의 상호작용 여부라는 일견 사소한 차이가 스위스와 캘리포니아 직접민주제의 성패를 가른 것이다.

그러므로 직접민주제 확충론을 대의민주제의 약화나 대체로 오해해서는 안 된다. 스위스에서 대의민주제의 정치엘리트는 직접민주제에 중요한 영향을 미친다. 다만 이들의 선택과 행동은 몇 년에 한번 치러지는 선거투표 이외에 필요한 경우 수시로 특정 사안에 대해 주권자의 직접통제를 받아 주권자의 선호에 한층 더 가까이 다가간다.

3. 직접민주제의 한계

그러나 스위스 직접민주제도 완벽하지 못하다. 세계에서 가장 오래된 민주국가인 스위스는 뒤늦게 1971년에야 여성투표권을 연방헌법에 명시했다. 더욱이 1990년 11월 27일 아펜젤내곽 캔톤은 연방대법원의 위헌판결을 받고나서야 여성투표권을 인정했다. 스위스에서 이와 같이 여성참정권 지각사태가 벌어진 까닭은 부분적으로 새로운 참여자의 포용에 대한 직접민주제의 유인구조 때문이었다. 여성참정권 확대로 말미암아 권력의 감소를 경험하게 될 스위스 남성은 여성의 참정권 부여에 소극적이었다. 아펜젤내곽처럼 보수적 성격이 강한 농촌 캔톤에서 이런 현상이 두드러졌다. 이는 직접민주제에서 국외자의 문제로 구성원의 기득권 감소를 초래하는 진보적 변화가 어려울 수 있음을 시사한다.

그러나 직접민주제가 대의민주제보다 사회변화를 더 어렵게 만든다고 단정할 수는 없다. 직접민주제를 통해 진보적 결정이 내려진 사례가 적지 않기 때문이다. 예컨대 2000년 스위스 국민은 낙태 자유화, 스위스의 UN 가입, 동성결혼의 합법화, "극도로 위험하고 치료 불가능한" 성 범죄자에 대한 종신형, 농업에서 유전자변형 생물의 제한적 중단, 2004년 1월 1일 EU에 가입한 동유럽국가에 대한 재정지원(10년 동안 10억 스위스프랑 지원), EU 가입협상에 대비한 헌법적 의무, 외국인 거주자 상한을 인구의 18%로 제한 등 논란이 많은 국민투표에 참여했다. 이 국민투표에서 마지막 두 안건 이외에 모두 가결되었다. 이는 소수의 정당한 이익이 관계되는 한 직접민주제의 결과에 명백한 패턴을 찾기 어렵다는 것을 뜻한다(Reich, 2008: 25 – 26).

종종 대의민주제가 직접민주제보다 소수의 이익보호에 더 적극적이라고 주장되곤 하지만, 이 주장은 설득력이 없다. 예컨대 앞서 언급한 "극도로 위험하고 치료 불가능한" 성 범죄자 종신형에 관한 국민발안은 국민과 캔톤의 다수 찬성으로 가결되었다. 반면에 대다수 연방의원은 이 국민발안에 대해 반대했다. 이는 정치인과 정당이 소수의 보호에 적극적이지 않았음을 뜻한다. 그래서 미국 연방대법원은 정치과정에서 무시되는 소수집단을 "분리·고립된 소수(discrete and insular minorities)"로 지칭했다. 흔히 분리·고립된 소수는 직접민주제뿐만 아니라 대의민주제에서도 적절히 보호받지 못한다.

다행히도 스위스에서 언어, 종교, 사회경제적 소수는 일치되지 않고 사안에 따라 역동적으로 바뀌었다. 결국 특정 소수집단에 대한 지속적 차별은 없었다. 더욱이 연방주의는 지역적 소수의 과잉대표성을 인정하여 언어적·종교적 소수를 권력을 공유하는 공동체의 일부로 포용했다.

그러나 스위스 연방제는 새로운 소수를 보호하는 데는 소홀하다는 비판을 면치 못하고 있다. 최근 스위스 투표자들은 스위스 거주 외국인 범죄자의 강제출국과 이슬람 첨탑의 추가적 설치 금지에 관한 국민발안을 국민투표로 통과시켰다. 스위스에서 전체인구의 23%에 달하는 외국인 거주자는 연방수준에서 참정권이 없다. 전체인구의 4.3%인 이슬람 소수 중 12%만 스위스 국민이다. 따라서 스위스의 외국인 거주자와 이슬람 소수는 다른 전통적 소수와 달리 정치적 보호를 받지 못하고 있다.

V 맺음말

지난 20-30년 동안 직접민주제를 활용하는 나라가 늘어나고 빈도도 잦아지면서 직접민주제에 관한 학계의 관심도 증대했다. 특히 대의민주제의 대표성 실패를 지속적으로 교정하고 보완하는 직접민주제를 활용해 온 스위스와 스위스 다음으로 주정부와 지방정부 수준에서 직접민주제를 활용해 온 미국의 사례를 대상으로 경험적 연구가 적잖게 수행되었다.[5] 경험적 연구는 직접민주제가 행정효율을 제고하고 세금 수준을 낮추며 조세회피를 줄이는 효과가 있음을 확증했다. 아울러 직접민주제는 갈등을 진정시키고 행복수준을 높이는 효과가 있음도 확인되었다.

우리는 이 장을 통해서 직접민주제의 선제적 조절효과는 스위스를 19세기 승자독식 다수결민주주의에서 20세기 합의적 권력공유민주주의로 변모시켰음을 알게 되

---

5) 직접민주제의 효과에 관한 경험적 연구결과에 대해서는 (안성호, 2005: 253-312)를 참고할 것.

었다. 그리고 스위스 직접민주제의 이런 긍정적 효과는 미국 캘리포니아 직접민주제
가 결여한 준직접민주제(대의민주제와 상호작용하는 직접민주제)의 숙의과정에 있음도
확인했다. 아울러 스위스 직접민주제는 합의적 의사결정에 대한 강한 유인으로 인해
전통적 언어·종교·사회경제적 소수 보호에는 성공적이지만 기존 체제에서 공인되
지 않은 분리·고립된 소수, 이를테면 여성참정권이 보장되기 이전의 여성과 참정권
이 없는 외국인 거주자 및 무슬림 소수의 보호에는 소홀하다는 점도 알게 되었다.
이는 스위스 준직접민주제가 때로 사법심사의 도움을 받을 필요가 있음을 시사한다.

CHAPTER

9

지역대표형 상원 설계[1]

"양원제는 의회민주주의를 강화한다."   Hans W. Blom

"양원제는 거대 정치세력의 독주를 견제하고 정치세력 간 합의를 촉진하여 다
수결민주제의 정글정치를 순화시킨다."
                                                          Meg Russell

"오늘날 정당의 과두제적 지배, 생산적 토론의 부재, 반목과 대립의 정치가 열
린 토론을 불가능하게 한다. 이런 상황에서 정쟁(政爭)으로부터 다소 거리를
둔 상원은 열린 토론의 장을 활성화하는 데 기여한다."
                                                          Donald Shell

I 머리말

오늘날 선진 7개국(G7)은 모두 양원제 국가다. 인구 1200만 명 이상의 15개
OECD국가 중 단원제 국가는 한국과 터키뿐이다. GDP 15위 국가 중 상원이 없는

---

1) 지역대표형 상원에 관한 상세한 논의는 필자의 저서[안성호. (2013). 「양원제 개헌론: 지역대표
   형 상원연구」. 파주: 신광문화사.]를 참고할 것.

나라는 한국과 중국뿐이다. 그나마 중국은 국회에 해당되는 전인대(全人代)의 대표성 한계를 보완하기 위해 자문적 상원 역할을 수행하는 정협(政協)을 두고 있다. 이렇게 보면 GDP 15위 국가 중 상원 또는 유사 상원이 없는 나라는 오직 한국뿐이다.

양원제는 한국 헌정사에서 낯선 제도가 아니다. 양원국회제도는 1848년 제헌헌법초안을 작성하는 과정에서 진지하게 논의되었고, 1952년 7월 제1차 발췌개헌을 통해 헌법에 규정된 이후 1962년 12월 제5차 개헌으로 삭제되기까지 10년 5개월 동안 비록 그 대부분의 기간에 사문화(死文化)된 상태였지만 헌법기관으로 유지되었다. 제2공화국 때는 소선거구 직선 민의원과 특별시·도의 대선거구 직선 참의원으로 구성된 양원국회를 직접 운영한 경험도 있다.

국회에 지역대표형 상원을 설치하는 것은 고대 그리스·로마시대부터 축적된 정체설계의 지혜를 활용하여 한국병의 근원으로 지목되어온 승자독식 다수제의 소용돌이 정치를 극복하고, 나아가 평화통일을 촉진하고 통일한국에 대비하는 권력공유민주제의 토대를 놓는 핵심적 헌법개혁과제다. ① 지역대표형 상원은 다수의 전횡을 방지하고 소수이익을 보호하여 지역갈등해소와 지역균형발전에 기여할 수 있다. ② 지역대표형 상원은 지역대표의 국회입법참여를 통해 중앙집권을 제어하고 지방분권개혁을 촉진할 수 있다. ③ 정당과 일정한 거리를 둔 지역대표형 상원은 정당 간 극심한 대립과 갈등을 완화할 수 있다. ④ 지역대표형 상원은 입법과정에 '성찰과 재고'의 기회를 확대하여 졸속입법을 예방하고 입법품질을 향상시킬 수 있다. 그리고 ⑤ 지역대표형 상원은 평화통일과 통일한국의 국민통합을 고무할 수 있다.

2017년 8월 국회개헌특별위원회 자문위원회는 국민을 대표하는 하원과 "역사적, 문화적, 지리적 동질성을 갖는 지역의 주민을 대표"하는 상원으로 구성된 양원제 개헌안을 제시했다. 아울러 상원의원 수를 50인 이하로 하고, 하원의원 수를 300인 이하로 하되 2분의 1 이상을 비례대표로 선출할 것을 제안했다. 이번 국회개헌특위 자문위원회의 지역대표형 상원 개헌안은 2009년과 2014년 국회 헌법개정자문위원회의 제안에 이은 세 번째 양원제 개헌안이다. 이처럼 국회 자문위원회가 연이어 양원제 개헌을 제안한 것은 지난 10여 년 동안 형성된 학계와 시민사회의 광범위한 공감대를 반영한다. 2006년과 2010년 전국시도지사협의회의 의뢰로 작성된 두 편의 헌법개정안(최병선·김선혁 외, 2006; 방승주·이기우·신도철 외, 2010)을 비롯해 2010년 대화문화아카데미의 헌법개정안, 2016년 2월 지방분권국민행동의 개헌안, 2016년

12월 나라 살리는 헌법개정국민주권회의의 개헌안, 그리고 2017년 4월 지방분권개헌국민회의[2]의 개헌안은 모두 지역대표형 상원을 갖는 양원국회제도를 제안했다.

그동안 제안된 양원제 논의와 개헌안은 지역대표형 상원의 존재이유와 필요성을 공론화하는 데 크게 기여했지만 다음 네 가지 점에서 부족했다.

첫째, 기존의 양원제 논의와 개헌안은 지역대표형 상원을 설계할 때 당면하는 가장 중요한 문제인 지역구분에 관해 전혀 언급하지 않거나 진지한 논의 없이 기존의 시·도 단위의 지역구분을 그대로 답습하고 있다.

둘째, 기존의 양원제 논의와 개헌안은 양원제 성공에 필수적 요건인 양원의 차별적 구성 그리고 하원과 달리 정당과 다소 거리를 둔 상원의 설계에 관해 언급하지 않았다. 상원이 정당정치에 포획된 하원의 복사판으로 운영될 경우 양원제의 장점은 좀처럼 살아나지 않는다는 것이 선행연구의 교훈이다.

셋째, 기존의 양원제 논의와 개헌안은 양원제의 성공적 운영을 위해 필요한 구체적 설계방안을 제시하는 데 소홀했다. 이를테면 그동안 상원의원의 지역대표 선출방식, 양원의 권한관계와 이견조정, 상원과 타 국가기관 및 지방정부의 관계, 지역대표의 표결방식, 의석배정 등에 관한 설득력 있는 설계안이 제시되지 않았다.

넷째, 기존의 양원제 개헌논의에서는 개헌안을 뒷받침하는 심층적 논거가 부족했다. 선진 통일한국을 세우는 양원제 개헌이 실현되기 위해서는 제도설계의 정치철학적, 비교헌법학적 논거와 논의가 필요하다. 미국 건국의 아버지들이 헌법제정 과정에서 발휘한 집단지성이 제10차 국민주권 개헌을 염원하는 우리에게도 절실히 요구된다.

제9장에서는 기존의 양원제 논의와 개헌안의 부족한 점을 보완하기 위해 지역대표형 상원제도 설계의 주요 사항을 선행연구와 비교제도론에 기초해 검토하고 그 구체적 설계방안을 제시한다.

---

2) 지방분권개헌국민회의는 지방분권개헌국민행동, 전국시장군수구청장협의회, 한국지역언론인클럽 등 10개 개헌 시민운동단체의 연합체로서 2017년 대선과정에서 후보들과 지방분권개헌국민협약서를 체결하였다.

Ⅱ 지역대표형 상원의 청사진

1. 상원의 비전: 포용융화의 정치와 통일한국의 실현

간명하고 호소력 있는 비전은 개혁을 추진하는 사람들에게 믿음과 희망을 주고 개혁과정에서 나침반처럼 방향감각을 잃지 않도록 안내하며, 개혁의 성공을 위해 열정과 헌신을 쏟도록 유도한다.

스페인 사례는 명백한 비전을 결여한 상원제의 폐단을 보여준다. 1970년대 후반 Franco 사후 개헌작업에 착수한 스페인 입법자들은 새로운 국가의 모습이 무엇인지, 그 속에서 상원이 어떤 위상과 역할을 수행할 것인지에 대한 명확한 청사진 없이 헌법을 개정했다. 그 결과, 스페인 상원은 명백한 헌법적 권한을 결여한 채 정체 내에서 확고한 위상과 역할을 확보하지 못한 헌법기관으로 전락했다(Roller, 2002: 69-92).

지역대표형 상원의 비전은 지역대표형 상원의 존재이유에서 찾아볼 수 있다. 지역대표형 상원은 무엇보다 한국병의 근원인 승자독식 다수제의 이전투구적 지역갈등과 정당정치를 극복하고, 나아가 평화통일을 촉진하고 통일한국의 국민통합을 유도하는 권력공유민주제의 기반을 놓는 헌법기관으로서 필요하다.

1) 승자독식 다수제의 극복과 포용융화 정치의 실현

현행 '87년 헌법질서는 독재청산과 대의민주주의 부활의 역사적 전기를 마련한 공적에도 불구하고 승자독식 다수제, 과잉 중앙집권제, 엘리트 지배 대의제를 특징으로 하는 '소용돌이 집중제'의 결함을 지니고 있다. Alexander, Inglehart, & Welzel(2012)이 개발한 '효과적 민주주의 지수'(Effective Democracy Index)로 계산된 한국의 민주주의 수준은 100점 만점에 52.67점으로 180개 국가 중 53위에 머물렀다. 한국의 소용돌이 집중제는 정치인을 권력투쟁과 지대추구에 골몰하는 대결정치의 전사로, 주권자인 국민을 불평하는 '구경꾼'으로 전락시켰다. 2015년 세계경제포럼(WEF)은 한국의 정치인 신뢰도와 공공부문성과를 144개국 중 각각 97위와 104위로 평가했다. 마침내 2016년 10월 시작된 1천 7백만 촛불분노는 대의민주주의 최정상의 '제왕적' 대통령을 탄핵시켰다.

민주주의 위기를 초래한 승자독식 다수제의 족쇄를 풀기 위해서는 권력공유민주제로의 전환이 필요하다. 권력공유민주주의 헌법질서는 다수와 소수, 중앙과 지방, 엘리트와 시민의 권력격차를 완화하여 배제와 독점을 극복하고 포용과 융화의 신문명 창조를 지향한다.

지역대표형 상원은 바로 이런 새로운 권력공유민주주의 헌법질서를 형성하는 핵심 고리역할을 수행하도록 설계되어야 한다.

2) 평화통일의 촉진과 통일한국의 헌법질서 구축

지역대표형 상원의 설치를 통한 양원제 개헌은 평화통일을 촉진하고 통일한국의 헌법질서를 구축하는 권력공유민주제의 토대를 놓는 일이다. 포용융화의 권력공유민주주의 정체는 남한 내부의 요구뿐만 아니라 평화통일을 촉진하고 통일한국의 국민통합을 도모하기 위해서도 필요하다.

남북 간 대화로 통일한국의 국가체제를 합의하는 것은 어려운 일일 뿐만 아니라 두 세력 간 타협의 소산이 바람직한 정치체제를 보장할 수도 없다. 그러므로 남북통일 상황에 대비해 북한의 지방들이 가입절차를 거쳐 통합될 수 있도록 설계된 통일한국의 헌정체제를 마련하고 이를 남한이 먼저 내면화하는 학습과정이 필요하다.[3]

양원제 개헌은 북한주민의 자발적 선택에 의한 평화통일을 촉진하고 통일한국의 국민통합을 고무하는 포용융화의 권력공유민주제로 설계되어야 한다.

2. 국가·정부형태와 상원

지역대표형 상원은 특정 국가·정부의 맥락 속에서 역할을 수행한다. 따라서 효과적인 지역대표형 상원을 설계할 때 국가형태(단방/연방국가)와 정부형태(대통령제/2원정부제/의원내각제)에 따라 다음과 같은 사항을 고려해야 한다.

1) 단방/ 연방국가와 상원

연방국가는 주권이 중앙정부와 지역정부 간에 공유되는 국가형태다. 연방국가의 상원은 중앙정부 안에 주권을 공유한 중앙과 지역의 공동의사결정을 위해 지역

---

3) 1949년 독일기본법 제23조는 "독일의 다른 주가 독일연방국에 가입하면 그 가입한 주에도 기본법이 적용된다."고 규정함으로써 1990년 8월 23일 동독인민의회가 자발적 결정으로 독일연방공화국에 가입할 수 있는 길을 열어 놓았다.

의 입법참여를 인정한 대의기관이다. 그러므로 연방국가의 상원은 원칙적으로 인구에 비례한 다수결대표성의 민주적 요구를 반영한 하원과 지역대표성의 연방적 요구를 수용한 상원으로 구성된다(Hueglin & Fenna, 2006: 213).

그러나 양원국회는 연방국가의 전유물이 아니다. 상원은 18세기 말 근대적 연방국가인 미합중국이 나타나기 20여 세기 전에 고대 로마시대의 원로원과 14세기 이후 영국을 비롯한 여러 유럽국가의 귀족원을 통해 견제와 균형의 원리에 기초해 군주의 전횡과 과잉 민주주의를 견제한 귀족계급의 대의기관으로 태동했다.

2014년 164개 단방국가 중 양원국회를 두는 나라는 58개 국가로 전체 단방국가의 3분의 1 가량이다. 양원국회제도를 채택한 나라가 총 77개 국가이므로 양원국회의 75%가 단방국가의 양원국회에 속한다.

표 9-1	단방·연방국가의 단원제와 양원제 (2014년)		
국가형태	단원제	양원제	합 계
단방국가	106	58	164
연방국가	6	19	25
합 계	112	77	189

자료: (Inter-Parliamentary Union, 2014).

양원국회가 연방국가의 전유물이 아니라는 사실을 인지하는 것은 중요하다. 특히 상원 설치에 회의적인 사람들 중에는 상원의 설치로 단방국가가 연방국가로 전환될 것을 우려하는 사람들이 적지 않기 때문이다. 지방정부를 대표하는 프랑스 상원은 지역대표형 상원의 존재가 연방국가와 필연적 연관성이 있는 것이 아님을 보여준다. 그리고 스페인과 남아공은 헌법에 공식적으로 연방국가를 표방하지 않으면서 지역대표형 상원제도를 도입한 단방국가다.

양원제 선택에서 연방국가보다 더 중요한 요인은 인구규모다. 이를테면 인구 1200만 명 이상의 15개 OECD국가 중 단원제를 채택한 나라는 한국과 터키뿐이다.

더욱이 연방국가가 모두 지역대표형 상원을 두는 것도 아니다. <표 9-2>에서 보는 바와 같이 연방국가인 캐나다는 여느 연방국가의 지역대표형 상원보다 신분제 유산을 이어받은 영국의 엘리트·전문가형 상원과 더 유사하다.

연방국가의 상원이 단방국가의 상원보다 언제나 더 강한 권한을 갖는 것도 아니다. 일반적으로 연방국가의 상원은 단방국가의 상원보다 더 강한 권한을 행사하지만, 단방국가인 이탈리아 상원은 연방국가 상원 못잖은 강력한 권한을 행사한다.

표 9-2	단방·연방국가와 상원의 유형	
상원의 유형	단방국가	연방국가
엘리트·전문가형 상원	영국	캐나다
지역대표형 상원	프랑스, 스페인, 남아공 등	미국, 독일, 스위스, 호주 등

자료: 필자 작성.

연방국가와 단방국가의 경계는 불분명해졌다. 한때 연방국가를 국가주권을 보유한 주들의 결합으로서 단방국가와 대립되는 국가형태로 간주하는 관점이 지배했다. 그러나 오늘날에는 '국가주권'을 제한불가의 절대적 가치가 아니라 '상대적 최고 결정권'을 의미하는 것으로 이해하고, 연방국가를 연방과 주 간의 주권소재를 따지는 형식논리에 얽매이지 않고 다양성과 통일성을 조화시키는 기능적 조직원리로 간주한다(허영, 2001: 290−299). 이제 연방국가와 단방국가는 몇 가지 제도적 특징, 즉 성문헌법의 규정에 의한 권력의 지역적 분할 여부, 연방헌법 개정 시 주정부의 참여 여부, 상원 설치 여부 등에 따라 지방분권 수준에서 상대적 차이를 보일 뿐이라는 관점이 유력하다(안성호, 2001b: 27−46).

근래 연방국가와 단방국가 간 이런 차이조차 희석되고 있다(Smith, 1985: 13−15). 이를테면 연방헌법 규정이 중앙과 지방의 권력분할이라는 연방제의 원칙과 모순되는 경우가 있고, 중앙과 지방의 권력분할에 관한 연방법 규정이 퇴색되고 있다. 흔히 연방제를 채택하는 개도국은 단방제를 채택하는 선진국보다 더 중앙집권적 경향을 띤다(Lijphart, 1987: 181−198). 이에 따라 유럽회의(Council of Europe)와 EU의 문헌은 연방국가의 주정부와 단방국가의 광역정부를 구분치 않고 모두 지역정부(regional government)로 통칭한다.

2) 대통령제 / 의원내각제 / 2원정부제와 상원

정부형태에 따라 상원의 위상과 역할이 달라질 수 있다. 상원제도의 다양성은 정부형태와 상원의 위상 및 역할 관계에 대한 일반적 진술을 어렵게 하지만, 영국·미국·독일·프랑스 사례로 대표되는 네 가지 상원모형을 중심으로 정부형태와 상원의 권한 간에 대략적인 관계유형을 가늠할 수 있다.

<표 9-3>은 정부형태에 따른 상원권력 수준을 나라별로 분류한 것이다. 우선 네 나라의 정부형태와 상원의 권력을 살펴보면 다음과 같다. 대통령제인 미국의 상원은 하원과 동등하거나 때로는 우월한 권한을 누린다. 대통령제와 내각제를 결합한 독일의 상원은 주의 입법권 및 집행권과 관련된 영역 —전체 법안 중 약 60%에 달하던 것이 2006년 기본법개정 이후 약 40%로 감소함— 에서 배타적 거부권을 행사하는 매우 강한 권한을 행사한다. 전형적인 2원정부제로 간주되는 프랑스의 상원은 헌법적으로 거의 절대적 거부권을 갖지 못하지만 실제는 입법과정에서 상원의 관점이 존중된다. 상원보다 명백히 우월한 지위에 있는 하원은 상원이 채택한 수정안의 50-85% 정도를 수용한다(Mastias, 1999: 177). 마지막으로 전형적인 다수결주의 의원내각제를 채택하는 영국의 상원은 하원에 종속된 상원의 전형적 사례다. 하원에 종속된 영국 상원은 일부 세습제 의원을 포함한 다수의 임명제 의원들로 구성되지만 무력한 상원으로 평가받지 않는다. 영국 상원은 나름대로 그 존재가치를 인정받고 있다.

정부형태와 상원권한의 관계를 다소 무리가 있지만 단순화한다면, 대통령제 국가의 상원은 하원과 동등한 권한을 갖는 경향이 있고, 의원내각제 국가의 상원은 하원에 종속되는 경향이 있다. 그리고 2원정부제 또는 대통령제 + 의원내각제 국가의 상원은 중간 수준의 권한을 행사하는 경향이 있다.

일반적으로 대통령제 상원은 의원내각제나 이원집정부제 상원보다 더 강력한 상원으로 활약한다. 예컨대 대통령제 국가인 미국의 상원은 연방의회에서 법안수정 활동의 온상 역할을 수행한다. 특히 필리핀 상원을 제외한 모든 대통령제 국가의 상원은 지역의 국정참여를 보장함으로써 높은 정당성을 인정받고 있다.

| 표 9-3 | 정부형태와 상원권한 |

상원과 하원의 권한관계	대통령제	2원정부제, 대통령제 + 내각제	의원내각제
하원과 동등한 상원	미 국 스 위 스	이탈리아	호 주
특정 영역에서 배타적 거부권을 갖는 상원	남 아 공	독 일	
하원에 종속된 무력한 상원	인도네시아	프 랑 스 한국(제2공) 러 시 아 폴 란 드 아일랜드	캐나다, 스페인 일 본 영 국

자료: 필자 작성.

이와 대조적으로 행정부와 입법부가 결합된 의원내각제에서는 행정부와 밀착
된 하원이 상원을 압도하는 경향을 보인다(Patterson & Mughan, 2001: 46). 의원내각
제 국가에서 대다수 법안은 정부법안이다. 특히 재정법안은 오직 하원에서 처리된
다. 게다가 상원은 하원에서 통과된 조세 및 예산법안을 일체 수정하거나 거부할 수
없다. 대통령제와 강한 의원내각제가 결합된 한국 제2공화국의 상원은 이와 같은 의
원내각제 상원의 일반적 관례에 따라 하원에 종속된 지위를 갖도록 설계되었다.

의원내각제에서 약한 상원이 옹호되는 두 가지 논거가 있다. 첫째 논거는 대의
민주주의 본질과 관련된 것으로 가장 민주적인 원이 적어도 핵심 통치문제에 대해
서 최종 결정권을 행사해야 한다는 것이다. 두 번째 논거는 선출된 대표를 통해 책
임지는 집행부의 의회 협력과 관계된 것이다. 집행권을 행사하는 정부―수상과 내

각-는 특정 이슈에 다르게 투표하는 양원에 대해 책임질 수 없기 때문에, 상원은 하원과 동등한 권한을 가질 수 없다는 것이다. 일반적으로 의원내각제에서 양원 간 교착은 대통령제에서보다 훨씬 더 복잡한 문제를 발생시킨다.

강한 상원제와 의원내각제의 결합은 체제불안정을 야기할 가능성이 높다(Hueglin & Fenna, 2006: 201). 전형적인 다수결주의 의원내각제 하에서 미국처럼 강한 직선 상원을 운영하는 호주는 종종 대립적 정당정치로 교착상태에 빠진다. 결국 호주 상원의 지역대표성은 정당정치에 압도되어 크게 희석되곤 한다(Hueglin & Fenna, 2006: 208-211).

간선 대통령제와 강한 의원내각제가 결합된 독일의 상원은 2006년까지 법안의 약 60%에 대해 절대적 거부권을 행사할 만큼 막강한 권한을 행사했다. 연방주의적 독일 상원은 중앙집권적 정당정치와 결합되어 독일을 "단원적 연방국가"(unitary federal state)로 전환시키는 데 일조했다(Hueglin & Fenna, 2006: 198-199). 2006년 독일은 상원의 이런 반(反)연방주의적 중앙집권화의 폐해를 줄이기 위해 상원의 절대적 거부권을 40% 수준으로 감소시키고 주의 권한을 강화하는 기본법 개정을 단행했다.

의원내각제에서 양원제의 특징은 양원이 내각과 상이한 관계를 맺는다는 점이다. 의원내각제를 채택한 나라의 하원은 다수당을 매개로 행정부(내각)와 결합된다.4) 반면 의원내각제의 상원은 대통령제에서 국회와 행정부 관계와 유사하다.

따라서 의원내각제의 상원이 제 기능을 수행하기 위해서는 상원과 행정부 간 권력분립이 이루어져야 한다. 만일 의원내각제의 상원이 행정부와 밀착되거나 행정부의 간섭을 받을수록 행정부를 견제해야 하는 상원의 존재이유는 약화될 수밖에 없다.

직선제 상원은 정부형태를 불문하고 상원을 정당의 강한 영향력 아래 놓이게 하여 하원과 유사하게 만드는 경향이 있다. 그러므로 직선제 상원이 하원과 구별되는 역할을 강화하기 위해서는 상원의원의 내각과 정당간부직을 임용을 금지함으로

---

4) 일찍이 Bagehot(1867: 220-221)는 "입법부와 행정부가 거의 완벽한 결합"을 이루는 의원내각제가 영국헌정질서의 특징적 장점이며 효율성의 비결이라고 보았다. 그러나 다수당이 집행부와 하원을 동시에 지배하는 의원내각제를 "선거독재"(elective dictatorship)라고 비판하는 사람들도 있다.

써 정당규율로부터 상당히 자유로운 상원제도를 만들어야 한다(Waldon, 2012: 12 - 13).

3. 지역대표형 상원모형

상원의 대표적 모형은 계급에 기초한 고전적 영국 상원, 정치적 지역대표형 미국 상원, 법률적 지역대표형 독일 상원, 그리고 지방정부를 대표하는 프랑스 상원이다. 이 중에서 오늘날 엘리트·전문가형 상원으로 진화한 영국 상원을 제외한 나머지 세 나라의 상원은 지역대표형 상원이다.

이 세 나라 상원 중 미국과 독일 상원은 연방국가의 상원이고, 프랑스의 상원은 단방국가의 상원이다. 미국의 직선 상원은 주공동체를 정치적으로 대표하는 의원으로 구성된 연방원이고, 주정부의 각료로 구성되는 독일 상원은 법률적으로 주정부를 대리하는 의원으로 구성되는 연방원이다. 각급 지방정부의 대표·의원과 하원의원으로 구성된 15만 명의 선거인단에서 간선된 의원으로 구성된 프랑스 상원은 지역보다 소규모 자치구역 위주의 지방공동체를 정치적으로 대표하는 단방국가 상원이다. 프랑스 상원은 연방국가 상원에는 미치지 못하지만 지방정부를 대표하는 대의기관이다. 프랑스 헌법 제24조는 상원의 존재이유가 "공화국의 지역대표성 보장"에 있음을 명시한다. 더욱이 프랑스 헌정체제는 1980년대 이후 강도 높게 추진된 일련의 지방분권개혁과 "프랑스는 지방분권에 기초해 조직된다."고 천명한 2003년 개헌을 통해 "지방정부의 원"으로서 프랑스 상원의 지방공동체 대표기능을 한층 더 강화했다.

1) 프랑스 상원의 한계와 연방원모형

프랑스 상원은 미국과 독일 상원보다 중앙집권체제의 경험을 공유한 단방국가인 한국에게 더 친숙하다. 그러나 프랑스 상원을 한국 상원의 기본 설계모형으로 삼는 것은 다음 몇 가지 이유 때문에 곤란하다.

첫째, 간선제 실시의 어려움이 있다. 프랑스 상원의원을 간선하는 선거인단은 15만 명에 달하지만, 한국 지방의원 총수는 3천 6백여 명에 불과하다. 소수 의원들로 구성된 지방의회에서 상원의원을 간선함으로써 빚어질 선거비리가 우려된다. 미국이 1913년 상원의원을 주의회 간선제에서 직선제로 전환한 주요 이유는 간선제의 선거부패 때문이었다. 게다가 수장과 지방의회로 이원화된 대의제를 채택한 한국에서 의회가 상원의원을 선출하는 경우 2원대표제와 상충 문제도 제기된다.

둘째, 상원의원의 광역자치계층과 기초자치계층 간 대표성 안배도 풀기 어려운 문제다. 프랑스 상원은 기초자치구역인 3만 7천 개의 코뮌을 과다 대표하는 한편, 광역자치구역인 27개 레지옹을 과소 대표하는 지방공동체 대표성의 불균형 문제를 안고 있다. 세계화시대 지역주의 강화추세에 따라 레지옹의 역할이 강화되었지만 현 상원의원 간선제는 이런 변화를 전혀 반영하지 못한다.

셋째, 상원의원 간선제는 민주적 정당성 측면에서는 직선제보다 열등하고, 지역대표성 측면에서는 주정부 내각으로 구성된 독일 상원보다 취약하다.

넷째, 각급 지방정부를 대표하는 프랑스 상원은 남북통일을 유도하고 통일한국의 국민통합을 도모하는 효과적 대안이라고 보기 어렵다. 평화적 통일을 촉진하고 남북갈등을 포함한 지역갈등을 해소하려면 강력하고 효과적인 지역대표형 상원이 필요하다. 바로 이런 이유 때문에 그동안 꾸준히 '연방적' 양원제 도입의 필요성이 제기되었다.

프랑스 상원을 한국 상원의 설계모형으로 활용하는 것이 적합하지 않다는 판단이 전혀 참고할 가치가 없다는 의미로 해석되어서는 안 된다. 이 점은 상원설계의 주요 관심대상에서 제외시킨 영국 상원의 경우도 마찬가지다. 혼합정부론에 기초하여 '지혜와 숙고의 원'으로 변천해온 영국 상원의 정신과 유산은 소중하다. 아울러 프랑스 상원의 교훈 중 하나는 지역정부 중심의 직선 상원제를 선택하는 경우 소외되는 기초지방정부의 참여기회를 제도화하는 것이다. 이를테면 남아공 상원처럼 소외된 지방자치단체 협의체 또는 연합체의 대표단에게 상원의 상주 옵서버 지위를 주고 투표권 없이 자유롭게 발언할 수 있는 권한을 부여할 수 있다.

프랑스 상원이 한국 지역대표형 상원설계의 표준모형으로 적합하지 않다면 나머지 선택대안은 미국과 독일 상원이다. 문제는 연방국가인 미국과 독일 상원을 상원설계 표준모형으로 채택하는 데 대한 거부감이다. 그러나 앞에서 논의한 바와 같이 오늘날 단방제−연방제의 이분법적 구분은 세계화시대 지역주의 부상과 함께 국가형태의 연방화가 범세계적 현상으로 진행되는 과정에서 그 의미를 거의 상실했다. 영국·스페인·남아공·폴란드·중국·인도네시아 등 많은 단방국가들이 헌법에 연방국가를 공식적으로 명기하지 않고 연방적 요소를 도입하여 사실상 연방국가로 전환되었거나 접근해 왔다. 한국도 2006년 이후 제주특별자치도를 출범시켜 '혼혈연방제'(hybrid federalism)의 길로 들어섰다고 볼 수 있다.

2) 정치적 지역대표형 대 법률적 지역대표형

미국과 독일 상원은 각기 지역대표성 개념을 달리 해석한다(Doria, 2006: 7−11). 미국 상원은 지역대표성을 지역공동체의 정치적 대표성으로 이해한다. 미국 상원의원은 지역공동체의 정치적 대표로서 유권자에게 정치적 책임을 진다는 의미에서 하원의원을 닮았다. 1787년 필라델피아 헌정회의에서 창안된 정치적 지역대표 상원모형은 오늘날 전 세계로 확산되었다.

정치적 지역대표인 미국 상원의원은 그가 대표하는 지역공동체와 지역정부로부터 법률적으로 지시받거나 간섭받지 않는다. 정치적 지역대표 상원모형은 다음 두 가지 조건을 충족시켜야 한다.

(1) **지역공동체 대표**: 의원은 헌법상 또는 사실상 구체적으로 그가 선출된 지역 공동체만 대표해야 한다. 이 조건은 법률적 지역대표 상원모형에도 동일하게 적용된다.

(2) **직선 또는 간선, 정치적 책임**: 정치적 지역대표 상원의원은 지역공동체에서 직선되거나 지역정부의 한 기관(보통 지역의회)에서 간선된다. 여기서 지역 정부의 한 기관은 간선한 의원에게 자신의 의사를 강제할 수 있는 수단을 갖지 않는다. 따라서 의원은 자신을 선출한 기관이 아니라 지역공동체 전체를 정치적으로 대표하고 선거결과로 책임진다.

이와 대조적으로 독일 상원은 지역대표성을 지역정부의 법률적 대표성으로 간주한다. 지역정부의 법률적 대표인 독일 상원의원은 지역정부의 법률적 대표로서 지역정부의 의사를 따라야 할 법률적 의무를 진다는 점에서 정부가 파견한 대사와 유사하다. 과거 연합제적 연맹의회의 유산을 민주화된 형태로 계승한 법률적 지역대표 상원모형은 오늘날 독일과 EU에서 충실히 적용되고 있다.

법률적 지역대표 상원모형이 지역정부의 의사와 상원의원의 의사를 일치시키는 제도적 장치는 다음 세 가지다.

(1) **훈령**: 지역정부(집행부 또는 의회)가 사안별로 의원에게 훈령을 내린다. 따라서 의원이 지역정부 의사와 다르게 투표한 것은 무효다. 1871년 독일제국

헌법 제7조는 "주정부 훈령과 다른 투표는 무효"라고 규정했다.

(2) **지시**: 지역정부가 자신의 의사에 반하는 행위를 한 의원을 소환한다. 이 경우 의원이 지역정부의 지시와 다르게 투표한 것은 무효로 간주되지 않는다. 이 방식은 19세기 중반 미국 남부 주에서 소위 '지시원칙'(doctrine of in-structions)의 적용으로 활용된 바 있다.

(3) **지역의석의 개인표결권**: 주수상과 같이 지역의사 표명권을 갖는 지역기관에게 배정된 의석만큼 표결권을 인정한다. 이 방식은 현재 EU의 상원에 해당되는 EU위원회에서 가장 분명하게 적용된다.

상기 세 가지 요건 중 한 가지만 채택되어도 법률적 지역대표 상원의 필요·충분조건을 갖춘 것이지만 다음 두 가지 요건이 추가될 수 있다.

(4) **일괄투표**: 각 지역대표단은 단일의 공동의사를 일괄적으로 투표한다. 이 조건은 법률적 지역대표 상원의 필요조건이지만 충분조건은 못된다. 예컨대, 1787년 미국 헌정회의에서 각 주 대표들은 주정부의 훈령이 아니라 자신들의 판단에 따라 주별로 일괄 투표했다.

(5) **유연한 상원구성**: 헌법이 논의되는 주제에 따라 상원의 구성을 달리할 수 있도록 인정한 경우 활용되는 표결방식이다. 예컨대 독일 상원이 양원의 이견을 해소하기 위해 구성하는 조정위원회에서는 다른 상원회의와 달리 단독 주정부대표(stimmührer)가 혼자 주정부를 대표해 투표한다.

3) 두 상원모형의 보완책

미국의 선례를 따라 정치적 지역대표 상원제도를 채택한 나라의 상원은 통상 하원과 거의 구별할 수 없을 정도로 '전국정당이 지배하는 원'으로 전락해 중앙집권을 초래했다. 그 결과, 상원의 지역대표 역할은 거의 실종되었다. 선거제도만으로는 이런 상원위기를 극복할 수 없다. 따라서 상원의 지역대표 역할을 강화하기 위한 특별한 제도적 장치가 필요하다.

미국의 상원이 정치적 지역대표 상원의 문제점에도 불구하고 나름대로 지역대표형 상원의 역할을 수행하는 것은 독특한 상원제도 덕분이다. 이를테면 미국 상원의원은 소규모 상원의원, 상원의원의 긴 임기와 시차선거, 고위 공직후보자 인사청문·인준동의권[5]과 조약비준권 등 상원의 특별한 권능을 통해 상원의 위상을 높여 하원의원과 분명히 구별된다. 게다가 주별 상원의원선거는 중앙당의 후보공천과 지원이 없이 독자적 일정으로 주 전역을 선거구로 하여 주 정당 주도로 치러진다. 이와 같은 주별 상원의원선거는 정당의 지방분권성과 탈관료적 성격을 강화한다 (Doria, 2006: 33-34).

독일 상원의 법률적 지역대표 상원도 정당정치의 중앙집권화 병폐에서 자유롭지 못하다. 2006년 기본법 개정 이전까지 상원의 권한이 비대해져 주별로 실시되는 상원의원선거가 사실상 중앙선거로 치러졌다. 이로 인해 주정부를 대표하는 상원은 오히려 정당정치의 중앙집권화를 초래했다. 그러나 상원의 권한을 너무 약화시키면 그 역할과 존재가치는 미미해진다. 그러므로 상원을 설계할 때 자율성과 권한 간에 적정한 균형점을 찾아야 한다.

지금까지 대다수 양원제 개헌론자들은 명시적으로 또는 묵시적으로 직선제 상원을 전제해 왔다. 제1공화국 시절의 헌법도 직선제 상원을 규정했다. 제2공화국 때는 서울특별시와 도를 선거구로 직선된 의원들로 참의원을 구성했다. 따라서 그동안 국내에서 도입이 고려되거나 실제 시행된 상원은 대체로 정치적 지역대표형 상원모형에 기초했다고 볼 수 있다. 사실 한국뿐만 아니라 많은 나라에서 상원의 민주적 정당성과 구성의 기술적 용이성 때문에 이 모형이 채택되었다. 필자는 주로 정치적 지역대표형 상원모형에 기초하면서 법률적 지역대표형 상원모형의 장점을 부분적으로 수용한 상원 설계방안을 제시하고자 한다.

---

5) 미국 연방헌법 제2장 제2조는 대통령이 인준청문회의 대상이 되는 공직자를 "상원의 조언과 동의를 얻어" 임명하도록 규정하고 있다. 대통령이 상원의 인준을 받아서 임명해야 하는 직위는 2012년 기준으로 1,217개에 이른다. 상원이 이들 모두에 대해 청문회를 실시하는 것은 아니다. 민간인 지명자의 절반 정도는 청문회를 실시하지 않고 인준된다. 해당 공직소관 상임위원회는 후보자를 검증한 후 인사청문회가 개최한다. 이어 본회의는 심의를 거쳐 인준안의 승인, 거부 또는 위원회 반송을 결정한다(전진영, 2012: 1-4). 미국 상원의 고위 공직후보자 인사청문권과 인준동의권은 상원의 위상을 높이는 매우 중요한 대정부 견제권이다.

Ⅲ 상원의 규모와 임기 등

1. 양원의 규모: 하원 300명, 상원 50명 이내

상원의 적정 규모를 산정하려면 먼저 국회의원 수의 적정성을 판단해야 한다. 지난 2012년 12월 대선에서 안철수 후보는 현행 국회의원 수 300명을 200명으로 줄이겠다고 공약했다. 상당수의 국민은 이 공약을 열렬히 환영했다. 국민 세 명 중 한 명이 국회의원을 불신하고, 대기업 임원보다 국회의원을 더 불신하는 상황이 초래한 결과였다.

그러나 국민의 다양한 이익과 의사를 대표하는 국회로 만들려면 현행 300명의 의원정수를 늘려야 한다는 견해도 있다. 김도종(2003)의 분석에 따르면, 2000년 한국을 제외한 29개 OECD 회원국의 국회의원 1명이 대표하는 평균인구는 76,620명이었다. 이 기준을 2012년 인구에 적용하는 경우, 한국의 국회의원 수는 653명에 이른다. 현재 한국의 국회의원 수 300명은 OECD 평균수준의 절반에도 미치지 못한다. 1948년부터 2012년까지 64년 동안 한국의 인구는 2.5배 늘었지만, 국회의원 정수는 200명에서 300명으로 1.5배밖에 늘지 않았다.

그러나 이런 통계에 근거해 국회의원 수를 대폭 늘리자는 제안은 수용되기 어렵다. 국민의 표심을 읽은 대선후보가 국회의원 수 100명을 감축하겠다고 공약할 만큼 국회와 국회의원에 대한 신뢰는 이미 땅에 떨어졌다. 이런 상황에서 지역대표형 상원을 설치하자고 주장하면 상원 설치의 필요성을 따지기도 전에 부정적인 반응을 보일 것이다. 국민정서를 고려하지 않은 국회개혁안은 논리적 타당성 여부를 떠나 실현되기 어렵다.

일반적으로 상원의원 수는 하원의원 수보다 훨씬 적다.[6] 이탈리아(329명)와 프랑스(348명)는 하원보다 작은 규모지만 300명 이상 초대형 상원을, 인도·스페인·일본·태국·이집트 등은 200–300명 규모의 대형 상원을 둔다. 그러나 미국[7]·호주·캐나다·벨기에·오스트리아·네덜란드·브라질·남아공·폴란드 등 다수 국가들은

---

6) 영국은 예외적으로 무보수 상원의원이 760명에 달해 하원의원 650명보다 110명이나 많다. 상원의원 760명도 세습귀족을 대폭 삭감한 1999년 상원개혁 이전의 1,325명에서 크게 감소된 것이다.
7) 미국 연방의회 상원의원 수는 1912년 Arizona주가 추가된 이후 96명을 유지하다가 1959년 Alaska주와 Hawaii주가 추가되어 현행 100명으로 증원되었다.

50명–110명의 중형 상원을 둔다.[8] 볼리비아(27명)·칠레(38명)·파라과이(45명)·우루과이(30명)·필리핀(24명) 등과 같이 50명 미만의 소형 상원을 둔 나라들도 많다.

　우리가 지역대표형 상원모형으로서 특별히 관심을 갖는 미국·독일·프랑스 국회의 양원규모를 살펴보면 <표 9–4>와 같다. 미국은 국회의원 총수 635명 중 상원의원 100명, 하원의원 535명이다. 국회의원 1인이 대표하는 국민 수는 약 497,000명이다. 상원의원 수는 하원의원 수의 대략 5분의 1이다. 독일은 국회의원 총수 691명 중 상원의원은 69명, 하원의원은 622명이다. 국회의원 1인이 대표하는 국민 수는 약 119,000명이다. 상원의원 수는 하원의원 수의 대략 9분의 1이다. 프랑스는 국회의원 총수 635명 중 상원의원 348명, 하원의원 650명이다. 국회의원 1인이 대표하는 국민 수는 약 71,000명이다. 상원의원 수는 하원의원 수의 약 1.8분의 1이다.

　대체로 하원보다 훨씬 작은 규모로 유지되는 상원은 적어도 두 가지 장점을 지닌다. 첫째, 소규모 상원은 상원의원의 위상을 높여준다. 소규모 상원의원은 대규모 하원의원보다 국민과 언론에게 더 크게 부각되는 경향이 있다. 둘째, 소규모 상원은 대규모 하원보다 의원들의 결속력 강화에 유리하다. 상원의원들의 잦은 접촉과 강한 유대감은 정당 간 대립을 완화시키는 경향이 있다.

　현행 국회의원 300명 중 지역구의원은 246명이고, 비례대표의원은 54명이다. 지역구가 없는 비례대표의원은 지역구의원선거에서 정당별 득표율에 따라 의석이 배분된다. 그동안 "비례대표가 지역구의원에게 결여되기 쉬운 전문성을 강화하기 위한 제도라지만 실제로는 당권파의 권력을 강화하기 위한 수단으로 악용되어 왔다."(「한국경제신문」 2012. 6. 17.)는 비판이 있다.

　그러나 정당의 득표율과 의석수의 격차와 정당의 지역할거주의 문제를 완화하기 위해서 국회의원의 비례대표성을 더욱 강화해야 한다는 주장이 설득력 있게 제시되고 있다. 2015년 2월 중앙선거관리위원회는 지역구의원을 200여 명으로 줄이는 대신 비례대표의원을 100여 명으로 늘려 6개 광역권별 정당득표율에 따라 비례대표 의석을 배정하는 국회의원선거제도의 도입을 제안했다.

---

8) 이들 중 다수는 주의 균등대표성을 고려해 의석수를 배정하는 연방국가다.

표 9-4	5개국의 양원의원 수와 의원 1인당 대표하는 국민 수			(단위: 명)

	인 구	국회의원 수			국회의원 1인당 대표국민 수
미 국	315,492,000	635	상원	100	496,837
			하원	535	
독 일	81,946,000	691	상원	69	118,590
			하원	622	
프랑스	65,635,000	925	상원	348	70,957
			하원	650	
영 국	63,181,775	1,410	상원	760	44,810
			하원	650	
한 국	50,004,441	(350)*	상원	(50)*	145,714
			하원	(지역구 200)* (비례대표 100)*	

범례: *한국의 양원의원 수는 가상의 숫자임.
자료: 필자 작성.

이에 대해 2015년 7월 새정치민주연합은 독일식 권역별 비례대표제[9] 도입을 당론으로 채택하고 이 제도의 도입으로 말미암은 양대 정당의 의석수 감소 충격을 완화하기 위해 국회의원 정수를 현행 300명에서 369명으로 늘리자고 제안했다. 새누리당은 새정치민주연합의 제안을 받고 2016년 총선에 적용될 선거법 개정에 난색을 표명했다. 이로써 비례주의를 강화하는 국회의원선거제도의 개혁은 또다시 무산되었다.

양원제 개헌이 실현되는 경우 그동안 정치개혁의 중대 과제로 지목되어온 국회의원선거제도의 비례대표성을 높이는 개혁이 실현되어야 할 것이다. 문제는 선거제도의 개혁에 수반될 수 있는 국회의원 정수의 증가에 대한 부정적 국민정서의 극복

___
9) 유권자 1인 2표제의 독일식 하원의원 선거제도는 정당이 차지할 의석을 정당투표에 의한 전국적 득표율에 비례해 결정한 후 지역구에서 얻은 의석을 뺀 나머지 의석만큼 비례대표 의석을 배정한다.

이다. 그렇다고 의원정수를 줄이거나 동결하는 것은 국민의사를 충실하게 반영하는 입법부 실현이라는 대의민주주의 관점에서 능사가 아니다. 사실 한국의 국회의원 1인당 대표국민 수는 OECD국가 평균보다 크게 적다. 필자는 이런 점을 감안할 때 하원의원을 현행과 같이 300명(지역구의원 200명＋비례대표의원 100명)으로 하고, 상원 의원을 50명 이내로 하는 것이 현실적 대안이라고 생각한다. 2017년 8월 국회개헌 특위 자문위원회의 개헌안도 양원의 정원을 하원의원 300명 이하와 상원의원 50명 이하로 제한했다.

이 제안을 채택하는 경우 국회는 국회의원 50명 증원의 필요성을 국민에게 설 득하기 위해 한편으로 국회의 기득권을 내려놓는 연방적 지방분권과 국민발안·국민 투표제 도입 등 다른 분권의제를 개헌안에 포함하고, 다른 한편으로 증원으로 인한 국회운영비 증가를 최소화하는 국회운영비의 절감계획을 제시하는 성의를 보여야 할 것이다.

2. 상원의원의 8년 단임과 1/2 시차부분 개선

일반적으로 상원의원의 임기는 하원의원의 임기보다 길다. 상원의원의 긴 임기 는 양원구성의 차별성을 부각시키며, 상원의원이 선거구민의 단기적인 여론변화에 지나치게 민감한 반응을 보이는 경향을 완화시킨다(United States Senate, 2007: 1-2).

대다수 국가는 상원의원의 임기를 4-6년으로 정하고 있다. 4년이 13개국, 5년 이 22개국, 6년이 23개국에 이른다. 상원의원의 임기를 6년으로 정한 나라군에는 미 국을 비롯해 프랑스·호주·인도·멕시코·네덜란드 등이 포함된다. 브라질과 칠레는 8년 임기제를, 모로코와 라이베리아는 9년 임기제를 채택한다.

영국 상원은 잉글랜드국교의 주교의원을 제외한 의원의 경우 종신제를 채택한 다. 캐나다 상원은 1965년 이후 75세 정년제를 채택하고 있다. 보츠와나 상원은 15명 의 의원들 중 8명의 세습을 인정한다.

주정부의 각료가 상원의원으로 선임되는 독일을 비롯한 오스트리아와 러시아 의 상원의원 임기는 선임기관의 의해 달리 정해진다.

일반적으로 상원의원은 일거에 전원을 선임하지 않고 일정 시차를 두어 2분의 1 또는 3분의 1씩 부분적으로 개선된다. 많은 나라들이 상원의 안정성을 제고하고 정치적 단절을 피하기 위해 의원을 시차를 두고 주기적으로 부분 개선(改選)한다. 미국은 2년마다 3분의 1씩, 프랑스는 3년마다 2분의 1씩, 호주는 각 주별로 3년마다 배정된 상원의석의 2분의 1씩 개선한다. 브라질·인도·일본 등도 시차부분 개선제를 채택하고 있다. 주정부 또는 주의회가 다른 선거주기로 치러지는 독일과 오스트리아도 이 범주에 포함된다.

상원의원의 임기와 시차부분 개선에 대한 의견을 밝히기에 앞서 미국·프랑스·영국의 상원제도와 개혁안에 관해 좀 더 자세히 살펴볼 필요가 있다.

미국 상원의원 임기는 6년이고 2년마다 3분의 1씩 개선된다. 반면 하원의원 임기는 2년에 불과하다. 양원제의 장점을 살리기 위해서는 양원의 구성에서도 분명한 차이를 두는 것이 바람직하다. 이 점에 있어서 미국 양원구성의 차이는 돋보인다. 미국에서 하원에 비해 상원의 높은 위상과 안정성은 3배에 달하는 긴 임기에 기인하는 측면이 있음을 과소평가해서는 안 된다. 만일 하원의원의 임기가 여느 나라처럼 4년이라면, 양원 간 차이는 지금처럼 크지 않을 것이다.

프랑스는 오랜 세월 동안 상원의원 임기 9년에 3년마다 3분의 1씩 부분 개선하던 것을 2004년 상원의원선거법 개정을 통해 6년에 3년마다 2분의 1씩 개선하도록 바꾸었다. 상원의원의 임기를 9년에서 6년으로 단축해 얻을 수 있는 장점은 상원의원을 지방정부 선거인단의 요구에 더욱 민감하게 반응하도록 만든다는 것이다. 이처럼 프랑스가 임기단축을 단행할 수 있었던 까닭은 상원의원이 지방정부 대표와 지방의원 및 하원의원으로 구성된 선거인단에 의해 간선되는 상원의원이 직선 하원의원과 구성상 큰 차이를 보였기 때문이라고 판단된다. 만일 프랑스 양원이 모두 직선 의원들로 구성됨에도 불구하고 상원의원 임기를 단축했다면 임기 5년의 하원의원과 구성상 거의 동일해졌을 것이다. 이 경우 프랑스 상원도 이탈리아 상원처럼 하원의 복사판이라는 비판을 면치 못했을 것이다.

영국의 2008년 정부백서는 직선 상원의원의 임기를 12년－15년 단임에 3분의 1씩 개선하는 방안을 제안했다. 그동안 정당 간 합의를 본 사항은 상원의원의 임기를 12년 단임제에 4년마다 3분의 1씩 개선하자는 것이었다. 영국 정당들이 이처럼 12년 임기의 단임제 도입을 추진하는 취지는 직선 상원의원이 하원의원과 달리 선거구민의 단기적 이해관계와 재선을 염두에 둔 정당공천 확보와 정당규율 복종에 얽매이지 않고 장기적이고 국가적인 관점에서 의정활동을 펼 수 있도록 하자는 것이다. 한국이 직선제 상원을 채택하는 경우 참고해야 할 교훈이다.

　그동안 국내에서 지시된 대다수 양원제 개헌안은 6년 임기에 2년마다 3분의 1씩 개선하는 방안을 제시했다. 그러나 이와 같이 임기 6년의 상원의원과 임기 4년의 하원의원을 선거구를 달리해 직선하는 경우 일본의 6년 임기 참의원이 4년 임기 민의원의 복사판(이상구, 2002: 191-235)에 불과해 양원제의 장점이 잘 살아나지 않을 수 있다.

　심지어 2017년 8월 발표된 국회개헌특위 자문위원회 개헌안은 상원의원의 임기를 하원의원과 동일하게 4년으로 제안했다. 더욱이 자문위원회 개헌안은 상원의원의 연임을 하원의견과 달리 제1차로 제한함으로써 하원의원보다 열등한 상원의원의 위상과 역할을 상정하고 있다. 이처럼 임기와 연임 측면에서 하원의원보다 열등한 상원의원은 본 논문의 양원 간 권한관계에서 후술하는 바와 같이 제 역할을 다하지 못하는 허약한 상원으로 전락할 우려가 크다.

　지역대표형 상원을 포용융화의 정치를 실현하고 평화통일과 통일한국에 대비하는 중추적 헌법기관으로 만들기 위해서 상원의원을 8년 단임에 4년마다 2분의 1씩 개선하도록 할 것을 제안한다. 이처럼 상원의원의 임기를 8년으로 길게 제안하는 까닭은 상원의원이 지역구관리 부담과 재선을 염두에 둔 정당정치에서 벗어나 장기적 국가운영의 관점에서 의정활동을 수행하도록 유도하기 위함이다. 아울러 8년 임기가 보장된 상원의원이 동아시아의 위태로운 평화와 격동하는 국제정세 속에서 안정적으로 국정을 이끌며 번영을 꾀하는 경륜과 집단지성의 저수지 역할을 수행해주기를 기대하기 때문이다.

　다만 8년의 장기 재임으로 인한 나태한 의정활동을 방지하기 위해 국회의원 소환제를 도입하고, '숙고와 지혜의 원'으로서 상원의 역할을 보강하기 위해 8년 임기를 마친 후 4년 동안 하원의원에 출마하는 것을 제한할 필요가 있다.

3. 상원의원 최저연령 35세와 상원의장의 역할

　상원을 하원보다 "덜 대립적이고 더 차분한 심의를 하는 입법원"으로 만들기 위해 많은 나라들이 상원의원의 최저 연령을 하원의원보다 높게 책정한다(Russell, 2000: 103). 상원의원의 최저 연령을 미국·캐나다·멕시코·인도 등은 30세, 프랑스·

말레이시아·브라질 등은 35세, 이탈리아·체코·칠레 등은 40세로 하원의원의 최저 연령보다 높게 정하고 있다. 스위스는 최저 연령을 포함한 상원의원 자격요건 제한을 각 주정부에게 일임한다.

한국 제2공화국 시절 상원의원과 하원의원의 최저연령은 각각 30세와 25세였다. 현 국회의원의 최저연령은 25세다. 2012년 19대 국회에서 32세 최연소의원을 포함해 30대 국회의원은 총 9명이고, 국회의원의 평균연령은 53.9세다. 이런 점을 감안해 상원의원의 최저연령을 35세, 하원의원 최저연령은 현행대로 25세로 제한하는 것이 바람직할 것으로 생각한다.

상원의장의 특별한 역할을 규정하는 나라들이 많다. 상원의장은 흔히 국가의 2위 내지 3위 공직서열에 위치하며, 국가원수 유고 시 국가원수를 대신한다. 미국·인도·라이베리아 등에서는 부통령이 상원의장을 겸임한다. 프랑스·독일·이탈리아·칠레·체코 등 많은 나라에서 상원의장은 국가원수 유고 시 국가원수를 대신한다. 아일랜드에서는 상원의장이 하원의장 및 대법원장과 함께, 모로코에서는 상원의장이 왕실위원회 위원으로서 왕위승계 문제의 결정에 참여한다.

상원의장의 특별한 역할은 상원 위상에 중요한 영향을 미친다. 상원의장에게 대통령 다음의 공직서열 2위를 부여하고, 대통령이 궐위되거나 사고로 인하여 직무를 수행할 수 없을 때 1순위로 대통령의 권한을 대행할 필요가 있다. 아울러 양원합동회의 개최 시 의장의 역할을 수행하도록 하는 것이 바람직하다고 본다. 한국 제2공화국 헌법 제52조는 대통령 유고 시 참의원의장, 민의원의장, 국무총리 순으로 권한을 대행토록 규정하였다.

Ⅳ 상원이 대표하는 11개 지역

지역대표형 상원을 설치할 때 당면하는 난제들 중 하나는 지역을 몇 개로 어떻게 나눌 것인지의 문제다. 당장 떠오르는 손쉬운 대안은 현행 17개 시·도를 그대로 지역으로 삼는 것이다. 그러나 이 방안은 몇 가지 문제점들을 안고 있다.

첫째, 현행 17개 시·도를 그대로 지역으로 삼는 경우 영남권에 5개 지역(경남·경북·부산·대구·울산), 호남권·충청권·수도권에는 각각 3개 지역이 배정되는 데 대한 권역 간 이해조정이 쉽지 않을 것이다. 게다가 전주·청주 등과 같이 해당 도 (道)의 수위도시로서 광역시 승격을 염원하는 도시들은 물론 인구 100만 명에 육박 해 광역시 승격을 기다리는 많은 도시들을 설득하기도 쉽지 않을 것이다.

둘째, 기존의 광역시제도는 도시의 '몸집 불리기' 경쟁을 부추겨 전 국토의 대 도시화 및 중소도시와 농촌의 궁핍화를 초래하는 부작용을 낳았다. 게다가 광역시제 도는 동일한 지역공동체의 인위적 분리로 인한 지역 간 이기주의 조장과 광역시와 도의 균형발전 저해, 생활권과 행정구역의 불일치 등의 문제가 있다(이승종, 2008: 12−15).[10] 얼마 전에는 인구 100만 명에 육박하는 도시들이 중앙정부에 광역시 승 격을 요구하기 위해 연대모임을 만들어 활동하기도 했다. 정부는 이에 대해 대도시 특례제도로 대응했으나, 이 제도는 대도시 문제에 대한 근본적 해결책이 아니다.

셋째, 현행 시·도제도는 통일한국의 자치구역제도로서는 적절치 못하다. 남한 의 광역시에 해당되는 북한의 직할시를 남한의 광역시와 동격으로 인정하는 경우 통일한국의 지역설정은 더 어려워진다. 이런 문제와 더불어 지역의 역사성과 문화적 정체성을 감안할 때 광역시가 편입된 도를 단위지역으로 설정하는 것이 바람직하다 고 본다. 광역시가 편입된 도를 단위지역으로 편성하는 것은 자율과 책임이 맞물려 돌아가는 선진적 재정분권체제를 구축하기 위해 국세를 지방세로 전환하는 등 세입 부문의 재정분권을 실현할 때 직면하는 대도시의 재정력 편중 문제를 완화하는 장 점도 있다.

넷째, 광역시와 도 간의 통합에 대한 주민여론은 대체로 호의적이기 때문에(이 승종, 2008: 9), 광역시를 도에 흡수 통합시키는 방안은 비교적 실현가능성이 높다. 게다가 광역시를 도에 흡수 통합시키는 것은 정치인들의 이익 때문에 만들어진 태 생적 한계, 도시의 위계서열로 인한 중소도시와 농촌지역의 과소화 및 대도시의 비 대화 초래, 도시의 몸집 불리기 경쟁 조장, 이미 인구 100만 명에 도달한 대도시들 의 광역시 승격에 대한 좌절 등 많은 문제점들을 지닌 현행 광역시제도를 해결하는 장점도 있다.

다섯째, 일부 연구자들은 세계화시대 지역의 경쟁력을 극대화하기 위해서 도와

---

10) 그러나 광역시와 도의 통합을 반대하는 논자들(예: 김석태·이영조, 2004)은 반대논거로 ① 규 모경제의 불확실성, ② 통합해도 생활권 불일치 상존, ③ 통합의 지역개발효과 불투명, ④ 대 도시행정의 특수성 고려 미비, ⑤ 통합으로 인한 자치계층 추가 등을 들고 있다.

도의 통합이 필요하다고 주장한다.[11] 그러나 두 개 도의 자율적 통합은 실현가능성
이 매우 낮다. 예컨대 충청북도와 충청남도를 역사적 8도제 유산을 되살려 충청도로
재통합하자는 아이디어는 주민의견조사와 경험에 비추어볼 때 두 지역주민의 공감
을 얻기 어렵다고 판단된다. 이미 두 지역에는 1896년 13도제로 개편된 이후 1세기
이상 제각기 상이한 지역정체성과 지역적 이해관계가 형성되었기 때문이다.

여섯째, 광역시와 도가 통합되는 경우 인구 1천 5백만 명에 달하는 인천＋경기
도를 경기북도와 경기남도로 분리하는 방안을 강구할 필요가 있다. 인천＋경기도의
인구가 이미 총인구의 약 30%에 달하는 데다 군사분계선 접경지역인 서울 이북의
경기북부와 수도권 밀집지역인 서울 이남의 경기남부 간에 지리·경제적 이해관계의
차이는 두 지역의 분리를 촉진하는 힘으로 작용할 수 있다. 이미 경기도의회를 중심
으로 경기도의 분도(分道) 요구가 제기되었다. 향후 인천과 경기도의 통합이 시도되
는 경우 경기도 분도 요구는 더욱 거세어질 것으로 예상된다.

일곱째, 2012년 16개 시도에 합류한 세종시를 별도의 상원의원을 두는 지역으
로 설정하는 것은 바람직하지 못하다. 현재 인구 10만 명 미만의 세종시가 계획대로
50만 명 규모의 중견도시로 성장되어도 문제가 사라지는 것은 아니다. 세종시가 특
별한 지위를 누려야 한다는 생각은 중앙집권과 수도권 초집중 문제를 완화하고 지
방분권과 지역균형발전을 선도하려는 건설취지에 역행한다. 미국은 워싱턴 D.C.의
특권적 지위를 염려하여 오랜 세월 동안 오히려 수도주민의 자치권과 정치적 권리
까지 제한했다(안성호, 2005: 493). 미국인들에게 워싱턴 D.C.에게 51번째 주의 특권
적 지위를 부여해 별도의 상원의원을 선출하도록 인정하는 것은 상상할 수 없는 일이
다. 이런 관점에서 대전＋충남＋세종을 하나의 지역으로 묶는 것이 바람직할 것이다.

여덟째, 65만 명의 제주특별자치도는 광역자치정부의 인구규모로는 비교적 작지
만 도서의 특수성을 고려하여 독자적 광역자치정부로 존치시키는 것이 바람직하다.

이상의 논의에 기초하여 6개 광역시를 도에 흡수 통합시키고, 인천＋경기도를

---

11) 성경륭(2012) 교수는 5+3 초광역권, 즉 수도권, 충청권, 호남권, 영남북부권(대구＋경북), 동
   남권(부산＋울산＋경남), 강원권, 제주권, 그리고 세종시를 "준연방 자치주"의 권능을 갖는 지
   역정부로 만들 것을 제안한다. 이기우(2009: 138) 교수는 1단계로 광역시와 도의 통합을, 2단
   계로 단일 지역으로서 전통이 강했던 지역(예: 전라남북도, 충청남북도)의 도와 도를 통합하
   는 방안을 제안한다. 이승종(2008: 18–23) 교수 역시 1단계로 광역시와 도의 통합을, 2단계로
   광역시가 없는 도들 중에서 충북과 전북을 인접한 도에 통합시키는 방안을 제안한다.

북부와 남부로 나누는 경우 현행 17개 시·도체제는 <표 9-5>과 같이 11개 지역 정부체제로 전환된다.

표 9-5	11개 지역과 인구	
지 역 명	2016년 인구(명)	
서 울	9,964,291	
인천 +경기 북부	6,071,754	
경기 남부	8,852,361	
부산+울산+경남	8,055,300	
대 구 + 경 북	5,187,544	
대전+충남+세종	3,817,844	
광 주 + 전 남	3,377,853	
전 북	1,867,534	
충 북	1,583,781	
강 원	1,548,016	
제 주	657,442	
합 계	51,675,409	

자료: 2016년 인구통계로 작성.

V 양원의원의 선출제도

1. 상원의 대표제 유형과 지역대표제도

오늘날 지역대표성은 상원의 가장 중요한 존재이유로 간주된다. 연방국가의 상원은 모두 지역을 대표하는 연방원이다. 단방국가에서도 상원의 지역대표성이 중시되고 있다. 프랑스의 상원은 지방정부를 대표한다. 영국·캐나다·호주·스페인에서는 상원의 지역대표성을 강화하려는 논의가 진행되었다. 남아공·폴란드 등은 지역대표형 상원을 도입했다. 2004년 새로 양원국회제도를 도입한 인도네시아는 지역대표형 준(準)상원을 설치했다.

지역대표모형은 상원에게 하원과는 구별되는 명백한 대표성 기반을 제공하는 장점이 있다. 하원은 시민을 대표하기 위해 인구에 기초해 선출되는 반면, 상원은 지역을 대표한다. 이처럼 대표성 기반이 명백히 다른 양원은 제각기 다른 관점과 선호를 갖는다.

지역 간에 의석을 배분하는 방식은 다양하다. 각 주에 2명씩 동등한 대표성을 부여하는 미국 상원이 가장 고전적 사례다. 호주를 비롯해 남아공과 러시아 등도 미국처럼 각 주에서 선출된 동수의 대표로 상원을 구성한다. 단방국가인 폴란드 역시 상원은 인구규모와 상관없이 47개 선거구에서 각각 2명씩 선출된 의원으로 구성된다.

그러나 많은 나라가 지역의 인구규모를 다소 고려해 의석을 배정한다. 이 때 인구가 적은 지역에게는 인구비례보다 다소 많은 수의 의석을 배정한다. 독일은 각 주에 3-6석, 오스트리아는 각 주에 3-12석이 배정된다. 그 결과, 독일에서 가장 큰 주와 가장 작은 주 간 인구격차는 30배에 이르지만, 의석 수 차이는 2배에 불과하다. 스페인 상원은 좀 특이하게 각 하위지역인 프로빈시아(provincía)에서 직선된 동수의 대표와 인구를 가중시켜 각 지역인 꼬뮤니닷 아우토노마(comunidad autó-noma) 의회에서 간선된 대표로 구성된다. 그 결과, 하나의 하위지역으로 이루어진 마드리드(Madrid) 지역에는 9개 의석이, 그 절반의 인구에 불과하지만 여러 하위지역들로 이루어진 가스띨라레옹(Castilla-Leòn) 지역에는 39개 의석이 각각 배정된다. 이와 같이 인구가 적은 지역에게 인구비례보다 다소 많은 의석을 배분함으로써 특정 지역이나 지역군이 의회를 일방적으로 지배할 수 없도록 한다.

지역대표형 상원의 의원선출방식은 지역 내 3개의 의사형성기관, 즉 지역의회·지역정부·지역주민을 대표하는 방식에 따라 구분될 수 있다. 상원이 지역의회나 지역정부를 대표하는 경우에는 상원과 지역주민 간 간접적 책임관계가, 지역정부와 국회 간에는 직접적 책임관계가 형성된다. 반면 지역주민이 상원의원을 직접 선출하는 경우에는 상원의 민주적 정당성이 제고되고 지역주민의 지지 확보에는 용이하지만, 상원과 지역정부의 연관성은 약화되는 경향이 있다(Russel, 2001: 108).

표 9-6	주요 국가 상원의 지역대표방식		
국 가 명	상원이 대표하는 지역	상원의원 선출방식	지역별 의석수 배정
미 국	states	직 선	동 수
호 주	states	직 선	동 수
폴 란 드	voivodships	직 선	동 수
스 위 스	cantons	직 선	인구가중
이탈리아	regions	직 선	인구기초
오스트리아	Länder	간 선	인구가중
독 일	Länder	간 선	인구가중
인 도	states	간 선	인구기초
러 시 아	republics/regions	간 선	동 수
남 아 공	provinces	간 선	동 수
프 랑 스	département/communes	간 선	인구가중
캐 나 다	provinces	임 명	인구가중
스 페 인	provincía	직 선	동 수
	comunidades autónomas	간 선	인구가중

자료: (Russel, 2001: 108)의 <표 1>에 프랑스 자료를 추가.

상원의원의 일반적 간선형태는 지역의회에 의한 선출제이다. 이 방식은 1913년 직선제가 도입되기 이전 미국 상원의원의 선출방식이었다. 상원의원을 지역의회에서 간선하는 방식은 오스트리아·인도·네덜란드와 스페인의 지역대표 선출에 적용되고 있다. 특이하게 프랑스 상원의원의 간선방식에는 지역 및 하위지역의회가 참여한다. 프랑스 상원의원은 각 데파르트망마다 코뮌의원 대표, 데파르트망의원 전원, 레지용의원 전원과 하원의원 전원으로 구성된 약 15만 명에 달하는 선거인단에 의해 간선된다.[12] 이와 같이 지방의회의 참여로 간선된 상원의원은 국법이나 지역의

---

12) 선거인단 구성에서 각 코뮌은 적어도 1명 이상의 선거인을 할당 받는다. 그 결과, 선거인단 구성에서 36,679개 코뮌의 대다수를 점유하는 농촌코뮌 대표가 압도적 다수를 차지하게 되어 상원이 보수적 농촌세력에 의해 과다 대표되는 현상을 초래한다(안성호, 2006: 35). 이를 못마땅하게 생각한 프랑스 정부가 1946년과 1969년 두 차례 상원폐지 개헌안을 국민투표에 부쳤으나 모두 부결되었다. 이후 사회당도 상원개혁을 시도했으나 실패했다.

결정에 따라 지역의회의 의원을 겸직할 수 있다. 국회의원과 지방공직의 겸직이 허용되는 프랑스에서는 상원의원들의 70−80% 가량이 코뮌의원직을 겸하고, 이들 중 절반 정도가 코뮌의 수장직을 겸한다(임도빈, 2002: 298).

일부 국가들에서는 상원의원이 지역정부에서 간선된다. 이 방식의 고전적 예는 독일 상원이다. 독일 상원의원은 주지사와 주장관 등 주의 각료다. 이는 독일연맹 시절 연맹회의의 유산이다. 주의 각료들이 직권에 의해 겸직하는 것이지만 주정부와 유권자의 관계를 감안해 간선된 것으로 간주된다. 상원의원이 주정부에 의해 선출되는 남아공에서도 주정부의 수상이 자동적으로 상원의원이 된다. 러시아에서는 공화국·지역 몫인 2명의 상원의석을 공화국·지역의회와 공화국·지역행정부가 각각 1명씩 간선한다.

상원의원이 지역정부가 아니라 지역주민을 대표하는 경우도 있다. 이 경우에는 대체로 상원의원을 지역주민이 직접 선출한다. 미국·스위스·호주와 이탈리아의 상원의원은 주민이 직선한다. 스페인에서는 258명의 상원의원들 중 50명은 17개 꼬뮤니닷 아우토노미아 지역의회에서 1백만 명당 1명씩 간선되고, 208명은 지역 산하 52개 프로빈시아 선거구에서 4명씩 직선된다(Spanish Senate, 2007: 1).

양원의원을 모두 직선하는 경우 일반적으로 상원의원과 하원의원을 다른 선거구역과 임기 및 선거제도를 적용해 차별화한다. 미국과 호주에서 상원의원은 하원의원보다 2−3배로 긴 임기로 주 전역을 선거구로 하여 선출된다. 호주에서 상원의원은 비례대표제로, 하원의원은 다수결택일투표제로 선출된다. 캐나다의 상원은 주정부와 관련 없이 임명된다.

2. 지역별 인구가중 의석배정

지역별 상원의석 배정방식으로는 지역대표성과 소수지역의 이익보호라는 상원의 존재이유를 감안해 소수지역의 과다 대표성을 어느 정도 인정하면서 지역 간에 적절히 안배하는 독일 방식이 바람직하다. 통일 이후 남북한의 통합까지 염두에 두고 현행 6개 광역시를 과거에 속했던 도(道)로 통합시켜 전국을 서울을 포함해 11개 광역자치구역으로 묶은 후 각 광역자치구역별로 인구규모를 고려해 100만 명 미만은 2석, 100만−300만 명은 3석, 300만−500만 명은 4석, 500만−700만 명은 5석,

700만 명 이상은 6석을 배정하면 총 47석이 된다. 이렇게 배정되면, 수도권이 17석, 비수도권이 30석이 된다. 그리고 영남권이 11석, 호남권이 7석, 충청권이 7석이 된다. 여기에 남북통일이 되어 북한의 6-7개 지역에서 30명 가량 추가되면 통일한국의 상원의원 수는 70여 명이 될 것이다.

표 9-7 한국 11개 지역별 인구와 상원의석 수

지역명	2013년 1월 인구(명)	상원의석 수(명)
서울	9,964,291	6
인천+경기 북부	6,071,754	5
경기 남부	8,852,361	6
부산+울산+경남	8,055,300	6
대구+경북	5,187,544	5
대전+충남+세종	3,817,844	4
광주+전남	3,377,853	4
전북	1,867,534	3
충북	1,583,781	3
강원	1,548,016	3
제주	627,442	2
합계	51,555,409	47

자료: 필자 작성.

자치구역 개편이 상원의원의 선출을 위해 반드시 선행되어야 하는 것은 아니다. 자치구역을 개편하기 전이라도 <표 9-7>과 같이 11개 지역별로 상원의원을 선출하여 각 지역을 대표하는 상원을 구성할 수 있다. 물론 이 경우 기존 시·도 자치구역과 일치하지 않는 7개 지역은 자치구역 개편 또는 조정이 완결되기 전에 잠정적으로 상원의원의 지역대표 역할수행을 위한 시·도 자치정부 간 적절한 조율절차가 마련되어야 할 것이다.

3. 양원의원 투표제도

선행연구는 양원제의 장점이 살아나기 위해서는 양원의원의 선출제도가 사뭇 달라야 한다는 것이다. 선행연구와 경험에 비추어볼 때 상원의원은 제한연기투표제 또는 단기이양투표제로 선출하고, 하원의원은 정당의 득표율과 의석수의 비례성이 비교적 높은 독일식 혼합형 투표제로 선출하는 것이 바람직할 것이다.

1) 상원의원의 제한연기투표제 또는 단기이양투표제

지역대표성이 강하고 선거구가 상대적으로 큰 상원의원의 경우 인구를 대표하고 선거구의 크기가 상대적으로 작은 하원의원과는 다른 형태의 선거제도를 채택할 필요가 있다. 현재 지역구 국회의원 선거제도가 단순다수 소선거구제인 점을 감안할 때, 중·대선거구에 적용될 유력한 상원의원 선출방식으로 제한연기투표제(limited voting system) 또는 단기이양투표제(single transferable voting system)를 고려할 수 있다.

제2공화국의 상원의원인 참의원의원은 제한연기투표제로 선출되었다. 당시 참의원의원은 서울특별시와 도를 선거구로 하여 각 선거구에서 2인 내지 8인이 선출되었다. 제한연기투표제는 유권자가 각 선거구에서 선출되는 당선자의 수보다 적은 수의 복수 후보를 선택하여 득표순위에 따라 당선자를 결정하는 선거방식이다. 제한연기투표제는 유권자가 한 선거구에서 여러 명의 후보를 선택하기 때문에 소수정당 후보도 선택될 가능성이 있기 때문에 준(準)비례선거제도로 분류되기도 한다.13) 이 제도는 선거구의 규모가 커질수록 단순다수제에 비해 비례성을 어느 정도 높일 수 있으며, 단기이양투표제에 비해 운영이 간편하다는 장점이 있다.

지역대표형 상원의원의 선출방식으로 채택될 수 있는 두 번째 선거제도는 단기이양투표제다. 중·대선거구에 적용되는 단기이양식 선거제도는 유권자가 투표용지에 등재된 후보자들 중에서 자신의 선호에 따라 후보자들 간 순위를 1, 2, 3식으로 기입하는 제도다. 당선자의 결정방식은 다소 복잡하지만,14) 유권자의 의사가 충실

---

13) 제한연기투표제를 도입하면 군소정당 후보가 난립할 수 있다는 우려는 기우다(강원택, 2006: 94). Lijphart et al.(1986: 157) 등은 제한연기투표제에서 소수당 후보가 가장 불리한 조건 하에서도 당선될 수 있는 이른바 "배제한계치(threshold of exclusion)"를 계산했다. 그 결과, 배제한계치는 유권자가 행사할 수 있는 표의 수가 적을수록, 그리고 선거구의 크기가 클수록 오히려 낮아졌다.

히 반영되면서 후보들을 정당의 영향력으로부터 자유롭게 하는 특징을 지니기 때문에, 정당규율로부터 어느 정도 자유로운 상원을 만드는 선거제도로서 장점이 인정된다. 아울러 단기이양투표제는 비례성도 높아 소수 정치세력의 의회 진출을 용이하게 하며, 여러 명을 선호순위에 따라 선택하므로 선거과열도 예방하는 효과가 있다. 이런 장점을 지닌 단기이양투표제는 무엇보다 지역주의 정당구도의 극복이라는 정치 선진화 과제를 안고 있는 우리나라에서 큰 가치를 지닌다(강원택, 2006: 90). 우리나라 지역구의원과 마찬가지로 단순다수 소선거구제로 하원의원을 선출하는 영국정부가 2008년 발간한 백서에서 향후 상원의원을 직선하는 경우 단기이양투표제의 도입을 밝힌 바 있다.

2) 하원의원의 독일식 혼합형 투표제

국민을 대표하는 하원의원의 선거제도는 인구 비례적이어야 한다. 그러나 한국의 국회의원 선거제도는 정당의 득표율과 의석점유율 간 심각한 괴리를 야기한다. 정당의 득표율과 의석점유율의 불비례성이 높고 지역패권 정당의 지역의석 독과점을 유도하는 단수다수 선거제도 때문이다. 현행 1인 2표의 국회의원 선거제도는 혼합형이지만 300명의 국회의원 중 246명이 소선거구 단순다수대표제로 선출되고 나머지 54명은 전국 정당명부식 비례대표제에 의해 선출되기 때문에 정당의 득표율과 의석점유율 간 격차가 매우 크다. 1988년 이후 호남지역에서 지역지배 정당의 득표율은 70%인데 의석점유율은 86-97%에 달했다. 2000년 총선 결과, 경북지역에서 지역지배 정당의 득표율은 56%에 불과하나 의석점유율은 무려 99%였다. 1996년 총선에서 충남지역의 패권정당은 51%의 득표율로 95%의 의석을 점유했다.

---

14) 당선자의 선출방식은 우선 선출의 쿼터(Droop quota)를 정하는 것으로부터 시작된다. 쿼터는 총 유효투표 수(V)를 선거구의 선발의석 수(S)에 1을 더하여 나눈 값[Q = V/(S + 1)]이 된다. 제1순위의 선호 득표만을 계산하여 정해진 쿼터를 넘으면 당선이 확정된다. 그런데 당선이 확정된 후보가 얻은 득표 중에서 쿼터를 넘는 수만큼의 잉여 득표는 제2순위의 선호에 따라 각 후보자에게 비율대로 이양되고, 득표가 이양되는 방식은 소속 정당에 관계없이 다음 선호에 따라 이루어진다. 예컨대 총 유효투표가 1,000표인데 이 선거구에서 3인을 선출한다면, 쿼터는 250이 된다. 만일 갑이라는 후보가 제1선호의 집계를 통해 300표를 얻었다면 쿼터를 넘었으므로 당선되고, 갑의 잉여투표 50표는 제2선호 순위를 조사하여 비율만큼 다른 후보에게 이양된다. 이런 이양에도 불구하고 당선자가 나오지 않는 경우에는 최저 득표 후보자를 탈락시키고 후보자의 제2선호를 조사하여 나머지 후보들에게 다시 이양한다. 해당 지역구에 주어진 의석수만큼 당선자가 나올 때까지 이런 방식을 계속한다(강원택 2006: 89-90).

　　2015년 2월 중앙선거관리위원회는 지역구 국회의원 246명을 200여 명으로 줄이고 비례대표 국회의원 54명을 100여 명으로 늘려 6개 광역권별로 선출하며, 지역구 후보와 비례대표 후보에 동시 출마가 가능한 이른바 '석패율제도'를 도입하는 방안을 제안했다. 선출방법도 비례대표 전국단일명부를 작성하고 정당별 전국 득표율에 따라 비례대표를 배분하던 방식에서 국회의원을 권역별로 지역구선거(제1투표)와 정당명부비례대표(제2투표)로 나눠 뽑되 권역별로 각 당의 의석수를 정당득표율에 따라 결정한 뒤 지역구 당선자를 제외한 수만큼 비례대표로 할당하는 방식으로 전환할 것을 권고했다.

　　중앙선거관리위원회의 제안에 대한 대안으로 당시 제1야당인 새정치민주연합은 독일식 권역별 비례대표제를 제안했다. 다만 이 제도의 도입으로 인한 충격을 완화하기 위해 국회의원 정수를 현행 300명에서 369명으로 늘리자고 제안했다. 그러나 당시 여당인 새누리당은 새정치민주연합의 제안을 거절했다. 독일식 권역별 비례대표제를 도입하는 경우 제1당 자리를 더 이상 유지할 수 없다는 계산 때문이었다.

　　독일식 혼합형 선거제도에서는 전국적으로 한 정당이 차지할 전체 의석수가 정당투표로 먼저 결정된 다음, 지역구에서 얻은 의석을 뺀 나머지 의석수만큼 비례대표 의석이 배분된다. 정당투표에 의해 의석수가 결정된다는 점에서 순수 비례대표제의 속성을 지니면서도 지역구 선거를 통한 후보자 개인의 영향도 있기 때문에, 이 선거제도를 '개인화된 비례대표제'라고도 한다. 다수대표제와 비례대표제로 선출되는 의원을 각각 분리하는 현행 국회의원 선거제도와 달리 역시 1인 2표제의 독일식 혼합형 선거제도는 정당투표에 의한 전국적 득표율에 비례해 정당 의석수를 먼저 결정한 후 지역구 득표에 따른 의석 배정을 보조적으로 활용함으로써 한국정치가 심각하게 앓아온 지역주의 정당구도를 해소하는 데 크게 기여할 수 있다. 게다가 독일식 혼합형 선거제도는 지역구 선출방식으로 절반의 의석을 충원하기 때문에 지역구 대표성을 중시하는 한국의 선거문화와도 잘 어울릴 수 있다.

VI 지역대표형 상원의 권한

중요한 권한을 결여한 상원은 입법 개선에 기여할 만큼 의미 있는 영향력을 행사할 수 없으며, 정부의 정책과 운영을 향상시킬 만큼 충분한 대정부 견제력도 발휘할 수 없다.

1. 상원의 권한유형

표 9-8 주요 국가의 양원 권한관계

← 강한 균형양원제 (강한 상원제)			약한 불균형양원제 → (약한 상원제)	
양원 동등	하원과 비등, 다소 제한된 권한	제한적 및 절대적 거부권	입법지연 및 자문	하원에 종속
미 국	아르헨티나	독 일	캐 나 다	영 국
스 위 스	호 주	브 라 질	프 랑 스*	일 본
이탈리아	벨 기 에	칠 레	오스트리아	아 일 랜 드
루마니아	하 이 티	콜롬비아	네 덜 란 드	폴 란 드
멕 시 코	인 도	베네수엘라	체 코	러 시 아
나이지리아	말레이시아		태 국	스 페 인
라이베리아	네 팔		요 르 단	한 국* (제2공화국)
	파 키 스 탄			인도네시아*
	필 리 핀			
	남 아 공			

자료: (Patterson & Mughan, 2002: 42)의 <표 1>에서 프랑스를 하원 종속형에서 입법지원·자문형으로 변경하고, 인도네시아와 한국(제2공화국)을 하원 종속형에 추가.

Lijphart(1984)는 양원이 동등한 권한을 갖는 "균형양원제"(symmetric bicameralism)와 상원이 하원에 종속되는 "불균형양원제"(asymmetric bicameralism)로 양분한다.[15] 이 두 양원제의 중간영역은 하원과 비등하지만 다소 제한된 권한을 갖는 양

---

15) Lijphart(1984: 99-115)는 양원 간 정치적 구성의 "일치"(congruence)와 권력의 "비대칭"(asymmetry)을 기준으로 양원의회를 분류한다. 양원은 유사한 정치적 대표성을 띠는 경우 일치하는

원제, 제한적 및 절대적 거부권을 갖는 양원제, 입법지연 및 자문권을 행사하는 양원제로 세분할 수 있다.

<표 9-8>의 맨 왼쪽 열은 이른바 균형양원제다. 두 번째 열은 양원 권한이 대체로 동등하나 재정입법 심의 시 하원 우선권이 인정되는 등 약간의 제한을 받는 상원이다. 이 두 유형에 속한 미국·스위스·호주·이탈리아는 매우 견고한 상원을 갖고 있다. 이탈리아 상원은 하원과 동일한 입법권을 행사할 뿐만 아니라 수상을 비롯한 각료의 임명 추인과 재정입법 심의와 승인에서 하원과 동등한 권한을 행사한다(Lodici, 1999: 225-259). 스위스 상원의 입법권은 하원과 동일하며 연방대통령을 비롯한 연방각료 선출 시 하원과 동일한 권한을 행사한다. 그러나 이 두 유형에 속한 나라 중 나이지리아·라이베리아·아이티·파키스탄의 상원은 견고하지 못하다. 근래 아이티와 파키스탄 상원은 군사 쿠데타로 정지되었다. 흔히 이런 나라에서는 하원도 취약하다.

미국의 상원은 세계에서 가장 강력한 상원이다. 미국 헌법은 과세입법을 하원에서 주도하도록 규정하지만 명목상 규정일 뿐이다. 미국 상원은 실제로는 하원과 동일한 재정입법권을 행사한다. 미국 상원은 당초 하원보다 다소 약한 상원으로 출발했지만 점차 동등한 민주적 기반을 갖는 입법기관으로 진화했다. 오늘날 미국 상원은 하원보다 더 두드러지고 더 큰 권위를 누린다(Patterson & Mughan, 2001: 43).

호주 상원은 과세 및 예산법안을 수정할 수 없는 것 이외에는 하원과 거의 동등한 권한을 행사한다. 호주 상원은 법안을 승인하지 않고 무제한 하원에 반송할 수 있다. 이 경우 하원의 유일한 대응은 최종절차(deadlock procedure)를 요구하는 것이다. 호주 상원도 미국 상원처럼 주를 대표하는 연방원적 성격보다 국가기관적인 성격이 강하다. 다만 호주 상원은 미국 상원보다 상원의원의 정당색이 강하다.

<표 9-8>의 세 번째 열에 속한 상원은 일부 권한을 배타적으로 행사하거나 재정입법 이외의 영역에서 하원과 거의 동일한 입법권을 행사한다. 독일 상원은 주의 이익과 관련된 사안에 대해서는 하원이 결정한 법안에 대해 거부권을 행사한다. 독일 상원은 그 밖의 법안에 대해서는 지연권을 행사할 수 있다. 브라질·칠레·콜

것으로 간주된다. 또 양원 간 권력격차는 양원이 온전히 동등한 완전대칭에서 한 원이 최종 의사결정권을 행사하는 완전비대칭에 이르기까지 다양한 것으로 이해된다. Lijphart는 이 두 범주를 기준으로 세 가지 양원제, 즉 강한 양원제, 약한 양원제, 무의미한 양원제로 구분했다.

롬비아 등은 대통령 또는 고위공직자의 탄핵과 재판에 대해 일정한 사법권을 행사한다.

네 번째 열에 속한 상원은 자문적 역할을 수행하거나 단지 하원의 법안 통과를 지연시키는 권한을 갖는다. 프랑스 상원은 제한된 입법권을 행사하는 '재고(再考)의 원'이다. 프랑스 상원은 하원과 대화를 통해 수정안을 제안함으로써 입법과정에 다소간 영향력을 행사한다. 프랑스 상원은 이런 제한에도 불구하고 "설득과 수정, 협상과 양보, 압력과 후퇴, 재고와 상상력을 결합해 입법과정에 중요한 영향력을 행사해 왔다"(Mastias, 1999: 162-198). 캐나다 상원은 한때(1984-1993년) 상당한 권한을 행사지만, 통상 하원이 채택한 법안을 단지 개정하거나 지연하는 역할만 수행해 왔다.

맨 오른쪽 열에 속한 나라의 상원은 하원에 종속된다. 영국 상원은 1999년 개혁 이후 긍정적 평가를 받고 있지만 하원에 종속된 미약한 원이다. 폴란드 하원은 상원의 입법심의 결과를 무효화하거나 거부할 수 있다. 스페인 상원은 행정부를 감시·조사하고 고위공직자 선임에 관여하지만 하원의 입법을 지연시키는 권한만 행사할 수 있다. 게다가 상원의 입법 지연권한도 하원에 의해 무효화될 수 있다(Roller, 2002: 75-80). 한국의 제2공화국 참의원은 대체로 이 유형에 속한다(안성호, 2007: 125). 2004년 인도네시아에 도입된 준상원도 이 유형에 속한다고 볼 수 있다.

2. 적절하게 강력한 권한을 갖는 상원

일반적으로 상원의 권한과 민주적 정당성 간에는 높은 상관관계가 있다.

지역대표형 상원의 권한은 미국·스위스와 같이 상원이 하원과 대체로 동등한 권한을 갖도록 하는 방안과 독일처럼 지역의 이해관계가 걸린 영역에서는 배타적 거부권을 행사할 수 있도록 하고 그 밖의 영역에서는 지연권을 행사할 수 있도록 설계될 수 있다. 두 방안은 각각 장·단점이 있지만, 국민의 대표인 하원의 위상을 크게 손상시키지 않으면서 지역대표형 상원의 장점을 살리려면 적어도 독일 상원의 권한을 보유해야 한다.

상원이 배타적 거부권을 행사하는 의안에는 자치사무뿐만 아니라 국가사무 중 지방자치단체가 집행책임을 위임받은 단체위임사무와 기관위임사무에 관련된 의안이 포함되어야 한다. 중앙정부의 자의적 판단과 조치로 상원의 배타적 거부권 행사영역이 침해되지 않고 적정 수준으로 유지되려면 헌법에 독일 기본법처럼 헌법에 중앙정부의 전속적 입법권이 행사되는 국가사무와 중앙정부─지역정부 공동사무를 구체적으로 명시하고, 기타 사무를 자치사무로 규정해야 한다. 아울러 중앙정부는 지역정부의 입법권을 제한하는 법률 제정을 가급적 삼가야 하며, 부득이 지역정부의 입법권을 제한하는 법률을 제정한 공동사무에 대해서만 상원의 배타적 거부권이 행사될 수 없도록 해야 한다.

아울러 상원은 외교·국방·통일에 관한 의안에 대해서도 배타적 거부권을 행사할 수 있도록 하는 것이 바람직할 것으로 생각한다.

상원은 입법권 이외에도 다음과 같은 권한을 행사할 수 있어야 한다.

(1) 상원은 대통령, 하원의원 선거권자 50만 명 이상, 하원 재적의원 3분의 1 이상과 함께 재적의원 3분의 1 이상의 찬성으로 헌법개정을 제안할 수 있다.

(2) 헌법개정은 양원에서 각각 재적의원 3분의 2 이상의 찬성으로 의결한다. 헌법개정안이 한 원에서 부결된 경우 국회의 부결로 간주한다. 이어 헌법개정안은 국민투표에 회부되어 유권자 과반수 투표와 투표자 과반수 찬성으로 최종 결정한다.

(3) 양원합동회의는 헌법재판소 재판관 9명 중 3명을 선출한다. 나머지 6명은 대통령과 대법원이 선임한다.

(4) 양원합동회의는 헌법재판소의 장을 재판관 중에서 선출한다.

(5) 상원은 재적의원 3분의 2 이상의 찬성으로 대통령 탄핵소추를 의결한다. 하원은 재적의원 과반수의 찬성으로 대통령에 대한 탄핵소추를 발의한다.

(6) 상원은 재적의원 과반수의 찬성으로 국무총리, 국무위원, 행정각부의 장, 헌법재판소 재판관, 법관, 중앙선거관리위원회 위원, 감사원장, 감사위원 기타 법률이 정한 공무원에 대해 탄핵소추를 의결한다. 하원은 재적의원 3분의 1 이상의 찬성으로 이들에 대한 탄핵소추를 발의할 수 있다.

(7) 상원은 법률이 정한 바에 따라 대통령이 추천한 고위 공직후보자에 대한 동의인준권을 행사한다.

Ⅶ 상원의 지역대표성 강화방안

상원의 지역대표성을 강화하기 위해서는 중앙집권적 소용돌이 정체를 극복하는 지방분권개헌의 추진과 함께 다음과 같은 제도적 장치를 마련할 필요가 있다.

1. 지역의회의 법안발의권

스페인 헌법은 지역의회의 국회 법안발의권을 인정한다. 지역의회의원이 이 법안을 국회에 출석해 직접 발의할 수 있다. 그러나 스페인 헌법이 상원을 '지역대표원'으로 규정하면서도 법안을 반드시 하원에서 발의하도록 제한한다.

그러나 독일에서는 주정부 각료가 상원의원 자격으로 주정부가 작성한 법안을 상원에서 직접 발의할 수 있다. 이 법안이 상원에서 채택되는 경우에 이어 하원에 소개된다. 이 경우에도 역시 주정부 각료인 상원의원이 이 법안을 하원에 소개한다. 이런 헌법적 법안발의권은 주정부 각료인 상원의원에게 다른 사안에 대해서도 하원의 위원회와 본회의에 참석해 의견을 개진할 수 있는 권한으로까지 확대된다(Patzelt, 1999: 58)

2. 상원의원선거와 지역선거의 동시실시

상원의원선거를 하원의원선거와 분리하여 지역선거와 함께 실시함으로써 중앙정치에 압도당하지 않고 지방의제에 충실한 선거로 만들 수 있다. 미국에서 상원의원선거가 하원의원선거와 별도로 주선거와 함께 실시되어 중앙당의 영향력을 줄이고 정당의 탈중앙집권화와 탈관료제화를 초래했다(Doria, 2006: 34-35).

3. 추가적 지역대표성 강화방안

이밖에 상원의 지역대표성을 강화하기 위해서는 다음과 같은 추가적 조치가 필요하다.

(1) **지역별 의석배치**: 독일과 스위스처럼 상원의사당의 의석을 정당별로 배치하지 않고 지역별로 배치하여 의원의 지역별 소속감과 결속력을 높일 수 있다.

(2) **헌법안과 지역에 영향을 미치는 법안에 대한 지역별 일괄투표**: 헌법개정안과 지역에 영향을 미치는 법안은 지역의 방침에 따라 지역대표단의 일괄투표로 결정되도록 한다. 독일 상원에서 주의 대표단장은 주 의석수에 상응하는 수만큼의 투표권을 일괄해서 행사한다. 각 주의 대표단이 상원에서 어떻게 투표할 것인지는 주정부에 의해 정해지지만 흔히 사전에 주정부들이 모여 연방정책에 대한 일반적 입장을 정리해 체결한 제휴협정의 영향을 받는다(Patzelt, 1999: 61).

(3) **상원의원의 지역의회 보고 의무화**: 상원의원이 연 2회 이상 출신 지역의회 또는 합동지역의회에 출석하여 의정활동을 보고하도록 한다. 스페인에서는 지역의회에서 간선된 다수 상원의원들이 지역의회의원을 겸직하면서도 자신들의 의정활동을 지역의회에 보고할 공식 메커니즘을 갖고 있지 못하다. 이로 인해 지역정부에 대한 상원의원의 책무가 경시되는 경향이 나타나고 있다(Russell, 2001: 111-112). 독일에서는 상원의원이 주정부 각료를 겸하기 때문에 지역의회에 대한 책무를 중시하게 된다. 독일의 일부 주의회는 주정부 각료의 상원의원 활동을 점검하기 위해 별도의 상원위원회를 두고 있다. 개헌과 같이 중대한 사안에 대한 투표가 있을 때는 주의회에서 사전 토론이 벌어진다(de Villiers, 1999).

(4) **지역정부·의회 대표의 상원회의 발언**: 지역정부와 지역의회 대표에게 상원회의에 출석해 발언할 수 있는 권한을 부여한다.

(5) **지방정부 대표단의 상근 옵서버**: 지방정부의 4인 대표단을 상원에 파견하여 상근 옵서버로 참여하도록 한다. 남아공 상원에서는 의원 간선에 참여하지 않는 지방정부를 대표하여 지방정부연합회(SALGA)가 추천하는 10명의 대표단이 상원회의에 상근 옵서버로 참여해 투표권 없이 발언권과 자문권을 행사한다.

Ⅷ 양원의 이견해소와 상원-정당관계

양원의 이견해소와 상원－정당관계는 지역대표형 상원의 효과적인 운영을 위해 매우 중요하다. 지역대표형 상원제도의 효과성은 양원 간 이견이 있을 때 상원의 관점이 어느 정도 반영될 수 있는지, 그리고 상원이 하원과 달리 정당정치와 어느 정도 거리를 두고 운영되는지에 따라 크게 좌우되기 때문이다.

1. 양원의 이견해소제도

향후 지역대표형 상원의 설치로 양원 간 이견이 생길 때 이견을 해소하는 방안을 일반의안·예산안·지역에 영향을 미치는 의안으로 나누어 양원의 역할을 제시하면 다음과 같다.

1) 일반의안

의안을 처음 통과시킨 원으로부터 의안을 전달받은 두 번째 원은 전체 또는 부분적으로 첫 번째 원과 의견을 달리하는 경우 개정안을 작성해 첫 번째 원으로 송부한다. 이런 식으로 양원 간 왕복과정을 2회 거친 후에도 이견을 좁히지 못하면 각 원의 재적의원 과반수가 출석한 양원합동회의에서 출석의원 과반수로써 의결한다.[16) 양원합동회의에서 하원의장은 표결권을 가지며, 양원합동회의 의장인 상원의장은 가부동수일 때 결정권을 행사한다.

각 원이 의안을 받은 날로부터 휴회기간을 제외하고 60일 이내에 의결하지 않을 때는 이를 부결된 것으로 간주한다.

2) 예산안

예산안에 관하여 상원이 하원과 다른 의결을 하였을 때는 하원의 재의에 회부하여 그 의결을 국회의 의결로 확정한다.[17) 상원이 예산안을 받은 날로부터 30일 이내에 의결하지 않을 때는 이를 부결된 것으로 간주한다.

---

16) 제1공화국 제1차 개정헌법(1952. 7. 7) 제37조는 양원의 의결이 일치하지 않을 때 각원의 재적의원 과반수가 출석한 양원합동회의에서 출석의원 과반수로써 의결하고, 민의원의장은 표결권을 가지며, 양원의장은 가부동수인 경우에 결정권을 가진다고 규정했다.
17) 제1공화국 제2차 개정헌법(1954. 11. 29) 제37조는 "예산안에 관하여 참의원이 민의원과 다른 의결을 하였을 때에는 민의원의 제의에 부하고 그 의결을 국회의 의결로 한다."고 규정하였다.

3) 지역이익에 영향을 미치는 의안과 외교·국방·통일에 관한 의안

지역이익에 영향을 미치는 의안, 즉 국가사무 중 기관·단체위임사무와 자치사무에 관련된 의안은 상원에 먼저 부의하도록 한다.

지역의 이익에 영향을 미치는 의안과 외교·국방·통일에 관한 의안에 대해서 양원 간 왕복과정을 2회 거친 후에도 양원 간 이견이 좁혀지지 않는 경우 양원 동수의 위원으로 구성되는 조정위원회를 개최하여 타협안을 마련한 후 각 원에 회부해 최종 의결한다. 어느 한 원이라도 반대하면 의안은 부결된다.

조정위원은 <표 9-5>에 열거된 11개 지역에서 각 2명씩 22명의 상원의원과 정당의석을 고려해 선정된 22명의 하원의원으로 구성된다. 각 지역을 대표하는 조정위원은 지역정부의 의사를 존중하여 자율적으로 협상하고 표결한다. 조정위의 의결은 다수결로 한다. 조정위 회의는 조정위가 공개하기로 결정하지 않는 한 비공개로 개최된다. 조정위는 양원 간 이견이 있는 사안에 관해서만 타협안을 마련한다.

조정위에서 다수결로 의결된 타협안은 각 원에 회부되어 수정불가의 조건으로 각각 최종 의결을 거친다. 어느 한 원이라도 반대 의결을 하면 의안은 부결된다.

4) 헌법개정안

대통령, 하원 또는 상원 제적의원 과반수, 하원의원 선거권자 50만 명 이상은 헌법개정을 제안할 수 있도록 한다. 헌법개정안은 양원에서 각각 제적의원 3분의 2 이상의 찬성을 얻어야 한다.[18] 양원에서 각각 재적의원 3분의 2 이상의 찬성을 얻지 못한 헌법개정안은 90일 이내에 국민투표에 회부해 투표자 과반수의 찬성으로 채택되도록 한다.

2. 정당과 어느 정도 거리를 둔 상원

오늘날 많은 지역대표형 상원들은 지방이익을 대표하는 본연의 임무를 수행하지 못하고 전국화된 정당이 지배하는 기관으로 진화해 하원과 유사한 기관으로 변질되었다는 비판을 받아 왔다(Dora, 2006: 5). 양원제 국가에서 흔히 상원은 정당지

---

18) 제2공화국 헌법 제99조는 대통령, 민의원 또는 참의원의 재적의원 3분의 1 이상 또는 민의원의원 선거권자 50만 명 이상의 찬성으로 하며, 헌법개정안의 의결은 양원에서 각각 재적의원 3분의 2 이상의 찬성으로 확정짓도록 규정하였다.

형에 따라 조직화되며, 정당의 양극화는 상원의원의 의정활동을 규정하는 가장 강력한 요인으로 작용하고 있다(Vater, 2005: 2-3). 오늘날 정치적 양극화가 정치인들에 의해 심각하게 증폭되는 상황에서 이를 완화하기 위해서 정당으로부터 어느 정도 거리를 둔 상원을 설계해야 한다.

상원이 '숙고의 원'과 '정치체제의 균형자와 조정자' 역할을 수행하기 위해서는 정당규율과 정당정치의 영향력을 완화하는 제도적 장치가 필요하다. 이를 위해 미국처럼 상원의원의 선거구·임기·피선연령 등과 관련한 선거제도와 상원의원의 결속 및 역사적 진화에 의해 정당과 정파의 이해관계로부터 어느 정도 거리를 둔 상원을 만드는 방안을 선택할 수 있다. 그러나 정당 간 이전투구적 대립과 갈등으로 인해 국회운영이 파행으로 치닫는 경향이 있는 우리나라에서는 정당노선에 따라 움직이는 하원을 보완·시정할 수 있는 좀 더 적극적인 대책을 강구할 필요가 있다. 이를테면 상원에서는 정당과 관련된 단체를 설립해 활동하는 것을 금지하고, 상원의원으로 재직하는 동안 당직을 갖지 못하도록 제한해야 한다(Kristan, 2002: 15). 아울러 상원의원의 내각 참여를 금지해야 한다(Waldon, 2012: 15).

IX 맺음말

현행 단원국회는 동질적 국민의 일반의사가 단원제를 통해 효과적으로 표출될 수 있다는 논리에 근거한다. 그러나 실제로 국민은 지역에 기초한 이질적 집단으로 구성되기 때문에 지역 간 이해갈등이 다수결원리가 지배하는 단원국회에서 충분히 조정·타협되기 어렵다. 더욱이 지역감정이 정치발전을 가로막고 사회안정을 해치는 한국에서 지역적 소수의 이익을 다수결원리로부터 보호하고 융화상생의 정치를 실현하는 지름길은 바로 국회에 지역대표형 상원을 설치하는 것이다.

지역대표형 상원을 설치하는 양원제 개헌을 성사시키려면 몇 가지 난관을 극복해야 한다. 지역대표형 상원의 설치로 인한 국회 비대화와 국회의원의 특권강화를 우려하는 국민이 있다. 게다가 국회불신이 심상치 않은 데다 양원제 개헌으로 인한 비용증가에 대한 우려가 있다. 이 문제는 '87년 헌법질서의 결함을 시정하기 위해 국회가 기득권을 내려놓는 다른 분권의제(안성호, 2016)와 함께 양원제 개헌을 추진하고 이로 인한 비용증가를 최소화하는 방향으로 기존 국회운영비를 감축한다면 국민을 설득시킬 수 있다고 본다. 이미 많은 시민단체들이 국회의 기득권을 제한하는 분권개혁과 함께 양원제 개헌에 동의하거나 앞장서고 있다.

양원제 개헌에 대한 더 근원적인 장애요인은 지역대표형 상원 설치로 인한 기존 정치게임규칙의 변경으로 이해관계가 상충하거나 기득권을 잃는 정치세력의 반대와 저항이다. 유력한 상원의 등장으로 입법권을 공유해야 하는 기존 국회의원이 양원제 개헌을 달가워하지 않을 수 있다. 국회의 견제를 받게 될 행정부도 양원제 개헌에 부정적인 견해를 가질 수 있다.

양원제 개헌과정은 원칙이 존중되면서 정치세력 간 타협이 이루어지도록 설계되어야 한다. 무엇보다 이해당사자의 자기이익 추구에 휘둘리지 않는 공론화 개헌과정이 요구된다. 공론화 과정에서 '규범적 표준'을 제시하고 당리당략과 이기심을 견제할 전문가와 시민사회의 역할이 매우 중요하다. 아울러 코리아 르네상스의 비전을 실현할 선공후사의 선량한 헌정리더십을 발휘할 제2건국의 리더들이 필요하다.

1787년 "필라델피아의 기적"을 일군 55명의 주대표들은 사리사욕과 당파심에 얽매이지 않고 로마공화정과 영국 의회민주주의를 벤치마킹하고 정치사상을 두루 참고하여 지역대표형 상원을 포함한 당대 최고의 헌법질서를 창안했다. 제헌회의 의장과 초대 대통령을 맡은 George Washington은 헌법제정자들의 공화주의정신을 대변했다. 총사령관으로 독립전쟁을 승리로 이끈 워싱턴은 자신을 새로 탄생할 나라의 국왕으로 추대하려는 부하들을 엄하게 꾸짖었다. 당시 세계의 모든 나라는 군주제를 채택했다. 만일 워싱턴이 권력과 명예를 탐했다면 Napoleon이 그랬던 것처럼 자신의 머리에 왕관을 얹었거나 군사독재를 실행할 수 있었다(McClellan, 2000: 19-21). 그러나 그는 조국의 부름에 응하여 헌신하되 결코 자신의 권력을 추구하지 않았다. Washington의 위대한 공화주의 정신으로 표상되는 헌법제정자들의 선량한 헌정리더십은 식민지 신세를 면한 인구 4백만의 신생 미국이 세계최강의 국가로 도약할 굳건한 토대가 되었다.

지역대표형 상원을 갖는 양원국회가 공식 출범하려면 향후 4년 정도의 기간이 필요하다. 먼저 2018년 6월 지방선거 때 양원제의 핵심 골격을 규정한 개헌안이 국민투표에서 가결되면, 관련 법률과 시행령 등 구체적 법제를 정비하여 2020년 4월 총선 때 하원의원을 선출한다. 이후 약 1년간 하원의원만으로 국회를 운영한 후

2021년 6월 지방선거 때 지역을 대표하는 상원의원을 선출한다. 그라고 2021년 7월 1일 양원국회를 개원한다.

Why
Decentralization?

PART 4

규모와 민주주의

CHAPTER 10 다중심거버넌스와 자치체제개편
CHAPTER 11 자치체제개편과 규모정치
CHAPTER 12 스위스 코뮌자치
CHAPTER 13 동네자치

"작은 공화국에서는 양심에 따른 자진납세를 기대할 수 있다."
_Adam Smith

"타운미팅(town meeting)과 자유의 관계는 초등학교와 학문의 관계와 같다. 타운미팅에서 자유는 주민의 손이 닿는 범위에 있다. 타운미팅은 사람들에게 자유를 사용하고 누리는 방법을 가르쳐준다." _Alexis de Tocqueville

CHAPTER

10

다중심거버넌스와 자치체제개편[1]

> "민주주의는 다중심성이다."
> "다중심적 헌법질서에서 방관자와 관객으로 전락한 시민은 자치체험을 통해서
> 공공혁신을 주도하고 능동적 시민정신을 지닌 주권자로 거듭날 수 있다. 국가
> 만능 관념은 시민의 열린 공공영역, 즉 공화정(res publica)을 심각하게 훼손
> 한다."
>
> Vincent Ostrom
>
> "정부가 자원문제를 해결하기 위해 이상적인 최적의 제도를 도입하려고 시도
> 하기보다 지방의 특수한 사정에 밝은 지방주민의 자치능력을 길러주는 일이
> 훨씬 더 성공적인 방법이다."
>
> Elinor Ostrom

I 머리말

2009년 노벨경제학상을 수상한 Elinor Ostrom은 수상기념 강연에서 자신이 걸
어온 50년의 연구여정을 피력했다. 강연제목은 '시장과 국가를 넘어: 복잡한 경제시

---

1) 이 장은 필자의 논문 [안성호. (2011). 다중심거버넌스와 지방자치체제의 발전방향. 「행정논총」.
49(3): 59-89.]을 수정·보완한 것임.

스템의 다중심거버넌스(polycentric governance)'였다. 다중심거버넌스에 관한 E. Ostrom의 연구과제는 크게 두 가지로 구분된다. 하나는 대도시지역의 공공경제에 관한 경험적 연구를 통해 다중심거버넌스체제가 단일중심체제(monocentric system) 보다 더 효율적임을 밝힌 것이다. 또 다른 하나는 공동체가 당면하는 공유자원 (common-pool resources)의 관리문제를 시장(사유화)이나 정부(중앙통제)가 아니라 자치결사체가 스스로 해결하기 위해 형성한 자치제도의 운영원리를 경험적으로 규명한 것이다.

다중심거버넌스에 관한 연구는 20세기 전반 미국 전역에 휘몰아친 학교구 (school districts) 합병돌풍2)에 이어 대도시개혁론자의 경찰구(police districts) 합병주장이 제기된 1950년대부터 시작되었다. 대도시개혁론자는 대도시지역이 수많은 소규모 자치정부로 나뉘어져 통치되어 낭비와 비효율을 조장한다고 비판하고, 해결책으로 대도시지역 지방정부의 대대적 합병을 주장했다. E. Ostrom과 남편 Vincent Ostrom3)은 이 주장의 진위를 판별하려고 이론적·경험적 연구에 착수했다. 이들의 연구가 상당히 축적된 1980년 미국행정학회는 합병론자의 주장에 반대하는 공식 입장을 천명했다. 이어 1987년 연방정부는 대도시 지방정부 합병을 지지한 종래 입장을 공식 철회했다. 그 결과, 오늘날 미국은 여느 선진국과 마찬가지로 무려 8만 7천 개의 크고 작은 일반목적·특별목적 지방정부와 주정부로 중층적 자치체제를 이루고 있다. 뉴욕과 LA 등 일부 대도시지역을 제외한 대다수 대도시지역과 모든 농촌지역은 다중심거버넌스체제로 운영되고 있다.

지방정부 합병의 효율성에 관한 그동안 국내외 연구결과는 2005년 이후 시·군·자치구 합병, 시·도의 약화 내지 폐지, 읍·면·동제 폐지를 골자로 하는 정치권의 지방자치체제 전면 개편구상과 정면으로 배치된다. 2005년 정기국회에서 관련 법률

---

2) 1919년 미국 전역에 분포한 학교구 110,000개가 효율성과 형평성을 제고한다는 대도시개혁론자들의 주장에 따라 분명한 경험적 증거도 없이 1950년 15,000개로 대폭 감축되었다. 그러나 대도시개혁론자들의 주장과 달리 효율성과 형평성이 제고되기는커녕 오히려 많은 부작용이 합병된 학교들에서 나타났다(Toonen, 2010: 195).

3) Elinor Ostrom의 50년 연구여정은 남편 Vincent Ostrom과 함께한 것이었다. E. Ostrom은 최근한 인터뷰에서 "내 연구에 관해 알아보려면 Vincent의 연구에 관심을 가져야 한다."(Toonen, 2010: 193)고 했다. Vincent는 Elinor의 박사논문 지도교수였고 결혼 후 동료로서 함께 연구했다. 다만 Vincent가 철학적·규범적 연구에 집중한 데 비해, Elinor는 분석적·경험적 연구에 몰두했다.

을 제정하기로 합의했던 정치권은 근래 전문가의 완강한 반대에 부딪혀 개편일정을
뒤로 미루고 당분간 시·도를 존치하기로 한발 물러섰지만 여전히 지방자치체제를
단일중심성을 강화하는 방향으로 전면 개편하려는 당초 의지를 고수하고 있다. 국회
는 개편의지를 관철하기 위해 2010년 10월 지방행정체제개편특별법을 제정했다. 이
명박정부는 이 법률에 의거해 2011년 2월 대통령직속 지방행정체제개편추진위원회
를 구성하여 지방자치체제 전면 개편안을 마련했다. 이어 박근혜정부는 대통령직속
지방자치발전위원회에서 대도시 74개 자치구의회 폐지를 포함한 지방자치발전종합
계획을 확정해 국무회의에 상정했다. 2014년 12월 국무회의는 지방자치발전종합계
획을 의결했다.

　　이 장의 목적은 Ostrom 부부와 동료가 수행해온 연구를 중심으로 다중심거버넌
스의 성격과 경험적 증거 및 민주적 효율성 논거를 고찰하고, 다중심거버넌스 패러다
임에 입각해 향후 한국 지방자치체제의 발전방향을 모색하는 것이다. 이를 위해 먼저
우리나라보다 먼저 대도시의 지방정부 합병논쟁을 벌였던 미국의 사례를 검토한 후
합병론자가 견지하는 단일중심 패러다임과 분절론자의 다중심거버넌스 패러다임의
특징과 효율성에 관한 경험적 연구결과를 비교·검토한다. 이어 Ostrom 부부가 발전
시킨 다중심거버넌스체제의 민주적 효율성 기제를 논의한다. 마지막으로 다중심거버
넌스 패러다임에 기초해 향후 한국 지방자치체제의 발전방향을 모색한다.

Ⅱ 미국 대도시 지방정부의 합병논쟁과 실태

1. 미국 대도시개혁론자의 지방정부 합병주장

　　1960~70년대 미국 대도시개혁론자의 주장은 요즘 정치권과 정부의 전면적 지
방자치체제 개편 주장과 닮았다. 당시 대도시개혁론자는 대도시지역 정부서비스를
효율적으로 제공하려면 복잡하게 세분된 소규모 자치구역을 하나의 광역정부 관할
구역으로 합병해야 한다고 주장했다. Hawley & Zimmer(1970: 3)는 당시 학계의 지
배적 견해를 다음과 같이 요약했다.

"대도시가 앓고 있는 질병을 진단하기는 비교적 쉽고, 그 논리도 너무나 강력해서 반론을 제기하기 어렵다. 진단에 따른 처방도 분명하다. 처방은 대도시 지역의 수많은 정치적 단위를 합병해 하나의 지방정부 산하에 두라는 것이다. 그리하여 갈등을 빚는 수많은 정치적 관할구역이 일거에 제거될 수 있고, 파편화된 과세기반이 전체 지역사회를 아우르는 적절한 세입원으로 통합될 수 있다. 이보다 더 분명하고 합리적인 처방은 없는 것 같다."

대도시지역에 존재하는 수십 내지 수백 개에 이르는 일반목적·특별목적 지방정부를 폐지하고 대신 단일 광역지방정부를 창설해야 한다는 주장은 당시 거의 모든 도시문제 연구자의 호응을 얻었다.

1966년 뉴욕시 소재 200여 명의 기업대표로 구성된 경제발전위원회(CED)는 당시 풍미했던 합병론자의 주장을 집약한 보고서 「지방정부 현대화」를 발표했다. 이 보고서는 다음과 같이 주장했다(CED, 1966: 17): (1) 약 8만 개의 미국 지방정부 수를 적어도 80% 감축한다. (2) 대다수 주들 내의 중복적 자치계층 수를 줄인다. (3) 지방선거는 지방의회의원과 강시장형 지방정부의 수장에 한정한다. (4) 각 지방정부 단위에는 한 명의 최고집행자를 두고, 관료는 오직 그에게만 책임지도록 하고 부서장선거는 폐지한다.

이 보고서는 합병의 논거를 다음과 같이 제시했다(CED, 1966: 11−12): (1) 행정수요를 현대적 방식으로 감당할 수 있을 만큼 인구와 구역 및 세원(稅源)을 보유한 지방정부는 극소수다. 대도시조차 구역, 세원, 법적 구속력 등의 한계 때문에 광역행정수요에 부응할 수 있을 만큼 충분한 능력을 갖추고 있지 못한 경우가 많다. (2) 카운티, 타운십, 학교구 등으로 중첩된 자치계층은 지방자치체제의 비효율을 야기하는 주범이다. 관할권 중복은 지방정부의 자유재량 행사를 크게 제약한다. (3) 다단계 자치계층은 지방정부에 대한 주민통제를 파편화시켜 행정의 비효율과 공공문제에 대해 주민을 무관심하게 만든다. (4) 대다수 지방정부의 정책집행능력은 취약한 반면, 중앙정부는 유능한 참모가 뒷받침하는 강력한 정책집행능력을 갖추고 있다. (5) 기능분화는 권위계통을 모호하게 만들어 행정의 질을 떨어뜨린다.

이와 같은 현실진단은 대도시지역에 수많은 지방정부의 존재와 관할권 중첩 및 권한분산이 도시공동체의 제도실패와 인과적으로 연결되어 있다는 추론에 근거했다. 이런 현실인식과 상황진단은 결국 대도시지역의 관할권과 의사결정권을 단일의 최고 권력중추에게 계층적으로 귀속시키는 단일중심체제에 대한 합병논자의 믿음이 반영된 것이다.

1970년 제1차 보고서에 대한 학계의 반대의견에 직면한 경제발전이사회는 종래 입장을 다소 완화시켜 「대도시지역의 정부개편」이란 이름의 제2차 보고서를 발표했다. 이 보고서는 규모경제 개념에 대한 경직된 사고를 약간 수정해 대도시지역에 2자치계층을 둘 필요가 있음을 인정했다. 이런 입장변화는 대도시 행정의 "효과성과 대응성" 제고를 위해 "간결성과 대칭성"을 다소 양보할 수 있음(CED, 1970: 19)을 의미했다. 그러나 관할권 중첩과 의사결정권 분산을 인정·고무하는 다중심거버넌스 패러다임으로의 전환을 의미하는 것은 아니었다. 이 보고서는 여전히 대도시지역의 "지방정부 단위들의 중첩"과 "권한 분산"을 "혼란스러운 미로"라고 혹평했다(CED, 1970: 10).

2. 미국 행정학계의 대응과 연방정부의 방침변경

1980년 미국행정학회는 축적된 연구결과에 기초해 대도시 지방정부 합병과 자치계층 감축과 같은 중앙집권적 지방자치체제 개편안을 비판하고 다수의 크고 작은 지방정부가 중층적으로 공존하는 대도시 다중심거버넌스체제를 지지하는 입장을 밝혔다.

지방자치체제 개편방향에 대한 미국행정학회의 입장표명은 이후 학계와 실무계의 관점에 중대한 영향을 주었다. 미국행정학회의 입장표명이 있은 후 전면개편을 주장하는 목소리는 잦아들었고, 실무계도 다중심거버넌스체제를 인정하는 쪽으로 입장을 선회했다. 1987년 미국 연방정부 정부간관계자문위원회(ACIR)는 지난 25년간 합병론을 두둔해온 방침을 철회했다. 정부간관계자문위원회는 "대도시지역에 다수의 일반목적·특별목적 지방정부가 존재하는 것이 좋은 정부와 대도시 거버넌스에 장애요인이 아니라 오히려 효율성, 형평성, 대응성, 책임성, 자치와 같은 민주정부의 핵심 가치를 촉진하는 데 기여할 수 있다."고 역설했다(ACIR, 1987: 1). 아울러 공공서비스의 제공과 생산을 구분하는 것은 지방공공경제의 효율적 조직화를 이해하고 평가하는 기초이며, 주민에게 다양한 형태의 거버넌스체제를 선택할 수 있는 기회를 주는 것은 지방공공경제의 본질적 요소로서 생산적 지방자치정부의 형성에 기여한다고 강조했다(ACIR, 1987: 52).

3. 다중심거버넌스에 기초한 미국 지방자치체제

지방정부 합병과 지방정부 수 감축에 대한 학계의 반대, 연방정부의 지방정부 합병지지방침 철회, 그리고 주민투표에 나타난 주민의 거부감[4]은 오늘날 미국을 무려 87,000개에 달하는 일반목적·단일목적 지방정부로 이루어진 고도로 분절된 정부구조를 갖는 나라로 만들었다. 일반목적 지방정부 수가 39,000개에 달하여 기초지방정부당 평균인구가 6,600명에 불과하다. 이는 미국이 기초지방정부당 평균인구가 10,000명 미만인 북유럽국가와 함께 고도로 분절적 지방자치체제를 갖는 나라임을 의미한다.

물론 미국에는 뉴욕과 LA처럼 대도시지역을 통괄하는 단일 시정부만 갖는 일부 대도시지역이 있다.[5] 그러나 미국의 대다수 대도시지역은 수많은 지방정부가 중층으로 공존하는 다중심거버넌스체제를 이루고 있다. 예컨대 인구 740만 명의 샌프란시스코 대도시지역(San Francisco Bay Area)은 9개의 카운티, 101개의 시정부, 500여 개에 달하는 특별구에 의해 관할되고 있다. 대도시지역의 특별시·광역시제도에 익숙한 우리에게 샌프란시스코 대도시지역이 전 지역을 총괄하는 광역시정부가 없이 수백 개의 지방정부로 관할된다는 사실은 놀라운 일이다. 이런 분절적 지방자치체제를 갖는 미국의 지방정부 합병논쟁은 대체로 수많은 소규모 지방정부로 분절된 대도시지역에 전 지역을 총괄하는 광역시의 설치 여부를 중심으로 전개되어왔다. 그러나 대도시지역을 총괄하는 광역시 설치주장이 관철된 사례는 미국에서 흔치 않다.

---

4) 구역개편의 전형적인 형태인 시-카운티 합병에 대한 주민의 반대가 심했다. 최근까지 실시된 시-카운티 합병에 관한 주민투표의 80%가 실패했다. 그 결과, 현재 카운티 3,043개의 1%와 시 19,731개의 1.5%만 시-카운티 합병에 성공한 지방정부다(Leland & Thurmaier, 2010).

5) V. Ostrom(1984: 148)은 뉴욕과 LA가 "거리 청결과 바퀴벌레 제거와 같은 간단한 공공서비스조차 제대로 제공하지 못하는 행정 무능력"(Los Angeles Times, 1971. 8. 13.)이 주로 하나의 광역시정부로만 관할되는 단일중심체제의 "제도적 실패"에서 비롯된 것으로 판단했다.

Ⅲ 단일중심주의 vs. 다중심주의

미국 대도시 지방정부 합병을 둘러싼 찬반 논쟁은 결국 지방공공경제의 작동방식을 이해·설명·처방하는 두 가지 상반된 관점의 대립, 즉 단일중심 패러다임과 다중심거버넌스 패러다임 간의 대결이었다.[6]

1. 단일중심주의

합병론자의 대도시 자치체제개편안은 단일중심체제에 대한 선망과 믿음이 함축되어 있다. 합병론자가 상정해온 단일중심주의(monocentrism)의 기본 가정은 다음과 같다(Ostrom, 2000: 34).

(1) 도시공공재와 서비스는 비교적 동질적이며 대도시지역 내 모든 동네에 유사한 영향을 미친다.

(2) 대도시지역 투표자는 도시공공재와 서비스에 대해 비슷한 선호를 갖는다.

(3) 투표자는 단일 선거제도로 도시공공재와 서비스에 대한 자신의 선호를 효과적으로 표출할 수 있다.

(4) 선출된 공직자는 주민선호를 공공부서의 정책목표로 전환할 수 있고, 정책목표 달성에 필요한 세입을 충당하는 적정 세율을 결정할 수 있다.

(5) 공공부서의 장은 현장관료가 주어진 예산으로 최고 수준의 도시공공재와 서비스를 생산하도록 효과적으로 통제할 수 있다.

(6) 현장관료는 수동적 의뢰인인 주민에게 도시공공재와 서비스를 원활히 전달한다.

그러나 단일중심주의는 다음과 같은 비판을 피할 수 없다. 첫 번째 가정과 관련해, 도시공공재와 서비스는 동질적인 것이 아니다. 이를테면 주요 간선도로와 대중교통체계는 자본집약적 재화로서 대도시지역에 사는 거의 모든 주민에게 영향을 미친다. 반면 초등교육과 경찰순찰은 노동집약적 서비스로서 비교적 소규모 지역사

---

6) 단일중심주의는 대도시권을 하나의 유기체(organic whole)로 보고 통치문제를 집단주의적 접근으로 해결하려고 한다. 반면 다중심주의는 대도시권을 다중심지역(polycentric region)으로 간주하고 통치문제를 다원·다층적 접근으로 해결하려고 한다.

회 주민에게 편익이 돌아간다. 간선도로와 대중교통체계와 같은 물리적 재화는 그것을 소비하는 주민의 투입과 관계없이 생산된다. 그러나 모든 서비스의 생산은 어느 정도 서비스 소비자인 주민의 능동적 투입에 영향을 받는다. 이를테면 교육서비스의 경우 학생이 교육과정에 적극적으로 참여하지 않으면, 교육투자는 소기의 성과를 거둘 수 없다.

대도시지역의 주민은 두 번째 가정과 달리 도시공공재와 서비스에 대해 다른 선호를 갖는다. 예컨대 열악하고 비좁은 주택에 사는 주민의 공원·도서관과 같은 공적 공간에 대한 선호는 널찍한 호화주택에 사는 주민의 공적 공간에 대한 선호와 현저히 다르다. 가난한 주민은 공적 공간을 회합과 레크리에이션의 공간으로 활용하지만, 부유한 주민은 통상 조용한 공적 공간을 원하며 사적 공간을 레크리에이션을 위해 활용한다.

세 번째 가정도 미심쩍다. 매우 작은 지역사회에서는 주민이 대면해서 자신들의 선호와 제약을 논의해 어느 정도 합의에 도달할 수 있다. 그러나 미국의 경우 대규모 지역사회에서는 주민이 공공재와 서비스의 제공을 투표로 결정하거나 관료에게 위임한다. 어느 경우든 개인의 선호를 적절히 반영한 집단적 선택은 어려워진다.

설혹 선출된 공직자가 대도시지역 주민선호에 대해 정확한 정보를 파악할 수 있을지라도 그것을 경쟁압력을 받지 않는 현장관료에게 상세히 전달해 실행하도록 만들기란 어려운 일이다. 그러므로 네 번째 가정과 집권적 대도시 광역정부의 원활한 운영에 대한 다섯 번째 가정도 비현실적이다. 게다가 만일 여섯 번째 가정이 사실이라면, 주민의 능동적 참여 없이 제공되는 대부분의 도시공공서비스의 질은 심각하게 떨어질 것이다.

2. 다중심주의

정치경제학자와 민주행정이론가는 경제발전위원회의 지방정부 개편안에 대해 심각한 우려를 표명했다. V. Ostrom은 지방정부 합병에 반대한 대표적 이론가였다. 그는 「미국행정의 지적 위기」(1973)라는 저술에서 "8만 개의 지방정부 수를 80% 이상 감축하는 것은 곧 미국 민주행정의 근간을 파괴하는 것"이라고 경고했다. 그는 관할권 중첩과 권한 분산을 특징으로 하는 다중심거버넌스가 "단순성·간결성·균형이 아니라 다양성·복잡성·변화에 기초"하는 민주행정을 가능케 한다고 역설했다.

대도시지역 지방정부 합병에 대한 비판을 제기하기 10여 년 전 V. Ostrom, C. Tiebout & R. Warren(1961: 831)은 대도시 정부구조를 다중심체제로 파악해야 한다고 주장했다.

> "'다중심'이란 공식적으로 다수의 독립적 의사결정중심이 존재함을 뜻한다. 다수의 독립적 의사결정중심은 상호관계를 경쟁적 관계로 이해하고, 다양한 협약을 맺어 협동사업을 추진하며, 갈등을 공동기구를 통해 해결하는 정도만큼, 대도시지역의 다양한 정치적 관할권 단위는 일관되고 예측 가능한 상호작용 행동패턴으로 조화롭게 역할을 수행할 수 있다. 이런 관점에서 이들은 하나의 유기체로 움직인다고 볼 수 있다."

다중심주의(polycentrism)는 대도시의 통치체제를 다중심거버넌스체제로 보는 새로운 시각을 제공한다. 다중심주의는 지방공공경제를 지방정부나 동네결사체를 포함한 집합적 소비단위로 구성된 상명하복의 위계질서가 아니라 수직적 및 수평적 상호관계로 이해한다. 아울러 다중심주의는 지방공공경제를 시장(市場)이 아니라 공공재와 서비스 제공에 대한 대가를 세금과 사용료로 지불하는 집합적 소비단위의 의사결정으로 꾸려가는 거버넌스체제로 간주한다. 다중심주의의 기본 가정은 다음과 같다(Ostrom, 2000: 35).

1) 도시공공재와 서비스의 생산함수와 효과는 제각기 다르다.
2) 도시공공재와 서비스에 대해 유사한 선호를 갖는 개인은 동일한 동네로 모이는 경향이 있다. 따라서 주민선호는 대도시보다 동네에서 더 동질적이다.
3) 여러 관할권으로 나눠진 대도시지역 주민은 다른 지역의 사정을 파악해 관할권의 운영성과를 비교한다.
4) 여러 관할권으로 나눠진 대도시지역은 서비스 패키지에 대한 주민의 선택기회를 확대하고, 주민의 선호와 관심이 더 잘 표출되도록 만든다. 주민은 원할 때 다른 관할권으로 이주할 수 있다.
5) 복수의 관할권은 선출직 공직자가 도시공공재와 서비스의 생산자를 더 효과적으로 선택할 수 있도록 만든다.
6) 도시공공재와 서비스의 계약을 따내기 위해 경쟁하는 생산자는 기술혁신,

적정 생산규모, 팀생산, 민관공동생산을 적극적으로 모색한다.

다중심거버넌스의 준(準)시장적 경쟁은 기회주의적 행동을 어느 정도 감소시킨다. 다중심거버넌스에서 동네 수준의 집합적 소비단위를 형성하는 것은 주민의 대면토의와 공동이해를 고무한다. 아울러 다중심거버넌스는 대규모 집합적 소비단위를 형성하여 조세피난처(tax haven)로 이주하려는 부자의 전략적 행동을 제한하고 광역적 도시공공재와 서비스의 비용을 효과적으로 충당하도록 만든다.

Ⅳ 다중심거버넌스에 대한 실증연구

1. E. Ostrom과 동료의 경험적 연구

E. Ostrom과 동료는 대도시개혁론자와 정치경제학자의 상반된 가정과 예측을 검증하기 위해 경험적 연구에 착수했다. 경험적 연구의 결과는 놀라웠다. 소규모 경찰부서로부터 서비스를 받는 지역사회가 항상 낮은 범죄율을 나타냈다. 더욱이 소규모 경찰부서로부터 서비스를 받는 지역사회 주민이 피해를 당할 경우 경찰을 더 쉽게 호출하여 더 나은 서비스를 받았으며, 서비스에 대한 만족도도 더 높았다.

이후 20년간 수행된 후속연구도 비슷한 결과를 확인했다(Ostrom, 2004b: 7-8). 시카고 등 여러 지역에서 수행된 경험적 연구에서 소도시 주민이 대도시지역 주민에 비해 동일하거나 더 나은 품질의 서비스를 받는 것으로 밝혀졌다. 연구결과의 외적 타당성을 검증하기 위해 실시된 사례분석의 결과, 도시규모의 증대는 지출의 증대를 초래했고, 지출 증대는 주민의 서비스 만족도를 높이지 못한 것으로 밝혀졌다. 도시규모가 클수록 범죄 피해의 두려움도 커진 것이다. 이어 광범위한 현장연구가 진행되었다. 현장연구결과는 이전의 연구결과와 같았다. 경찰부서의 규모가 클수록 1인당 경찰서비스 비용과 피해가정이 늘어난 반면, 경찰의 신속하고 적절한 서비스를 받는 가정은 줄어들었다. 대규모 중앙집권적 경찰부서가 소규모 경찰부서보다 더 높은 성과를 낸 사례는 단 한 건도 없었다.

지방정부 규모와 성과의 관계에 관한 연구에 이어 지방정부의 수가 서비스의 효율성에 미치는 영향을 검증하기 위해 80개 대도시지역을 대상으로 경험적 연구를 수행했다. 연구결과, 순찰과 사건조사 및 교통사고나 범죄신고 등과 같은 직접서비스(direct services)의 경우, 다수의 소규모 지방정부가 있는 대도시지역이 더 효율적이라는 사실이 밝혀졌다(Ostrom, Parks & Whitaker, 1978). 다만 구류, 기본훈련, 범죄실험분석 등과 같은 간접서비스(indirect services)의 경우에는 소수의 지방정부가 있는 대도시지역이 더 효율적인 것으로 확인되었다. 이는 큰 규모와 작은 규모의 지방정부가 공존하는 다층 다중심거버넌스체제가 가장 효과적인 대도시체제임을 입증한 것이다.

E. Ostrom(2009b: 4)은 노벨상 수상강연에서 수십 년 동안 "자신과 동료의 경험적 연구가 대도시 개혁론자의 지방정부 합병논거를 기각해 왔으며, 대도시지역 다중심거버넌스의 복잡성은 혼돈이 아니라는 사실이 분명히 입증되었다."고 역설했다.

2. 그 밖의 경험적 연구

G. A. Boyne(1998: 252)은 경험적 연구결과를 두루 검토한 후 "경험적 연구결과는 일반적으로 분절된 자치체제가 합병된 자치체제보다 더 효율적임을 밝혀왔다."고 결론지었다. A. Sancton(2000: 75)도 경험적 연구를 섭렵한 후 "한 도시지역에 수많은 소규모 지방정부의 존재가 낭비적 중복을 초래한다는 주장은 경험적으로 확고하게 입증되지 않은 합병론자의 중앙집권적 편견"이라고 지적했다. 미국과 캐나다 등에서 수행된 공공부문의 규모경제에 관한 34편의 경험적 연구를 분석한 D. J. Byrens & B. E. Dollery(2002: 394)는 "34편 중 39%에서 1인당 비용과 규모 간에 통계적으로 유의미한 관계를 찾을 수 없었고, 29%에서는 규모와 효율성 간에 '역 U자형 곡선' 관계가 있음을 확인했다. 심지어 24%에서는 규모불경제가 나타났다. 오직 8%에서만 규모경제가 확인되었다."고 지적했다. 이들은 이어 호주의 지방공공서비스를 분석한 9편의 경험적 연구를 검토한 후 "그 동안 지방공공서비스의 규모경제에 관한 연구는 지방정부 규모를 키우면 행정효율이 높아진다는 합병논자의 주장이 확고한 경험적 기반이 없는 편견임을 입증했다."고 결론지었다(Byrens & Dollery, 2002: 405).

B. Katsuyama(2003)는 지방정부 합병에 관한 많은 사례연구를 메타분석함으로써 "일반적으로 지방공공서비스의 80%가 2만 명 이상의 인구규모에서 규모경제를

나타내지 않는다."는 사실을 확인했다. B. Dollery & L. Crase(2004: 22)도 지방정부 규모와 경제적 효율성 간에 체계적 관련성이 없음을 밝혔다. M. Holzer et al.(2009: 7)는 인도 농촌지역의 농수공급 사례에서 지방정부 규모와 효율성 간의 '역U자형' 곡선관계가 있음을 확인했다. 아울러 선행연구에서 밝혀진 중요한 사실은 규모와 서비스의 관계가 자본집약적 서비스와 노동집약적 서비스에 따라 다르다는 것이다. 상하수도 등과 같은 대규모 자본집약적 공공투자사업은 규모가 증가할수록 효율성이 높아지는 경향이 있지만, 교육·소방·경찰·문화·사회복지서비스 등 노동집약적 서비스는 규모가 커질수록 효율성이 떨어진다는 것이다(Holzer et al., 2009: 10-13). R. L. Bish(2001)는 관련 연구들을 검토한 후 "대다수 연구자들이 지방정부 서비스의 80% 가량을 차지하는 노동집약적 서비스가 인구 1만~2만 명이 넘으면 규모경제가 나타나지 않는다는 사실을 확인했다."고 결론지었다.

1990년대 중반 추진된 시·군 합병 효과를 탐구한 국내 연구도 합병과 행정효율의 명확한 관련성을 찾지 못한 경우가 많다. 이성로(2003: 165-182)가 1994년 시·군 합병된 지역주민과 합병되지 않은 지역주민을 대상으로 연구한 결과, 합병되지 않은 지역주민은 합병된 지역주민보다 지방행정에 대해 더 만족하고, 더 높은 평가를 하며, 정치적 효능감도 높은 것으로 밝혀졌다.

유재원·손화정(2009: 285-3006)은 시·군 합병 효과에 관한 국내의 경험적 연구 16편을 검토한 결과 합일된 결론에 이르지 못했음을 확인했다. 이를테면 행정비용 절감효과를 확인한 연구가 4편, 그렇지 못한 연구가 8편이었다. 규모경제 효과를 확인한 연구가 2편, 그렇지 않은 연구가 3편이었다. 그리고 경제성장 효과를 확인한 연구와 부정한 연구가 각각 1편이었다. 이어 이들은 짧은 연구대상기간, 준거집단의 결여, 평균비교분석의 문제 등 선행연구의 방법론적 한계를 극복하기 위해 24년(1984년-2006년)간 관련 통계자료를 이용해 단절시계열분석(interrupted time series analysis)을 시도했다. 분석결과, 시·군 합병으로 인한 행정적 효율성(일반행정비와 공무원 수의 감소), 재정적 효율성(투자사업비와 경제개발비 감소), 경제성장(1인당 지방세수, 인구 수, 제조업체 수 및 제조업종사자 수의 증가)과 관련된 8개의 가설이 모두 기각되었다. 이들은 "시·군 통합이 지방정부의 효율성 향상과 경제발전에 이바지할 수 있다는" 통념이 "실증적 근거가 없는 신화"일 뿐이라고 결론지었다(유재원·손화정, 2009: 301).

일부 연구에서 확인된 시·군 합병의 긍정적 성과를 행정효율 향상의 확고한 증거로 해석하는 것은 무리다. 예컨대 이시원·민병익(2006: 45−62)은 시·군 병합이 규모의 효율성을 제고하지는 못했지만 관리적 효율성을 높이는 데 기여한 것으로 해석했다. 그러나 이런 해석은 매우 자의적이라는 비판을 면키 어렵다. 우선 이 연구는 개별 서비스의 성과를 측정한 것이 아니라 주민 1인당 일반행정비·경제개발비 등 총괄적 세출액을 성과로 측정을 했기 때문이다. 사실 서비스에 대한 1인당 비용은 다른 요인들의 왜곡효과 때문에 효율성이나 성과를 나타내는 측정치로서 적절하지 못하다는 비판을 받아왔다. D. N. Ammons & W. C. Rivenbark(2008: 312)는 '1인당 비용'을 과연 효과성 척도로 삼을 수 있는지 의심스럽지만, 그렇게 부르는 경우에도 "극단적으로 조잡한 효과성 척도"에 불과하다고 지적한다. 게다가 이들의 연구는 개별 서비스의 비용 대 편익을 계산하지 않았으며, 서비스의 질과 배분효율도 고려하지 않았다. 그 동안 합병된 시·군이 중앙정부에서 지원받은 재정적 혜택도 성과측정에 반영되지 않았다. 무엇보다 이들의 연구는 정책 및 조세경쟁을 유도할 만큼 상당한 수준의 자치권을 누려 재정연방주의가 상정하는 관리효율을 높일 수 있는 시·군과 비교한 것이 아니다. 시·군 합병의 규모경제 효과를 지지한 국내의 다른 연구도 이런 방법론적 한계를 지닌다.

V 다중심거버넌스의 민주적 효율성

다중심거버넌스체제가 단일중심체제보다 민주주의는 물론 효율성 측면에서도 우월한 까닭은 무엇인가? Ostrom 부부는 그 이유를 다중심거버넌스체제의 민주적 효율성 기제, 즉 경쟁, 발언권, 공공혁신가정신, 민관공동생산, 가외성에서 찾았다(Aligica & Boettke, 2009).

1. 경쟁

다중심거버넌스체제는 지방정부가 공공서비스 사용자의 탈퇴(exit) 압력을 받아 공공서비스 경쟁을 벌이도록 만든다(Ostrom, Tiebout, & Warren, 1961: 831−842). 일찍이 C. Tiebout(1956)는 "발로 찍는 투표"(voting by feet)에 의한 주민의 이주압력이 지방정부들 간 경쟁을 야기하고 공공서비스 공급의 효율성을 제고한다고 지적했다. Tiebout는 다수의 지방정부가 서로 경쟁하는 공공재 시장에서 이주에 의한 주민선호의 표출이 공공재 공급의 효율성을 높인다고 보았다.

D. Lowery & W. E. Lyons(1989: 841-868)와 W. E. Lyons et al.(1992)은 경험적 연구를 통해 Tiebout 가설대로 지방정부가 제공하는 서비스에 대한 불만족이 주민의 이주결정에 중요한 영향을 미친다는 사실을 확인했다. 김성태·정성호(1997: 175-196)도 1970-1991년 한국의 지역 간 인구이동 결정요인을 분석한 결과, 도로와 교육과 같은 공공재 공급의 차이가 지역 간 인구이동을 촉진하는 요인임을 밝혔다. 이성로(2003: 165-182)는 지방정부 서비스에 대한 주민의 만족도와 정치적 효능감이 시·군 합병된 시에서 더 낮게 나타나는 사실을 밝혔다. 그리고 김서용(2009: 145-169)은 지방정부 서비스에 대해 불만족하는 주민일수록 이주할 가능성이 높다는 사실을 확인했다.

물론 주민의 이주선택은 공공서비스에 대한 불만 외에도 연령·소득·교육수준·주거기간·거주지(농촌/도시) 등과 함께 심리적 투자와 대안 및 문화적 요인 등에 의해 영향을 받으며(김서용, 2009: 152-163), 주민의 이주가 지방공직자에게 미치는 영향은 상당한 시차를 두고 간접적으로 나타난다. 이를테면 주민의 이주로 인한 조세수입 감소는 상당 기간이 지난 후에야 야기되며, 부동산 시장의 변동이 공직자에게 전달되는 신호는 미약하고 효과는 주민 사이에 분산되는 경향이 있다(Aligica & Boettke, 2009: 47). 이런 의미에서 이주결정은 지방정부를 주민선호에 부응하도록 만드는 결정적 요인은 아니다.

그러나 지방정부가 주민선호에 부응해 공공서비스 경쟁을 벌이도록 유도하는 준시장적 다중심거버넌스체제는 주민이 공공서비스 선호에 따라 거주지를 선택할 기회를 원천봉쇄하는 단일중심체제에 비해 공공서비스 제공의 효율성을 높이는 데 유리하다. 이런 관점에서 대도시지역의 "공공서비스산업 내에서 세분된 관할권을 관장하는 다양한 공공기관이 벌이는 경쟁은 공공서비스 제공의 효율성을 높이는 유력한 요인"으로 간주될 수 있다(Ostrom, 1984: 149).

2. 발언권

다중심거버넌스체제는 주민에게 공공서비스에 대한 불만을 토로하고 시정을 촉구하는 발언권(voice) 행사기회를 확대한다는 점에서도 단일중심체제보다 우월하다. 주민에게 공공서비스에 대한 불만을 토로하고 욕구를 표명할 수 있는 발언권 기회를 주는 것은 이주압력과 함께 지방정부를 주민선호에 부응하게 만드는 유력한 주민통제기제다. A. Hirschman(1970)은 Tiebout모형이 탈퇴(exit)에만 초점을 맞추어 발언권 행사를 통한 공공서비스 개선의 가능성을 간과했다고 비판했다.[7]

발언권의 힘은 탈퇴보다 투표함과 더 직접적으로 연관되어 있다. 주민은 때때로 공공서비스 시장에서 이주로 위협하는 대신 지방정부에 공공서비스에 대한 불만을 토로하고 항의할 수 있다. 이런 의미에서 발언권은 탈퇴와 함께 준시장적 공공경제를 작동시키는 중요한 통제기제다.

E. B. Sharp(1986: 198)는 지방정부에 불만을 품은 주민이 다른 지방정부 구역으로 이주하는 것이 어려운 경우 대신 지방정부에 불만을 토로하고 시정을 요구하는 경향이 있음을 확인했다. D. Lowery & W. E. Lyons(1989: 841－868)와 Lyons et al.(1992)은 공공서비스에 불만족하는 주민일수록 공직자에게 불만을 토로하고 시정을 요구하는 정치적 행동에 더 적극적임을 밝혔다. 김서용(2009: 159－162)은 우리나라에서 지방정부에 대한 자기효능감이 높고, 평등주의적 가치관을 지니며, 대도시에 거주하는 주민이 발언권을 적극적으로 행사하는 경향이 있음을 확인했다. 주민과 근접한 소규모 지방정부와 대규모 광역정부로 이루어진 다층 다중심거버넌스체제는 단 하나의 대규모 광역정부로 이루어진 단일중심체제보다 주민의 발언권 기회를 확대하고 불만을 접수해 신속하게 시정조치를 취하는 데 유리하다. 이는 다중심거버넌스체제가 단일중심체제보다 주민의 선호와 요구에 더 민감하게 반응하여 배분적 효율성을 높일 수 있음을 뜻한다.

---

7) Hirschman(1970)은 조직의 통제메커니즘으로 '탈퇴, 발언권, 충성(loyalty)'을 강조했다. 후에 Hirschman(1975: 7－26)은 여기에 '태만'(neglect)을 추가해 소위 EVLN(Exit, Voice, Loyalty, Neglect)모형을 제시했다.

3. 공공혁신가정신

다중심거버넌스체제는 "주민과 지방공직자가 공공경제의 혁신을 촉진하는 공공혁신가정신(public entrepreneurship)을 발휘하도록 고무한다"(Aligica & Boettke, 2009: 47). 탈퇴와 발언권이 지방공직자에 대한 통제기제라면, 주민과 지방공직자의 공공혁신가정신은 다중심거버넌스체제를 앞으로 나아가게 만드는 힘이다. 공공혁신가정신은 공공경제에 역동적 에너지를 공급한다. 아이디어를 제안하고 토론과 타협에 적극적이며 문제해결에 소요되는 비용을 기꺼이 부담하는 공공혁신가의 창의성 발휘는 더 나은 공공서비스를 더 낮은 비용으로 제공할 수 있도록 만든다.

E. Ostrom은 성공적인 다중심거버넌스 사례에서 공공문제 해결을 위한 토론과 협상과정에서 아이디어를 제시하고 창의적 해결책을 모색하며 비용을 기꺼이 부담하는 창의적 공공혁신가가 있음을 확인했다. 우리나라에서 최재송·이명석·배인명(2001: 152-172)의 충남 보령시 장고도 연안어장의 자치제도 사례연구도 공유자원의 자치적 관리를 성공시키는 데 어촌계의 자치권 보장과 어촌계장의 공공혁신가정신 발휘가 중요한 요인으로 작용했음을 확인했다.

20세기 헌법실험은 국가 주도의 단일중심체제가 실패하는 경향이 있음을 여실히 보여주었다(Shivakumar, 2005: 201-203). K. Marx의 국가주도 계획경제와 사회변동은 소련과 중국 등 사회주의국가에서 처참한 인권붕괴와 경제침체로 이어졌다. 단일중심체제의 실패는 20세기 중반 식민지배에서 독립한 신생국의 근대화 프로그램에서도 확인되었다. 그동안 국제개발원조 프로그램의 실패도 주로 단일중심주의 제도실패에 기인한다. V. Ostrom(1973; 1998)은 20세기 헌정실험의 실패가 무엇보다 국가주도 단일중심체제로 말미암아 "시민의 창의성과 참여가 질식되었기 때문"이라고 진단했다.

지방공직자와 주민이 발휘하는 공공혁신가정신은 대도시지역 공공경제의 효율성을 제고하고 지방민주주의를 진작시키는 데 필수적이다. 공공경제가 적절히 기능하려면 공공혁신가정신을 고무하는 제도적 환경이 필요하다. 다중심거버넌스체제는 창의정신과 의사결정공간을 창출하여 지방공직자와 주민의 공공혁신가정신의 발휘를 촉진하는 혁신유도체제다.

4. 민관공동생산

다중심거버넌스체제는 주민이 공공서비스의 소비자로서 생산과정에 참여하는 민관공동생산(coproduction)을 촉진한다. E. Ostrom은 교육·경찰·사회복지 서비스 등과 같이 대면접촉이 필요한 공공서비스의 효율성과 품질은 관료와 주민의 공동노력에 크게 좌우된다는 사실을 발견하고 이 현상을 설명하기 위해 '민관공동생산'이라는 용어를 만들었다(Pestoff & Brandsen, 2009: 10). 민관공동생산에서 관료는 정규생산자로서, 시민은 개인이나 집단의 일원으로서 공공서비스 생산에 참여한다. 민관공동생산은 정부가 하는 일과 시민이 하는 일 사이에 시너지 효과가 나타나는 공공서비스 생산방식이다.

대도시 공공서비스에 관한 경험적 연구는 서비스 공급자와 소비자 간의 협력이 효과적인 서비스 제공을 결정하는 중요한 요인임을 밝혀 왔다(Aligica & Boettke, 2009: 32). 지역사회의 건강이 관료의 전문성뿐만 아니라 충분한 정보를 가진 주민의 협력에 의해 크게 좌우된다. 예컨대 교육서비스의 질은 학생의 적극적 참여에 의해 큰 영향을 받고, 소방서비스의 질과 공급은 주민의 협조로 크게 향상되며, 지역사회 안전은 경찰과 주민의 공동노력의 결과다. 그동안 많은 경험적 연구는 대도시지역 공공서비스의 민관협력이 주민의 서비스 생산에 참여하는 기회를 제공하는 다중심거버넌스체제에서 촉진된다는 사실을 확인해 왔다.

반면 합병론을 두둔하는 대도시개혁론자는 공동생산의 중요성을 외면하고 오직 관료제의 구조나 공공기업에만 초점을 맞춘다. 이들은 전문관료가 주민에게 좋은 것이 무엇인지 잘 알고 있다고 가정하고 주민이 선호를 표출하고 생산에 참여할 수 있는 기회를 무시한다. 그 결과, 공공서비스의 전문화가 진행될수록 서비스의 질이 떨어지는 이른바 "서비스 역설"(service paradox)이 야기된다(Ostrom & Ostrom, 1977). 이런 서비스 역설의 덫에서 벗어나려면 주민을 공공서비스의 공동생산자로 인정하고 민관공동생산을 고무하는 다중심거버넌스체제를 구축해야 한다.

5. 가외성

다중심거버넌스체제의 가외성(redundancy)은 정책쇄신을 촉진시키고 정책오류로 인한 부작용을 최소화하고 국지화한다. E. Ostrom은 다중심거버넌스체제의 가외성이 지닌 장점을 다음과 같이 역설한다(Aligica & Boettke, 2009: 157-158).

"다중심거버넌스체제는 각 하위단위가 특정 자원시스템의 다양한 규칙과 외부 충격에 대한 상이한 반응능력으로 실험할 수 있는 상당한 자원을 보유한다. 다중심거버넌스체제의 실험과정에서 주민과 관료들은 지방지식에 쉽게 접근할 수 있고, 정책변동에 신속하게 적응할 수 있으며, 다른 단위의 경험으로부터 교훈을 얻을 수 있다. 광대한 지역에 하나의 정부만 존재하면, 그 정부가 외부 위협에 적절히 대처하지 못하는 것이 체제 전반에 치명적 재난이 될 수 있다. 그러나 동일 지역에서 상이한 수준에 조직된 여러 거버넌스 단위가 존재하면, 외부 위협에 대한 일부 단위의 실패가 작은 재난으로 끝난다. 더욱이 이런 실패는 다른 단위의 성공적 대응으로 상쇄된다.

정책분석가는 다중심거버넌스체제가 과도한 가외성으로 심각한 비효율이 야기되는 것으로 비판해 왔다. 그러나 이런 비판은 경험적 연구가 아니라 정태적 적정관리론의 관념에 근거한 것이다. 이런 그릇된 관념에 기초해 대도시지역에 지방정부 수가 너무 많다는 단순한 사실만으로 비효율적 거버넌스로 단정한 것이다. …(중략)… 그러나 지금까지 진지한 경험적 연구는 다중심거버넌스체제가 단일중심체제보다 낮은 비용으로 더 높은 성과를 내는 경향이 있음을 밝혀 왔다."

관료의 예산극대화 행동을 이론모형으로 제시한 W. A. Niskanen(1971: 111-112, 167-168)은 공공서비스 제공의 효율성 향상을 위해 가외성이 필요하다고 역설했다. 복수의 정부기관이 공공서비스 제공을 위해 벌이는 경쟁이 특정 서비스에 대한 정부관료제의 독점력을 완화시키고, 각 정부기관의 수요탄력성을 높여 효율성을 제고하려는 노력을 유도하며, 정부관료제에 대한 외부통제를 수월하게 만든다는 것이다. 가외성이 효율성을 높이는 경험적 증거도 보고되었다. R. Miranda & A. Lerner(1995: 193-194)는 공공서비스의 일부 민영화를 통한 가외성 도입이 정부부문과 민간부문의 경쟁을 유도하여 효율성을 높이는 것을 확인했다.

VI 지방자치체제의 개편방향

E. Ostrom의 다음과 같은 언명(Aligica & Boettke, 2009: 49－50)은 시·군·구 합병을 정부 효율성을 제고하는 개혁으로 신봉하는 합병론자에게 경종을 울린다.

"통념이 반드시 옳은 것은 아니다. 대도시개혁운동이 바로 이런 경우다. 중앙집권적 정부는 공공서비스와 재화의 제공에서 작은 정부단위보다 더 나을 것으로 간주되었다. 체계적인 경험적 연구를 결여한 이런 믿음이 20세기 내내 중앙집권화와 지방정부 합병요구로 선진 산업민주주의국가를 괴롭혔다. 이런 개혁은 대부분 실패했다. 중앙집권화가 효율성을 높인다는 통념은 그릇된 것으로 밝혀졌다. …(중략)… 그동안 다중심주의와 단일중심주의의 본질과 역할에 대한 오해가 있었다. 지방분권적 다중심체제는 속성상 무질서와 비효율을 야기하는 주범으로 매도되었다. 효율성은 중앙집권화와 동일시되었고, 질서는 단일중심성의 특성으로 가정되었다. 그러나 이런 통념은 그 반대효과를 나타내는 대책을 강구하도록 유도했고, 쇄신·적응·조정방식에 관한 의사결정권을 현장의 당사자로부터 박탈함으로써 오히려 문제를 더욱 악화시켰다."

다중심거버넌스 관점에서 정치권과 정부의 지방자치체제 개편구상은 심각한 문제점을 지닌다. (1) 현행 시·군·자치구의 작은 규모 때문에 발생하는 행정비효율을 해소하기 위해 이들을 몇 개씩 묶어 이른바 "통합광역시"를 만들어 규모경제의 장점을 살려야 한다는 주장은 기존 지방자치체제의 단일중심체제 편향을 더욱 악화시킨다. (2) 정치권과 정부의 지방자치체제 개편구상이 관철될 경우 대의민주주의의 파괴와 결손, 참여민주주의의 손실 등 민주주의의 심각한 후퇴가 초래된다. (3) 도(道) 자치정부의 폐지 내지 약화 기도는 21세기 세방시대의 지역화 요구에 역행한다(안성호, 2010: 7－35).

지난 반세기 동안의 국내외 연구성과와 세방시대의 요구는 지난 10년 이상 지속된 정치권의 단일중심주의적 지방자치체제 개편기도를 중단하고 다중심주의적 지방자치체제로 전환할 것을 시사한다. 그러나 급진적 지방자치체제 개편은 유형·무형의 막대한 체제변동비용을 수반한다. 이 점을 감안해 온건한 관점에서 다중심거버넌스를 지향하는 한국 지방자치체제의 발전방향을 제시하면 다음과 같다.

1. 시·군·자치구제 유지, 부분 자율조정, 읍·면·동 준자치화

풀뿌리 자치공동체의 이상에 비추어볼 때 현행 시·군·구 자치구역은 너무 넓다. 읍·면·동 자치단체화를 주장하는 논자는 풀뿌리자치를 활성화하려면 1만 명 미만의 소규모 기초지방정부를 유지하는 선진국처럼 기초자치단체의 인구규모를 읍·면·동 규모로 줄여야 한다고 본다. 세계최대 인구규모(평균인구 22만 명) 한국 기초자치단체에서 대면 풀뿌리자치의 장점을 살리기는 어렵다.

그러나 읍·면·동자치제 부활방안은 막대한 소요비용을 포함한 제도전환의 난관뿐 아니라 대다수 전문가가 반대하는 정치권의 시·군·자치구 합병을 정당화하는 데 악용될 우려가 있다. 이미 시·군·자치구 합병논자는 합병으로 인한 풀뿌리자치의 약화를 읍·면·동 주민자치 활성화로 보완할 수 있다고 호도해왔다. 무엇보다 심각한 문제는 합병논자의 읍·면·동 주민자치 활성화방안은 읍·면·동 자치를 강화하는 방안이 아닐 뿐만 아니라 결국 지역정부 강화의 시대적 요청에 역행하는 시·도 폐지론으로 귀착된다는 점이다. 만일 시·도 광역자치단체를 살려두는 경우에는 1980년대 초 레지옹(région) 지역정부를 신설한 프랑스처럼 3자치계층이 될 것이다. 3자치계층제 도입을 곧장 개악으로 매도할 수는 없지만, 요즘 프랑스가 3자치계층+1행정계층의 문제점을 해소하기 위해 장기적으로 레지옹 지역정부를 살리는 방향에서 2자치계층제로 전환하는 개혁을 구상하고 있는 점을 감안할 때 3자치계층제 도입에는 신중한 검토가 필요하다.

이런 점을 감안해 현실적인 다중심주의적 지방자치체제 개편안을 제시하면 다음과 같다. (1) 현행 시·군·자치구제의 기본 골격을 그대로 유지한다. (2) 필요한 경우 주민투표를 통해 시·군·자치구 경계조정과 합병을 허용한다. (3) 지나치게 넓은 기초자치구역의 한계를 극복하고 동네 수준의 주민자치를 활성화하기 위해 읍·면·동 행정계층을 주민자치적 성격을 강화한 이른바 준(準)자치행정계층으로 격상시킨다(이승종, 2008: 24-25; 권순복, 2011: 15-18).

2010년 10월 제정된 지방행정체제개편특별법은 읍·면·동 주민자치와 관련해 모순된 내용이 규정되어 혼란을 야기했다. 특별법은 한편으로는 읍·면·동 주민자치 활성화를 규정(제20조)하면서 다른 한편으로는 읍·면·동제의 폐지와 주민자치회 위원의 지방자치단체장 위촉을 규정(제21조)했다. 읍·면·동제 폐지와 주민자치회

위원의 지방자치단체장 위촉은 읍·면·동 주민자치를 활성화하기는커녕 오히려 현행 제도 아래서 그동안 일부 읍·면·동에서나마 주민자치위원회를 중심으로 실험되어온 주민자치의 가녀린 싹마저 잘라버리고 말 것이다.

읍·면·동을 주민자치의 거점으로 만들려면 읍·면·동의 위상과 기능을 강화하고 이에 상응해 인력과 예산을 확대하는 읍·면·동 분권과 함께 주민자치회 위원의 직선을 비롯한 대의민주제와 직접참여제의 확충이 필요하다. 아울러 주민자치 리더의 육성, 소외된 주민의 참여유도, 민관파트너십을 통한 주인의식 함양, 은퇴노인과 청소년의 참여기회 확대, 동네주민의 공론장을 촉진하는 의사소통채널의 다양화 등 종합적 읍·면·동 주민자치 활성화대책이 요구된다.

2. 광역시와 도의 자율합병 유도

지금도 여느 나라 지역정부에 비해 매우 허약한 시·도를 폐지하거나 약화시키려는 것은 지역정부를 강화해온 범세계적 신지역주의(new regionalism) 추세에 반하는 시대역행적 발상이 아닐 수 없다.

근래 일부 연구자는 한국이 강소국으로서 경쟁력을 가지려면 인구 1000만~1500만 정도의 초광역적 자치구역으로 확대할 필요가 있다고 주장해왔다. 자유선진당의 6~7개 광역자치정부 설치안(이명수, 2008: 9−11), 4개 주(통일 후 6개 주) 설치안(신도철, 2008) 등이 제안되었다. 한편 다른 일부 학자는 세방화시대의 광역화 요구에 부응하기 위해 광역시를 도에 흡수하는 방안을 제안해왔다. 광역시와 도 간의 합병에 대한 주민여론은 대체로 호의적이기 때문에(이승종, 2008: 9) 광역시를 도에 흡수시키는 방안은 비교적 실현가능성이 높다. 광역시의 도 흡수방안은 정치인의 이해관계 때문에 만들어진 광역시의 태생적 한계, 도시의 위계서열로 인한 중소도시와 농촌지역의 과소화, 대도시의 비대화 초래, 도시의 몸집불리기 경쟁 조장, 인구 100만 명에 도달한 대도시의 박탈감, 북한의 통합과 통일한국의 지역구분 등 많은 문제[8]를 해결하는 장점도 있다. 따라서 정부는 광역시의 도 흡수를 촉진하는 유인

---

8) 이 밖에 현행 광역시제도의 문제점으로 ① 동일한 지역공동체의 인위적 분리로 인한 지역 간 이기주의 조장과 광역시와 도의 균형발전 저해, ② 생활권과 행정구역의 불일치, ③ 예산낭비와 지역 간 갈등 요인, ④ 국제경쟁력 취약, ⑤ 광역행정의 곤란 등을 들 수 있다(이승종, 2008: 12−15). 그러나 광역시와 도의 통합을 반대하는 논자(김석태·이영조, 2004)도 있다. 이들의 반

책을 수반한 광역시-도 합병정책을 추진할 필요가 있다고 본다.

3. 대도시 특례의 신중한 인정

광역시를 도에 흡수하는 경우, 50만 이상의 대도시정부에게 일본의 지정시제도와 독일의 독립시제도를 참고해 대도시행정 수행에 부응하여 특례적 지위를 부여할 수 있다(이달곤, 1995: 157; 이기우, 2009: 138-139). 이 때 대도시정부를 다른 기초정부보다 우대하는 조치는 농촌지역 기초정부의 과소화와 재정압박, 농촌지역과 대도시지역의 갈등 등 기존 광역시제도의 부작용이 재현될 수 있으므로 신중해야 한다.

광역시를 도에 흡수할 경우 자치구의 처리문제가 제기된다. 대도시행정의 통일성을 강조하여 자치구를 행정구로 전환할 것을 주장하는 논자(이승종, 2008: 18)가 있지만, 자치구를 행정구로 격하시키거나 폐지하기보다 그동안 구자치제가 보여준 장점을 살려 도 산하 인구 50만 명 이상의 대도시에 2자치계층을 유지하는 방안을 강구할 필요가 있다고 본다. 대도시 2자치계층의 이점이 적지 않기 때문이다(김순은·안성호, 2003: 331-355).

4. 광역 및 초광역 협력방식의 활용

우리나라 지방정부는 여전히 자치구역별로 독자적 사업을 추진하는 관행에 젖어 지방정부 간 협력을 기피하거나 궁여지책으로 채택해왔다. 지방자치법이 규정한 행정협의회와 지방자치단체조합의 활용도는 지극히 낮다. 그 결과, 그동안 필요한 공공서비스가 과소 공급되거나 불요불급한 시설이 과잉 공급되는 사례가 많았다. 이런 상황에서 정치권과 정부는 협력을 유도하는 대신 시·군·자치구 합병을 사실상 강요해왔다.

이제 이런 중앙집권적 합병 신화와 관행에서 벗어나야 한다. 광역행정수요를 지방정부 간 협력방식으로 해결하도록 유도하는 정책을 적극적으로 펼쳐야 한다. 오

대논거는 ① 규모경제의 불확실성, ② 통합해도 생활권 불일치 상존, ③ 통합의 지역개발효과 불투명, ④ 대도시행정의 특수성 고려 미비, ⑤ 통합으로 인한 자치계층 추가 등이다. 일반적으로 광역시-도 합병논자들은 합병이 지역경쟁력 강화의 유일한 수단이 아니며 거버넌스 방식으로 광역협력을 도모할 수 있음을 인정하면서도, 현행 광역시-도 분리체제가 장점보다 단점이 더 많은 것으로 판단한다(이승종, 2008: 16).

랜 세월 지방정부들 간 협력 경험을 축적해온 미국·프랑스·독일·스위스 등 고도로 분절된 자치체제를 가진 나라들의 사무위탁·협약·행정협의회·조합·특별구·거버 넌스 등 광역협력방식(김순은, 2004; Feiock, 2007: 49-65; Park, 2009, 51-82)을 활용 하도록 유도하는 정부정책이 필요하다.

5. 보충성원칙에 입각한 지방분권과 동네분권

세방시대에 '작은 규모의 자치정부'의 필요성과 '큰 규모의 자치정부'의 필요성 을 동시에 충족시키는 정부간관계(IGR)를 구축하려면 보충성원칙에 입각한 지방분 권과 동네분권이 요구된다.

지방정부에 지역 간 정책경쟁과 조세경쟁이 가능하도록 지방소득세 및 지방소 비세 등을 도입하고 과세권을 부여하는 세입분권이 요구된다. 중앙정부 소속 특별지 방행정기관의 기능을 비롯한 광역적 국가기능을 대폭 시·도로 이양하고(이시철, 2007: 25-46), 시·도 기능의 시·군·자치구 이양을 추진하면서 시·군·자치구에 대 한 시·도의 사무처리 승인권을 포함한 광역-기초 간 기능중복 문제를 해결해야 한 다. 이를테면 문화·경찰·교육·노동·복지·산업·주택·교통·환경·지역산업·지역 경제정책 등 지역 관련 국가사무를 대폭 도(광역시가 흡수된 도)로 이양하고 현재 시 ·도 기능을 시·군·자치구로 대폭 이양해야 한다. 이때 도와 시·군의 기능 중복으 로 인한 낭비와 갈등을 줄이기 위해 도와 시·군의 기능을 분리하는 방향으로 도의 기능을 시·군에 대폭 이양해야 한다(홍준현, 2005: 19-20).

지방분권과 더불어 읍·면·동 준자치화를 위한 동네분권이 필요하다. 무엇보다 읍·면·동 준자치화의 효과를 극대화하기 위해서는 읍·면·동 주민이 주민세에 대 한 과세권을 주민투표로 행사할 수 있도록 해야 한다. 시·구·자치구와 읍·면·동 간 기능배분에도 보충성원칙을 적용하여 주민생활과 직결된 기능을 읍·면·동에 이 양 또는 위임하여 직접민주제(주민총회나 주민투표)나 주민대의기관인 주민자치회를 통해 결정·집행하도록 해야 한다.

Ⅶ 맺음말

2005년 이후 한국에서 지방자치체제 전면 개편을 둘러싸고 진행되어온 치열한 논쟁은 헌정질서에 대한 단일중심 패러다임과 다중심거버넌스 패러다임 간의 대립으로 해석될 수 있다. 한국보다 먼저 두 패러다임 간 격돌을 경험했던 미국은 전문가집단 권고와 주민투표 결과로 지방정부의 대대적 합병을 포기한 결과 오늘날 전형적 다중심거버넌스체제를 이루고 있다. 여느 선진국들도 오랜 세월에 걸쳐 간간이 기초정부의 합병이 이루어졌지만 대체로 다중심거버넌스체제를 유지하고 있다.

반면 한국은 해방 후 줄곧 단일중심주의적 합병으로 치달았다. 그 결과, 기초지방자치단체 수는 1960년 1,469개에서 2017년 9월에는 226개로 감소되었다. 1961년 5·16군사정부에 의해 읍·면이 기초지방자치단체에서 군의 하급행정기관으로 강등되었고, 동장 직선제가 임명제로 전환되었다. 그리고 1990년대 말 국민의 정부 읍·면·동 기능전환정책에 의해 읍·면·동의 권한과 인력이 크게 축소되었다.

2009년 노벨경제학상 수상자인 E. Ostrom(2000: 33-44)은 지방정부 합병이 효율성을 높일 것이라는 "자명한 상식의 위험성"을 경고했다. E. Ostrom의 연구를 비롯한 국내외의 연구들은 통념과 달리 크고 작은 수많은 일반목적·특별목적 지방정부들이 중층적으로 존재하는 다중심거버넌스체제가 단일중심체제보다 오히려 효율적임을 밝혀왔다.

한국 지방자치체제는 민주주의를 심화하고 민주적 효율성을 제고하기 위해 기존 지방자치체제의 단일중심적 성격을 완화하고 다중심거버넌스 성격을 강화하는 방향으로 개편되어야 한다. 그러나 기존 지방자치체제의 전면 개편이 초래할 혼란과 막대한 유·무형의 비용을 고려한 신중한 개편방안을 강구하는 것이 바람직하다고 본다. 이런 견지에서 현행 시·군·자치구제의 기본 골격을 유지하되, 필요한 경우 경계조정·합병·분할에 관한 자율 결정을 유도하고, 읍·면·동을 준자치행정계층으로 격상시키며, 광역시와 도의 자율 합병을 유도하고, 지방자치단체 간 광역행정협력을 촉진할 필요가 있다. 아울러 보충성원칙에 입각한 정부간관계 구축을 위해 획기적인 지방분권개혁을 추진해야 한다.

CHAPTER

11

자치체제개편과 규모정치[1]

"거대도시를 오직 단일 광역정부로 관할하는 뉴욕시가 과연 민주적 도시인지 의문을 품지 않을 수 없다. 뉴욕시를 지방정부로 간주하는 것은 난센스다. … (중략)… 오늘날 도시는 고대 그리스와 로마, 중세 북이탈리아의 도시국가 시민이 가졌던 '좋은 도시' 관념과 열정이 사라졌다. 이런 의미에서 오늘날 우리가 사는 도시는 비도시(non‒cities)이며 심지어 반도시(anti‒cities)다.

Robert Dahl

"국가자원의 가장 큰 몫을 지배하는 정부수준에서 기득권을 누리는 계급이익은 권력의 분화와 분산에 필연적으로 적대적이다."

Brian C. Smith

I 머리말

2014년 12월 국무회의는 대통령소속 지방자치발전위원회가 제출한 지방자치발전종합계획을 심의·의결했다. 이 계획은 특별시와 광역시의 74개 자치구(군)의회

---

1) 이 장은 필자의 논문 [안성호. (2010). 한국의 지방자치체제 개편방향: 정치권 지방자치체제 개편안의 문제점과 과제. 「지방정부연구」. 14(1): 7‒35.]을 수정·보완한 것임.

폐지안을 포함했다. 만일 이 계획이 국회에서 입법되는 경우 대도시에 거주하는 45%의 국민은 기초자치가 없는 단층 광역정부에서 살게 될 것이다.

2005년 이후 정치권은 시·군·구 자치구역의 소규모로 인한 불경제, 시·군·구의 행정중심지와 생활권의 불일치, 자치계층 간 행정기능의 중복으로 인한 낭비와 비효율, 도(道) 경계로 갈려진 뿌리 깊은 지역감정으로 말미암은 지방 및 국가경쟁력 저하 등을 시·군·구 합병과 광역시·도 폐지의 논거로 내세웠다.

그러나 대다수 전문가는 정치권이 구상하는 자치구역 광역화와 자치계층의 단층화가 오히려 행정효율을 떨어뜨리며, 지금까지 어렵게 쌓아올린 지방자치의 기틀을 송두리째 무너뜨린다고 비판했다. 이윽고 2009년 9월 14일 145명의 지방자치 연구자는 기자회견을 열고 '정치권의 지방자치체제 개편안에 대한 학계의 우려'라는 제하의 성명서를 발표했다. 이들은 정치권과 정부가 기도하는 시·군·자치구 합병이 "주민 가까이서 주민의 일상적 생활수요를 충족시키고 주민참여와 애향심의 원천인 기초자치를 사실상 폐기하는 것이며, 도의 약화 내지 폐지는 세계화시대의 치열한 지역 간 경쟁에서 국내 지역의 경쟁력을 현저히 떨어뜨리는 시대역행적 개악"이라고 비판했다.[2]

2005년 이후 한국에서 전개된 지방자치체제 전면개편에 관한 논쟁은 헌정질서에 대한 단일중심주의(monocentrism) 대 다중심주의(polycentrism)의 대립으로 이해될 수 있다. 한국보다 먼저 두 패러다임 간 격돌을 경험했던 미국은 전문가집단의 권고와 주민투표의 결과로 지방정부의 합병을 삼간 결과 오늘날 전형적인 중층 다중심자치체제를 이루고 있다. 여느 선진국도 이따금 기초정부의 합병이 이루어졌지만 대체로 중층 다중심자치체제를 유지하고 있다.

이 장은 먼저 지방자치구역 및 계층의 현황과 정치권 개편안의 특징을 국제비교의 관점에서 파악하고, 지방정부의 규모와 효율성·민주주의의 관계를 논의한다. 이어 지역정부 강화의 국제 동향과 한국의 현황을 점검한 후 정치권과 정부의 규모정치의 폭력성과 제도모방의 편향성을 비판한다. 마지막으로 지방자치체제 재설계

---

2) 정치권과 정부의 지방자치체제 개편안의 문제점에는 자치단위의 대규모화로 인한 효율성 저하와 민주주의의 파괴·결손 이외에 발전활력의 저하, 갈등과 대립의 야기, 계층 수의 증가 우려, 정보사회 대면 지역사회공동체의 파괴, 지역정체성과 건전한 지역주의의 붕괴, 천문학적 개편비용 등이 포함된다(안성호, 2009).

과정에서 이해당사자의 편견 억제, 전문가와 시민의 역할에 관해 논의한다.

Ⅱ 자치구역·계층 현황과 정치권 개편안

1. 자치구역·계층의 국제동향과 한국 현황

우리나라 기초정부의 구역이 얼마나 광역적으로 설정되어 있는지 선진국의 자치구역과 비교해보면 한눈에 알 수 있다. <표 11-1>은 우리나라 기초정부의 수·인구·면적을 주요 선진국 기초정부의 수·인구·면적과 비교한 것이다.

남유럽국가와 미국 등 다수 선진국의 기초자치 평균인구는 1만 명을 넘지 않는다. 프랑스는 1,743명, 스위스는 3,530명, 독일은 5,452명, 미국은 6,623명, 이탈리아는 7,040명에 불과하다. 한국 기초자치구역의 평균인구 227,239명은 프랑스의 130배, 스위스의 64배, 독일의 42배, 미국의 34배, 이탈리아의 32배다.

북유럽국가의 기초자치구역의 평균인구는 지난 몇 십 년 동안 기초정부 합병으로 1만 명 이상 수만 명에 이르는 규모로 확대되었다. 핀란드는 12,620명, 스웨덴은 31,240명, 덴마크는 56,127명으로 늘어났다. 그동안 중앙집권화로 치달은 영국의 기초자치구역은 예외적으로 128,061명으로 확대되었다. 일본은 대체로 북유럽국가처럼 시·정·촌 합병을 이루어 6만 7천여 명에 이른다.[3] 하지만 아직 일본에는 1만 명 미만의 시·정·촌이 470여 개나 있다. 북유럽국가와 일본의 기초자치구역은 남유럽국가와 미국보다 훨씬 크게 설정되어 있지만 한국의 기초자치구역의 평균인구 22만 7천여 명에 비하면 아주 작다.

국토면적이 좁아 조밀하게 사는 우리나라 기초자치구역의 평균면적은 영국 다음으로 넓다. 심지어 우리나라 기초자치구역의 평균면적은 광활한 국토를 가진 미국 기초자치구역의 평균면적보다 1.8배나 넓다.

한국의 2자치계층(시·군·자치구-시·도)제는 세계적 동향과 일치한다. 룩셈부

---

[3] 1999년 3,232개의 시·정·촌을 2008년 1,772개로 감축시킨 일본의 정·촌은 기원과 규모에서 우리나라의 읍·면에 해당되기 때문에 일본의 정·촌 합병을 우리나라의 시·군 합병과 동일시할 수 없다(오재일, 2007: 349-371; 권영주, 2006: 63-79).

표 11-1	주요 선진국과 한국의 기초자치 구역의 규모		
국 가 명	기초정부 수	기초정부당 평균인구	기초정부당 평균면적(㎢)
프 랑 스	36,763	1,743	15
스 위 스	2,324	3,615	18
스 페 인	8,109	4,998	62
독 일	14,805	5,452	24
미 국	39,006	6,623	240
이탈리아	8,104	7,040	37
핀 란 드	416	12,620	713
스 웨 덴	290	31,240	1,417
덴 마 크	98	56,127	433
일 본	1,772	67,313	210
영 국	433	128,061	560
한 국	226	227,239	435

자료: 필자 작성.

르크(인구 40만 명)와 같은 도시국가와 영연방국가로서 영국의 영향을 많이 받은 소국 뉴질랜드(인구 430만 명)를 제외하면, 선진국가 중 1자치계층만으로 이루어진 나라는 없다.

　물론 우리나라 제주도와 세종시처럼 한 나라의 일부 지역이 예외적으로 1자치계층으로 이루어진 경우가 있다. 한때 단일 자치계층화를 추진한 영국에서 런던광역시를 제외한 잉글랜드의 대도시(metropolitan districts)와 단일지방자치단체(unitary authorities)가 관할하는 일부 지역은 1자치계층을 갖는다. 그러나 이들 지역도 자세히 들여다보면 공식적 자치계층 밑에 지역사회 수준의 준(準)자치계층인 1만 2천여 개의 로컬카운슬(local councils)4)이 존재하므로 '1자치계층＋1준자치계층'으로 구성

---

4) 영국에는 기초지방정부 밑에 1만 2천여 개의 로컬카운슬이 있다. 잉글랜드에 존재하는 1만 2백

되어 있다고 보아야 한다. 영국의 나머지 지역은 모두 로칼카운슬을 포함하지 않고
도 2자치계층을 갖는다.

독일은 16개 주 중 3개 도시주(베를린, 함부르크, 브레멘)가 1자치계층을, 기타 지
역은 2-3자치계층을 이룬다. 미국은 전역이 2-3자치계층으로 이루어져 있다. 이
웃나라 일본은 우리나라와 같이 2자치계층(도·도·부·현-시·정·촌)이다. 요즘 일본
은 대도시지역의 '민주주의 결손' 문제를 해결하려고 우리나라 자치구에 해당되는
자치계층을 추가하는 방안을 논의하고 있다. 만일 이런 논의가 결실을 맺어 대도시
지역이 2자치계층으로 전환되는 경우, 일본은 도시지역은 3자치계층을, 농촌지역은
2자치계층을 갖게 된다. 프랑스는 3개 대도시(파리, 리용, 마르세유)에서 2자치계층이,
기타 지역에는 3자치계층이 있다.

2. 국제비교를 통해본 정치권 개편안의 특징

2006년 2월 국회 지방행정체제개편특별위원회가 마련한 보고서는 (1) 현행
2자치계층을 1자치계층으로 감축하기 위해 도를 폐지하고, (2) 시·군·구를 통합광
역시로 광역화하며, (3) 읍·면·동을 준(準)자치단체로 전환하고, (4) 현행 도 경계를
넘는 대권역별로 가칭 '국가지방광역행정청'을 설치할 것을 계획했다. 이어 2010년
2월 국회행정체제개편특별위원회는 2014년 지방선거부터 자치구의회를 전면 폐지
하고, 시의회와 구정협의회가 자치구의회의 기능을 대신하도록 하며, 구청장 민선제
는 그대로 유지하기로 합의했다.

2008년 자유선진당은 ① 5백만-1천만 명의 6-7개 주로 구성된 연방국가로
만들고, ② 주정부는 입법·사법·행정·재정·교육·경찰 등의 자치권과 과세자주권
을 가지며, ③ 국회는 양원제로 하고, ④ 주민자율로 전국을 200여 개(제1안) 또는
120-140개(제2안) 시·군으로 통폐합하는 것을 골자로 한 소위 '강소국 연방제'안을
제시했다(이명수, 2008).

여 개의 교구 중 약 8천여 개의 교구는 7만 5천여 명의 선출직 의원으로 구성된 교구의회를
가지고 있다. 교구 주민 수는 10명 미만부터 5만 명까지 다양한데, 선거인 200명 미만인 교구
는 교구의회 대신 주민총회인 교구총회를 운영한다. 스코틀랜드에는 교구의회보다 다소 약
한 권한을 갖는 커뮤니티의회가 1,350개 있다. 웨일즈의 약 900개 커뮤니티 중 750개는 커뮤
니티의회를, 나머지는 커뮤니티총회를 운영한다. 근래 도시지역의 대규모 기초정부에서 로
칼카운슬을 설치하는 사례가 늘고 있다.

<그림 11-1>은 당시 정치권이 제시한 지방자치체제 전면 개편안이 선진국의 일반적 동향과 얼마나 동떨어진 것인지 분명히 보여준다.

| 그림 11-1 | 한국(현황/정치권안)과 선진국의 기초자치구역 및 자치계층 비교 |

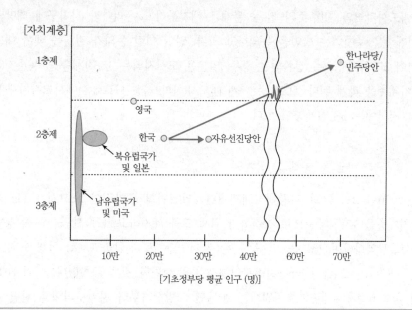

자료: 필자 작성.

Ⅲ 규모와 효율성, 규모와 민주주의

1. 규모와 효율성의 관계

시·군 합병을 맹신하는 정치권은 시·군·자치구의 소규모 때문에 발생하는 규모불경제를 해소하기 위해 이들을 몇 개씩 묶어 통합광역시를 만들어 규모경제의 이점을 살려야 한다고 주장한다. 그러나 규모경제 개념의 공공부문 적용은 많은 문제점을 야기하므로 매우 신중해야 한다. 더욱이 기초정부의 규모와 효율성의 관계에 관한 선행연구는 규모경제에 대한 정치권의 주장과 대체로 상반된다.

1) 규모경제 개념의 문제점

합병론이 근거하는 규모경제 원리의 타당성은 노동집약적 공공서비스 부문에서 이론적으로나 경험적으로 거의 인정받지 못했다. 규모경제 개념은 공공영역에 적용되는 경우 다음과 같은 문제점을 야기한다(Bennet, 1989: 56-57).

(1) 정부가 수행하는 다양한 기능들은 기술적으로 경제성을 나타내는 인구 및 구역의 규모가 다를 뿐만 아니라 각 기능분야마다 상이한 기술적 경제성 규모를 갖는 하위기능으로 구성된다.5)

(2) 규모경제 비용곡선(economy of scale cost curve)에서 명백한 분절점을 찾기 어렵기 때문에 유사한 기능들의 덩어리를 찾는 것조차 거의 불가능하다.

(3) 규모경제의 기준은 오직 생산국면에만 적용된다. 그러나 지방정부가 서비스를 제공하기 위해 반드시 서비스를 생산해야 하는 것은 아니다. 지방정부는 민간위탁, 협약, 조합설립 등 다양한 협력방식으로 서비스를 생산할 수 있다.

(4) 규모경제 개념은 서비스 질을 고려하지 않는다.

규모경제 개념에 함축된 '큰 지방정부가 언제나 효율적'이라는 믿음은 경험적으로도 증명되지 않은 신화일 뿐이다. 많은 경험적 연구가 지방정부에서 규모와 경제적 효율성 사이에 체계적 연관이 없으며, 지방정부의 규모를 키우면 행정효율이 제고된다는 통합논자의 주장이 확고한 경험적 기반을 갖지 못한 편견임을 입증했다.

2) 지방정부 규모와 효율성에 관한 경험적 증거6)

경험적 연구는 기초정부의 규모와 효율성 사이에 '거꾸로 된 U자형 곡선' 관계가 있음을 확인했다. 미국 연방정부 정부간관계자문위원회(ACIR)의 1987년 보고서 「지방공공경제조직」은 선행연구에 기초해 "1인당 서비스 비용이 일반적으로 2만 5천

---

5) 예컨대 소방서비스에 대한 적정 서비스구역은 쓰레기 수거나 공원의 적정 서비스구역과 일치하지 않는다. 지방정부 합병으로 특정 서비스 영역에서 규모경제가 확보되었다고 할지라도, 다른 서비스 영역에서는 규모불경제가 나타날 수 있다. 따라서 전혀 다른 적정규모의 서비스구역을 가진 다양한 공공서비스 요구를 모두 충족시킬 수 있는 지방정부의 최적규모는 존재하지 않는다(Sancton, 2000: 74).

6) 기초정부 규모와 효율성의 관계에 관한 자세한 경험적 연구결과는 본서 제10장을 참고할 것.

명 규모가 될 때까지 감소하고, 2만 5천 명에서 2십 5만 명에 이를 때까지는 거의 변동이 없다가, 2십 5만 명 이상이 되면 크게 증가"한다고 결론지었다(Holzer et al., 2009: 7).

아울러 경험적 연구는 기초정부 규모와 효율성 관계가 자본집약적 서비스와 노동집약적 서비스에 따라 다름을 확인했다(Holzer et al., 2009: 10-13). 지방정부가 제공하는 전체 서비스의 대략 80%를 차지하는 노동집약적 서비스의 경우 규모 증대는 오히려 행정효율을 떨어뜨리는 것으로 밝혀졌다.

3) 미국의 중층 다중심자치체제

1987년 미국 연방정부의 정부간관계자문위원회(ACIR)는 합병론을 지지하던 종래 입장을 철회하고 소규모 지방정부로 이루어진 분절적 정부구조를 옹호하는 입장을 천명했다. 미국은 이런 분위기에서 대도시 기초정부의 합병을 삼간 결과 8만 7천여 개의 복수목적 및 단일목적의 지방정부로 이루어진 고도로 분절된 정부구조를 갖고 있다. 이런 분절적 정부구조에서 지방정부가 제공하는 절반 이상의 공공서비스는 정부 간 계약, 공사파트너십, 민간기업, 비영리조직, 자원봉사자, 바우처 등에 의해 공급되고 있다(Henry, 2007: 김석태, 2007: 17).

2. 규모 확대로 인한 민주주의 후퇴

전국의 시·군·자치구를 몇 개씩 묶어 60-70개의 통합광역시를 설치하고 도를 폐지하려는 정치권의 지방자치체제 개편안은 2007년 UN국제지방분권지침의 "정치적 지방분권은 대의민주주의와 참여민주주의의 적절한 조합을 이루어야 한다."는 규정에 위배된다. 만일 정치권과 정부의 의도대로 단일중심주의적 지방자치체제 개편이 이루어진다면, 한국 민주주의는 심각한 퇴보를 면치 못한다.

1) 대의민주주의의 파괴

정치권의 지방자치체제 개편안의 심각한 문제점은 지방민주주의의 파괴다. 무엇보다, 시·도 자치정부를 폐지하는 대신 중앙정부의 일선기관으로 국가지방광역행정청을 설치하려는 정치권 개편안은 민주화운동의 결실로 쟁취한 대의민주주의를 일거에 파괴하는 결과를 초래한다.

정치권은 "신설될 통합광역시 대표로 구성되는 준(準)의회적 성격의 지방광역행정심의회를 두어 국가광역지방행정청을 '반(半)국가, 반(半)자치단체적' 성격을 갖도록 하고, 국가지방광역행정청과 광역대시 간에 권한과 기능을 분리하여 상호 대등한 협력관계를 정립"하여 대의민주주의 파괴 문제가 발생하지 않도록 할 것이라고 주장한다. 이는 영국 잉글랜드의 런던지역을 제외한 나머지 8개 지역 행정계층을 모방해 대의민주주의 파괴에 대한 비판을 모면하려는 것으로 보인다. 지방광역행정심의회와 국가광역지방행정청은 각각 영국 잉글랜드의 8개 지역[7]의 지역협의회(RA)와 지역개발청(RDA)을 연상케 한다.

정치권 개편안의 대의민주제 파괴가 도 폐지에만 국한되지 않는다. 정치권과 정부의 의도대로 통합광역시가 설치되는 경우에 통합광역시의 청사 소재지 이외의 시·군·자치구에는 거의 예외 없이 출장소 등 하급행정기관이 설치될 것이다. 정치권과 정부의 의도대로 통합광역시가 전국적으로 확산되는 경우 기존 광역시 산하의 자치구도 행정구로 격하될 것이다. 대의민주제의 위기가 아닐 수 없다.

2) 대의민주주의의 결손

시·군 합병과 자치구·도 폐지로 인한 직선 지방자치단체장과 지방의원 수 감소가 초래할 대의민주제 결손도 심각한 문제다. 만일 정치권의 의도대로 지방자치체제가 개편되는 경우 지방자치단체장은 243명에서 60–70명으로, 지방의원은 3,626명에서 3분의 1 내지 4분의 1로 격감될 것이다.

선출직 공무원 수의 격감은 재정부담을 줄여주는 대신, 정책의 공정하고 신중한 심의와 결정, 다양한 주민이익의 고른 대변, 주민참여 기회 확대, 광범위한 민의 반영, 행정의 민주화 등 대의민주제의 본래적 가치를 실현하기 어렵게 만든다.

우리사회에는 정치인 불신이 극심한 상황에서 선출직 공무원 감축을 정치개혁으로 여기는 풍조가 만연하다. 한국은 소의회제를 채택하여 지방의원 수가 다른 나라에 비해 현저히 적지만, 정치개혁의 이름으로 지방의원 수를 계속 감축해 왔다. 그 결과, 1995년 5,756명이던 지방의원 정수가 2010년 3,649명으로 무려 2,107명이나 격감했다.

7) 영국 정부는 2002년 백서에서 잉글랜드 8개 지역이 "유럽에서 민주적 거버넌스체제를 갖추지 못한 유일한 지역"임을 자인했다.

우리나라의 지방의원 정수는 주요 선진국과 비교할 때 지나치게 적다. 우리나라의 지방의원 한 사람은 주민 1만 3천 7백 명을 대표한다. 주요 선진국 중 어느 나라도 지방의원 한 사람이 이렇게 많은 인구를 대표하지 않는다. 많은 나라에서 한명의 지방의원은 겨우 1천 명 미만의 주민을 대표한다. 심지어 프랑스에서는 지방의원 수가 무려 52만 명에 달해 지방의원 1인당 기껏 118명의 주민을 대표한다. 비교적 큰 규모의 기초지방정부를 보유한 대다수 북유럽국가도 지방의원 1인당 1천－2천 명의 주민을 대표한다. 예외적으로 큰 지방정부를 갖는 영국도 지방의원 총수는 22,268명으로 지방의원 한 사람이 2,712명의 주민을 대표할 뿐이다.

표 11-2	지방의원 총수와 1인당 대표하는 주민 수	
국 가 명	지방의원 총수(명)	지방의원 1인당 주민 수(명)
프 랑 스	515,000	118
오스트리아	40,570	201
스 페 인	65,000	623
독 일	198,000	418
이 탈 리 아	97,000	597
그 리 스	18,600	573
핀 란 드	12,400	418
벨 기 에	13,000	800
덴 마 크	4,700	1,161
스 웨 덴	46,240	195
네 덜 란 드	9,600	1,713
영 국	22,268	2,712
한 국	3,649	13,702

자료: (Wilson & Game, 2008: 337)에서 발췌한 자료에 한국통계를 추가해 작성.

3) 참여민주주의의 손실

시·군·자치구를 몇 개씩 묶어 60－70개 통합광역시를 설치하게 되면, 기초정부와 주민의 거리는 더욱 멀어져서 참여민주주의의 실현은 더욱 어려워진다. 지금도 시·군·자치구의 평균인구가 21만 명에 달해 주민참여 활성화에 어려움을 겪는 상황에서 인구규모를 60-70만 명으로 늘리겠다는 것은 사실상 기초자치를 포기하는 것이다.

경험적 연구는 기초정부의 규모가 커질수록 주민참여가 감소하는 경향이 있음을 밝혀왔다(Newton, 1982; Martin, 1995; Larsen, 2002; Denters & Rose, 2008). 소규모 정체는 대규모 정체가 도저히 달성할 수 없는 높은 수준의 시민참여를 달성할 잠재력을 지닌다(Dahl, 1999: 149-150). 참여민주주의는 주민이 지방정부의 운영에 영향을 미칠 수 있다고 느끼는 소규모 지역사회에서 가장 효과적으로 실현될 수 있다. 소규모 지역사회의 참여민주주의는 지역사회 사정을 소상히 아는 주민의 참여를 확대시켜 의사결정의 질을 향상시키고, 자원봉사와 같은 사회적으로 유익한 주민활동을 촉진하며, 주민의 민주적 역량 함양에도 기여한다.

4) Robert Dahl의 조언

2012년 타계한 미국 예일대 Robert Dahl 교수는 규모와 민주주의의 관계에 대해 깊이 천착한 대표적 학자다. 그는 1967년 미국정치학회 회장에 취임하면서 발표한 논문에서 과학기술과 커뮤니케이션의 발달로 21세기의 적정 민주주의 단위가 5만-20만 명 규모의 도시가 될 것으로 예견했다(Dahl, 1967: 960).

1973년 Dahl은 E. Tufte와 공저한 「규모와 민주주의」에서 "시민효과성(citizen effectiveness)과 체제역량(system capacity)이라는 두 가지 목적을 동시에 달성하는 적정규모 민주주의 단위"를 확정하기 어렵다고 보았다(Dahl & Tufte, 1973: 138). 왜냐하면 민주주의 단위의 인구규모가 작을수록 정치적 결정통제력 행사에서 시민효과성은 더 커지지만, 소규모 정체는 공동체의 주요 이슈를 다루기 위해 필요한 문제해결 역량을 결여할 수 있기 때문이다.

1982년 Dahl은 「다원민주주의의 딜레마: 자율과 통제」라는 저술에서 대규모 민주주의에서 다수의 소규모 민주주의 공존의 중요성을 역설하면서 소규모 민주주의 단위의 상한을 10만 명으로 상정했다(Dahl, 1982: 14). 그는 10만 명도 소규모 민주주의 옹호자의 관점에서 볼 때 너무 큰 규모임을 인정했다. 어쨌든 Dahl은 1967년 21세기 민주주의 적정규모로 추정한 상한 20만 명을 1982년 10만 명으로 축소한 것이다. Dahl이 상정한 민주주의 적정규모 5만-10만 명은 정치권과 정부가 구상하는 합병광역시의 평균인구 60만-70만 명과 현격한 괴리가 있다.

Dahl(1999: 157)은 「민주주의」에서 민주주의 단위의 규모와 관련한 시민효과성과 체제역량 사이의 딜레마를 다시 언급하면서 이 딜레마를 다루는 방안으로서 다중심자치체제의 중요성을 다음과 같이 역설했다.

"모든 민주국가는 작은 단위의 소중함을 명심해야 한다. 가장 작은 민주국가도 자치정부를 필요로 한다. 대규모 국가에서는 district, county, state, province, region 등과 같은 중층의 자치정부를 필요로 한다. 나라의 규모가 아무리 작을지라도 수많은 독자적 결사체와 조직, 즉 다원적 시민사회가 필요하다."

Ⅳ 민주적 지역정부 강화의 국제동향

세계화시대의 지방자치체제는 한편으로는 풀뿌리주민자치 실현을 위한 소규모 주민밀착형 기초정부를, 다른 한편으로는 지역정체성과 지역경쟁력 강화를 부추기는 지역주의 요구에 부응하기 위한 적정 규모의 지역정부(regional government)[8]와 광역협력제도를 필요로 한다(Richard, 2000; Smith & Wistrich, 2007: 20−23). 선진국은 앞 다투어 세방시대 지역주의 요구에 부응하기 위해 지역정부를 설치하고 다양한 광역협력제도를 활용하고 있다(Wolman, 2008; Feiock, 2007: 49−65; Kübler & Schwab, 2007: 473−502; Kwon, 2007: 271−290).

1. 지역주의 강화의 동인

R. D. Fitzar(2010: 5)는 지역주의를 "지역정체성의 정치화"로 정의한다. 다시 말해 지역주의란 지역정체성이 정치적 쟁점에 대한 지역주민의 판단에 영향을 주어 나타나는 현상이다. 지역주의는 흔히 지역의 경제발전을 촉진하거나 문화정체성을

---

8) 과거에 연방국가의 준주권적 주정부를 단방국가의 중앙정부로 간주하는 견해가 지배했다. 그러나 오늘날 이런 견해는 고루한 관점이 되었다. 오늘날 연방국가의 주정부와 단방국가의 광역정부 간에는 본질적 차이가 아니라 다만 정도의 차이만 있을 뿐이다. 연방국가와 단방국가는 거의 동일한 정부간관계(IGR) 문제를 안고 있을 뿐만 아니라 단방국가의 광역정부가 연방국가의 주정부보다 더 큰 권한을 누리는 경우도 적지 않다(Lijphart, 1987: 181−198). 따라서 유럽회의(Council of Europe)와 EU는 양자를 구별하지 않고 '지역정부'로 통칭한다(Assembly of European Regions, 2006).

보존하기 위해 동원되고(Rokkan & Urwin, 1982: 4), 이 목적을 달성키 위한 자치권 확대요구로 이어진다(Smith & Wistrich, 2007: 20-29). 그리고 지역주의 강도는 주로 지역동원이 야기하는 비용과 편익에 대한 지역엘리트와 지역주민의 합리적 계산에 의해 결정된다.

지역주의의 주요 동인으로 흔히 세계화가 지적된다. A. J. Scott & M. Storper (2003: 579-593)는 세계화가 지역적 경제전문화와 국가경제의 지리적 집중을 초래할 것으로 전망했다. M. Keating(1998: 140)은 자본과 노동의 자유로운 이동을 수반하는 세계화가 종래 한 지역 내 부(富)의 배분을 둘러싼 '계층 간' 경쟁체제를 국부 증진을 위한 '지역 간' 경쟁체제로 전환시켜 왔다고 진단한다. Keating은 동시에 세계화 압력이 계층결속(class solidarity)을 지역결속(territorial solidarity)으로 대체시켰다고 주장한다.

M. Castells(1997)와 T. L. Friedmam(2000)은 지역주의 동인으로 세계화의 다른 측면, 즉 글로칼리즘(glocalism)을 거론한다. 글로칼리즘이란 세계화로 인한 문화적 균질화, 사회의 개인화와 원자화, 불안감 증대, 소속감 상실의 위협을 지역정체성 강화를 통해 방어하려는 심리기제를 말한다.

Fitjar(2010: 15-31)는 지역주의의 동인(動因)으로 세계화 이외에도 문화적 독특성, 유럽화(europeanization),[9] 지역화된 정당체제, 경제발전 등을 논의한 다음 서유럽의 지역들을 대상으로 계량분석을 시도했다. 그 결과, 세계화가 지역주의에 미치는 영향이 통계적으로 다소 불분명하게 나타났지만,[10] 이론적 논의에 포함된 요인이 대체로 지역주의를 촉진하는 주요 동인임을 확인했다(Fitjar, 2010: 32-66).

G. Marks et al.(2008: 168-171)은 지역정부 강화가 "기능적 압력, 배분적 갈등, 정체성 정치(identity politics)"에 의해 영향을 받는다고 지적했다. 기능적 압력은 나

---

9) 유럽화란 유럽지역의 통합을 뜻한다. EU는 구조자금의 배정을 포함한 EU정책 전반에 걸쳐 회원국 지역정부의 위상과 역할을 강화하는 조치를 취해왔다(Schefold, 2006). 최근 일부 회원국의 국민투표 부결로 채택이 지연되고 있는 EU헌법 역시 지역정부를 공식 자치계층으로 명시하고 있다.
10) 세계화 요인이 이론적 논의의 강한 설득력과 달리 통계적으로 다소 불분명한 지역주의 동인으로 나타난 것은 기대 밖이다. 이론적 논의에 문제가 있을 수도 있다. 그러나 사례연구를 통해서 지역주의 동인으로서 세계화의 중요성이 확증된 것을 감안할 때, 세계화의 측정도구에 문제가 있을 수 있다. 연구자는 세계화를 측정할 더 적실한 척도인 지역별 '무역액/GDP'에 관한 통계자료가 없어 부득이 근사척(proxy)인 '연간 외국인 이주자 수/지역인구'를 세계화 척도로 사용했다(Firjar, 2010: 53-54).

라의 인구규모가 클수록 광역행정수요에 부응해 지역정부 기능강화의 압력을 더 많이 받는 것을 뜻한다. 더불어 지역정부 강화 수준은 자원의 지역할당과 관련된 배분적 갈등과 지역 또는 소수의 문화적 정체성의 보존 요구 등, 이른바 정체성 정치에 의해서도 영향을 받는 것으로 분석되었다.

G. Marks et al.(2008: 175-176)는 민주화 수준이 높을수록 지역단체지수(RAI)가 더 높게 나타난다는 사실을 확인했다. 특히 독재국가에서 민주국가로 이행한 나라는 지역정부 강화압력을 크게 받은 것으로 밝혀졌다. 반면 광역정부 위축은 민주주의 후퇴와 관련이 깊은 것으로 드러났다. 근래 푸틴 대통령에 의해 러시아의 민주주의가 후퇴하면서 지역정부의 수장을 임명제로 전환한 사례는 그 증거다. 아울러 EU 통합이 지역정부 강화를 촉진시킨 것으로 분석되었다.

2. 영국과 프랑스의 지역정부 강화

자치계층 단층화 성공사례로 종종 거론되어온 영국의 자치계층 감축사례에 대한 오해가 심각하다. 영국에서 과거 보수당 정부 시절의 자치계층 감축시도를 자치계층 단층화의 본보기로 단정하는 것은 1997년 노동당 집권 이후의 변화를 무시한 것이다. 영국은 노동당 집권 후 스코틀랜드·웨일즈·북아일랜드와 런던대도시에 각각 민주적 지역정부를 설치 또는 부활시켜 현재 잉글랜드의 일부 도시지역 이외 지역이 모두 2자치계층을 이루고 있다. 노동당 집권 후 스코틀랜드·웨일즈·북아일랜드 지역정부는 종래 중앙정부를 대표하던 지역장관을 통해 행사된 중앙통제를 완화하고 광역행정수요에 부응해 전략적 지역발전을 도모하는 데 기여했다(Wilson & Game, 2008: 106-118). 평균인구 280만 명의 우리나라 도(道) 폐지를 주장하는 사람들은 인구 500만 명의 스코틀랜드, 290만 명의 웨일즈, 168만 명의 북아일랜드에 오랜 숙원이던 민주적 광역지방정부 창설이 가져온 긍정적 효과를 간과해선 안 된다.

런던광역시의 부활 역시 도 폐지론자가 주목해야 할 사례다. 1986년 보수당정부에 의해 6개 대도시카운티의회(Metropolitan County Councils)와 함께 폐지되었던 런던광역의회(Greater London Council)는 2000년 시장과 시의원 선거를 거쳐 런던광역시(Greater London Authority)로 부활되었다. 1986년 런던광역의회의 해체는 런던의 광역행정서비스를 중앙정부, 중앙정부가 임명한 기관, 중앙정부가 규제하는 민간기관, 합동기관(Joint board), 합동위원회(Joint Committee), 런던의 구(區)정부가 담당하게 만들었다. 그 결과, 런던 광역행정에 대한 중앙정부의 관여와 통제가 증가했고, 런던을 대표할 지역정부의 부재로 광역적 교통·경제개발·경찰·소방 등 전략적 업무 수행에 많은 어려움을 겪었다(Wilson & Game, 2008: 95-100). 1997년 런던광역시 부활을 공약해 집권에 성공한 노동당정부는 2000년 영국 최초의 직선 시장을 갖는 런던광역시를 부활시켰다.

런던대도시권을 제외한 잉글랜드의 8개 지역은 아직 견실한 민주적 지역정부를 갖지 못하고 있다. 잉글랜드 지역에 민주적 지역정부의 설치가 지연되고 중앙집권적 지역통치가 지속되는 현실을 바람직하고 만족스럽게 여기는 영국인이 거의 없음에도 불구하고, 지역정부 부활이 지연되고 있는 아이러니는 영국이 풀어야 할 숙제 중 하나다(Jeffery, 2009: 289-313).

도를 폐지하고 통합광역시라는 1자치계층으로 전환해야 한다고 주장하는 사람은 프랑스 사례를 주목해야 한다. 1982년 기존 3단계 자치·행정계층(2자치계층 + 1행정계층)[11]에 우리나라 도와 비슷한 규모의 레지옹(région)을 제3의 광역자치계층으로 인정한 후 2003년 개헌을 통해 헌법적 자치계층으로 격상시켰다(Loughlin, 2007: 559-571). 프랑스 자치계층은 1982년 지방분권법에 따라 26개 레지옹이 지역정부로 승격되어 2자치계층(commune+département)에서 3자치계층(commune+département+région)으로 늘었다. 여기에 코뮌과 데파르트망 사이의 행정계층인 아롱디스망(arrondissement: 우리나라 1-2공화국 시절의 군과 유사)까지 포함하면, 프랑스의 자치·행정계층은 무려 4계층이나 된다(임도빈, 2002: 326-329; 배준구, 2004: 61-62). 프랑스에서 레지옹 광역자치계층이 추가된 까닭은 평균인구 61만 명의 데파르트망 지방정부로는 광역행정수요에 적절히 부응하고 전략적 지역발전을 추진하기 어렵다고 판단했기 때문이다. 그동안 레지옹 광역자치정부는 성공적 운영으로 국민의 두터운 신뢰를 받아 왔다[12] 공교롭게도 데파르트망의 평균인구 61만 명은 정치권이 구상

---

11) 엄밀히 말하면 프랑스에서 3개 대도시(Paris, Lyon, Marseille)는 2자치계층+1행정계층을, 기타 지역은 3자치계층+1행정계층을 갖는다.

12) 설문조사결과(OIP, 2003)에 의하면, 대다수 프랑스 국민은 레지옹이 경범죄, 환경보호, 실업, 훈련, 병원관리, 지역개발 등에서 성공적으로 역할을 수행해온 것으로 평가했다. 아울러 프랑스 국민의 63%는 국가보다 레지옹의 역할에 더 큰 기대감을 가지고 있으며, 43%는 향후 레지옹이 EU나 국가보다 일상생활에 더 큰 영향을 미칠 것으로 전망했다.

한 합병광역시의 평균인구 60만-70만 명과 비슷하며, 4개 해외영토 레지옹 이외 22개 레지옹의 평균인구 266만 명도 정치권이 없애려던 우리나라 도의 평균인구 280만 명과 큰 차이가 없다.

3. 지역정부 강화추세와 한국의 현황

지난 수십 년 동안 세계화시대 지역주의 요구에 부응해 많은 나라에서 지역정부의 역할과 기능이 증대되었다. 세계에서 가장 지방분권적인 나라로 알려진 스위스와 독일조차 각각 2004년과 2006년 주정부의 권한을 강화하는 조치를 취했다. 중국에서도 모택동 사후 시장경제의 도입과정에서 성(省)정부의 역할과 위상이 크게 신장되었다. 그 결과, 오늘날 중국은 공식적으로 연방국가가 아니지만 '사실상 연방국가(de facto federalism)'로 평가되고 있다(Zheng, 2007: 213-241). 더욱이 1997년 환수된 홍콩에게 특별자치권을 부여하는 중국은 소위 '혼혈연방국가(hybrid federal state)'로 분류된다(Cheung, 2007: 242-265; He, 2007: 14-15). 성정부는 아직 온전한 민주적 자치정부가 아니지만 경제성장을 견인하는 광역정부로서 역할과 위상에서 여느 단방국가의 광역자치정부를 능가한다.

G. Marks et al.(2008: 161-181)가 계산한 42개국 '지역단체지수(RAI)'[13] 값과 필자가 계산한 한국 지역단체지수 값을 비교한 결과, 인구 1천만 명 이상 국가 중 3개국(포르투갈, 터키, 폴란드)을 제외한 나머지 39개국이 한국보다 높은 지역단체지수 값을 나타냈다. 4천만 명 이상 국가 중 한국 시·도 보다 낮은 지역단체지수 값을 보인 국가는 오직 터키뿐이다. 이는 우리나라 시·도의 자치권이 국제비교의 관점에서 얼마나 빈약한지 여실히 보여준다.

4. 국제지방자치헌장운동과 초광역정부 구상

국제적 지방자치헌장운동과 EU의 지역정책은 민주적 지역정부의 역할과 위상을 강화해왔다. 1985년 제정된 유럽지방자치헌장은 국제조약으로서 지방분권을 촉진하고 지방민주주의를 강화하는 데 크게 기여한 것으로 평가받고 있다(Council of

---

13) 지역단체지수의 구성요소와 산출방식 및 타당성에 대한 자세한 논의는 (Schakel, 2008: 143-166)을 참고할 것.

Europe, 2005). 현재 유럽회의(Council of Europe)의 회원국 47개국 중 지방자치의 필요성이 적은 초미니 국가인 모나코·안도라·산마리노를 제외한 44개국이 이 헌장에 조인했다. 2007년 4월 UN−Habitat은 지방분권과 지방자치단체강화를 위한 국제적 규범으로서 지방분권국제지침을 채택했다.

유럽 지역정부들의 연합체인 유럽지역협의회(Assembly of European Regions: AER)는 지역정부의 위상과 역할 강화를 위해 유럽지방자치헌장(*European Charter of Local Self−Government*)을 보완하는 별도의 헌장 제정을 추진해왔다. 1996년 AER에 의해 유럽지역주의선언(*Declaration on Regionalism in Europe*)이 공포된 후, 유럽회의는 이 선언에 기초해 유럽광역자치정부헌장초안을 마련해 회원국의 채택을 종용해왔다. 최근 이 헌장 일부를 완화한 유럽지역민주주의헌장초안(*Draft European Charter on Regional Democracy*)을 만들어 회원국의 채택을 설득하고 있다.

근래 일부 국가는 초광역적 행정수요에 부응하기 위해 기존 광역정부의 구역을 확대하는 방안을 강구하고 있다. 2009년 3월 Balladur위원회가 Nicolas Sarcozy 프랑스 대통령에게 제출한 지방자치단체개혁안에는 현행 22개의 국내 레지옹을 15개로 줄이는 방안이 포함되었다. 독일은 1990년 통일 이후 경제권과 문화적 동질성 등을 감안해 주(Land) 구역의 광역화 논의를 진행해오던 중 2003년 자유민주당(FDP)이 현행 16개 주를 9개 주로 줄이는 방안을 제시해놓은 상태다. 일본에서는 도·도·부·현을 광역화하기 위한 '도주제(道州制)' 도입이 논의되어 왔다. 47개 도·도·부·현을 9−13개의 도주(道州)로 통폐합하고, 중앙정부의 역할을 외교·국방 등 국가의 존립에 관한 사무와 전국적 사무만을 관장토록 축소하며, 행정·교육·공안(公安) 등의 사무를 인구 1천만 명 규모의 도주가 전담하도록 한다는 것이다. 도주에게 그 권한의 범위 내에서 입법권·행정권을 행사하고 세목과 세율의 자율적 결정과 도주채(道州債) 발행 등 자치재정권을 부여하는 것을 고려하고 있다. 2007년 1월에는 도주제특구추진법이 제정되어 북해도에 시범 적용되고 있다. 자민당은 2018년 도주제의 전국적 시행을 제안한 바 있다(채원호, 2008).

V 규모정치의 폭력성과 빗나간 제도동형화

정치권이 이와 같이 문제투성이의 단일중심주의 지방자치체제 개편에 집착해 온 까닭은 무엇인가? 두 가지 이유를 생각할 수 있다. 첫째 이유는 자치단위의 규모 변경을 통해 정치적 이익을 도모하려는 '규모정치(politics of scale)'의 유혹 때문이다. 둘째 이유는 이런 유혹에 정당성을 부여한다고 여기는 1979년 이후 영국 보수당정 부의 중앙집권적 지방자치체제 개편사례를 모방하려는 심리, 이른바 '빗나간 제도동 형화(aberrant institutional isomorphism)' 때문이다.

1. 규모정치의 폭력성

정치권은 시·군·자치구를 몇 개씩 묶어 평균인구 60만−70만 명의 통합광역 시를 만들고, 도 자치정부를 폐지하는 대신 전국을 몇 개의 권력으로 구분해 국가광 역행정기관을 설치하려는 내밀한 동기는 잠재적 경쟁자인 시장·군수·구청장과 시 ·도지사를 제거하려는 의도와 긴밀히 연관되어 있다는 관측이 유력하다(이기우, 2009: 119−120; 정세욱, 2009: 13; 최창수, 2014: 53−74; 유재원, 2015: 249−272). 다른 사안에 대해서는 사사건건 심한 대립과 갈등을 빚어온 여·야 정치인이 지방자치체 제 개편에 대해서는 언제나 한목소리를 내는 것은 정치적 이해관계가 일치하기 때 문이다.

정치권의 지방자치체제 개편안에 동조하며 거들어온 청와대와 행정안전부의 고위공무원도 이해당사자의 범주에 포함된다. 정치권의 의도대로 시·군·자치구의 합병이 이루어져 도 자치정부가 유명무실하게 되면, 결국 도 자치정부가 폐지되고 국가광역행정기관이 설치될 경우에 이들은 가장 큰 인사(人事) 수혜자가 될 것이기 때문이다. 청와대와 행정안전부가 주류 정치권의 중앙집권적 지방자치체제 개편안 의 관철에 적극적으로 협조해온 동인에는 이런 관료적 이해관계가 자리 잡고 있다.

정치권과 중앙관료의 의도대로 정치적 경쟁이 줄고 시민통제가 약화되면, 정치 인의 공익실현 가능성은 희박해지고, 정치와 행정의 대응성과 효율성은 크게 떨어질 수밖에 없다(Schattschneider, 1960: 140; 박동서, 1994; 김병섭, 2008: 243−280; 김현구, 2008: 281−313). 규모정치의 폐해가 명확함에도 불구하고, 한국은 중앙집권 권력정치의 정글법칙에 의해 지방자치체제가 왜곡될 위기상황에 처해 있다.

규모정치의 폭력성은 정치권의 개편안 작성과 정부의 추진과정에서 여실히 드러났다. 무엇보다도 지방자치체제 개편안을 마련하는 과정에서 전문가의 체계적 연구와 자문이 무시되었다. 전문가는 단지 정치권이 만든 개편안에 대해 의견을 제시할 뿐이었다. 전문가와 정치권의 역할이 뒤바뀐 것이다. 고도의 전문지식을 필요로 하는 지방자치체제 개편문제를 직접적인 이해당사자인 정치권이 개편방향을 정해 추진하기로 결정하고 정부가 이를 적극 지원하는 방식으로 진행되었다. 전문가 의견 청취는 단지 요식절차로 이루어졌다. 대다수 전문가의 강한 반대에 직면하자, 찬성자와 반대자를 안배한 세미나와 토론회 등을 열어 마치 전문가 사이에 찬반의견이 팽팽히 맞서고 있다는 인상을 주어 최종 판단을 내려야 할 국민을 오도했다.

규모정치의 폭력성은 합병유인책 제공에서도 확인된다. 정부는 "지역주민의 의사를 존중해 자율통합"을 유도한다고 표방하면서 통합광역시에 향후 10년 동안 1천억−4천억 원과 정책특혜 제공을 약속했다. 합병을 거부하는 지방자치단체에게는 그만큼 불이익을 주겠다는 것이다. 지방자치단체가 이런 엄청난 유혹을 뿌리치고 합병신청을 거부하기는 쉽지 않은 일이다. 자율을 빙자한 강요가 아닐 수 없다.

2. 빗나간 제도동형화

시·군·구를 몇 개씩 묶어 통합광역시로 만들고, 도 자치제를 폐지하자고 주장하는 합병논자는 종종 영국사례를 거론한다. 자치계층 단층화 영국사례는 규모정치의 유혹에 이끌려 단일중심주의 지방자치체제 개편에 집착해온 정치권의 정당성을 부여하는 사례로 번번이 이용되었다.

그러나 영국의 지방자치체제 개편사례는 닮아야 할 성공사례가 아니라 반면교사로 삼아야 할 실패사례다. 1979년부터 1997년까지 보수당정부는 시장화정책과 함께 "잔인한" 중앙집권화를 도모하면서 런던광역의회를 비롯한 7개 대도시의회를 폐지하는 등 자치구역의 광역화와 자치계층의 단층화를 단행했다.[14] 그 결과, 영국은 기초정부의 평균인구규모가 무려 13만 명으로 여느 나라 기초정부의 몇 배 내지 몇

---

14) Norris(2001: 546)는 1986년 7개 대도시의회가 폐지된 지 10년이 지난 후에도 진정한 대도시권 거버넌스가 형성되지 못한 것을 확인했다.

십 배에 달하고, 총인구의 70%가 사는 잉글랜드 8개 지역은 민주적 지역정부를 갖지 않는 별종의 지방자치체제를 갖는 나라가 되었다. 1997년 노동당정부의 집권 이후에 런던광역정부가 부활되고 스코틀랜드·웨일즈·북아일랜드에 민주적 지역정부가 설치되어 2자치계층으로 환원되었다. 그러나 잉글랜드의 8개 지역은 여전히 "EU에서 민주적 거버넌스 구조를 갖지 못한 유일한 지역"으로 남아 있다.15)

노동당정부는 2002년 백서를 통해 잉글랜드 8개 지역에 직선 지역의회를 설치하는 계획을 발표했으나, 2004년 시범 실시된 주민투표는 정부 계획을 무산시켰다. 이런 의외의 주민투표 결과는 민주적 광역정부에 대한 거부라기보다 정치인에 대한 불신, 직선 지역의회가 누릴 미약한 권한, 막대한 소요비용에 대한 불만이 반영된 것이다(Jeffery, 2009: 289-313). 결국 정부는 직선 지역의회 설치계획을 중단하고 8개 지역에 지역장관을 임명해 파견하는 한편, 국회에 지역위원회를 설치했다. 이런 와중에 지방정부는 시티리전(City Region), 다구역협정(Multi-Area Agreement) 등을 통한 광역협력을 도모해왔다. 따라서 당분간 잉글랜드 8개 지역은 국회의 중앙집권적 통치와 지방정부들의 자율적 광역협력이 혼재하는 가운데 민주적 광역정부의 창설로 이어지기 전 다소 혼란스런 과도기를 겪을 것으로 전망된다(Smith & Wistrich, 2009: 5-7).

불문헌법국가인 영국에서 지방자치는 헌법의 보호를 받지 못하고 오직 집권당의 결정에 따라 좌우된다. 이로 인해 영국의 지방자치는 정권이 바뀔 때마다 요동쳐왔다. 오늘날 영국의 지방자치는 중앙집권적이고 취약하며 불안정하다.

---

15) 영국 중앙정부는 잉글랜드에서 스코틀랜드·웨일스·북아일랜드에 설치된 분권정부에 상응한 기관의 설치 요구에 부응하고, 광역행정수요와 EU의 지역정책에 대처하기 위해 잉글랜드를 9개 지역(regions)으로 나누어 광역경제권 추진체계를 구축했다. 잉글랜드의 9개 지역의 평균 인구는 우리나라 도의 2배 정도다. 잉글랜드의 9개 지역 중 런던광역정부(Greater London Authority)가 부활된 런던을 제외한 8개 지역에는 지역개발청(Regional Development Agency: RDA)과 지역협의회(Regional Assembly: RA) 및 중앙정부지역사무소(Government Office: GO)가 존재하여 사실상 별도의 광역행정계층 기능을 수행한다.

VI 이해당사자의 편견억제, 전문가와 시민의 역할

1. 이해당사자의 편견억제

직접적 이해당사자인 국회의원이 지방자치체제 개편을 주도하는 것은 '편견의 억제(control of prejudice)'라는 절차적 정의의 원칙에 위배된다. 통합광역시 설치와 도 폐지로 경쟁자인 시장·군수·구청장의 수를 일거에 4분의 1로 줄이고, 잠재적 대권 경쟁자를 제거해 자신들의 정치적 영향력을 크게 증대시킬 대안에 강한 유혹을 느낄 수밖에 없는 국회의원이 지방자치체제 개편을 주도하는 것은 적절치 않다.16)

지방자치체제 개편과정에서 이해당사자의 편견을 억제하는 방안은 이들의 역할을 최소화하는 것이다(Warren, 2008). 캐나다 브리티시컬럼비아 주와 온타리오 주는 선거법 개정안을 마련하는 시민위원회를 구성할 때 정치인을 아예 배제시켰다. 시민위원회는 유권자명부에서 무작위로 선정된 사람들로 구성되었고, 시민위원회가 작성한 선거법안이 주민투표에 부쳐지기 전에 정부는 이에 대해 아무런 의견도 제시할 수 없도록 했다. 이처럼 극단적인 방법은 아닐지라도 지방자치체제 개편절차가 중앙정치인의 이해관계와 권력정치의 정글법칙에 의해 왜곡되지 않고 "상이한 이익 간의 대화와 타협을 이루도록 유도하는 제도적 틀"을 갖추는 것이 매우 중요하다(Simeon, 2009: 253).

지방자치체제 개편이 이해당사자인 국회의원의 이해득실 계산으로 왜곡되지 않으려면 입법과정에서 이들의 역할을 최소화해야 한다. 문제는 국회의원이 지방자치체제 개편에 관한 최종 입법권을 가지고 있다는 사실이다. 전문가와 시민사회가 정치권에게 자제력을 호소하고 압력을 가하는 데는 한계가 있을 수밖에 없다. 2005년 국회는 시장·군수·구청장협의회와 시·군·구의회의장협의회의 극렬한 항의집회와 65% 이상의 주민 반대의사에 아랑곳하지 않고 기초지방단체장 후보의 정당공천제를 폐지하기커녕 오히려 기초지방의원 후보까지 정당공천을 확대하는 공직선거법 개정을 강행했다. 이후에도 정당공천제 폐지를 위한 투쟁이 계속되었지만, 국회는

---

16) 2009년 3월 5−12일 한국지방자치학회 정회원을 대상으로 on−line 설문조사한 결과, 응답자 162명 중 35명(21.6%)만 '국가 주도의 개편'을 지지하고, 126명(77.8%)은 '국가의 지방자치단체 간 자율통합 지원'(59.3%) 또는 '지방자치단체의 자율통합을 위한 절차법 제정'(18.5%)을 원하는 것으로 드러났다(허훈·강인호, 2009: 73).

미동도 하지 않았다. 지방자치체제 개편이 정당공천제와 같은 운명에 처하지 않는다고 장담할 수 없다.

결국 이 문제의 근본적 해결책은 헌법개정을 통해 국민이 지방자치체제 개편에 대한 국회의 입법권을 견제할 수 있는 길을 여는 것이다. 개헌은 두 가지 측면으로 추진될 수 있다. 첫 번째 방안은 헌법 제117조 제2항, 즉 "지방자치단체의 종류는 법률로 정한다."는 법률위임 규정을 개정하여 지방자치단체의 종류를 헌법에 구체적으로 명시하는 것이다. 지방자치단체 종류의 구체적 헌법명시는 도와 자치구를 폐지해 현행 2자치계층을 1자치계층으로 전환하려는 정치권의 유혹을 원천 봉쇄한다. 두 번째 방안은 법률에 대한 입법권을 국회와 국민이 공유하게 만드는 것이다. 이를테면 국회가 의결해 공포한 법률에 대해 공포한 날로부터 100일 이내에 30만 명의 국민이 개정을 요구하는 경우에 국민투표에 회부하여 결정하는 것이다. 정치인 카르텔 지대추구행위를 근절하는 근본적 방안은 직접민주제를 확충하는 것이다. 개방적 국민발의제와 국민투표제가 도입되는 경우, 국회는 다수 국민의사에 반하는 입법이 국민발의와 국민투표의 도전을 받게 될 것을 우려해 함부로 국민의사에 반하는 입법을 삼가게 된다. 직접민주제로 대의민주제의 결함을 교정·보완하는 스위스 준직접민주주의의 장점은 제3부 제7장과 제8장에서 이미 자세히 살펴보았다.

2. 전문가의 사명

지방자치체제 개편을 포함한 헌정질서를 설계할 때 전문가가 수행해야 할 사명은 직접적 이해관계자인 정치인이 넘어서는 안 될 "규범적 표준"을 제시하는 것이다(Simeon, 2009: 245). 전문가가 깊은 연구와 고민 없이 이해당사자의 주장에 장단을 맞추거나 부화뇌동하면 합리적 논의는 설자리를 잃고 권력정치의 정글법칙에 함몰될 수밖에 없다.

이런 관점에서 2009년 9월 14일 145명의 지방자치 연구자가 정치권의 지방자치체제 전면 개정 움직임에 대해 반대성명서를 발표한 것은 "규범적 표준"을 제시해야 할 전문가의 시대적 사명을 수행한 것으로 간주될 수 있다. 그러나 지방자치단체의 3분의 2 이상을 파괴하려는 정치권에 대해 다양한 의견이 존중되어야 한다는 논리로 침묵으로 일관해온 관련 학회가 과연 국가와 사회에 대해 책임을 다하고 있

는지 강한 의구심이 든다. 한국의 학계는 1980년 미국행정학회가 흡수·합병 위주의
중앙집권적 지방자치체제 개편에 대해 반대입장을 분명히 밝혀 지방정부 수를 80%
가량 감축해야 한다는 재계의 주장을 잠재웠던 선례를 귀감으로 삼아야 할 것이다.

자치구역 및 자치계층 문제는 연구자도 오랜 시간 깊이 탐구하고 철저하게 검
토하지 않으면 올바른 판단을 내리기 힘든 전문분야다. 국회의원이 반드시 특정 분
야의 전문가일 필요는 없다. 마치 '안락사' 문제를 다룰 경우에 뇌신경학자·법의학
자·심리학자·윤리학자·종교인 등의 자문을 받는 것처럼, 국회의원은 지방자치체제
개편문제에 관해 전문가의 도움을 받아야 한다. 정세욱(2009: 13) 교수는 다음과 같
이 지적한다.

> "이 분야 학자로 가칭 '지방자치단체 구역 및 계층구조 조정위원회'를 구성하여
> 조사·연구와 토론, 여론수렴과정을 거쳐 보고서를 작성·제출토록 하고, 정치
> 권은 보고서에서 선택하는 방식으로 풀어가야 한다. 선진국에서는 학계의 연
> 구·검토를 거치지 않고 정치권이 스스로 개편안을 마련하지 않는다. 자칫 구
> 역 및 계층구조 개편문제가 특정 정당의 당리당략이나 정치인의 이해관계의
> 제물이 돼서는 안 되기 때문이다. 그러나 여·야는 이런 위원회 구성도, 학자
> 들의 전문적 연구 및 개편안 작성절차를 무시한 채 개편안에 합의했고, 정치
> 인이 중구난방으로 법안을 발의하고 있는데, 문제를 푸는 해법이 근본적으로
> 잘못되었다."

3. 참여헌정주의와 주민투표

주민참여는 엘리트가 작성한 지방자치체제 개편안에 대해 가부를 결정하는 주
민투표를 실시하는 것만으로 충분하지 않다. 주민은 지방자치체제의 구체적인 내용
을 결정하는 과정에 참여하여 의견을 반영할 수 있어야 한다. 많은 시민들이 지방자
치체제 개편을 위한 헌정회의, 국민토론회, 입법공청회 등에 참여하여 지방자치체제
의 골격을 짜는 과정에서 결정통제력을 행사하는 것은 민주주의의 기본 요청일 뿐
만 아니라 주민으로 하여금 정체에 대한 주인의식과 애정을 갖도록 만드는 첩경이
다(Simeon, 2009: 252−253).

정부는 시·군·구 통합절차와 관련하여 지방자치단체의 법인격 폐지 여부를 일부 주민의 의견조사 결과와 지방의회 의결로 결정하겠다는 방침을 정했다. 이 방침에 따라 이미 마산·창원·진해의 통합이 결정되었다. 그러나 주민의견조사는 주민투표와 본질적으로 다른 것이며, 지방의회 의결이 주민투표를 대신할 수 없다. 시·군·구 합병과 같이 주민에게 중대한 영향을 미치는 사안에 대해 주민투표를 실시하지 않는 것은 주민투표법의 제정정신에 위배된다.

지방자치체제 개편안을 국민투표에 부치자는 의견도 있다. 일견 국민의사를 묻는다는 점에서 타당한 방안처럼 보이지만, 지방자치체제의 개편과 관련해서는 그렇지 않다. 무엇보다 법인격을 갖는 개별 지역정부의 문제를 다른 지역주민이 결정하는 결과를 초래할 수 있기 때문이다(이기우, 2009: 139). 이미 2006년 제주특별자치도가 출범하기 직전에 제주 전역을 대상으로 실시된 주민투표에서 제주 전체 4개 시·군의 투표결과와 달리 시·군자치제 폐지에 반대한 투표자가 많았던 서귀포시와 남제주군이 폐지된 바 있다. 대법원은 4개 시·군의회가 청구한 권한쟁의심판에서 폐지를 합헌으로 판결했다. 그러나 이 판결은 독자적 법인격을 갖는 지방정부의 자치권을 다른 지방정부 주민에 의해 침해당한 것을 인정한 결정으로 지방자치를 보장하는 헌법정신에 위배된다는 비판을 면키 어렵다. 자치정부 존폐의 운명은 오직 해당 지방정부의 다수 주민의사에 따라서 결정되어야 한다.

주민투표를 통한 자치체제의 결정이 정당성을 지니려면 공정한 주민투표운동이 보장되어야 한다. 용어의 선택같이 사소한 일도 주민투표운동의 공정성을 크게 해칠 수 있다. 정치권의 개편안이 지칭하는 '통합광역시'라는 용어는 중소도시와 농촌지역주민으로 하여금 통합광역시로 개편되면 기존의 '광역시'로 승격되는 것으로 오해하게 만든다. 그동안 읍이 시로, 시는 광역시로 승격되어 신분상승을 학습해온 주민에게 통합광역시 설치는 크나큰 선물이 아닐 수 없다. 광역시 승격을 열망해온 인구 50만 이상 100만에 달한 15개 대도시의 주민도 통합광역시 설치로 광역시의 꿈이 실현된다는 환상을 갖기 마련이다. 게다가 '통합'이라는 말 자체가 '분열'과 대비되어 풍기는 긍정적 이미지가 모든 통합이 바람직한 것으로 여기도록 유도한다. 이런 우려가 공연한 걱정이 아니다. 제주특별자치도 출범 직전 실시된 주민투표에서 시·군자치제 폐지안은 '혁신안'으로, 시·군자치제 유지안을 '점진안'으로 호칭했다. 이런 명명방식은 시·군자치제 폐지를 혁신으로, 시·군자치제 유지를 반(反)혁신으로 믿도록 오도했다.

아울러 주민투표가 숙의민주주의를 실현하는 공론장으로 기능하기 위해서는 주민투표토의가 진작되어야 한다. 주민투표토의의 진작은 전문가집단과 시민사회단체 및 주민이 자유롭게 의견을 나누고 토론하는 언로가 개방되어야 한다. 주민투표에 부쳐진 사안에 대한 정당과 정부 및 지방자치단체의 의견표명도 허용할 필요가 있다. 이때 언론의 역할은 매우 중요하다. 언론은 다양한 견해를 균형 있게 전달하여 주민의 합리적 판단을 도와야 한다. 특히 신문의 역할이 막중하다. 신문은 주민투표에 부쳐진 사안에 대한 상세한 정보와 대안의 심층 분석으로 주민의 선택에 매우 중요한 영향을 미친다. 연간 20-30건의 국가적·지방적 중대 사안을 시민투표로 결정하는 스위스의 1인당 신문구독량은 다른 유럽국가의 2배에 달한다. 이는 시민투표에서 숙의민주주의 활성화에 기여하는 신문의 중요한 역할을 반영한다(안성호, 2005: 275-281).

Ⅶ 맺음말

지방자치체제 개편은 헌정질서의 근간을 재편하는 중대사다. 그동안 개헌논의가 간간이 제기되어 왔다. 현행 대통령제의 문제점 해결방안을 중심으로 개헌논의가 이루어지는 것에 이의를 제기할 이유는 없지만, 지방분권원리의 헌정화와 같이 근본적이고 중대한 개헌의제가 정치권의 관심 밖에 방치된 채 중앙권력 재편 위주의 개헌논의가 이루어지는 것은 유감이 아닐 수 없다. 현행 헌법 130개 조항 중 지방자치와 직접 관련된 조항은 단 두 조항뿐이다. 이 두 조항조차 지방자치의 구체적인 내용을 포함하지 않고 대부분 법률로 정하도록 위임하거나 유보하고 있다. 헌법은 지방자치 보호기능뿐만 아니라 지방자치의 발전을 이끄는 향도기능도 수행하지 못하고 있다. 심지어 헌법은 지방자치를 촉진하기는커녕 가로막는 경우도 적지 않다. 이에 따라 학계와 시민단체 및 지방자치단체 전국연합체는 지방분권형 개헌을 요구하고 있다. 차제에 지방자치체제 개편논의는 지방분권형 개헌논의의 큰 틀 속에서 이루어질 필요가 있다. 그리하여 보충성원칙에 충실한 정부간관계(IGR)의 구축, 지역정부의 강화, 지역대표형 상원의 창설, 직접민주주의 확충 등을 포함한 큰 틀의 지방자치체제개편을 지방분권개헌과 함께 추진하는 것이 바람직하다.

자치구역과 자치계층의 개편이 정치권 이해관계의 제물(祭物)이 되어서는 안 된다. 헌정질서의 근간을 이루는 지방자치체제개편을 졸속하고 성급하게 밀어 붙여서는 안 된다.

CHAPTER

12

스위스 코뮌자치

> "스위스는 코뮌에 의해 통치되는 나라다."
>
> I. B. Rees
>
> "스위스 성공의 비결은 소극적으로 말해서 집권주의에 대한 지속적 거부이며, 적극적으로 말해서 개인과 코뮌의 자유가 결합된 상태에서 경쟁력을 갖춘 코뮌공동체의 건실한 활약에 있다."
>
> Robert Nef

Ⅰ 머리말

스위스 정체에 대한 스위스인의 관심은 가히 경이로운 것이다. 한 설문조사에서 "당신이 스위스인으로서 자부심을 느끼는 가장 중요한 이유가 무엇입니까?"라는 개방형 질문에 대하여, 60% 이상의 스위스인이 정치체제를 지적했다. 일견 긍지를 느끼게 하는 가장 중요한 요인이 세계최고 수준의 1인당 국민소득이나 높은 삶의 질 또는 알프스의 수려한 경관일 것이라고 생각하기 쉽다. 그러나 대다수 스위스인은 이런 요인보다 스위스 정치체제를 가장 자랑스럽게 여긴다고 응답했다.

정체에 대한 스위스인의 남다른 애정을 보여주는 또 하나의 증거가 있다. 이상하게도 유럽 한복판에 위치한 스위스는 유럽연합(EU) 회원국이 아니다. 국민투표에서 번번이 EU 가입이 거부되었기 때문이다. 1992년 유럽경제지역(EEA) 가입을 묻는 국민투표가 부결된 데 이어, 2001년 EU 가입을 위한 협상재개를 묻는 국민투표도 부결되었다. 연방정부의 설득에도 불구하고, 대다수 스위스 국민이 EU 가입을 반대한 까닭은 스위스가 EU 회원국이 되는 경우 현재 국민투표에 부쳐지는 사안 중 대략 10-20%가 국민투표 대상에서 제외될 것을 우려했기 때문이다.

스위스 국민이 이처럼 소중히 여기는 정체란 한마디로 '아래에서 위로 세워진, 무게 중심이 아래 있는' 정체를 말한다. 먼저 '아래에서 위로 세워진' 정치체제란 상생을 추구하고 자유를 애호하는 마을·도시·공국(公國)의 자발적 결사에 의해 세워진 정체를 뜻한다. 그리고 '무게 중심이 아래 있는' 정체란 중앙과 관청을 견제하고 압도할 만한 강력한 권력이 지방과 시민에게 있는 정체를 의미한다.

스위스 정체는 정복(征服)으로 이루어진 피라미드형 정치체제나 오랜 세월 진화(進化)를 통해 형성된 중심부-주변부형 정체와 근본적으로 다르다. 스위스인은 피라미드형이나 중심부-주변부형 정치체제와 같은 중앙집권에 저항해 왔다. 1798년 Napoleon은 스위스를 점령하고 중앙집권적 단방국가인 헬베티아공화국[1]을 세웠다. 스위스인은 자치공동체를 부정하는 헬베티아공화국의 중앙집권에 극렬하게 반발했다. 스위스가 거의 무정부상태에 빠지자, Napoleon은 캔톤대표와 헬베티아공화국 상원의원을 파리에 소집하여 자세한 이야기를 듣고 "산악지역에 태어난 사람으로서 산사람이 어떻게 생각하는지 잘 이해한다."고 말하고 과거의 분권적 정체를 복원시키도록 명령했다. 이 명령에 따라 1803년 조정헌법이 제정되어 중앙집권적 헬비티아공화국은 종말을 고했다. 스위스인이 이처럼 소중히 여기는 스위스 정체의 뿌리는 주권자시민(citizen-sovereigns)의 결사체인 코뮌이다.

이 장은 먼저 코뮌의 특성을 살펴본 후 전국이 비교적 고루 잘사는 나라를 만든 코뮌의 자치권과 코뮌 간 재정조정제도를 검토한다. 이어 코뮌의 다양한 정부형태와 직접민주제의 운영실태를 고찰한다.

---

1) 헬베티아공화국헌법 제1조는 스위스는 "단일의 분할할 수 없는 공화국이며, 더 이상 캔톤과 과거의 종속지역 간, 그리고 캔톤 상호 간 어떤 국경선도 존재하지 않는다."고 규정했다(안성호, 2001: 41).

Ⅱ 코뮌의 성격과 합병의 진실

1. 원초적 정부단위로서의 코뮌

스위스 정체를 이해하기 위해서는 먼저 스위스 정체성의 뿌리인 코뮌을 이해해야 한다. 코뮌은 스위스의 독특한 산물이기 때문에 적절한 번역어를 찾기 어렵다.[2] 코뮌은 캔톤과 연방이 생기기 전부터 존재했다. 시민주권은 코뮌에서 가장 직접적이고 명백하게 드러난다. 이런 의미에서 코뮌은 스위스의 원초적 정부단위다.

코뮌의 원초적 정부단위로서의 위상은 시민권 부여가 코뮌의 고유권한이라는 사실에서 극명하게 드러난다. 스위스에서 시민권 부여는 중앙정부의 법무부 관료가 사무적으로 결정하지 않고 코뮌주민이나 코뮌의회가 투표로 결정한다. 코뮌의 시민권을 부여받은 후보주민은 캔톤과 연방의 시민권을 자동적으로 얻게 된다.

스위스인은 코뮌에 대해 남다른 뿌리의식을 갖고 있다. 자신이 거주하는 주거코뮌(Einwohnergemeinde)은 물론 가문이 유래한 출신코뮌(Bürgergemeinde)에 대한 애착은 동물적 귀소본능에 가깝다. 지금도 스위스인의 여권에는 '출생지' 난에 출신코뮌을 기입한다. 연방의회가 연방각료를 선출할 때는 지역적 안배를 위해 출신코뮌을 중요하게 고려한다. 출신코뮌의 주민은 어려움에 처했을 때 최후 수단으로 출신코뮌에 도움을 요청할 수 있다. 다만 오늘날 정치적 단위인 주거코뮌에 사는 주민의 3분의 1만 출신코뮌의 자격을 갖기 때문에, 출신코뮌은 과거보다 덜 중요해졌다.

스위스인은 코뮌에 정서적으로 강하게 결속되어 있다. 고향코뮌을 떠나 다른 지역에 가서 사는 것은 가족적 분위기와 정신적 고향의 상실을 의미한다. 따라서 설혹 다른 지역에 더 나은 일자리가 있을지라도 고향직장에서 일하길 마다하지 않는다. 공직 때문에 부득이 베른 등 외지에 살다가 임기가 끝나면 반드시 고향코뮌으로 되돌아오는 것은 스위스인의 불문율이다.

---

2) 오늘날 스위스 코뮌과 가장 유사한 사례는 타운미팅(town meeting)을 통해 집회민주주의를 실현하는 미국 뉴잉글랜드의 약 1,100개 타운이다.

2. 한국 읍·면·동보다 작은 스위스 코뮌

스위스 정체의 두드러진 특징은 코뮌의 높은 분절성이다. 2016년 현재 인구 840만 명의 스위스에는 2,324개의 코뮌이 있다. 코뮌당 평균인구가 3,615명인 셈이다. 이는 우리나라 기초지방자치단체의 평균인구 227,571명(= 총인구 51,431,100명 ÷ 시군자치구 226개)의 64분의 1에 불과하다. 심지어 코뮌의 평균인구 3,615명은 우리나라 읍·면·동 평균인구 14,745명(= 총인구 51,431,100명 ÷ 읍·면·동 3,488개)의 4분의 1도 안 된다. 코뮌의 평균인구 3,614명은 우리나라 농촌지역 면의 평균인구 4,250명보다 636명이나 적다.

물론 코뮌 중에는 40만 명에 달하는 최대도시 취리히[3]가 포함된다. 그러나 5만 명 이상의 도시는 취리히를 비롯해 제네바(19만 명), 도시바젤(16.4만 명), 로잔(13만 명), 베른(12.6만 명), 빈트투르(10.3만 명), 루체른(7.8만 명), 장크트갈렌(7.4만 명), 루가노(5.5만 명), 비엘 등 10개뿐이다. 더욱이 2,324개 코뮌 중 약 95%가 5천 명 미만의 마을이다. 그리고 스위스 총인구 중 4분의 3은 한국의 기준으로 농촌지역에 해당되는 2만 명 이하의 작은 도읍에 산다.

코뮌의 평균인구가 3,615명에 불과하고, 총인구 840만 명의 4분의 3이 인구 2만 미만의 작은 도읍 코뮌에 사는 스위스 지방자치는 동네 코뮌자치가 근간을 이룬다고 해도 과언이 아니다. 물론 도시화가 진행되면서 동네의 대면접촉 친밀성이 다소 희석된 것은 사실이지만, 중소도시라고 해서 코뮌 동네 주민자치가 완전히 사라진 것은 아니다. 베른의 연방대통령을 비롯해 중소도시 시장들이 친근한 이웃집 아저씨의 모습으로 전차를 타고 출근하는 정경, 코뮌에서 인정받은 정치인이 캔톤 및 연방 수준에서 성공하는 전통, 허세와 과장을 혐오하고 실질과 실용을 애호하는 행정문화는 코뮌자치의 문화적 연장이다.

일찍이 「국부론」(1776)의 저자 Adam Smith(2010: 1052)가 지적한 바와 같이 도덕적 건강성과 시민의식의 수준을 나타내는 탈세율에서도 스위스가 여느 나라보다 현저히 낮은 까닭도 주로 작은 코뮌자치의 덕분이다. 동네주민의 대면 접촉의 친밀성과 연대감, 그리고 이웃의 납세의무 이행에 대한 신뢰가 탈세를 예방한다. 게다가

---

3) 취리히 시는 40만 명의 인구를 관할하기 위해 12개의 구(Kreis: districts)와 구 산하에 34개의 동네로 세분하고 구청과 동네사무소를 설치해 운영하고 있다.

동네주민이 입법자로서 세금을 포함한 주요 세입과 세출의 내역을 결정하도록 하는
직접민주제가 조세순응을 촉진한다.

3. 코뮌합병의 진실과 오해

여느 나라에서처럼 지방정부의 적정규모에 대한 논의가 있었지만 코뮌합병을
삼가던 스위스는 1990년대 이후 적잖게 코뮌합병을 단행했다. 코뮌 수가 스위스연
방이 출범한 1848년 3,205개에서 1990년 2,955개로 142년 동안 고작 250개가 감소
했다. 그러나 스위스에 1990년대 이후 코뮌합병이 늘어나 2015년 6월 현재 2,324개
로서 25년간 631개나 감소했다. 오랜 세월 코뮌합병을 삼가온 스위스의 관점에서
중대한 변화라고 볼 수 있다.

혹자는 스위스의 코뮌합병 사례를 들어 한국의 시군합병과 대도시 자치구(군)
폐지를 정당화하려고 한다. 그러나 이런 논리는 터무니없는 억지일 뿐이다. 코뮌합
병은 대부분 수십 명 내지 수백 명 미만의 초미니 코뮌에서 이루어진 것이다. 스위
스 코뮌합병은 주민 수 3천 명의 코뮌을 목표로 추진되었다. 이는 이미 22만 7천 명
의 세계최대 기초지방정부를 갖는 한국의 시·군합병과 대도시 자치구(군) 폐지계획
과 질적으로 다르다. 한국이 스위스만큼 분절된 정체를 가진다고 가정하면, 기초지
방자치단체 수가 14,111개에 달한다. 만일 이런 상황에서 시·군합병과 대도시 자치
구(군) 폐지론이 제기되었다면 필자는 지금과 다른 견해를 가졌을 것이다.

당분간 스위스에서 초미니 코뮌을 중심으로 합병이 좀 더 이루어지겠지만 머지
않아 잦아들 것으로 예상된다. 이미 코뮌합병은 기대한 만큼 행정효율을 높이지 못
하고 지역정체성과 민주주의를 약화시킨다는 비판이 거세다. 더욱이 그동안 특별보
조금 지급 등을 통해 코뮌합병을 유도해온 캔톤정부가 코뮌합병의 효과에 부정적
시각을 갖기 시작했다. 최근 취리히 시정부는 시의회 질의에서 학계의 연구결과를
인용해 행정효율은 '규모'의 문제라기보다 '구조'의 문제이므로 향후 주민을 코뮌정
체성의 뿌리로부터 격리시키는 코뮌합병을 삼가고 대신 코뮌협력을 강화할 필요가
있다고 답변했다.

Ⅲ 코뮌의 윤택함, 자치권, 재정균형화

1. 전국에 산포된 글로벌기업 본사

스위스인 중 4분의 3이 사는 인구 2만 명 미만의 작은 도읍은 하찮은 농촌 도읍이나 마을이 아니다. 1-2만 명 규모의 스위스 코뮌을 방문한 여행객은 누구나 종종 농촌의 쾌적함과 도시의 편리함을 두루 구비한 작은 도읍에서 여생을 보내고 싶다는 욕구를 느낄만하다.

스위스의 소 도읍이 이런 매력을 갖추게 된 것은 무엇보다 코뮌의 건강한 경제생활을 뒷받침하는 건실한 기업 덕분이다. 이를테면 레만호수 동편에 자리 잡은 인구 1만 5천 명의 뷔베 코뮌에는 197개국에 447개 사업장을 가진 제약식품업계의 초국적기업 네슬레(Nestlé) 본사가 있다. 인구 1만 6천 명의 솔로돈 코뮌에는 세계 도처에 11,430명의 직원을 둔 세계 1위 임플란트 생산업체인 신테스(Syntes)의 본사가 입지한다. 인구 1만 8천 명의 요나 코뮌에는 70개 국가에서 7만 1천 명의 직원이 일하는 건축자재회사인 홀심(Holcim)의 본사가 있다. 심지어 인구 3천 2백여 명에 불과한 소도읍 벨러뷔 코뮌에도 세계 2위 귀금속장신구회사인 리치몬트(Richemont)의 본사가 자리를 잡고 있다. 스위스 시계산업의 중심지인 인구 5만 4천 명의 비엘 코뮌에는 오메가·라도·브리게 등의 브랜드로 우리에게 친숙한 세계최대 시계회사 스와치그룹(The Swash Group)의 본사가 있다.

스위스에서는 제1의 도시가 나라의 경제력을 독점하지 않는다. 인구 40만 명의 취리히 코뮌은 세계최고의 삶을 질을 자랑하는 스위스 최대도시로서 100개국 이상에서 15만 명의 직원을 거느린 기계제조 분야의 초국적기업 ABB의 본사를 비롯해 유럽 2위의 금융기업 UBS, 다국적 금융서비스회사 크레디스위스(Credit Suisse), 세계 2위 재보험회사 스위스리(Swiss Re) 등 스위스 50대 기업 중 10개 기업의 본사만 입지한다. 나머지 주요 기업의 본사는 전국에 분산 배치되어 있다. 세계최대의 다국적 제약회사 노바티스(Novartis)는 취리히 코뮌이 아니라 인구 17만 5천 명의 도시바젤 코뮌에 본사를 두고 있다. 도시바젤 코뮌에는 노바티스 외에 신젠타, 시바(Ciba), 클라리언트(Clariant), 호프만-라로셰(Hoffmann-La Roche), 바실리아 파마수티카 (Basilea Pharmaceutica), 악텔리온 파마수티칼스(Actelion Pharmaceuticals) 등의 글로벌

의료화학기업 본사들이 즐비하다.

이와 같이 세계적 경쟁력을 지닌 크고 작은 기업들은 곧바로 코뮌재정의 든든한 토대가 된다. 코뮌정부의 조세수입 몫이 적지 않은 데다 그 대부분이 코뮌정부가 부과해 징수하는 개인소득세와 기업이윤세이기 때문이다. 스위스 코뮌재정의 윤택함은 크고 작은 견실한 기업과 지방의 막강한 과세권이 뒷받침한다.

2. 막강한 코뮌자치권

코뮌의 평균인구가 3천 6백여 명인 사실만으로 이렇게 작은 코뮌이 누리는 자치권은 미미할 것으로 짐작하는 사람들이 많지만, 터무니없는 오해다. 스위스 코뮌은 인구 1천만 명이 넘는 우리나라 서울은 물론이고 여느 선진국 기초정부보다 훨씬 강력한 자치권을 누린다.

스위스 연방헌법 제50조는 "코뮌의 자치는 캔톤법이 정한 바에 따라 보장"되며, "연방은 행위를 함에 있어서 코뮌에 미칠 영향을 고려하여야 한다."(동조 제2항)고 천명한다. 이에 따라 코뮌의 자치권은 캔톤법률로 규정되어 캔톤마다 다소 다르지만 일반적으로 코뮌은 캔톤이 연방 내에서 누리는 준주권적 권한에 버금가는 막강한 자치권을 보유한다. 예컨대 주그 캔톤의 코뮌법 제2조는 "코뮌은 연방 또는 캔톤에 배타적으로 배정된 사무 이외에 코뮌의 복지에 영향을 미치는 모든 사무를 처리할 수 있다."고 명시한다. 이는 연방헌법 제3조의 보충성원칙에 입각한 연방-캔톤 간 권한배분을 캔톤-코뮌에 연장한 것이다.

캔톤에 따라 다소 상이한 사무처리 권한을 보유한 코뮌은 연방과 캔톤으로부터 집행을 위임받은 사무와 광범위한 고유사무를 처리한다. 코뮌이 연방법률의 집행을 위임받아 처리하는 사무는 수질보호, 식품경찰, 민방위 등이며, 캔톤의 법률집행을 위임받아 처리하는 사무는 교육사무 등이다. 코뮌이 위임사무와 달리 집행권뿐만 아니라 입법권과 행정권 및 때로 사법권(코뮌조례 위반 시 형벌 부과권한)까지 행사하는 고유사무에는 유아교육, 초등교육, 중등교육, 사회부조, 사회보험, 노인복지, 보건, 주택, 교통, 지역사회계획, 건축경찰, 소방경찰, 교통경찰, 환경, 문화, 스포츠, 가스, 전기, 상수도, 하수도, 토지이용계획 등이 포함된다. 아울러 코뮌은 코뮌정부의 조직인사권, 예산과 결산, 세율을 결정하는 광범위한 자치재정권을 행사한다.

이중에서 특히 토지이용계획권과 과세권은 코뮌이 보유한 가장 중요한 자치권이다. 스위스에서는 주민이 수십 명에 불과한 코뮌일지라도 완벽한 토지이용계획권을 갖는다. 방문객은 스위스의 작은 마을을 방문할 때 잘 정비된 도로, 조화로운 건축물, 아름다운 경관에 감명을 받는다. 이런 성과는 바로 코뮌주민이 직접 결정한 토지이용계획의 결과다. 스위스 코뮌의 토지이용계획 특징은 주민총회나 주민투표로 결정되며, 계획이 매우 구체적이라는 것이다. 스위스 코뮌의 도시발전계획은 보통 건물지붕의 높이, 각도, 색깔 선정에 이르기까지 상세하게 규정한다.

3. 코뮌자치권의 백미 과세권

과세권이야말로 코뮌자치권의 백미(白眉)다. 코뮌은 공공서비스 제공에 필요한 재원을 조달하기 위해 캔톤법이 정한 범위 내에서 주민의사에 따라 정해진 세율로 소득세를 비롯해 부유세, 인두세(또는 가구세), 순이윤·자본세, 상속·증여세 등을 자유롭게 부과한다. 그 결과 코뮌의 조세수입은 대부분 소득세와 부유세로서 이중 70% 이상은 개인소득세, 약 10%는 기업이윤세가 차지한다.

코뮌이 누리는 이런 막강한 과세자치권은 중앙정부 법령이 규정한 지극히 한정된 범위 내에서 탄력세율을 정할 수 있는 우리나라 지방정부 과세자치권과 질적으로 다르다. 더욱이 최근 우리나라 중앙정부가 지방정부의 반대를 무시하고 연 2조 5천억 원에 달하는 취득세율 50%를 일방적으로 감축한 집권주의 횡포는 스위스에서는 상상할 수 없다.

연방·캔톤·코뮌 간 세금수입은 대략 30 : 40 : 30으로 배분된다. 이런 튼튼한 지방세 수입구조가 평균인구 3천 5백여 명에 불과한 코뮌정부의 평균 재정자립도를 무려 86% 수준으로 끌어올린다. 이런 건강한 스위스 지방재정은 국세와 지방세 비율이 8 : 2를 맴돌고 전국평균 지방재정자립도가 50% 대로 추락한 한국의 빈약한 지방재정과 극적 대조를 이룬다.

반면 스위스에서 연방은 연방헌법에 구체적으로 명시된 과세권만을 행사할 수 있다. 더욱이 연방의 직접세와 부가가치세 부과권한은 한시적으로 인정된다. 현재 연방이 누리는 직접세와 부가가치세 부과권한은 2004년 국민투표를 통해 다수 투표자와 다수 캔톤의 찬성으로 2020년까지 시한부로 인정된 과세권이다. 그리고 연방의 조세수입 중 소득세와 부유세는 절반을 넘지 않는다.

그리고 연방을 구성하는 26개 캔톤은 연방을 능가하는 과세자치권을 누린다. 캔톤은 연방헌법에 위배되지 않는 범위 안에서 과세권을 자유롭게 행사할 수 있기 때문이다. 그 결과 캔톤은 연방보다 훨씬 많은 조세수입을 소득세와 부유세로 거두어들인다.

이처럼 광범위한 과세권이 주어진 코뮌정부의 과세권 남용을 우려할 필요는 없다. 자신이 낼 세금을 마구 늘릴 주민은 아무도 없기 때문이다. 실제로 스위스에서는 질 높은 행정서비스가 제공되지만, 조세부담률은 OECD 평균보다 6-7% 낮다.

세금을 주민총회나 주민투표로 결정하기 때문에 코뮌의 조세수입이 현격히 낮을 것으로 걱정하는 것도 기우다. 코뮌의 평균 재정자립도는 80% 중반에 달한다. 다만 가난한 코뮌 세입의 경우 소득세 수입 이외에 캔톤정부가 배정하는 코뮌재정 균형화 교부금이 큰 몫을 차지한다.

4. 코뮌 간 재정균형화와 형식적 조세조화

부유한 코뮌과 가난한 코뮌 간 격차는 주로 세출보다 세입, 특히 부유한 납세자의 존재 유무에 기인한다. 문제는 부유한 개인 또는 기업의 존재 여부가 경관이나 광역적 경제개발 등과 같이 코뮌이 통제할 수 없는 요인이기 때문에 악순환이 발생한다. 형편이 어려운 코뮌은 주민에게 높은 세금을 부과해야 하고, 이로 말미암아 부유한 납세자가 이주하게 되어 코뮌의 어려움이 가중된다.

캔톤정부는 코뮌 간의 과도한 조세부담과 재정력 격차를 완화하기 위해 일정한 기준 이하의 코뮌에게 균형발전보조금을 지원하거나 징세노력과 재정력을 고려해 일반교부금을 지원한다. 또는 유출효과로 인해 불이익을 당하는 코뮌에게 보상 명목으로 재정균형자금을 지급하기도 한다. 예컨대 보 캔톤정부는 한동안 직접 재정보조금을 지급하는 것 외에 공동사무에 참여한 가난한 코뮌에게 재정력에 따라 13개 범주로 구분해 부족액을 차등적으로 지급하는 간접수직균형화제도를 운용했다. 그러나 이 제도가 코뮌 간 재정력 격차를 완화하는 데 효과적이지 못하다는 비판에 따라 특정 사무와 관계없이 포괄적으로 지원되는 일반교부금제도로 바뀌었다.

보 캔톤에서는 2001년 코뮌 간 상이한 세율을 단일세율로 바꾸려는 주민발안이 발의되어 캔톤의 주민투표에 부쳤지만 부결되었다(안성호, 2005: 137). 다수의 투표자가 단일세율제로 말미암아 코뮌의 과세권이 제약되고 코뮌 간 조세경쟁이 둔화되어 발전활력이 약화될 것을 우려했기 때문이다.

캔톤 간 및 코뮌 간 적정 조세경쟁에 대한 다수 스위스인의 믿음은 확고하다. 사회민주당(SP)이 설립한 SP조세연대가 "공정한 세금을 위해 조세경쟁을 멈추라."는 슬로건을 내걸고 발의한 '조세정의' 국민발안은 2010년 국민투표에서 찬성 41.5%, 반대 58.5%로 부결되었다.

1990년 제정된 조세조화법은 대강법률(Rahmengesetz)로서 캔톤과 코뮌의 입법자가 세법을 정할 때 준수해야 할 과세의무, 과세대상, 과세절차, 과세형벌 등에 관한 최소한의 일반원칙만 규정한다. 조세조화법은 캔톤과 코뮌의 과세권을 침해하는 세율, 세액, 면세액 등에 관해서는 일체 규정하지 않는다. 캔톤에 버금가는 예산주권을 향유하는 코뮌의 과세권에 대한 외부통제는 오직 다른 코뮌과의 경쟁뿐이다.

Ⅳ 코뮌의 정부형태

1. 다양한 코뮌정부형태

코뮌은 코뮌법의 범위 내에서 제각기 다양한 정부형태를 선택한다. 주민총회 중심의 직접민주주의 전통은 독일어권과 레토로만어권 코뮌에서 강하다. 반면 프랑스어권과 이탈리아어권 코뮌은 대의민주주의를 선호한다.

그러나 인구규모는 코뮌정부형태를 결정하는 가장 중요한 기준이다. 일반적으로 인구 2만 명 미만의 작은 코뮌은 주민총회와 소수의 시간제 선출직 공무원으로 구성되며, 인구 2만 명 이상의 큰 코뮌은 별도의 의회와 행정사무를 처리하는 전업 직원으로 구성된 집행부를 갖고 있다.

표 12-1	작은 코뮌과 큰 코뮌의 정부형태	
	작은 코뮌	큰 코뮌
입법기관	주민총회: 18세 이상의 주민이 참여하는 최고 입법기관으로서 매년 2-5회 개최	코뮌의회: 주민직선 의회와 주민발안·주민투표 등 직접민주제가 결합된 준(準)직접민주주의 실행
입법기관	주민총회는 행정위원회와 주민이 제출한 의안을 결정하고 모든 주요 현안을 논의	코뮌의회의 주요 사안은 반드시 주민투표에 회부되며, 그 밖의 사안도 주민 청구로 주민투표에 회부 가능
감사위원회	감사위원회: 감사위원회는 코뮌을 하나의 선거구로 삼아 주민이 직접 선출한 비정당 소속 전문가 5-7명으로 구성, 집행부로부터 독립성을 유지하며 사후감사뿐 아니라 정책형성과 예산편성 과정에서 정책제안과 조언 및 사업타당성 검토 등의 사전감사권도 행사, 의회가 설치된 코뮌의 경우 의회와 경쟁관계를 유지하면서 의회의 파당적 정당정치의 폐단을 견제	
행정위원회	행정위원회: 행정을 총괄적으로 감독·관장하는 동료제 집행기관으로서 주민이 직선한 5-10명의 행정위원으로 구성(단, 네샤텔 캔톤의 코뮌에서는 예외적으로 코뮌의회가 행정위원을 선출)	
행정위원회	행정위원은 보통 무보수 시간제로 근무하며, 행정위원의 정당소속은 중시되지 않음	행정위원은 소액의 보수를 받고 전일제로 근무하며, 행정위원의 정당소속은 다소 중시됨
행정	전부 또는 부분적으로 자원봉사자가 행정서비스를 제공	직업공무원에 의한 전문행정이 이루어짐

자료: 필자 작성.

2. 코뮌주민총회

2,324개 코뮌 중 약 5분의 4는 코뮌의 최고 입법기관으로 주민총회를 운영한다. 스위스 인구의 절반 이상이 코뮌의회 없는 주민총회코뮌(versammlungsgemeinde)에

서 살고 있다. 주민총회는 캔톤법과 코뮌조례에 따라 연간 두 차례의 정기회(예산을 다루는 정기회와 결산을 다루는 정기회) 이외 업무상 필요와 일부 유권자의 요구로 개최된다. 18세 이상(일부 캔톤에서는 16세 이상)의 주민은 매년 4-5회 열리는 주민총회에 참여할 권리를 갖는다. 일부 캔톤에서는 코뮌주민총회에 참여하는 것을 주민의 의무로 간주하여 불참하는 주민에게 소액의 벌금을 물리기도 한다.

주민은 주민총회에 참석하여 행정위원을 비롯한 주요 공직자들을 선출하고 행정위원회와 주민이 제출한 의안과 주요 법안 및 청원을 결정한다. 주민은 주민총회에서 발안권을 행사할 수 있다. 그라우뷘덴 캔톤과 발레 캔톤에서는 코뮌주민총회가 열리는 현장에서 한 명의 유권자가 발안권을 행사할 수 있다. 취리히 캔톤과 니드발덴 캔톤 등에서는 한 명의 유권자가 코뮌주민총회가 열리기 전에 코뮌행정위원회에 의안을 발의할 수 있다.

코뮌주민총회의 권한범위와 관련해 유념해야 할 점은 캔톤주민총회가 주민발안과 주민투표를 보완하는 역할을 수행한다는 것이다. 예컨대 투르가우 캔톤 소속 시르나흐(Sirnach) 코뮌의 기본조례는 코뮌총회에서 의결 또는 승인할 대상으로 ① 주민투표로 결정하지 않아도 되는 코뮌의 전반적 사항과 관련한 규정의 제정·개정·폐지 등에 관한 결정, ② 코뮌예산의 승인과 징수세율의 결정, ③ 회계연도 결산의 승인, ④ 의무지출이 아닌 신규 예산 중 1회 30만-200만 프랑의 예산지출과 5만-20만 프랑의 매년 반복되는 예산지출 등에 관한 결정, ⑤ 50만-200만 프랑 상당의 채무 청산을 위한 것이 아닌 코뮌토지의 매입·매각·교환 및 건축계약의 승인, ⑥ 코뮌기업 주식자본의 3분의 1 이상 매각, ⑦ 코뮌시민권의 수여 등에 관한 의결과 승인을 규정하고 있다.

2015년 12월 필자가 방문단과 함께 참관한 레겐스베르크(Regensberg) 코뮌주민총회를 소개하면 다음과 같다.[4]

---

4) 다음의 레겐스베르크 코뮌주민총회 참관기는 이기우 교수와 안권욱 교수의 보고서에 기초하고 필자의 관찰을 첨가해 작성한 것이다.

"레겐스베르크 코뮌주민총회"

- 레겐스베르크 코뮌 현황

레겐스베르크는 취리히 캔톤에 소속된 보통지방정부다. 면적은 2.4㎢로서 주거지 9.2%, 농경지 34%, 임야 55%, 기타 1.3%로 구성된다. 인구는 외국인 88명을 포함해 487명이며, 15세 이상 64세 이하의 실업률은 0%다. 코뮌정부의 집행부 행정위원회는 코뮌수장을 포함한 5명의 직선 행정위원으로 구성되고, 직원은 3명(전일제 2명과 시간제 1명)이다.

- 코뮌주민총회 개관

2015년 12월 16일 개최된 코뮌주민총회는 정치코뮌총회·코뮌유권자총회·초등학교코뮌총회로 이루어졌다. 총회는 오후 8시 정각에 레겐스베르크초등학교 강당에서 개최되었는데, 유권자 296명 중 63명이 참석해 참석률은 21.4%였다.

코뮌주민총회는 정치코뮌총회의 의장인 코뮌수장의 개회선언과 개회인사말로 시작되었다. 개회사가 끝나자 의결정족수 확인자의 선출이 있었다. 이어 의장인 코뮌수장의 정치코뮌총회 안건에 관한 설명이 있었다. 정치코뮌총회의 주요 의사일정은 2016년도 코뮌예산과 징수세율의 승인 및 주민질의로 이뤄졌다.

정치코뮌총회를 마친 후 코뮌유권자총회가 이어졌다. 코뮌유권자총회의 의사일정은 1일의장의 선출, 코뮌행정의원의 보궐선거, 선거위원의 보궐선거, 초등학교관리자 보궐선거 등이었다. 코뮌유권자총회가 마무리된 후 초등학교코뮌총회 유권자만 남고 다른 참석자는 회의장을 빠져나갔다.

이어 초등학교코뮌총회와 교회코뮌총회가 이어졌다. 초등학교코뮌총회와 교회코뮌총회의 의사일정은 모두 2016년도 예산 승인, 징수세율 결정, 주민질의로 이루어졌다.

이날 열린 코뮌주민총회의 핵심 의제는 2016년도 예산의 승인과 징수세율의 결정이었다. 물론 이민자의 코뮌 수용에 따른 예산문제에 관한 논의도 있었지만 종결짓지 않고 추후 논의할 과제로 남겨놓았다.

• 2016년도 예산의 승인과 징수세율의 결정

코뮌주민총회의 승인안건으로 제안된 2016년도 예산안과 지출예산을 충당하기 위해 제안된 징수세율안은 사전에 코뮌행정위원회와 회계감사위원회의 의결을 거친 것이었다. 미리 주민에게 배부된 자료집에 실린 2016년도 예산안과 징수세율안의 주요 내역은 다음과 같다.

(1) 코뮌 예산안의 승인과 징수세율증가안의 결정: 정치코뮌의 2016년도 예산안과 징수세율안의 골격은 자치·행정을 행하기 위해 소요되는 지출예산 2,092,800 프랑, 수입예산 1,656,600프랑, 2016년도 결손금액 436,200프랑, 그리고 결손금액을 충당하기 위해 징수세율 31% 증가로 추가될 예상수입 406,000프랑, 징수세율 31% 증가에도 불구하고 여전히 부족한 예산금액 30,200프랑이 코뮌 유보자금 충당으로 구성되었다. 결국 레겐스베르크 2016년도 예산은 100%의 재정자립을 계획하고 있었다. 정치코뮌총회는 2016년도 예산안과 징수세율증가안을 원안대로 통과시켰다.

표 12-2	레겐스베르크 2016년도 세입·세출예산과 징수세율조정 현황 (단위: 스위스프랑)	
구 분	금 액	비 고
총 세출예산	2,092,800	
총 세입예산	1,656,600	
총 결손금액	−436,200	결손금액 해결을 위한 징수세율의 조정 요구
징수세율 조정에 따른 추가 수입예산	+406,000	징수세율조정 31% 적용
징수세율 조정 이후 결손금액	−30,200	
코뮌 자체자금 충당	+30,200	수입예산 2,092,800(100%) = 지출예산 2,092,800(100%)

(2) 초등학교코뮌의 예산안과 징수세율안 승인: 초등학교코뮌총회는 초등학교코뮌의 세출예산 1,177,600프랑, 세입예산 500,200프랑, 결손금액 677,400프랑을 충당하기 위해 징수세율 57% 증가를 요구하는 2016년도 예산안과 징수세율 증가안을 원안대로 승인했다.

(3) 교회코뮌의 예산안과 징수세율안 승인: 교회코뮌총회는 교회코뮌의 세출예산 243,700프랑, 세입예산 147,800프랑, 결손금액 95,900프랑을 충당하기 위해 징수세율을 14% 증액을 요구한 2016년도 예산안과 징수세율증가안을 원안대로 승인했다.

　　코뮌주민총회의 참석률은 유권자의 5%−20% 정도다. 일반적으로 코뮌의 인구가 많아질수록 참석률이 떨어지는 경향이 있다. 2015년 12월 필자가 방문한 취리히 캔톤 소속 레겐스베르크(Regensberg) 코뮌(유권자 296명)의 주민총회에는 63명이 참석하여 유권자 대비 21%의 참석률을 보였다. 반면 투르가우 캔톤 소속 시르나흐 코뮌(유권자 4,777명)의 주민총회에는 143명이 참석하여 불과 3%의 참석률을 기록했다. 유권자 3%의 결정을 주민의 총의로 간주할 수 있는가? 3%의 참석률은 집회민주주의의 정당성을 의심케 했다.[5] 시르나흐 코뮌의 수장 Kurt Baumann씨는 필자의 질문에 참석률이 낮은 것은 사실이지만 아직 주민총회에서 결정된 사항에 대해 참석률이 낮은 이유로 불만을 제기한 주민은 없었다고 대답했다. "유권자 누구라도 원하면 참석하여 의견을 피력하고 다른 주민 의견도 들을 수 있는 열린 대면공간을 제공하는 것"이야말로 주민총회의 장점이라고 덧붙였다.

　　주민총회에 대한 스위스인의 남다른 애정을 엿볼 수 있는 사례가 있다. 장크트 갈렌 캔톤 소속 라펠스빌−요나(Rappesvill−Jona) 코뮌은 인구가 26,700에 달하지만 의회 대신 주민총회를 운영하는 주민총회코뮌이다. 수년 전 고질적으로 낮은 참석률이 문제가 되어 주민총회를 의회로 전환하려는 코뮌헌장개정안이 주민투표에 부쳐졌다. 그러나 '주민총회 폐지' 코뮌헌장개정안은 투표자의 절대다수(70%) 반대로 거부되었다. 코뮌시장을 역임한 Hans Ulrich Stöckling씨는 "다수의 주민이 누구라도 원하면 주민총회에 참석하여 자신의 의사를 밝히고 지방의 중요한 일을 서로 얼굴

---

5) 2015년 스위스 방문단의 일원으로 참여한 한동대 이국운 교수는 3% 참석률의 주민총회민주주의를 "주민이 몸으로 하는 대의민주주의"로 이해한다(이국운, 2016).

을 보며 논의하는 것이 의원을 선출해 맡기는 것보다 낫다고 판단했기 때문"이라고
설명했다.

3. 감사위원회

주민총회를 채택하는 코뮌은 거의 대부분 주민이 직선한 위원으로 구성되는 감
사위원회6)를 둔다. 광범위한 자치조직권이 인정되는 스위스에서 감사위원회의 구성
과 권한은 캔톤과 코뮌마다 다소 상이하다. 일반적으로 감사위원회는 집행기관을 감
시하고 주민권익을 보호하는 정치적 역할을 담당한다. 감사위원회는 독립적 지위에
서 행정위원회의 활동에 대한 평가와 대안을 제시하고 그 결과를 총회에 보고하는
역할을 수행한다.

2015년 12월 만난 프리부르그 대학 경제학부장인 Reiner Eichenberger 교수는
정당 배경이 없는, 즉 집권 야망이 없는 선출직 감사위원으로 구성된 감사위원회의
장점을 지적했다. 그는 감사위원회 제도야말로 의회에서 각 정당이 상대당의 실패가
자당에게 유리하기 때문에 의도적으로 상대당의 실패를 유도하려는 성향을 견제하
는 효과가 있다고 강조했다. 볼리비아 사례에서도 지방의회와 병렬적으로 설치된 주
민직선의 감사위원회가 지방분권개혁을 성공으로 이끈 한 가지 중요한 요인임이 확
인된 바 있다(Faguet, 2013). 코뮌 감사위원회제도는 향후 한국의 감사제도혁신에 귀
중한 시사점을 제공한다.

코뮌 감사위원회제도는 다음과 같은 제도적 특징을 지닌다(이기우, 2016).

(1) 코뮌 감사위원회는 주민이 직접 선출한 감사위원으로 구성되어 집행부에
대한 독립성을 유지한다.

(2) 코뮌을 하나의 선거구로 삼아 선출된 감사위원은 부분 선거구에서 선출될
경우 우려되는 특수이익으로부터 자유롭다.

(3) 선출된 민간 전문가로 구성된 코뮌 감사위원회는 감사의 품질을 높인다.

(4) 코뮌 감사위원회는 사후 감사에 그치지 않고 정책을 형성하고 예산안을 편
성하는 단계에서 사업의 타당성 검토와 조언이 가능한 사전 감사권을 행사
한다.

---

6) 감사위원회는 코뮌에 따라 회계감사위원회, 재정위원회, 사무감사위원회 등으로 달리 불린다.

(5) 코뮌의 감사위원회는 감사의 대상에 총괄예산뿐만 아니라 개별사업에 대한 분석, 예산안과 사업계획에 대한 지지 또는 반대 의사를 표명하거나 대안을 제시한다.

4. 코뮌의회

2,324개 코뮌 중 약 5분의 1에 해당되는 큰 코뮌은 주민총회와 함께 또는 주민총회를 대신해 의회를 갖고 있다. 코뮌이 합병 등으로 규모가 커지면서 주민총회를 대신해 의회를 설치하는 경향이 있다. 그러나 의회를 폐지하고 주민총회를 부활시킨 사례도 있다.

코뮌의회의 주요 결정은 반드시 주민투표에 회부된다. 이 밖에도 코뮌의회의 크고 작은 결정은 주민의 요구가 있는 경우 주민투표에 회부된다.

코뮌의회의원은 캔톤이나 코뮌이 정한 선거방법에 따라 다수제나 비례대표제로 선출된다. 일반적으로 캔톤법은 코뮌의회의원의 선거방법을 코뮌이 자율적으로 선택하도록 규정한다.

코뮌의회의 의원정수는 대체로 코뮌인구에 비례하며, 서부 프랑스어권 코뮌이 동부 독일어권 코뮌보다 많다. 다만 1만 명 이상 코뮌에서는 독일어권 코뮌의 의원정수가 더 많다. 이를테면 독일어권의 취리히, 바젤, 베른의 코뮌의원정수가 각각 125명, 130명, 80명인 데 비해, 서부 프랑스어권 제네바와 로잔의 코뮌의원정수는 각각 80명과 100명이다.

코뮌의회의원은 전원 명예직으로서[7] 이중 약 절반은 정당과 관련이 없는 무소속의원이다. 전체 코뮌의 절반에 해당되는 1,000명 미만의 작은 코뮌 의회의원이 정당원인 경우는 드물다.

코뮌의회의 권한은 코뮌에 따라 다양하다. 코뮌의회의 조례에는 일반적으로 경찰조례와 코뮌세금조례가 포함된다. 코뮌주민총회가 열리고 주민투표가 일상화된 스위스에서 코뮌의회의 입법활동은 활발하지 않다.

코뮌의회는 코뮌행정을 감시·감독하는 폭넓은 권한을 행사한다. 예산을 채택

---

7) 스위스에서 15만 명의 스위스 선출직 공직자 중 대다수를 차지하는 의회의원은 모두 명예직이다. 국회의원조차 다른 생업을 가진 자원봉사자들로서 회의수당 등 최소한의 금전적 보상을 받는다.

하고 결산을 승인하며, 일정액 이상 지출에 대한 재정권을 행사한다. 토지이용계획, 도로, 광장, 공공건축물 등 사회기반시설의 설치에 관한 권한도 갖는다. 코뮌 소유 부동산의 건설·해체·취득·양도를 결정한다. 코뮌의회가 특정 코뮌공무원과 목사의 임명권을 행사하는 경우도 있다. 예컨대 네사텔 캔톤에서는 코뮌의회가 행정위원을 선임한다.

5. 코뮌행정위원회

코뮌의 행정위원회는 주민이 직접 선출한 5−10명의 행정위원으로 구성된 동료제 집행기관(collegiate executive)이다. 행정위원은 투표소선거를 통해 선출되지만 주민총회를 운영하는 코뮌에서는 주로 주민총회에서 선출된다. 행정위원은 대다수 캔톤에서 다수대표제로, 주그 캔톤과 티치노 캔톤에서는 비례대표제로 뽑힌다. 행정위원의 임기는 4−5년이다.

코뮌수장은 '동료 중의 수석'으로서 행정위원회 회의를 주재하고, 코뮌정부를 대외적으로 대표하며, 작은 코뮌의 경우에 주민총회 의장 역할을 수행하기도 한다. 이밖에는 다른 행정위원과 동일한 권한을 갖는다. 종종 코뮌수장은 각 행정위원이 1년씩 윤번제로 맡는다. 수장의 임기는 2년 또는 4년이다.

코뮌행정위원회는 다양한 정치집단을 참여시키고 위원이 전문지식을 얻기 위해 산하에 집행기능을 담당하는 위원회, 예컨대 예산을 작성하는 재정위원회나 사회부조위원회 등을 둘 수 있다. 흔히 코뮌행정위원회 산하 위원회의 위원장은 행정위원이 맡고 위원은 행정위원회가 선출한다.

6. 작은 정부와 공직자원봉사

작은 코뮌이 큰 어려움 없이 기초정부로서 살림을 꾸려나가는 비결은 작은 정부를 유지하고 공직자원봉사(Milizverwaltung)를 적극 활용하는 데 있다. 현재 스위스 전체 코뮌공무원은 약 18만 명이다. 인구 40만 명의 취리히 코뮌의 공무원은 2만 명에 달하지만, 인구 487명인 레겐스베르크 코뮌은 전임직원 2명과 시간제 직원 1명뿐이다. <표 12−3>에서 보는 바와 같이 코뮌의 규모가 클수록 행정인력이 누적적으로 늘어난다. 이는 한국에서 시·군 합병으로 공무원 수를 줄여 효율성을 높인다는 합병론자의 주장을 뒤엎는 현상이다.

주당 몇 시간 혹은 며칠 동안 자원봉사로 공무를 수행하는 전통은 연방·캔톤 ·코뮌에 두루 일상화되어 있지만 코뮌 수준에서 가장 두드러진다. 작은 코뮌의 대다수 공무원은 아주 적은 수당을 받는 시간제 자원봉사자다. 현재 코뮌정부 공무원 중 94%가 다른 생업을 가지면서 시간제 자원봉사로 공직을 수행한다. 주민 1천 명 미만의 초미니 코뮌은 보통 전임직원이 행정관과 서기 단 두 명뿐이고, 나머지 선출직 행정위원을 비롯해 사회서비스요원, 소방대원, 토지이용계획위원, 교직원 등은 모두 시간제 직원이거나 자원봉사자다. 전일제로 근무하며 제대로 봉급을 받는 공무원은 인구 5만 명 이상의 큰 코뮌에서나 볼 수 있다.

표 12-3	코뮌 규모에 따른 공무원 숫자		단위: 명 (주민 100명당)
코뮌 규모	일반행정	공기업 등 외곽조직	교육분야
499 이하	2.1(0.96)	1.6(0.60)	6.2(1.63)
500 – 999	3.6(0.48)	3.3(0.47)	7.2(0.96)
1,000 – 1,999	4.7(0.33)	6.4(0.43)	13.1(0.91)
2,000 – 4,999	13.7(0.42)	19.0(0.60)	32.3(0.99)
5,000 – 9,999	45.9(0.64)	37.1(0.54)	93.1(1.29)
10,000 – 19,999	150.2(1.10)	92.6(0.71)	123.6(0.95)
20,000 – 49,999	1040.3(3.36)	206.9(0.76)	310.8(1.08)
50,000 이상	3459.0(3.22)	1412.3(1.90)	727.0(0.92)

자료: (이기우, 2014: 425).

<표 12－4>는 코뮌행정위원의 근무형태를 코뮌규모에 따라 명예직과 반일제 및 전일제로 구분한 것이다. 스위스 전체 코뮌의 16,200명에 달하는 행정위원 중 280명(2%)은 전일제로, 2,700명(17%)은 반일제로, 나머지는 명예직으로 근무한다. 코뮌정부 수장 중 80%도 시간제 공무원이다.

표 12-4	코뮌 규모에 따른 행정위원의 근무형태(2008년)					(단위: 명/%)	
	5백 미만	5백–2천	2천–5천	5천–1만	1만–2만	2만 이상	계
명예직	87.5	87.5	77.6	72.0	52.0	4.8	81.5
반일제	12.5	12.3	20.3	24.0	42.1	47.9	16.7
전일제	0.0	0.3	2,1	3.9	5.9	47.3	1.8
계	100.0	100.0	100.0	100.0	100.0	100.0	100.0

자료: (Ladner: 2008: 18).

7. 특별한 형태의 코뮌

코뮌구역을 관할하는 통상적 의미의 '정치적 코뮌' 이외 여러 코뮌에 역사적 유산으로 존치되어온 스위스 특유의 출신코뮌이 있다는 사실은 이미 앞에서 언급했다. 출신코뮌은 거주지와 상관없이 고향연고권에 근거해 구성원 자격이 주어지는 인적 사단법인으로서 재산을 관리하고 구성원을 경제적으로 돕는 사무를 수행한다.

스위스에는 이밖에도 교회코뮌, 학교코뮌, 삼림코뮌 등이 있다. 교회코뮌은 정치적 코뮌과 마찬가지로 조세권을 행사한다. 학교코뮌과 삼림코뮌은 종합행정 서비스를 제공하는 정치적 코뮌과 별도로 초중등교육과 산림자원관리를 위해 설립된 공법인이다. 학교코뮌은 취리히, 드루가우, 장크트갈렌, 아펜젤내곽, 니드발덴 등 5개 캔톤에 존재한다. 학교코뮌에 소속한 주민은 학교의회의원과 학교관리자를 선출한다. 학교코뮌 수는 그동안 상호합병이나 정치적 코뮌에 통합되어 감소되었지만 여전히 3백여 개가 남아 있다.

V 코뮌의 주민발안과 주민투표

코뮌주민의 직접참정은 주민총회, 주민발안, 주민투표, 주민소환을 통해 이루어진다. 주민총회는 보통 인구 2만 명 이하의 약 80% 코뮌에서 운영되는 집회민주제임을 이미 앞 절에서 살펴본 바 있다. 그리고 주민소환은 다수의 코뮌에서 개인이 아니

라 행정위원회 전체에 대해 인정된다. 주민소환의 효력은 주민총회, 주민발안, 주민
투표 등을 통해 주민통제가 사전에 철저히 이루어지기 때문에 그다지 크지 않다.

1. 코뮌의 주민발안

코뮌의 주민발안은 거의 모든 캔톤에서 인정된다. 다만 보 캔톤에서는 코뮌의
회의원의 선거제에 대해서만 주민발안이 인정되며, 발레 캔톤에서는 주민발안제의
도입 여부가 코뮌주민에 의해 결정된다. 의결기관의 권한을 대상으로 제기되는 주민
발안의 절차를 별도로 마련한 캔톤도 있다. 그러나 일반적으로 주민발안은 의회의
찬성으로 승인되고, 주민투표 실시 여부는 주민발안 내용이 의무적 사항인지 또는
선택적 사항인지에 따라 결정된다. 아르가우 캔톤 등에서는 단 한 명의 코뮌주민이
주민발안을 제기할 수 있다.

취리히 코뮌에서는 6개월 이내에 유권자 4천 명의 서명으로 주민발안을 제기할
수 있다. 만일 주민발안 내용이 의무적 주민투표 사항인 경우에는 주민투표에 부쳐
지고, 선택적 주민투표 사항인 경우에 코뮌의회가 결정한다. 다만 후자의 경우에 다
수 의원이 주민투표에 부치기로 의결하거나 코뮌의회 의결이 공포된 지 20일 이내
에 코뮌의회 의원 3분의 1 또는 유권자 4천 명의 청구로 주민투표에 회부된다.

심지어 취리히 코뮌의 유권자는 개인발안(Einzelinitiative)을 제기할 수 있다. 개
인발안은 125명의 의원 중 42명의 지지를 얻은 경우 행정위원회에 송부된다. 행정
위원회는 이 개인발안을 18개월 이내에 의회에 상정하기에 적합하게 만들어 코뮌의
회에 제출한다. 코뮌의회에 접수된 개인발안은 다시 코뮌의원 42명의 지지를 얻는
경우 여느 주민발안과 동일한 절차로 처리된다.

제네바 캔톤법은 프랑스어권 캔톤의 관례대로 코뮌의 주민발안제에 관해 비교
적 상세히 규정한다. 제네바 캔톤에 소속된 코뮌에서 주민발안을 제기하는 데 필요
한 청구기간과 청구서명자 수는 각각 <표 12-5> 및 <표 12-6>과 같다.

표 12-5	제네바 캔톤 소속 코뮌의 주민투표 청구기간
코뮌의 구분	주민투표 청구기간
유권자 1,000명 미만의 코뮌	의회 의결이 공포된 지 21일 이내
제네바 시	의회 의결이 공포된 지 40일 이내
기타 코뮌	의회 의결이 공포된 지 30일 이내

제네바 캔톤법은 코뮌의 주민발안 대상사무로 코뮌이 소유한 부동산의 건설·해체·취득, 도로의 개설과 폐지, 공공사업, 지역개발에 관한 조사, 공·사법에 근거한 재단의 설립, 사회·문화·스포츠·레크리에이션의 시설정비 등을 규정한다.

표 12-6	제네바 캔톤 소속 코뮌의 주민발안 청구서명자 수
코뮌의 구분	주민투표 청구서명자 수
유권자 500명 미만의 코뮌	유권자의 30%
유권자 500명 – 5,000명의 코뮌	유권자의 20%(단 150명 이상)
유권자 5,000명 – 30,000의 코뮌	유권자의 10%(단 1,000명 이상)
유권자 30,000명 이상의 코뮌	3,000명
제네바 시	4,000명

다수의 코뮌이 행정에 대한 주민발안을 인정한다. 행정에 대한 주민발안을 인정하는 코뮌에서 일정수의 유권자는 학교건립이나 쓰레기처리 같은 행정업무에 필요한 조치를 요구하는 주민발안을 제기할 수 있다. 행정에 대한 주민발안절차는 헌법과 법률에 대한 주민발안절차와 같다.

2. 코뮌의 주민투표

코뮌의회 의결은 주민투표에 종속된다. 독일어권 캔톤과 발레 캔톤에서는 의무적 주민투표와 선택적 주민투표가 인정된다. 일반적으로 캔톤법과 코뮌조례는 코뮌정부의 조직, 의회의 설치와 폐지, 세입, 세출, 조세에 관한 규칙, 코뮌합병 등에 대해서는 의무적 주민투표를, 그 밖의 사항에 대해서는 선택적 주민투표를 실시하도록 규정한다. 프리부르그·제네바·주라·네샤텔·보 등 프랑스어권 캔톤에서는 캔톤법에 따라 외국인 귀화, 예산 전체의 적부, 새로운 지출, 공무원 임용의 적부 등 행정행위에 대한 주민투표가 제한된다. 그리고 주민투표요구에 필요한 서명자 수는 캔톤법이나 코뮌조례로 정해진다. 대다수 코뮌은 일정액 이상 지출하는 사업에 대해서는 의무적으로, 일정 수의 유권자나 캔톤의회가 요구하는 경우 선택적으로 재정주민투표제가 실시된다.

취리히 코뮌은 직접민주적 개방성이 높은 의무적·선택적 주민투표제를 두루 갖추고 있다. 취리히 코뮌의 유권자는 코뮌조례의 제·개정과 중요한 공공지출을 주민투표를 통해 직접 결정한다. 일시에 1천만 프랑이 넘는 지출이나 매년 50만 프랑이 넘는 지출은 의무적 주민투표 사항이다. 의무적 주민투표 사항이 아닌 지방의회 결정에 대한 주민투표는 결정이 내려진 회기에 다수 의원이 주민투표에 부치기로 의결한 경우 또는 의회의결이 공포된 지 20일 이내에 의원 3분의 1이나 유권자 4천 명이 요구하는 경우 선택적 주민투표가 실시된다.

제네바 캔톤에 소속된 코뮌 유권자는 코뮌의회 의결이 공포된 날로부터 캔톤법에 명시된 청구기관과 서명요건에 따라 주민투표 실시를 요구할 수 있다. 캔톤법이 규정한 코뮌의 주민투표 청구기간과 청구서명자 수는 앞의 <표 12-5>와 <표 12-6>에 제시된 주민발안 청구요건과 동일하다. 주민투표에서 투표자의 과반수 찬성을 얻지 못한 지방의회 의결은 효력을 잃는다. 제네바 캔톤에 소속된 코뮌에는 오직 선택적 주민투표만 존재한다. 주민투표 대상은 확정된 예산 전체와 캔톤정부의 승인을 얻은 긴급의결 아무런 제한이 없다.

3. 재정주민투표 vs. 돼지여물통정치

스위스 재정연방주의의 두드러진 특징은 대다수 캔톤과 코뮌에서 활용되는 재정주민투표다. 동계올림픽 유치와 관련한 베른코뮌의 재정주민투표는 지방정부를 정부지원금에 지나치게 의존하게 만드는 한국의 소위 돼지여물통정치(pork-barrel politics)와 극명한 대조를 이룬다.

2002년 9월 베른시는 2010년 동계올림픽 개최지 선정 마지막 심사과정을 앞두고 대회유치 신청을 돌연히 철회했다. 이미 국제올림픽위원회(IOC)에 10만 달러를 납부했고 대회유치를 위해 노력해온 베른시가 갑자기 신청을 포기한 데는 속사정이 있었다. 베른시는 IOC가 요구하는 경기장 설치에 1천 5백만 프랑과 대회준비에 7백 5십만 프랑이 필요했다. 그런데 베른시에서는 이런 대규모 예산이 소요되는 사업은 반드시 주민투표를 통해 주민동의를 얻어야 했다.

투표운동과정에서 뜨거운 찬반토의가 전개되었다. 베른시정부와 찬성논자는 동계올림픽 유치가 베른시와 스위스를 동계올림픽의 중심지로 부각시킬 것이며, 대회 개최로 약 1천 개의 새로운 일자리 창출로 14억－26억 프랑의 순이익을 낼 것이라고 주장했다. 반면 반대론자는 베른 시재정이 동계올림픽을 개최할 만큼 넉넉지 못한 상태에서 대회를 치르려면 다른 예산을 크게 줄이고, 코뮌세금도 늘려야 하며, 대회개최로 순이익을 낼 것이라는 예측도 과장된 것이라고 반박했다.

2002년 9월 22일 주민투표가 실시된 결과, 올림픽경기장 건설사업과 대회준비사업은 각각 투표자의 77.6%와 78.5%의 압도적 다수로 거부되었다. 이에 따라 베른 시정부는 동계올림픽 대회신청을 철회했다. 동계올림픽 개최에 소요되는 경비를 개최도시가 자체 조달하고 경비조달 결정권을 주민투표로 결정하는 베른시의 불가피한 조치였다.

그러나 우리나라 평창군의 의사결정방식은 전혀 달랐다. 평창군은 동계올림픽 대회개최 경비문제를 베른시와 같이 고민할 필요가 없었다. 오히려 평창군은 동계올림픽 대회유치가 성패와 관계없이 중앙정부와 강원도의 특별지원으로 획기적 지역발전을 도모할 천재일우의 기회였다. IOC에 동계올림픽 개최지 신청하기 전 무려 3조 6천억 원의 중앙정부 자금지원 보증이 예견되었다. 이런 상황에서 대규모 스키장 시설을 갖춘 무주군이 국내신청권 확보경쟁에 뛰어들었으나 결국 국내신청권은 평창군에 주어졌다. 이어 평창군은 동계올림픽 유치경쟁에 나섰지만, 2002년 IOC는 캐나다 벤쿠버시를 2010년 개최지로 선정했다.

평창군의 탈락소식이 전해지자 차기 대회개최 신청권을 놓고 평창군과 무주군 간에 심각한 갈등이 빚어졌다. 평창군은 아깝게 실패했으니 다시 도전하겠다고 발표했고, 무주군은 지난 번 국내 신청권 경쟁 때 체결된 협약에 의해 인정된 차기대회 신청권을 양보할 수 없다고 주장했다. 이 분쟁은 양측의 극단적 대립이 격화되는 상황에서 중앙정부가 평창군에게 재도전의 기회를 주는 대신 무주군에는 국고지원으로 태권도공원[8]을 지어주겠다는 타협안을 제시하여 가까스로 무마되었다.

동계올림픽 유치경쟁이라는 미명 하에 빚어진 이 갈등은 실은 정부특혜쟁탈을 위한 소모적 이전투구 사례다. 중앙정부가 세금을 걷어 지방에 나누어주는 중앙집권적 재정운영방식에 길들여진 한국에서 정부특혜쟁탈정치의 폐해는 심각하다. 국회의원과 지방자치단체장들은 정부지원금을 챙기는 일에 골몰한다. 이들에 대한 유권자의 평가가 이들이 따온 정부지원금에 달려있기 때문이다. 그 결과, 정부지원금은 불요불급한 전시성 사업에 과잉 투자되고 재원의 효율적 배분이 왜곡되기 일쑤다. 정부지원금을 '눈먼 돈'으로 여기는 도덕적 해이가 만연하고, 정부지원금 쟁탈과정에서 빚어지는 관관부패와 지역갈등의 폐해도 막대하다.

Ⅵ 맺음말

코뮌은 스위스 번영의 요람이며 경쟁력의 발원지다. 코뮌이 스위스 번영과 경쟁력의 발원지인 까닭은 무엇인가? 그것은 '무게 중심이 아래 있는 나라'이기 때문이다. 무게 중심이 아래 있다는 것은 권력이 지방, 곧 코뮌과 주민으로부터 발원한다는 뜻이다. 그 구체적 증거는 코뮌의 막강한 과세권과 재정주민투표제도다. 바로 여기에 기업과 코뮌의 끈끈한 친화성과 글로벌 향토기업의 비밀이 숨어 있다.

취리히에 소재한 자유연구소(Leberales Institute)의 창립자인 Robert Nef는 스위스의 비밀이 "과세권을 갖는 경쟁력 있는 코뮌들의 활약"에 있다고 진단했다(Nef, 2004: 6). 실로 스위스 전체 세입의 약 30%를 직접 결정하고 징수해서 사용하는 코뮌정부는 상위정부가 남겨준 보충적 권한과 공적 자금을 운영하는 하급행정기관이 아니라 "원초적 정부"다.

2014년 1월 취리히의 주간신문 「자이트-프라겐(Zeit-Fragen)」에 '왜 스위스가 이렇게 잘 나가는가?'라는 제목의 칼럼이 실렸다. Marianne Wuethrich 박사는 이 칼럼에서 스위스의 성공요인으로 연방제, 직접민주제, 교육시스템(특히 코뮌자치)을 꼽았다. 연방제와 직접민주제는 마치 자석처럼 기업을 작은 코뮌에 끌어들여 지역사회발전에 동참하게 만들었고, 코뮌자치는 수준 높은 고등교육기관·직업학교와 함께

---

8) 2014년 무주군에는 중앙정부의 보조금으로 대단위 태권도공원이 완공되었다.

주민의 애향심과 공동체의식을 함양한 시민학교의 역할을 수행했다는 것이다.

2015년 12월 필자는 인구 487명의 레겐스베르크 코뮌을 방문해 스위스 번영의 비밀이 코뮌에 있음을 다시금 확인했다. 레겐스베르크 코뮌은 마치 수도원처럼 조용하고 쾌적했지만 역동적 저력이 느껴졌다. 작지만 위엄 있는 산마루 성채 안팎에 가지런히 늘어선 건물과 가옥, 2016년도 세금인상을 포함한 예산안을 확정한 주민총회, 소득세·법인세·부유세 등 세금을 포함해 코뮌의 주요 사안을 결정하는 주민투표, 부채 없는 건전한 코뮌재정, 실업률 0%, 행정위원·감사위원·선거위원·학교위원·부동산사정관·치안판사 등 수많은 선출직 자원봉사 공직, 4개 언어를 구사하는 자원봉사(주당 1.5일 근무) 코뮌수장, 스마트한 풍모를 풍기는 3명의 코뮌직원은 인도독립의 아버지 Mahatma Gandhi가 꿈꾸었던 마을공화국을 연상시켰다. "레겐스베르크는 정령 스위스의 북동부에 위치한 작은 나라 리히텐슈타인을 닮은 마을공화국이 아닙니까?"라는 필자의 질문에 코뮌수장 Peter Wegmüler씨는 망설임 없이 미소를 지으며 "그렇습니다."라고 수긍했다.

13

동네자치

> "타운미팅은 완벽한 자치학교다. 내가 관찰한 지방정부제도 중 타운미팅은 시민에게 가장 저렴하고 효율적이며 교육적인 최선의 정부다."　James Bryce
>
> "동네자치를 정치로 생각지 않는 통념이 지배하고 있다. 그러나 동네자치는 정치를 구경꾼정치에서 참여정치로 전환시키는 강한 민주주의의 출발점이다."
>
> Benjamin Barber
>
> "마을이 학교다."　박원순

I　머리말

　'빈곤화저성장'이 지속되는 상황에서 국민의 삶은 고달프다. 지금부터 십여 년 전만 해도 기업저축과 가계저축은 절반씩이었다. 그러나 2014년 가계저축은 20%로 줄었다. 가계부채는 눈덩이처럼 불어 2017년 1400조 원에 달한다. 2015년 청년실업률은 12.5%로 사상최고를 기록했다. 2015년 한국의 노인빈곤률은 49.6%로 OECD 국가 평균 12.6%의 거의 4배에 달했다. 자살률은 10만 명당 29.1명으로 OECD국가 평균 12.0명의 2.5배로 10여 년째 OECD국가 중 1위를 기록했다. 「2016년 세계행복보고서」는 한국의 행복도 순위를 157개국 중 58위로 평가했다.

박승 전 한국은행 총재는 빈곤화저성장의 폐단을 극복하기 위해 간접세 위주의 조세제도를 누진세율의 직접세 중심으로 고치고, 담세율도 현재 18% 수준에서 선진국 수준(25%)으로 상향 조정해 확보된 재원으로 생존·의료·교육 부문에서 모든 국민이 동일한 혜택을 받을 수 있도록 만들어야 한다고 주장했다.

그러나 경제영역에서만 해법을 찾는다면 빈곤화저성장 문제는 좀처럼 해결되지 않을 것이다. 만일 경제혁명이 민주주의를 정의롭게 만들어줄 날을 마냥 기다린다면, 아마 우리는 하염없이 기다려야 할 것이다. 정치혁명 없이 성장·재분배정책의 일대 방향전환은 불가능하다. 경제혁명에 앞서 정치혁명이 필요하다.

일찍이 인도 독립의 아버지 Mahatma Gandhi(2006: 33)는 진정한 마을자치(village swaraj)가 실현되면 "한줌의 부자는 보석으로 장식한 궁전에 살고, 수백만 명은 햇빛도 들지 않고 환기도 되지 않는 비참한 구덩이 같은 데서 사는 일이 일어나지 않을 것"이라고 역설했다. 「강한 민주주의」의 저자 Benjamin Barber(1984: xi−xviii)는 "빈곤과 불평등을 치유하는 근본 대책은 가난한 사람을 시민으로 임파워먼트(empowerment)하는 것"이며, 동네자치가 그 치유책이 될 수 있다고 강조했다.

이 장은 먼저 동네자치의 중요성과 필요성에 관한 이론적 논의를 살펴보고, 인간적 규모의 자치공동체 활성화를 가로막아온 합병편집증과 읍·면·동 천시정책을 점검한다. 이어 동네자치 실험을 고찰한 후 향후 동네자치 발전과제를 논의한다.

Ⅱ 다중심주의 동네자치 옹호론

한국의 단일중심적 소용돌이 집권체제를 지방과 시민의 다양성과 창조성을 고무하는 포용융화의 다중심체제로 전환하는 유력한 정책수단으로서 동네자치의 논거를 일별하면 다음과 같다.

1. 다중심주의 소국과민 사상

기원전 5-6세기 춘추말기 노자(老子)는 소국과민 사상을 통해 동네자치를 옹호했다. 왕실도서관 관장으로서 제왕의 통치를 자문했던 노자는 소국과민(小國寡民)의 질서를 이상사회의 토대로 생각했다. 「도덕경」 80장을 오늘날의 관점에서 풀어보면 이렇다.

> "이상사회는 소규모 공동체로 구성된다. 이런 사회에서 주민은 자동차를 이용하기보다 자전거 타기와 걷기를 즐기고, 이리저리 뜨내기처럼 옮겨 살지 않고 주인의식을 갖고 한 곳에 뿌리박고 산다. 방어와 안위를 위해 경찰과 군대를 두지만 권력 확장을 위해 폭력을 사용하지 않는다. 약속을 지키고 맛있는 음식과 아름다운 의복, 편안한 주거와 고상한 풍속을 만끽한다. 주민은 닭 우는 소리와 개 짖는 소리가 들릴 만큼 가까운 이웃과 함께 살면서 동네를 떠나지 않고 서로 사랑하며 한평생 산다."

노자는 "동네가 모여 형성된 나라(大國)는 마치 지류가 모여 형성된 강 하류와 같다."고 보았다(「도덕경」 61장). 그는 「도덕경」 17장에서 나라를 이끄는 최상의 지도자는 백성 앞에 드러나 호령하기를 삼가고 백성을 임파워먼트하는 '청정무위(淸淨無爲)의 리더십'을 발휘해야 한다고 생각했다.

2. 한국사를 지탱해온 촌회(村會)

1573년 좌의정 박순(朴淳)은 국정토론회인 경연(經筵)에서 "우리나라 풍속은 서울로부터 시골에 이르기까지 모두 동린 사이의 계인 향도(香徒)의 회(會)를 두어 제각기 약조를 세워 검칙한다."(「조선실록」 선조 6년)고 말했다. 이는 16세기 후반 조선 사회 방방곡곡에 전통사회의 지방자치 전통이 시행되고 있었음을 증언한 것이다.

90여 년 전 역사학자 안백산(1923)은 우리 민족사를 지탱해준 힘의 원천이 동네자치에 있다고 생각했다. 그는 우리민족의 지방자치 전통이 마을에 형성된 촌회(村會)와 군현 단위 양반회의체인 향회(鄕會)에 있다고 보았다. 역사학자 김용덕(1992: 42-43)은 촌회를 "극심한 정치문란과 극한적 수탈 속에서도 민족의 생존을 가능하게 한 민족적 생명력의 샘이며 뿌리"로 보고 촌회의 특성과 의미를 이렇게 평가했다.

"[조선시대] 향회가 세 번 현저한 성격전환을 겪는 동안 마을의 촌회는 향회와 느슨한 상하관계를 맺으면서 대체로 일관된 성격을 유지했다. 촌회는 촌제를 위시해 수로·농로·교량의 관리며 마을의 풍기를 세우기 위한 상벌실시, 혼상부조, 마을굿, 두레조직의 주관·운용 등 공동체적 마을자치를 꾸준하게 꾸렸다."

"[일제의 강제 합병이 강행되기 직전인 1907년] 신의주로부터 의주로 가는 길가 곳곳에는 엿과 담배 등이 들어 있는 상자가 놓여 있었다. 길 가는 나그네는 열쇠가 없는 이 상자에서 마음대로 엿과 담배를 꺼내 먹고 피울 수 있었다. 그런데 아무도 그냥 가는 사람은 없었다. 모두 먹고 피운 만큼의 돈을 상자 속에 넣고 갔다. …(중략)… 이 아름다운 미풍양속 이야기는 통감부 기관지 「조선」이란 잡지에 일본인 경찰간부 경무관 나카노(中野重光)의 기고문에 수록되어 있다. 그는 이 사실을 목격하고 '이와 같은 일은 일찍이 듣지 못한 조선인의 미풍이다. 참으로 감탄할 도리밖에 없다.'고 찬탄했다."

그러나 우리민족의 이런 소중한 공동체적 마을자치 전통은 구한말 일제의 가혹한 단일중심주의 황국식민화(皇國植民化)와 제국주의 침략으로 말미암아 철저히 파괴되었다(안성호, 1995: 76–101).

3. 온라인 소통과 동네자치

혹자는 정보통신기술의 발달이 대면(對面) 동네자치를 불필요하게 만든다고 생각한다. 온라인 소통이 오프라인 소통을 대신할 수 있다고 보는 것이다.

그러나 인터넷공동체에 관한 심층 연구결과, 사이버 공간에서 진정한 민주주의가 실현될 수 있다는 주장이 과장된 것임이 드러났다. 한때 온라인 소통이 민주주의를 꽃피우고 새롭고 활기찬 공론장을 열 것이라는 희망에 부풀었지만, 실제 온라인 소통은 무정부 상태나 독재적 구조를 조장한다(Putnam, 2009: 287).

온라인의 장점을 과신한 나머지 오프라인 소통을 무시하거나 소홀히 하는 경우 종종 부작용을 초래한다. 온라인 소통은 민감하고 복잡한 문제를 다룰 때 곧잘 소통 오류를 발생시킨다. 갈등을 이메일로만 논의하는 것은 충분한 소통은 고사하고 오히려 문제를 더욱 악화시킨다. 대면소통으로 무난히 풀 수 있는 갈등을 온라인 소통으로 해결하려다 오해와 분노를 야기하고 관계를 악화시켜 심각한 분쟁으로 비화되기 쉽다(Poe, 2003: 74-80).

정신의학자 Edward Hallowell(1999: 58-66)은 온라인 소통의 활용증대가 동기 유발과 창의성을 북돋우고 정서적 웰빙을 촉진하는 "인간적 순간(human moments)"을 앗아간다고 지적했다. 인간은 충만한 공동체적 삶을 살기 위해서 깊이 있는 만남과 끈끈한 유대를 가능케 하는 대면공간에서 직접 만나 상호작용해야 한다.

Robert Putnam(2009: 289-300)은 「나홀로 볼링: 사회적 코뮤니티의 붕괴와 소생」(2000)에서 온라인 소통이 전통적 형태의 사회적 자본을 형성하는 데 도움을 줄 수 있지만 대면 소통을 대체할 수는 없다고 역설했다. 그는 온라인 소통의 잠재적 단점으로 사이버공간에 대한 접근의 불평등성과 대면 소통의 풍요로운 비언어적 정보 유실, 인터넷을 통해 형성되는 관심공동체의 파편화로 인한 지역사회공동체의 잠식, 그리고 인터넷 소통의 상업적 동기로 인한 오프라인 참여의 위축을 지적했다.

우리는 동네자치 활성화를 위한 온라인매체의 가치가 대면 소통을 대체하는 것이 아니라 보완하는 데 있음을 기억해야 한다.

4. 세계화시대의 동네자치

시민공화주의자 Michael Sandel(2008: 124-129)은 세계화시대 동네자치의 중요성을 역설했다.

"인류애는 고상한 감성이지만, 우리는 대부분의 시간을 더 작은 연대 속에 살아간다. 이는 우리가 인류를 일반적으로가 아니라 특수한 표현을 통하여 사랑하도록 배운다는 것을 뜻한다. (건강한 민주정치를 위한 유력한 토대는) 우리가 거주하는 특정한 지역사회에서 자양분을 얻어 새롭게 부활하는 시민생활이다. 세계화시대에 동네정치는 더 중요해졌다. 오늘날의 자치는 이웃에서 국가로, 다시 세계로 나아가는 다층·다원체제에서 역할을 다하는 정치를 필요로 한다."

UN 국제지방분권지침(UN-Habitat, 2007)은 굿 거버넌스와 민주주의 기초로서 동네자치 활성화의 필요성을 다음과 같이 규정한다.

"지방자치단체는 주민이 지역사회와 동네의 발전에 참여하도록 보장해야 한다.
지방자치단체는 주민관여를 공고히 하기 위해 특정 상황에 적용할 수 있는 한
동네의회, 지역사회의회, 전자민주주의, 주민참여예산제, 주민발의제, 주민투
표제 등의 새로운 주민참여제도를 적극 활용해야 한다."

동네자치의 중요성은 동네효과(neighborhood effects)에 관한 경험적 연구에서도
입증되었다. Robert Sampson(2012)은 미국 시카고의 동네효과를 심층적으로 연구
한 후 "동네상황은 인간행동의 질과 양을 결정하는 매우 중요한 요인이다. 역사적·
거시경제적 글로벌세력이 아무리 강력하다고 할지라도 동네 메커니즘과 동네효과
를 무력화시키지 않는다."고 결론지었다. 동네상황은 개인의 선택과 지각에 영향을
미치며, 이는 다시 주거이동성, 동네구성, 사회적 동학에 영향을 미친다는 것이다.

동네효과는 한국에서도 확인되었다. 빈곤계층의 공간적 집중이 만들어낸 동네
의 사회경제적 지위는 동네주민의 자기효능감에 영향을 미치며, 동네 무질서가 주민
의 자기존중감과 자기효능감에 부정적 영향을 미치는 것으로 밝혀졌다(곽현근, 2008a:
203–224). 또 공동체의식은 빈곤가구비율이 높은 동네일수록 약해지며, 동네효과는
동네에 머무는 시간이 긴 여성과 노인에게 큰 것으로 확인되었다(곽현근, 2008b: 59–
86).

5. 사회적 자본과 동네자치

사회적 자본 연구자들은 동네자치에 주목해 왔다. Robert Putnam(2001)은 이탈
리아 남부와 북부 지방정부의 정책집행 효과를 비교한 연구에서 정책의 성패가 근
본적으로 사회적 자본의 격차에 기인한다는 사실을 발견했다. 그는 사회적 자본을
"개인 간의 관계에서 발생하는 사회적 네트워크·호혜성·신뢰 규범"으로 정의한다.
그는 오늘날 미국의 곤경이 사회적 자본의 쇠락에서 비롯된 것으로 진단했다
(Putnam, 2009: 18).

프랑스의 젊은 법률가 Alexis de Tocqueville(2009: 676)은 신생 미국을 방문하
여 미국 민주주의의 역동성과 밝은 미래가 수많은 자발적 결사체의 결성에 있음을
지적했다.

"아메리카합중국에 존재하는 정치적 결사는 이 나라에 있는 무수한 결사체들 중 한 가지 유형에 불과하다. 아메리카인은 오락을 제공하기 위해서, 학교를 세우기 위해서, 여관을 짓기 위해서, 교회를 건립하기 위해서, 책을 배포하기 위해서, 다른 나라에 선교사를 파견하기 위해서 결사체를 구성한다. 이와 같은 방법으로 병원과 교도소, 학교를 설립한다. 어떤 새로운 사업을 시작할 때 프랑스에서는 정부기관을, 영국에서는 귀족을 보내지만, 아메리카합중국에서는 반드시 어떤 결사체를 결성한다."

6. 다중심체제의 민주적 효율성

동네자치의 철학적·경험적 기반은 Vincent & Elinor Ostrom 부부의 반세기에 걸친 연구로 한층 공고해졌다. Ostrom 부부는 단일중심체제가 다중심체제보다 더 효율적이라는 "통념의 위험성"을 지적했다. Elinor Ostrom은 2009년 노벨상 수상연설에서 "그동안 수많은 경험적 연구를 통해 단일중심체제가 다중심체제보다 더 효율적인 사례를 단 한 건도 확인한 바 없다."고 강조했다.

Ostrom 부부는 다중심체제가 단일중심체제보다 민주적으로 우월할 뿐만 아니라 효율적인 까닭이 다중심체제의 민주적 효율성 기제, 즉 경쟁, 발언권, 공공혁신가 정신, 공동생산, 가외성 때문이라고 설명한다(Aligica & Boettke, 2009; 안성호, 2011: 71-78).

7. 동네자치 실험의 효과

1970년대 이후 선진국에서 시도된 동네자치 실험은 참여민주주의 실현, 공공정책과 서비스의 질 향상, 삶의 질 제고에 기여했다.

동네자치는 참여민주주의 실현에 기여해왔다. 미국 여러 도시들의 동네자치 사례를 분석한 J. Berry et al.(1993)과 K. Thompson(2001)은 동네자치가 주민참여를 활성화하고 정치적 대화와 토론을 촉진하는 데 기여했음을 확인했다.

동네자치는 공공정책과 서비스의 효율성과 질 향상에 기여했다(Chaskin, 2003: 173-174). 특히 경찰·교육서비스에 관한 경험적 심층연구는 소규모 지방정부가 대규모 지방정부보다 더 효율적이며 더 양질의 서비스를 제공할 뿐만 아니라, 작은 지역사회 주민이 정책에 대한 정보와 정책에 대한 영향력을 행사하는 방법을 더 잘 알고 있으며, 공동생산에도 더 적극적으로 참여한다는 사실을 밝혔다.

동네자치는 삶의 질을 높이는 데도 기여한다(Chaskin, 2003: 174). 지역사회조직 및 결사체 참여는 동네정체감과 정서적 연대를 강화하고 주민의 정신건강을 증진시킨다.

Ⅲ 동네자치 억제정책과 동네자치 사례

1. 합병 편집증과 읍·면·동 천시정책

지난 60여 년 동안 단일중심주의 중앙집권체제 편집증이 지속되는 가운데 읍·면·동은 천덕꾸러기 말단 하급행정기관으로 기피되고 동네자치의 가치는 도외시되었다.

1961년 5·16군사정부는 전국의 지방의회를 해산하고 주민직선으로 선출된 서울특별시장·도지사와 시·읍·면장 및 동·리장을 군사정부가 임명한 사람들로 교체시켜 4·19혁명의 여파로 전면 확대된 지방대의민주제를 일거에 파괴했다. 이어 1961년 9월 '지방자치에 관한 임시조치법'을 공포해 기초자치단체인 읍·면을 종래 시·도와 시·읍·면 사이의 중간행정기관으로 존재하던 군의 하급행정기관으로 격하시켜 읍·면자치를 전면 폐지했다.

1990년대 중반에는 군마저 규모가 작다는 이유로 시·군 합병을 강요해 기초지방자치단체의 수를 다시 40여 개나 줄였다. 그 결과, 한국의 기초지방자치단체의 평균 인구는 무려 22만 명에 이르러 세계 최대 규모가 되었다. 그런가 하면 1990년대 말 국민의 정부는 전자정부시대 행정효율을 높인다는 명분으로 읍·면·동을 폐지하려다 뒤늦게 부작용을 우려해 권한과 인력을 대폭 감축시킨 읍·면·동 기능전환정책을 단행했다.

2005년부터 정치권은 다시 시·군·자치구 수를 3분의 1로 줄이고 시·도 광역지방자치단체를 약화 내지 파괴하는 것을 골자로 하는 지방자치체제 전면 개편을 시도했다. 2006년 제주도의 4개 기초지방자치단체인 시·군이 제주특별자치도의 출범을 계기로 2개 행정시로 강등되었다. 2010년 마산·창원·진해는 110만 명의 창원시로 합병되었고, 인구 8만의 세종자치시는 단일자치계층의 광역시로 확정되었다. 2014년에는 청원군이 청주시에 합병되었다. 결국 기초지방자치단체 수는 1960년 1,469개에서 2016년 현재 226개로 대략 7분의 1로 감축되었다.

지방자치체제 전면 개편안에 대한 학계와 시민단체의 강한 반대에 부딪치자, 2010년 국회는 지방행정체제개편특별법을 제정하여 대통령자문 지방행정체제개편추진위원회가 특별법에 부합된 개편안을 만들어 대통령과 국회에 보고하도록 하였다. 정치권은 지방행정체제개편특별법을 제정하면서 시·군·자치구 합병안에 대한 반대를 무마하기 위해 '읍·면·동 주민자치 활성화' 항목을 끼워 넣었다. 그러나 불순한 입법의도가 특별법 조항에 반영되었다. 특별법은 한편으로는 읍·면·동 주민자치 활성화를 표방(제20조)하면서도 다른 한편으로는 읍·면·동의 행정기능을 지방자치단체가 직접 수행하고, 주민자치회의 위원을 지방자치단체의 장이 위촉하도록 규정(제21조)하여 자기모순을 드러냈다. 특별법 규정의 이런 자가당착은 지방행정체제개편추진위원회 근린자치분과에서 소모적 논쟁을 야기했다.

2013년 2월 지방행정체제개편추진위원회는 읍·면·동 주민자치위원회의 구성과 역할을 강화한 이른바 협력형 '주민자치회'모형을 제시하고 1년 동안 시범실시 후 보완하여 2014년 하반기부터 전국적으로 확대 시행하기로 결정하였다. 위원회가 제시한 주민자치회 설치안은 주민대표성을 강화하고 읍·면·동 업무에 대한 사전협의권을 인정한 점에서 긍정적 측면이 있지만 동네자치 진작방안으로는 미흡한 점이 많다. 더욱이 안전행정부는 주민자치회를 시범 실시하는 읍·면·동이 지역복지형·안전마을형·마을기업형·도심창조형·평생교육형·지역자원형·다문화어울림형 중 한 가지 사업유형을 선택하도록 요구했다. 안전행정부의 이 조치는 주민자치회를 읍·면·동 종합행정에 대한 협의·심의권을 갖는 대의체로 설계한 지방행정체제개편추진위원회의 원안을 변질시킬 우려가 있다.

2. 단일중심적 '책임읍·면·동제'

2015년 1월 행정자치부는 "기존 읍·면·동보다 행정과 예산 운영상의 자율권을 대폭 부여하고 그 성과에 책임지는 책임읍·면·동제"를 도입하겠다고 발표했다.

책임읍·면·동제의 원론적 도입취지는 그동안 읍·면·동 주민자치를 활성화하기 위해 읍·면·동을 준(準)자치행정계층으로 전환해야 한다는 전문가 견해에 부응하는 것이다. 그러나 유감스럽게도 이 제도의 구체적 내용은 원론적 도입취지에 역행하는 단일중심주의적 발상을 포함한다.

(1) 책임읍·면·동의 최저 인구규모를 7만 명으로 설정한 것은 동네 또는 마을 자치가 이루어지는 소규모 지역사회공동체의 특수성이 고려되지 않은 발상이다. 선진국 마을자치 인구규모는 농촌의 경우 수천 명 미만이며 도시의 경우에도 2−3만 명을 넘지 않는다.

(2) 인구 50만 명 이상의 시본청−일반구−읍·면·동 3계층을 2계층으로 축소하기 위해 2−3개 동을 합병해 대동제를 실시한다는 도식적 개편안은 지금도 수만 명에 이르는 1개 동을 2−3개씩 묶어 10만 명 규모의 대동제로 주민자치를 진작시키겠다는 비현실적 발상이다. 10만 명의 대동제 도입은 동 주민자치의 장점도 제대로 살리지 못하면서 막대한 개편비용만 소모할 것이다. 대도시 행정의 비효율 문제는 행정계층 수를 줄이기보다는 보충성원칙을 충실히 적용하여 동네분권을 강화하는 방향으로 행정계층 간 사무를 재배분하고 이에 상응해 읍·면·동 인력과 예산을 늘려야 해결된다.

(3) 2−3개 면사무소를 합병하여 일률적으로 4,000명 규모의 행정면을 만들겠다는 구상도 탁상행정의 발상이다. 선진국 농촌지역 기초정부 인구규모는 통상 수백 명에서 수천 명에 불과하다. 지방자치단체도 아닌 행정면의 인구규모를 역사성과 공동체성에 대한 고려 없이 도식적으로 재단하는 것은 권위주의적 중앙집권의 발상이라는 비판을 면키 어렵다.

3. 동네자치 사례

읍·면·동 주민자치를 활성화하려면 읍·면·동의 위상과 기능을 강화하고, 이에 상응한 인력과 예산을 배정하며, 주민참여를 진작시키는 읍·면·동 분권이 요구된다. 그러나 지난 60여 년간 정부정책은 오히려 읍·면·동의 인력·예산·기능을 시·군·자치구 본청으로 이관하고 읍·면·동 통폐합을 유도하여 동네자치를 실종시키는 결과를 초래했다.

이런 암울한 상황에서도 동네자치의 불씨를 지피는 노력이 간간히 시도되었다. 우리가 한국지방자치 미래를 비관하지 않는 것은 깊은 지하에서 금광을 캐내듯 척박한 여건에서도 동네자치 실험에 도전해온 분들의 공공혁신정신에서 미래 지방자치의 희망을 엿볼 수 있기 때문이다.

대전지역에서도 지방자치단체와 주민에 의해 동네자치 실험이 시도되었다. 대전에서 시도된 두 가지 동네자치 실험을 살펴보자.

1) 취약동네 재생사업 '무지개프로젝트' 사례

2005년 12월 대전광역시 동구와 대전대학교 지역협력연구원이 공동주관하는 동구포럼에서 동구 판암동지역의 슬럼화현상과 사회적 배제 문제가 제기된 후 지역일간지 「충청투데이」가 대전시에 소재한 영구임대아파트의 슬럼화문제를 10회에 걸쳐 다루었다. KBS도 '도심 속 그늘, 영구임대아파트를 가다'라는 제목으로 도심 슬럼화 문제를 방영했다.

2006년 7월 박성효 대전광역시장은 영구임대아파트 슬럼화 해결을 핵심 시정과제로 선정했다. 먼저 대전광역시와 자치구 공무원 171명이 참여한 3개 태스크포스와 학계 전문가와 복지기관 종사자 및 주민대표 등 19명의 자문위원회가 구성되었다. 태스크포스는 자문위원회의 지도를 받아 취약동네에 대한 집중적 행·재정지원을 통한 도시재생사업으로 무지개프로젝트를 기획했다.

2006년 9월 1단계 시범지역으로 선정된 저소득층 밀집지역 동구 판암1·2동에는 정주환경개선사업, 교육환경개선사업, 복지시설건립사업, 교육·문화·복지 프로그램 운영사업, 도서관 설치, 장애인재활센터 건립, 근린공원 조성, 환승주차장 건립, 자활지원, 악취제거사업 등 32개 사업에 총 411억 원이 투입되었다.

2007년 6월 자치구의 공모를 거쳐 2단계 사업으로 선정된 월평2동 19개 사업에 33억 원, 법1·2동 33개 사업에 278억 원이 각각 투여되었다. 2008년 9월 역시 자치구의 공모를 거친 3단계 사업으로 선정된 대동 25개 사업에 67억 원, 문창동·부사동 31개 사업에 199억 원이 각각 투여되었다. 2010년 2월 4단계 사업으로 동구 산내동과 중구 중촌동 및 서구 둔산3동 임대아파트가 선정되어 사업계획안을 마련했다. 그러나 그해 6월 지방선거에서 시장이 바뀌면서 무지개프로젝트는 쇠락의 길로 접어들었다.

약 1천억 원의 사업예산이 투여된 무지개프로젝트는 영구임대아파트 주민의 사회적 배제문제를 해결하기 위해 취약동네와 부유한 이웃동네와의 격차를 줄여 살고 싶은 지속가능한 지역사회로 만드는 장소 기반의 사회복지 실험이자 동시재생 사업으로 설계되었다. 이를테면 무지개프로젝트는 도시 안의 '외딴 섬'으로 방치된 취약동네의 삶의 질을 높여서 도시공동체성을 회복하려는 굿 거버넌스 형성사업으로 기획되었다(박성효, 2010).

이를 위해 종래의 부서할거주의 사업수행방식에서 벗어나 관련 부서가 협력해 취약동네 문제를 공동으로 해결하는 이른바 '종합적 접근방식(joined-up approach)'이 채택되었다. 아울러 동네의 필요를 충실히 반영하기 위해 해당 부서장이 직접 참여하는 주민공청회와 설명회가 수시로 개최되었다. 2009년 12월까지 3단계 무지개프로젝트 진행과정에서 10차례 주민설명회, 21회 자생단체간담회, 9회 무지개축제가 열렸다.

무지개프로젝트는 시설개선에 그치지 않고 동네사회자본 증진에 역점을 두었다. 마을신문의 발간을 비롯해 마을가꾸기 주민협의회, 주민사업단, 봉사단, 예술단 등을 통해 취약동네 주민을 조직화하고, 스스로 동네문제 해결에 나서는 계기를 만들며, 동네주민이 집단효능감을 경험하도록 유도했다. 마을축제의 개최, 종교기관·대학·언론·기업과 협력관계를 형성하고, 나아가 자문위원회와 공무원무지개 튜터단 등을 통해 취약동네와 행정기관의 관계를 강화하려고 힘썼다(안성호·곽현근·원구환·양영철, 2010: 282-289).

무지개프로젝트는 2008년 '뉴거버넌스 리더십메달,' 2009년 '대한민국 휴먼대상'을 수상했으며 250여 회에 이르는 전국 및 지방언론 보도를 통해 널리 알려졌다. 2009년 9월 17일자 「한국일보」는 대전 영구임대아파트단지에 "작은 기적이 벌어지고 있다"는 현장르포기사를 실었고, 2010년 4월 「오마이뉴스」는 특집으로 무지개프로젝트 사례를 소개했다.

무지개프로젝트는 기존 거주자를 몰아내는 뉴타운식 도시재개발방식의 문제점을 극복하고 취약동네를 이웃동네와 융화시키는 새로운 도시재생방식으로서 국내외적으로 벤치마킹의 대상이 되었다.

2) 주민학습조직 '새울아카데미' 사례

2005년 6월 대전광역시 동구와 대전대학교 지역협력연구원이 공동주관하는 동구포럼은 동구, 특히 용운동의 숙원사업인 '동부순환도로의 조기개통'을 주제로 정책세미나를 개최하였다. 이 자리에는 동구 지역구 국회의원, 동구청장과 직원, 대전광역시 도로과장을 비롯한 관계 공무원, 대전대 관계자, 용운동 주민자치위원회 위원과 용수골 개발추진위원회 위원, 용운동과 가양2동 주민대표 등 200여 명이 참여하였다. 같은 해 8월 동구포럼 대표와 용운동 주민대표가 세미나 결과를 정리한 건의문을 대전광역시장을 방문해 전달했다. 이런 일련의 노력이 결실을 맺어 동부순환도로가 조기 완공되었다.

주민이 힘을 모아 이룩한 동부순환도로 조기 개통으로 집단효능감을 경험한 용운동 주민은 동구포럼을 통해 낙후지역인 용운동의 다른 숙원사업을 공론화시키고 행정당국의 관심과 예산지원을 얻어내고자 연 5−6회 개최되는 동구포럼 세미나에 적극 참여했다. 이런 참여가 결실을 맺어 수년 동안 용수골대학촌 야외공연장 개설과 전선지중화, 대전대학교 잔디구장 개설과 개방, 한전 변전소 설치에 대한 반대급부로 용수골공연장 화장실 설치, 용운동 주민센터 옥상 헬스장 설치, 국제수영장 용운동 유치 등 용운동 현안을 해결할 수 있었다.

2008년 말 그동안 용운동 숙원사업 해결에 앞장서온 백무남 전 주민자치위원장과 성도경 주민자치위원장이 인종곤 동장과 함께 필자의 연구실을 방문했다. 필자는 이들과 용운동 발전을 위해 논의하는 과정에서 주민학습조직으로 주민자치대학의 개설을 제안했다. 이들은 이 제안을 기쁘게 수용하고 약 반년 동안의 준비과정을 거쳐 2009년 9월 15일 '새울아카데미 주민자치대학'을 출범시켰다.

새울아카데미의 건학이념은 '평생학습, 창의사고, 무실역행으로 행복한 동네자치 실현'으로 설정했다. 전 한국수자원기술공단 사장을 역임한 백무남 씨는 새울 아카데미 학장을, 성도경 씨와 최경진 씨는 공동위원장을 맡았다. 그리고 행정실장과 총무 및 학생회장을 선임했다. 필자와 이창기 대전대 교수는 자문위원으로 돕기로 약속했다.

1년 2학기제(1학기 3−6월, 2학기 9−12월)로 운영되는 새울아카데미의 수업은 매주 화요일 오후 2시−4시까지 2시간 동안 대전대 교수를 비롯해 사계 전문가, 언론인, 변호사, 시민운동가 등을 초청하여 정치, 지방자치, 경제, 사회, 국제문제, 역사, 문화 등 광범위한 분야에 걸쳐 특강으로 구성된다. 수업장소는 용운동 주민자치센터로 하고, 경비는 매학기 1인당 4만원의 회비와 기부금 등으로 충당된다. 2010년부터 동구청으로부터 지원받은 연 400만-530만 원의 보조금은 강사료로 지급되었다.

2009년 9월 15일 새울아카데미가 개설된 이후 2017년 9월 26일까지 17학기 302회째 특강이 실시되었다. 수업에 참여한 주민의 수는 매회 평균 50-80명이다. 이밖에 새울아카데미는 정규 강좌 외에 한 학기 1회 이상 현장체험학습을 실시해왔으며, 여러 차례 정책세미나와 수강생 자유토론 콘서트를 개최했다.

새울아카데미는 강의를 듣고 토론하는 데 그치지 않고 지역사회의 현안과 숙원사업을 논의한 후 관련 행정당국에 건의 또는 요구하는 방식으로 지역사회발전을 도모했다. 최근에도 하나은행 용운동지점 폐쇄결정 번복, 용운동 치안센터 부활, 문충사 잔디광장 조성, 용운동-대청호 둘레길 조성 등을 이루어냈다. 2016년 4월 초 새울아카데미가 유치운동을 전개해온 대전시립병원 입지로 용운동이 최종 확정되었다.

주민은 새울아카데미를 통해 "세상을 보는 눈이 달라졌으며, 가정을 지혜롭게 꾸려가는 데 큰 도움이 되었고, 동네를 위해 봉사하고 싶은 마음이 생겼으며, 독서에도 관심이 생겼다."고 자평했다. 새울아카데미는 동네 현안과 숙원사업을 상의하고 해결하는 데 앞장섰다. 이런 성과를 인정받아 2011년 대전광역시 주민자치센터 우수사례로 선정되어 상금 1천 5백만 원을 받았고, 2012년 '대전참여자치시민연대 시민대상'을 수상했다. 2014년에는 새울아카데미 백무남 학장이 대통령상을 수상했다.

Ⅳ 동네자치의 발전과제

추상적으로 평등은 시민을 창출하지만, 실제로 평등을 가져다주는 것은 시민정신이다. 시민정신은 공동체와 자유를 체험하는 동네자치에서 함양된다. 우리는 동네자치를 정치의 출발점으로 간주해야 한다. 동네자치를 통해 '구경하는 정치'에서 '참여하는 정치'로 정치의 성격을 바꾸는 정치혁명을 시작해야 한다. 정치와 정치혁명의 출발점인 동네자치를 진작하려면 누가 무엇을 어떻게 해야 하는가?

1. 패러다임의 전환: 단일중심주의에서 다중심주의로

한국은 평균인구 22만 7천 명에 달하는 세계최대의 기초정부를 가지고 있으면서도 기초정부 산하 읍·면·동은 자치적 권능이 결여된 일선행정계층에 불과하다. 한국 지방자치가 주민생활 속에 뿌리박지 못하고 있는 중요한 이유 중 하나는 바로 이 때문이다. 따라서 읍·면·동의 동네자치 활성화는 자치공동체운동의 최우선 과제라고 할 수 있다.

동네자치를 진작하려면 먼저 헌정질서를 바라보는 세계관의 변화, 곧 단일중심주의 패러다임에서 다중심주의 패러다임으로 일대 전환이 필요하다. 아직도 한국의 헌법질서를 규정짓는 승자독식과 단일중심의 소용돌이 집중제에서 벗어나 포용융화와 다중심의 권력공유제로 전환하는 사고방식의 개조가 필요하다.

근래 정부는 읍·면·동 수준에 대의민주제적 성격을 띤 '주민자치회' 모형을 시범실시하고 '지역공동체 활성화 기본법(안)'을 마련하는 등 오랜 세월 고질화된 읍·면·동 천시정책에서 벗어나려는 변화가 감지된다. 그러나 정부가 마련한 구체적 시행지침을 검토해보면 아직도 단일중심주의적 세계관에 얽매여 있음을 확인할 수 있다.

동네자치 활성화는 현행 지방자치체제가 안고 있는 단일중심성을 완화하고 정치행정과 사회의 다양성과 창조성을 고무하기 위한 헌정개혁과제다. 정부는 하루속히 지방자치단체와 주민의 동네자치 실험을 가로막는 단일중심주의 제도와 관행을 탈피하여 동네자치 혁신을 장려하는 다중심주의 지원책을 도입해야 한다.

그동안 동네자치 활성화 지연의 일차적 책임은 정부에 있지만 지방자치단체와 주민의 책임도 전혀 없지 않다. 지방자치단체와 주민도 제한된 법제에서라도 좀 더 근본적 읍·면·동 혁신에 나서지 못한 책임을 반성해야 한다. 대전시의 무지개프로젝트와 용운동의 새울아카데미는 동네자치 혁신사례로서 나름대로 소중한 경험을 축적했지만 읍·면·동의 구조개혁에 기초한 동네자치 활성화에 이르지는 못했다.

2. 읍·면·동을 준(準)자치행정기관으로

동네자치를 민주정치의 초석으로서 헌법질서에 제도화하기 위해서는 읍·면·동을 적어도 준자치행정계층으로 전환하는 다음과 같은 동네분권개혁이 필요하다.

(1) 지방분권과 더불어 기초지방자치단체 수준에서 읍·면·동 분권을 추진한다. 읍·면·동 분권은 보충성원칙에 입각해 시·군·구 본청에서 수행하는 사무 중 시·군·구 전체의 광역적 행정수요에 부응해야 하는 사무, 읍·면·동에서 처리하기 곤란하거나 비효율적이라고 명백히 인정되는 사무, 시·군·구 차원에서 통합·조정이 요구되는 사무, 시·군·구 전체의 전략적 정책수립이나 집행이 요구되는 사무 등을 제외한 시·군·구 본청의 사무를 대폭 읍·면·동 사무로 이관한다.

(2) 읍·면·동 자치재원의 확보를 위해 주민세를 읍·면·동세로 전환하여 주민투표로 결정한다. 읍·면·동 인력은 일단 기존 공무원 정원을 늘리지 않는 범위 내에서 시·군·구 본청의 내부 결제계층을 줄이고 관리·간접인력을 축소시키는 대신 읍·면·동 대민 현장인력을 늘린다.

(3) 읍·면·동 주민자치기구로 주민자치회를 구성한다. 주민자치회에 총회와 운영위원회를 설치하고, 총회 회장은 주민이 직선하고, 운영위원회는 통·리 단위로 주민이 추천 또는 선출한 위원 2분의 1, 위원공모에 자천한 주민 중 추첨으로 선정된 주민, 주민조직 대표, 관내 사업자 등으로 위원선정위원회의 심사를 거쳐 20-30 규모의 위원으로 구성한다.

(4) 읍·면·동 주민자치회는 읍·면·동사무소 정책의 우선순위결정권, 읍·면·동사무소와 구청 직원의 출석 및 보고 요구권, 읍·면·동사무소 예산편성권, 읍·면·동 발전계획의 수립 및 평가권, 시·군·구의 토지이용계획 및 발전계획에 대한 의견제시권을 갖는다.

(5) 읍·면·동장은 주민이 직선하거나 시장·군수·구청장이 추천한 인물을 읍·면·동 주민자치회의 동의를 얻어 임명한다.

(6) 읍·면·동 주민자치 활성화를 위해 주민이 읍·면·동에 부여된 권한을 주민총회, 주민투표, 주민발의, 주민참여예산, 전자민주주의 등을 통해 직접 결정할 수 있는 직접참정제도를 확충한다.

(7) 중앙정부는 지방자치와 다중심거버넌스의 원리에 부합되는 읍·면·동 정책의 기본 방향과 방침을 제시하고 이를 촉진하기 위해 법제를 정비하고 행·재정적으로 지원한다. 읍·면·동 자치의 구체적 시행방안은 읍·면·동 주민에게 자치조직권을 부여해 다양한 제도적 실험을 유도한다.

3. 동네자치 운영과 관련된 발전과제

앞 절에서 살펴본 동네자치 사례를 비롯해 국내외 동네자치 사례연구에 기초해 동네자치 운영과 관련된 발전과제를 제시하면 다음과 같다.

(1) 동네의회 등 동네결사체와 동네주민조직에 참여하는 주민의 사회경제적 편향성 문제는 동네자치의 정당성과 책임성을 약화시킨다. 일반적으로 동네자치에 참여하는 주민은 사회경제적 지위가 중상위에 속한다. 소외된 주민이나 참여하지 않는 주민을 참여자로 만들기 위한 세심한 노력이 필요하다.

(2) 동네자치는 주민이 서비스 및 예산 배분권을 갖지 못하는 경우 활성화되기 어렵다. 행·재정적 권한이 없는 동네자치 프로그램은 주민의 관심과 참여를 이끌어내지 못한다. 동네자치의 중심인 민주주의 공간은 구성원이 참여의 효능감을 느낄 수 있을 정도로 강력해야 한다.

(3) 동네자치 챔피언을 육성하는 동네자치 리더십 교육훈련 프로그램이 필요하다. 동네자치 모범사례의 중심에는 언제나 동네자치 실험에 열정적으로 헌신하는 동네자치 챔피언이 존재한다. 동네자치를 활성화하기 위해서는 선구적 혁신자를 체계적으로 양성하는 동네자치 교육훈련 프로그램이 필요하다.

(4) 동네자치 담당 공무원을 비롯한 모든 공직자에 대한 동네자치 리더십 프로그램이 필요하다. 특히 동네자치로 정치적 경쟁자가 나타나고 주민의 불만 토로와 요구가 늘어날 것을 우려하는 공무원을 교육시키는 일은 동네자치 활성화에 필수적이다.

(5) 의사소통 통로를 다양화할 필요가 있다. 동네주민 간의 대화를 촉진하고 동네문제와 동네계획을 상의하며 논의할 의사소통 통로로서 동네결사체 및 주민조직의 참여와 동네소식지 발간뿐만 아니라 온라인 기술을 활용한 전자민주화도 필요하다.

(6) 동네의회와 다른 동네주민조직 사이에 야기되는 대립과 갈등을 해결하는 지역사회 역량을 기르고 협력의 문화를 조성하는 노력이 필요하다. 협력과 상생의 문화 정착은 민주적 리더십 훈련 프로그램을 통해 촉진될 수 있다.

(7) 주민이 주도하는 상향방식과 정부나 지방자치단체가 주도하는 하향방식의 적절한 결합과 조화가 필요하다. 상향적 방식으로만 추진되는 동네자치는 정부나 지방자치단체가 외면하여 동력을 잃기 쉽다. 하향적 방식으로만 추진되는 동네자치 역시 주민의 자발적 호응을 받지 못해 성공하기 어렵다. 정부나 지방자치단체의 정치적 의지와 주민의 자발적 참여가 함께 어우러져야 한다.

(8) 은퇴한 노인은 동네자치의 가장 소중한 인적 자원이다. 민주주의는 무엇보다 시간을 필요로 하는데, 은퇴한 노인은 시간적 여유가 있다. 노인은 오랜 연륜에서 터득한 기량과 지혜도 갖추고 있다. 노령사회에 다가선 한국사회에서 동네자치의 미래는 은퇴노인의 활약에 의해 크게 좌우될 것이다.

(9) 청소년은 동네자치의 또 하나의 숨겨진 잠재력이다. 청소년은 동네발전에 기여할 아이디어와 에너지를 보유하고 있지만 지금까지 보호와 시혜의 대상으로서만 간주되어 왔다. 더욱이 이들은 미래의 동네를 이끌어갈 동네주민이다. 영국 잉글랜드의 Barnsley는 13－19세의 청소년이 직선한 '청소년의회'를 만들어 3주에 한 번씩 회의를 거쳐 논의한 결과를 지방의회에 전달하는 절차를 마련하고 있다.

(10) 동네자치는 오랜 시간이 걸리는 사회적 학습과정이다. 주민의 관점과 태도가 변하고, 주민 상호 간, 주민과 정부 간에 민주적 관계와 신뢰가 쌓이는 데는 시간이 걸린다. 따라서 동네지도자들과 정부 및 지방자치단체는 동네자치 장기발전계획을 마련하고 꾸준히 실천하는 끈기 있는 실천력이 요구된다.

(11) 동네자치 프로그램을 지원하는 종자돈이 필요하다. 이 종자돈은 일차적으로 정부나 지방자치단체가 제공해야 한다. 자선단체의 지원금이나 동네주민이 마련한 기금도 동네자치 프로그램의 소중한 재정적 원천일 수 있다.

(12) 동네자치를 촉진하는 강력한 정치적 챔피언이 필요하다. 지방자치단체의 관할권 전반에 걸쳐 동네자치가 활성화된 국내외 사례의 한 가지 공통점

은 동네자치를 선도하고 적극 지원하는 정치적 챔피언, 특히 지방정부의 수장이 존재한다는 것이다.

PART **5**

분권국가의 국방과
동아시아 평화

CHAPTER 14 스위스 고슴도치국방의 교훈
CHAPTER 15 동아시아 평화만들기와 지방외교
[보론] Towards an East Asian Charter Campaign
on Decentralization

"언제나 스스로 잘 다스리는 인민은 결코 지배를 당하지 않는다."

_Jean-Jacques Rousseau

"모두를 위해 정의롭고 지속가능한 세상을 만드는 리더십은 보통 사람의 창조
적 노력과 정치적 행동주의를 통해서 아래로부터 발휘될 수 있으며 또 발휘
되어야 한다."

_David C. Korten

CHAPTER

14

스위스 고슴도치국방의 교훈[1]

> "사회의 안전보장은 항상 대다수 구성원의 상무정신에 달려 있다. 만약 모든
> 시민이 군인정신을 가지고 있다면 분명 적은 상비군만으로도 충분하다. 게다
> 가 시민의 군인정신은 자유에 대한 위험을 필연적으로 훨씬 감소시킬 것이다."
> Adam Smith
>
> "스위스가 다른 나라에 없는 저항의지와 수단을 가졌던 까닭은 무엇인가? 그
> 것은 스위스가 군주국이 아니라 지방분권적 연방주의와 직접민주주의, 그리
> 고 시민군을 가진 공화국이었기 때문이다."
> Stephen Halbrook

I 한국은 동아시아의 스위스가 될 수 없는가?

2011년 10월 9일 한국을 방문한 현실주의 국제정치학자 John Mearsheimer 시카고대 교수는 한국을 폴란드와 함께 전 세계에서 지정학적으로 가장 불리한 위치에 있는 나라로 지목했다. 그는 강대국에 포위된 이 두 나라가 한때 지도에서 완

---

1) 이 장은 필자의 논문 [안성호. (2012). 읍·면·동 풀뿌리자치와 향방전력 강화방안: 스위스 2차
대전 '고슴도치 국방'의 교훈. 「한국지방자치학회보」. 24(1): 47-76.]을 수정·보완한 것임.

전히 사라진 적이 있는 것은 결코 놀라운 일이 아니라고 강조했다. 그는 "지금 한국은 특히 중국의 부상으로 매우 위험한 상황에 처해 있다."고 경고했다(「중앙일보」 2011년 10월 9일자 12면).

「강대국의 흥망」을 저술한 역사학자 Paul Kennedy 예일대 교수는 2010년 8월 27일자 「뉴욕타임즈」에 기고한 칼럼에서 "한국은 동아시아의 스위스가 될 수 없을 것"으로 전망했다. 그는 한국이 지난 반세기 동안 놀라운 경제성장을 달성했고, 이런 추세라면 2050년 1인당 GDP로 독일·프랑스·일본을 제키고 세계 2위로 부상하겠지만, 지리적·지정학적 국방·안보의 취약성 때문에 경제적 번영이 실현될 가능성은 희박하다고 보았다. 한국은 지리적으로 높은 산마루에 위치한 스위스와 같은 국방·안보의 이점도 없고 지정학적으로도 우방국에 둘러싸인 스위스와 달리 세계에서 가장 호전적인 북한과 미국·일본·중국·러시아 4대 강국의 전략적 이해관계가 교차하는 동북아의 십자로에 위치하고 있음을 강조했다. 따라서 그는 한국의 미래가 결국 "자신의 노력보다 주변 강대국에 의해 결정될" 것으로 비관했다.

세계정치사를 돌이켜볼 때 한국의 지리적·지정학적 딜레마는 유별난 것이 아니다. 수백 년 동안 서유럽의 저지대에 위치한 나라는 강대국의 각축장이었다. 플랑드르와 폴란드-리투아니아, 롬바르디아 평원이 얼마나 자주 강대국의 침공에 시달렸는지 헤아리기조차 힘들다. 소국은 본질적으로 안보의 소비자일 수밖에 없다. 불평등한 세계에서 스스로를 방어할 수 없는 소국의 운명은 강대국의 패권적 국제질서에 좌우될 수밖에 없기 때문이다. UN 창설자는 강대국이 평화유지를 위해 노력하는 규제된 세계질서를 원했다. 하지만 강대국이 이런 책임을 통감하고 평화체제를 구축한 사례는 드물다. 강대국은 거의 언제나 이기적으로 행동했다. 이런 냉엄한 국제정치 현실에서 한국은 국방·안보 취약성이 경제적 번영을 제약하는 소국의 운명을 벗어나기 어렵다는 것이 Kennedy의 전망이다.

과연 한국은 지리적·지정학적 국방·안보의 치명적 취약성 때문에 동아시아의 스위스가 될 수 없는가? 필자는 이 질문에 대한 긍정적 대답을 스위스의 2차대전 고슴도치국방을 벤치마킹하는 데서 찾을 수 있다고 생각한다. Hitler의 침공에 직면해 강대국 프랑스를 포함한 서유럽국가의 지배엘리트는 공포에 떨며 개전하기도 전 또는 개전 후 몇 주 내에 항복했다. 그러나 소국 스위스의 지도자와 국민은 주변 국가와 달리 행동했다. 스위스 연방정부와 군 지도부는 Hitler의 어떤 위협과 침공에도 결코 항복하지 않을 것이며, 향후 전단이나 라디오 등을 통해 스위스가 항복했다는 정보를 접하면 그것이 적의 농간임을 국민에게 공지시켰다. 수십만의 스위스 시민군과 국민은 알프스 산록의 2만 2천 개 지하벙커에서 결사항전의 전의를 다졌고, 전시 식량자급을 위해 공원과 개인정원까지 갈아 곡식 씨앗을 심었다. 스위스의 이런 철통방위로 Hitler는 이탈리아 전선에서 연합군과 사투를 벌이는 동안에도 독일과 이탈리아 전선을 잇는 최단 보급로 중간에 위치한 스위스를 침공하지 못했다. 가공할 나치 군대의 침공으로부터 독립과 자유를 지킨 이 전설적 스위스 항전경험은 세계에서 가장 호전적인 북한의 군사적 위협 속에서 신냉전 전선과 복잡한 이해관계로 갈라진 미·일·중·러의 틈바구니에서 안보와 국방을 다지면서 경제적 번영을 도모해야 하는 한국에게 귀중한 교훈을 시사한다.

역사학자 Stephen Halbrook은 스위스가 2차대전 때 나치군대의 침공야욕을 꺾은 철통국방의 비결이 행운이나 지리적·지정학적 이점 때문이 아니라 국민과 군대가 일체를 이룬 시민군과 나라의 무게중심이 지방과 시민에게 있는 정치체제에서 비롯된 스위스인의 뜨거운 향토애와 결사항전 의지에 있다고 지적했다(Halbrook, 2000: 249-253). 이 지적은 한국의 지성이 경청해야 할 귀중한 조언이다. 물론 오랜 세월 소용돌이 집중제가 지속되고 북한의 위협에 대비해 상비군제도를 유지해 온 한국이 준직접민주주의를 실행하는 연방국가로서 소수의 직업군인과 수십만의 시민군을 운영하는 스위스를 그대로 모방할 수 없다. 그러나 스위스 고슴도치국방의 비결은 4대 강국의 틈바구니에서 도발적 북한에 대응하면서 평화와 자유를 수호하고 통일을 달성해야 하는 한국이 헌법질서를 재정비하고 국방·안보대책을 강구할 때 참고해야 할 귀중한 사례다.

이 장은 히틀러의 침공야욕을 좌절시킨 스위스의 고슴도치국방의 실태와 특징을 살펴본 다음, 스위스 국방의 비결을 벤치마킹해 헌법질서, 특히 읍·면·동체제의 재정비방안과 향토방위전력의 강화방안을 제시한다.

Ⅱ Hitler의 침공야욕을 꺾은 고슴도치국방

스위스가 2차대전의 전화를 면할 수 있었던 것은 친(親)나치정책 때문이었다고 힐난하는 사람들이 있다. 그러나 스위스의 나치정책에 대한 이런 문책은 온당치 않다(Kreis, 1998; Halbrook, 2000). 스위스인은 Hitler정권과 결코 타협하지 않았으며 침공위협에 결사항전의 각오로 저항하여 자유와 독립을 지켰다.

물론 스위스가 중립정책을 표방하면서 금괴구매, 은행거래, 무기판매, 난민의 제한적 수용, 휴면계좌 등으로 인도주의와 국제적 도의보다 국익을 앞세운 증거가 있다. 이런 도덕적 흠결이 다른 나라 기업, 심지어 미국 주정부에도 있었다는 사실[2] 이 2차대전 중 스위스 대외정책의 도덕성 하자에 대한 면죄부가 될 수는 없다.

그러나 스위스는 <표 14-1>에서 보는 바와 같이 유태인 박해정책을 펴던 나치 독일의 심기를 거슬려 1933년부터 1945년까지 인구 대비로 가장 많은 독일출신 유태인 난민을 받아들인 나라였다. 더욱이 2차대전 전부터 나치스의 위험에 대항해 중무장한 첫 번째 나라로서 연합국을 도와 자유와 민주주의 수호를 위해 나치독일과 싸웠던 스위스의 공적이 과소평가되어서는 안 된다. 2차대전을 연합국의 승리로 이끈 Winston Churchill은 회고록에서 전쟁 중 스위스의 역할을 높이 평가했다(Churchill, 1954: 616).

"1944년 연합군이 독일 정복작전을 수행할 때 스위스는 다른 중립국과 달리 행동했다. 스위스는 독일과 같은 민족임에도 불구하고 알프스 산속에서 자기 방위를 위해 독일군에 항전했으며, 사상적으로도 대체로 우리 편에 서서 자유를 수호한 민주국가였다."

2차대전 발발 직전 나치독일이 같은 게르만 민족의 오스트리아를 강제 병합하자, 총인구의 약 70%가 게르만 민족으로 구성된 나라인 스위스의 연방의회는 스위스가 결코 오스트리아와 같은 운명에 처하지 않을 것이며, 침략 당할 경우 결사 항전하겠다고 결의했다. 곧 이어 독일군이 독일어권 체코슬로바키아를 침공했을 때,

---

2) 2차대전 중 스위스 이외에 도이치뱅크, 포드자동차, 알리앙즈, 제네럴모터즈 등이 나치 정권과 불미스런 거래를 통해 이익을 도모했다. 심지어 미국의 뉴욕 주정부도 귀속재산법을 재정하여 미국으로 이전된 유태인 학살자금의 대부분을 챙긴 것으로 드러났다(Fossedal, 2002: 215).

표 14-1	국가별 독일출신 유태인 난민 수용자 수(1930년도 인구기준으로 1백만 명당)

(단위: 명)

국 명	1933년-1938년	1933년-1945년
미 국	650	900
영 국	1,400	1,600
스 웨 덴	550	1,500
프 랑 스	850	1,100
네덜란드	1,000	–
벨 기 에	1,700	1,900
스 위 스	2,200	8.100

자료: (Fossedal, 2002: 227).

스위스 연방정부는 전국 교통망 요소요소에 폭발물을 설치했다. 식량을 비롯한 주요 자원의 대부분을 수입해 살아가던 스위스는 전쟁이 시작되기 1년 6개월 전부터 전시동원경제를 관리하는 정부기구를 구성하여 전쟁에 철저히 대비했다.

1939년 8월 28일 독일·프랑스·영국이 군대동원령을 내리자, 스위스는 즉시 국경수비대를 소집했고, 29일 준전시동원령을 발했다. 30일 스위스 연방의회는 연방내각에 비상권한을 부여하고 전쟁을 지휘할 Henri Guisan 장군을 선출했다. 31일 연방내각은 스위스의 엄정 중립을 선언했고, 9월 1일 총동원령을 발했다. 9월 2일에는 인구의 10%가 넘는 45만 명의 스위스 장정이 소집되었다. 종군기자 William Shirer는 당시 상황을 다음과 같이 송고했다(Shirer, 1941: 114).

"스위스는 전체 인구의 10분의 1을 무장시키고 있다. 이는 세계 최고의 국민 무장률이다. 스위스 국민은 자신들의 삶의 방식을 수호하기 위해 항전태세를 갖추고 있다."

1940년 독일군이 서유럽 대부분을 점령하기 몇 주 전 한 종군기자는 다음과 같은 기사를 썼다(Shirer, 1941: 137).

"독일군은 가공할 병력으로 네덜란드를 쉽게 접수할 수 있을 것이다. 그러나 독일군이 스위스를 굴복시키기는 어려울 것이다. (이 점을 잘 알고 있는) 독일군이 스위스 침공을 감행할 것인지는 분명치 않다."

프랑스가 Hitler군대에 항복하기 직전 Guisan 장군은 스위스 병사들에게 다음과 같은 결사항전 명령을 내렸다.

"각 전사가 오직 혼자 살아남았을 경우에도 배정된 위치에서 싸우는 것은 양심의 의무다. 보병은 포위되었을 때 탄약이 떨어질 때까지 그 자리에서 싸워야 한다. 탄약이 떨어지면 총검으로 싸워야 한다. 탄약이나 사용할 무기가 있는 한 절대 항복해서는 안 된다."

전쟁이 시작된 이듬해인 1940년 초여름 프랑스는 나치독일에 무릎을 꿇었다. Hitler와 동맹을 맺은 파시스트 Mussolini의 이탈리아는 독일의 괴뢰였다. 이제 온통 적국으로 둘러싸인 스위스는 고립무원 상태였다. 언제라도 나치독일은 동맹국인 이탈리아에 이르는 최단 보급로 중간에 있는 알프스 터널을 보유한 스위스를 침공할 기세였다. 독일어를 사용하는 게르만 스위스인의 인종적 연대감 결여와 스위스 언론의 반(反)나치 보도에 화난 Hitler는 자신이 "스위스인의 도살자"임을 자인하면서 "유럽의 얼굴에 난 여드름"처럼 혐오스런 스위스를 "깨끗이 청소해버리겠다."고 공언했다.

1940년 Hitler와 Mussolini는 면담에서 자신들이 설정한 새로운 유럽질서에 대해 "건방지게 도전하고 유태인을 보호하는 방자한 행위를" 자행하는 스위스를 침공하는 문제를 상의했다. 그해 말 Hitler는 스위스의 정밀기계 제품이 영국에 공급된다는 정보를 입수하고 분노하며 예하 장군에게 당장 스위스 침공계획을 세우도록 명령했다. 1941년 Hitler는 Mussolini를 만나 스위스의 무례한 행동에 격노하면서 스위스를 "게르만 민족의 피에 열등한 민족의 피가 혼합된 사생아"의 나라라고 경멸했다.

풍전등화의 국난에 처한 스위스 국민은 동요하기 시작했다. 동북쪽에서 서남쪽으로 피난하는 사람들도 있었다. 무엇보다 식량이 큰 문제였다. 수입하지 않고는 한

해도 견딜 수 없었다. 이런 위기상황에서 나온 두 가지 구국의 방책이 바로 국가요 새계획(Le Réduit National)과 바알렌계획(La Plan Wahlen)이다.

1940년 7월 25일 Guisan 장군은 고위군사회의를 소집했다. 군사회의 장소는 1291년 스위스 건국의 모태인 옛 서약자동맹이 결성된 뤼틀리 초원으로 정해졌다. 이 역사적 장소에서 Guisan 장군은 군대를 알프스 산 속의 2만 2천 개 지하벙커 진지에 배치하고, 천연요새로 통하는 모든 접근로에 폭발물을 장치해 최후의 순간에 폭파시킬 것을 골자로 한 국가요새계획을 밝혔다.

1940년 덴마크와 노르웨이가 무너진 후 연방내각과 Guisan 장군은 시민군과 국민에게 적의 침공에 전면적으로 저항하라는 포고령을 내렸다(Gautschi, 1989: 180).

> "모든 병사와 국민은 낙하산병, 공수보병 및 파괴공작원을 과감하게 공격해야 한다. 만일 장교와 하사관이 없을 경우, 각 병사는 모든 수단을 동원해 항전해 야 한다. 만일 전단이나 라디오 등 매체를 통해 침공자들에 대한 연방내각이 나 군 수뇌의 저항의지를 의심하게 만드는 정보가 전달되면, 그 정보는 적의 선전 농간임을 알아야 한다. 스위스는 모든 수단과 힘을 다해 마지막 순간까 지 적의 침공에 맞서 싸울 것이다."

시민군은 알프스 요새에 방어진지를 구축했다. 모든 코뮌의 소년과 노인은 향 토방위대(Ortswehren)로 편성되었다. 소총이 없는 주민에게는 구식 소총이 지급되었 다. 제복이 없는 주민에게는 포로로 잡히는 경우 국제법에 따라 "외로운 저격수"로 대접받을 수 있도록 스위스 국기를 상징하는 백십자 완장이 배급되었다(Halbrook, 2003: 165-166).

독일군 Franz Halder 장군은 8월 26일 기동타격대 병사들에게 내린 지시문에 서 "스위스가 독일군 침공에 대해 결사항전의 결의를 다지고 있음"을 명심하도록 주지시켰다. 독일군 참모부 Bobo Zimmerman 소령은 다시 스위스 침공계획을 세 우면서 스위스의 전력을 다음과 같이 평가했다(Halbrook, 2003: 167).

> "스위스군의 전투력과 전투의지, 특히 국토방위에 대한 사기가 높다는 것은 의 심할 여지가 없다. 스위스군대는 세부 지리를 활용하고 게릴라 전법을 구사하 는 데 능란할 뿐만 아니라 기술적 기량도 뛰어나다. 따라서 스위스를 침공하

는 경우 강력한 저항에 부딪힐 것이다. 그러나 스위스로부터 선제공격을 받지
는 않을 것이다."

1942년 독일군이 작성한 또 다른 정보 보고서는 스위스 전력을 다음과 같이
진단했다(Halbrook, 2003: 167－168).

"스위스 시민군은 모든 남자가 비교적 낮은 비용으로 군복무를 하도록 만든 제
도다. 시민군은 국민의 연대정신을 고취하고 소국이 매우 강력하고 효율적으
로 조직되고 신속히 동원할 수 있는 군대다.
스위스 병사는 나라를 사랑하며 용감하고 강인하다. 또 사격에 능하고 무기와
장비, 그리고 짐 싣는 말도 잘 다룬다. 특히 독일어권 스위스인과 알프스의
병사는 뛰어난 전사다.
스위스 정부와 국민은 무기를 들고 어떤 침공자와도 맞서 싸워 중립을 지킬
의지를 불태우고 있다."

1943년 독일군 Hermann Böhme은 1944년 봄 실행할 예정이던 스위스 침공계
획에서 다음과 같이 경고했다(Halbrook, 2003: 169).

"스위스 병사의 사기는 매우 높아서 소련군에 필사적으로 저항해 큰 피해를 입
힌 핀란드인의 전의에 못지않다는 점을 명심해야 한다. 스위스 국민의 애국심
은 매우 강하다. 스위스 시민군은 과거 오스트리아군이 18개월 복무 기간 중
받은 사격훈련보다 더 강도 높은 사격훈련을 받는다."

Hitler는 스위스를 침공해 항복시켜도 소득은 거의 없고 엄청난 대가만 치를 것
을 우려했다. 정복과정에서 적어도 20만 명 이상의 독일군 사상자가 발생할 것으로
예측되었다. 알프스 요새의 스위스 시민군을 토벌하는 데는 매우 긴 시간이 필요하
며, 스위스가 패망을 인정할 때는 이미 주요 교량·철도·터널이 모두 파괴된 후일
것으로 예상했다. 결국 Hitler는 스위스 침공을 단념했다. 미국 CIA의 전신인 OSS의
베른 주재 책임자 Allen Dulles는 당시 스위스의 전쟁대비상황을 다음과 같이 평가
했다(Halbrook, 2000: 180－181).

"스위스가 동원할 수 있는 최대 동원인력은 전체 인구의 5분의 1에 해당되는 85만 명에 달했다. 스위스가 전쟁을 피할 수 있었던 것은 국민의 결사 항전의 지와 국방을 위해 투여한 막대한 인력과 장비 때문이었다. 만일 독일이 스위스를 침공했다면 엄청난 대가를 치렀을 것이다."

한편 스위스 연방정부는 취리히공과대학(ETH) 출신의 농업전문가 Friedrich. T. Wahlen 교수에게 전시식량계획을 수립하도록 부탁했다. 이른바 바알렌계획은 평시 식량의 절반 이상을 수입하는 스위스가 전시 식량문제를 해결하기 위해 밀·감자·보리를 심는 경작면적을 종래 18만 헥타르에서 50만 헥타르로 늘이는 야심찬 계획이었다. 이 계획에 따라 스위스는 산기슭과 냇가 및 작은 숲을 모두 개간했고, 심지어 공원과 개인정원 및 운동장까지 곡식 씨앗을 심었다. 도시민조차 교외에 작은 채소밭을 갖도록 장려했다. 그 결과, 밀 경작면적은 1만 4천 헥타르에서 7만 5천 헥타르로 늘어났고, 거의 전량 수입에 의존하던 식물성 식용작물의 경작면적이 1만 헥타르나 생겼다. 감자 생산량은 8만 차량에서 18만 차량으로, 야채는 2만 3천 차량에서 5만 차량으로 늘어났다. 이로 인해 낙농업의 나라인 스위스에서 우유·버터·치즈의 배급제 실시가 불가피했지만, 감자·야채·과일은 자급자족할 수 있었다.

Ⅲ 헌정애국심, 무장중립, 친화적 민군관계

스위스 2차대전사가 우리에게 주는 교훈은 세 가지로 요약될 수 있다. 스위스 고슴도치국방의 첫째 비결은 나라의 무게중심이 아래, 곧 지방과 시민에게 있는 스위스 정체에 대한 뜨거운 애정과 헌신이었다. 정체에서 비롯되는 스위스 국민의 이런 애국심을 전문용어로 헌정애국심이라고 한다.

Hitler군대의 침공야욕을 꺾은 둘째 비결은 중립을 표방하면서도 적의 잠재적 침공에 대비해 철저히 무장하고 대비한 무장중립이었다. 2차대전 때 스위스의 독립과 자유는 평화주의 비무장중립이 아니라 무장국민의 결사항전의지에 의해 쟁취된 것이다.

스위스가 2차대전의 전화를 면한 셋째 비결은 민군일체의 친화적 민군관계다. 시민과 군인의 역할 사이에 구분이 없고, 시민사회와 군대 사이의 제도적 분업이 극소화된 민군일체의 시민군은 친화적 민군관계가 위기상황의 국방력에 얼마나 중요한지 여실히 보여주었다.

1. 헌정애국심

역사학자 Stephen Halbrook은 스위스가 Hitler의 침공야욕을 꺾은 비결은 스위스 정체의 지방분권적 연방제, 직접민주제, 그리고 시민군제도에 있다고 지적했다(Halbrook, 2000: 249-253). 오스트리아의 합병에서 프랑스 항복에 이르기까지 스위스의 주변 국가의 지배엘리트는 전쟁이 발발하기도 전 혹은 발발하자마자 공포에 질려 Hitler군대에 항복하고 전 국민에게 무장해제를 명령했다. 그러나 고도로 지방분권적인 연방국가로서 중요한 국사를 국민투표로 결정하는 스위스에서는 이런 방식의 항복이 불가능했다. 지방의 중요한 사안에 대한 결정권과 군사력이 시민의 손에 있기 때문에 연방정부가 임의로 항복할 수 없었기 때문이다. Hitler군대가 최후의 한 사람까지 결사항전의 결의를 다졌던 스위스를 정복하려면 지배엘리트와 군대뿐만 아니라 스위스 전체 국민을 항복시켜야 했다.

민족과 종교가 다르고 4개 언어를 국어와 공용어를 쓰는 다문화사회의 스위스 국민이 적의 침공위협 앞에서 결사항전의 의지를 불태운 놀라운 애국심은 어디서 비롯된 것인가? 스위스 연구자들은 스위스인의 애국심 원천이 민족·언어·종교가 아니라 지방분권적 연방제와 직접민주제를 특징으로 하는 정체에 있다고 진단해왔다. 스위스 정체의 특징은 나라의 무게 중심이 지방과 시민에게 있다는 것이다. 캔톤은 준주권적 자치권을 누리며, 코뮌도 캔톤 자치권에는 이르지 못하지만 보충성원칙에 따라 소득세와 법인세의 과세권을 포함한 막강한 자치권을 누린다. 스위스 국민은 이런 지방분권체제에서 캔톤과 코뮌의 자치권을 직접 행사하는 것은 물론이고, 주요 국사도 수시로 국민투표로 결정한다. 스위스 국민은 일 년에 네댓 차례 20-30건의 주요 국사와 지방적 사안을 직접 결정하는 입법자들로서 국가와 지방정부의 주요 정책결정과정에 참여하는 과정에서 나라와 향토의 주인임을 체험하고 애향심과 애국심을 키운다.

2. 무장중립: "가장 많이 무장되고 가장 자유로운 나라"

스위스 고슴도치국방의 두 번째 교훈은 자유와 평화는 그것을 지킬 수 있는 힘이 있는 자에게만 주어진다는 것이다. 스위스는 평화를 추구하는 중립국이지만 여느 나라보다 더 무장된 나라였다. 2차대전 당시 스위스는 독일 다음으로 많은 지상군을 보유한 군사대국이었다. 인구 500만 명이 안 되는 스위스가 2차대전 중 70만 명의 병력을 동원할 수 있었던 비결은 스위스 시민군제도에 있었다.

일찍이 Niccolò Machiavelli는 「군주론」(1513)에서 스위스를 "가장 많이 무장되고 가장 자유로운 나라"로 평가했다. 스위스는 언제나 무장국가로서 자유와 독립을 지켜 왔다(Steinberg, 1996: 236). 스위스는 전쟁 속에서 창설되었고, 정복으로 현재의 국경을 확보했으며, 무장중립으로 자신을 지켜왔다. 오늘날에도 글라루스 캔톤과 압펜젤내곽 캔톤의 주민총회(Landsgemeinde)에 참석하는 남자는 총을 들고 광장에 모이는 전통을 계승하고 있다. 실로 '자유'와 '총'의 연관성은 스위스 생존의 열쇠이며 원초적 정체성이다. 스위스의 옛 민요에는 "진짜 스위스 남자에게 필요한 것은 무얼까요? 그건 벽에 걸린 말끔한 소총과 조국애에서 우러나는 노래지요."라는 구절이 있다. 스위스 국민은 총기에 대한 자유를 시민의 자유와 나라의 독립과 연관시킨다. 1939년 전운이 감도는 상황에서 개최된 연방사격대회에서 스위스연방 Philipp Etter 대통령은 "총은 스위스 국민에게 서약이며 명예와 자유의 표지다. 스위스 국민과 총은 분리될 수 없다."고 역설했다.

스위스 시민군의 정신적 기반은 직접민주주의를 애호하고 국방을 시민의 권리이자 의무로 간주하는 사회적 통념이다. 스위스 「병사독본」 서문에는 "18세 젊은이는 투표용지와 총을 받는다. 이 두 가지는 시민의 권리이자 의무다. 국민이 군대(Volksheer)에 소속되는 것은 민주정치(Volksherschaft)의 주체임을 뜻한다."고 쓰여 있다.

스위스 시민군[3]의 정신적 기초는 모든 국민이 사회적 신분과 관계없이 병사로

---

3) 알프스 요새의 용감한 농민 헬베티아인은 2천 년에 단 두 번 점령당했다. 첫 번째는 BC 58년 헬베티아인이 지금의 서부 프랑스로 대거 이주하려 했으나 Caesar에 의해 저지되어 로마의 안보체제에 흡수되었다. 두 번째는 1798년 Napoleon의 침입으로 점령당했다(Steinberg, 1996: 205). 이후 2세기 이상 외침을 받은 적이 없다. 1815년 비엔나 회의에서 국제적으로 영세중립국으로 인정받았지만 최근까지 서유럽에서 두 번째 규모의 지상군을 유지했다. 여느 나라보다 GDP 대비 군사비 지출비율이 낮음에도 막대한 병력을 유지할 수 있었던 비결은 스위스 특유의 시민군 덕분이다(안성호, 2005: 424).

부터 출발한다는 병역의무에 대한 믿음이다. 세계에서 가장 오랜 민주주의 역사를 이어온 스위스가 1971년에 비로소 연방 수준에서 여성참정권을 인정한 이유 중 하나도 병역의무가 없는 여성에게는 정치참여 권리도 없다는 사회적 통념 때문이었다.

　　스위스는 평화를 추구하지만 전쟁에 대비하고 있다. 오늘날에도 스위스는 철저한 무장중립정책에 따라 전차·화기·탄약 등 무기 대부분을 자급자족하며 69개국에 무기를 수출한다. 스위스는 1인당 무기수출로 세계 1위 국가다. 2009년 11월 무기 수출 금지에 관한 국민투표가 실시되었지만 부결되었다. 스위스는 한때 핵무기 제조 능력 보유 사실을 공표하여 잠재적 핵전력 보유국임을 주지시켰다. 물론 탈냉전 시대에 접어들고 유럽통합이 진행되면서 일부 젊은이를 중심으로 군에 대한 인식의 변화가 생겼다. 이에 따라 정부는 시민군 수를 줄이는 대신 무기체계를 고도화하는 군현대화개혁을 단행했다. 그러나 대다수 국민은 여전히 시민군과 무장중립의 전통에 만족하며 이에 대한 중대한 변화를 정체성에 대한 도전으로 간주한다.[4]

　　2012군대개혁안에 따라 스위스 남자는 20세에서 34세까지 260일간 한꺼번에 또는 매년 나누어서 병역의무를 마쳐야 한다. 이 병역의무를 마치면 이후 10년 동안 향토방위군에 편성되어 규칙적으로 소총사격훈련을 받아야 한다. 과거에 병역의무 거부자는 징역형에 처해졌지만 1990년 법이 바뀌어 병역 대신 공익근무를 할 수 있게 되었다. 다만 공익근무 기간은 병역기간보다 긴 390일이다. 여성은 자발적으로 병역에 참여할 수 있다. 이렇게 해서 언제라도 국방을 위해 22만 명의 군대가 소집될 수 있다.

　　스위스는 국방비로 매년 국가예산의 8%에 해당되는 40억 프랑 이상을 쓴다. 스위스 연방정부는 병역에 근무하는 국민에게 보수의 80%를 지불한다. 이는 매년 650만 일의 병역근무비용을 납세자가 부담하는 것을 뜻한다.

　　스위스 장병은 자신의 소총과 두 벌의 군복을 집에 보관해 두었다가 명령이 떨

---

4) 스위스 주변에 우방만 존재하는 오늘날 막대한 군대를 유지할 필요가 없다고 주장하는 스위스 사회주의청년단에 의해 제기된 '군대폐지' 국민발안이 1989년 국민투표에 부쳐져 투표자의 64%의 반대로 부결된 바 있다. 연방정부는 '군대폐지' 국민발안의 국민투표 결과를 군대개혁에 관한 국민의 요구로 인식하고 1995년 전통적 군병력의 감소와 현대화를 골자로 하는 군개혁안을 마련해 추진했다. 이어 2001년 다시 제기된 '군대폐지' 국민발안은 국민투표에서 이전보다 높은 반대율 78%로 부결되었다. 2003년 스위스 국민은 민첩한 위기대응군의 성격을 강화하고 병력을 종래 32만 명에서 예비병력 8만 명을 포함한 22만 명으로 줄이는 2021군대개혁안을 80%의 찬성으로 채택했다.

어지면 즉각 군복을 입고 적을 향해 소총을 겨눈다. 현재 스위스에 230만 정의 총이 집에 보관되어 있는데, 이중 75%는 군사용 총이다.

스위스는 핵전쟁에 대비해 모든 국민이 핵대피소에 피신할 수 있도록 시설을 마련해두고 있다. 대피소는 인근 초등학교 등 공공시설에 마련되기도 하지만, 대부분 개인 집 지하실에 마련되어 있다. 사이렌이 울리면 대피소로 달려가야 한다. 매년 2월 첫 수요일 오후 7시 30분 사이렌이 울리면, 스위스 국민은 모두 대피소로 모인다. 핵 위협에 대비한 것이지만 홍수와 산사태 등 자연재해에 대비한 훈련을 겸한다.

스위스에는 전몰장병 기념비나 기념관이 없다. 현충일도 광복절도 없다. 스위스는 고슴도치 무장중립으로 국난을 당해 살상당하고 나라를 잃은 슬픈 과거를 만들지 않았기 때문이다.

3. 친화적 민군관계

스위스 2차대전사는 국가가 위기에 처했을 때 민군일체 시민군의 위력을 유감 없이 보여주었다. 알프스 산록에 2만 2천 개의 지하벙커를 파고 최후의 한 사람까지 결사항전의 의지를 불태웠던 경이로운 국방력의 원천은 군과 시민이 하나로 뭉치는 친화적 민군관계다.

시민군에 대한 스위스 국민의 애정은 경이롭다. 구체적인 증거를 열병식장에서 확인할 수 있다. 군대의 열병식에 입장권을 사가지고 들어가는 나라는 아마도 스위스뿐일 것이다. 한때 스위스 대사를 역임했던 이한빈(1965: 124) 박사는 스위스 시민군 열병식을 관람한 소회를 다음과 같이 기술했다.

"나는 취리히 근교 뒤벤돌프 연병장에서 거행된 열병식에 운집한 20만 명의 관중 이 운동시합과 맞먹는 입장료를 내고 들어와서 보는 것을 보고 크게 놀란 일이 있다. 나만이 아니라 이웃나라 오스트리아 신문에서 어떤 군사평론가가 이 사실을 매우 부럽게 보도한 일을 읽은 일도 있다. 실로 직업적 상비군으로서는 도무지 기대할 수 없는 민중의 태도라고 하겠다. 군대의 행렬 속에 자신의 남편과 오빠와 아버지를 발견하는 민중의 마음속에서 가정과 군대의 거리는 매우 가까울 수밖에 없다."

스위스 방문객은 평시에도 전체 국민이 국방에 참여하는 나라임을 쉽게 목격할 수 있다. 금요일 오후 군복차림의 젊은이들이 베른, 취리히, 루체른 등 역에서 열차를 탄 모습을 보는 것은 아주 자연스런 일이다. 제네바의 커피숍에서 점심시간에 식탁 위에 놓인 군복무 책자를 읽거나 서류작업을 하는 사람들을 흔히 만난다. 시골길을 걷다가도 멀리 사격장의 총소리를 종종 듣는다(Fossedal, 2002: 207).

사격은 스위스 국민의 자위수단인 동시에 국민스포츠다(Halbrook, 2003: 145). 스위스에는 약 3천 개의 사격장이 있다. 사격장 수가 코뮌의 수보다 7백 개나 많은 셈이다. 골프장 없는 마을은 많아도 사격장이 없는 마을은 찾아보기 어렵다. 각 사격장은 대소를 막론하고 25m와 50m 권총과녁과 300m 소총과녁을 갖추고 있다. 추운 겨울을 제외하고 연중 내내 코뮌·캔톤·지역·연방 수준에서 각종 사격시합이 열린다. 중세 때 대군을 물리친 승전을 기념하기 위한 사격축제도 있다. 남자는 매년 군복무 사격훈련을 받으며 옥수수 밭이나 방목장에서 열리는 사격대회에도 참가한다. 나들이 가족모임이 곁들어지는 사격대회는 주민이 모여 친교를 나누고 정치인들이 나와 연설하는 중요한 지역사회 행사다. 5년마다 한 번씩 열리는 연방사격대회에는 3주 동안 5-6만 명의 참가자가 3-4백만 카트리지의 탄약을 발사한다. 대회에는 13-14세 어린이, 해외거주 스위스인, 언론인, 군인을 위한 특별 사격대회도 함께 열린다. 최근에는 여성이 사격대상을 받을 정도로 사격이 대중화되었다.

스위스 국민의 일상생활에서 군대와 놀이는 확연히 구분되지 않는다(Fossedal, 2002: 207-208). 어느 토요일 바덴의 고지대에 위치한 600년 역사의 성곽을 둘러보고 있을 때, 갑자기 위장 전투복을 입고 흰 헬멧을 쓴 세 명의 젊은이가 어깨에 총을 메고 나타났다. 훈련 중인 군인으로 보였다. 그러나 몇 시간 후 세 사람을 간이식당에 다시 만나 알게 된 것은 이들은 군대 훈련이 아니라 스스로 계획을 세워 험준한 바덴산악을 누비면서 서로 연락을 취하며 정찰훈련을 하고 있던 중이었다.

2008년부터 스위스 장병은 자신의 무기를 집이 아니라 무기고에 보관하도록 되었다. 그러나 아직도 스위스 가정의 벽장에는 총기가 걸려 있다. 이는 국민에 대한 국가의 신뢰를 상징한다.

Gregory Fossedal(2002: 209)은 스위스 시민군이 조성하는 돈독한 친화적 민군관계를 다음과 같이 설명한다.

"여느 나라에서 국민과 군대 사이에는 친밀감을 갖기 어려운 소외관계가 형성된다. 미국 건국의 아버지들이 군대를 두려워한 이유도 바로 이것 때문이었다. 그러나 스위스의 시민군은 군사적 관점에서 실제적이고 효율적이며, 사회적으로도 건강하다. …(중략)… 스위스인과 네댓 번 만나면 어김없이 군대 이야기가 나온다. 스위스인은 종교와 종파가 다를지라도 하나의 교회인 군대에 소속되어 있다. 스위스 군대는 모든 계층과 기관, 이익집단과 지역을 가로질러 국민을 하나로 단결시킨다."

실로 스위스에서 국민과 군대는 친화적이라기보다 혼연일체를 이룬다. "스위스에서 국민과 군대는 하나다"(Fossedal, 2002: 212).

Ⅳ 헌정애국심을 고취하는 풀뿌리 자치공동체

지리적으로나 지정학적으로 상시 안보불안에 노출되어 있는 한국이 스위스 2차 대전 경험에서 배워야 할 첫째 교훈은 국민의 헌정애국심을 고취시키기 위해 나라의 무게 중심을 아래, 곧 지방과 시민에게 둔 정체를 만드는 것이다. Hitler의 침공 야욕을 겪은 스위스 국민의 결사항전의지는 무엇보다 코뮌자치를 통해 체득된 향토애와 애국심에서 비롯되었다. 평균인구 3,615명의 코뮌공동체에게 소득세와 법인세 등의 과세권을 비롯한 막강한 자치권을 부여하고 자치권 행사에 주민의 결정권을 최대한 보장하는 스위스 코뮌자치제도는 국난에 처한 스위스 국민을 지배엘리트를 위해서가 아니라 내 가족의 생명과 재산을 지키고 삶의 터전을 수호하기 위해 결사항전의 전의를 불태우게 만들었다.

한국은 1990년 이후 지방대의민주제를 부활시켜 관치행정의 구태를 벗어나 자치행정으로 탈바꿈했다. 그러나 지난 사반세기 동안 역대 정부가 추진해온 지방분권정책은 소용돌이 집중제 극복에 실패했다. 특히 정부의 읍·면·동 기능전환정책은 주민자치를 활성화하기보다 제한해 왔다.

1. 특별법 규정의 모순과 단일중심주의 패러다임

2010년 10월 제정된 지방행정체제 개편에 관한 특별법은 한편으로는 읍·면·동 주민자치 활성화를 표방하면서 다른 한편으로는 읍·면·동 폐지를 유도하는 모순을 드러냈다.

특별법 제3조는 지방자치체 개편의 기본방향으로서 "주거 단위 근린자치의 활성화"를 명시하고, 특별법 제20조는 "풀뿌리자치의 활성화와 민주적 참여의식 고양을 위하여 읍·면·동에 해당 행정구역의 주민으로 구성되는 주민자치회를 둘 수 있다고" 규정했다.

그러나 특별법 제21조는 "읍·면·동 행정기능을 지방자치단체가 직접 수행"하고, "지방자치단체 사무의 일부를 주민자치회에 위임 또는 위탁할 수 있도록" 하며, "주민자치회의 위원을 지방자치단체의 장이 위촉"하도록 규정했다. 읍·면·동제 폐지를 유도하고, 읍·면·동제를 폐지한 후 일부 잔여사무를 주민자치회에게 위임 또는 위탁해 처리토록 한 이 규정은 풀뿌리자치 활성화를 규정한 제3조 및 제20조와 정면으로 충돌했다.

특별법 규정의 모순은 지방행정체제개편위원회에서 소모적 논쟁을 야기했다. 제21조 규정은 잘못된 규정이므로 위원회에서 바로잡아 제도를 설계해야 한다는 측과 입법자의 의도에 맞추어 제도를 설계하는 것이 특별법에 근거해 설립된 위원회의 역할이라고 주장하는 측 사이에 지루한 논쟁이 벌어졌다.

위원회는 몇 차례 회의를 거치면서 지방자치체제의 개편방향에 관해 위원들 간에 의견차가 너무 커서 전체회의를 원활하게 운영하기 어렵다고 판단하고, 의견을 달리하는 위원 7명으로 의제기획팀을 구성하여 위원회에서 논의할 지방자치체제 개편방향에 대한 의견을 수렴하도록 의결했다.

의제기획팀은 세 차례 워크숍을 거쳐 시·군·자치구 합병, 도의 존치, 광역시와 도의 자율적 합병 등과 더불어 읍·면·동 주민자치제 설계지침에 관한 합의가 이루어졌다. 읍·면·동 주민자치 활성화를 위해서 특별법 제21조 규정과 달리 읍·면·동 행정기능을 강화하고 주민자치회를 활성화하는 방향으로 읍·면·동 체제를 개편하기로 합의되었다.

의제기획팀의 합의에도 불구하고 실정법 규정에 어긋나는 개편방안을 마련할 수 없다는 일부 위원과 실무 공무원의 반발이 계속되었다. 이후 수년 동안 위원회의 운영은 파행을 면치 못했다.

2. 향토애를 고취하는 읍·면·동 준자치화

주거단위의 근린자치를 활성화하고 읍·면·동을 주민자치의 거점으로 만들기 위해서는 위상과 기능을 강화하고, 이에 상응해 인력과 예산을 확대하며 주민참여를 진작하는 획기적 읍·면·동 분권이 필요하다. 허약한 읍·면·동 행정기능을 강화하는 것은 읍·면·동 행정에 대한 주민통제를 의미 있게 만들고 활성화시키는 일차적 과제다. 이런 관점에서 보충성원칙에 입각한 지방분권화는 읍·면·동 분권으로 확장되어야 한다.

이런 관점에서 읍·면·동 분권이 지향하는 방향은 대체로 읍·면·동의 준자치단체화와 온전한 자치단체화로 구분될 수 있다. 먼저 읍·면·동을 현재와 같이 행정계층으로 존치시키면서 일정한 행·재정적 주민자치권을 행사하는 영국의 로칼카운슬(local council) — 1만여 개에 달하는 교구의회, 커뮤니티의회, 타운의회 등 — 처럼 준자치단체로 격상하자는 제안은 설득력이 있다. 읍·면·동의 준자치단체화 방안은 현행 2자치계층에 또 하나의 자치계층을 추가하지 않으면서 풀뿌리 주민자치를 활성화하는 현실적 대안이기 때문이다. 그러나 읍·면·동의 준자치단체화를 항구적 해법이 아니라 온전한 자치단체로 발전시키는 과도적 단계로만 인정할 것인지에 대해서는 심층적 검토가 필요하다.

읍·면·동을 기초자치단체로 전환할 것을 주장하는 논자들(예: 권순복, 2011: 31 −34; 소진광, 2011: 11−21; 이기우, 2011: 27−28)은 풀뿌리주민자치를 활성화하려면 대다수 선진국이 1만 명 미만의 소규모 기초지방정부를 유지하듯이 기초지방자치단체 인구규모를 읍·면·동 규모로 대폭 감축할 필요가 있다고 주장한다. 백지 위에 새로운 지방자치제도를 설계하는 것이라면 이런 견해에 동의하고 싶다. 기초자치단체의 평균인구가 22만 7천 명으로 세계 최대 규모로 설정된 한국에서 기초자치단체의 대면적 주민자치 장점을 기대하기 어렵기 때문이다.

그러나 읍·면·동 자치제 부활은 막대한 소요비용을 포함한 제도전환의 난관뿐 아니라 대다수 전문가가 반대하는 정치권과 정부의 시·군·자치구 합병방안을 정당화하는 데 악용될 수 있어 세심한 주의가 요망된다. 이미 일부 시·군·자치구 합병 논자는 합병으로 인한 풀뿌리주민자치의 약화를 읍·면·동 자치단체화로 보완할 수 있다고 변명한다. 이들은 시·군·자치구와 읍·면·동의 2자치계층제를 옹호하면서 시·도 광역자치단체 무용론을 주장한다. 시·도 폐지론으로 귀착되는 이들의 지방자치체제 개편안은 지역정부 강화의 세방시대 요청에 역행하는 것이다. 만일 이런 비판을 피하기 위해 시·도 광역자치단체를 그대로 둔다면 1980년대 초 레지옹 (région) 지역정부를 신설한 프랑스와 같이 3자치계층이 될 것이다. 3자치계층제 도입을 개악으로 매도할 수는 없지만, 근래 프랑스가 3자치계층+1행정계층의 문제점을 해소하려고 장기적으로 레지옹 지역정부를 살리는 방향에서 2자치계층제 전환을 구상하고 있는 점을 감안할 때 3자치계층제 전환에 신중해야 한다.

V 향방전력 강화방안[5]

스위스 2차대전 고슴도치국방의 둘째 '무장중립' 교훈은 두 가지 측면에서 한국의 안보와 국방에 중요한 의미를 지닌다. 스위스의 중립정책[6]은 5세기 동안 단 한 번 Napoleon의 지배기간(1798-1802) 이외에 외부의 침공으로부터 스위스의 평화와 자유를 지키는 데 기여했다. 동북아에서 미국·일본·한국 대 중국·러시아·북한의 대립구도로 양극화된 신냉전질서의 틈바구니에 끼인 한국은 스위스가 1515년 마리냐노 전투에서 패배한 후 영토 확장의 꿈을 접고 평화를 애호하는 국가로서 추구해온 "정직한 중립정책"(Fossedal, 2002: 205)으로부터 교훈을 얻을 수 있다. 한국은 아직 중립주의를 표방한 적이 없고 국제적으로 공인받은 적도 없다. 그러나 영토 확장을 노리지 않으며 패권국가의 야망도 갖지 않는다는 점에서, 한국의 대외정책은 스위스의 중립정책과 닮은 점이 있다. 한국은 미국과의 동맹관계를 강화하고 일본과 우방관계를 유지하기 위해 힘쓰면서 동시에 최대 교역국가로서 G2로 부상한 중국과 전략적 협력동반자관계를 내실화하고 러시아와도 우호협력관계를 강화하면서 북

---

5) 향방전력 강화방안에 관한 자세한 논의는 필자의 논문 (안성호, 2012: 64-74)를 참고할 것.
6) 1515년 스위스연맹이 마리냐노(Marignano) 전투에서 패한 후 채택한 중립정책은 300년 후인 1815년 비엔나회의(Congress of Vienna)에서 국제적으로 공인받았다.

한의 핵개발과 도발을 저지하고 평화통일의 기반을 다져야 한다. 이런 난마처럼 얽힌 외교퍼즐을 풀어야 하는 한국은 스위스의 중립주의 외교정책의 정신과 지혜를 창의적으로 활용할 필요가 있다.

아울러 스위스 2차대전사는 평화와 자유는 그것을 지킬만한 힘이 있는 나라에게만 주어진다는 사실을 증명했다. Hitler는 스위스가 중립국이기 때문에 침공을 포기한 것이 아니라 스위스 침공으로 인한 막대한 전력손실 때문에 포기했다. 스위스의 2차대전 고슴도치국방은 한국국민과 정부에게 유비무환의 상무정신 함양과 향방전력 증강을 위한 국방정책의 일대 혁신이 필요함을 일깨운다.

1. 상무정신 앙양과 정부 향방정책의 혁신

알프스의 세 캔톤이 공동방위를 위해 동맹을 맺은 1291년 이후 스위스는 무장시민을 동원해 외국의 침공을 막아냈다. Napoleon을 제외한 유럽의 어떤 독재자도 스위스 땅을 침공할 수 없었다. 다른 유럽 국가들을 별 저항 없이, 심지어 싸우지도 않고 굴복시켰던 Hitler조차 스위스 국경 상공을 날던 독일전투기 루프트바프(Luftwaffe)가 11대나 격추당하는 상황에서 여러 차례 스위스 침공계획을 세우고 기회를 노렸지만 끝내 포기할 수밖에 없었다. 알프스 산록에 2만 2천 개의 지하벙커를 파서 방어진지를 구축하고, 주요 교량과 알프스 횡단 터널마다 폭약을 설치하며, 공공기관과 개인의 정원에 밀·감자·보리를 심어 전시 식량자급을 대비한 스위스를 침공하는 것은 독일군에게 득보다 실이 큰 도박이었다. 사격을 국민 스포츠로 삼고 평소 마을마다 설치된 3천 개의 사격장에서 갈고 닦은 스위스 시민군의 뛰어난 사격실력도 독일군의 침공을 막아낸 주요 전력이었다.

2차대전 때 그 위력을 유감없이 발휘한 스위스 국민의 상무정신은 역사적으로 수많은 외침과 전쟁을 겪었고, 지금도 북한의 핵무기 개발과 잦은 도발, 주변국과의 역사·영토분쟁과 군비경쟁 등으로 항상 안보불안 속에 살고 있는 우리에게 귀중한 교훈을 시사한다.

천안함 폭침과 연평도 포격으로 국민의 국방안보의식에 경각심을 불러일으킨 것은 불행 중 다행이다. 특히 위기상황에서 해병대 지원율이 평소보다 크게 높아진 것은 우리 젊은이에게 상무정신이 살아있음을 보여주는 흐뭇한 증거다.

1) 의병 전통의 계승

호전적인 북한의 도발에 직면하고 있는 우리 국민이 스위스 사례에서 배워야 할 가장 중요한 교훈은 평화 시 유비무환의 상무정신으로 적의 침략을 분쇄할 국방력을 기르는 것이다. 이런 관점에서 필자는 스위스 국민처럼 우리 국민도 사격과 서바이벌 게임을 국민 스포츠로 삼는 방안을 강구할 필요가 있다고 생각한다. 몇 해 전 국방안보 위기를 겪은 후 국방부는 예비군 저격수 3만 명을 양성할 목표를 세운 것으로 알려졌다. 그러나 예비군 저격수 3만 명은 읍·면·동당 약 10명에 지나지 않는다. 스위스라면 10배, 아니 이보다 훨씬 더 많은 수의 뛰어난 저격수가 철통 향토방위를 책임질 것이다.

유비무환의 상무정신을 함양하는 운동은 정부보다 국민이 앞장서는 것이 바람직하다. 정부가 주도할 경우 성공하기도 어렵고 대북관계에도 좋지 않은 영향을 미칠 수 있다. 역사적으로 930여 회의 외침을 받은 우리는 선진국 진입의 문턱에서 지속적 경제성장과 발전의 발목을 잡을 수 있는 국방의 지리적·지정학적 취약성을 극복하기 위해 향토방위를 중심으로 한 상무정신 무장운동을 전개할 필요가 있다. 군사주의 문화형성을 주장하는 것이 아니다. 스위스 사례를 교훈삼아 평화와 자유를 지키기 위해 튼튼한 시민자위력을 갖추자는 것이다. 우리의 역사에도 외적 침공에 대항한 민병투쟁의 전통이 있었다. 나라가 위태로울 때 자발적으로 일어나 싸웠던 의병(義兵) 전통이 그 예다. 항중·항몽·항청·항일의 투쟁에는 언제나 의병이 일어나 누란의 위기에 처한 나라를 침략자로부터 구했다.7) 이런 의미에서 21세기 선진일류국가 건설을 위한 유비무환 상무정신운동은 한국 민중의식 속에 잠재된 의병정신을 일깨우는 운동이다.

2) 향방병력 감축계획의 재고

한때 일부 정치인이 남북화해의 시대에 국민의 불편을 덜어준다는 명분으로 향토예비군의 대폭 축소 또는 전면 폐지를 공약으로 제시한 적이 있었다. 이는 국민의 생명과 재산을 지키는 국방을 담보로 한 위험한 득표전술이 아닐 수 없다. 얼마 전

---

7) 가장 탁월한 의병활동은 임진·병자 의병과 한말의 의병이었다. 특히 임진왜란이 일어난 1592년 이듬해인 선조 26년 정월 명나라 진영에 통보된 의병 총수는 관군의 4분의 1에 해당하는 22,600명에 달했다.

국방부는 예비군 병력을 현재 300만 명에서 150만 명으로 줄이는 방안을 고려한 적이 있다. '다기능, 고효율 군'을 지향하는 「국방개혁 2030」이 현재 병력 64.5천 명을 51.7만 명으로 감축하는 계획을 세우고 있는 점을 감안할 때 예비군 병력마저 크게 감소시키는 것은 문제가 있다. 특히 향방병력의 감축은 향토방위력 확보는 물론 1백만 명의 정규군과 760만 명의 예비전력을 보유하고 있는 북한의 병력을 고려할 때 매우 신중해야 한다.

미래의 전쟁은 정치, 경제, 사상, 심리전 등을 망라한 인적·물적 측면에서 국가 총력전 형태가 될 것이다. 게다가 특수요원의 지상·해상·공중·지하 침투에 의한 국지 또는 전국적 동시다발 형태도 예상되기 때문에 총력방위체제가 요구된다. 북한이 핵개발과 함께 특수전부대 인력을 20만 명으로 증원해 비대칭전에 대비하고 있는 상황에서 후방지역 방호를 위해 향토예비군의 역할과 기능이 더 중요해지고 있다.

3) 향방예산의 증액과 향방장비의 현대화

향토방위를 담당하는 3백만 명의 예비군 전력이 사용하는 예산은 국방비의 1.3%에 불과하다. 2016년 국방예산 39조 원(중앙정부 일반회계예산의 16.8%, GDP의 2.8%)을 더 늘이는 것이 어렵고, 국방비 과다지출이 경제발전의 발목을 잡는다는 점(Kennedy, 1990: 510−519)을 고려할 때, 비교적 저렴한 비용으로 방위력을 증대하는 방안으로 스위스 시민군과 유사한 향토예비군을 적극 활용할 필요가 있다. 상비군보다 비교적 비용이 적게 드는 예비군에 대한 예산증액은 국방력 신장에 크게 기여할 것이다.

북한이 도발을 감행하지 못하도록 강력한 전쟁억제력을 갖는 향토예비군 전력을 갖추려면 소총을 비롯한 군사장비의 현대화가 필요하다. 현역 때 사용하던 장비보다 성능이 떨어지고 노후화된 장비는 향토방위가 별로 중요하지 않다는 인식을 심어주고 훈련의욕도 떨어뜨린다. 총기 현대화와 자동화 표적의 활용 및 가스총 훈련 등은 예비군 훈련에 활력을 불어넣을 것이다. 예비군의 사기를 높이고 유사 시 적의 침투와 공격을 효과적으로 방위할 수 있는 실전능력 배양에 도움이 될 장비 지급과 활용이 시급하다.

4) 지방자치법에 향토방위사무 명기

지방자치법 제9조의 사무범위에 '향토방위와 예비군의 육성·지원'을 명기하여 향토방위와 예비군의 육성·지원을 중앙정부와 지방자치단체의 공동사무로 규정할 필요가 있다. 현행 지방자치법 제9조 지방자치단체의 사무범위에는 '지역민방위[8] 및 소방에 관한 사무'만 포함되어 있고 향토방위 사무는 포함되어 있지 않다. 제11조도 외교와 국방에 관한 국가사무를 처리할 수 없도록 명시하고, 제9조와 제11조는 "법률에 이와 다른 규정이 있는 경우에는 그렇지 않다."는 단서규정을 두고 있다. 이 단서규정에 따라 향토방위는 지방자치단체의 단지 예외적 사무로만 인정된다.

그러나 통합방위법 제9조는 시·도지사와 시장·군수·구청장·읍장·면장·동장 소속으로 시·군·구·읍·면·동 통합방위지원본부를 두고 통합방위지원 관련 사무를 수행하도록 요구하고 있다. 제12조에는 시·도지사가 통합방위사태를 선포·해제하고 통합방위작전에 필요한 통제구역을 설정할 수 있다. 제16조와 제17조는 지방자치단체장이 주민에게 대피명령을 발하며 군사작전을 지원하도록 규정한다. 또한 향토예비군설치법 제14조는 지방자치단체의 장이 향토예비군을 육성·지원하고 행정구역 단위로 방위협의회를 설치·운영하도록 요구한다.[9]

2. 지방자치단체의 지원과 민군협력

스위스 사례는 향토방위력 향상과 민군협력 촉진을 위한 지방자치단체의 역할 모색에 귀중한 교훈을 준다. 어느 나라이든 전시 동원령이 내려지면, 국가 자원은 전쟁수행에 동원된다. 2차대전 중 동원령이 내려진 상황에서 스위스의 캔톤정부와 코뮌정부의 주요 자원이 국방을 위해 동원된 것은 다른 나라와 다를 바 없다. 그러나 평시 스위스 캔톤정부와 코뮌정부가 민병의 전력 향상과 민군결속을 강화하기 위한 역할은 여느 나라와 크게 다르다.

스위스의 경우 연방정부는 국방비의 약 90%를 감당하고, 나머지 약 10%는 캔

---

8) 지역민방위 사무는 지방자치법 제9조에 명시되어 있을 뿐만 아니라 민방위기본법 제18조와 제22조에도 지방자치단체별 민방위대의 편성과 민방위사태 발생 시 지방자치단체장의 역할 등에 관해 규정되어 있다.
9) 이밖에도 대통령훈령 제28조와 국방부령인 향토예비군 육성·지원에 관한 규칙은 지방자치단체의 향방지원에 관해 규정하고 있다.

톤정부와 코뮌정부가 각각 절반씩 분담한다(안성호, 2005: 111－112). 이처럼 캔톤정부와 코뮌정부가 각각 국방비의 5%씩 분담하는 것은 민병 운영이 중앙정부의 전관사무가 아니라 캔톤정부와 코뮌정부도 함께 책임지는 공동사무이기 때문이다.[10] 캔톤정부와 코뮌정부는 시민군 운영에 재정적으로 참여하여 향토방위에 대한 책임을 공유하고, 시민군과 캔톤·코뮌주민의 결속을 강화한다. 그리하여 스위스 시민군은 국가의 군대인 동시에 향토방위군으로서 국민의 생활과 의식 속에 굳건히 자리 잡고 있다.

스위스 연방헌법은 캔톤정부와 코뮌정부의 국방비 부담이 군대의 국가적 통일성과 결속을 해칠 우려를 불식시키기 위해 군대의 투입(제58조)과 군대의 조직·훈련·장비 등 군사에 관한 입법은 연방사무로 규정한다(제60조). 다만 캔톤은 민간당국의 수단으로는 대내적 안전의 중대한 위협을 제거하는 데 충분치 못할 경우 캔톤구역 내 공공질서 유지를 위해 군부대를 투입할 수 있다(제58조). 아울러 캔톤은 연방법 범위 안에서 캔톤부대의 설립, 장교의 임명과 승진, 의복과 장비의 일부 조달에 대한 권한을 행사한다.

1) 향토방위사무의 공동사무화와 향방조례의 제정

헌법 제117조는 지방자치단체의 임무를 "주민의 복리에 관한 사무를 처리하고 재산을 관리"하는 것으로 규정한다. 지방자치단체가 이 헌법규정을 준수하려면 지방자치단체 관할권 내 주민의 생명과 재산을 적의 침공으로부터 보호하는 향토방위가 전제되어야 한다. 따라서 향토방위는 국토방위의 중추로서 국가의 책임일 뿐만 아니라 주민의 생명과 재산을 지키는 주민의 자위권 행사로서 지방자치의 본질적 요소라고 볼 수 있다. 이런 의미에서 향토방위는 국가사무인 동시에 지방자치단체사무, 즉 중앙정부와 지방자치단체의 공동사무로 간주되어야 한다.

현대전의 양상은 대규모 전면전보다 정치적·전략적 목적 달성을 위한 소규모 국지도발, 비정규전, 정보전, 테러, 후방교란 등의 위험성이 커지면서 지방자치단체의 향토방위 역할의 중요성도 높아졌다. 우리는 북한의 특수부대원 20만 명의 후방교란을 저지할 향토방위력이 필요하고, 지방자치단체는 이를 강력하게 뒷받침해야

---

10) 스위스에서는 연방정부가 전적으로 책임지는 외교 이외 모든 정부기능은 연방정부·캔톤정부·코뮌정부가 책임을 공유한다.

한다. 1996년 강릉지역에 무장공비 침투로 전사자가 발생하고 두 달 동안 주민이 입은 손실액이 무려 2229억 원에 달했던 뼈아픈 경험(육군본부, 2004: 337)을 교훈으로 삼아야 한다.

그러므로 지방자치단체는 정부가 향토방위사무를 공동사무로 규정하는 지방자치법을 개정하기 전이라도 향토방위와 향토예비군 육성·지원을 규정하는 조례를 제정할 필요가 있다. 지방자치단체가 관련 조례를 제정하여 정부의 지방자치법 개정을 선도하는 선진 지방자치의 모습을 보여줄 필요가 있다. 이것은 나라의 무게 중심이 아래, 즉 지방과 시민에게 있는 스위스 고슴도치국방이 우리에게 주는 또 하나의 교훈이다. 다행히 이미 일부 지방자치단체가 향토방위 관련 조례를 제정하기 시작했다.

2) 방위협의회와 방위지원본부의 내실화

지방자치단체가 향토방위를 강화시키는 일차적 과제는 방위협의회와 방위지원본부를 내실화하는 것이다. 지방자치 부활 이후 방위협의회의 활동은 위축되어 방위협의회 위원으로 위촉된 주민(대부분 자영업자들)이 참여를 기피하는 경향마저 있다. 심지어 읍·면·동 기능전환정책으로 읍·면·동사무소의 기능과 인력이 감축된 이후 방위지원본부는 구성하기조차 어렵게 되었다(신용수, 2009: 38). 향토예비군의 설치목적과 임무를 깊이 고려하지 않고 철저한 사전 검증도 없이 1999년 7월 1일부로 과거 읍·면·동사무소가 수행했던 선병·징집·소집·동원 등 병무업무는 시·군·자치구 예비군대대로, 향토예비군 편성 및 자원관리업무는 지방병무청으로 이관되었다. 이로 인해 신규 전역자의 편성이 누락되거나 편성카드가 분실되는 등의 차질이 빚어졌다(신용수, 2009: 54–57). 향토예비군의 사기는 애향심에 근거하기 때문에 예비군부대의 책임구역을 읍·면·동과 일치시킨 것이다. 동일한 이유로 공동방위체제인 방위협의회도 읍·면·동 단위로 설치되었다.

이런 의미에서 향토예비군 자원의 편성과 관리는 읍·면·동 단위로 이루어지는 것이 합리적이다. 그러나 현재 읍·면·동장은 예비군 편성과 관리에 전혀 관여하지 않고 향토방위 활동에 대해서도 거의 무관심한 실정이다.

Ⅵ 동아시아의 스위스로 번영하는 한국을 위하여

역사학자 Paul Kennedy는 한국이 지리적·지정학적 국방·안보의 취약성 때문에 '동아시아의 스위스'가 될 수 없을 것으로 비관했다. 우리는 그의 비관적 전망을 국방·안보의 취약성이 한국의 지속적 발전을 가로막는 아킬레스건이 될 수 있음을 지적한 엄중한 경고로 받아들여야 한다.

한국이 국방·안보의 지리적·지정학적 취약성을 극복하는 방안은 없는가? 우리는 2차대전 때 Hitler의 독일군과 Mussolini의 이탈리아군에 포위된 스위스가 Hitler 군대의 침공야욕을 좌절시킨 고슴도치국방의 비결을 배울 수 있다. 스위스 고슴도치국방은 우리에게 헌정애국심, 무장중립, 친화적 민군관계의 교훈을 시사한다.

한국은 스위스 2차대전사의 세 가지 교훈을 헌법질서 개편과 향방전력의 발전 방안 모색에 창의적으로 활용할 수 있다. 헌정애국심을 고취하는 읍·면·동 주민자치체제를 구축하고, 향토방위력을 증강하며, 친화적 민군관계를 강화하는 방안을 강구하는 것이다. 이를 위해 읍·면·동 분권과 주민참여 활성화를 통한 읍·면·동 준자치화, 유비무환의 상무정신 앙양을 위한 의병 전통의 계승, 정부 향방정책의 일대 혁신, 그리고 지방자치단체와 군 당국의 향토방위와 민군협력 강화가 필요하다.

세계에서 가장 호전적 북한과 마주하고 미·일·중·러 4대 강대국의 이해관계가 교차하는 동북아의 십자로에 위치한 한국은 스위스의 2차대전 고슴도치국방의 교훈을 활용해 지리적·지정학적 취약성을 극복하고 철통 국방·안보를 확보해야 한다. 실로 튼튼한 국방과 안보는 공업화와 민주화 성취에 이어 선진통일한국으로 발돋움하는 번영의 토대를 다지는 일이다. 한국은 동아시아의 스위스가 될 수 있다.

동아시아 평화만들기와 지방외교

> "집이 모여 마을을 이루고 시민이 모여 도시를 이룬다."
>
> Jean-Jacques Rousseau

> "민주주의의 미래와 글로벌 거버넌스는 시민의 삶이 세계와 긴밀히 연결되어 있다는 사실을 공중이 깨닫는 것에 달려 있다."
>
> Chadwick F. Alger

I 머리말

2013년 8월 10일 세계 언론은 아소타로(麻生太郎) 일본 부총리의 "왜 일본은 바이마르헌법을 아무도 모르게 변경한 독일의 수법을 배우지 못하는가?"라는 발언을 일제히 보도했다. 아소는 "나치헌법"을 구체적으로 언급하면서 히틀러가 은밀한 방식으로 헌법을 변경했던 수법을 일본이 배울 필요가 있다고 말했던 것이다.

그러나 아소의 역사지식은 부정확했다. "나치헌법"은 없었다. 나치정권은 1933년 바이마르헌법을 개정한 것이 아니라 인위적 위기상황을 조성하고 비상사태를 선포해 헌법의 효력을 정지시켰다. 당시 나치스 돌격대원은 좌파의원을 위협·구타·살인하고 1933년 2월 발생한 국회 화재를 공산주의자의 방화로 단정하고 국회를 무력화시킨 상태에서 바이마르헌법 제48조를 발동해 비상사태를 선포했다. 이로 말미암아 히틀러 치하 독일은 총통지령이 곧 법률로 통하는 공포의 독재국가로 전락했다.

아소가 나치이념과 행적을 흠모하여 그런 표현을 했으리라고는 믿고 싶지 않다. 그러나 아소의 발설에는 곤경에 처한 일본을 구하기 위해서라면 히틀러의 헌법질서 유린수법도 불사하겠다는 무의식의 충동이 숨겨져 있을지 모른다. 아소 발언은 일본 자민당이 발의한 '2012 헌법초안'의 제98조와 제99조에 규정된 비상사태선언권과 헌법적 권리중지권이 1930년대 나치정권의 민주헌정질서 파괴 시에 빈번히 악용했던 비상권한을 상기시킨다.

발언에 대한 국제사회의 우려와 비판이 비등하자, 아소는 "일본정부가 나치이념을 신봉하지 않으며 다시는 그런 인상을 주지 않도록 삼가겠다."고 한발 물러섰다. 그러나 일본 부수상이 나치즘으로부터 거리를 두겠다고 말한 것은 일본 정계의 국수주의적 우경화 정황을 방증하는 불길한 징조다.

일본의 우경화는 최근의 현상이 아니다. 패전 이후 일본 우익은 태평양전쟁(우익은 대동아전쟁이라 함)은 침략전쟁이 아니고, 독도(일본명은 다케시마)와 센카쿠(중국명 댜오위다오)는 일본영토이며, 전쟁 중 징병과 종군위안부는 강제징용이 아니라고 우겨왔다. 이런 역사인식을 가진 일본 극우 정치인은 주변국의 반대에도 불구하고 군국주의 침략의 상징인 야스쿠니 신사참배를 강행해 왔다.

문제의 심각성은 근래 우경화 현상이 급속히 확산되고 있다는 것이다. 우경화를 주도해온 자민당의 재집권과 함께 극우세력의 총수인 아베신조(安倍晋三)가 일본의 총리로 재등극했다. 게다가 자민당은 최근 참의원선거에서도 압승을 거두었다. 아베 총리는 공공연하게 일본의 침략전쟁을 전면 부정하는 언사를 서슴지 않았다. 그는 '일본이 침략전쟁을 했다는 주장에 대해 어떻게 생각하느냐?'는 질문에 "침략의 정의는 학문적으로나 국제적으로 확정되지 않았다. 침략은 어느 쪽에서 보느냐에 따라 해석이 다르다."고 대답했다.

일본의 국수주의적 우경화는 20년 이상 지속된 경제침체와 2011년 3월 11일 동일본대지진과 후쿠시마 원전사고로 말미암은 불안과 좌절로 한층 심화되었다. 최근 혐한(嫌韓)단체인 '재일조선인 특권을 거부하는 모임의 회원들,' 이른바 재특회를 위시한 우익단체들이 도쿄 한복판에서 반한시위를 벌이는 빈도가 잦아지고 있다. 메이지 시대 초기 '내부에 위기가 있을 때 조선을 친다.'는 정한론(征韓論)에 따라 조선침략을 자행했고, 1923년 9월 관동대지진 때 6천 명의 무고한 조선인을 학살했던 망령이 되살아나는 느낌이다. 일본 극우는 내부의 위기와 불만을 해소하기 위해 한국을 다시 만만한 적대국 표적으로 삼는 듯하다. 요즘 일본에는 "다시금 전쟁과 차별의 시대"가 도래하고 있음을 경고하는 식자들이 적지 않다. 중·일 간 심각한 영토분쟁을 야기한 센카쿠 섬을 둘러싸고 벌어질 무력충돌 시나리오를 발표한 연구소도 있다. 2013년 9월 8일 일본이 2020년 하계올림픽 개최지로 선정된 날 도쿄에서는 기다렸다는 듯이 반한시위와 이에 반대하는 시위가 뒤엉켜 열렸다. 여기에 지난 수년 사이 무력충돌과 핵미사일 발사로 고조된 남·북한의 군사적 긴장까지 더해져 동북아의 안보상황은 위태롭기 그지없다.

물론 오늘날 동북아 상황은 과거 군국주의 일본이 전쟁과 살육에 광분하던 시대상황과는 다르다. 그러나 G2로 부상한 중국이 군사대국화를 추구하는 상황에서 극단적 우경화로 치닫는 일본에 의해서든 체제유지를 위해 천안함 폭침과 연평도 포격을 자행하고 핵무기와 장거리 미사일을 개발해온 북한에 의해서든 무력충돌이 발생한다면, 동아시아는 다시금 돌이킬 수 없는 전화(戰禍)의 수렁으로 빠져들지 않는다고 장담할 수 없다.

이 장의 목적은 동아시아의 위기적 정세를 파악하고 이를 타개하여 동아시아공동체 실현을 위해 '세방적 해법'(glocal solution)을 모색하는 것이다. 이를 위해 먼저 동아시아 평화를 위협하는 분쟁요인과 치열한 군비경쟁 실태를 살펴본다. 다음으로 사람과 문화의 교류, 경제적 상호의존성의 증대, 지역협력기구의 형성에도 불구하고 영토·역사분쟁이 격화되고 군비경쟁이 가열되는 동아시아 패러독스를 배태시킨 국가주의의 폐단을 검토한다. 이어서 지난 수십 년 동안 새로운 국제질서 행위자로 등장한 지방의 국제적 활동에 대한 중앙정부의 반응과 찬반론을 논의한다. 끝으로 일본 역사왜곡 교과서 불채택운동과 한·중·일 공동역사만들기 사례에서 동북아 평화건설을 위한 지방외교의 잠재력을 고찰한다.

Ⅱ 동아시아의 위태로운 평화

동아시아는 탈냉전 이후에도 군사대결, 영토·역사분쟁, 배타적 국가민족주의로 첨예한 갈등을 빚어 왔고, 급속한 경제성장을 바탕으로 치열한 군비경쟁을 벌여 왔다. 실로 동아시아는 세계에서 무력분쟁 가능성이 가장 높은 안보취약지역이다.

1. 분쟁으로 얼룩진 동아시아

동아시아는 탈냉전 이후 냉전시대의 이념대립이 거의 사라졌고, 북한을 제외한 모든 국가들이 외교관계를 맺고 있으며, 경제적 상호의존성도 깊어졌다. 그러나 여전히 중국과 대만의 양안문제, 남·북한 군사대결, 영토·역사분쟁, 해양경계선 확정 문제 등 난마처럼 얽힌 분쟁요인들을 안고 있다.

양안관계는 2016년 1월 중국 종속 반대를 주도해온 차이잉원(蔡英文) 민진당 후보의 압승과 입법원에서 민진당의 제1당 약진으로 새로운 긴장국면을 맞고 있다.

분단 이후 전쟁을 치른 남·북한은 동북아의 평화를 위협하는 아킬레스건으로 작용해 왔다. 김대중정부로부터 노무현정부까지 10년의 포용정책으로 금강산과 개성관광, 개성공단사업, 이산가족 상봉, 인도적 지원 등 남·북한 화해와 협력의 시대가 열렸지만 서해상에서 두 차례의 교전이 벌어졌고 핵무기와 미사일 개발이 은밀하게 이루어졌다. 이명박정부 시절에는 주요 남북 교류·협력사업이 중단되고 북한의 천안함 격침과 연평도 포격이 자행되며 핵무기와 장거리 미사일 개발로 긴장이 고조되었다. 박근혜정부에서도 남북긴장은 지속되다가 북한의 핵실험과 장거리 미사일 발사로 급기야 남북 화해의 마지막 상징으로 남아 있던 개성공단마저 완전 폐쇄되었다. UN안보리의 전례 없는 대북제제가 시작된 상황에서 사상 최대의 한미연합군사훈련이 실시되었고, 이에 대항해 북한은 남한 전역을 핵미사일 표적으로 삼는 군사훈련을 실시했다. 비록 중국과 러시아가 북한의 핵미사일 개발 강행으로 UN 안보리 대북제재에 동참했지만, 한반도를 중심으로 한국·미국·일본 간의 남방 삼각동맹과 북한·중국·러시아 간의 북방 삼각동맹이라는 신냉전 전선이 더욱 견고해지고 있다.

근래 한·중·일 간에 가장 큰 이슈는 센카쿠 섬을 둘러싼 영토분쟁이었다. 동

중국해의 센카쿠는 1895년 일본 오키나와에 편입된 후 2차대전을 계기로 미국의 관할 하에 있다가 1972년 오키나와에 반환되어 일본에 의해 지배되어온 섬이다. 중국은 이 섬이 역사적으로 중국의 영토임을 주장하면서 일본의 영유권을 일체 인정하지 않는다. 반면 일본은 1895년 시작된 대만과 함께 센카쿠 열도는 일본의 영토로 편입되었음을 주장한다.

　　2010년 9월 7일 센카쿠 주변 해역에서 발생한 중국어선과 일본 해상보안청 순시선의 충돌사건으로 양국관계는 위기에 직면했다. 충돌사건 발생 직후 일본 나하 지방검찰은 공무집행 방해혐의로 중국어선을 나포해 선원들을 체포·구금했다. 이에 대응해 중국은 동중국해 공동개발교섭 중단, 양국 간 민간교류 및 관광 중단, 희토류 등의 일본 수출규제를 선언했다. 결국 이 위기는 일본이 선원들을 석방하는 것으로 응급 봉합되었다. 이 사건은 2010년 5월 동중국해 일·중 중간선의 일본 측 해역에서 중국감시선이 일본 해상보안청 측량선에 활동 중지를 요구하며 헬기를 해상자위대 호위함에 접근시킨 사건에 이은 심각한 충돌이었다.

　　2010년 12월에는 센카쿠를 포함한 오키나와 주변과 규슈 등지에서 미일합동훈련이 펼쳐졌다. 2011년 7월 4일에는 중국군용기 2대가 센카쿠 주변상공을 비행하자, 일본은 F−15 전투기를 출격시켜 장시간 대치했다. 이 갈등은 2012년 9월 10일 일본이 센카쿠 섬의 국유화 발표로 한층 악화되었다. 이에 대응해 중국은 "필요한 조치를 통해 영토주권을 지켜나가겠다."고 공언했다. 이후 센카쿠 접속수역 안팎에서 양국의 감시선과 순시선 및 군함이 대치하는 상황이 벌어졌다. 이와 함께 2012년 9월 15−16일 중국의 80여 개 도시에서 16만 명이 참여한 반일시위가 발생했다. 격렬한 폭력을 동반한 시위에 의해 파나소닉, 토요다 등 중국주재 일본기업에 대한 방화와 일본계 유통매장이 습격당했다.

　　센카쿠를 둘러싼 중·일 영토분쟁은 이 지역에 막대한 양의 석유·가스 매장량이 확인되면서 더욱 첨예화되었다. 양국은 현재 동중국해 해저자원 개발권의 귀속 여부를 결정하는 배타적 경제수역(EEZ) 획정문제를 놓고 날카롭게 대립하고 있다. 중국은 미리 일부 분쟁해역의 가스전을 개발하여 일본의 심한 반발을 야기했다. 센카쿠 영토분쟁은 아프리카와 중동의 자원부국들이 겪는 '자원의 저주' 현상이 동아시아국가에 재현될 수 있음을 상징적으로 보여준다.

　　한·일 간 독도분쟁도 심상치 않다. 한국이 독도를 실효 지배하고 있지만, 일본은 영유권을 주장하고 있다. 일본은 1905년 독도를 시마네 현에 편입한 조치가 국제법상 적법하게 이루어졌다고 주장한다. 그러나 한국은 12세기부터 지배해오다가 1900년 울릉군에 편입한 독도를 1905년 일본영토에 편입한 것은 일본제국주의의 침탈로 규정한다. 일본은 샌프란시스코 조약 체결 당시 미국으로부터 독도를 일본영토로 인정받았음을 주장하지만, 한국은 이 조약이 독도를 일본 관할구역에서 제외했다고 주장한다.

일본은 국제사법재판소를 통해 독도문제를 해결해야 한다는 입장이다. 그러나 한국은 이 제안을 거부하고 실효 지배를 강화하고 있다. 2012년 8월 10일 한국의 이명박 대통령은 센카쿠 중·일 영토분쟁이 격화되고 Dmitry Medvedev 전 러시아 대통령의 크릴섬 방문으로 일·러 영토분쟁이 발생된 와중에 국가원수 자격으로 독도를 방문해 일본의 반발을 야기했다. 뒤이어 일본정부는 2012년 12월로 약정된 한·중·일 FTA협상 개시를 무기한 연기한다고 발표했다.

독도분쟁은 한·일 간 무력충돌을 일으킬 가능성은 낮지만 양국 간 우호협력관계에 심각한 악영향을 미치고 있다. 한·일 간에 1996년부터 2009년까지 10회에 걸쳐 배타적 경제수역 회담이 열렸으나 별다른 성과를 거두지 못한 연유도 바로 독도 영유권 분쟁 때문이다. 일본은 독도를 자국 영토로 간주해 독도와 울릉도의 중간선을 양국의 배타적 경제수역경계로 정할 것을 주장한다. 그러나 한국은 독도와 오키섬의 중간선을 주장한다.

역사·문화 갈등은 영토분쟁과 함께 동북아의 평화와 통합을 저해하는 주범이다. 한·중·일의 고대 역사인식, 근대역사의 고통스런 경험에 대한 기억, 배타적 민족주의는 3국 간 신뢰형성을 저해하고 협력을 지연시켰다.

과거 일본은 한반도 남부에 '임나일본부'가 존재했으며, 식민화가 한국의 발전에 긍정적인 영향을 주었다고 주장하여 역사적으로 한국지배를 정당화하는 식민사관을 펼쳤다. 아직도 일본 총리를 비롯한 정치인들의 야스쿠니 신사참배, 일본중등학교 역사교과서 왜곡, 위안부 문제 등은 한·일 간 및 중·일 간에 첨예한 대립과 갈등을 야기하고 있다.

한·중 사이에도 역사인식의 차이와 문화오해로 마찰이 빚어졌다. 고구려와 발해를 중국의 지방정부로 해석한 중국 사회과학원의 '동북공정'은 한국의 강한 반발을 야기했다. 2007년 1월 31일 한국 여성 쇼트트랙 선수들이 지린성 창춘시에서 열린 제6회 아시아동계올림픽에서 '백두산은 우리 땅'이라는 플래카드를 흔든 것이 양국 간 분쟁의 초점으로 떠올랐는가 하면, 2005년 한국의 강릉 단오제 세계무형유산 등록신청이 중국문화 침탈로 오해되어 분란을 빚은 적도 있다.

근래 일본의 장기 경제침체와 동일본해 지진·해일 및 핵발전소 파괴 이후 등장한 배타적 민족주의 우경화는 한국과 중국 등 주변국과의 관계를 악화시켜 동아시아 평화와 협력의 길을 가로막는 장애요인으로 작용하고 있다.

2. 세계의 화약고

동아시아는 세계의 화약고다. 동북아에서 세계 1-5위 국방비 지출국가 중 4개 나라가 각축을 벌이고 있다. 2015년 현재 미국의 국방비는 5771억 달러로 세계 1위다. 2위는 중국으로 1450억 달러, 3위는 러시아 604억 달러, 4위는 사우디아라비아 567억 달러, 5위는 일본 416억 달러다. 한국은 331억 달러로 세계 12위다. 북한은 가공할 생화학무기를 대량 보유하고 있으며 핵무기 개발과 탄도미사일 무장을 강행하고 있다.

중국은 군사대국화의 길로 치닫고 있다. 최근 중국은 러시아로부터 소브레메니급 구축함 4척과 킬로급 잠수함 12척을 도입했고, 이지스급 구축함 2척을 작전 배치한 후 3척을 추가 건조 중이다. 사정거리 8,000km인 J-II 탄도미사일을 탑재한 잠수함과 5척의 전략핵잠수함도 실전 배치했다. J-10전투기를 자체 개발했고, 2018년까지 J-20스텔스 전투기의 실전 배치를 서두르고 있다. 2011년 8월 10일 67,500톤급 항공모함 바랴크호를 시험 운행하기 시작하여 2012년 함재기 이착륙에 성공했다. 중국은 2020년까지 항공모함 6척의 실전 배치를 추진하고 있다. 2013년 1월 27일에는 2007년 이어 지상 반(反)미사일 요격기술을 실험했고, 무인우주항공기 등 우주무기 개발에도 박차를 가하고 있다.

일본은 1991년 이후 매년 400억-450억 달러를 국방비로 지출해 왔다. 일본은 이미 3,000톤급 재래식 잠수함 18척, 해상 초계기 100여 대, 이지스 구축함 6척 등 배수량 2,500톤 이상 수상함정 50여 척을 갖춰 미국에 이어 세계 2위의 해군대국이다. 그러나 이에 그치지 않고 2013년 8월 6일 만재배수량 27,000톤급 헬기 탑재 호위함 이즈모를 진수시킨 데 이어 20,000톤급 호위함의 추가 배치를 계획하고 있으며, 기존 P-3C대잠초계기를 대체할 P-1해상초계기를 개발하고 있다. 항공전력 강화를 위해 차기전투기사업의 일환으로 F-15와 F-2 등 기존 전투기의 성능개량을 추진하고 있다. 최근 항공급유 수송부대를 신설했고, 공중급유기 KC-767 4대를 도입했다. 미·일 공동 MD체제 구축에 따라 16개 기지에 PAC-3 요격미사일을 배치했고, 4척의 이지스함에 SM-3 요격미사일을 장착했으며, 탄도미사일 감시와 추적을 위해 FPS-5 레이더를 설치했다.

한국은 2015년 정부일반회계예산의 10%인 331억 달러를 군사비로 책정했다. 한국은 무기수입으로 2015년 세계 9위를 기록했다. 한국은 2007년 이지스함을 건조한 이래 2012년 세 번째 이지스함을 실전 배치했다. 대잠수함 격퇴능력 강화사업, 디젤 혹은 핵잠수함의 추가 배치, 고고도 무인 정찰기 글로벌 호크와 차세대 전투기 사업을 추진 중이다. 2012년 한·미 미사일협정의 개정으로 사정거리가 종래 300km에서 800km로 늘어났다. 정부는 2013년 5월 한미 정상회담에서 2015년 12월 1일로 예정된 전시작전통제권 환수시기의 연기를 제안하는 한편, 북한의 장거리 미사일·핵무기와 같은 비대칭전력에 맞서기 위한 한국형 미사일방어체제(KAMD) 구축, 첨단 전투기 60대를 도입하는 3차 차세대전투기(FX) 사업 등을 위해 2014년부터 2018년까지 5년간 214조 5천억 원을 투입하는 '2014~2018 국방중기계획'을 수립했다.

북한은 호전적 '선군정치' 노선을 고수하는 가운데 장거리 미사일과 핵무기 개발을 강행하고 있다. 군사전문가들은 북한이 핵무기와 미사일 탄두에 탑재기술을 가지고 있는 것으로 판단한다. 북한의 가공할 생화학 무기도 위협적이다. 북한은 남한 병력의 두 배가 넘는 119만 명의 병력을 유지하고 있으며, 이중 20만 명은 유사 시 남한에 침투해 기간시설 파괴와 사회교란을 훈련받은 특수부대원들이다.

최근 영국 국제전략문제연구소(IISS)는 중국의 군사력 증강과 이에 맞선 주변국이 국방비 지출을 늘리고 있어 이런 추세가 지속되면 아시아국가의 군사비가 2021년 미국의 군사비를 능가할 것으로 예측했다.

Ⅲ 동아시아 패러독스와 국가주의의 폐단

2015년 한·중·일 3국의 GDP 합계는 16조 달러로 세계 전체 GDP의 21%를 점유한다. 3국의 외환보유액은 4조 9천억 달러로 세계 총 외환보유액의 절반을 차지한다. 한·중·일 간 주 2,000회 이상 항공편이 운항되고 한 해 1500만 명 이상의 여행객이 오가며 문화교류와 경제적 상호의존성이 크게 증대했다. 그러나 한·중·일 간 영토·역사분쟁은 격화되고, 군비경쟁은 가열되고 있다. 1997년 동아시아 금융통화위기 직후 ASEAN+3모임을 계기로 한·중·일 지역협력체계가 가동되기 시작했음에도 동아시아의 갈등과 군사적 긴장은 해소되기는커녕 오히려 증폭되었다.

1. 동아시아 지역주의

ASEAN+3를 계기로 한·중·일 3국의 협력구조가 탄생했다. ASEAN+3는 동아시아 금융통화위기의 발생 직후인 1997년 11월 ASEAN이 창립 30주년 정상회담에 한·중·일 정상을 초대하는 형식으로 출범했다. 1998년 ASEAN+3 정상회담의 정례화가 합의되었다. 1999년 제3차 ASEAN+3 정상회담을 앞두고 제1차 한·중·일 정상회담이 열렸다. 이후 한·중·일 3국 간 여러 분야의 협력을 도모하기 위해 장관급회담이 개최되었다.

ASEAN+3는 금융협력 부문에서 큰 진전을 이루었다. 2000년 5월 ASEAN+3 재무장관들이 회원국 간 유동성문제에 직면할 경우 상호 통화를 융통시키기로 하는데 합의하여 이른바 치앙마이협정(Chiang Mai Initiative: CMI)을 체결하여 역내 금융협력의 새로운 전기를 마련했다. 치앙마이협정에서 ASEAN+3 역내국가 전체 경제규모의 약 90%를 점유하는 한·중·일 3국의 기여가 두드러졌다. 3국의 금융협력은 2001년 3국 간 정치적 갈등을 빚는 가운데서도 지속되었다.

2002년 ASEAN+3 정상회담과 함께 열린 한·중·일 정상회담에서는 3국 정상회담을 조찬형식의 비공식회의에서 공식회의로 격상하기로 합의했다. 의제도 그동안 비정치적 이슈에서 탈피하여 북한핵을 비롯한 안보문제를 논의하기 시작했다. 2003년 3국 정상회담에서는 무역·투자·환경·과학기술·국제문제 등 14개 분야에 걸친 협력을 규정한 '3국 협력증진에 관한 공동선언'을 채택했다. 이 공동선언의 후

속조치를 위해 3국 외교장관을 수석대표로 하는 3자위원회를 설치·운영하기로 합의했다. 2004년 3국 정상회담에서는 공동선언의 이행을 촉진하기 위한 '행동전략'을 채택하고 운영체계의 강화에 합의했다. 그러나 2005년에는 고이즈미(小泉) 총리의 야스쿠니 신사 참배로 3국 관계가 경색되어 3국 정상회담이 열리지 못했다. 2007년 재개된 3국 정상회담에서는 ASEAN＋3와는 별도로 독자적인 3국 정상회담을 열기로 합의하고 3국 사이버 협력사무국 구축 등 13개 협력사업을 채택했다.

이에 따라 2008년 12월 일본 후쿠오카에서 ASEAN＋3와 관계없이 개최된 제1차 3국 정상회담에서 '한·중·일 동반자관계를 위한 공동성명'을 채택했다. 2009년 10월 중국에서 제2차 3국 정상회담이 열려 과거 10년간 3국 협력을 평가하고 향후 발전방향을 천명한 '한·중·일 10주년 기념 공동성명'을 채택하고, 3국 협력 상설 사무국의 설치에 대한 공동인식과 3국 FTA 체결을 위한 산·관·학 공동연구 추진 등의 협력에 합의했다. 2010년 5월 제주에서 열린 제3차 3국 정상회의에서는 3국 협력사무국을 2011년 한국 내에 설치하기로 합의하고 '3국 협력 VISION 2020'을 채택했다.

2010년 베트남 하노이에서 ASEAN＋3/EAS(East Asia Summit)를 계기로 다시 열린 3국 정상회담에서는 FTA 산·관·학 공동연구와 투자협정 등 경제부문의 협력촉진에 합의했다. 2010년부터는 미국과 러시아가 EAS에 참여함으로써 종래 역내 국가들 위주의 동아시아 지역협력은 새로운 국면을 맞았다. 미국은 중국 부상에 대응해 동아시아에 대한 적극적 개입정책을 표방하고 EAS를 역내 정치안보문제를 다루는 포럼으로 발전시키겠다는 입장이었다.

2011년 11월 인도네시아 발리에서 연이어 개최된 ASEAN/ASEAN＋3/EAS 정상회담은 향후 동아시아 지역협력구도에 변화의 조짐이 나타나고 있음을 보여주었다(구천서, 2013: 79−80). ASEAN＋3의 중요성이 줄어든 반면 미·중의 경쟁으로 인해 EAS에 대한 관심이 크게 높아졌다. 이에 따라 동아시아 지역협력의 장이 전략적 대결과 경쟁의 장으로 뒤바뀔 소지가 커졌다.

2012년 11월 캄보디아 프놈펜에서 열린 ASEAN/ASEAN＋3 정상회담과 장관회의에서는 한·중·일 FTA와 '포괄적 지역동반자협정'(RCEP)에 관한 협상을 개시한다는 공동선언이 채택되었다.

그러나 2013년 이후 한·중·일 간의 영토 및 역사분쟁과 군사적 긴장은 ASEAN

+3와 EAS 등을 통한 삼국의 협력관계를 전면 중단시켰다. 그동안 ASEAN국가와 한·중·일 삼국 중앙정부가 공들여 만든 동아시아 지역주의의 취약성이 여실히 드러났다.

2. 국가주의의 한계

한·중·일 간 빚어진 영토분쟁과 역사분쟁 및 군사적 긴장과 무력충돌은 동북아 지역주의의 의미 있는 진전을 무력화시켰다. 사실 한·중·일 간에는 아직 군사적 충돌을 예방하고 대비하는 최소한의 안보협력기구조차 존재하지 않는다.

동아시아 지역주의의 한계는 역내국가의 게으름이나 불찰에 기인하기보다 근본적으로 국가주권을 맹신하는 삼국의 국가주의 신화에서 비롯된다. 지난 400년의 국민국가의 시대에 국민국가는 내부단결과 자주권 극대화에 몰두한 나머지 국가 간 협력보다 경쟁과 갈등을 조장해 왔다. 상호의존성이 증대한 글로벌시대에 국민국가는 국민을 보호하고 국경을 초원한 문제를 다루는 데 한계가 있음을 드러냈다. 국민국가는 한·중·일 삼국의 갈등이 동아시아 지역주의를 무력화시킨 것을 실증한 바와 같이 최소한의 지속가능한 국제협력을 유지하는 일조차 어렵다. 한때 민주주의의 산파였던 국민국가가 기능부전상태로 빠져들고 있다.

한때 국민국가 내부의 결속과 민주화에 기여한 사회계약론은 상호의존적인 세계화시대에 국민국가 간 민주적 국제질서의 형성과 유지를 오히려 저해하고 있다(바버, 2014: 223−236). 더욱이 '분할불가의 국가주권' 개념에 기초한 국민국가의 평화적 국제질서 구축노력은 대부분 실패했다. 국가주권을 믿는 나라에게 주권의 양보를 요구하는 것은 스스로 해체하라고 강요하는 것과 다름없기 때문이다.

절대적 국가주권은 '정의를 힘'으로, '역사를 승자의 기록'으로 정의하는 '무도덕철학'을 부추긴다. 무도덕철학이 횡횡하는 국민국가의 국제질서란 약육강식의 정글법칙이 지배하는 추악한 현실주의 질서다. 일본 도처에 설립된 박물관의 가미가제특공단 칭송과 전범 영웅화, 중국의 중화주의(中華主義) 고취와 군사대국화, 그리고 한국의 배타적 국가주의 이념은 동아시아의 평화건설과 굿 거버넌스 형성을 가로막는 근본적 장애요인이다.

국가민족주의는 동북아 평화를 위협하고 있다. 한·중·일 삼국은 모두 단일민

족국가가 아니다. 중국은 90%의 한족과 다른 소수민족들로 구성된다. 일본에는 북
해도의 아이누와 오키나와 원주민 등 소수민족이 있다. 한국도 화교와 결혼이민자
및 이주노동자 등으로 구성된 다민족사회로 변모하고 있다. 무엇보다 상호의존성을
심화시키는 지구화시대에 배타적 자민족중심주의(ethnocentrism)는 동아시아공동체
의 평화와 번영을 가로막고 결국 쇠퇴와 자멸을 초래할 위험한 신화다.

Ⅳ 지방외교에 대한 중앙정부의 반응과 찬반론

Albert Einstein은 "어떤 문제도 그 문제를 야기한 동일한 의식 수준에서는 풀
리지 않는다."고 했다. 이는 국가 간에 빚어지는 국제문제의 해소방안으로서 국가
중심의 해법이 지닌 본질적 한계를 지적한 것으로 볼 수 있다. 동북아 패러독스를
해소할 새로운 해법은 과연 무엇인가?

1. 지방외교의 잠재력

노르웨이의 저명한 사회학자 Johan Galtung은 평화건설의 잠재력 면에서 지방
이 국가보다 월등히 우수하다고 보았다(Galtung, 2000: 860-872). 그는 "마치 망치를
든 사람이 세상을 온통 못으로 보는 것처럼, 무기를 통제하는 국가는 국제관계를 군
사력이 지배하는 현실주의 세계관으로 바라보는 경향이 있다."고 지적했다. Galtung
은 세계평화를 위해서 국제무대에서 국가의 역할을 줄이면서 도시 간 협력네트워크
를 평화의 지렛대로 활용하는 방안을 강구해야 한다고 역설했다.

노벨경제학상 수상자인 Kenneth Boulding는 국가와 군대의 퇴행적·파괴적 경
향을 견제할 대항세력으로서 도시의 평화건설 잠재력을 지적하고 글로벌시대 도시
의 자각과 연대의 필요성을 다음과 같이 역설했다(Boulding, 1968: 1123).

"통신의 이동이 상품의 이동을 능가하기 시작한 세상에서 도시는 통신네트워
크의 거점으로서 아직 자의식의 결여 때문에 개발되지 못한 실제적 권력을 가
지고 있다. 나는 Karl Marx의 책에서 오직 한 가지 유용한 표현을 빌려 세계
의 도시들에게 국가와 군대의 퇴영적이고 파괴적인 성향에 대항해서 인간성

의 건설적이며 발전적인 세력을 대변하는 세계도시공동체의 공동자의식을 가지라고 촉구한다. '세계의 도시이여 단결하라. 그대가 잃을 것은 오직 빈민가와 빈곤과 군대의 소모품뿐이니.' 그런데 이런 온건한 장기적 낙관주의는 단기적 비관주의에 의해 발목이 잡혀 있음을 우려한다."

실제로 지난 수십 년 동안 세계의 도시는 선진국 도시를 중심으로 시민사회와 함께 국제협력 촉진과 평화건설에 기여해 왔다.[1]

2. 지방외교에 대한 중앙정부의 반응

중앙정부는 지방외교에 대해 대체로 무관심·조정·반대·협조로 반응해 왔다. 가장 일반적인 반응은 무관심이었다(Shuman, 1994: 62). 60－70년 전에는 지방정부가 외교정책에 관여하는 것을 생각조차 할 수 없었다. 오늘날에도 국제관계론의 지배적 패러다임은 지방외교를 적절치 못한 현상으로 간주한다.

그러나 1950년대부터 일부 선진국 중앙정부는 지방정부의 국제적 활동이 국익에 도움이 될 수 있다는 점을 인정하기 시작했다. 하나의 통일된 '석탄 및 제철공동체'(Coal & Steel Community)의 건설이 유럽에서 전쟁을 예방할 것이라는 Jean Monet의 비전을 실행에 옮긴 프랑스와 서독의 외교당국은 프랑스와 서독의 도시 간에 '1,000개 자매도시' 결연운동을 지원했다. 1956년 미국의 Dwight Eisenhower 대통령은 민간외교를 통한 자본주의와 민주주의의 발전을 촉진하는 방안으로서 자매도시프로그램을 추진했다. 네덜란드 국회는 1970년대 초 지방정부가 독자적으로 제3세계의 지역사회개발을 지원하는 것을 국가외교정책에 반해서는 안 된다는 조건을 달아 허용했다. 일본 중앙정부는 일본 경제의 지배적 지위를 뒷받침하기 위해 국가전략의 일환으로서 지방정부의 국제화를 주도했다.

그러나 지방정부가 일정한 선을 넘어서 독자적 지방외교를 추진하려는 경우 중앙정부는 이를 규제하려고 했다. 한때 네덜란드, 영국, 독일의 중앙정부 또는 주정부는 지방정부가 제3세계의 지방주민을 돕는 데 돈을 쓴다는 조건으로 지방정부의 국제협력을 허용했다. 종종 지방외교로 논란을 빚어온 미국의 법원은 명백히 정치적

1) 도시의 국제협력 사례에 관한 자세한 소개는 필자의 논문 등(Ahn, 2006: 15－56; Blank, 2006: 875－939; Frug & Barron, 2006: 1－62; 바버, 2014)을 참고할 것.

·군사적 안보문제를 포함하는 문제로서 행정부가 주 및 지방정부와 갈등을 야기한 경우 행정부를 지지해 지방외교에 다소 제한을 가했다(Shuman, 1987: 159-169; Shuman, 1992: 159-162). 예컨대 미국 법원은 미국의 주 및 지방정부는 민간 계약자의 핵무기 제조를 금지할 수 없으며, 주지사는 주방위군을 해외에서 훈련시키는 연방정부의 군사계획을 방해할 수 없다고 판결했다. 그러나 국제적인 동시에 국내적인 국제내적(intermestic) 문제에 대해 연방정부와 주 및 지방정부의 권한이 중첩되는 경우, 법원은 다소 애매한 입장을 취해 왔다. 이를테면 연방대법원은 캘리포니아의 단일조세제도(unitary taxation system)가 미국의 대외통상정책에 배치되며 국가외교권을 침해한다는 연방행정부의 주장을 일축하고 이 문제를 의회에서 해결하도록 판결한 바 있다.

미국의 연방정부가 정치적·군사적 문제에 주 및 지방정부가 관여하는 것을 명시적으로나 묵시적으로 반대해 왔지만 심각한 분쟁으로 비화한 경우는 찾아보기 힘들다. 일반적으로 연방정부는 정치적 문제라고 할지라도 관용하는 자세를 견지해 왔다. 미국의 연방정부는 문화적 문제에 관한 지방외교에 대해서는 옹호하거나 심지어 촉진하는 입장을 취했다. 연방정부는 해외통상에 대해서는 처음에는 관용하다가 후에는 자신이 체결한 국제조약에 저촉되지 않는 한 지원하는 자세로 전환했다. 미국 이외 많은 선진국에서 지방외교와 관련하여 중앙정부와 주 및 지방정부 간 갈등은 최소한에 그쳤다. 캐나다, 핀란드, 프랑스, 독일, 네덜란드, 노르웨이 등에서는 대체로 중앙정부와 긴밀한 협력 속에서 지방외교가 추진되었다. 특히 캐나다, 독일, 네덜란드에서 중앙정부는 지방정부를 비롯한 NGO와 지역사회조직이 참여하는 국제협력프로그램에 대규모 보조금을 지원했다.

일반적으로 비교적 부유하고 민주적이며 지방분권적인 선진국에서 지방외교가 활발히 전개되었다. 일본, 이탈리아, 그리스, 스페인, 그리고 개도국과 동유럽 국가는 근래 지방외교에 관심을 갖기 시작했다. 이제까지 지방외교는 거의 모두 중앙정부의 정책에 일치했다.

3. 지방외교에 대한 찬반론

그동안 지방외교에 대해서 찬반양론이 제기되었다. 일반적으로 선진국에서 중앙정부의 정치인과 관료는 반대론을, 지방정부의 정치인과 관료 및 주민은 찬성론을 펴왔다. 그러나 지방정치인과 관료 및 주민 중에도 지방정부가 외교정책에 관여하는 것을 탐탁지 않게 생각하는 사람들이 있었다.

많은 진보적 주 및 지방정부가 대담한 지방외교정책을 전개하여 보수적 성향인 연방정부와 종종 갈등을 빚어온 미국에서 제기된 지방외교에 대한 찬반론을 검토해 보자.

Michael Shuman(1992: 167)은 지방외교에 대한 반대론자의 논거를 다음 세 가지로 요약했다.

(1) 효과적 외교정책을 수행하기 위해서는 오직 한 목소리를 내야 한다. 주 및 지방정부가 외교정책에 대해 불협화음을 내서는 안 된다.

(2) 일부 주 및 지방정부가 나라 전체에 영향을 미치는 외교정책에 관여하는 것은 공정치 못하다. 민주주의원칙은 정책결정에 의해 영향을 받는 사람이 모두 참여해야 할 것을 요구한다. 외교정책에 관한 결정은 모든 국민에게 영향을 미치기 때문에 모든 국민이 골고루 참여해야 한다.

(3) 대부분의 주 및 지방정부는 비전문성으로 인해 외교문제를 다루는 데 부적합하다. 주 및 지방정부는 외교정책의 결정에 필요한 전문성을 갖춘 국가안보위원회나 정보기관, 그리고 특정 국가를 전담하는 부서를 가지고 있지 않다.

그러나 지방외교에 대한 위의 세 가지 반대논거는 다음과 같은 문제가 있다 (Shuman, 1992: 168-171).

(1) 국가는 한 목소리를 내야 한다는 주장은 현실과 다르다. 국회의원들의 입장이 대통령의 견해와 다른 경우는 말할 필요도 없고, 행정부처 간에도 견해차가 노정되는 경우가 빈번하다. 더욱이 외교정책에 대해 이익집단이 제각기 다른 목소리를 내는 경우도 많다. 대기업이 각종 매체를 통해 국가의 외교정책에 대해 다른 견해를 피력하는 경우도 있다. 대기업이 세계 도처에 해외사무소를 차려놓고 때로 국무성이나 CIA와 비밀리에 협조한 것은 이제

비밀이 아니다. 1970년대 초 ITT사가 미 정보기관과 공작하여 칠레의 Salvador Allende 대통령을 제거함으로써 16년 이상의 Augusto Pinochet 정권의 독재와 압정이 시작된 것은 그 한 예이다. 지방외교정책을 반대하는 사람들이 신경을 더 써야 할 일은 공개적으로 추진되는 지방외교보다 비밀리에 국가외교정책에 영향력을 행사하는 대기업의 공작이나 자기주장을 고집하는 정치지도자와 이익집단을 통제하는 일이다.

(2) 지방외교정책이 민주적 공정성을 해친다는 주장은 다른 집단이 덜 효과적으로 참여하기 때문에 효과적으로 참여하는 집단의 정치참여를 금지해야 한다는 어처구니없는 논리에 근거한다. 가장 민주적이고 주민에 대해 책임지는 주 및 지방정부가 외교정책에서 배제되어야 한다는 논리는 이치에 맞지 않는다. 민주주의의 요구는 개인이든 집단이든 법률이 제한하지 않는 한 국내정책이든 외교정책이든 상관없이 모든 정책에 대해서 영향력을 행사할 권리를 갖는다는 것이다. 부득이한 경우에 연방정부는 외교문제에 대한 주 및 지방정부의 참여를 제한하는 법률규정을 둘 수 있다. 그러나 외교에 영향을 미치는 모든 문제에 대해 포괄적으로 주 및 지방정부의 참여를 금지하는 것은 전체주의에서나 가능한 일이다.

(3) 비전문성 때문에 주 및 지방정부가 외교문제에 관여하는 것은 부적절하다는 주장도 납득할 수 없다. 오히려 연방정부의 관료는 주 및 지방정부가 무역, 문화교류, 경제문제 등에서 연방정부보다 더 자세한 정보를 가지고 적절히 대처했음을 인정한다. 연방정부나 주정부는 기본 윤곽만 정하고 구체적인 협상은 지방정부에 맡기는 것이 현명한 일이다.

Michael Shuman(1992: 172-176)은 지방외교의 세 가지 장점을 강조한다.

(1) 지방외교정책은 국가외교정책에서는 달리 표출될 수 없는 의견을 들을 수 있는 기회를 제공한다.

(2) 지방외교정책은 외교정책의 공개를 유도함으로써 외교정책에 대한 실무자들의 책임성을 제고하는 데 기여한다.

(3) 지방외교정책은 일반 시민의 창의성을 활용하는 데 유리하다. 특히 환경보호, 인권보장, 제3세계 개발 등의 분야에서 일반 시민의 창의성 발휘가 쇄신적 지방외교정책의 개발을 촉진함으로써 결국 국가외교정책의 효과성을

증대시킨다.

지방외교는 상호의존적인 세상에서 지방정부가 세계적 관심을 국내외적으로 표현하고 추진하는 불가결한 통로다. 세방화 물결에 거슬러 이 통로를 차단하는 것은 비민주적 처사일 뿐만 아니라 나라의 정치·경제·사회·문화적 활력을 억압하는 것이다. 세방화 물결은 국제적이면서 동시에 국내적인 이슈를 증대시키는 한편 지방적 분절화와 지구적 통합을 동시에 진행시키는 분합화(fragmegration)를 야기한다(Rosenau, 1997: 99-117). 이런 새로운 지구적 변화에 적절히 대처하려면 이에 적합한 국가체제의 설계와 문화의 정착이 필요하다.

Daniel Elazar(1991, 223-265)는 세방화 시대에 어울리는 국가체제는 유연성이 높고 민주적이며 지방분권적이어야 하는데, 이에 대한 가장 유력한 대안이 연방주의라고 본다. 국제문제에 가장 적극적으로 관여하는 지방정부가 선진 연방국가의 지방정부라는 사실은 우연이 아니다. 국제관계에서 연방제는 단방국가의 권위주의체제보다 국익에 더 유리하다(Beaumont, 1996: 380-381). 미국 정부간관계자문위원회(ACIR, 1993-1994)는 연방정부가 외교정책을 추진할 때 "주·지방정부와 소통을 활성화하고 국제조직에 파견될 미국대표단에 주·지방정부 공무원의 참여기회를 확대할 것"을 권고했다. 아울러 지방외교를 포괄적으로 금지하는 것은 오히려 국익을 해칠 수 있음을 경고했다. 연방정부는 지방외교가 국익을 심각하게 위협하거나 무기·군대의 배치와 같이 국가적 전문성을 요구하는 경우 법률규정이나 행정명령 또는 긴급명령권을 발동해 지방정부의 외교활동을 구체적으로 제한할 수 있다.

지방외교는 좀 더 평화롭고 정의로운 세계질서를 이룩하는 데 기여할 수 있다. 물론 지방외교가 편협한 지방주의나 배타적 지역이기주의에 오염될 가능성을 완전히 배제할 수 없다. 그러나 민주적 시민사회에 기초한 지방정부는 이런 병균에 대해 상당한 면역성을 지닌다.

V 암운 속 희망의 햇살

근래 한·중·일의 지방은 개별적으로 또는 네트워크를 통해 동아시아 평화건설에 기여할 잠재력을 입증하기 시작했다. 지난 십여 년간 한·중·일 3국의 시민사회와 지방자치단체가 전개해온 일본 역사왜곡 교과서 불채택운동과 공동역사만들기운동은 국가가 도저히 이룰 수 없는 동아시아 평화의 새 길을 개척한 희망의 증거다.

1. 일본의 왜곡된 역사교과서 불채택운동

1997년부터 2005년까지 대전과 충남의 시민단체와 지방자치단체가 일본 구마모토의 시민단체와 공동으로 전개한 역사왜곡 교과서 불채택운동(지명훈, 2006)은 지방의 동아시아 평화건설의 소중한 출발이다.

1996년 12월 일본 구마모토의 우익단체들은 "중학교 역사교과서에 실린 일본군 종군위안부 부분을 삭제하라."는 요지의 청원서를 구마모토 시의회와 현의회에 제출했다. 구마모토의 시민단체인 '평화헌법을 살리는 구마모토 현민모임'은 즉각 대전의 시민단체인 '대전참여자치시민연대'에 이 사실을 알리고 공동대응을 요청했다. 이에 '대전참여자치시민연대'는 '통일맞이 대전·충남겨레모임'과 함께 1997년 3월 "역사교과서에서 일본군 종군위안부 부분을 삭제하는 것은 한·일 간 선린우호를 파괴하는 일이며, 피해자들을 또 다시 지옥의 나락으로 떠미는 것"이라는 요지의 항의서한을 현의회의장에게 송부했다. 아울러 대표자들이 구마모토 시민단체 대표들과 함께 구마모토 현의회를 방문해 불채택을 촉구했다. 결국 구마모토 현의회는 우익단체의 청원을 받아들이지 않기로 결정했다.

불채택운동에 동참한 대전·충남과 구마모토의 시민단체들은 자매결연을 체결하고 교류협력을 추진했다. 이어 두 지역 시민사회의 교류협력은 교사들과 농민단체들로까지 확대되었다. 북한동포돕기와 미·일 신가이드라인 입법반대 등에서도 협력을 도모했다. 한·일 공동역사수업과 토론회도 정기적으로 개최했다.

후소샤 역사왜곡 교과서의 검정통과가 예견되던 시점인 2001년 2월 대전·충남과 구마모토의 시민단체들은 "극우집단들이 집권 자민당을 등에 업고 날조한 역사교과서를 관철시키려고 노력하고 있다. 일본 문부성은 교과서 검정에서 역사왜곡 교과서를 합격시키지 말 것"을 촉구하는 요지의 공동성명을 발표했다. 그러나 이런 노력에도 불구하고 문부성은 역사왜곡 교과서를 승인했다.

2001년 4월 한·일 간 또다시 역사분쟁이 재현된 상황에서 대전·충남과 구마모토의 시민단체들은 교과서 불채택운동을 전개하기로 합의했다. 2001년 6월 5일부터 8일까지 대전·충남 시민단체들은 시민단체 대표, 교수, 종교인, 교사 등으로 구성된 10명의 방문단을 구성하여 구마모토에 파견했다. 방문단은 구마모토 현지사와 현의회, 언론, 교육위원회를 찾아가 역사왜곡 교과서를 채택하지 말아줄 것을 호소했다. 한편 전교조 충남지부는 8월 구마모토 교사와 학생 방문단을 맞아 역사수업을 진행하여 한·일 간 역사인식의 공감대 형성을 도모했다. 이와 같은 노력의 결과로 2001년 구마모토에서는 역사왜곡 교과서가 단 한 권도 채택되지 않았다.

2005년 3월 16일 일본 시마네 현의회가 '다케시마의 날' 조례안을 가결한 데 이어 경상북도는 시마네 현과의 자매결연을 철회했고, 이틀 후 마산시의회가 '대마도의 날' 조례안 통과로 맞불을 놓아 한·일관계가 극도로 악화되었다. 이 와중에 일본 문부성은 4월 5일 한·일관계사를 심각하게 왜곡한 후소샤 교과서를 비롯한 8종의 중학교 역사교과서 검정을 다시 승인했다.

대전·충남과 구마모토의 시민단체들은 역사왜곡 교과서의 일본정부 승인을 비판하는 공동성명을 발표했다. 이어 2005년 6월 20일부터 23일까지 대전·충남 시민단체들은 16명의 방문단을 구성하여 구마모토에 파견했다. 방문단은 구마모토 현청, 현의회, 현교육위원회, 10여 개의 지방자치단체 및 관련 기관을 찾아가 후소샤 역사교과서의 부당성을 알리고 채택하지 말 것을 호소했다. 이때 '구마모토 교과서 네트워크'와 구마모토 고등학교 교사노조 등 시민사회단체들이 추가로 동참하여 큰 힘이 되어주었다. 방문단은 '한·중·일 3국 공동역사편찬위원회'가 저술한 「미래를 여는 역사」를 대량으로 구매해 구마모토 주민에게 배포했다.

2005년 구마모토와 자매결연 관계에 있는 충청남도와 충남교육청은 역사왜곡 교과서 불채택운동에 적극 참여했다. 심대평 충남도지사는 시오타니요시코(潮谷義子) 구마모토현지사에게, 충남도의회의장은 구마모토현의회의장에게, 충남도교육감은 구마모토현교육위원회 위원장에게 각각 후소샤 역사교과서 불채택을 호소하는 친서를 보냈다. 또한 충남도는 역내 시·군에 자매결연을 체결한 일본 지방자치단체에 불채택 협조서한문을 발송하도록 독려하고, 역내 한일관계사 연구, 한·중·일 자매결연 지방자치단체장 초청 국제학술 심포지엄 개최 등을 역사왜곡 교과서 문제해결을 위한 중장기 정책과제로 채택했다.

그 결과 2005년 구마모토에는 후소샤 판 등 왜곡 교과서가 단 한 권도 채택되지 않았다. 당시 일본의 왜곡 교과서 채택률은 0.39%였다. '구마모토 교과서 네트워크'의 대표 오카자키 와조가 보내온 감사편지에는 다음과 같이 쓰여 있었다(대전참여자치연대 http://www.cham.or.kr).

"2005년 8월 31일 현교육위원회에 문의한 결과 왜곡교과서 채택률이 0%라는 사실을 확인했어요. 일말의 불안감을 가지고 결과를 기다리던 우리는 모두 '이겼다!'고 함성을 지르며 춤을 췄지요. 일본 어느 지역보다 보수성향이 강한 구마모토에서 2001년에 이어 이번에도 이런 결과가 나온 것은 이변이며 기적입니다."

2. 한·중·일 공동역사 만들기운동

2002년 3월 중국 난징에서 열린 제1회 '역사인식과 동아시아 평화포럼'에 모인 한·중·일 삼국 참가자들은 동아시아 역사인식을 공유하고자 공동역사 교재를 출간하기로 결정하고 활동을 시작했다. 한국에서는 '아시아평화와 역사교육연대' 산하 한·중·일공동역사교재위원회 소속의 학자와 교사가, 중국에서는 중국사회과학원 근대사연구소와 다수 학자가, 일본에서는 학자와 교사 및 시민단체 대표가 위원으로 참여했다.

2002년부터 4년에 걸친 작업 끝에 2005년 「미래를 여는 역사」라는 책이 세 나라에서 동시 출간되었다. 이 책은 한·중·일 삼국이 처음으로 함께 만든 공동역사 교재로서 동아시아에 큰 반향을 일으켰고 영어·에스페란토어로도 번역되었다. 이 책의 주요 내용은 19세기 중엽 이후 침략과 전쟁으로 얼룩진 세 나라의 역사를 깊이 반성하고 평화와 인권 및 민주주의가 보장되는 동북아의 미래를 지향하는 것이었다. 특히 편협한 국수주의 사관에서 벗어나 서로 존중하고 공존하는 미래지향적 역사의식을 함양하는 데 역점을 두었다.

2007년에는 만화로 보는 한·중·일 공동역사교과서인 「어린이의 미래를 여는 역사 1: 근대화의 물결」, 「어린이의 미래를 여는 역사 2: 침략과 저항」, 「어린이의 미래를 여는 역사 3: 화해와 평화』가 발간되었다.

'한·중·일 3국 공동역사편찬위원회'는 2012년 「한·중·일이 함께 쓴 동아시아 근현대사 1: 국제관계의 변동으로 읽는 동아시아의 역사」와 「한·중·일이 함께 쓴 동아시아 근현대사 2: 테마로 읽는 사람과 교류의 역사」를 출판했다. 이 두 권은 한·중·일 3국의 역사학자들이 2006년 11월 일본 교토에서 새로운 공동역사서 발간에 합의한 후 6년 동안 19회의 편찬회의와 수많은 이메일을 통한 논의를 거쳐 집필한 것이다.

2005년 출간된 「미래를 여는 역사」가 삼국이 각자 들려주는 근현대사인 반면, 2012년에 출간된 「한·중·일이 함께 쓴 동아시아 근현대사 1: 국제관계의 변동으로 읽는 동아시아의 역사」는 삼국의 개별적 국사의 한계를 극복하기 위해 삼국 간 유기적으로 얽힌 관계사에 주목했다.

「한·중·일이 함께 쓴 동아시아 근현대사 2: 테마로 읽는 사람과 교류의 역사」는 세 나라 민중생활을 8개의 주제, 즉 헌법·도시·철도·이주·가족·교육·미디어·전쟁기억 등을 통해 들여다보는 방식으로 집필되었다. 특히 근대의 제도와 문물이 3국 민중생활에 미친 영향을 비교사적으로 고찰하고, 근대에 들어 크게 늘어난 삼국 민중의 교류와 상호관계에 대해서 살펴보았다.

한국의 '아시아평화와 역사교육연대'는 한·중·일 교과서의 역사왜곡을 바로잡고, 20세기 침략과 저항의 역사에 대한 아시아 공동의 역사인식을 확산시키기 위해 2001년 4월 시민·사회단체 대표와 학자 및 교사가 모여 결성했다. 아울러 한·중·일을 비롯한 동아시아 여러 국가 간 역사분쟁의 해결과 평화로운 역사인식을 공유하기 위해 각종 연구·출판 활동을 전개했다. 그리고 자라나는 세대의 공동역사인식을 돕기 위해 '청소년 역사체험 캠프'와 '역사인식과 동아시아 평화포럼'을 지속적으로 개최했다. '청소년 역사체험 캠프'와 '역사인식과 동아시아 평화포럼'은 2002년 발족된 이후 연례행사로 기획되어 2017년 9월 24일까지 각각 16차례 실시되었다.

Ⅵ 맺음말

전사(戰士)를 훈련시킬 때 가장 먼저 없애야 하는 것은 상상력이다(바버, 2014: 408). 공감의 원천인 상상력은 인간에게 적일지도 모르는 상대방을 '타인'이 아닌 우리 자신과 비슷한 존재임을 깨닫게 하여 적대감을 사라지게 한다. 이런 의미에서 동아시아의 정의(正義)는 시시비비를 가리는 토론이나 국제사법재판소가 아니라 우리의 상상력을 통해 세워질 것이다. 진정한 이웃이 되려면 이웃의 이야기에 귀를 기울이고 무엇을 공유할지 상상해보아야 한다.

전쟁과 무기사용 금지는 숭고한 이념이긴 하나 실현되기 어려운 이상이다. 인간은 상대방이 그런 약속을 지킬 것이라고 믿지 않고, 적이 그런 약속을 잘 지키는지 늘 경계의 눈초리를 보낸다. "공격적인 행동을 일으키는 뇌중추나 유전자를 모두 제거하거나 평화를 갈망하게 만드는 약이 개발되지 않는 한, 이 문제를 해결하는 유일한 길은 교육뿐"이다(가드너, 2008: 153).

동아시아공동체 형성을 위한 마인드 체인징 프로그램으로는 한·중·일 시민단체, 지방자치단체, 학교, 종교기관, 기업 등이 참여하는 다음과 같은 사업이 고려될 수 있다. (1) 동아시아공동체 형성을 위한 학술연구, (2) 교류협력 우수사례 발굴과 언론보도 및 출판사업, (3) 순회 콘서트 겸 평화포럼 개최, (4) 자매도시학생·시민 교육사업, (5) 자매도시 동아시아공동체주간(Sister Cities' East Asia Community Week), (6) 동아시아공동체 기금조성, (7) 장학사업, (8) 구호사업, (9) 한·중·일 공동온라인 사이트 개설 등이다.

마인드 체인징은 논리적 분석과 설득만으로 성공하기 어렵다. 이성보다 감정과 느낌이 더 중요하다. 1970년대 중국과 미국의 '핑퐁외교'는 양국의 긴장완화에 크게 기여했다. 그리고 1998년부터 첼리스트 요요마(馬友友)가 시작한 '실크로드 프로젝트'는 감성에 호소한 평화운동의 성공사례다.

지난 수십 년 동안 각 나라에서 활동해온 '진실과화해위원회'가 우리에게 준 교훈은 '증오→관용→존중'으로 나아가는 화해의 길은 "공정성과 정의가 아니라 치유와 자비"라는 것이다(Minow, 1998). 진실과화해위원회는 인간사회가 스스로 아픔을 치유할 수 있고, 등을 돌린 개인과 집단이 서로의 차이를 인정하고 손잡고 일할 수 있으며, 서로에게 먼저 관용을 베풀고 나아가 존중해주는 것이 가능하다는 것을 입증했다.

　보지 못해도 사랑할 수 있지만 알지 못하면 사랑할 수 없다. 사랑하기 위해 우리는 상대방을 이해해야 한다. 상대방을 이해하는 지름길은 열린 마음으로 경청하는 것이다. 증오와 경쟁과 역사적 멍에를 벗어나려면 공동의 기반을 찾는 것이다(가드너, 1998: 178). 공동경험과 사랑 또는 미래에 대한 열망을 통해 하나로 결합할 수 있는 가능성이 우리에게 열려 있다.

　2001년 1월 26일 도쿄에서 한국인 유학생 이수현은 지하철 선로에 떨어진 취객을 구하려고 뛰어내렸다가 달려오는 전철에 치어 사망했다. 이수현의 죽음은 일본 사회에 큰 반향을 불러 일으켜 추모행사가 열렸고 추모비가 곳곳에 세워졌다. 이수현을 기리는 모임이 생겼고, 장학재단도 설립되었다. 추모 사이트가 개설되었고, 초등학교 도덕교과서에도 실렸다. 영화가 제작되고 추모시집과 추모서적이 출간되었다. 부산의 이수현 묘지에는 지금도 일본인의 추모방문이 이어지고 있다. 일본의 유명한 싱어송라이터(singer-songwriter)인 마키하라노리유키(槇原敬之)는 '빛, 너를 잊지않을 거야'라는 이수연 추모시 마지막 연에서 "당신의 삶의 방식은/반짝이는 별처럼 빛나/지금도 우리를 이끌어주네."라고 읊고 있다.

　동아시아 평화는 "물리·화학·생물 현상처럼 자연적으로 주어지는 것이 아니라 인간가치와 학습된 기량에 의해 만들어지는 인공작품"(Brown, 1996: 165)임을 명심하자. 동아시아 평화건설을 위해 풀뿌리 자치공동체가 감당해야 할 중대한 사명과 역할이 있다.

보론

Towards an East Asian Charter Campaign on Decentralization[1]

"우리는 마을자치(village swaraji)를 통해 전 세계에 봉사할 것이다."

Mahatma Gandhi

"유럽의회(Council of Europe)의 지방정부들은 단결하여 시민이익을 위해 자유롭고 평화로운 유럽을 건설하는 데 힘쓸 것을 다짐한다."

유럽지방자유헌장(1953년) 전문

East Asia has a history of institutional development for regional cooperation. East Asia's institutions such as the ASEAN, the ASEAN Regional Forum, and the ASEAN+3 must be given some of the credit for its optimism.

However, national level efforts, so far, to solve thorny regional problems

---

1) The text of this policy suggestion is the core of my opening address delivered at the 2012 Summer International Conference of KALGS on 'Good Governance and Institutional Leadership: From Neighborhood Self–Governance to Constitutionalizing Decentralization' held at Daejeon University in Daejeon, South Korea on 30–31 August 2012. The main purport of the address was based on my published article(Ahn, 2010: 381–411).

have been quite ineffective. The current ominous territorial disputes on the is—lands of *Dokdo* (*Takeshima* in Japanese) and *Senkaku* (*Diaoyu* in Chinese), together with the territorial conflicts of *Spratly* islands in the East China Sea, war of nerves over history distortion, deep—rooted political distrust, and fierce military build—up races even in the Post—Cold War era challenge us to find a significant breakthrough to the rugged journey toward regional cooperation.

Albert Einstein once said, "No problem can be solved from the same level of consciousness that created it." I think an East Asian charter campaign on decentralization can be a creative structural solution to the chronic regional problems.

The initial regional charter campaign on decentralization appeared in Europe after World War II. In October 1953, a thousand mayors from sixteen countries met in the palace of Versailles, France unanimously adopted The *European Charter of Municipal Liberties*. They declared the *Charter* with a clear vision for building up "a free and peaceful Europe."

More than three decades later, their hope was partially realized as the es—tablishment of the *European Charter of Local Self—Government* in 1985. The Charter entered into effect three years later.

At the 20th anniversary conference of the *Charter* in 2005, participants agreed that the *Charter* had greatly contributed to the emergence of a truly democratic Europe. They also discussed the issue about how to improve the *Charter* text and to spread the influence of the *Charter* beyond Europe's borders.

On the other hand, the UN—Habitat started on drafting a world charter in 1997 and proposed a *Draft World Charter of Local Self—Government* based on the experience of the European Charter in the next year. However, the UN—Habitat Commission could not reach a consensus on the *Draft World Charter* because some governments felt that it could contradict their constitutions.

After almost a decade's intense discussion and broad consultation, in April 2007, the UN—Habitat eventually adopted the *International Guidelines on*

Decentralization and the Strengthening of Local Authorities. The *International Guidelines* is a mid−way text toward a legally−binding international con−vention, aiming to support and guide legislative reforms. In 2010, The United Cities & Local Governments submitted a first intermediate review of the im−plementation of the *International Guidelines* to its 3rd World Congress.

Now, take a brief look at the traits of East Asian decentralization move for a moment.

During the past several decades, most East Asian countries have undergone decentralization in diverse ways and varying paces. But they are generally at the low level of decentralization. They have all or some of strong centralizing lega−cies such as pre−modern monarchism, authoritarian bureaucratism, colonialism, nationalism, communism, military dictatorship, and developmental state.

In addition to maintaining the highly centralized state systems, most East Asian countries don't have well−established decentralization policies with ex−plicit visions and strategic blueprints. These shortcomings have hampered the effective execution of decentralization policies. Moreover, they have been almost inactive in sharing their experiences and information with each other. As a re−sult, they could not have enjoyed precious benefits from regional cooperation on decentralization.

The potential benefits of regional cooperation on decentralization that we can expect are principally peace−building and sustainable development in the region. Over the past several decades, a number of local governments collabo−rating with civic groups have demonstrated their potentials for solving global problems. They have contributed to relieving tension and building peace by launching city diplomacy between and within conflicted cities or countries.

Norwegian sociologist Johan Galtung emphasized the peace−building ca−pacity of local governments in comparison with that of the state governments. He quoted a proverb which says "For he who has a hammer the world looks like a nail," and then inferred that "states controlling arms tend to look at in−

ternational relations through a realist lens colored darkly with military power. He also contended that "municipalities are less pathological than the states." Consequently, he went to suggest firmly playing down the state or nation sys — tems and playing up the inter—city system as a peace system on the global stage.

Japanese professor Takashi Inoguchi expounded that the period of the de — centralized Tokugawa shogunate regime (1603—1867) was not only noteworthy for its long peace but also for its seeding of federal and democratic traditions in early modern Japan. There was neither external war nor any major civil strife under the Tokugawa shogunate rule for more than two and a half centuries. Local domains were free to choose policy strategies in terms of economic development. The quasi—federal decentralized arrangements promoted the competitiveness and ingenuity of each local domain and then helped the national economic market to flourish in the so—called 'Pax Tokugawana', Inoguchi argued.

In fact, a number of solid empirical evidences on the positive impacts of decentralization on development have been accumulated. For example, recently an extensive econometric analysis (2009) by the BAK Basel Economics, Switzerland found that decentralization had a clearly positive and statistically significant impact on economic performance. That is, the higher decentralization, the higher economic performance.

Chinese history also confirmed the thesis of development via decentralization. According to Nobel laureate Douglas North, the imperial China's stagnation can be explained as a result of the absence of effective competitors under the centralized monolithic regimes.

It is also noteworthy that the remarkable economic growth in the post—Mao era has been realized under the so—called Chinese—style federalism. An often—neglected crucial point is that decentralization in China has been a strategic move on the part of the central government, although not based on her official policies, in the process of sweeping marketization reforms over the past several decades.

Before I finish, let me now suggest some tips for initiating an East Asian charter campaign on decentralization based on the experiences of the previous international charter campaigns.

First, the ultimate goal of an East Asian charter campaign on decentral−ization is to establish good regional governance architecture with a view to peace−building and sustainable development.

Second, an East Asian charter text should contain a set of cardinal elements of local and regional self−governments, including an appropriate combination of representative and participatory democracy, subsidiarity principle in inter−governmental relations, financial resources and capacities of local authorities, and so forth.

Third, an East Asian charter campaign should start with and accompany various Municipal International Cooperation (MIC) programs, such as information sharing, reporting and monitoring activities, education and training, project support, and holding conferences.

Fourth, we should keep in mind that it would take at least a decade−long strategy and tenacious enthusiasm to make an East Asian charter campaign bear meaningful results. Decentralization reforms aiming at transforming age−old regimes are basically a long−term social learning process accompanied with structural changes.

In closing, we should bear in mind that governance architecture is largely an artifact constructed by human values and learned skills rather than by nature's givens. The future is not inevitable. We can influence it, if we know and strive to actualize what we want it to be. And, we can and should be in charge of our own destinies. This is our world view we should cherish in the initiating of an East Asian charter campaign on decentralization. Remember, "Nothing ventured, nothing gained!"

참고문헌

1. 한글문헌

가드너, H. (2005). 「체인징 마인드」. 서울: 도서출판 재인.

가드너, H. (2008). 「미래 마인드」. 서울: 도서출판 재인.

간 디, M. (2006). 「마을이 세계를 구한다」. 김태언(역). 대구: 녹색평론사.

강상중. (2002). 「동북아시아 공동의 집을 향하여」. 서울: 뿌리와 이파리.

강신택. (1982). 이론구성으로서의 정책구성. 유훈 외. 「정책학 : 과정과 분석」. 서울: 법문사.

강원택. (2011). 「통일 이후 한국 민주주의」. 서울: 나남.

강인성·박치성. (2008). 지방자치단체 광역행정체제에 대한 인식조사: 현황과 대안을 중심으로. 「지방행정연구」. 22(3): 69-94.

강재호. (2005). 지방정부체제개편론에 대한 비판적 고찰. 「지방정부연구」. 9(3): 179-200.

강정인. (2007). 마키아벨리의 정치사상과 '로마사 논고.' 마키아벨리, N. 「로마사 논고」. 서울: 한길사.

강형기. (2009). 중앙주도의 졸속한 구역개편을 우려하면서. 「자치행정」 8: 26-29.

곽현근. (2008a). 개인의 자아존중감과 자기효능감에 미치는 동네효과연구. 「지방정부연구」. 12(4): 203-224.

곽현근. (2008b). 지역사회 사회자본에 미치는 동네효과에 관한 연구. 「지방정부연구」. 11(4): 59-86.

광주YMCA. (2001). 「좋은동네만들기: 왜 공동체인가?」. 광주: 새날출판사.

구자경. (1992). 「오직 이 길밖에 없다」. 서울: 행림출판사.

구천서. (2013). 「동북아 커뮤니티 드림」. 서울: (주)늘품플러스.

국무총리실. (2010). 「제주특별자치도 2009년도 성과평가 결과」. 서울: 국무총리실.

국방부. (2006). 「국방개혁 2020과 국방비」. 서울: 국방부.

권경득·우무정. (2009). 참여정부 지방분권정책의 실태분석: 중앙사무의 지방이양을 중심으로. 「한국지방자치학회보」. 21(2): 5-28.

권순복. (2003). 「지방분권의 현장: 주민자치센터 발전에 관한 연구」. 서울: 지방행정연구소.

권순복. (2011). 읍·면·동제는 어떻게 개혁되어야 하는가? 「자치행정」 3: 9-18.

권영주. (2006). 일본의 시·정·촌 통합에 관한 연구. 「지방정부연구」. 10(3): 63-79.

금창호. (2009). 참여정부의 지방분권정책 평가와 향후 발전과제. 「지방행정연구」. 23(1): 3-25.

금창호·권오철. (2007). 「참여정부 자치조직권 확대정책의 평가와 과제」. 서울: 한국지방행정연구원.

김기현. (2007). 「우리시대의 커뮤빌더」. 서울: 희망제작소.

김달중. (2000). 해제: 소용돌이의 한국정치. 헨더슨, G. 「소용돌이의 한국정치」. 박행운·이종삼(역).

5-16. 서울: 한울아카데미.

김대욱. (2013). 지방행정구역 규모와 지방민주주의의 관계에 관한 실증적 연구. 「한국행정학보」. 47(3): 261-284.

김도종. (2003). 바람직한 국회의원정수에 관한 연구. (한국정치학회 2003년 하계학술세미나 발표자료집).

김동훈. (1997). 지구촌에서의 지방정부의 기능과 역할. 「영진자치정보」. 6: 23-27.

김병국. (2007). 「지방행정체제개편연구」. 서울: 한국지방행정연구원.

김병섭. (2007). 정부혁신지방분권위원회의 활동과 행정학자의 역할. 「한국행정학보」. 41(4): 23-44.

김병섭. (2008). 박동서 교수의 행정개혁론. 박동서 교수 유고집 간행위원회. 「나의 삶과 행정연구」. 243-280. 파주: 법문사.

김병준. (2009). 「지방자치론」. 파주: 법문사.

김보현·김용래. (1991). 「지방행정의 이론과 실제」. 서울: 법문사.

김서용. (2009). 떠날 것인가 남을 것인가: Tiebout의 가설과 Hirschman의 EVLN모형에 관한 실증분석. 「한국행정학보」. 43(1): 145-169.

김석태. (2007). 지방정부체제에 대한 공공선택론적 견해에 대한 재조명: 신거버넌스와 관련하여. 「지방정부연구」. 11(2): 7-23.

김석태. (2012). 「지방자치 구역개편의 정치경제학」. 서울: 한국학술정보.

김성배. (2011). 한국의 지방자치제도는 시장친화적인가?: 시장보호형 연방제 모형에 기초한 비교제도분석. 「한국지방자치학회보」. 23(3): 101-126.

김성배. (2015). 선진한국을 위한 분권형 국정운영체제 구축. 「국가재창조를 위한 지방정부 및 중앙정부 경쟁력 강화방안 모색」(정책자료집). 7-40. 서울: 한반도선진화재단.

김성준. (2012). 제주특별자치도의회 개원 60주년의 역사적 교훈과 미래의 역할. 「제주특별자치도의회 개원 60주년 기념 정체세미나 자료집」, 25-60. 제주: 제주특별자치도의회·제주지방자치학회.

김성태·정성호. (1997). 한국 지역 간 인구이동의 경제적결정요인. 「국제경제연구」. 3(2): 175-196.

김성호. (2014). 「Great Korea로 가는 길: 지방분권개헌」. 서울: 삼영사.

김순은. (2004). 도시거버넌스의 구축요건: 부산광역시를 중심으로. (한국행정학회 동계학술대회 발표논문).

김순은. (2005). 참여정부의 지방분권정책의 전반기 평가와 과제. (한국공간환경학회·한국지역사회학회 춘계심포지엄 자료).

김순은·안성호. (2003). 대도시 이층제 정부구조의 논거와 발전과제. 「한국의 지방분권」. 부산: 금정.

김영평. (1986). 지방자치만이 국력 낭비를 막는다. 「신동아」. 5월호.

김용덕. (1992). 「신한국사의 탐구」. 서울: 범우사.

김용옥. (1989). 「노자철학 이것이다」. 서울: 통나무.

김운태. (1992). 우리나라 지방자치의 회고와 과제. 「지방자치연구」. 제4권 제1호.

김익식. (2008). 국회에서 논의 중인 지방행정체제 개편의 쟁점. 「시·도 뉴스레터」. 15(11-12):

10-11.

김익식. (2011). 읍·면·동제는 어떻게 개혁되어야 하는가? 「자치행정」. 3: 22.

김재한 & A. 레입하트. (2001). 정파적 사회 한국의 권력집중/분산. 김재한 외. 「분열의 민주주의」, 259-313. 서울: 도서출판 소화.

김정명. (1965). 「일한외교자료집성(제6권)」. 동경: 암남당서점.

김중석. (2004). 「지방분권과 지방언론」. 서울: 금강출판사.

김철수. (2003). 「한국입헌주의의 정착을 위하여: 헌법개정, 정치혁신」. 서울: 법서출판사.

김철수. (2008). 「헌법개정, 과거와 미래: 제10차 헌법개정을 생각한다」. 서울: 진원사.

김한종. (2007). 「어린이의 미래를 여는 역사 1: 근대화의 물결」. 서울: 한겨레아이들.

김현구. (2008). 박동서 교수의 권력통제이론. 박동서 교수 유고집 간행위원회. 「나의 삶과 행정연구」. 281-313. 파주: 법문사.

나이스비트 J. & P. 애버딘. (1992). 「메가트렌트 2000」. 김홍기(역). 서울: 한국경제신문사.

노용희. (1988). 「한국의 지방자치: 회고와 전망」. 서울: 녹원출판사.

니 부, R. (1987). 「도덕적 인간과 비도덕적 사회」. 이병섭(역). 서울: 현대 사상사.

달, R. (1999). 「민주주의」. 김왕식 등 (역). 서울: 동명사.

대화문화아카데미. (2010). 「대화문화아카데미가 제시하는 새 헌법안」. 서울: 대화문화아카데미.

드러커, P. (김용국 역) (1989). 「새로운 현실」. 김용국(역). 서울: 시사영어사.

루 소, J. (1989). 「인간불평등 기원론, 사회계약론」. 최 현(역). 서울: 집문당.

마 틴, P. & H. 슈만. (1998). 「세계화의 덫: 민주주의와 삶의 질에 대한 공격」. 강수돌(역). 서울: 영림카디널.

몽테스키외. (2013). 「몽테스키외의 로마의 성공, 로마제국의 실패」. 김미선(역). 서울: 사이.

문영동·이시원·민병익. (2009). 행정구역 개편 성과의 영향요인. 「지방정부연구」. 13(1): 7-25.

박 승. (2012). 대기업 주도 경제정책, 빈곤화성장 가속화. 「주간 소통신문」(홈페이지 특강자료).

박동서. (1986). 1987년 지방자치의 개편방향. 「행정논총」. 24(1).

박동서. (1988). 한국의 공권력과 지방자치. 「지방행정연구」. 3(2).

박동서. (1994). 「한국행정의 연구」. 서울: 법문사.

바 버, B. (2006). 「강한 시민사회, 강한 민주주의」. 서울: 일신사.

바 버, B. (2013). 「뜨는 도시, 지는 국가」. 조은경·최은정(역). 서울: 21세기북스.

박성효. (2010). 지방정부 로컬거버넌스 형성연구: 대전광역시 정책사례를 중심으로. (대전대학교 대학원 박사학위논문).

박원순. (2009). 「마을에서 희망을 만나다」. 서울: 검둥소.

박원순. (2010). 「마을이 학교다」. 서울: 검둥소.

박재욱. (2008). 광역경제권의 통합·협력을 위한 광역거버넌스의 이론적 논의. 「지방행정연구」. 22(3): 3-29.

박종관. (2009). 자치행정구역 개편에 대한 주요 대안의 비교 검토. (2009년 4월 8일 한국지방자치학회 정책토론회 발제논문).

박태욱. (2014). 기초선거 정당공천제 문제 있다. 「부산일보」 2(10): 30.

박현모. (2014). 「세종이라면: 오래된 미래의 리더십」. 서울: 미다스북스.

박형준, (2013). 시군통합모형의 이론적 고찰을 통한 시·군통합의 한계탐색. 「한국지방자치학회보」. 25(2): 27 − 52.

방승주·이기우·신도철·고문현 등. (2010). 「선진지방분권국가 실현을 위한 헌법개정안 연구」. 서울: 전국시도지사협의회.

배준구. (2004). 「프랑스의 지방분권」. 부산: 도서출판 금정.

백무남. (2011). 새울 아카데미 주민자치대학. 99 − 105. 「근린자치와 커뮤니티정책 활성화」 (대전대 지역협력연구원·대전학연구회 국제세미나 자료집). 대전: 대전대 지역협력연구원.

브레진스키, Z. (1989). 「대실패: 20세기 공산주의의 출현과 종말」. 명순희 (역). 서울: 을유문화사.

샌 델, M. (2008). 「공동체주의와 공공성」. 김선욱 외(역). 서울: 철학과 현실사.

성경륭. (2013). 「균형사회와 분권국가의 전망」. 파주: 한울.

성경륭 등. (2017). 「새로운 대한민국의 구상」. 서울: 21세기북스.

센, A. (2013). 「자유로서의 발전」. 김원기(역). 서울: 갈라파고스.

소순창. (2010). 지방행정체제 개편: 미미한 성과 그리고 기나긴 여정. 「지방행정연구」. 24(4): 29 − 58.

소진광. (2005). 「지방자치와 지역발전」. 서울 박영사.

송재호. (2016). '넥스트 코리아' 분권모델과 '다른 성장'의 모범지역: (통일) 한국에 적용할 수 있는 Compact City. (미래연구소 정책세미나 발표문). 서울: 미래연구소.

슘페터, J. (1987). 「작은 것이 아름답다」. 김진욱 (역). 서울: 범우사.

스미스, A. (2010). 「국부론 (상)(하)」. 김수행(역) 서울: 비봉출판사.

신도철. (2008). 광역분권형 국가운영의 필요성과 제도개편방향. 「시·도 뉴스레터」. 13(7 − 8): 13 − 15.

신무섭. (1991). 임실(任實) 고추파동과 행정대응. 「한국행정학보」. 제25권 제3호.

신용수. (2009). 향토방위 예비군조직의 지원체계개선에 관한 연구. (경희대 경영대학원 석사학위논문).

심익섭. (1992). 독일 통일과정에서 지방자치의 역할: 동·서독 지방자치단체간의 교류관계를 중심으로. 「한국행정학보」. 제25권 제4호.

안권욱. (2016). 시르나흐 지방자치와 주민. (지방분권개헌국민행동 스위스 방문보고서).

안문석 외. (1994). 대구 페놀사태와 환경정책의 지방분권화. 「한국정책학회보」. 통권 제3호.

안성호. (1995). 「한국지방자치론」. 서울: 대영문화사.

안성호. (1998). 지방자치외교의 성격. 「한국행정학보」. 32(4): 223 − 238.

안성호. (1999). 지방분권화정책의 변동과 향후 개혁과제: 정부 간 기능재배분개혁을 중심으로. 「한국지방자치학회보」. 11(4): 29 − 51.

안성호. (2001a). 「스위스 연방민주주의 연구」. 서울: 대영문화사.

안성호. (2001b). 지방자치단체 집행부 성과(1995-2001)의 평가와 과제. 「지방정부연구」. 5(2): 9-30.

안성호. (2005). 「분권과 참여: 스위스의 교훈」. 서울: 도서출판 다운샘.

안성호. (2009). 정치권 지방자치체제 개편안의 문제점과 대안적 개편구상. 「한국거버넌스학회보」. 16(2): 173-206.

안성호. (2010). 한국의 지방자치체제 개편방향: 정치권 지방자치체제 개편안의 문제점과 과제. 「지방정부연구」. 14(1): 7-35.

안성호. (2011). 다중심거버넌스와 지방자치체제의 발전방향. 「행정논총」. 49(3): 59-89.

안성호. (2012). 읍·면·동 풀뿌리자치와 향방전력 강화방안: 스위스 2차대전 '고슴도치 국방'의 교훈. 「한국지방자치학회보」. 24(1): 47-76.

안성호. (2013). 「양원제 개헌론: 지역대표형 상원연구」. 파주: 신광문화사.

안성호·곽현근·원구환·양영철. (2010). 「정책분석을 통한 지방분권의 필요성과 방향」. 서울: 전국시도지사협의회.

안성호·곽현근·배응환. (2012). 「대전광역시 '복지만두레' 사업의 진단과 발전전략」. 대전: 대전복지재단.

안영훈. (2005). 지방정부 2단계 계층구조와 광역자치단체의 기능. 「민선자치 10년의 성과와 과제」 (2005년 6월 13일 한국지방자치학회 토론회 자료집). 155-196.

안전행정부. (2013). 「제5회 지역공동체 연구포럼 자료」. 서울: 안전행정부 지역활성화과.

애서머글루, D. & J. 로빈슨. (2012). 「국가는 왜 실패하는가」. 최완규(역). 서울: 시공사.

양영철. (2009). 제주특별자치도 특별지방행정기관 통합의 성과와 과제. 「지방행정연구」. 23(2): 78-80.

양영철. (2013). 박근혜 정부의 자치경찰 도입모델에 관한 연구: 제주자치경찰 운영 쟁점을 중심으로. 「한국지방자치학회보」. 25(2): 109-132.

오세윤. (2016). 「공감으로 소통하는 공동체」. 파주: 법문사.

오스트롬. E. (2010). 「공유의 비극을 넘어: 공유자원 관리를 위한 제도의 진화」. 윤홍근·안도경(역). 서울: 랜덤하우스코리아.

오재일. (2007). 일본의 행정구역 개편에 관한 고찰: 시·정·촌 통폐합을 중심으로. 「한국거버넌스학회보」. 14(2): 349-371.

우명동. (2010). 폴라니(K. Polanyi)의 논의 틀이 지방분권에서 갖는 함의: 행정구역개편 논의를 중심으로. 「한국지방재정논집」. 15(1): 91-138.

우윤근. (2013). 「개헌을 말한다」. 서울: 함께맞은비.

유재원. (2015). 자치단체 통합의 이해: 정치모형의 적용. 「한국행정학보」. 49(2): 249-272.

유재원·손희정. (2009). 시군통합의 효과에 대한 경험적 분석: 단절적 시계열모형(ARIMA)의 적용. 「한국행정학보」. 43(4): 285-306.

윤재선. (1997). 일본지방자치단체에 의한 국제화 추진의 실체와 그 방향에 관한 연구. 「한국지방자치학회보」. 9(3): 211-250

윤태범. (2015). 공직윤리, 이해충돌, 그리고 김영란법. 「서울행정학회포럼」. 28: 18-22.

이국운. (2016). 지방분권 정책과제. (지방분권개헌국민행동 스위스 방문보고서).

이기우. (2014). 「분권적 국가개조론」. 파주: 한국학술정보.

이기우. (2016). 레겐스베르크 지방자치와 주민. (지방분권개헌국민행동 스위스 방문보고서).

이기우. (2017). 지방분권개헌의 방안. 「2017 새정부의 지방분권개헌 시민 대토론회 자료집」. 수원: 수원시 자치분권협의회. 39-55.

이기우·조성호. (2009). 「지방행정체제 개편론: 본질과 과제」. 서울: 도서출판 금봉어.

이달곤. (2001). 지역발전과 시도통합 논의 (대구경북기자협회, 산학경영기술연구회 월례세미나 주제발표논문).

이달곤·하혜수·정정화·전주상·김철회. (2012). 「지방자치론」. 서울: 박영사.

이대희. (1989). 조선시대 말의 지역세력 변화와 통제. 「한국의 지방자치와 행정」. 관악행정학회 편. 서울: 대영문화사.

이명수. (2008). 국가국조 및 행정체제개편을 위한 강소국 연방제. (2008년 10월 27일 자유선진당 토론회 자료집). 13-35.

이상용·하능식. (2007). 「참여정부의 재정분권 수준측정과 정책평가」. 서울: 한국지방행정연구원.

이상우. (1993). 「함께 사는 통일」. 서울: 나남출판.

이성로. (2003). 도농통합이 주민의 정치적 행태에 미친 영향: 공공선택이론의 시각에서. 「한국행정학보」. 37(1): 165-182.

이숙종. (2006). 동북아 민족주의의 미래: 시론적 탐색. 「21세기 동북아공동체 형성의 과제와 전망」. 서울: 한울.

이승종. (2008). 지방역량강화를 위한 광역자치구역의 개편방향. 「행정논총」. 46(3): 1-29.

이승종 외. (2014). 「지방자치의 쟁점」. 서울: 박영사.

이승종 외. (2015). 「근린자치제도론」. 서울: 박영사.

이시원·민병익. (2001). 시·군 통합에 따른 행정구역개편의 효율성 분석. 「한국사회와 행정연구」. 12(3): 79-101.

이시원·민병익. (2006). 시·군통합의 재정적 효과분석. 「지방정부연구」. 10(3): 45-62.

이영빈. (2011). 국방개혁에 관한 이해 및 비전. <한국행정학회 소식지>. 134: 29-33.

이은재. (1990). 「지방자치단체의 국제교류에 관한 연구」. 서울 한국지방행정연구원.

이종범. (1991). 「국민과 정부관료제」. 서울: 고려대학교 출판부.

이종수. (2015). 「공동체: 유토피아에서 마을만들기까지」. 서울: 박영사.

이창용. (2016). 읍면동자치제 도입방안. (지방분권개헌국민행동 스위스 방문보고서).

이한빈. (1965). 「작은 나라가 잘 사는 길: 스위스의 경우」. 서울: 동아출판사.

이호준·최석준·최용석. (2013). 「제주특별자치도·제주국제자유도시 추진에 따른 경제적 성과분석」. 서울: 한국개발연구원.

이환범 외. (2006). 광역발전을 위한 지방자치단체 간 협력관계에 미치는 영향요인 분석. 「지방정부

연구」. 10(1): 223−240.

임도빈. (2002). 「프랑스의 정치행정체제」. 서울: 법문사.

임도빈. (2011). 「비교행정강의」. 서울: 박영사.

임승빈. (2015). 「지방자치론」. 파주: 법문사.

임혁백. (1997). 통일한국의 헌정제도 디자인. (미발간 논문).

전국시도지사협의회. (2008). 「지방분권제도의 실질적 구현을 위한 법제정비에 관한 연구」. 서울: 전국 시도지사협의회.

정범모. (1989). 「미래의 선택」. 서울: 나남.

정보연·김수경·이순임. (2007). 「치유와 키움, 기적의 풀뿌리 주민운동체험기」. 서울: 희망제작소.

정부혁신지방분권위원회. (2005). 「참여정부의 지방분권」. 서울: 정부혁신지방분권위원회.

정부혁신지방분권위원회. (2008). 「참여정부의 혁신과 분권」. 서울: 정부혁신지방분권위원회.

정세욱. (2009). 지방자치단체의 구역 및 계층구조 개편논의와 방향. (2009년 4월 8일 한국지방자치학 회 정책토론회 기조연설문).

정순관. (2005). 지방행정구역개편 의제에 대한 비판적 논의. 「한국거버넌스학회보」. 12(1): 241−256.

정재호. (1999). 「중국의 중앙−지방 관계론: 분권화 개혁의 정치경제」. 서울: 나남출판.

제주특별자치도. (2007). 「제주특별자치도 추진백서」. 제주: 제주특별자치도.

조대엽. (2015). 「생활민주주의의 시대: 새로운 정치 패러다임의 모색」. 서울: 나남출판.

조성호. (2006). 지방행정체제 개편논의의 평가와 대안제시 연구. 「서울도시연구」. 7: 149−170.

조창현. (1990). 지자제는 통일독일 국민융합의 알맹이였다. 「지방자치」. 12월호.

주낙영. (2012). 지방분권위원회의 성과와 앞으로의 과제. 「자치의정」. 15(6): 8−25.

지명훈. (2006). 지방외교의 성격과 전망: 일본 외곡 교과서 불채택 운동을 중심으로. (대전대학교 경 영행정·사회복지대학원 석사학위논문).

지방분권운동. (2014). 「풀뿌리분권 아카데미: 스위스학교」. 대구: 지방분권운동 대구경북본부.

지방자치발전위원회. (2014). 「지방자치발전 종합계획」. 서울: 대통령소속 지방자치발전위원회.

지방행정체제개편추진위원회. (2011). 「의제기획팀 활동결과보고」. 서울: 지방행정체제개편추진위 원회.

지병문. (2009). 지방행정체제개편, 쟁점과 제안. 「지방자치정보」. 168: 21−31.

채원호. (2008). 일본의 광역과제 대응을 위한 도주제 구상. 「이명박정부의 광역경제권 구상과 지방정 부의 발전전략」 (2008년 한국지방자치학회 춘계학술대회 자료집). 79−95.

총무처. (1994). 「중앙−지방사무 총람」. 서울: 총무처.

최병선·김선혁(공편). (2007). 「분권헌법: 선진화로 가는 길」. 서울: EAI.

최봉기. (1989). 지방자치와 민주주의. 「한국의 지방자치와 행정」. 관악행정학회편. 서울: 대영문화사.

최영출. (2005). 지방자치단체의 적정규모 검토를 위한 실증적 연구. 「지방행정연구」. 19(2): 239−262.

최재송·이명석·배인명. (2001). 공유재 문제의 자치적 해결: 충남 보령시 장고도 어촌계의 사례를 중 심으로. 「한국행정연구」. 10(2): 152−172.

최정규. (2009). 「이타적 인간의 출현」. 서울: 뿌리와이파리.

최종만. (2007). 「영국의 정부시스템 개혁」. 서울: 나남.

최창수. (2014). 시군통합정책의 합리성과 숨겨진 정책의도. 「한국지방자치학회보」. 26(1): 53–74.

최창호·강형기. (2016). 「지방자치학(제3판)」. 서울: 삼영사.

케네디, P. (1990). 「강대국의 흥망」. 이일수·전남석·황 건(역). 서울: 한국경제신문사.

토크빌. A. (1997). 「미국의 민주주의」. 임효선·박지동(역). 서울: 한길사.

토플러. A. (1991). 「권력이동」. 이계행(감역). 서울: 한국경제신문사.

퍼트넘. R. (2009). 「나홀로 볼링: 사회적 커뮤니티의 붕괴와 소생」. 정승현(역). 서울: 페이퍼로드.

플라톤. (1997). 「플라톤의 국가」. 박종현(역). 파주: 서광사.

플라톤. (2014). 「플라톤의 법률」. 박종현(역). 파주: 서광사.

하능식. (2013). 지방 사회복지 보조금제도 개편과제: 국고보조율제도 개선을 중심으로. 「한국지방자치학회보」. 25(3): 35–62.

하버마스, J. (2001). 「공론장의 구조변동: 부르주아 사회의 한 범주에 관한 연구」. 한승완(역). 서울: 나남출판.

하태수. (2006). 가외성 시각에서 본 경쟁정책기구의 효과성 제고방안에 대한 시론적 탐색. 「한국공공관리학보」. 20(2): 157–188.

하혜영. (2015). 주민참여제도의 운영현황과 향후 과제. 「이슈와 논점」(국회입법조사처). 제1077호.

한중일3국공동역사편찬위원회. (2005). 「미래를 여는 역사」. 서울: 한겨레신문사.

한중일3국공동역사편찬위원회. (2012). 「한중일이 함께 쓴 동아시아 근현대사 1: 국제관계의 변동으로 읽는 동아시아의 역사」. 서울: Humanist.

한중일3국공동역사편찬위원회. (2012). 「한중일이 함께 쓴 동아시아 근현대사 2: 테마로 읽는 사람과 교류의 역사」. 서울: Humanist.

해밀톤, A., J. 매디슨 & J. 제이. (1995). 「페더랄리스트 페이퍼」. 김동영(역). 파주: 도서출판 한울.

허 훈·강인호. (2009). 자치행정체제개편에 대한 전문가 의견조사와 바람직한 추진방향. (2009년 4월 8일 한국지방자치학회 정책토론회 발제논문).

허 훈. (2008). 참여정부 지방분권의 추진과정 및 성과와 한계분석. 「한국지방자치연구」. 5: 1–20.

헌법연구자문위원회. (2009). 「헌법연구자문위원회 결과보고서」. 서울: 국회 헌법연구자문위원회.

헌팅턴, S. (2000). 추천사. 「소용돌이의 한국정치」. 박행운·이종삼(역). 27–30. 서울: 한울아카데미.

헨더슨, G. (2000). 「소용돌이의 한국정치」. 박행운·이종삼(역). 서울: 한울아카데미.

홍준현. (2005). 지방행정구역 및 계층, 어떻게 할 것인가? (미발간 세미나 발표논문).

황아란·김성호. (2009). 제18대 국회의 지방행정체제 개편안에 대한 정치적 논의와 여론조사의 실증분석. 「지방정부연구」. 13(3): 7–26.

2. 외국문헌

伊東俊太郎. (1983). 「科學史技術史事典」. 東京: 弘文堂.

Acemoglu, D. & J. A. Robinson. (2012). *Why Nations Fail: The Origins of Power, Prosperity, and Poverty.* New York: Random House.

ACIR. (1987). *The Organization of Local Public Economics.* Washington, D.C.: Advisory Commission for Intergovernmental Relations.

Adamovich, I. B. & G. Hosp. (2001). Fiscal Federalism for Emerging Economies: Lessons from Switzerland. Paper presented at the 6th Annual Meeting of Latin American and Caribbean Economic Association held in Montevideo.

Advisory Commission on Intergovernmental Relation. (1974). Local Government Organization. *The Challenge of Local Government Reorganization.* Washington, DC: US Government Printing Office.

Ahn, S. H. (2006). Initiating Municipal International Cooperation towards a Sustainable East Asia Community. In Ahn, S. H. & B. I. Rho. *East Asian Cooperation in the Glocal Era*, 15–56. Seoul: Daunsaem Press.

Ahn, S. H. (2008). Launching Jeju Special Self–Governing Province in Korea: Its Theoretical Constructs, Historical Overview, Institutional Features, Early Impacts and Challenges. 「한국지방자치학회보」. 20(2): 157–187.

Ahn, S. H. (2010). Towards an East Asian Charter Campaign on Decentralization. 「한국지방자치학회보」. 22(4): 381–411.

Aijar, M. S. (2015). Inclusive Governance for Inclusive Development; The History, Politics, and Economics of *Panchayat Rai.* In Faguet, J. & C. Pöschl. *Is Decentralization Good for Development: Perspectives from Academics and Policy Makers.* 80–108. Oxford: Oxford University Press.

Alexander, C. A., R. Inglehart & C. Welzel. (2012). Measuring Effective Democracy: A Deference. *International Political Science Review.* 33(1): 41–62.

Alger, C. F. (1999). The Future of Democracy and Global Governance depends on Widespread Public Knowledge about Local Links to the World. *Cities*, 16(3): 195–206.

Aligica, P. D. & P. J. Boettke. (2009). *Challenging Institutional Analysis and Development: The Bloomington School.* New York: Routledge.

Anderson, J. (2008). *Federalism: An Introduction.* Oxford: Oxford University Press.

Anderson, K. P. & E. Ostrom. (2008). Analyzing Decentralized Resource Regimes from a Polycentric Perspective. *Policy Science.* 41: 71–93.

Anderson, P. (1974). *Passages from Antiquity to Feudalism.* London: Verso.

Assembly of European Regions. (2007). *Draft European Charter on Regional Democracy*. Strasbourg: AER.

Assembly of European Regions. (2009). *From Subsidiarity to Success: The Impact of Decentralization on Economic Growth*. Basel: BAK Basel Economics.

Baber, B. R. (1884). *Strong Democracy: Participatory Politics for a New Age*. Berkely, Los Angeles: University of California Press.

Bae J. G. & S. J. Lee. (2007). An Analysis of Financial and Legislative Autonomy in Jeju Special Self–Governing Province (Korean). Report prepared for the 78th Meeting of the Presidential Committee on Government Innovation and Decentralization. 23–86.

Baglioni, S. (2003). The Effects of Political Institutions and City Size on Political Participation: the Swiss Case. (Paper presented at the ECPR Joint Sessions, Edinburgh, March 28–April 2, 2003 Workshop 22).

Bardhan, P. et al. (2015). Political Participation, Clientelism, and Targeting of Local Government Programs: Results from a Rural Household Survey in West Bengal, India. In Faguet, J.–P. & C. Pöschl. *Is Decentralization Good for Development: Perspectives from Academics and Policy Makers*. 299–328. Oxford: Oxford University Press.

Bar–Or A. & K. W. Haltiner (2001). The Civil–Military Power Balance: A comparison Between Switzerland and Israel (Paper presented at the 2001 IUS Biennial Conference, Oct. 19–20, 2001, Tremont Plaza Hotel Baltimore, Maryland).

Barrett P. (1994). California's Multinationals Tax Is Upheld. *Wall Street Journal*. June 21: A1, A11.

Beaumont E. F. (1996). Domestic Consequences of internationalization. In J. S. Jun & D. S. Wright (eds.). *Globalization and Decentralization*. Washington, D. C.: Georgetown University Press.

Beeson, M. (2007). *Regionalism and Globalization in East Asia*. New York: Palgrave Macmillan.

Bennett, R. J. (1990). Decentralization, Intergovernmental Relations and Markets: Towards a Post–Welfare Agenda? 1–28. In R. J. Bennett (Ed.), *Decentralization, Local Governments and Markets: Towards a Post–Welfare Agenda*. Oxford: Clarendon Press.

Benz, M. & A. Stutzer. (2004). Are Voters Better Informed When They Have a Larger Say in Politics?: Evidence for the European Union and Switzerland. *Public Choice*. 119(102): 31–59.

Berry, J. M. et al. (1993). *The Rebirth of Urban Democracy*. Washington D.C.: The Brookings Institution.

Bessard, P. (2013). Switzerland's Reformed Fiscal Equalization System: Still Substantial Room for Improvement. (Fraser Institute). <http://www.fraserinstitute.org>.

Birch, A. (1987). Minority Nationalist Movements and Theories of Political Integration. *World Politics*. 30.

Bish, R. (2001). Local Government Amalgamations: Discredited Nineteenth Century Ideas Alive in the Twenty−First. *Communiqué*. C.D.: Howe Institute.

Blank, Y. (2006). Localism in the New Global Order. *Harvard International Law Journal*. 47(1): 263−281.

Blank, Y. (2006). The City and the World. *The Columbia Journal of Transnational Law*, 44(3): 875−936.

Blankart, C. B. (2000). The Process of Government Centralization: A Constitutional View. *Constitutional Political Economy*. 11(1): 27−39.

Blaser, J. et al. (2003). *Lessons Learned on Decentralization: A Literature Review*. Fribourg, Switzerland: The Institute of Federalism, the University of Fribourg.

Bogdanor, V. (1997). Forms of Autonomy and the Protection of Minorities. *DAEDALUS*. 126(2): 65−87.

Bookchin, M. (1995). *From Urbanization to Cities: Toward a New Politics of Citizenship*. London: Cassell.

Borja, J. & M. Castells. (1997). *Local and Global: Management of Cities in the Information Age*. London: Earthscan.

Bossert, T. J. (2015). Empirical Studies of an Approach to Decentralization: "Decision Space" in Decentralized Health System. In Faguet, J. & C. Pöschl. *Is Decentralization Good for Development: Perspectives from Academics and Policy Makers*. 277−298. Oxford: Oxford University Press.

Boulding, K. E. (1968). The City as an Element in the International System. *DAEDALUS*, 97(4): 1111−1123.

Boulding, K. E. (1976). Scholarly Right and Political Morality. In C. Frankel(ed.), *Controversies and Decision*. New York: Russell Sage Foundation.

Box, R. C. (1998). *Citizen Governance: Leading American Communities into the 21st Century*. London: Sage.

Boyne, G. A. (1996). Competition and Local Government: A Public Choice Perspective. *Urban Studies*. 33(4−5): 703−721.

Boyne, G. A. (1998). *Public Choice Theory and Local Government*. Basingstoke: Macmillan,

Braathen, E. & S. B. Hellevik. 2006. The Role of Decentralization on Peace Making and Conflict: A Literature Review (Working Paper of the Norwegian Institute for Urban and Regional Research).

Breiding, R. J. (2013). *Swiss Made: The Untold Story Behind Switzerland's Success*. London:

Profile Books.

Brenner, N. (1999). Globalization as Reterritorialization: The Rescaling of Urban Governance in the European Union. *Urban Studies*. 396(3): 431−451.

Breul, J. D. & J. M. Kamensky. (2008). Federal Government Reform: Lessons from Clinton's "Reinventing Government" and Bush's "Management Agenda" Initiatives. *Public Administration Review*. 68(6): 1009−1026.

Briffault, R. (2000). Localism and Regionalism. *Buffalo Law Review*. 48(1): 1−30.

Brillantes, Jr. A. B. (2005). Decentralization and Devolution in the Philippines. 271−295. Ahn, C. S. (ed.) *New Development in Local Democracy and Decentralization in East Asia*, Seoul: Seoul National University.

Brown S. (1996). *International Relations in a Changing Global System: Toward a Theory of the World Polity* (2nd ed.). Oxford: Westview Press.

Brown, A. (2014). *The Myth of the Strong Leader: Political Leadership in Modern Politics*. London: Basic Books.

Brown, S. (1996). *International Relations in a Changing Global System*. Oxford: Westview Press.

Bryan, F. M. (2004). *Real Democracy: The New England Town Meeting and How It Works*. Chicago: The University of Chicago Press.

Bryce, J. (1921). *Modern Democracies*. New York: The Macmillan.

Buchanan, J. M. (1965). An Economic Theory of Clubs. *Economica*. 32(1): 1−14.

Burns, D. et al. (1994). *The Politics of Decentralization: Revitalizing Local Democracy*. London: Macmillan.

Byrnes, J. D. & B. E. Dollery (2002). Do Economies of Scale Exist in Australian Local Government?: A Review of the Research Evidence. *Urban Policy and Research*. 20(4): 391−414.

Castells, M. (1997). *The Power of Identity*. Oxford: Blackwell.

Caulfield, J. L. (2006). Local Government Reform in China: A Rational Actor Perspective. *International Review of Administrative Sciences*, 72(2): 253−267.

Chaskin, R. J. (2003). Fostering Neighborhood Democracy: Legitimacy and Accountability Within Loosely Coupled Systems. *Nonprofit and Voluntary Sector Quarterly*. 32(2): 161−189.

Chaskin, R. J. et al. (2001). *Building Community Capacity*. New York: Aldine De Gruyter.

Cheema, A. et al. (2015). Breaking the Countercyclical Pattern of Local Democracy in Parkistan. In Faguet, J. & C. Pöschl. *Is Decentralization Good for Development: Perspectives from Academics and Policy Makers*. 68−79. Oxford: Oxford University Press.

Cheema, G. & D. Rondinelli (1983). *Decentralization and Development: Policy Implementation in Developing Countries*. Beverley Hills: Sage Publications.

Cheung, P. T. Y. (2007). Toward Federalism in China? The Experience of the Hong Kong Special Administrative Region. In He, B. et al. (eds.). *Federalism in Asia*. Cheltenham: Edward Elgar.

Churchill, W. S. (1954). *The Second World War*. London: Cassel.

Clarke S. E. & Gaile G. L. (1997). local Politics in a Global Era: Thinking locally, Acting Globally. *The Annals of the American Academy of Political and Social Science*. 551: 28−43.

Clift, S. (2008). Sidewalks for Democracy Online. <http://stevenclift.com/?p=152>.

Cohen, D. S. (2005). *The Heart of Change: Field Guide*. Boston: Harvard Business School Press.

Cole, G. (1960). Democracy Face to Face with Hugeness. In *Essays in Social Theory*. New York: The Macmillan.

Committee for Economic Development. (1966). *Modernizing Local Government*. New York: Committee for Economic Development.

Committee for Economic Development. (1970). *Reshaping Government in Metropolitan Areas*. New York: Committee for Economic Development.

Council of Europe. (2005). *European Charter of Local Self−Government: 20th Anniversary*. Strasburg: Council of Europe.

Council of Europe. (2008). *Draft European Charter of Regional Democracy*. (This document was proposed at the 15th plenary session of the Congress of Local and Regional Authorities in Strasbourg on 27−29 May 2008).

Craiutu, A. & S. Gellar. (2009). *Conversations with Tocqueville: The Global Democratic Revolution in the Twenty−first Century*. New York: Lexington Books.

Credit Suisse. (2015). How is Switzerland Doing? *Foreign Affairs*. (On Line News)

Cronin, T. E. (1989). *Direct Democracy: The Politics of Initiative, Referendum, and Recall*. Cambridge, MA: Harvard University Press.

Crook, R. C. & J. Manor. (1998). *Democracy and Decentralization in South Asia and West Africa*. Cambridge: Cambridge University Press.

Daft, R. L. (2011). *Leadership (5th ed.)*. South Western: Cengage Learning.

Dahl, R. A. (1967). The City in the Future of Democracy. *American Political Science Review*. 61(4): 953−970.

Dahl, R. A. (1982). *Dilemmas of Pluralist Democracy: Autonomy vs. Control*. New Haven: Yale University Press.

Dahl, R. A. & E. R. Tufte. (1973). *Size and Democracy*. Stanford: Standford University Press.

Deci, E. & R. Ryan (eds.). (2002). *Handbook of Self−Determination Research*. Rochester, NY: University of Rochester Press.

Denters, B. & L. E. Rose. (2008). Municipal Size and Local Political Participation: Findings from Switzerland, Norway, Denmark and the Netherlands. (Paper presented at the 2008 annual Meeting of the American Political Science Association, 28−31 August 2008).

Dewes, D. (2012). *Swiss Watching Inside the Land of Milk and Money.* London: Nicholas Brealey.

Diamond, L. (1999). *Developing Democracy: Toward Consolidation.* Baltimore: Johns Hopkins University.

Dollery, B. & L. Crase. (2004). Is Bigger Local Government Better?: An Evaluation of the Economic Case for Australian Municipal Amalgamation Programs (Working Paper Series in Economics. the School of Economics at the University of New England).

Doria, G. (2006). The Paradox of Federal Bicameralism (European Diversity and Autonomy Papers. EDAP 5/2006). <http://www.euac.edu/edap>.

Duchacek I. D. (1984). The International Dimension of Subnational Self−Government. *Publius.* 14: 18−29.

Elazar, D. J. (1987). *Exploring Federalism.* Tuscaloosa: The University of Alabama Press.

Elazar, D. J. (1998). *Constitutionalizing Globalization: The Postmodern Revival of Confederal Arrangements.* New York: Rowman & Littlefield.

Faguet, J.. (2013). *Decentralization and Popular Democracy: Governance From Below in Bolivia.* ann Arbor: The University of Michigan Press.

Faguet, J. (2014). Decentralization and Governance. *World Development.* 53: 2−14.

Faguet, J. & C. Pöschl. (2015). *Is Decentralization Good for Development: Perspectives from Academics and Policy Makers.* Oxford: Oxford University Press.

Feiock, R. C. (ed.) (2004). *Metropolitan Governance: Conflict, Competition and Cooperation.* Washington D.C.: Georgetown University Press.

Feld, L. P. & B. S. Frey. (2002). Trust Breeds Trust: How Tax Payers Are Treated. *Economics of Governance.* 3(2): 87−99.

Feld, L. P. (2000). Tax Competition and Income Redistribution: An Empirical Analysis for Switzerland. *Public Choice.* 105: 125−164.

Ferguson, N. (2012). *The Great Degeneration: How Institutions Decay and Economies Die.* New York: Penguin Press.

Fitzar, R. D. (2010). *The Rise of Regionalism: Causes of Regional Mobilization in Western Europe.* New York: Routledge.

Fossedal, G. A. (2002). *Direct Democracy in Switzerland.* London: Transaction Publishers.

Frankman, M. J. (2004). *World Democratic Federalism: Peace and Justice Indivisible.* New York: Palgrave Macmillan.

Freedman, T. L. (2000). *The Lexus and the Olive Tree*. New York: Anchor Books.

Frey, B. S. & A. Stutzer. (2006). Direct Democracy: Designing a Living Constitution. In R. D. Congleton & B. Swendenbog (eds.). *Democratic Constitutional Design and Public Policy, Analysis and Evidence*. Cambridge: MIT Press.

Frey, B. S. & L. Goette. (1998). Dose the Popular Vote Destroy Civil Rights? *American Journal of Political Science*. 42(4): 1343−1348.

Frey, B. S. & R. Eichenberger. (1999). The New Democratic Federalism for Europe: Functional, Overlapping and Competing Jurisdictions. Cheltenham, UK: Edward Elgar.

Friedmann, J. (2002). *The Prospect of Cities*. Minneapolis: University of Minnesota Press.

Frug, G. E. & D. J. Barron. (2006). International Local Government Law. *The Urban Lawyer*. 38(1): 1−62.

Fukuyama, F. (2015). *Political Order and Political Decay: From the Industrial Revolution to the Globalization of Democracy*. New York: Farrar, Straus, and Giroux.

Galtung, J. (2000). Local Authorities as Peace Factors/Actors/Workers. *Journal of World Systems Research*. 3(Fall/Winter): 860−872.

Grindle, M. S. (2007). *Going Local: Decentralization, Democratization, and the Promise of Good Governance*. Princeton: Princeton University Press.

Hajnal, Z. L. et al. (2002). Minorities and Direct Legislation: Evidence form California Ballot Proposition Elections. *Journal of Politics*. 64(1): 154−177.

Halbrook, S. P. (2000). *Target Switzerland: Swiss Armed Neutrality in World War II*. Cambridge, MA: Da Capo.

Halbrook, S. P. (2003). Citizens in Arms: The Swiss Experience. *Texas Review of Law & Politics*. 8(1): 141−174.

Hayek, F. (1944). *The Constitution of Liberty*. Chicago: The University of Chicago Press.

Hayek, F. (1976). *The Road to Serfdom*. London: Routledge.

He, B. et al. (eds.). (2007). *Federalism in Asia*. Cheltenham, UK: Edward Elgar.

Herriot, E. (1953). The European Municipal Assembly Meets at Versailles. *Annuals of Public and Cooperative Economics*. 24(3): 258−260.

Herzberg, R. (2005). Commenting on Richard Wagner's 'Self−Governance, Polycentrism, and Federalism: Recurring Themes in Vincent Ostrom's Scholarly Oeuvre.' *Journal of Economic Behavior & Organization*. 57: 189−197.

Hicken, A. (2011). Clientelism. *Annual Review of Political Science*. 14: 289−310.

Hielscher, J. (2014). Direct Democracy Expands in Germany. <http://www.swissinfo.ch>.

Hirschman, A. (1970). *Exit, Voice & Loyalty: Responses to Decline in Firms, Organization & States*. Cambridge, MA.: Harvard University Press.

Hirschman, A. (1975). Exit, Voice, & Loyalty: Further Reflections and a Survey of Recent Contributions. *Social Science Information*. 13(1): 7−26.

Hobbs H. H. (1994). *City Hall Goes Abroad: The Foreign Policy of Local Politics*. London: Sage Publications.

Hocking B. (ed.). (1993). *Foreign Relations and Federal States*. London: Leicester University Press.

Holzer, M. et al. (2009). Literature Review and Analysis Related to Optimal Municipal size and Efficiency. (the School of Public Affairs and Administration at Rutgers University). Hui, V. T. (2007). War and Historical China: Problematizing Unification and Division in Chinese History. (EAI Working Paper Series 7). Seoul: EAI.

Inoguchi, T. & M. Carson. (eds.). (2006). *Governance and Democracy in Asia*, Melbourne: Trans Pacific Press.

Inoguchi, T. (2007). Federal Traditions and Quasi−Federalism in Japan. In He, B. et al. *Federalism in Asia*, 266−289. Cheltenham: Edward Elgar.

International Business Center of Madeira. (2003). *Madeira: Global Solutions for Wise Investments*. Madeira: SDM.

Johnston, M. (2005). *Syndromes of Corruption: Wealth, Power, and Democracy*. Cambridge: Cambridge University Press.

Jones, E. L. (1981). *The European Miracle*. Cambridge: Cambridge University Press.

Kajiwara, T. (2005). From Government by Mandarins to Government by Citizens. *Japanese Dynamism*, 27(December).

Kauzya, J. M. (2005). Decentralization: Prospects for Peace, Democracy and Development. (Discussion Paper at the Division for Public Administration and Development, the United Nations Department of Economic and Social affairs).

Kennedy, P. (2008). Why South Korea Isn't Asia's Switzerland? *The New York Times*. August. 27.

Kjaer, U. et al. (2009). Municipal Amalgamations and the Democratic Functioning of Local Councils: The Danish 2007 Structural Reform as Case. (Paper presented at the European Group of Public Administration conference 'The Public Service: Service Delivery in the Information Age', Workshop IV on Local Governance and Democracy, Saint Julian's, Malta on $2^{nd}-5^{th}$ September 2009).

Knox P. L. & Taylor P. J. (eds.). (1996). *World Cities in a World−System*. Cambridge: Cambridge University Press.

Kohen, M. & K. Deutsch (1980). *Decentralization: Sketches Toward a Rational Theory*. Cambridge, Mass.: Oelgeschlager, Gunn & Hain.

Korten, D. C. (2006). *The Great Turning: From Empire to Earth Community.* Bloomfield, CT.: Kumarian Press.

Kotter, J. (1996). *Leading Change.* Boston: Harvard Business School Press.

Kotter, J. (2007). Leading Change: Why Transformation Efforts Fail? *Harvard Business Review.* January (Special Issue): 96−103.

Kreis, G. (1999). *Switzerland in the Second World War: Responding to the Challenges of the Time.* Zürich: Pro Helvetia.

Kriesi H. & A. H. Trechsel. (2008). *The Politics of Switzerland: Continuity and Change in a Consensus Democracy.* Cambridge: Cambridge University Press.

Kriesi, H. (2005). Argument−Based Strategies in Direct Democratic Votes: The Swiss Experience. *Acta Politica.* 40: 313−314.

Kübler, D. & B. Schwab. (2007). New Regionalism in Five Swiss Metropolitan Areas: An Assessment of Inclusiveness, Deliberation and Democratic Accountability. *European Journal of Political Research.* 46: 473−502.

Kyrrild−Klitgaard, P. (2010). Exit, Collective Action and Polycentric Political Systems. (CVAP Working Paper Series CVAP WP 1/2010).

Ladner, A. (2008). *Die Schweizer Gemeinden im Wanden: Politische Institutionen und Local Politik.* Lausanne: Chevannes.

Landau, M. (1985). *On Multi−Organizational Systems in the Public Administration.* Berkeley: University of California Press.

Larsen, C. A. (2002). Municipal Size and Democracy: A Critical Analysis of the Argument of Proximity Based on the Case of Denmark. *Scandinavian Political Studies.* 25(4): 317−332.

Lee, S. C. (2007). Recent Decentralization Challenges in Korea: Repertoire, Reality and Reshaping. *International Review of Public Administration.* 11(2): 15−27.

Leighninger, M. (2008). The Promise and Challenge of Neighborhood Democracy: Lessons from the Intersection of Government and Community. (Report on the 'Democratic Governance at the Neighborhood Level' meeting, organized by Grassroots Grantmakers and the Deliberative Democracy Consortium on November 11th, 2008 in Orlando, FL).

Leland, S. M. & K. Thurmaier. (2010). *City−County Consolidation: Promise Made, Promise Kept?* Washington DC: Georgetown University Press.

Lijphart, A. (1984). *Democracies: Patterns of Majoritarian and Consensus Government in Twenty−One Countries.* New Haven: Yale University Press.

Lijphart, A. (1999). *Patterns of Democracy: Government Forms and Performance in Twenty−Six Countries.* New Haven: Yale University Press.

Lijphart, A. (2008). *Thinking about Democracy: Power Sharing and Majority Rule in Theory and*

Practice. New York: Routledge.

Linder, W. (2009). On the Merits of Decentralization in Young Democracies. *Publius: The Journal of Federalism*. 40(1): 1−30.

Linder, W. (2010). *Swiss Democracy: Possible Solutions to Conflict in Multicultural Societies (3rd ed.)*. London: Palgrave.

Loughlin, J. (2007). The Slow Emergence of the French Regions. *Policy & Politics*. 36(4): 559−571.

Lowery, D. & W. E. Lyons. (1989). Citizen Response to Dissatisfaction In Urban Communities: A Partial Test of a General Model. *Journal of Politics*. 51(4): 841−868.

Lozada, G. S. & Faguet J. (2015). Why I Decentralized Bolivia. In Faguet, J.−P. & C. Pöschl. *Is Decentralization Good for Development: Perspectives from Academics and Policy Makers*. 31−67. Oxford: Oxford University Press.

Lyons, W. E. et al. (1992). *The Politics of Dissatisfaction: Citizens, Services and Urban Institutions*. New York: M. E. Sharpe.

Maner, J. K. & N. L. Mead. (2010). The Essential Tension Between Leadership and Power: When Leaders Sacrifice Group Goals for the sake of Self−Interest. *Journal of Psychology*. 99(3): 482−497.

Marks, G. et al. (2008). Patterns of Regional Authority. *Regional and Federal Studies*. 18(2−3): 167−181.

Martinez−Vazquez, J. (2006). China's Long March to Decentralization. In Smoke, P. et al. (eds.). *Decentralization in Asia and Latin America*, 88−135. Northampton: Edward Elgar.

Martins, M. R. (1995). Size of Municipalities, Efficiency, and Citizen Participation: A Cross−European Perspective. *Environment and Planning: Government and Policy*. 13: 441−458.

Matsusaka, J. G. (2004). *For the Many or the Few: The Initiative, Public Policy, and American Democracy*. Chicago: University of Chicago Press.

McGinnis, M. D. (2005). Costs & Challenges of Polycentric Governance. (Paper presented at the workshop on Analyzing Problems of Polycentric Governance in the Growing EU, Humboldt University in Berlin on 16−17 June 2005).

Merloni, F. (2005). Prospects for Strengthening the Role of the European Charter of Local Self−Government. 47−54. In Council of Europe (ed.). *European Charter of Local Self−Government: 20th Anniversary*. Strasbourg: Council of Europe Publishing.

Milhaud, E. (1953). The European Municipal Assembly and the European Charter of Municipal Liberty. *Annuals of Public and Cooperative Economics,* 24(3): 261−270.

Miranda, R. & Lerner, A. (1995). Bureaucracy, Organizational Redundancy, and the Privatization of Public Services. *Public Administrative Review.* 55(2): 193−200.

Montero, A. P. & D. J. Samuels. (eds) (2004). *Decentralization & Democracy in Latin America.* Notre Dame: Notre Dame University Press.

Morris, A. & P. Leistner. (2009). From Neighborhood Association System to participatory Democracy: Broadening and Deepening Public Involvement in Portland, Oregon. *National Civic Review.* 98(2): 47−55.

Musch, A. et al. (2008). *City Diplomacy: The Role of Local Governments in Conflict Prevention, Peace−Building, and Post−Conflict Reconstruction.* The Hague: VNG International.

Nef. R. (2004). *In Praise of Non−Centralism.* Zurich: Liberales Institut.

Nesaduri, H. E. S. (2009). ASEAN and Regional Governance after the Cold War: From Regional Order to Regional Community? *The Pacific Review, 22(1): 91−118.*

Newton, K. (1982). Is Small Really so Beautiful? Is Big Really so Ugly? *Political Studies.* 30: 190−206.

Niskanen, A. W. (1971). *Bureaucracy and Representative Government.* New York: Aldine−Atherton.

Norris, D. F. (2001). Wither Metropolitan Governance. *Urban Affairs Review.* 26(4): 532−550.

North, D. C. (1973). *The Rise of Western World.* Cambridge: Cambridge University Press.

North, D. C., J. J. Wallis & B. R. Weingast. (2009). *Violence and Social Orders: A Conceptual Framework for Interpreting Recorded Human History.* Cambridge: Cambridge University Press.

Noya, A., E. Clarence & G. Crag (des.). (2009). *Community Capacity Building: Creating a Better Future Together.* Paris: OECD.

Ostrom, E. (2000). Crowding out Citizenship. *Scandinavian Political Studies.* 23(1): 3−16.

Ostrom, E. (2000). The Danger of Self−Evident Truths. *Political Science & Politics.* 33(1): 33−44.

Ostrom, E. (2004). Socio−Ecological Explanations for Crowding−Out Effects from Economic Experiments in Southern Africa. *Ecological Economics.* 67: 560−573.

Ostrom, E. (2005). Unlocking Public Entrepreneurship and Public Economics. (Discussion Paper 2005/01. EDGI and UNU−WIDER).

Ostrom, E. (2006). A Frequently Overlooked Precondition of Democracy: Citizens Knowledgeable about and Engaged in Collective Action.

Ostrom, E. (2009). A Long Polycentric Journey. *Annual Review of Political Science.* 13: 1−23.

Ostrom, E. (2009). Beyond Markets and States: Polycentric Governance of Complex Economic Systems. (Paper for publication in the Nobel Foundations's Yearbook *Les Prix Nobel,* October 2010).

Ostrom, E., R. Parks, & G. Whitaker (1978). *Patterns of Metropolitan Policing.* Cambridge, MA: Balinger.

Ostrom, V. (1987). *The Political of a Compound Republic.* Lincoln: University of Nebraska Press.

Ostrom, V. (1991). *The Meaning of a American Federalism.* San Francisco: ICS Press.

Ostrom, V. (1997). *The Meaning of Democracy and the Vulnerability of Societies: A Response to Tocqueville's Challenge.* Ann Arbor: University of Michigan Press.

Ostrom, V. (2008). *The Intellectual Crisis in American Public Administration (3rd. ed.).* Tuscaloosa, Alabama: The University of Alabama Press.

Ostrom, V., C. M. Tiebout, & R. Warren. (1961). The Organization of Government in Metropolitan Areas: A Theoretical Inquiry. *American Political Science Review.* 55: 831−842.

Otenyo, E. E. (2007). Is Vincent Ostrom's Democratic Administration and New Public Management at Odds in East Africa's Public Administration? *International Journal of Services, Economics & Management.* 1(1): 55−70.

Pak, H. M. (1995). Effective Competition and Economic Development of Imperial China. *Kyklos.* 48(1): 87−103.

Patterson, S. C. & A. Mughan. (2002). Fundamentals of Institutional Change: The Functions and Powers of Parliamentary Second Chambers. *The Journal of Legislative Studies.* 7(1): 39−60.

Pestoff, V. (2009). Public Service Delivery and the Third Sector: Opportunities for Coproduction and Innovation? (Paper published at the CIES).

Pestoff, V. (2010). Elinor Ostrom, Citizen Participation, and Coproduction. (Paper published at the CIES).

Pluijm, R. (2007). *City Diplomacy: The Expanding Role of Cities in International Politics.* The Hague: Netherlands Institute of International Relations.

Polanyi, M. (1951). *The Logic of Liberty.* Chicago: University of Chicago Press.

Putnam, R. D. (1993). M*aking Democracy Work: Civic Traditions in Modern Italy.* Princeton: Princeton University Press.

Reich, J. (2008). An Interactional Model of Direct Democracy: Lessons from the Swiss Experience. (Paper presented at the Yale Law School Works−in−Progress Symposium "Next Generation Legal Scholarship" on 28 March 2008 at the Yale Law School, New Haven, CT.).

Robbins, S. (1991). *Organizational Behavior: Concepts, Controversies, and Applications.* New York: Prentice−Hall.

Robinson, D. L. (2011). *Town Meeting: Practicing Democracy in Rural New England.* Boston: The University of Massachusetts Press.

Rodan, G. & K. Jayasuriya. (2009). Capitalist Development, Regime Transitions and New Forms of Authoritarianism in Asia. *The Pacific Review,* 22(1): 23−47.

Rodrik, D. (2011). *The Globalization Paradox: Democracy and the Future of the World Economy*. New York: W. W. Norton & Company.

Rosenau J. N. (1997) *Along the Domestic—Foreign Frontier: Exploring Governance in a Turbulent World*. Cambridge: Cambridge University Press.

Rosenberg N. & L. E. Birdzell. (1986). *How the West Grew Rich: The Economic Transformation of the Industrial World*. London: I. B. Tauris.

Russel, D. (2001). The Territorial Role of Second Chambers. *The Journal of Legislative Studies*. 7(1): 105–118.

Sampson, R. J. (2012). *Great American City: Chicago and the Enduring Neighborhood Effect*. Chicago: The University of Chicago Press.

Sancton, A. (2000). *Merger Mania*. Montreal: McGill—Queens University.

Sartori, G. (1987). *The Theory of Democracy Revisited (I): The Contemporary Debate*. New York: Columbia University.

Sassen, S. (2004). Local Actors in Global Politics. *Current Sociology*, 52(4): 649–670.

Schakel, A. H. (2008). Validation of the Regional Authority Index. *Regional and Federal Studies*. 18(2–3): 143–166.

Schaltegger, C. A. & L. P. Feld. (2001). On Government Centralization and Budget Referendums: Evidence from Switzerland. CESifo Working Paper No. 615, Munich.

Schefold, D. (2006). Tendencies in Regionalism in Europe. *Helsingborg*. (12 May 2006 in Bremen, Germany).

Schep G. J. et al. (1995). *Local Challenges to Global Change: A Global Perspective on Municipal International Cooperation*. The Hague: Sdu Publishers.

Sharp, E. B. (1986). *Citizen—Demand Making in the Urban Context*. University: University of Alabama Press.

Shirer, W. L. (1941). *Berlin Diary*. New York: Alfred A. Knopf.

Shuman M. (1987). Dateline Main Street: Local Foreign Policies. *Foreign Policy*. 65: 154–174.

Shuman M. (1992). Dateline Main Street: Courts V. Local Foreign Polices. *Foreign Policy*. 86: 158–177.

Shuman, M. H. (1994). *Towards a Global Village: International Community Development Initiatives*. London: Pluto Press.

Simeon, R. (2009). Constitutional Design and Change in Federal Systems: Issues and Questions. *Publius*. 39(2): 241–261.

Smith, B. C. (1985). *Decentralization: The Territorial Dimension of the State*. London: George allen & Unwin.

Smith, D. M. & E. Wistrich. (2009). Understanding and Shaping Regions: Territorial Politics,

Regionalism and Federalism. (Paper presented at the Regional Studies Association Conference, Leuven, April 2009).

Smoke, P. et al. (2006). *Decentralization in Asia and Latin America: Toward a Comparative Interdisciplinary Perspective.* Northampton, Mass.: Edward Elgar.

Spiro P. J. (1988). Taking Foreign Policy away from the Feds. Washington Quarterly. 11: 191−203.

Steinberg, J. (1996). *Why Switzerland?* Cambridge: Cambridge University Press.

Stewart, J. (1980). The Governance of the Conurbation. In G. Cameron (ed.), *The Future of the British Conurbations.* London: Longman.

Strebel, M. (2014). Launching and Implementing Municipal Mergers: Push−and Pull Factors in Merger Processes (Paper presented at the ECPR General Conference titled 'Contemporary Local Self−Governance and Democracy: Challenges and Responses', Glasgow on $3^{rd}-6^{th}$ September 2014).

Thompson, K. (2001). *From Neighborhood to Nation: The Democratic Foundations of Civil Society.* London: Tufts University.

Tiebout, C. (1956). A Pure Theory of Local Expenditures. *Journal of Political Economy.* 64: 416−424.

Tocqueville, A. (2003). *Democracy in America and Tow Essays on America.* Translated by G. E. Bevan. New York: Penguin Books.

Toffler, A. & H. (1994). *Creating a New Civilization: The Politics of the Third Wave.* Atlanta, Georgia: Turner Publishing, Inc.

Toffler, A. (1980). *The Third Wave.* New York: Morrow.

Toonen. T. (2010). Resilience in Public Administration: The Work of Elinor and Vincent Ostrom from a Public Administration Perspective. *Public Administration Review.* 70(2): 193−202).

Treisman, D. (2007). *The Architecture of Government: Rethinking Political Decentralization.* Cambridge: Cambridge University Press.

Turner S. (1998). Global Civil Society, Anarchy and Governance: Assessing an Emerging Paradigm. *Journal of Peace Research.* 35(1): 25−42.

UCLG. (2012). *Policy Paper: Development Cooperation and Local Government.* Barcelona: United Cities and Local Governments.

UN−Habitat. (1998). *Towards a World Charter of Local Self−Government.* Nairobi: UNCHS.

UN−Habitat. (2007). *International Guidelines on Decentralization and the Streng−thening of Local Authorities.* Nairobi: The Governing Council of UN−HABITAT.

Wagner, R. E. (2005). Self−Governance, Polycentrism, and Federalism: Recurring Themes in Vincent Ostrom's Scholarly Oeuvre. *Journal of Economic Behavior & Organization.* 57: 173−188.

Warren, M. (2008). *Designing Deliberative Democracy: The British Columbia Citizens' Assembly.* Cambridge: Cambridge University Press.

World Bank (1975). *The Assault on World Poverty.* Balitmore: Johns Hopkins.

World Bank. (2005). *East Asia Decentralizes: Making Local Government Work.* Washington, D.C.: World Bank.

Zheng, Y. (2006). Explaining the Sources of *de facto* Federalism in Reform China: Intergovernmental Decentralization, Globalization and Central−Local Relations. *Japanese Journal of Political Science*, 7(2): 101−126.

Zheng, Y. (2007). China's *de facto* Federalism. In He, B. et al. (eds.). *Federalism in Asia.* Cheltenham, UK: Edward Elgar.

Zhong, Y. (2003). *Local Government and Politics: Challenges from Below.* New York: M. E. Sharp.

Zimbardo, P. (2008). *The Lucifer Effect: Understaning How Good People Turn Evil.* New York: Random House.

Zimmerman, J. F. (1999). *The New England Town Meeting: Democracy in Action.* London: Praeger.

찾아보기

【 인명색인 】

김대중　134
김용덕　373
노무현　134, 135, 163
노　자(老子)　373
리콴유(李光耀)　42, 43
박동서　ix, 74, 131
박　승　372
박정희　43, 134
박원순　371
사이토마코토(齊藤實)　75
성경륭　20, 274
세　종　i, vii, viii
시진핑(習近平)　iii, 42
신무섭　81
아베신조(安倍晋三)　420
아소타로(麻生太郎)　419
이승만　143
이한빈　405
정세욱　341
정약용　3

Acemoglu, Daron　45
Alger, Chadwick F.　419
Aristoteles　45

Barber, Benjamin　iv, 61, 72, 163, 187,
　371, 372
Blocher, Christoph　44, 58

Bodin, Jean　iv
Boulding, Kenneth　77, 430
Bryan, Frank　61, 178
Bryce, James　i, 8, 18, 31, 47, 59, 73, 371

Calvin, Jean　40, 41
Churchill, Winston　396
Clausewitz, Carl von　13
Commings, Bruce　62

Dahl, Robert　319, 329, 330
Diamond, Jared　40
Drucker, Peter　44

Elazar, Daniel E.　86, 237, 435
Ernst, Fritz　131

Faguet, Jean−Paul　9, 65, 66
Fossedal, Gregory　406

Galtung, Johan　430, 445
Gobineau, Joseph Arthur de　38
Greenleaf, Robert K.　i
Grindle, Merilee　9, 65
Guisan, Henri　397

Habermas, Jürgen　195, 244
Halbrook, Steven　19, 393, 395, 400,
　402

Hayek, Friedrich August von   8
Henderson, Gregory   88, 89, 90
Hirschman, Albert   122, 309
Hitler   19, 394, 396, 398, 400, 401, 402,
    411, 417
Hobbes, Thomas   iv
Huntington, Samuel   89

Jefferson, Tomas   187
Johnston, Michael   188

Kennedy, Paul   394, 413, 417
Kotter, John   157

Lijphart, Arend   281
Linder, Wolf   231

Machiavelli, Niccolò   42, 403
Madison, James   232
Mahatma Gandhi   370, 372, 443
McClellan, James   186
Monet, Jean   431
Montesquieu   8, 39
Mussolini   398, 417

Napoleon Bonaparte   234, 290, 346, 403
Nef, Robert   113, 163, 179 345, 369
Niebuhr, Reinhold   i, 86, 186
Niskanen Williuam A.   312
North, Douglas   44

Ostrom, Elinor   iv, 70, 173, 295, 296,
    304, 305, 307, 308, 310, 311, 313, 318,
    377
Ostrom, Vincent   iv, 70, 173, 295, 302,
    310, 377

Platon   2, 41
Polybius   45, 46
Putnam, Robert   9, 65, 66, 375, 376

Rousseau, Jean−Jacques   iv, 61, 75,
    187, 196, 392, 419
Ryan, Richard   68

Samuel   12
Sandel, Michael   73, 375
Schumpeter, Joseph A.   232
Sen, Armatia   72
Shiller, Friedrich   234
Shuman, Michael   432, 433, 434
Smith, Adam   7, 44, 294, 348, 393
Smith, Brian C.   87, 319
Solzhenitsyn, Aleksandr   74, 176
Stalin   iii, 176
Steinberg, Jonathan   31, 59, 179

Tiebout, Charles   308
Tocqueville, Alexis de   iv, 46, 73, 76,
    87, 144, 176, 199, 294, 376
Toffler, Alvin   13, 14, 15

Washington, George   290
Weber, Max   iv, 40, 41, 232
Wilson, Woodrow   iv

Zimbardo, Philip   9
Zwingli, Ulrich   40

【 내용색인 】

ㄱ

가외성 174, 311, 312
간선제 259
간접서비스 305
갈등 80, 81, 198
감사기관 191
감사원 22
감사위원 167, 184, 360
강대국의 흥망 394
강한 지도자 신화 43
개발독재 43, 62
개방적 타운미팅 177
개인발안 365
개인소득세 115, 351
거짓 지방분권 101
결사과학 70
경쟁 118, 122, 173, 307
경찰권 145
경찰서비스 304
계층결속 331
계획경제 310
고슴도치국방 59, 393, 395, 396, 410, 411
공공부채 32, 37
공공선택이론 240
공공재 154, 308, 309
공공혁신가정신 91, 174, 310
공동사무 284
공동생산 174, 311
공동역사교과서 436, 438
공동체 72, 73, 74
공직선거법 99
공직자비리수사처 192

공직자원봉사 184, 362
공화정 295
과세자치권 25, 26, 98, 110, 116, 130, 171, 179, 352, 369
과잉 중앙집권 10, 20, 96
과잉대표성 246
관제시민투표(plebiscite) 216
관치행정 90
광역시제도 271, 272, 273
교부금 119
교회코뮌 359, 364
국가경쟁력 33
국가균형발전특별회계 150
국가사무 284
국가주권 255, 429
국가주의 427, 429
국가형태 253
국민국가 231, 233
국민권익위원회 26
국민발안 194, 196, 218, 221, 235, 241, 242
국민발안에 대한 대안 221
국민소환 218
국민주권 211
국민투표 52, 53, 194, 196, 197, 218, 238, 239
국민투표청구권 212
국방 394, 417
국부론 7, 348
국세 130
국정참여권 96
국제사법재판소 440

국제자유도시특별법   163
국제지방분권지침   64, 375
국제지방자치헌장운동   334
국회   109, 152, 161
국회개헌특별위원회   23, 24, 218, 219,
   250
국회의원   140, 189
국회헌법개정특별위원회   189
군주론   403
군주제   12, 237
굿 거버넌스   117, 133
권력공유   10, 16, 20, 54, 58, 240
권력공유민주주의   16, 45, 47, 60, 253
권력분립제   192
권리장전   7
권역별 비례대표제   24, 27, 28
규모   306, 325, 326, 329
규모경제   117, 299, 305, 325
규모불경제   78
규모정치   319, 337
규제완화   168, 171
균형양원제   281, 282
균형예산원칙   120
글로벌 거버넌스   419
글로벌 향토기업   179
글로벌기업   35, 36, 350
기관위임사무   95, 96, 283
기업강국   35
기업이윤세   115, 351
기초자치구역   321, 324
기초지방정부   181, 349
긴급연방법률   194, 239
긴급조치   17
김영란법   27

ㄴ

나치군대   395
나치독일   396, 398
나치헌법   419
남북통일   253, 260, 276
납세의무   180
내각제   153
내재보상   68
내재적 동기유발   9, 79
냉전시대   422
노예   12, 13
노예제도로 가는 길   13
뉴잉글랜드 타운미팅   175, 178, 197

ㄷ

다문화사회   19
다민족국가   233
다수결민주주의   252
다수결원칙   20
다수대표제   280
다수의 전제   209
다중심거버넌스   71, 114, 173, 296, 297,
   300, 302, 310, 318
다중심주의   195, 301, 302, 303, 313,
   320, 373, 377, 385
단기이양투표제   278
단방국가   253, 255, 260
단순다수제   278, 279, 280
단원제   249, 254
단일중심주의   313, 320, 385, 408
단일중심체제   296, 318
단일지방자치단체(unitary authorities)
   322
단체위임사무   283, 288
당근과 채찍   9
대도시 특례   316

대도시개혁론자 296
대법원장 22
대연정 집단대통령제 22, 53
대의민주주의 11, 64, 188, 232, 254, 326, 327
대의타운미팅 177
대통령 탄핵소추 284
대통령비서실 22
대통령제 21, 22, 159, 256, 257, 258
대표제 유형 273
대화문화아카데미 24
도(道) 271, 272, 273
도덕발달론 43
도시공공재 301, 302, 303
도시국가 231
도시주 323
도주제 335
독도분쟁 424
독일 상원 259, 263
독일식 권역별 비례대표제 266, 280
동네결사체 387
동네분권 180, 317
동네의회 387, 388
동네자치 374, 375, 376, 377, 380, 385, 387, 388
동네효과 376
동료 중의 수석(primus inter pares) 44, 237, 362
동료리더십 44, 207
동맹회의(Tagsatzung) 234
동방정책(Ostpolitik) 82
동북공정 424
동아시아 지역주의 427
동아시아 패러독스 421, 427
동아시아 평화포럼 438, 439, 441
동아시아공동체 430, 440
돼지여물통정치(pork barrel politics) 367

ㄹ

란쯔게마인데(Landsgemenide) 196
로마공화정 6, 254
로마사 논고 6
로칼카운슬(local councils) 322

ㅁ

마데이라 특별자치 164
마법공식 57
마을공화국 76, 370
마을자치 105
머신정치 15, 197
멕시코 지방분권 65
명예직 361
무의사결정(non decision making) 193
무장중립 401, 403, 404, 410
무지론 41
문화론 40
문화투쟁(Kulturkampf) 234
미국의 민주주의 13
미국혁명 15
민관공동생산 311
민군협력 414
민주적 효율성 173, 307, 377
민주주의 3, 7, 63, 65, 66, 324

ㅂ

바닥을 향한 질주 119, 121, 124
바이마르헌법 420
발언권 174, 309
발전 61, 62, 63
배분효율 307
배타적 거부권 283, 284
법률적 지역대표형 259, 261

법의 정신　39
변형입법권　26
보스지배　15
보조금　119
보충성원칙　25, 64, 107, 136, 145, 182, 317
보통교부세　165
복수언어주의　57
볼리비아 지방분권　66, 103, 104
부유세　26
부패인식지수(CPI)　4
분권개헌　3, 19, 21, 295, 319, 419
분권발전론　9
분리주의운동　80
불균형양원제　281
불문헌법국가　338
비례대표제　17, 55, 193, 194, 265, 280
비례주의　16, 17, 20, 24, 49, 55, 56, 57, 58, 59, 266
비중앙집권(non-centralization)　17, 20, 48, 237
빈곤선　37, 179

ㅅ

사무이양　151
사회계약론　75, 196
사회실험　76
사회적 자본　376
사회적 학습과정　388
산업평화　19
삼권분립　7
삼림코뮌　364
상무정신　393, 411, 412
상원　23, 56, 250, 252, 253, 256, 257, 260, 264, 268, 273, 277, 285
상원의원의 임기　267, 268, 269

상원의장　269, 270
상호작용적 직접민주주의모형　244
서비스 역설　311
선(先)분권 후(後)보완원칙　136
선거인단　275
선거혁명　111
선택적 국민투표　240
세월호 참사　27, 188
세입균형화　124
소국과민(小國寡民)　373
소득세　26
소수권력　20
소수보호 비례제　20
소수정당　17
소용돌이 정치　88, 89, 90
소용돌이 집중제　12, 77
수령(守令)　143
숙고의 원　289
숙의과정　189, 195
숙의민주주의　343
순수 비례대표제　280
스위스군　399, 405, 407
스위스연방헌법　51, 235
스탠퍼드대 감옥실험　9
스페인 상원　274
승자독식 다수제　10, 20, 192, 252
시·군자치제　98, 156, 171, 172
시·군 합병　306
시·군·자치구제　314
시민공화주의　82, 153, 181, 182
시민군　393, 399, 402, 403, 404, 406, 413
시민덕성　73, 74
시민의식　144, 199
시민투표경비　210, 211
시민효과성　329, 330
시장경쟁원리　100
시장화　70, 100

시차부분 개선   267
시티리전(City Region)   338
식민지배   62, 75
신문명 창조   13
실망의 제도화   77
싱가포르 발전모델   42

ㅇ

양면숙의정치   244
양원국회   23, 254
양원의 이견해소제도   287, 288
양원제   22, 23, 192, 249, 250, 251, 254,
    258, 264, 281
양원합동회의   284
엘리트 지배 대의민주제   10
엘리트 카르텔   188, 189, 190, 191
엘리트 포획   62, 106
여성참정권   245, 247
역사교과서   424, 436
역사분쟁   427, 428
연방국가   16, 233, 253, 255, 258, 260
연방내각   52
연방보조금   125
연방원모형   259
연방의회   236
연방적 지방분권   20, 24, 267
연방정부   299
연방주의   50, 236, 393, 402
연방주의 논고   8
영국 상원   283
영토분쟁   423
예산극대화   312
예산법안   257
원로원   254
위인론   41
유권자 최저연령   223

6·29선언   111, 144
유효투표율   183, 219, 217, 226
읍·면·동   181, 318, 348
읍·면·동 주민자치   380
읍·면·동 준자치화   314, 409
읍·면·동 천시정책   99, 378
의석배치   285
의원내각제   22, 256, 257, 258
의지국가(Willensnation)   234
의회 전(前) 사전청취제도   53
이상적 담화과정   195
이원정부제   21, 22, 153, 256, 257
이익갈등   139
이주선택   308
이중다수   17, 239
이탈리아 지방분권   65
이해충돌   27
인간개발지수   72
인구가중 의석배정   276
인재경쟁력   33
인종론   38
일괄투표   262
일국양제(一國兩制)   149
일반교부금   353
일반의안   287
임파워먼드이론(empowerment theory)
    9, 372
입법권   108, 109
입법독점권   11

ㅈ

자기결정성이론(self-determination theory)
    9, 68, 195
자기이익   73, 190
자민족중심주의(ethnocentrism)   430
자본주의 정신   40

자원론　38
자원의 저주　39
자유　72, 411
자유로서의 발전　72, 73
자유주의　73
자율경영혁신　81
자율합병　315
자치　67
자치경찰법안　141, 142
자치경찰제　142, 144
자치계층　322, 324, 341
자치공동체　67, 74, 76, 93
자치구역　277, 341
자치권　81, 350
자치단체사무　95
자치사무　96, 283, 288
자치재정권　182
자치제도의 설계원리　70
자치조직권　151
자치하는 인간　67, 68
재정교부금　124
재정균형화　114, 122, 123, 124, 126,
　127, 350, 353
재정분권　150
재정연방주의　115, 117, 121, 127, 128,
　129, 307
재정입법권　282
재정조정제도　121
재정주민투표　120, 130, 169, 225, 367
재중앙집권화　98, 101
전국시도지사협의회　23, 24, 250
전략적 소통　160
전인대　23
정글법칙　337, 339
정당　192. 288, 192, 258, 263, 288, 289
정당공천제　99, 140
정당명부식 비례대표제　28, 279
정부간관계(IGR)　138, 343

정부간관계자문위원회(ACIR)　299, 326,
　435
정부신뢰도　4, 34, 190
정부혁신지방분권위원회　135, 136, 137,
　172
정부형태　253, 256, 257, 258
정책경쟁　78, 109
정책오류　77
정치개혁　28
정치계급　193
정치인 카르텔　189, 191, 192, 194
정치적 지역대표형　259, 261, 263
정치적 효능감　199
정치제도결정론　45
정치혁명　41, 372
정한론(征韓論)　421
제도동형화　336, 337
제도론　44
제왕적 대통령제　10, 21, 22, 157
제주도개발법　163
제주자치경찰　145, 148, 166, 167
제주특별자치　93, 94, 98, 163, 168, 169
제주특별자치도　147, 148, 154, 164, 261,
　272
제한연기투표제　278
제헌회의　29
조건부협동인　68
조례제정개폐청구제　150, 183, 213, 214,
　227
조세개혁　123
조세경쟁　78, 115, 116, 119, 354
조세공유제　118
조세부담률　353
조세조화　353
조세피난처　304
조정위원회　288
조정의회　93
조정적 재정연방주의　118

주민감사청구제도   213
주민발안   197, 364, 365, 366
주민소환법   213, 229
주민소환제   215, 228
주민자치회   182, 379, 386
주민참여   329
주민총회   183, 184, 355
주민투표   177, 184, 197, 214, 341, 342,
  364, 366
주민투표법   208, 213, 224, 225, 226, 342
주민투표토의   343
주인-대리인관계   225
준자치계층   181
준직접민주주의   14, 15, 17, 18, 20, 49,
  231, 232, 233, 243
중앙권한의 지방이양   94, 95
중앙선거관리위원회   24, 280
중앙집권화   139, 200, 263, 313
지대추구 카르텔   190, 191
지대추구행위   189, 191, 193, 194, 340
지리론   39
지방과세권   25, 26
지방교부세   154, 165
지방교육자치제   146
지방교육재정   129
지방대의민주제   88, 91
지방분권   25, 62, 63, 67, 87, 88, 89, 90,
  99, 106, 107, 110, 317
지방분권 로드맵   137
지방분권 시민운동   104, 134
지방분권개헌   25, 106, 110
지방분권개헌국민행동   25
지방분권개헌국민회의   24
지방분권국민운동   25, 132
지방분권국민행동   24
지방분권정책   90, 94, 131, 132, 146, 152,
  155
지방분권정책리더십   157

지방분권특별법   136, 137
지방세   98, 130
지방소비세   129
지방외교   419, 431, 433, 434, 435
지방의원   93, 328
지방의회   92, 93, 109
지방이양일괄법안   141, 151, 152, 188
지방입법권   25
지방자치경찰제   133, 142, 145
지방자치발전위원회   319
지방자치법   149, 414
지방재정자립도   98, 129
지방정부 포획   100
지방채   165
지방행정체제개편   139
지방행정체제개편추진위원회   297, 379
지방행정체제개편특별법   297, 314, 379
지방행정체제개편특별위원회   323
지식정보사회   79, 133
지역   270, 273
지역갈등   23, 80
지역개발청(RDA)   327
지역구분   251
지역균형발전   23
지역단체지수(Regional Authority Index)
  96
지역대표방식   275, 285, 286
지역대표제도   273, 285
지역대표형 상원   23, 249, 250, 251, 252,
  253, 254, 262, 273, 283
지역대표형 상원모형   265, 266, 267
지역별 의석배치   285
지역별 일괄투표   286
지역의석의 개인표결권   262
지역이기주의   91
지역정부   255, 261, 274, 276, 330, 332,
  333, 334
지역주의   330, 331

지역토호세력　102, 104
지역할거주의　5, 10, 27, 28, 265
직접민주제　20, 26, 28, 52, 180, 189,
　195, 245, 246, 340, 402
직접민주제 반대론　201
직접민주제 청구요건　220
직접민주주의　232, 393
직접서비스　305
직접참정제　149
진정한 민주주의(real democracy)　178
집단행동이론　70
집회민주주의　196, 197
징수세율　358

ㅊ

착취적 정치제도　170
참여민주주의　64, 178, 328, 329
참여헌정주의　29, 341
참의원의원　278
창작인　69
채무제동제도　120
책임읍·면·동제　379
철인왕　41
체제역량　329, 330
초광역　316, 334
촌회　373
촛불집회　218
최소승리연합(minimal winning coalition)
　240
최소주의 정체　47
출신코뮌　347
취득세율　115
취약동네　382
친화적 민군관계　401, 405

ㅋ

캘리포니아 질병(Californian disease)
　233, 243, 244
코뮌　179, 180, 345, 245, 348, 356
코뮌시민권　356
코뮌의회　361
코뮌자치　179, 180, 345, 351, 352, 369
코뮌주민총회　355, 356, 357, 359
코뮌합병　349
코뮌행정위원　362, 363

ㅌ

타운관리관　177
타운미팅　15, 73, 177, 178
타운미팅민주주의　46, 170
탈세　180, 198
탈세율　348
탈퇴　173, 309
토지이용계획권　352
통일한국　3, 252, 253, 260, 271
통합광역시　313
투표역설　195
투표운동기간　220
투표율　202, 203
특별법원　191
특별자치　163, 164
특별자치권　165, 166, 170
특별지방행정기관　147, 166, 167, 168

ㅍ

평화　404, 411
평화만들기　404, 411, 419
평화통일　82, 253
포괄보조금화　125

포괄이양원칙   136, 167
포용융화의 정치   252
포용적 정치제도   170
포퓰리즘   206
풀뿌리민주주의   11, 74, 175, 176
풀뿌리자치   171, 182, 408
프랑스 상원   259, 260, 283
프로테스탄트 윤리   40
필라델피아의 기적   290

헬베티아공화국(Helvetic Republic)   234,
   346
혁신가정신의 클러스터   47
혼합정   45
혼혈연방제(hybrid federalism)   147, 149,
   261, 334
회계감사위원회   360
효율성   306, 312, 324, 325
후견주의   106

ㅎ

하원의원   56, 269
하원의원 투표제   279
학교코뮌   359, 364
학습인   69
합병   296, 298, 318, 321
합병 편집증   99, 378
합병론자   363
합의민주주의   9, 22, 240, 241, 247
합의제   22, 184, 241
행정위원   184, 355
행정효율   78, 79, 198, 320, 326, 349
향토방위사무   414, 415
향토애   122, 409
향토예비군   413, 416
향회   374
헌법   19, 108, 153
헌법개정국민투표   213, 284
헌법개정안   212, 288
헌법개혁   19
헌법재판소   29, 140
헌법재판소장   22
헌정리더십   30, 156
헌정애국심   18, 19, 199, 402, 417
헌정회의   262

약 력

안 성 호 (shahn@dju.ac.kr)

대전고, 숭전대(문학사), 서울대(행정학석사·박사) 졸업. Minnesota대 Fulbright Visiting Fellow, London대(LSE) Research Scholar, 한국지방자치학회 및 서울행정학회 회장, 대전대 부총장, 대통령직속 정부혁신지방분권위원회 위원(제주특별자치도지원특별위원장) 및 지방행정체제개편추진위원회 위원(근린분과위원장), 지방분권국민운동 공동대표 역임. 우수논문상(한국지방정부학회), 학술상(대전대), 대한민국 근조훈장 수상. 대한민국학술원 선정 우수학술도서(「현대 리더십의 이해」).

현재) 대전대 교수. 세종·제주 자치분권균형발전특별위원회 위원장. 한국지방자치학회 및 서울행정학회 고문. 지방분권개헌국민행동 공동의장.

저 서

「양원제 개헌론」(2013), 「현대 리더십의 이해」(2인 공저, 2010), *East Asian Cooperation in the Glocal Era* (eds. 2006), 「분권과 참여: 스위스의 교훈」(2005), 「지방거버넌스와 지방정책」(2인 공저, 2004), 「스위스연방민주주의 연구」(2001), 「한국지방자치론」(1995), 「리더십철학」(역서, 1989) 등.

개정판

왜 분권국가인가 −리바이어던에서 자치공동체로−

초판발행	2016년 7월 27일
개정판발행	2018년 1월 5일

지은이	안성호
펴낸이	안종만

편 집	배근하
기획/마케팅	임재무
표지디자인	권효진
제 작	우인도 · 고철민

펴낸곳	(주) **박영사**
	서울특별시 종로구 새문안로3길 36, 1601
	등록 1959. 3. 11. 제300-1959-1호(倫)
전 화	02)733-6771
f a x	02)736-4818
e-mail	pys@pybook.co.kr
homepage	www.pybook.co.kr
ISBN	979-11-303-0483-0 93350

copyright©안성호, 2018, Printed in Korea

* 잘못된 책은 바꿔드립니다. 본서의 무단복제행위를 금합니다.
* 저자와 협의하여 인지첩부를 생략합니다.

* 책값은 뒤표지에 있습니다.